高等教育法学应用教材

刑　　法

（第二版）

主　编　侯国云

撰稿人　（以姓氏笔画为序）

王志勤　池应华　杨会新

侯国云　郭立新

中国政法大学出版社

2012·北京

主编简介

侯国云 河南镇平人，中国政法大学教授，最高人民检察院研究室顾问，中国法学会第五届刑法学会理事。在现行刑法公布前，被全国人大法工委聘为刑法修改工作小组成员，全程参与了刑法修订工作。2004年被司法部聘为司法考试刑法学题库命题人员。在《法制日报》、《法学研究》、《中国法学》、《政法论坛》等报（期）刊上发表论文170余篇。独著《过失犯罪论》、《刑法因果新论》等理论学说7部。主编专著和教科书有《刑法的修改与完善》、《刑罚执行问题研究》、《中华人民共和国刑法精解》、《刑法学》、《中国刑法学》等。主持国家和省部级科研项目3项，获得国家和省部级科研奖励5项。

出版说明

为适应高等法学教育发展的需要，提高学生发现问题、解决问题以及运用法学知识的能力，我们组织编写了本套《高等教育法学应用教材》。

法学是理论性与应用性相结合的学科，本套教材的最大特点在于突出法学的应用性。主要表现在以下几个方面：

1. 力求与现行最新的立法、司法解释及法律实务相一致。本套教材强调对现行最新的立法、司法解释进行介绍和分析，强调联系司法实务中的新老问题进行论述。

2. 力求与最新的《国家司法考试大纲》相一致。司法考试是从事法律工作的职业资格考试，但每年有大量的法律专业本科生、研究生无法通过司法考试。本教材力图使教学内容与司法考试紧密相连。

3. 力求用简洁、实用的事例说明深奥的原理和规范。在每一本教材中都努力用简洁的文字、实用明晰的案例对基本原理和法律规范进行说明，使学生在最短的时间内读懂教材，并结合历年司法考试试题加以分析。

4. 力求结合最新的研究成果和立法动态。立法、司法和法律实务是动态的、发展的。本套教材密切关注和把握改革发展的方向与趋势，努力结合最新的学术研究成果，使法学理论应用于法律实务和教学。

为了保证本套教材的高水平和高质量，编委会聘请了多位知名的法学家担任主编。这些专家多数参加过立法和修法工作，并是司法考试教学辅导的名师，具有编写高校教材的丰富经验。

本套教材适用于大学本科的教学，尤其适用于司法考试。

本套教材的编写，得到了教育部有关领导、中国政法大学领导与教师以及中国政法大学出版社的大力支持，在此一并表示感谢。

中国政法大学《高等教育法学应用教材》编委会

第二版说明

本书在编写时制订了一个基本原则，这就是：贴近司法考试，注重联系实际。依据此原则，本书在内容上与《司法考试大纲》和最新的立法及司法解释保持一致。在基本观点上与通说保持一致，对个别与通说相反但又比较正确的见解，只是说明出处，点到为止。在编写体例上，本书在每个章节的基本理论之后增加了与司法考试题型一致的练习题，并用"特别提示"的方式将特别重要的内容和关键之处提醒给读者。所有这些努力，都是为了让学生对刑法理论既能融会贯通，又能把握重点，便于司法考试。

本书正是由于采用了前文所述的新颖的编写体例，因而出版之后受到了学生的喜爱与好评，尤其是受到了参与司法考试的学员的欢迎与好评。现今，本书出版已历 4 年半有余，在这期间，立法机关颁发了《刑法修正案（七）》和《刑法修正案（八）》，最高人民法院和最高人民检察院也有新的司法解释出台。为了使本书与立法和司法解释保持一致，也为了学员能够全面系统地掌握刑法知识，出版社决定对此书进行修订再版。

本次修订在体例和学术观点上未作任何变动，只是增加了《刑法修正案（七）》和《刑法修正案（八）》的全部内容。此外，根据最高人民法院和最高人民检察院颁发的《关于执行〈中华人民共和国刑法〉确定罪名的补充规定（三）》的规定、《关于执行〈中华人民共和国刑法〉确定罪名的补充规定（四）》、《关于执行〈中华人民共和国刑法〉确定罪名的补充规定（五）》，调整了分论中的一些罪名，还增加了最高人民法院 2009 年 9 月 11 日发布的《关于醉酒驾车犯罪法律适用问题的意见》的内容。该意见要求，对醉酒驾车者在发生交通事故后，继续驾车冲撞行驶，主观上对他人伤亡的危害结果明显持放任态度，具有危害公共安全的故意的，以"以危险方法危害公共安全罪"论处。虽然《刑法修正案（八）》增加了危险驾驶罪，但最高人民法院的这一解释仍然有效。

由于本次修订涉及内容不多，因而修订工作不是由相应章节的原作者进行，而是由主编一人全部负责完成。除了前述增加和修改的内容之外，本次修订自然也纠正了一些初版时未发现的错别字。

　　对于出版社的鼎力支持、责任编辑的积极敦促与高度责任心，一并表示诚挚的谢意。

主编　侯国云

2012 年 6 月

前 言

近年来，司法考试的火爆引起了社会各界的高度关注，更引起了法学教育界的高度关注，可以说，在各种各样的考试中，司法考试是最为规范、最可信赖、最为成功的考试，这不仅表现在它的考题比较严谨、规范、有较高的难度，更表现在它的考题既联系理论，又联系实际。相对于司法考试，大专院校的学业考试则有些简单，难度也有些偏低。以至于一些在学校考试中取得优异成绩的学生却通不过司法考试。这便迫使我们这些从事法学教育的学者不得不重新审视一下我们的教材和教学方法。实事求是地讲，我们的法学教材有些过于偏重理论，联系实际则有些不足。比如有些教科书用不少的篇幅讲述古代和外国的理论，甚至重点介绍资产阶级革命初期的法学理论，而对现今司法实践中遇到的疑难问题却关注不够。同时，我们的学业考试，从考题的难度、出题的技巧等方面也与司法考试相去甚远，这便导致了学业考试成绩优异的学生通不过司法考试的尴尬局面。为了扭转这种被动局面，我们认为，有必要将刑法学教科书与司法考试靠近一些，以便提高学生对司法考试的应对能力。基于此种想法，我们编写了这本新的刑法教科书。

相对于传统的刑法学教科书，本书具有如下一些特点：

(1) 重点阐述当代中国的刑法理论，很少涉及古代和外国的理论。

(2) 以刑法学界的通说为准阐述理论，尽量回避有争议的观点。但对通说中确实存在错误的见解，用注释的方式点明正确观点及其出处。

(3) 对理论的阐述尽量做到既简明扼要，又清楚明确。

(4) 对重要的司法解释加以引用，并注明解释的名称。

(5) 对司法考试中的重点详加阐述，非重点一带而过。

(6) 对司考出题可能性高的问题，在书中作了特别提示。换言之，凡作"特别提示"的内容，应当重点掌握。

(7) 分论中，阐述各种具体犯罪时，对比较重要的内容以"注意的问题"加以标明。换言之，凡标明"注意的问题"者，也应当重点掌握。

(8) 书中穿插安排了不少与司法考题类型一致的练习题，有些练习题就是历届的司法考试题。

(9) 吸收了最新的刑事立法。比如，将《刑法修正案（六）》的全部内容都吸收了进来。

为了节约篇幅，本书分论部分对每一具体的犯罪均不交代法定刑，对于法定刑，读者可直接查阅刑法典。

我们的目的是，让阅读此书者既能较好地掌握刑法理论，又能轻松地应对司法考试，至少能从书中找到一些应对司法考试的技巧。

当然，将刑法学教科书与司考辅导相结合，不是一件容易的事，加之篇幅所限，有不少内容很难协调。比如，不讲或少讲理论，失去了教科书的价值；不讲或少讲司法考试的难点、疑点和考试技巧，又失去了司考辅导的价值。两样都讲，篇幅又容纳不了。于是，只好两边兼顾。但如何兼顾得好，就不容易了。我们做了这样的兼顾，并努力将其做好，但绝对不敢说就真的做好了，其中的缺陷肯定有，而且不会少。我们诚挚地希望阅读此书的朋友提出宝贵意见，我们在这里先向您致谢了。

关于本书必要的说明有以下几点：

（1）练习题前面的标号涉及章号、题号，括号中的数字是司法考试的年号、卷号和题号。例如："1－2（06卷二20）"，前边"1"代表第一章，"2"代表第一章的第二个练习题；括号中的"06"代表2006年，"二"代表2006年司法考试卷二，"20"代表卷二的第20个考题。

（2）书中有的地方提到"高法"，这是指最高人民法院；"高检"是指最高人民检察院。

（3）"两高"，是指最高人民法院和最高人民检察院。

本书作者分工如下：侯国云：第一至第十四章；池应华：第十五、十八章；郭立新、杨会新：第十六、十七章；王志勤：第十九至第二十四章。全书由侯国云组织并统改定稿。

全体作者

2007 年 2 月

目 录

总 论

分 论

4 刑 法

【总论】

第一章　刑法概说

■　第一节　刑法的概念、性质和体系

一、刑法的概念与分类

简单说，刑法就是规定犯罪和刑罚的法律。详言之，刑法是掌握国家政权的统治阶级，为了维护其阶级利益和统治秩序，以国家名义颁布的，规定什么行为是犯罪并应给予什么样的刑罚处罚的法律。

刑法一语，最初来自德语 Strafrecht，英文将其翻译为 Criminal Law，法文译为 Droit Penal，意大利文译为 Dirtte Penale。虽然不同国家的语言不同，表述各异，但其基本涵义是一致的，都是指规定犯罪与刑罚的法律，通称为刑法。

按刑法规定范围的大小划分，可将刑法分为广义刑法和狭义刑法。广义刑法，是指由国家立法机关制定的一切规定犯罪和刑罚的法律规范的总和，它除刑法典外，还包括所有的单行刑法和附属刑法。单行刑法，是指为补充、修改刑法典而由最高立法机关颁布的单一刑法规范，如 1998 年 12 月 29 日全国人大常委会颁布的《关于惩治骗购外汇、逃汇和非法买卖外汇犯罪的决定》，就是一个单行刑法。附属刑法，是指行政法、经济法等非刑事法律中有关犯罪及其处罚的规定。狭义刑法，仅指由国家立法机关通过一定程序制定的比较完整而稳定的刑法典。

按刑法适用的对象和时间划分，可将刑法划分为普通刑法与特别刑法。普通刑法，是指在一国领域内适用于所有人的刑法规范，它既可以是刑法典，也可以是单行刑法和附属刑法。特别刑法，是指在特定的时间和空间内，适用于特定的人或事的刑法规范。如专门适用于特定地区的戒严刑法、专门适用于军人的军事刑法等，都属于特别刑法。特别刑法于特定的范围内，在适用上优于普通刑法。

二、刑法的性质

（一）刑法的阶级性质

刑法是人类社会发展到一定阶段的产物，是统治阶级意志的表现，是

建立在一定经济基础之上的上层建筑的一部分，这就是刑法的阶级性质。

马克思主义认为，刑法是一个历史的范畴，它不是自古以来就有的，而是人类社会发展到一定阶段的产物。在原始社会，由于生产资料公有制加之生产力极端低下，没有阶级和国家，没有剥削和犯罪，自然也就没有刑法。恩格斯高度评价说："这种十分单纯质朴的氏族制度是一种多么美妙的制度呵！没有军队、宪兵和警察，没有贵族、国王、总督、地方官和法官，没有监狱，没有诉讼，而一切都是有条有理的。"[1] 后来，只是随着生产力的发展和私有制的出现，人类社会产生了阶级和阶级斗争。统治阶级为了镇压被统治阶级的反抗，不仅需要国家作为阶级专政的工具，同时还需要法律，使统治阶级对被统治阶级的压迫固定化、合法化，因而伴随着阶级和国家的产生，犯罪和刑法才应运而生。可见，刑法是适应经济发展和阶级斗争的需要而产生的，是阶级矛盾不可调和的产物。

刑法是统治阶级意志的表现，并且集中体现着统治阶级的根本利益和要求，是统治阶级用来维护其经济利益和政治统治的重要工具。需要注意的是，刑法不是统治阶级中的个别人的意志的反映，而是统治阶级整体意志的反映。刑法一经制定，就要求全体社会成员一体遵行，如果违反就要受到刑罚处罚。在表面上，刑法的某些规定也能反映被统治阶级的某些意志，但这只是因为统治阶级与被统治阶级在某些方面存在共同的需要，为了整体的阶级利益，统治阶级在不损失其统治利益的条件下，不得不适当照顾被统治阶级的利益而已。

刑法同其他法律一样，是建立在一定经济基础之上的上层建筑的一部分，它是社会经济基础的反映，因而有什么样的经济基础，就有什么样的刑法。但是，上层建筑不只是消极地反映经济基础，它适应着经济基础的需要而产生，又反过来服务于其赖以存在的经济基础。可见，表现为上层建筑的刑法的性质，决定于经济基础的性质。

（二）刑法的法律性质

刑法的法律性质，是指刑法自身所具有的基本特征，说明它在整个法律体系中所处的地位及其与其他部门法的关系问题。在我国的法律体系中，宪法是根本大法，宪法之下有刑法、民法、行政法等部门法律，刑法与其他部门法相比，有如下两个显著的特点：

1. 刑法所调整的社会关系最广泛。其他部门法律都只调整某一方面的社会关系，如民法主要是调整财产关系和部分人身关系，婚姻法只调整婚姻家庭关系。而刑法所调整的社会关系则是多方面的，既调整财产关系、经济关系，也调整人身关系，既维护统治秩序和国家安全，也维护社会秩

[1] 《马克思恩格斯选集》（第4卷），人民出版社1975年版，第92页。

序和公共安全。之所以如此，是因为刑法是同犯罪作斗争的法律，而犯罪对社会关系的危害是多方面的。

2. 刑法的制裁手段最严厉。违反法律，要受法律制裁。但违反不同的法律，所受到的制裁不同。违反民法所受到的制裁仅仅是强制还债、赔偿损失等；违反行政法的制裁，不过是行政拘留、罚款等；而违反刑法所受到的制裁则可以是剥夺财产权利、政治权利、人身自由，甚至可以剥夺生命。这种处罚的严厉性，是其他任何法律都无法比拟的。

但是，刑法同其他法律也有着密切的联系。这主要表现在如下两个方面：

1. 其他某些违法行为与刑法上的犯罪行为存在着转化关系。某些违法行为，如果危害程度较小，可按行政法规处理，如果危害严重，就要按犯罪处理。哲学大师黑格尔曾经说过："只要量多些或少些，轻率行为会越过尺度，于是就会成为完全不同的东西，即犯罪，并且正义会过渡为不正义，德行会过渡为恶行。"[1] 黑格尔这里所讲的，其实就是我们所说的违法行为向犯罪行为的转化，这里体现着量变引起质变的哲学原理。由于这种转化关系的存在，从事刑事检察、审判工作就不仅要掌握刑法，而且应当掌握有关的行政法规，以避免混淆罪与非罪的界限。

2. 运用刑法惩罚犯罪，有利于其他某些法律的贯彻实施。例如，刑法惩罚盗伐、滥伐林木罪，有利于森林法的贯彻实施；惩罚偷税、抗税罪，有利于税法的贯彻实施。因此可以说，刑法是其他法律得以贯彻实施的后盾和保障。

正因为刑法具有以上两个特点，所以它在整个法律体系中占有特殊的重要地位，成为统治阶级维护统治秩序的重要武器。历史证明，任何掌握政权的统治阶级，都十分重视运用刑法同危害其统治关系的犯罪行为作斗争，只不过不同社会制度的国家，其刑法的阶级本质和具体内容有所不同而已。

三、刑法的体系与解释

（一）刑法的体系

刑法的体系，是指刑法的组成和结构。刑法的组成，是指刑法由哪些部分构成；刑法的结构，是指刑法各部分在刑法典中排列的次序和层次。刑法分广义的刑法和狭义的刑法，狭义的刑法就是刑法典。本书仅就狭义的刑法即刑法典研究刑法的体系。概括地讲，我国《刑法》的体系是由编、章、节、条、款、项、段、档组成的一个有机的整体。

1. 编和附则。我国《刑法》首先从整体上分为两编，第一编为总则，

---

[1] ［德］黑格尔：《逻辑学》（上），商务印书馆1981年版，第405页。

第二编为分则。此外还有一个附则。总则是关于刑法的基本原则、适用范围以及关于犯罪与刑罚的一般原理、原则的规定，是定罪量刑所必须遵循的共同准则。分则是关于具体犯罪的犯罪构成和具体刑罚的规定，是解决具体的定罪量刑问题的标准。刑法总则与分则的关系是一般与特殊、抽象与具体的关系。总则指导分则，分则是总则的精神和内容的具体体现。两者相互贯通，相辅相成，构成一个有机的整体。除总则、分则之外，还有附则。附则部分只有一个条文，其内容有二：①规定修订后的刑法典开始施行的时间；②规定修订后的刑法典与此前的单行刑事法规的关系，宣布自刑法典生效之日起某些单行刑法的废止以及某些单行刑法中有关刑事责任的内容之失效。

2. 章。章是总则和分则两编之下的单位。我国《刑法》的总则和分则各自独立设章并分别排列。总则共设 5 章，即刑法的任务、基本原则和适用范围；犯罪；刑罚；刑罚的具体运用；其他规定。分则共设 10 章，即危害国家安全罪；危害公共安全罪；破坏社会主义市场经济秩序罪；侵犯公民人身权利、民主权利罪；侵犯财产罪；妨害社会管理秩序罪；危害国防利益罪；贪污贿赂罪；渎职罪；军人违反职责罪。

3. 节。节是章下所设的单位。我国《刑法》总则和分则在章下并未一律设节，而是根据各章内容的实际需要而定。总则除前后两章外，中间三章均设若干节。分则大部分章下不设节，只有第三章"破坏社会主义市场经济秩序罪"和第六章"妨害社会管理秩序罪"由于涉及的具体犯罪众多，内容庞杂，为便于掌握和适用，才在章下分别设了若干节。

4. 条。条是刑法典的基本单位。组成刑法典的全部规范，都是以条文的形式出现的。我国《刑法》共有 452 条（加上《刑法修正案》增加的 25 个条文，共计 477 个条文）。其中总则 101 条，分则 350 条（《刑法修正案》增加了 1 个总则条文，24 个分则条文，这样总则共计 102 个条文，分则共计 374 个条文），附则 1 条。每条之首都有序号，从第 1～452 条，全部用一个序号统一编排，不受编、章、节的限制。有的条下设款，款下可以再设项。有的条下不设款而直接设项。有的条下既不设款也不设项。

5. 款。款是条下所设的单位。但条下并未一律设款，是否设款，根据条文的内容而定。有些条文因规定的内容比较简单，没有必要设款。有些条文因规定的内容丰富，就可以设款，款与款之间的内容有别。外国有些刑法典，在条下设款的，用序号或字母表示。我国的《刑法》，对条下之款不设序号，而是用另起一段的方法表示。如果一条中只有一个自然段，就是没有设款，如第 1 条。如果一条中分了几个自然段，又未标明序号，那就是分了几款。如《刑法》第 6 条共有 3 个自然段，就是分了 3 款。

6. 项.[1] 项是条下或者款下所设的单位，换言之，项既可以直接设于条下，也可以设于款下。但是，条和款也不是一律设项，是否设项，根据条和款规定的内容而定。如果条或款下有一些并列的内容需要规定，就需要设项。每一项都另起一行，项首按基数序号"（一）、（二）……"的顺序进行编排。项末用分号，最后一项项末用句号。列为项的内容之间往往具有并列关系，共同从属于条或款。

7. 段. 段，是学理上对同一条、款中不同意思的称谓。有的条或款中包含两个或两个以上的意思，学理上把包含于同条或同款中的不同意思称之为段。包含两个意思的，称为前段、后段；包括三个意思的，称为前段、中段、后段。例如，《刑法》第17条第4款规定："因不满16周岁不予刑事处罚的，责令他的家长或者监护人加以管教；在必要的时候，也可以由政府收容教养。"该款分号前后是两个意思，即为两段。不过，需要说明的是，段的划分只有学理上的意义。司法文书在援引刑法典时，只引条、款或者项，并不出现段的称谓。

在刑法条文中，为了将内容不同的前后两部分有机地联系在一起，常常在两部分中间用"但是"一词加以连接。"但是"后面的部分，学理上称之为"但书"。"但书"的使用，大致有以下四种情况：①表示相反关系，如《刑法》第13条；②表示例外关系，如《刑法》第8条；③表示限制关系，如《刑法》第73条；④表示补充关系，如《刑法》第37条。

8. 档. 档（亦称为格）是学理上对《刑法》分则条文中不同幅度的法定刑的称谓。刑法分则条文的结构与总则条文的结构不同。分则的绝大多数条文都规定了具体的犯罪构成和刑罚，如《刑法》第234条规定："故意伤害他人身体的，处3年以下有期徒刑、拘役或者管制。"前部分称为罪状，后部分称为法定刑。分则条文，对同一种犯罪往往会根据不同的情节规定出不同幅度的法定刑，学理上把不同幅度的法定刑称之为档。当一个条文中出现两个以上不同幅度的法定刑时，学理上从轻到重称之为第一档法定刑，第二档法定刑，依此类推。例如，《刑法》第232条规定："故意杀人的，处死刑、无期徒刑或者10年以上有期徒刑；情节较轻的，处3年以上10年以下有期徒刑"。学理上就说，故意杀人罪的第一档法定刑是3年以上10年以下有期徒刑，第二档法定刑是死刑、无期徒刑或者10年以上有期徒刑。

---

〔1〕 在司法解释中，"项"后还可以再设"目"。比如《最高人民法院关于审理盗窃案件具体应用法律若干问题的解释》第6条的三项之后都设有目。"目"一般用阿拉伯数字1.2.3. 表示。但我国《刑法》中并未设目。

（二）刑法的解释

刑法的解释，是指对刑法规范的基本含义及其在司法实践中的具体应用问题所作的说明，简单说，就是对刑法规范含义的阐明。刑法的解释，对于准确地理解和适用刑法具有十分重要的意义。这是因为：①刑法规范是对社会价值观念的高度概括，其内容具有抽象性，它的含义特别是其中的一些专门术语，与日常生活中使用的相同词语不尽一致，只有通过解释才能使人们正确理解其特定的含义；②刑法具有稳定性，而现实生活却在不断地发展变化，解释可以按照立法意图和刑事政策，根据客观情况的变化赋予某些条文新的含义，弥补立法的不足，以适应司法实践的需要；③我国地域辽阔，民族众多，各地情况相差较大，对刑法规范的理解容易产生歧义，只有通过对刑法的解释，才能使司法实践中易生歧义的问题得到统一理解，使刑法的适用在全国一体遵行；④刑法经过一定时期的适用之后，需要进行必要的修改和完善，而对刑法的解释可以对刑法的修改完善积累经验，并可推动对刑法的研究不断深入发展。因此，我国立法机关、司法机关以及刑法学界，向来十分重视对刑法的解释。

刑法的解释，根据不同的标准，可作不同的分类。通常从以下两个方面进行分类：

1. 以解释的效力为标准，可将刑法解释分为立法解释、司法解释和学理解释。

（1）立法解释。立法解释，是指国家立法机关对刑法规范所作的解释。我国的立法机关是全国人民代表大会及其常务委员会。我国《宪法》第 67 条规定，解释法律是全国人民代表大会常务委员会的职权。全国人大常委会 1981 年 6 月 10 日发布的《关于加强法律解释工作的决议》指出："凡关于法律、法令条文本身需要进一步明确界限或作补充规定的，由全国人大常委会进行解释或用法令加以规定。"立法解释的特点在于：①与刑法具有同等的效力，是效力最高的解释；②具有较强的稳定性，解释发布之后，轻易不会修改；③解释过程需要一定的程序，比较规范、严格。

立法解释的方式，归纳起来，主要有以下三种：

第一，在刑法典中用法律条文明文规定的方式所作的解释。这种解释是立法机关在制定刑法时，为避免对刑法术语的理解产生歧义而专门作出的。它属于刑法的有机组成部分，既可以存在于总则中，也可以存在于分则中。例如《刑法》总则第 91～99 条对公共财产、公民私人所有的财产、国家工作人员、司法工作人员、重伤、违反国家规定、首要分子、告诉才处理、以上、以下、以内等法律术语所作的解释性规定，以及《刑法》分则第 357 条对毒品、第 367 条对淫秽物品所作的界定，就属于这种立法解释。这种解释，因属于刑法的组成部分，因而最具有权威性。

第二，国家立法机关在"法律的起草说明"或"修订说明"中所作的解释。例如，1979年第五届全国人民代表大会在《关于七个法律草案的说明》中说明侮辱罪、诽谤罪时指出："保护工作中的批评和反批评，讨论问题时不同意见的相互反驳，以及对领导、对工作提出的批评建议的权利，这些必须同诽谤、侮辱严格加以区别。"这实际上是对侮辱罪、诽谤罪的限制解释。又如，1981年6月全国人大常委会在制定《关于处理逃跑或者重新犯罪的劳改犯和劳教人员的决定》时所作的"起草说明中"指出："以上所讲的重新犯罪，都不包括过失犯罪"；"加重处罚，不是可以无限制地加重，而是罪加一等，即在法定最高刑以上一格判处"。这就是对"重新犯罪"和"加重处罚"所作的解释。虽然该《决定》现已废止，相应的解释也已失效，但这种在"起草说明"中对刑法进行解释的方式是客观存在的。

第三，在刑法施行过程中，由全国人大常委会对刑法条文需要进一步明确界限或作补充规定的问题专门进行解释或者用其他法令加以规定。迄今为止，全国人大常委会已经作过如下一些刑法解释：2000年4月29日《关于〈刑法〉第93条第2款的解释》；2001年8月31日《关于〈刑法〉第228条、第342条、第410条的解释》；2002年4月28日《关于〈刑法〉第294条第1款的解释》；2002年4月28日《关于〈刑法〉第384条第1款的解释》；2002年8月29日《关于〈刑法〉第313条的解释》；2002年12月28日《关于〈刑法〉第9章渎职罪主体适用问题的解释》；2004年12月29日《关于〈刑法〉有关信用卡规定的解释》；2005年12月29日《关于〈刑法〉有关文物的规定适用于具有科学价值的古脊椎动物化石、古人类化石的解释》；2005年12月29日《关于〈刑法〉有关出口退税、抵扣税款的其他发票规定的解释》。

（2）司法解释。司法解释，是指国家最高司法机关对刑法规范所作的解释。我国的最高司法机关是最高人民法院和最高人民检察院。前述《关于加强法律解释工作的决议》规定："凡属于法院审判工作中具体应用法律、法令的问题，由最高人民法院进行解释。凡属于检察院检察工作中具体应用法律、法令的问题，由最高人民检察院进行解释。最高人民法院和最高人民检察院的解释如果有原则性的分歧，报请全国人民代表大会常务委员会解释或决定。"司法解释的特点在于：①对司法实践具有直接的约束力。它虽然不具有等同于法律的效力，但只要不违背法律的宗旨，各地司法机关都必须遵照执行；②解释的范围只限于审判和检察工作中如何具体应用刑法规范的问题，不得超越立法的权限，违背刑法的宗旨；③解释的程序比较简单，解释的内容可以随着司法实践的变化而调整，比如关于盗窃、强奸罪的司法解释，都曾有过数次调整。

自 1979 年《刑法》颁行以来，尤其是 1997 年对《刑法》修订之后，最高人民法院和最高人民检察院分别或者联合就审判和检察工作中具体应用法律的问题作了许多司法解释，例如，2000 年 11 月 15 日《关于审理交通肇事案件具体应用法律若干问题的解释》、2000 年 11 月 22 日《关于审理抢劫案件具体应用法律若干问题的解释》、2001 年 4 月 9 日《关于办理生产、销售伪劣商品刑事案件具体应用法律若干问题的解释》等。这些解释对于统一司法机关的认识，提高刑事审判和检察工作的质量，保证刑法在全国的统一适用，起到了十分重要的作用。

（3）学理解释。学理解释，是指国家宣传机构、教学科研单位以及专家学者从学术、理论上对刑法规范所作的解释。例如学者们撰写出版的理论专著、学术论文、刑法学教科书、案例分析等，都属于对刑法的学理解释。学理解释在法律上不具有约束力，不能直接作为处理案件的依据，但却有助于对刑法规范含义的理解，对司法实践和立法工作都有十分重要的参考价值。

2. 以解释的方法为标准，可将刑法的解释分为文理解释和论理解释。

（1）文理解释。文理解释，是指对刑法条文的字义，包括词句、术语、概念从字面含义到语法结构上所作的解释。如《刑法》第 95 条对"重伤"一词的解释，第 99 条对"以上、以下、以内"所作的解释，以及刑法教科书中对《刑法》第 14 条规定的"希望"、"放任"、第 23 条规定的"着手"、"未得逞"等词义的解释，都属于文理解释。其特点是，严格按照刑法条文的字面含义进行解释，既不扩大，也不缩小。

（2）论理解释。论理解释，是指按照立法精神，联系有关情况，从理论和逻辑上对刑法规范所作的解释。其特点是，不拘泥于刑法条文的字面含义，而是从刑法条文的内部结构以及与其他条文、其他法律的相互关系上，运用逻辑、推理的方法，探求立法的本意和主要精神。例如，有学者认为，《刑法》第 133 条规定的"交通肇事后逃逸"是指肇事者在交通肇事后不救助被害人；"因逃逸致人死亡"是指因肇事者肇事后不实施救助行为而过失地导致被害人死亡，[1] 就是联系立法本意、法学理论和司法实践所作的论理解释。论理解释又可分为如下四种：

第一，扩张解释。亦称扩大解释，是指将刑法条文作大于其字面含义的解释。例如，《刑法》第 312 条规定的"明知"一词，按字面含义是"明明知道"的意思，但司法实践中还将它理解为"应当知道"，这就属于对"明知"一词的扩张解释。由于扩张解释超越了刑法条文的字面含

---

〔1〕 侯国云："交通肇事罪司法解释缺陷分析"，载《法学》2002 年第 7 期。

义，容易与罪刑法定原则相抵触，因而各国对此种解释有一定的限制，要求解释者慎重解释。

第二，限制解释。亦称缩小解释，是指将刑法条文作小于其字面含义的解释。例如，《刑法》第232条规定"故意杀人的，处……"。这里的"人"在理论上都解释为"除自己以外的自然人"，不包括自杀。这就是一种限制解释。它缩小了普通语言所讲的"人"的含义。

第三，类推解释。这是指超出法律条文普通话文字固有的含义所作的解释，但是，超出的内容与固有的内容具有某种类似之处，不得无限制地超出。例如，1979年《刑法》第170条规定有制作贩卖淫书淫画罪，1985年的有关司法解释曾规定，制作贩卖淫秽的录像、影片、电视片、幻灯片的，也按制作贩卖淫书淫画罪定罪量刑，这就属于类推解释。类推解释与1979年《刑法》中规定的类推制度不同。类推制度是对刑法条文中没有明文规定的犯罪，比照刑法分则中最相类似的条文定罪判刑，为罪刑法定原则所绝对禁止。类推解释是对法律条文的含义所作的解释，不为罪刑法定原则绝对禁止。

第四，正常解释。这是指按照法律条文普通话文字固有的含义所作的解释，即既不扩大，也不缩小。例如，理论上对《刑法》第17条规定的"已满16周岁"解释为"是指过了16岁生日的第二天"，这就属于正常解释。

1-1 下列关于刑法解释的说法，哪些是正确的？

A. 根据解释的效力，可将刑法的解释分为有效解释和无效解释

B. 《刑法》第99条规定的"本法所称以上、以下、以内，包括本数"，属于立法解释

C. 刑法的学理解释，是指刑法学家们对刑法条文所作的解释

D. 学理解释可以分为文理解释和论理解释

E. 刑法的司法解释，是指最高人民法院对刑法条文所作的解释

F. 扩大解释和限制解释都属于论理解释

答案：BDF

1-2（06卷二20） 下列哪种说法是正确的？

A. 将强制猥亵妇女罪中的"妇女"解释为包括男性在内的人，属于扩大解释

B. 将故意杀人罪中的"人"解释为"精神正常的人"，属于应当禁止的类推解释

C. 将伪造货币罪中的"伪造"解释为包括变造货币，属于法律允许

的类推解释

D. 将为境外窃取、刺探、收买、非法提供国家秘密、情报罪中的"情报"解释为"关系国家安全和利益、尚未公开或者依照有关规定不应公开的事项",属于缩小解释

答案：D

■ 第二节 刑法的基本原则

刑法的基本原则，是指刑法所特有的，贯穿于刑法始终，具有全局性和根本性意义，指导和制约刑事立法、刑事司法和刑罚执行活动的准则。我国刑法明确规定的基本原则有罪刑法定、平等适用刑法和罪刑相适应三个。

一、罪刑法定原则

(一) 罪刑法定原则的基本含义

罪刑法定原则，亦称罪刑法定主义，其基本含义是"法无明文规定不为罪，法无明文规定不处罚"。该原则最初是在资产阶级启蒙思想家们的倡导下，为反对封建社会的罪刑擅断而提出来的。根据该原则，对行为人的定罪与判刑，必须以刑事法律的明文规定为限，如果刑事法律中对某种行为或不行为未加规定，即使该行为或不行为对社会危害很严重，也不能对其定罪判刑，简称"法外无罪，法外无刑"。最初的罪刑法定被称为绝对的罪刑法定，主要包括以下内容：①绝对禁止类推和扩大解释，把刑法对犯罪种类和犯罪构成要件的明文规定，作为对现行案件定罪的唯一根据。对法律没有明文规定的行为，不论其危害性多么严重，一律不能通过类推或扩大解释定罪判刑。②绝对禁止适用习惯法，即习惯法不能成为刑法的渊源，刑法的渊源只能是由立法机关通过的成文法，不允许通过适用习惯法来定罪判刑。③绝对禁止刑法溯及既往，把从旧原则作为解决刑法溯及力问题的唯一原则，不允许根据行为后施行的刑法处罚刑法施行前的行为。④绝对禁止法外施刑和不定期刑，刑罚的名称、种类、幅度，都必须由法律明确规定，刑期必须是绝对确定的，既不允许绝对的不定期刑，也不允许相对的不定期刑。

后来，随着社会的发展和阶级矛盾的加深，犯罪现象大幅度增加，资产阶级逐渐认识到绝对的罪刑法定并不利于维护他们的阶级利益，于是资产阶级很快就用变通的手法对罪刑法定进行了修正。修正后的罪刑法定被称为相对的罪刑法定，修正的主要内容如下：①在定罪的根据上，允许有条件地适用类推和严格限制的扩大解释。即在法律明确规定和有利被告的

前提下可以适用类推，在不超越解释权限且符合立法精神的前提下，可以进行扩大解释。不允许任意的进行类推和扩大解释。②在刑法的渊源上，允许习惯法成为刑法的间接渊源，但必须以确有必要或不得已而用之为前提。即只有当行为构成犯罪必须借助习惯法才能加以说明时，才能以习惯法作为对个案定罪的根据。③在刑法的溯及力上，允许采用从旧兼从轻原则，作为禁止刑法溯及既往的例外。即当新法不认为是犯罪或处罚较轻时，可以适用新法。④在刑罚的种类上，允许采用相对的不定期刑，即允许刑法对法定刑规定出具有最高刑和最低刑的量刑幅度，法官有权根据案情在一定的幅度内选择适当的刑种和刑期。

1-3（04卷二16）　关于罪刑法定原则及其内容，下列哪一选项是正确的？

A. 罪刑法定原则禁止类推解释与扩大解释，但不禁止有利于被告人的类推解释

B. 罪刑法定原则禁止司法机关进行类推解释，但不禁止立法机关进行类推解释

C. 罪刑法定原则禁止适用不利于行为人的事后法，但不禁止适用有利于行为人的事后法

D. 罪刑法定原则要求刑法规范的明确性，但不排斥规范的构成要件要素

答案：C

1-4（06卷二1）　关于罪刑法定原则，下列哪一选项是正确的？

A. 罪刑法定原则的思想基础之一是民主主义，而习惯最能反映民意，所以，将习惯作为刑法的渊源并不违反罪刑法定原则

B. 罪刑法定原则中的"法"不仅包括国家立法机关制定的法，而且包括国家最高行政机关制定的法

C. 罪刑法定原则禁止不利于行为人的溯及既往，但允许有利于行为人的溯及既往

D. 刑法分则的部分条文对犯罪的状况不作具体描述，只是表述该罪的罪名。这种立法体例违反罪刑法定原则

答案：C

（二）罪刑法定原则在我国刑法中的确立

最早将罪刑法定原则引入我国的是清朝末年的著名法学家沈家本，他所主持制定的1910年《大清新刑律》第10条规定："法无正条者，不问

何种行为，不为罪"。民国时期的 1911 年《暂行新刑律》和 1928 年、1935 年由国民党制定颁布的《刑法》，也有类似的规定。新中国成立后，于 1979 年颁布的第一部《刑法》，没有规定罪刑法定原则，而是在第 79 条规定了类推制度。1997 年《刑法》在修改过程中，对于要不要废除类推制度，规定罪刑法定原则，学术界争论比较激烈，最后，国家立法机关接受了多数学者的意见，废除了类推制度，并在《刑法》第 3 条明确规定了罪刑法定原则："法律明文规定为犯罪行为的，依照法律定罪处刑；法律没有明文规定为犯罪行为的，不得定罪处刑"。该规定是从积极和消极两个方面规定罪刑法定的。从积极方面看，强调了犯罪及其刑罚的法定性，要求对法律明文规定的犯罪行为，只能依照法律定罪处罚，体现了法律的权威性。从消极方面看，强调了非罪行为的自由性，法律没有规定为犯罪行为的，不得定罪处刑，即限制刑罚权的滥用，保障公民的权利和自由。

（三）罪刑法定在我国刑法中的体现

罪刑法定原则包括罪的法定和刑的法定两个部分。我国刑法对罪的法定，主要是通过三个层次加以体现：①在《刑法》第 13 条明确规定了犯罪的定义，揭示了犯罪的社会本质及法律特征，给犯罪规定了一个总标准；②在《刑法》第 14～18 条明确规定了犯罪故意、犯罪过失、刑事责任年龄、刑事责任能力等一系列犯罪构成的共同要件，给犯罪的成立设定了一个总的规格；③在刑法分则中对每一个具体犯罪都明确规定了构成要件，为司法机关认定犯罪提供了具体的法律依据。

我国刑法对刑的法定，是通过四个层次加以体现的：①在总则第三章明确规定了刑罚的种类，把刑罚分为主刑和附加刑两大类；②在《刑法》第 61 条明确规定了"以事实为根据，以法律为准绳"的量刑总原则，强调对犯罪人决定刑罚时，必须根据犯罪的事实、性质、情节和社会危害程度，依照法律的规定判处；③规定了一系列量刑的具体原则和制度，如对未成年人犯罪的处罚原则，对主犯、从犯、胁从犯的处罚原则，以及累犯制度、自首制度、数罪并罚制度等；④明确规定了各种具体犯罪的法定刑，为司法机关正确量刑提供了具体的法定标准。

刑法关于刑罚种类、量刑原则、量刑制度以及对各种具体犯罪的法定刑的明确规定，为适用刑罚提供了明确、具体的标准，从法律上能够保障罪刑法定原则的贯彻实施。

特别提示：法律没有规定的，不得定罪；排斥类推，不得溯及既往。

1-5（00 卷二 25）　甲男与乙女于某日中午公开在某公园内发生性关系，引起游客的极大愤慨，造成恶劣的社会影响。对甲、乙的行为应如何认定？

    A. 聚众淫乱罪   B. 组织淫秽表演罪

    C. 寻衅滋事罪   D. 无罪

    答案：D

1-6（05卷二13） 甲在某证券交易大厅偷窥获得在该营业部开户的乙的资金账号及交易密码后，通过电话委托等方式在乙的资金账号上高吃低抛某一只股票，同时通过自己在证券交易部的资金账号低吃高抛同一只股票，造成乙损失30万元，甲从中获利20万元。对甲应当如何处理？

    A. 属于法无明文规定的情形，不以犯罪论处

    B. 以盗窃罪论处

    C. 以故意毁坏财物罪论处

    D. 以操纵证券价格罪论处

    答案：B

二、平等适用刑法原则

我国《刑法》第4条规定："对任何人犯罪，在适用法律上一律平等。不允许任何人有超越法律的特权。"理论上把这一规定称为平等适用刑法原则。该原则是指，对实施了犯罪行为的人，在适用刑法上，不分种族、性别、身份、地位、职业、功劳、宗教信仰、财产状况，一律依照《刑法》的规定，同等地追究刑事责任。具体地说，应当包括以下三个方面：

1. 在定罪上平等。即任何人犯罪，不论行为人身份贵贱、职务高低、功劳大小、财产多少，都适用相同的定罪标准。

2. 在量刑上平等。即对犯有同样罪行且有相同犯罪情节的人，依据相同的量刑标准判处刑罚，不得在法律之外因行为人的出身、地位、财产状况等的不同而减轻或者加重处罚。

3. 在行刑上平等。即对于被判处同样刑罚的人，应当给予相同的刑罚处遇，不得在法律之外因出身、地位、财产状况等差异而受到优待或虐待。

需要强调指出的是，所谓平等不是绝对的，而是体现刑法公正的平等，也就是古希腊著名哲学家亚历士多德所说的实质上的平等。这种实质的平等，要求相同的情况相同对待，不同的情况不同对待。只有这样，才能充分体现出刑法所追求的最高价值——公正。

三、罪刑相适应原则

（一）罪刑相适应原则的基本涵义

我国《刑法》第5条规定："刑罚的轻重，应当与犯罪分子所犯罪行

和承担的刑事责任相适应。"根据这一规定，罪刑相适应，就是指刑罚的轻重与罪行的轻重和刑事责任相适应。根据通说的见解，罪行的轻重主要表现在客观犯罪事实严重与否和社会危害性的大小上。犯罪事实严重，社会危害性大的，承担的刑罚就重，反之，承担的刑罚就轻。刑事责任的大小则主要反映在主观恶性的大小上。主观恶性大的，责任就大，主观恶性小的，责任就小。反映主观恶性大小的因素包括责任年龄、责任能力、罪过形式、是否累犯、是否中止、罪后表现等。而累犯、中止、罪后表现这些内容，又反映着犯罪人的人身危险性，也就是犯罪人再次实施犯罪危害社会的可能性。因此，也可以说，罪刑相适应实际上是指对犯罪人适用的刑罚要与符合犯罪构成的事实的严重程度和犯罪人人身危险性的大小相适应。对犯罪人适用刑罚时，首先要考虑符合犯罪构成的基本事实，尤其是犯罪社会危害性的大小，并以此为根据大体确定刑罚轻重的基本幅度，然后再考虑犯罪人人身危险性的大小，最后对犯罪人确定实际适用的刑罚。

（二）罪刑相适应原则的立法体现

1. 刑罚的轻重与罪行相适应主要体现在以下三个方面：

（1）犯罪性质和情节的不同，影响刑罚的轻重。例如，刑法分则对各种性质不同的犯罪规定了不同的法定刑，有的条文还在同一种犯罪中又根据不同的犯罪情节规定了两个或者三个不同的量刑幅度。

（2）危害结果的大小影响刑罚的轻重。例如伤害的轻重、数额的多少都影响刑罚的轻重。

（3）犯罪形态的不同，影响刑罚的轻重。不同的犯罪形态，对社会的危害程度会有所不同，因而，不同的犯罪形态，也应受到不同程度的惩罚。例如，对预备犯可以比照既遂犯从轻、减轻或者免除处罚；对未遂犯可以比照既遂犯从轻或者减轻处罚；对中止犯，没有造成损害的应当免除处罚，造成损害的应当减轻处罚；对防卫过当、避险过当应当减轻或者免除处罚，等等。

2. 刑罚的轻重与刑事责任相适应主要体现在以下五个方面：

（1）对未成年犯、限制责任能力人，从宽处罚。例如，《刑法》规定，对不满18岁的犯罪，应当从轻或者减轻处罚，且不能适用死刑。对又聋又哑的人或者盲人犯罪的，可以从轻、减轻或者免除处罚等。

（2）对犯罪后自首、立功的人，从宽处罚。

（3）对中止犯比未遂犯处罚更轻。

（4）对过失犯罪比故意犯罪处罚轻。

（5）对累犯从重处罚。

1-7　下列关于罪刑相适应原则的说法，哪些是正确的？

A. 刑罚的轻重与罪行相适应

B. 刑罚的轻重与罪行和刑事责任相适应

C. 罪行是指犯罪在客观上的危害性

D. 刑事责任是指犯罪在主观上的罪过性

答案：BCD

1 - 8 下列哪种情形体现出了刑罚的轻重与刑事责任相适应？

A. 对犯罪后自首、立功的人从宽处罚

B. 对中止犯的处罚更轻于预备犯、未遂犯

C. 对未满 18 岁的人犯罪，应当从轻或者减轻处罚

D. 对累犯应当从重处罚

答案：ABCD

1 - 9 (05 卷二 51) 下列关于罪刑相适应原则的说法哪些是正确的？

A. 罪刑相适应原则要求刑法不溯及既往

B. 罪刑相适应原则要求刑事立法制定合理的刑罚体系

C. 罪刑相适应原则要求刑罚与犯罪性质、犯罪情节和罪犯的人身危险性相适应

D. 罪刑相适应原则要求在行刑中合理地运用减刑、假释等制度

答案：BCD

■ 第三节 刑法的适用范围

刑法的适用范围，亦称刑法的效力，是指刑法在什么时间、什么空间，对什么人具有适用的效力。它从空间与时间的结合上界定了刑法的适用范围与对象，分为空间效力和时间效力。

一、刑法的空间效力

（一）刑法的空间效力的概念

刑法的空间效力，亦称刑法在空间上的适用范围，是指刑法对地和对人的效力，即刑法在什么地方对什么人有效，它解决的是国家刑事管辖权的范围问题。刑法对地的效力和对人的效力在刑法空间效力中占有最重要的地位，因为刑法的适用对象是人，而人又生活在特定的地域上。所以刑法的空间效力首先得解决对地和人的管辖问题。正是因为如此，世界上才产生了关于刑事管辖权的两个最早、也是最基本的原则，即属地原则和属人原则。后来，随着国家之间交流的扩大，国际合作和协助的增多，国家

独立与主权意识的加强，又产生了保护原则和普遍管辖原则。

（二）对国内犯的适用原则

刑法对国内犯的适用原则是属地管辖原则。属地原则，亦称领土原则或属地主义，是指以国家领域为标准，凡发生在本国领域之内的犯罪，不论犯罪人是本国人还是外国人，都适用本国刑法。属地管辖原则以国家主权和国家刑罚权为根据，有利于维护国家主权、尊严与秩序，也有利于刑罚效果的实现和诉讼程序的展开。

我国《刑法》第6条第1款规定："凡在中华人民共和国领域内犯罪的，除法律有特别规定的以外，都适用本法。"这是对属地管辖原则的规定，涉及以下三个内容：

1. "中华人民共和国领域内"的含义。中华人民共和国领域内，指的是我国国境以内的全部区域，具体包括：①领陆，即国境线以内的陆地及其地下层。②领水，即国家所有的水域，包括内水、领海及其水床和底土。内水包括内河、内湖、内海以及同外国之间界水的一部分，通常以河流中心线或主航道中心线为界。领海包括某些海湾、海峡等。③领空，即领陆、领水之上的空间。

另外，根据国际条约和惯例，我国的船舶或者航空器属于我国领土的延伸，也适用我国刑法。按照国际惯例，船舶和航空器被称作"拟制领土"，亦称"浮动领土"。拟制领土，是为了从法律上解决管辖权问题而作的一种假设，仅仅是法律上的拟制，而不是真正的领土。我国《刑法》第6条第2款规定："凡在中华人民共和国船舶或者航空器内犯罪的，也适用本法。"这里所说的船舶、航空器，不论是民用的还是军用的，不论在航行途中还是处于停泊状态，也不论航行或者停泊在什么空间、位置，只要在我国登记注册，悬挂我国国旗、国徽、军徽等标志，都属于我国的拟制领土。在其之内犯罪的，都适用我国刑法。

2. "在中华人民共和国领域内犯罪"的标准。采取属地管辖原则，需要对犯罪地加以确定，即以什么因素为标准确定犯罪发生在本国领域内。就此问题，各国刑法及其理论共有三种不同的规定和学说：①行为地说，认为犯罪是行为，只有行为发生在本国领域内的，才认为是在本国领域内犯罪；②结果地说，认为犯罪的实质是给社会造成危害结果，只有结果发生在本国领域内的才认为是在本国领域内犯罪；③综合说，认为不论行为还是结果只要有一项发生在本国领域内，就认为是在本国领域内犯罪。我国刑法采取了综合说，《刑法》第6条第3款规定："犯罪的行为或者结果有一项发生在中华人民共和国领域内的，就认为是在中华人民共和国领域内犯罪。"按照这一规定，行为与结果均发生在我国领域内的，适用我国刑法。仅行为发生在我国领域内或者仅结果发生在我国领域内的，也适用我国刑法。而且，行为和结果，都可以是一部，也可以是全部；可以是犯罪预备，也可以是犯罪未遂，在未遂犯场合，行为地、行为人希望结果发生之地、可能发生结果之地都是犯罪地；行为可以是作为，也可以是不作为，不作为以应作为地为犯罪地；可以是单人犯罪，也可以是共同犯罪，在共同犯罪场合，共同犯罪行为有一部分发生在本国领域内或者共同犯罪结果有一部分发生在本国领域内，就认为是在本国领域内犯罪。

3. "法律有特别规定"的含义。这里所说的"法律有特别规定"，包括以下三类情况：

（1）不适用中国刑法的情况。此类情况不仅不适用我国的刑法典，而且也不适用我国的单行刑事法规和附属刑事规范。此类情况才真正属于属地管辖原则的例外。此类情况只有一种，即《刑法》第11条的规定："享有外交特权和豁免权的外国人的刑事责任问题，通过外交途径解决。"这意味着上述人即使在我国领域内犯罪，也不适用我国刑法。所谓外交特权和豁免权，是指根据国际公约或者有关协议，在平等互惠的前提下，一国为保证驻在本国的他国外交代表机构及其工作人员正常执行职务而给予的一种特别权利和优遇。其内容主要包括：住宅或办公场所不受侵犯，人身不受侵犯，不受逮捕或者拘留，并享有刑事管辖豁免权。但这决不意味着享有该项权利的人可在我国为所欲为。他们应当尊重和遵守我国法律。如果他们在我国领域内犯罪，不是不解决，而是通过外交途径解决。通常的解决办法是要求派遣国招回、宣布其为不受欢迎的人、限期离境等。

（2）不适用我国刑法典的情况。此类情况仅仅是不适用我国的刑法典，但可以适用相关的单行刑事法规和附属刑事规范。因此，此类情况不属于属地管辖原则的例外，而仅仅是适用刑法典的例外。此类情况有以下两种：

第一，国家立法机关制定的特别刑法。刑法施行过程中，国家立法机关可以随时根据实际需要制定单行刑法和附属刑法规范。例如全国人大常委会通过的几个刑法修正案，就属于此种情况。如果这些特别刑法与刑法典的规定发生法规竞合，按照"特别法优于普通法"的原则，适用特别法，不适用刑法典。

第二，民族自治地方制定的变通或补充性规定。我国《刑法》第90条规定："民族自治地方不能全部适用本法规定的，可以由自治区或者省的人民代表大会根据当地民族的政治、经济、文化的特点和本法规定的基本原则，制定变通或者补充的规定，报请全国人民代表大会常务委员会批准施行。"根据这一规定，如果少数民族地区制定并报经批准了变通或者补充性的刑事规范，就适用变通或补充性规定，不适用刑法典。但在实施这一例外规定时，必须注意以下三点：①只能就不能适用刑法典的部分情况制定变通或补充规定，而不能另行制定刑法典，所以刑法典在总体上仍然对少数民族地区具有适用效力；②少数民族地区省级人民代表大会制定的变通补充规定必须与当地民族的政治、经济、文化的特点相适应，必须符合刑法典的基本原则；③少数民族地区制定的变通或者补充规定必须报经全国人大常委会批准后，方能施行。不过，至今我国尚没有一个少数民族地区制定过此类规定。

（3）只适用我国港澳台地区刑法的情况。此类情况既不适用我国刑法典，也不适用相关的单行刑事法规和附属刑法规范，但适用我国港澳台地区的刑法。这是我国香港、澳门和台湾地区的特殊情况。由于众所周知的特殊原因，港、澳、台地区只适用该地区的刑法，不适用我国刑法典。

1-10　美国公民甲来我国旅游时，在宾馆引起重大火灾，造成二人死亡、上千万元经济损失的严重后果。对甲应如何处置？
A. 适用我国刑法追究其刑事责任
B. 通过外交途径解决
C. 适用该外国刑法追究其刑事责任
D. 直接驱逐出境
答案：A

1-11（04卷二56）　下列关于中国刑法适用范围的说法哪些是错误的？
A. 甲国公民汤姆教唆乙国公民约翰进入中国境内发展黑社会组织。即使约翰果真进入中国境内实施犯罪行为，也不能适用中国刑法对仅仅实施教唆行为的汤姆追究刑事责任
B. 中国公民赵某从甲国贩卖毒品到乙国后回到中国。由于赵某的犯罪行为地不在中国境内，行为也没有危害中国的国家或者国民的利益，所以，不能适用中国刑法
C. A国公民丙在中国留学期间利用暑期外出旅游，途中为勒索财物，将B国在中国的留学生丁某从东北某市绑架到C国，中国刑法可以依据保护管辖原则对丙追究刑事责任
D. 中国公民在中华人民共和国领域外实施的犯罪行为，按照刑法规定的最高刑为3年以下有期徒刑的，也可以适用中国刑法追究刑事责任
答案：ABC

1-12（05卷二56）　下列哪些犯罪行为应实行属地管辖原则？
A. 外国人乘坐外国民航飞机进入中国领空后实施犯罪行为

B. 中国人乘坐外国船舶，当船舶行驶于公海上时实施犯罪行为

C. 外国人乘坐中国民航飞机进入法国领空后实施犯罪行为

D. 中国国家工作人员在外国实施我国刑法规定的犯罪行为

答案：AC

1-13 下列哪种情形应依属地原则适用我国刑法？

A. 伊拉克人甲劫持一架美国飞机降落在我国昆明机场

B. 甲为杀乙，从日本邮寄投放了毒药的糕点给住在北京的乙，乙收到后发现糕点霉变未吃

C. 我国的一列国际列车行驶在越南境内时，一柬埔寨人偷窃了一缅甸人数额较大的财物

D. 丙潜入泰国驻我国的大使馆窃取了数额较大的财物

答案：ABD

（三）对国外犯的适用原则

在我国领域外的犯罪，有三种情况也可以适用我国刑法，但这些靠属地原则是不能解决的。因此，我国刑法就域外犯罪，另外采取了三个原则。

1. 属人管辖原则。属人原则，亦称国籍原则或属人主义，是指以人的国籍为标准，凡是本国人犯罪，即使发生在本国领域外，也适用本国刑法。这是基于国家对本国公民的属人优越权而产生的。西方大陆法系国家多采用这一原则，我国也采用这一原则。我国《刑法》第7条第1款规定："中华人民共和国公民在中华人民共和国领域外犯本法规定之罪的，适用本法。但是按本法规定最高刑为3年以下有期徒刑的，可以不予追究。"第2款规定："中华人民共和国国家工作人员和军人在中华人民共和国领域外犯本法规定之罪的，适用本法"。这是我国刑法对属地原则的规定。这里涉及以下三个内容：

（1）中国公民的界定。中国公民，是指取得中华人民共和国国籍的自然人。取得中华人民共和国国籍的外国血统的人是中国公民，已经取得外国国籍的华人，不是中国公民。

（2）我国普通公民的域外刑事管辖原则。我国普通公民在我国领域外犯罪的，不论按照当地法律是否认为是犯罪，不论是何种罪行或罪轻罪重，也不论是侵犯了何国或何国公民的利益，原则上都适用我国刑法。只不过所犯之罪最高刑为3年以下有期徒刑的，可以不予追究。所谓"可以不予追究"，不是绝对不追究，而是保留追究的可能性。这里的"最高刑"是指按其罪行应当适用的量刑幅度的最高刑。如果同一条文中有几个量刑

幅度时，即按其罪行应当适用的量刑幅度的法定最高刑计算。[1]

（3）我国特定公民的域外刑事管辖原则。国家工作人员或者军人在我国领域外犯罪的，不论罪行轻重、法定刑高低，都要适用我国刑法，且不存在可以不予追究的问题。换言之，可以不予追究的情况只适用于普通公民，不适用于国家工作人员和军人。

1-14 下列哪些行为应依属人原则适用我国刑法？

A. 加拿大人甲 2000 年取得中国国籍，2003 年回加拿大办事时，因发生纠纷将他人打成重伤

B. 我国上海人乙 2002 年取得美国国籍，2004 年去埃及旅游时，抢了一个游人的提包，内有 2000 美元

C. 我国公民某丙去泰国旅游时偷窃了一个游客的钱包，内有泰铢合人民币 800 元

D. 我国河北省政府办公厅副主任某丁去韩国考察时，在宾馆不小心引起火灾，造成重大损失

答案：AD

2. 保护管辖原则。保护管辖原则，亦称安全原则或保护主义，是指以保护本国利益为标准，主张不论犯罪人是本国人还是外国人，也不论犯罪发生在本国领域内还是本国领域外，只要侵害了本国国家或公民的利益，都适用本国刑法。该原则的优点是更好地贯彻了国家主权原则，拓宽了本国刑法的效力范围，但其缺点是，当犯罪人是外国人且犯罪行为又发生在国外时，就会受到他国主权的限制，与他国的刑事管辖权发生冲突。因而各国刑法在采用这一原则时，都自觉地加以限制。

我国《刑法》第 8 条规定："外国人在中华人民共和国领域外对中华人民共和国国家或者公民犯罪，而按本法规定的最低法定刑为 3 年以上有期徒刑的，可以适用本法，但是按照犯罪地的法律不受处罚的除外。"这是我国刑法对保护管辖原则所作的规定。就这一规定，需要注意以下三个问题：

（1）这里所说的"外国人"，是指不具有中国国籍而具有外国国籍的人和无国籍人。取得外国国籍的具有中国血统的华人，是外国人。

（2）外国人在我国领域外犯罪，若适用我国刑法，必须具备三个条

---

[1] 1985 年 8 月 21 日《最高人民法院关于人民法院审判严重刑事犯罪案件中具体应用法律若干问题的答复（三）》第 39 问，载《司法文件选编》1985 年第 11 号，第 10～11 页。

件：①犯罪行为必须侵犯了我国国家或者我国公民的权益，这是我国对外国人在我国领域外犯罪行使管辖权的前提条件。②所犯之罪必须是按照我国刑法规定的最低刑为3年以上有期徒刑的重罪，否则，不能适用我国刑法。这里所说的"最低刑"，也是指与罪行轻重相对应的某一量刑幅度中的最低刑，而不是专指某一条文中的最低刑。③按照犯罪地的法律规定，也应受处罚。

（3）外国人在我国领域外对我国国家或者公民犯罪，而且按照我国刑法规定的最低法定刑为3年以上有期徒刑的，是可以适用我国刑法，而不是必须适用我国刑法。所谓"可以适用"，其意思是说也可以不适用。

1－15 下列行为中哪一种应依保护原则适用我国刑法？

A. 我国北京人某甲2001年取得德国国籍，2005年某甲在未与德国妻子离婚的情况下又与一法国人结婚

B. 美国人某乙在英国留学时，杀害了一名日本留学生

C. 泰国公民某丙在泰国抢劫了中国籍游客王某的一架照相机

D. 马来西亚公民某丁在马来西亚与我国公民赵某赌博，赢了赵某30多万元人民币

答案：C

3. 普遍管辖原则。普遍管辖原则，亦称普遍管辖主义，是指以保护国际社会的共同利益为标准，主张不论犯罪人是本国人还是外国人，也不论犯罪行为发生在本国领域内还是本国领域外，只要侵害了由国际公约、条约所保护的国际社会的共同利益，缔约国或参加国发现罪犯在其领土之内时便适用本国刑法，行使刑事管辖权。采取普遍管辖原则，目的是为了加强国际社会的刑事司法协作，有效地预防国际性犯罪。从20世纪50年代起，为保护国际社会秩序，在有关国际组织的主持下，先后制订了一系列旨在加强国际合作，有效防止和惩处国际犯罪的国际公约，例如，1948年12月9日联合国大会通过的《防止及惩治灭绝种族罪公约》、1963年9月14日签订于东京的《关于在航空器内的犯罪和其他某些行为的公约》（简称《东京公约》）、1970年12月16日签订于海牙的《关于制止非法劫持航空器的公约》（简称《海牙公约》）、1971年9月23日签订于蒙特利尔的《关于制止危害民用航空安全的非法行为的公约》（简称《蒙特利尔公约》）、1973年11月30日联合国大会通过的《禁止并惩治种族隔离罪行国际公约》等。这些公约规定，各缔约国与参加国应将公约上所列举的非法行为规定为国内法上的犯罪，并应采取必要措施，对这些犯罪行使刑事管辖权，而不论罪犯是否是本国人、罪行是否发生在本国内。这便是普遍管

辖原则的国际法依据。

根据国际公约及各国刑法的规定，适用普遍管辖原则受到如下一些限制：①适用该原则的犯罪必须是危害人类共同利益的国际性犯罪；②管辖国应是有关公约的缔约国或参加国；③管辖国的国内刑法也将该行为规定为犯罪；④罪犯出现在管辖国的领土上。由此可见，普遍管辖原则并不意味着任何国家对任何犯罪均有管辖权。[1]

我国《刑法》第9条规定："对于中华人民共和国缔结或者参加的国际条约所规定的罪行，中华人民共和国在所承担条约义务的范围内行使刑事管辖权的，适用本法。"这是我国刑法对普遍管辖原则所作的规定。根据这一规定，需要注意以下几个问题：

（1）我国行使普遍管辖权的犯罪只能是我国缔结或者参加的国际条约中规定的犯罪，而且只能在我国所承担条约义务的范围内行使该项权力。至今，我国已先后加入了《东京公约》、《海牙公约》、《蒙特利尔公约》、《联合国海洋法公约》、《防止及惩治灭绝种族罪公约》、《禁止并惩治种族隔离罪行国际公约》、《关于防止和惩处侵害应受国际保护人员包括外交代表的罪行的公约》等国际公约，据此，我国应对上述条约中规定的国际性犯罪如海盗罪、劫持航空器罪、灭绝种族罪等，在所承担条约义务的范围内行使普遍刑事管辖权。

（2）对于我国有权行使普遍管辖权的犯罪，不论犯罪人是中国人还是外国人，不论犯罪行为发生在我国领域内还是发生在我国领域外，也不论犯罪行为侵害了何国的利益，只要犯罪人出现在我国领域内，我国就有权适用我国刑法追究犯罪人的刑事责任。

（3）对于我国有权行使普遍管辖权的犯罪，我国也可以放弃刑事管辖权而将罪犯引渡给有关国家。如不引渡给有关国家，就应当行使刑事管辖权，对犯罪人予以惩处。

1-16 意大利人甲乙丙丁等人驾船在公海上抢劫过往商船，但未曾抢过中国船只。一天，甲等的贼船停靠在我国港口，我国可对甲等采取下列哪些措施？

A. 驱逐出境　　　　　　　　B. 逮捕
C. 审判　　　　　　　　　　D. 引渡给他国
答案：BCD

1-17 下列哪些情形可依普遍管辖原则直接适用我国刑法？

[1] 张智辉：《国际刑法通论》，中国政法大学出版社1993年版，第70页以下。

A. 缅甸人甲从缅甸向美国贩卖毒品，2004 年 5 月来我国旅游

B. 日本人乙 2001 年在美国杀死一名韩国人后，为逃避惩罚而周游世界，2005 年来到我国

C. 伊拉克人丙将一架以色列飞机劫持到巴基斯坦，逃跑后于 2006 年 6 月来到我国

D. 意大利人丁等 10 余人在公海上抢劫过往商船，但未曾抢劫我国船只，某日该贼船停靠在我国港口

答案：ACD

（四）对外国刑事判决的承认

由于世界上绝大多数国家在刑事管辖权上都采用综合原则，因而国与国之间必然会产生管辖冲突，即数个国家对同一犯罪都具有刑事管辖权。这样，各国都将面对一个承认外国刑事判决的问题。

对外国刑事判决的承认，分积极承认和消极承认两种。积极承认，是指将外国的刑事判决与本国的刑事判决同等看待，即本国具有刑事管辖权的行为，如果在外国已经受过刑事判决，本国就不再追诉。消极承认，是指对本国具有刑事管辖权的行为，即使在外国已经受过刑事判决和刑罚执行，本国仍然要行使审判权，但对已在外国受过刑事判决的事实，给予考虑。

我国刑法对外国判决采取的是消极承认原则。《刑法》第 10 条规定："凡在中华人民共和国领域外犯罪，依照本法应当负刑事责任的，虽然经过外国审判，仍然可以依照本法追究，但是在外国已经受过刑罚处罚的，可以免除或者减轻处罚。"我国刑法学界普遍认为，这一规定表明，我国作为一个独立自主的国家，理当不受外国判决效力的约束。但是，从实际情况出发，为了使犯罪人免受过重的双重处罚，又规定对于在外国已经受过刑罚处罚的犯罪人，可以免除或者减轻处罚。这样既维护了我国的主权，又考虑了犯罪人的实际情况，体现了原则性与灵活性的统一。

1-18 我国公民甲乙二人在美国留学时因故打架致乙死亡，美国法院以非预谋杀人罪判处甲 8 年有期徒刑，去年甲被假释后回到我国。我国司法机关应如何应对甲的该项罪行？

A. 有权对甲再次进行审判

B. 因为甲在美国已经受过审判，依"一罪不两罚"原则，我国不应再行审判

C. 考虑到甲在美国已受过处罚，我国法院可对甲免除或者减轻处罚

D. 法院审判甲时，不需考虑其在美国已经受过处罚的事实。

答案：AC

二、刑法的时间效力

刑法的时间效力，亦称刑法在时间上的适用范围，它要解决的问题是刑法从何时起至何时止具有适用效力，其内容包括生效时间、失效时间与溯及力三个方面。

（一）刑法的生效时间

刑法的生效时间，是指刑法开始施行的时间，它是由刑法自身直接加以规定的。生效的方式通常有两种：一种是规定从公布之日起生效，例如，全国人大常委会于 2000 年 2 月 23 日通过的《刑法修正案》在最后一条明文规定："本修正案自公布之日起施行。"另一种是规定公布之后过一段时间再生效。例如新中国的第一部《刑法》是 1979 年 7 月 1 日通过，7 月 6 日公布，1980 年 1 月 1 日起生效。经修订后于 1997 年重新公布的现行《刑法》是 1997 年 3 月 14 日通过，3 月 18 日公布，10 月 1 日起生效。一般来说，对于整部刑法典，都要在公布之后经过一定的时间再行生效。这是因为，刑法典是一部系统、完整的法律，内容多，涉及面广，公布之后，需要经过一段时间的宣传教育，以使全体公民及司法工作人员做好实施新法的心理、组织及业务准备。

（二）刑法的失效时间

刑法的失效时间，是指刑法终止施行的时间，它不是由刑法自身加以规定的，而是用其他方式加以宣布的。宣布的方式通常也有两种：一种是明示废止，其具体做法又有两种：①在取代旧刑法的新刑法中明文规定旧刑法的效力予以废止，如 1997 年《刑法》第 452 条第 1 款规定："列于本法附件一的全国人民代表大会常务委员会制定的条例、补充规定和决定，已纳入本法或者已不适用，自本法施行之日起，予以废止。"②由相应的国家机关颁布专门的法令，宣布予以废止。例如，第六届全国人大第 23 次会议通过决议，宣布 1978 年以前颁布的包括《惩治反革命条例》、《惩治贪污条例》在内的 111 件法律失效，就属于这种情况。另一种是自然失效，即新法施行后取代了同类内容的旧法，或者由于原来特殊的立法条件已经消失，旧法自行废止。

（三）刑法的溯及力

1. 刑法溯及力的概念及一般原则。刑法的溯及力，又称刑法溯及既往的效力，是指刑法生效后，对其生效以前未经审判或者判决尚未确定的行为是否适用的问题。如果适用，就是有溯及力；如果不适用，则没有溯及力。

关于刑法的溯及力问题，各国所采取的原则不尽一致，归纳起来，主要有以下四种：

（1）从旧原则。即新法一律没有溯及力，又叫不溯及既往，对新法生效之前发生的行为，只能依照行为时生效的旧刑法追究刑事责任。这个原则是资产阶级早期提出的绝对罪刑法定原则的产物。罪刑法定原则强调"法无明文规定不为罪"，要对某个行为定罪，必须是行为时的法律有明文规定，如果当时的法律未规定为犯罪，就不能以现在的法律定罪处罚。即新法律现在才生效，行为时并没有这个法律，当然就不能以现在的法律去处罚以前的行为。所以，"法律不能溯及既往，是罪刑法定主义所得出的逻辑结论。"[1]

（2）从新原则。即新法都有溯及力，也叫具有溯及既往的效力，也就是对新法生效之前发生的行为，凡是未经审判或者判决尚未确定的，一律按新法处理。

（3）从旧兼从轻原则。即新法原则上没有溯及力，对新法生效前未经审判或者判决尚未确定的行为应适用旧法，但新法不认为是犯罪或者处罚比旧法较轻时，则适用新法。这个原则是对第一个原则的折衷。

（4）从新兼从轻原则。即新法原则上有溯及力，对新法生效前未经审判或者判决尚未确定的行为应适用新法，但旧法不认为是犯罪或者处罚比新法较轻时，则适用旧法。这个原则是对第二个原则的折衷。

第（3）、（4）两个原则，提法不同，反映了立法者对新法、旧法态度的不同。但在"择轻而从"这一点上是相同的，即新法轻就适用新法，旧法轻就适用旧法。在上述四个原则中，从旧兼从轻原则既符合罪刑法定原则的要求，又适应有利被告的实际需要，因而为大多数国家所采用。我国刑法关于溯及力问题采用的也是这一原则。

2. 我国刑法关于溯及力问题的规定。我国《刑法》第 12 条第 1 款规定："中华人民共和国成立以后本法施行以前的行为，如果当时的法律不认为是犯罪的，适用当时的法律；如果当时的法律认为是犯罪的，依照本法总则第四章第八节的规定应当追诉的，按照当时的法律追究刑事责任，但是如果本法不认为是犯罪或者处刑较轻的，适用本法。"第 12 条第 2 款规定："本法施行以前，依照当时的法律已经作出的生效判决继续有效。"根据这一规定，对于 1949 年 10 月 1 日中华人民共和国成立至 1997 年 10 月 1 日新《刑法》生效前这段时间内所发生的未经审判或者判决尚未确定的行为，应按以下不同情况分别处理：

（1）当时的法律不认为是犯罪，而新《刑法》认为是犯罪的，适用当时的法律，新《刑法》没有溯及力。即不能根据新《刑法》的规定对当时的法律不认为是犯罪的行为追究刑事责任。

---

[1] 王作富：《中国刑法研究》，中国人民大学出版社 1988 年版，第 43 页。

（2）当时的法律认为是犯罪而新《刑法》认为不是犯罪的，则适用新《刑法》，不追究刑事责任，即新《刑法》有溯及力。

（3）当时的法律和新《刑法》都认为是犯罪，就根据以下三种不同情况分别处理：①当时的法律比新《刑法》处罚较轻的，适用当时的法律，新《刑法》没有溯及力。②当时的法律和新《刑法》处罚相等的，也适用当时的法律，新《刑法》没有溯及力。这里所体现的正是从旧兼从轻原则中的从旧。③新《刑法》比当时的法律处刑较轻的，则适用新《刑法》，即新《刑法》有溯及力。这里所体现的正是从旧兼从轻原则中的从轻。所谓"处刑较轻"，是指新《刑法》对某种犯罪规定的刑罚即法定刑比旧刑法轻。法定刑较轻是指法定最高刑较轻；如果法定最高刑相同，则指法定最低刑较轻。如果法定最高刑和最低刑都相同，则指量刑的条件较轻。比如新《刑法》与1988年公布的《关于惩治贪污罪贿赂罪的补充规定》相比，两者对贪污罪规定的法定最高刑和最低刑都相同，但前者规定的构成犯罪的数额起点是5000元，后者规定的构成犯罪的数额起点是2000元，前者规定的可处死刑的数额起点是10万元，后者规定的可处死刑的数额起点是5万元，显然，新《刑法》对贪污罪的处刑比旧法轻。如果刑法规定的某一犯罪只有一个法定刑幅度，法定最高刑或者最低刑是指该法定刑幅度的最高刑或最低刑；如果刑法规定的某一犯罪有两个以上的法定量刑幅度，法定最高刑或者最低刑是指具体犯罪行为应当适用的法定刑幅度的最高刑或者最低刑。[1]

（4）依照当时的法律已经作出了生效判决的，该判决继续有效。即使新《刑法》不认为是犯罪或者处刑较轻的，也不能适用新《刑法》改变原来的判决。这主要是为了维护人民法院生效判决的严肃性和稳定性。

特别提示：

1. 新、旧刑法规定完全相同的，适用旧法；禁止假释的情况，适用旧法。

2. 犯罪行为由新法生效前继续或者连续到新法生效后的，适用新法。

3. 在押在案人犯以自首论、立功，缓刑、假释的撤销，适用新法。

4. 累犯的时限标准，适用新法。

1－19 关于刑法的溯及力问题，下列哪些说法是正确的？

A. 某甲1995年强奸一名妇女，直到1999年才被破案。经查，1979年《刑法》和1997年《刑法》关于强奸罪的规定完全相同。因此，对某甲应

----

[1] 最高人民法院研究室编："关于适用《刑法》第12条几个问题的解释"，载《司法文件选》（合订本），人民法院出版社1998年版，第143页。

适用 1979 年《刑法》

B. 甲在 1997 年 6 月将乙非法拘禁，直到 1997 年 10 月才将乙释放，对甲应适用 1997 年《刑法》

C. 乙在 1995 年 2 月至 1997 年 6 月间先后盗窃 17 次，价值 20 余万元。1997 年 10 月至 1998 年 3 月间盗窃 9 次，价值 8 万多元，直到案发，对乙应适用 1997 年《刑法》

D. 1991 年 3 月丁某因犯盗窃罪被判处有期徒刑 4 年，后被减刑 1 年，于 1994 年 3 月刑满释放。1998 年 5 月丁某又犯抢夺罪。丁某不构成累犯。

答案：ABC

1-20 甲系某国有玻璃厂从工人中聘任的劳动服务公司经理，他在 1993 年 4 月至 1995 年 6 月任职期间，先后 6 次收受下属企业经理送的财物共计 20 万元，另外他还利用职务之便，通过伪造民工工资单的方法，从该厂财务科领走 12 万元，直到 1998 年才案发。对甲应如何论处？

A. 定贪污罪、受贿罪，适用 1979 年《刑法》

B. 定贪污罪、受贿罪，适用 1997 年《刑法》

C. 定商业受贿罪、侵占罪，适用 1979 年《刑法》

D. 定商业受贿罪、侵占罪，适用 1995 年全国人大颁发的《关于惩治违反公司法的犯罪的决定》

答案：D

第二章　犯罪概说

■　第一节　犯罪的概念

一、犯罪的一般定义

犯罪的一般定义，是指从宏观上给犯罪的内涵和外延所作的界定。当今各国刑法，绝大多数都给犯罪下定义，只是下定义的角度和方法各不相同，揭示出的内涵和外延也不尽相同。但归纳起来，不外乎以下三种方法：

（一）从形式上给犯罪下定义

从形式上给犯罪下定义，就是仅从法律特征上给犯罪下定义，而不是从本质上去揭示犯罪的内涵和外延，理论上把此类定义称之为犯罪的形式定义。例如1937年《瑞士刑法典》第1条规定："凡是用刑罚威胁所确实禁止的行为"，就是犯罪行为；《印度刑法典》第40条规定："'犯罪'一词，指本法典使其应受惩罚的事项"；贝卡利亚认为：犯罪是违反刑法将受刑罚处罚的行为。[1] 这些定义无非是说犯罪就是法律认为是犯罪的行为，其优点在于它符合"法无明文规定不为罪，不受处罚"的原则，在于违法者在法律面前的形式平等。但它最大的缺点是没有揭示出犯罪的社会本质。在逻辑上形成了一个循环论证：依法应受刑法惩罚的是犯罪，是犯罪的应依法受刑法惩罚。至于为什么法律认为某行为是犯罪，为什么某行为要受刑法惩罚等实质问题，却没有回答。

（二）从实质上给犯罪下定义

从实质上给犯罪下定义，就是仅从本质特征上给犯罪下定义，理论上将其称之为犯罪的实质性定义。例如德国刑法学家李斯特认为，犯罪的本质在于"对社会共同法益的侵害"；日本刑法学家山岗万之助认为，犯罪"从社会上观察之，则为侵害共同生存"之行为；意大利著名刑法学家加罗伐洛认为，"犯罪是违反社会的怜悯和诚实的道德情感的行为。"不过，这些定义并未揭示出犯罪的阶级本质。真正从社会属性上给犯罪下实质性

---

〔1〕　高铭暄主编：《刑法学原理》，中国人民大学出版社1993年版，第374页。

定义的是前苏联的社会主义刑法。例如1922年的《苏俄刑法典》第6条规定："威胁苏维埃制度的基础及工农政权向共产主义制度过渡时期所建立的法律秩序的一切危害社会的作为或不作为，都认为是犯罪。"这个定义揭示了犯罪的阶级实质，强调了"苏维埃制度"、"工农政权"、"共产主义制度"等内容，属于纯粹的实质性定义。但是，这种纯粹的实质性定义忽略了犯罪的法律特征，没有强调犯罪的应受惩罚性，应该说也不十分科学。

（三）从形式与实质的结合上给犯罪下定义

此种方法就是从犯罪的本质特征和法律特征两个方面给犯罪下定义。最早以此种方法给犯罪下定义的仍然是前苏联的刑法。1958年公布的《苏联和各加盟共和国刑事立法纲要》第7条规定："凡是刑事法律规定的危害苏维埃社会制度或国家制度，破坏社会主义经济体系和侵犯社会主义所有制，侵犯公民的人身、政治权利、劳动权利、财产权利和其他权利的危害社会的行为（作为和不作为），以及刑事法律规定的违反社会主义法律秩序的其他危害社会的行为，都是犯罪。"这个犯罪定义，既强调了犯罪的阶级本质，又强调了犯罪的刑事违法性，达到了实质内容与法律形式的统一，应当说是最具科学性的犯罪定义。此后于1960年公布的《苏俄刑法典》第7条、于1985年公布的《越南刑法》第8条、《蒙古刑法典》第4条以及《朝鲜刑法典》第7条都是以此种方法给犯罪下定义的。

二、我国刑法中的犯罪定义

我国《刑法》第13条规定："一切危害国家主权、领土完整和安全，分裂国家、颠覆人民民主专政的政权和推翻社会主义制度，破坏社会秩序和经济秩序，侵犯国有财产或者劳动群众集体所有的财产，侵犯公民私人所有的财产，侵犯公民的人身权利、民主权利和其他权利，以及其他危害社会的行为，依照法律应当受刑罚处罚的，都是犯罪，但是情节显著轻微危害不大的，不认为是犯罪。"这就是我国刑法给犯罪所下的定义。这个定义既揭示了我国人民民主专政和社会主义制度的本质属性，也揭示了犯罪的违法性，是一个实质与形式相结合的犯罪定义。它不但科学地概括了我国社会上的各种犯罪，而且对于我们认定犯罪和划分罪与非罪的界限具有重要的指导作用。根据这个定义，一般认为犯罪具有以下三个基本特征：

（一）犯罪具有社会危害性

犯罪，首先是行为，其表现是积极的作为或消极的不作为（行动、活动）。在心理学上，行为是指人的具有社会意义的行为体系。"行为的心理基础是能动的身体运动（往往是身体运动的体系）或者是在不作为情况下抑制能动性，即放弃能动的行为"〔1〕犯罪之所以是行为，是因为行为能够产生力；力则能够变革客观世界。在犯罪思想的支配下，犯罪行为能够改变客观外界，给社会造成严重的危害后果。

强调犯罪是行为的同时，亦在强调犯罪不是思想。这是因为"思想只有通过行为才能起到变革客观世界的作用，单凭思想不能变革客观世界"〔2〕因而，现代刑法不承认思想犯罪。但这并不意味着言语在任何情况下都不构成犯罪。因为"从广义上讲，语言也是一种动作"，〔3〕所以有许多"言语"行为（比如侮辱、诽谤性语言），也可以构成犯罪。如果言语是为了追求某种危害社会且被法律所禁止的结果，比如以夺取他人财产为目的说出威胁性语言，以侮辱他人人格和名誉为目的说出侮辱、诽谤性语言，以分裂国家为目的说出宣传煽动性语言，就会构成犯罪。但如果言语的目的仅仅是为了把自己的思想流露出来，不追求特定的结果，或者把思想记录在日记里，仅仅是为了供自己回顾往事，而不是为了向社会散布进行宣传煽动，则不会构成犯罪。可见，区别言语是否构成犯罪，关键在于言语者追求的目的是什么。

犯罪的危害社会性，是指犯罪对合法权益的侵害性。正如贝卡利亚所说："犯罪的真正尺度是它们对社会造成的危害。"〔4〕因而，行为对社会的危害性被认为是犯罪最本质的特征。但这并不是说一切具有社会危害性的行为都是犯罪。只有当行为所具有的社会危害性达到一定程度时，才能被视为犯罪。法国的立法机关就认为，"对社会所造成损害的严重程度，是决定犯罪行为法律实质的东西"〔5〕因此更准确地说，犯罪是具有一定严重程度的社会危害性的行为。我国《刑法》第13条"但书"规定，行为"情节显著轻微危害不大的，不认为是犯罪"，也是这个意思。

行为已经给社会造成实际危害的，当然是具有社会危害性，尚未给社会造成实际危害，但具有给社会造成危害的可能性的，同样是具有社会危害性。比如《刑法》第116、117条规定的破坏交通工具罪和破坏交通设施罪，并不要求造成实际危害，只要足以使交通工具发生倾覆毁坏危险，

---

〔1〕　［俄］Н. Ф. 库兹涅娃、И. М. 佳日科娃主编，黄道秀译：《俄罗斯刑法教程》（总论，上卷），中国法制出版社2002年版，第127页。

〔2〕　张述祖、沈德立：《基础心理学》，教育科学出版社1987年版，第589页。

〔3〕　张述祖、沈德立：《基础心理学》，教育科学出版社1987年版，第589页。

〔4〕　转引自［俄］Н. Ф. 库兹涅娃、И. М. 佳日科娃主编，黄道秀译：《俄罗斯刑法教程》（总论，上卷），中国法制出版社2002年版，第131页。［意］贝卡利亚著，黄风译：《论犯罪与刑罚》，中国大百科全书出版社1993年版，第67页。

〔5〕　转引自［俄］Н. Ф. 库兹涅娃、И. М. 佳日科娃主编，黄道秀译：《俄罗斯刑法教程》（总论上卷），中国法制出版社2002年版，第130页。

即构成犯罪。因此，在考察某种行为是否具有社会危害性时，既要注意考察其已经造成的实际危害，也要注意考察其可能造成的危害。

犯罪的社会危害性的内容和具体范围不是漫无边际的，而是由刑法加以规定的，即具有相对的确定性。根据我国《刑法》第13条的规定，犯罪的社会危害性，主要表现在以下几个方面：①对我国国家主权、领土完整和安全的侵害；②对人民民主专政的政权和社会主义制度的侵害；③对社会公共安全的侵害；④对国家经济秩序的破坏；⑤对公民人身权利、民主权利和其他权利的侵害；⑥对国家、单位和公民个人财产权利的侵害；⑦对社会秩序的破坏；⑧对国家机关正常活动的侵害。

社会危害性的大小是由以下几个因素决定的：①被侵害的客体是否重要；②行为的手段是否残暴；③造成的结果是否严重；④主观罪过是否卑劣等等。

（二）犯罪具有刑事违法性

刑事违法性，亦称刑法禁止性，即犯罪是刑法禁止的行为。刑法对犯罪行为的禁止，是通过罪刑规范表现出来的，而罪刑规范中所规定的，是法定刑和构成犯罪的条件。因此，刑事违法性事实上是指行为符合了罪刑规范所规定的犯罪构成。但刑事违法性不只是违反刑法典，凡是违反广义刑法的，都应认为具有刑事违法性。从刑法与其他法律的关系上看，刑事违法性有两种表现：①直接违反刑法规范；②违反其他法律规范因情节严重进而违反了刑法规范。在后一种情况下，既要承担刑事责任，还可能要承担其他法律责任。

犯罪不仅是危害社会的行为，同时还必须是违反刑法的行为。因为行为尽管有社会危害性，但若刑法不把它规定为犯罪，即使它的社会危害性十分严重，也仍然不是犯罪。

考察一个行为是否具有刑事违法性，不能只从形式上、表面上看问题，而应从实质上进行分析。比如，宋某对李某使用暴力，并抢走了李某的2000元钱。表面上看，似乎符合抢劫罪的法律规定。但实际上宋某的行为是由李某欠债不还引起的，他实际上是在追要自己的财产。这样，对宋某就不能以抢劫罪论处。

刑事违法性是犯罪的法律属性，它直接源于罪刑法定的要求，强调犯罪的刑事违法性，要求司法工作人员必须按照刑法的规定处理刑事案件。"任何脱离刑法的规定，或者借口某行为具有社会危害性而随心所欲地追究刑事责任，或者借口某行为不具有社会危害性而任意放纵犯罪，都是破坏法制的行为，都是不能允许的。"[1]

---

[1] 周振想：《刑法学教程》，中国人民公安大学出版社2000年版，第56页。

（三）犯罪具有应受刑罚处罚性

任何违法行为都要承担相应的法律后果，违反刑法的犯罪行为，其法律后果就是承担刑罚的处罚。从后果的角度看，犯罪的应受惩罚性，是由犯罪的前两个特性派生出来的，它是行为的社会危害性和刑事违法性的法律后果。但从因的角度看，应受惩罚性对违法性也起着一定的制约作用。某种危害社会的行为，只有当立法者认为应当给予刑罚处罚时，才会在刑事立法上作禁止性规定，从而赋予该行为以刑事违法性的特征。相反，如果立法者认为某种行为不应受刑罚处罚，就不会将该行为规定为犯罪，从而该行为也就不存在违反刑法的问题。由此可见，应受惩罚性也是犯罪的一个基本特征。

不应受惩罚与不需要惩罚是性质不同的两个概念。不应受处罚，是指行为根本不构成犯罪；不需要惩罚，是指行为已经构成犯罪，但考虑到行为人有自首、立功等从宽情节，而免予惩罚。

■　第二节　犯罪的分类

犯罪是一种极其复杂的社会现象。犯罪的复杂性，决定了犯罪类别的多样性。通过对犯罪的分类，可以更细致更具体地对犯罪加以研究，从而更有效地预防犯罪。依据不同的标准，可以对犯罪作出不同的分类。有些分类如既遂犯、未遂犯、继续犯、连续犯等，在以后的章节中会得到说明，这里仅就以后的章节中难以触及的犯罪分类加以介绍。

一、理论分类

刑法理论上，一般将犯罪作如下分类：

（一）重罪与轻罪

将犯罪分为重罪与轻罪，始于 1791 年的《法国刑法典》。至今，仍有许多国家的刑法作如此划分。但我国刑法未将犯罪分为重罪与轻罪，因而这便成为理论上的一个任务。理论上以法定刑的轻重为标准，将犯罪分为重罪与轻罪两种。但区分重罪与轻罪的具体标准如何，尚无统一的见解。一般认为，应将法定最低刑为 3 年以上有期徒刑的犯罪称为重罪，其他犯罪为轻罪。

（二）自然犯与法定犯

自然犯，是指严重违反公共善良风俗和人类伦理道德而由刑法加以规定的犯罪。如杀人罪、伤害罪、强奸罪、放火罪、抢劫罪、盗窃罪等。这类犯罪，其行为本身就自然蕴含着一种"恶"，即使法律不将其规定为犯罪，它也会受到社会伦理的非难。因而，任何时代任何国家都将其规定为犯罪。其特点是，直接危害民众的利益，而不直接危害统治阶级的利益，其社会危害性不会随着社会性质以及时代和国家的改变而改变。

法定犯，是指并非违反善良风俗和公共道德，而是由于违反统治阶级确立的统治关系，直接危害统治阶级的利益而由刑法加以规定的犯罪。比如颠覆国家政权罪、伪造货币罪、偷税罪、渎职罪等。这类犯罪，其行为本身并不自然地蕴含着什么"恶"，如果国家不把它规定为犯罪，它本身并不会受到伦理的非难。其特点是，不直接危害民众的利益，却直接危害统治阶级的利益，因而其社会危害性会随着时代和社会性质的改变而改变。

（三）隔隙犯与非隔隙犯

隔隙犯，是指在危害行为与危害结果之间存在时间或场所的间隔的犯罪。其中，存在时间间隔的叫隔时犯，存在场所间隔的叫隔地犯，既隔时又隔地的叫双隔犯。隔时犯存在犯罪时间的确定问题，这对于解决溯及力问题和追诉时效问题都有意义，原则上应以行为时为犯罪时。隔地犯倒无需确定犯罪地，因为按照我国刑法规定，行为地与结果地均为犯罪地。

非隔隙犯，是指在危害行为与危害结果之间不存在时间或场所间隔的犯罪。

二、法定分类

（一）国事罪与普通罪

国事罪，是指危害国家政权、社会制度和国家安全的犯罪。其中直接侵害国家政治秩序的犯罪，被称为政治犯。国际上对政治犯有一些特殊的规定，如犯罪人不能作为引渡的对象。我国《刑法》分则第一章规定的"危害国家安全罪"属于国事罪。

普通罪，是指除国事罪以外的其他普通刑事犯罪。我国《刑法》分则第二章至第十章规定的犯罪，相对于国事罪而言，属于普通犯罪。国事罪与普通罪相结合的犯罪，理论上称为混合犯罪。

（二）身份犯与非身份犯

身份犯，是指以行为人特殊的身份作为犯罪主体要素的犯罪。如贪污罪、受贿罪的主体必须是国家工作人员，徇私枉法罪的主体必须是司法工作人员，医疗事故罪的主体必须是医务工作人员，脱逃罪的主体必须是在押的罪犯、被告人或犯罪嫌疑人，这些犯罪都属于身份犯。理论上还把身份犯再分为真正身份犯和不真正身份犯。真正身份犯，是将特殊身份作为犯罪构成的要素，如前例。不真正身份犯，是将特殊身份作为从重、加重或从轻、减轻处罚的事由。如国家工作人员犯诬告陷害罪的，从重处罚，就属于不真正身份犯。

非身份犯，是指不以行为人的特殊身份作为犯罪主体要素的犯罪，如杀人罪、放火罪、抢劫罪、绑架罪、走私罪等。这类犯罪，不论什么身份的人实施，都构成犯罪。

（三）亲告罪与非亲告罪

亲告罪，是指告诉才处理的犯罪。根据我国《刑法》第 98 条的规定，所谓告诉才处理，是指被害人告诉才处理。如果被害人因受强制、威吓无法告诉的，人民检察院和被害人的近亲属也可以告诉。亲告罪是《刑法》明文规定的，刑法没有明文规定为告诉才处理的犯罪，均属于非亲告罪。我国《刑法》明文规定的亲告罪共有 5 个，它们是侮辱罪、诽谤罪、暴力干涉婚姻自由罪、虐待罪和侵占罪。刑法之所以将部分犯罪规定为亲告罪，除了这部分犯罪比较轻微外，还因为这些犯罪主要是发生在亲属、邻居、同事之间，被害人与行为人之间可能存有密切的联系。另外，这些犯罪可能涉及被害人的名誉，把起诉权交给被害人自己，可能更有利于被害人维护自己的名誉。

非亲告罪，亦称公诉罪，是指不问被害人是否同意起诉，人民检察院都应依法提起公诉的犯罪。从范围上讲，除了亲告罪之外的其他犯罪，都是非亲告罪。非亲告罪，被害人自己无权提起告诉，也无权干预人民检察院提起公诉。

（四）基本犯、加重犯与减轻犯

基本犯，是指《刑法》分则规定的不具有法定加重或减轻情节的犯罪。如《刑法》第 254 条分号之前的规定，就是报复陷害罪的基本犯。《刑法》分则就是以基本犯为标本规定各种犯罪的。

加重犯，是指《刑法》分则在基本犯基础上规定了加重情节并加重了法定刑的犯罪。如《刑法》第 254 条分号以后的规定，就是报复陷害罪的加重犯。加重犯，可再分为结果加重犯与情节加重犯。其中，情节加重犯又可分为数额加重犯、手段加重犯等。

减轻犯，是指《刑法》分则在基本犯基础上规定了减轻情节并减轻了法定刑的犯罪。如《刑法》第 232 条分号之后的规定，就是故意杀人罪的减轻犯。

第三章　犯罪构成

■　第一节　犯罪构成概说

一、犯罪构成的定义

犯罪构成，是刑法规定的，决定某一具体行为的社会危害性及其程度并为该行为构成犯罪所必需的一切主观要件和客观要件的有机统一。[1]犯罪构成具有以下几个特征：

1. 犯罪构成具有法定性。犯罪构成的法定性，是指犯罪构成是由刑事法律规定的。犯罪构成本是犯罪的规格和标准，它提供成立犯罪所必需的各种具体的条件，而这些具体的条件正是由刑法加以规定的。刑法对犯罪构成的规定，是通过总则性规范和分则性规范共同实现的。这是因为，刑法总则性规范和分则性规范是密切相关，不可分割的。总则性规范规定犯罪构成的共同要件，分则性规范规定犯罪构成的具体要件，它们之间是一般与特殊、抽象与具体的关系。犯罪构成的法定性正是罪刑法定原则的直接体现。

2. 犯罪构成具有主客观统一性。犯罪构成的主客观统一性，是指犯罪构成是由一系列反映行为人主观特征的主观要件和一系列反映行为的客观特征的客观要件所共同组成的一个有机整体。我国刑法既反对主观归罪，也反对客观归罪。任何行为都必须既符合法定的主观要件，又符合法定的客观要件，并且二者之间具有内在的联系，达到有机的统一，才能构成犯罪。

3. 犯罪构成与社会危害性具有统一性。犯罪构成与社会危害性的统一性，是指犯罪构成本身也具有社会危害性，并能够决定行为的社会危害性及其程度。[2]通说认为，任何一种犯罪都可以由许多事实特征来说明，

---

〔1〕　该定义属于通说，存在严重缺陷，即认为"犯罪构成决定具体行为的社会危害性及其程度"，不合乎逻辑。详见侯国云主编：《刑法总论探索》，中国人民公安大学出版社2004年版，第114~115页。

〔2〕　关于这个问题学界有不同意见。有观点认为，犯罪构成本身并不具有社会危害性，它也不能决定行为的社会危害性，因为行为有无社会危害性只能由行为自身的内在矛盾所决定。犯罪构成作为认定犯罪成立的规格与标准，即使事实上未发生犯罪事实，它

但并非每一个事实特征都是犯罪构成的要件，只有那些对行为的社会危害性及其程度具有决定意义而为该行为成立犯罪所必需的事实特征，才是犯罪构成的要件。

二、犯罪构成的重要性

1. 为区分罪与非罪的界限提供了明确的标准。某一行为只有符合犯罪构成的全部要件才能构成犯罪，否则，就不构成犯罪。可见，犯罪构成是区分罪与非罪界限的一个明确的标准。

2. 为区分此罪与彼罪的界限提供了明确的标准。虽然每一犯罪都必须符合一定的犯罪构成，但不同的犯罪的犯罪构成是不相同的。各种不同的犯罪构成之间的差异，正是区分此罪与彼罪的界限的标准。

3. 为正确的量刑提供根据。不同的犯罪的社会危害性不同，其法定刑也就不同。因而，只有定罪准确才能量刑适当。而定刑的准确又是靠犯罪构成来保证的。所以，犯罪构成对于正确的量刑也有重要的意义。

4. 为刑法学的发展提供研究基础，成为刑法学的重要课题。由于犯罪构成与刑法学中的许多重要问题都有密切联系，因此，犯罪构成已成为刑法学的核心理论。研究并不断完善犯罪构成理论，对整个刑法科学的发展和刑事立法、刑事司法的科学化，都有重大意义。

三、犯罪构成的分类

（一）基本的犯罪构成与修正的犯罪构成

基本的犯罪构成，是指《刑法》分则条文就某一犯罪的单独犯的既遂状态所规定的犯罪构成。例如《刑法》第 232 条规定："故意杀人的，处 10 年以上有期徒刑、无期徒刑或者死刑"，这就是故意杀人罪的基本的犯罪构成。当一个人实施故意杀人行为并达到既遂状态时，就可以直接适用该条文的规定定罪判刑。修正的犯罪构成，是指以基本的犯罪构成为前提，适应犯罪行为的各种不同犯罪形态，而对基本的犯罪构成加以修改变更的犯罪构成。例如，适应故意犯罪过程中的未完成形态而分别规定的预备犯、未遂犯、中止犯的犯罪构成，适应数人共同实施某一犯罪而规定的主犯、从犯、胁从犯、教唆犯的犯罪构成，都属于修正的犯罪构成。由于修正的犯罪构成规定在刑法总则中，因而在确定这类犯罪构成时，要把分则规定和总则规定结合起来加以认定。

也仍然存在。比如，几十年来均未发生颠覆国家政权的犯罪，但颠覆国家政权的犯罪构成仍然存在。详见侯国云："当今犯罪构成理论的八大矛盾"，载《政法论坛》2004 年第 4 期。

（二）叙述的犯罪构成与空白的犯罪构成

叙述的犯罪构成，是指刑法条文对犯罪构成的要件予以详细叙述，完整表明犯罪行为的一切特征的犯罪构成，所以又称为完结的或封闭的犯罪构成。如《刑法》第 291 条对聚众扰乱公共场所秩序罪的规定，就属于叙述的犯罪构成。空白的犯罪构成，是指刑法条文对犯罪构成要件没有全部予以描述，需要援引其他法律、法令的规定来说明的犯罪构成。

（三）简单的犯罪构成与复杂的犯罪构成

简单的犯罪构成，是指刑法条文规定的各个要件均属于单一要件的犯罪构成，例如，《刑法》第 134 条第 1 款规定的故意伤害罪，由一个客体、一个行为、一种罪过形式所构成，就属于简单的犯罪构成。复杂的犯罪构成，又称混合的犯罪构成，是指刑法条文规定的犯罪构成的要件并非都属于单一要件的犯罪构成。如《刑法》第 236 条规定的强奸罪有暴力、奸淫两个行为，第 234 条规定的故意伤害致死罪有故意、过失两种罪过，第 305 条规定的伪证罪侵害公民人身权利和司法机关正常活动两个客体，第 128 条第 1 款规定的非法持有、私藏枪支、弹药罪包含 7 个可选择的犯罪构成，这些都属于复杂的犯罪构成。

四、犯罪构成要件

犯罪构成要件，是指犯罪构成的基本组成部分。通说认为，犯罪构成由四大要件组成，即犯罪客体、犯罪客观方面、犯罪主体、犯罪主观方面。犯罪客体用以说明犯罪社会危害性的具体表现，是我国刑法保护的而为犯罪行为所侵害的社会关系；犯罪客观方面用以说明社会关系是通过什么样的行为在什么情况下受到怎么的侵害，它包括危害行为、危害结果、工具、方法等等；犯罪主体用以说明犯罪人的基本特征，其中包括自然人和单位，还包括自然人的身份、地位、刑事责任年龄、刑事责任能力等；犯罪主观方面用以说明行为人是在怎么的心理状态下实施犯罪行为的，包括犯罪的故意、过失和犯罪目的等，它是犯罪主观恶性的重要体现。

特别提示：犯罪构成的定义、特征、分类都要记住。

3-1 下列哪些情形属于修正的犯罪构成？

A. 既遂犯   B. 未遂   C. 预备犯

D. 中止犯   E. 教唆犯   F. 帮助犯

G. 实行犯

答案：BCDEF

3-2 下列有关犯罪构成的说法，哪些是正确的？

　　A. 犯罪构成是刑法规定的，不是理论上概括的

　　B. 犯罪构成只能为定罪的准确性提供根据，不能为量刑的准确性提供根据

　　C. 杀人未遂的犯罪构成属于修正的犯罪构成

　　D.《刑法》第 263 条规定的抢劫罪，属于复杂的犯罪构成

　　答案：ACD

■　第二节　犯罪客体

一、犯罪客体的定义

　　犯罪客体是指受我国刑法保护而为犯罪行为所侵害的社会主义社会关系。[1] 它能说明犯罪行为危害了什么社会利益，是犯罪行为具有严重社会危害性的集中体现。它有如下几个特征：

　　1. 犯罪客体是一种社会关系。所谓社会关系，就是人们在生产和共同生活中所形成的人与人之间的相互关系。社会关系分为物质关系和思想关系。物质关系是社会的生产关系，即经济关系，包括人身权利关系、财产所有关系等，它是人们在生产过程中形成的，是一切社会关系的基础。思想关系是由经济基础所决定的上层建筑，是建立在生产关系基础之上的政治关系和意识形态关系，包括领导与群众的关系、宗教信仰关系等。不论犯罪行为在表现形式上多么千差万别，最终它们都会侵犯社会关系。

　　2. 犯罪客体是刑法所保护的社会关系。由于社会关系是人们在生产和共同生活中所形成的人与人之间的相互关系，因此，其内容十分丰富，范围极其广泛。但是，并非所有的社会关系都能成为犯罪客体，而是只有那些重要的需要刑法保护的社会关系才能成为犯罪客体。那些一般的社会关系，如邻里关系、同事关系、朋友关系等，就不受刑法保护，不会成为犯罪客体。在我国，能够成为犯罪客体的主要是《刑法》第 2 条和第 13 条规定的国家主权、领土完整和安全，经济秩序、社会秩序、财产所有权、人身权利、民主权利等社会关系。

　　3. 犯罪客体是被犯罪行为侵害的社会关系。刑法所保护的社会关系都是客观存在的，但是，并非受刑法保护的社会关系就都是犯罪客体，只有

---

〔1〕　按照这一定义进行推论，犯罪预备和部分未遂、中止就没有犯罪客体了，而通说又认为犯罪客体是犯罪构成的必备要件，这就自相矛盾了。因而，这个传统的定义并不准确。参见侯国云：《刑法总论探索》，中国人民公安大学出版社 2004 年版，第 136～137 页。

受刑法保护的社会关系受到犯罪行为的侵害时，它才能成为犯罪客体。所以，犯罪行为与犯罪客体是密不可分的。可以说，没有犯罪行为，就没有犯罪客体。

二、犯罪客体的分类

刑法理论根据犯罪客体所反映的社会关系的范围的大小，把犯罪客体分为直接客体、同类客体和一般客体三种。

（一）一般客体

一般客体，是指一切犯罪所共同侵害的刑法所保护的社会关系的整体，它是一切犯罪所侵害的共同客体。任何具体犯罪，尽管它所直接侵害是某一具体的社会关系，但从本质上讲，它也同时侵犯了整个社会关系。因为社会关系的整体正是由各个具体的、特定的社会关系所组成的。犯罪的一般客体体现了一切犯罪的共性，据此可以把一切犯罪联结成一个整体，揭示出犯罪的共同本质，阐明犯罪的社会危害性及其同犯罪作斗争的社会政治意义。

（二）同类客体

同类客体，是指某一类犯罪所共同侵害的客体，也就是刑法所保护的社会关系某一部分或某一方面。如前所述，刑法所保护的社会关系的范围十分广泛，各种具体犯罪所侵害的具体社会关系的性质也不尽相同。但是，某些犯罪侵犯的直接客体会有某种共同的属性，根据这种共同的属性，可以把一些犯罪归为一类，同时也可以把这些犯罪侵害的客体归为一类。这些具有共同属性的同一类犯罪所共同侵害的客体，就是同类客体。比如，杀人罪、伤害罪、诽谤罪、非法拘禁罪，它们侵害的直接客体虽然不同，但它们的直接客体都具有人身权利这个共同属性，因而人身权利就是这类犯罪的同类客体。由此可见，犯罪的同类客体体现了同一类犯罪的共性，据此可以对所有的犯罪作出科学的分类，建立严整、科学的刑法分则体系。我国刑法分则规定的十章即十大类犯罪，除贪污贿赂罪之外，其他九章都是根据犯罪的同类客体进行划分的。

（三）直接客体

直接客体，是指某一特定犯罪所直接侵害的某种具体的社会关系。比如杀人罪侵害的生命权利，就是杀人罪的直接客体。由于每一种犯罪的性质，首先就是由其直接客体的性质决定的，所以，犯罪的直接客体能够揭示出某一具体犯罪的性质和特征，从而起到区分此罪与彼罪的界限的作用。根据同一种犯罪侵害的社会关系是否为单一的，理论上又将犯罪的直接客体进一步划分为简单客体和复杂客体。

1. 简单客体。简单客体，是指一种犯罪只侵害一种具体的社会关系，即只有一个直接客体。比如，伤害罪只侵害健康权利，所以，伤害罪的直接客体就是简单客体。

2. 复杂客体。复杂客体，是指一种犯罪同时侵害数个具体的社会关系，即有数个直接客体。比如抢劫罪既侵害人身权利，又侵害财产权利，所以抢劫罪的客体就属于复杂客体。在一种犯罪侵犯数个直接客体的情况下，数个直接客体有主有次，不能等量齐观。所以，刑法理论又根据被侵犯的具体社会关系是否属于犯罪行为所侵犯的重点或者是否属于刑法所保护的重点，把复杂客体中的数个直接客体进一步划分为主要客体、次要客体和选择客体。

（1）主要客体，是指犯罪行为重点侵害或者立法者在规定某一具体犯罪构成时重点保护的社会关系。比如，在抢劫罪中，犯罪行为重点侵害的社会关系是财产权利，因而财产权利是抢劫罪的主要客体。又如，在绑架勒索罪中，人身权利是刑法保护的重点，所以人身权利是绑架勒索罪的主要客体。一般情况下，立法者都是根据主要客体的性质，进行犯罪的立法归类。所以，抢劫罪归于侵犯财产罪中，绑架罪归于侵犯人身权利罪中。

（2）次要客体，是指犯罪行为非重点侵犯的、立法者在规定某一具体犯罪构成时同时予以保护的其他具体的社会关系。如抢劫罪和妨害公务罪中的人身权利、绑架罪中的财产权利等。

（3）选择客体，是指刑法在其他条款中单独加以保护，而在本条款规定的犯罪中可能受到侵害、也可能不受到侵害的具体社会关系。例如，《刑法》第238条规定的非法拘禁罪，它的直接客体是人身自由，但条文对非法拘禁致人重伤、死亡的，也分别作了规定。在非法拘禁罪中，被害人的健康权利、生命权利，可能受到侵害，也可能不受到侵害，因而，健康权利、生命权利就是非法拘禁罪的选择客体。选择客体不是犯罪构成的必备要件，没有致人重伤、死亡的非法拘禁，照样构成犯罪。选择客体不决定犯罪的性质，仅对行为的社会危害程度发生影响，从而对量刑有一定的意义。

三、犯罪客体与犯罪对象的关系

犯罪对象，是指犯罪分子对之施加某种影响的具体物或人。[1] 从类型上看，犯罪对象包括物和人两种。物是指一切具有价值、归属关系的物品，包括货币、实物、生产资料、生活资料、动产和不动产等。人是指人的身体，它承载着人的生命、健康、自由、名誉、安宁等权利。

---

[1] 高铭暄主编：《刑法学原理》（第一卷），中国人民大学出版社1993年版，第501页。按照这种观点，被盗窃行为撬坏的门锁也是盗窃罪的对象，这显然扩大了犯罪对象的范围。因而，这个定义并不科学。参见侯国云："当今犯罪构成理论的八大矛盾"，载《政法论坛》2004年第4期。

犯罪客体与犯罪对象是两个既有联系又有区别的定义。二者的联系在于，作为犯罪对象的具体物是具体社会关系的物质表现，而人则是社会关系的主体或参加者。犯罪行为作用于犯罪对象，就是要通过具体的物或人来侵害一定的社会关系。二者的区别体现在以下几个方面：①犯罪客体是抽象的，犯罪对象是具体的；②犯罪客体揭示犯罪的本质，犯罪对象只显示犯罪的外表；③所有的犯罪都会损害犯罪客体，但不一定损害犯罪对象；④所有的犯罪都有犯罪客体，但不一定有犯罪对象；⑤犯罪客体是犯罪分类的基础，犯罪对象则不是。

特别提示：掌握犯罪客体的分类和客体与对象的联系与区别。

3 - 3 下列关于犯罪客体与对象的说法，哪些是正确的？
A. 诽谤罪的直接客体是人与人之间的友好关系
B. 我国刑法分则中的章和节是根据犯罪的同类客体划分的
C. 一般客体能够揭示一切犯罪的共性，即社会危害性
D. 伤害罪的对象是人的身体和衣服
答案：BC

3 - 4 被侵害的财产权利在绑架罪中属于
A. 同类客体   B. 选择客体
C. 主要客体   D. 次要客体
答案：D

3 - 5 甲从正在使用的铁路上偷窃 10 根枕木，就甲的行为，下列哪些说法是正确的？
A. 侵害的对象是枕木   B. 侵害的对象是交通设施
C. 侵害的客体是财物权利   D. 侵害的客体是交通安全
答案：BD

3 - 6 (98 卷二 64)   下列哪种行为构成盗窃罪？
A. 邮政工作人员私拆邮件窃取财物的
B. 窃取信用卡后使用的
C. 公司人员利用职务便利窃取本单位财物的
D. 盗窃可用于骗取出口退税的发票的
答案：ABD

■ 第三节　犯罪客观要件

一、犯罪客观要件概述

犯罪客观要件，是犯罪活动的客观外在表现，主要包括下列要素：危害行为，危害结果，因果关系，行为的时间、地点与方法。其中，危害行为是犯罪构成的必备要素，其他都为选择要素。但如果刑法把危害结果、时间、地点、方法等规定在一个具体的犯罪构成里，那么，就这个具体的犯罪来说，危害结果、时间、地点、方法也是必备要素。

二、危害行为

危害行为，是指由人的意志或意识所支配的危害社会的身体动静。它有如下三个特征：①危害行为是行为人的身体动静。动是指身体的举动或叫积极的行为；静是指身体的静止或叫消极的行为。纯粹的思想不属于行为，纯粹用于表达思想的言论仍属于思想的范畴。但发表言论则属于行为，发表有害的言论就属于危害行为。②行为人身体的动静是由行为人的意志或意识所支配的。人在睡梦中的动作、反射性动作、受到绝对强制的动作、完全丧失辨认控制能力的精神病人的动作以及在不可抗力情况下的身体动作，因缺乏意志和意识的支配，都不属于危害行为。但也有例外，如扳道员忘了扳道叉引起火车相撞、值班员忘了关阀门引起灾害、携带机密文件的人员因遗忘丢失了机密等，这类遗忘行为虽然缺乏意志和意识，但也属于危害行为。这是因为这些行为具有一定的社会重要性。③身体的动静对社会具有危害性。这里的危害性，包括可能或已经给社会造成的危害。从表现形式上可以将危害行为分为作为与不作为两种。

（一）作为

作为，是指行为人以积极地身体举动去实施刑法禁止的行为。简单说，就是不当为而为。它有两个特点：①在意志支配下积极的有所为；②这种有所为只限于法律禁止的行为。刑法上规定的犯罪，绝大多数都是以作为的方式实施的。以作为形式构成犯罪的，是作为犯，在实践中比较容易识别。需要注意的一个问题是，作为除了包括行为人亲手实施的积极活动外，还应包括行为人借助自然的、动物的、机械的、他人的力量所实施的行为，这些情况也应视为行为人的作为。

（二）不作为

1. 不作为的定义和条件。不作为，是指行为人消极地不实行其应当实行且能够实行的行为。简单说，就是当为而不为。例如，母亲不哺育婴儿致婴儿饿死，就是不作为。我国《刑法》中规定的犯罪，只有少数几种犯罪如遗弃罪、不移交刑事案件罪、不解救被拐卖、绑架的妇女儿童罪等，只能以不作为的形式构成；有不少犯罪，既可以作为的形式实施，也可以不作为的形式实施。构成刑法上的不作为，必须具备以下三个条件（也可以说是不作为的特征）：

（1）行为人负有实施某种积极行为的法律义务。通常情况下，一个人如果什么也没做，是不会对社会产生危害的，除非是应当做而不做的，才会对社会产生危害。所以，不作为要构成犯罪，必须有一个基本前提，这就是负有实施某种积极行为的法律义务。比如，汽车司机将行人撞伤后却不将伤者送往医院，就是不作为，因为他未履行法律义务。但若是他人将行人撞伤，该司机发现后未送伤者去医院，则不是不作为，因为此种情况下，他负的只是道义的义务，不是法律上的义务。这种法律义务的来源有以下几种：

第一，法律的规定。例如，《婚姻法》规定，夫妻之间、直系亲属之间具有相互扶养、抚养和赡养的义务。

第二，行为人职务或者业务上的要求。例如医务人员负有救死扶伤的义务，海关人员具有查缉走私的义务，等等。

第三，法律地位或法律行为产生的义务。例如对自己管理下的动物有防止其伤人的义务；将弃婴抱回家中的人对该婴负有抚养的义务等。

第四，先前行为引起的义务。这种义务是指由于行为人先前的某种行为致使受刑法保护的某种社会关系处于危险状态时，行为人负有排除危险、防止危害结果发生的积极义务。例如，行为人使他人跌落水中，有溺死危险时，负有救助的义务。先前行为可以是作为，也可以是不作为；可以是故意行为，也可以是过失行为；可以是合法行为，也可以是违法行为。

（2）行为人能够履行义务。能够履行包括两方面的含义：①行为人主观上具有履行义务的能力，包括行为人的智力、财力、技能、身体健康状况等等。②行为人具有履行义务的客观条件。包括时间、地点、环境、情势以及必要的物质条件。例如，急需将病人送往医院，但因路途遥远又没有交通工具，而未将病人送往医院，就不能怪罪行为人不作为。

（3）不履行义务造成了危害结果。行为人虽然未履行义务，但未发生任何危害结果的，不以不作为论处。

2. 不作为的分类。刑法理论上将不作为分为纯正的不作为与不纯正的不作为两种。

（1）纯正的不作为。纯正不作为，亦称真正不作为，是指刑法规定只能由不作为形式构成的犯罪，如遗弃伤病军人罪，逃税罪等。

纯正的不作为，有时会以作为的形式表现出来，即以作为的形式实现不作为的目的。例如，某甲为了遗弃自己4岁失明的儿子，把儿子带到离家数百公里的外地，然后将儿子丢在一个火车站，自个回家。他将儿子带到外地，是一种作为，但这种作为的目的，正是为了实现不作为（遗弃儿子）。因而，此种类型的犯罪在本质上仍然属于不作为。

刑法规范中，有时候对法定的不作为犯罪也规定了作为的表现，但这种作为的表现是为了掩盖不作为的目的，因而其本质上仍然属于纯正的不作为。例如《刑法》第201条对偷税罪规定的纳税人采取欺骗、隐瞒手段进行虚假纳税申报都属于作为。但这些作为的手段又都是为了掩盖不作为（偷税），因而本质上仍然属于不作为。纯正的不作为犯在我国刑法中不多，大概有如下几种：遗弃罪（第261条），拒绝提供间谍犯罪证据罪（第311条），包庇、纵容黑社会性质组织罪（第294条第3款），战时拒绝、逃避征召、军事训练罪，战时拒绝、逃避服役罪（第376条），徇私舞弊不征、少征税款罪（第404条），遗弃伤病军人罪（第444条）。

（2）不纯正的不作为，亦称不真正不作为，是指刑法没有明文规定只能由不作为的形式构成，但行为人是以不作为的形式构成的犯罪。例如，以不给治病或者不给饮食的方式达到杀人目的从而构成的杀人罪，就是这种不纯正的不作为犯罪。

不纯正的不作为，在现实中并不是完全不为任何行为，而是很可能有许多其他的作为。但不论行为人有多少其他作为，只要他应为的没有为，就是不作为。比如，母亲不给婴儿喂奶，致婴儿饿死，但她却在不停地缝纫、洗衣或做其他家务。这些家务虽然也是应为的，但并不能替代给婴儿喂奶之作为，因而她仍然以不作为的形式构成了杀人罪。

特别提示：注意不作为的成立条件和不作为的分类。

3-7 下列行为人的行为，哪些属于刑法上的不作为？

A. 甲骑自行车将乙撞伤后扬长而去，乙因未得到及时救助而死亡

B. 丙在路边捡拾一个婴儿抱回家中，后见该婴儿有病，又将该婴儿扔到路边

C. 丁见年迈的父亲生病，假装不知，不对父亲进行医治，后其父的健康自行恢复

D. 甲与妻因故争吵，妻声称"不活了"，当着甲的面将毒药喝下，甲不管不顾，喝酒睡觉，妻死亡

答案：ABD

3-8 某甲的亲戚委托某甲将5岁儿童带回老家交给孩子的姥姥，该儿童在路上又哭又闹，某甲一气之下，将该儿童丢在一个小树林里，自个

回家。后该儿童因冻饿而死。针对甲的行为，下列哪些说法是正确的：

A. 甲的行为属于不纯正的不作为

B. 甲的行为构成了故意杀人罪

C. 甲的行为构成了过失致人死亡罪

D. 甲的行为属于意外事件

答案：AB

3-9 下列哪些行为属于纯正的不作为？

A. 甲为讨新妻欢心，将前妻生的两岁的女儿带到一个汽车站后，扬长而去

B. 乙为讨新妻欢心，将前妻生的两岁的女儿放在一条水沟的斜坡上坐着，躲在旁边看，见女儿起身摔倒滚入水中，便悄悄离去，其女儿被淹死

C. 丙与妻因故争吵，妻声称"不活了"，当着甲的面将毒药喝下。甲不管不顾，喝酒睡觉。妻死亡

D. 丁妻在医院超生一女婴，丁怕罚款，出院时将女婴放在医院门口离去，后因长时间无人捡拾而死亡

答案：AD

3-10（06卷二4） 下列与不作为犯罪相关的表述，哪一选项是正确的？

A. 甲警察接到报案：有歹徒正在杀害其妻。甲立即前往现场，但只是站在现场观看，没有采取任何措施。此时，县卫生局副局长刘某路过现场，也未救助被害妇女。结果，歹徒杀害了其妻。甲和刘某都是国家机关工作人员，都没有履行救助义务，均应成立渎职罪

B. 甲非常讨厌其侄子乙（6岁）。某日，甲携乙外出时，张三酒后驾车撞伤了乙并迅速逃逸。乙躺在血泊中。甲心想，反正事故不是自己造成的，于是离开了现场。乙因得不到救助而死亡。由于张三负有救助义务，所以甲不构成不作为犯罪

C. 甲下班回家后，发现自家门前放着一包来历不明、类似面粉的东西。甲第二天上班时拿到实验室化验，发现是海洛因，于是立即倒入厕所马桶冲入下水道。甲虽然没有将毒品上交公安部门，但不构成非法持有毒品罪

D. 《消防法》规定，任何人发现火灾都必须立即报警。过路人甲发现火灾后没有及时报警，导致火灾蔓延。甲的行为成立不作为的放火罪

答案：C

三、危害结果

（一）危害结果的特征

危害结果，是指危害行为给我国刑法所保护的社会关系所造成的实际损害。它有以下几个特征：

1. 因果性。危害结果是由危害行为造成的，不是危害行为造成的结果，不是危害结果。比如，科学试验失败带来的损害，就不叫做危害结果。

2. 客观性。危害结果是危害行为所造成的客观事实，它一经出现就不以人的意志为转移地客观存在着。

3. 现实性。现实性"是指现在的一切事物、现象的实际存在性，是已经实现了的可能性"[1]　因此，危害结果只能是现实的已经造成的损害。"某种事物和现象在还没有成为现实之前，只是一种可能性"[2]，而不是危害结果。

（二）危害结果的种类

1. 直接危害结果与间接危害结果。这是根据危害行为与危害结果之间是否介入其他原因所作的分类。直接危害结果，是指在没有任何中介的情况下，由危害行为所必然造成的结果。危害行为与该结果之间存在着直接的、必然的因果联系。例如，甲开枪击中乙的头部，致乙死亡。乙的死亡就是甲杀人行为的直接结果。直接危害结果主要对犯罪的定性起作用，当然对量刑也起作用。

间接危害结果，是指在危害行为之后介入了其他独立的原因（中介），由其他独立原因直接引起的危害结果或者是由直接危害结果连带引起的其他危害结果。其他独立原因可能是第三者的行为，也可能是被害人自己的行为。例如，甲骑车将乙撞倒后，乙被丙驾驶的汽车轧死。又如，刘某被张某侮辱后自杀身亡，乙的死亡相对于甲的骑车行为，刘某的死亡相对于张某的侮辱行为，都属于间接危害结果。

区分直接危害结果与间接危害结果的意义在于，前在主要对定性起作用，后者主要对量刑起作用。

2. 物质性危害结果与非物质性危害结果。这是根据危害结果可否被感知所作的分类。物质性危害结果是指能够经过行为的物理作用引起对象有形变化的危害结果。如人体的伤害、死亡，财产的毁坏、损失等。对于物质性危害结果，人们可以通过感官直接感知，有的还可以进行测量和计

---

[1] 李秀林等主编：《辩证唯物主义和历史唯物主义原理》，中国人民大学出版社1982年版，第168页。
[2] 艾思奇主编：《辩证唯物主义　历史唯物主义》，人民出版社1978年版，第148页。

算。物质性危害结果所表现的数量和程度的大小，是反映行为社会危害程度的重要标志，是区分罪与非罪和量刑轻重的一个标准。在有些犯罪中，物质性危害结果发生与否，还是区分犯罪既遂与未遂的标志。

非物质性危害结果，是指没有物质形态表现的危害结果，或者说是无形的危害结果。例如对个人名誉的损害、对国家机关威信的损害、对社会秩序的破坏、对国家机关正常活动的侵害等，都属于非物质性危害结果。非物质性危害结果，一般来说无法计算和测量，因而无法用感觉器官去感知，只能通过人的思维去体验。

区分物质性危害结果与非物质性危害结果，有利于合理确定危害结果的范围，也有利于提醒司法机关在评价犯罪的社会危害性时，不要忽略非物质性危害结果。

3. 属于构成要素的危害结果和不属于构成要素的危害结果。属于构成要素的危害结果，是指成立某一具体犯罪必须具备的危害结果。如果不具备这种危害结果，行为就不构成犯罪。根据刑法的规定和刑法原理，所有的过失犯罪和间接故意犯罪，都以特定的危害结果的发生为犯罪构成的必备要素。在直接故意犯罪中，只有少数几种必须以特定危害结果的发生作为犯罪构成的必备要素，例如故意毁坏财物罪、故意伤害罪等。属于构成要素的危害结果，都有特定的内容，而且都有法律的明文规定。如果发生的结果不符合法律的明文规定，就不构成相应的犯罪。

不属于构成要素的危害结果，是指不是成立犯罪所必需的、构成要件之外的危害结果。这种危害结果是否发生以及轻重如何，不影响犯罪的成立。但在行为构成犯罪的基础上，这种结果可以影响犯罪的量刑，有时也可以影响犯罪的既遂和未遂。

对危害结果做此种划分的意义是，有利于正确认识危害结果在不同犯罪构成中的地位和作用，从而正确地认定犯罪。

4. 广义的危害结果和狭义的危害结果。广义的危害结果，是指由危害行为所引起的一切对社会的损害。既包括直接危害结果和间接危害结果，也包括物质性危害结果和非物质性危害结果，还包括属于构成要素的危害结果和不属于构成要素的危害结果。划分广义危害结果的意义在于，处理一切刑事案件，都要求用全面的观点，对犯罪的主观方面和客观方面作出全面的评价。因此，对一切可以观察到的危害结果，都应纳入司法工作人员的视野，给予综合的审视。这对于准确的定罪和量刑，有着重要的意义。

狭义的危害结果，是仅指作为犯罪构成客观要素的危害结果，它是定罪的主要根据之一，但仅存于所有的过失犯罪、间接故意犯罪和一部分直接故意犯罪之中。

5. 严重危害结果与非严重危害结果。严重危害结果，是指致人重伤、死亡或者使公私财产遭受重大损失以及使重大的法律秩序遭受严重破坏。既可以表现为严重犯罪的基本危害结果，也可以表现为基本犯罪的加重结果。

非严重危害结果，是指致人轻伤、使公私财产遭受较小损失以及使一般的法律秩序遭受损害。

对危害结果作此种区分的意义在于，过失行为只有造成严重危害结果的才构成犯罪。在故意犯罪中，危害结果是否严重，会影响适用的法定刑是否升格，并影响在同一量刑幅度中的量刑。

（三）危害结果的意义

危害结果只是犯罪构成客观要件中的一个选择要素，即它只是部分犯罪构成的客观要素。作为犯罪客观要件的一个选择因素，其意义主要有以下几点。

1. 在部分犯罪中，是区分罪与非罪的标志。当刑法规范把危害结果规定为某种犯罪构成的客观要素时，危害结果是否发生，决定着该种犯罪能否成立。此种情况下，危害结果的有无成为区分罪与非罪的重要标志。

2. 在部分犯罪中，是区分犯罪既遂与犯罪未遂的标准。在大多数直接故意犯罪中，行为人追求的危害结果是否发生，不决定犯罪是否成立，但决定犯罪的既遂与未遂。例如杀人罪、盗窃罪、强奸罪等，都是如此。

3. 危害结果的轻重影响量刑的轻重。在绝大多数犯罪中，危害结果的轻重都影响量刑的轻重。例如，在伤害罪中，造成重伤的比造成轻伤的刑罚重；在盗窃罪中，盗窃数额大的比盗窃数额小的刑罚重，在所有过失犯罪中，造成的危害结果特别严重的比不是特别严重的刑罚重。

4. 在个别情况下，特定危害结果的发生，能改变犯罪的性质。例如，《刑法》第247条规定的刑讯逼供罪和暴力取证罪，如果发生被害人伤残、死亡的严重后果，犯罪性质就会改变为故意伤害罪或故意杀人罪。

5. 在个别情况下，特定危害结果的发生，能改变犯罪的诉讼程序。例如，《刑法》第257条规定的暴力干涉婚姻自由罪，本来是自诉案件，但如果发生了被害人死亡的严重后果，就由自诉改为公诉。

（四）危险性

危险性，本是一种可能性，不是现实性，因而，危险性不是危害结果。在个别犯罪中，刑法把危险性也作为成立犯罪的一种客观要素加以规定。例如，《刑法》第114条和第118条规定的"尚未造成严重后果"，第116条和第117条规定的"足以使……发生倾覆、毁坏危险"等，都属于这种危险性。这种危险性在相应的犯罪中，也是构成犯罪的一个客观要素。

特别提示:

1. 注意危害结果在过失罪与故意罪中的不同作用。

2. 注意严重的危害结果能改变哪些罪的罪名,能改变哪些罪的诉讼程序。

3－11 有关危害结果的意义,下列哪些说法是正确的?

A. 甲过失引起柴草着火,因未造成严重后果,因而不构成犯罪

B. 乙故意杀人,造成被害人重伤的结果,属于杀人未遂

C. 丙刑讯逼供造成被害人死亡的结果,对丙应以故意杀人罪论处

D. 丁暴力干涉女儿婚姻自由导致其女死亡,检察机关应当提起公诉

答案:ABCD

四、刑法上的因果关系

(一) 刑法上因果关系的定义与特点

刑法上的因果关系,是指危害行为与危害结果之间的一种引起与被引起的客观的、内在的、规律性的联系。它具有以下几个特点:

1. 客观性。因果关系的客观性,是指原因与结果之间的引起与被引起的联系是客观存在的,不依人们主观意志为转移。换言之,不论人们主观上是否认识它,它都是客观存在的。强调这一点的意义在于,不要认为行为人不知道,就否认其行为与结果之间的因果关系。

2. 相对性。因果关系的相对性,是指原因和结果在纵横交错相互联系相互影响的因果网络中,都不是绝对的。同一个现象,在这个因果环节中是原因,在另一个因果环节中却变成了结果。只能把两个现象从客观的普遍联系中抽出来专门地加以考察,才能确定一个现象是原因,一个现象是结果。强调因果关系相对性的意义在于,在任何案件中,研究刑法上的因果关系,都只能抽出人的危害行为与危害结果这两个现象来研究,防止找错了原因和结果。

3. 时间顺序性。因果关系的时间顺序性,是指在原因与结果的联系中,原因总是在先,结果总是在后。强调这一特点的意义在于,防止司法实践中倒因为果,倒果为因。

特别提示:主观上不知道或者没想到不影响因果关系的存在;不是危害行为不应作为刑法中的原因加以研究;结果发生之后的行为与结果之间没有因果关系。

3－12 关于刑法上的因果关系,下列哪一说法是正确的?

A. 甲用止咳糖浆瓶装了一瓶农药带回家中,未向家人交代。第二天,

其妻当作止咳糖浆送给邻居，邻居喂给两岁小儿，致小儿死亡。因甲妻不知瓶内装的是农药，因而甲妻的行为与小儿的死没有因果关系

B. 甲乙两个年轻人在公共汽车上辱骂一位老人，气得老人心脏病突发致死。因两个年轻人怎么也想不到辱骂一下就会产生如此严重的后果，因而他们的辱骂行为与老人的死之间没有因果关系

C. 甲骑自行车太快，误将乙撞倒在汽车道内，乙未来得及爬起，就被正常行驶的丙驾驶的汽车轧死。应当抽出甲撞倒乙的行为与乙的死亡这两个现象来研究刑法上的因果关系

D. 甲以为乙睡着了，照着乙的胸部连扎数刀后逃跑。后经鉴定，在乙刀扎甲之前甲已死亡。乙的行为与甲的死亡之间没有因果关系

E. 甲深夜在山林中偷伐树木，被守林人乙听见，为了不惊动盗伐者，乙循声悄悄接近。甲砍伐的树木倒下，砸死了乙。甲的行为与乙的死没有因果关系

答案：CD

3－13 学生乙在体育课上歪着头说话，老师朝他肚子轻击一下，说"你给我站好！"乙立时喊叫肚子疼，被送医院抢救无效死亡。经鉴定发现，乙脾脏病态肿大，比常人大四倍。针对此案，下列哪些说法正确？

A. 老师的行为与乙的死没有因果关系

B. 属于意外事件

C. 属于不可抗力

D. 老师对乙的死不负刑事责任

答案：BD

3－14（06 卷二 2）   关于因果关系，下列哪一选项是错误的？

A. 甲故意伤害乙并致其重伤，乙被送到医院救治。当晚，医院发生火灾，乙被烧死。甲的伤害行为与乙的死亡之间不存在因果关系

B. 甲以杀人故意对乙实施暴力，造成乙重伤休克。甲以为乙已经死亡，为隐匿罪迹，将乙扔入湖中，导致乙溺水而亡。甲的杀人行为与乙的死亡之间存在因果关系

C. 甲因琐事与乙发生争执，向乙的胸部猛推一把，导致乙心脏病发作，救治无效而死亡。甲的行为与乙的死亡之间存在因果关系，是否承担刑事责任则应视甲主观上有无罪过而定

D. 甲与乙都对丙有仇，甲见乙向丙的食物中投放了 5 毫克毒物，且知道 5 毫克毒物不能致丙死亡，遂在乙不知情的情况下又添加了 5 毫克毒物，丙吃下食物后死亡。甲投放的 5 毫克毒物本身不足以致丙死亡，故甲的投

毒行为与丙的死亡之间不存在因果关系

答案：D

（二）刑法因果关系的认定

在因果关系的认定上，需要把握以下几个问题：

1. 必然因果关系与偶然因果关系。通说认为，当危害行为中包含着产生危害结果的根据，并合乎规律地产生了危害结果时，危害行为与危害结果之间就是必然的因果关系。当危害行为本身并不包含着产生危害结果的根据，但在其发展过程中，偶然介入其他因素，并由介入因素合乎规律地引起危害结果时，危害行为与危害结果间就是偶然因果关系。

2. 直接因果关系与间接因果关系。直接因果关系，是指危害行为没有介入中间环节而直接产生危害结果。例如，某甲一把将正骑自行车的乙推倒，导致乙被摔伤。间接因果关系，是指危害行为通过介入中间环节而间接引起危害结果。例如，甲将骑自行车的乙推倒于汽车道内，乙尚未来得及起身，即被丙驾驶的汽车轧死。甲推乙的行为与乙的死亡之间就是一种间接的因果关系。

3. 简单的因果关系与复杂的因果关系。简单的因果关系，是指一个危害行为直接并合乎规律地引起一个或几个危害结果所形成的因果关系。根据条件是否起了关键作用，此种简单的因果关系又可分为一般的和特殊的两种。一般的因果关系，是指条件未对结果的发生起关键作用的因果关系。特殊的因果关系是指条件在结果的发生中起了关键性作用的因果关系。具体又有三种情况：①危害行为在某种危险状态下实行，造成危害结果。例如，大夫甲见患急性阑尾炎的乙正是自己的仇人，故意拖延手术时间，致乙阑尾穿孔引起全腹膜炎死亡。②危害行为在某种特殊条件下实行，造成危害结果。例如，甲对患有高血压病的乙头部打一拳，致乙脑血管破裂死亡。③危害行为造成某种危害结果，因条件不利，使该结果发展为更严重的结果。例如，甲将乙腹部刺伤后即送医院治疗，若能及时治疗，乙不会死亡，但因路途较远或受阻耽误了时间，乙因未及时得到治疗而死亡。

复杂的因果关系，是指两个或两个以上的危害行为造成一个或数个危害结果所形成的因果关系。根据各个行为之间的相互关系，此种复杂的因果关系又可分为如下两种：①前后衔接的因果关系。这是指前危害行为引起并支配后危害行为，由后危害行为直接引起危害结果所形成的因果关系。例如，车间主任甲明知机器有故障，仍强令工人乙操作机器，结果引起重大事故，致二人死亡。②共同作用的因果关系。这是指数个危害行为在相互结合、综合作用下共同造成危害结果所形成的因果关系。这数个危害行为若单独实施，则不会引起危害结果。例如，甲为杀丙而向丙的茶杯中投毒，不久，乙也为杀丙而向丙的同一茶杯中投毒。甲乙各自投下的毒药量都不足以致丙死亡，但二人投下的毒药合在一起毒死了丙。

4. 条件因果关系。条件因果关系，是德、日大陆法系国家在刑法因果关系上的主要观点之一，近年来也被我国一些学者所赞同。该理论认为，只要在行为和结果之间存在"没有前者就没有后者"这种必要的条件关系，就可以认为有刑法上的因果关系。换言之，凡是先于结果存在并为结果的发生所必不可少的条件，就都是原因，而且没有轻重、大小、主次之分。为了证明某个先于结果存在的行为是否是结果发生的必要条件，该理论求助于一种"排除思维法"，即设想在该条件不存在时，结果是否同样会发生。如果答案是否定的，说明该行为就是结果的必要条件；如果答案是肯定的，就可将该行为排除于原因之外。

5. 中断的因果关系。中断的因果关系是为克服条件因果关系扩大因果关系范围的缺陷而提出的。该理论认为，某种危害行为正在引起某种危害结果，在因果关系发展过程中，如果介入了另一个原因，由另一个原因直接引起了危害结果的发生，就切断了原来的因果关系。例如，甲投毒杀害乙，乙中毒后被丙开枪打死。则丙的开枪行为与乙的死之间有因果关系，甲的投毒行为与乙的死之间没有因果关系。介入行为可以是人的行为，也可以是自然力量；可以是故意行为，也可以是过失行为。

特别提示：一个环节的因果关系，一般都是直接的、必然的；两个环节的因果关系，一般都是间接的、偶然的、条件的。一个原因的，都属于简单的因果关系，两个以上原因的，都属于复杂的因果关系。条件起关键作用的，是特殊的因果关系，反之，是一般的因果关系。

3-15 下列关于刑法因果关系的说法哪些是正确的？

A. 甲一枪打死了乙，甲的行为与乙的死亡之间既是必然的因果关系，也是直接的因果关系

B. 甲将乙打伤，乙去医院过马路时被丙驾驶的汽车撞死。甲的行为与乙的死亡之间既是条件的因果关系，也是偶然的因果关系

C. 甲将乙打成重伤后扬长而去，乙的仇人丙见乙躺在地下，基于仇恨又上前殴打乙，致乙死亡。丙的行为与乙的死亡之间有因果关系，甲的行为与乙的死亡之间没有因果关系

D. 甲乙因故争执，甲向乙腹部轻击一拳，乙疼痛难忍，甲急将乙送往县城医院。因路途太远，乙在途中死亡。后经鉴定，乙是因为脾脏肿大，被轻轻一击就导致破裂而死亡。因乙脾脏肿大，加之离医院太远，所以甲的行为与乙的死亡没有因果关系

答案：ABC

3－16（03 卷二 41）　　下列关于刑法上因果关系的说法哪些是正确的？

A. 甲欲杀害其女友，某日故意破坏其汽车的刹车装置。女友如驾车外出，15 分钟后遇一陡坡，必定会坠下山崖死亡。但是，女友将汽车开出 5 分钟后，即遇山洪暴发，泥石流将其冲下山摔死。死亡结果的发生和甲的杀害行为之间，没有因果关系

B. 乙欲杀其仇人苏某，在山崖边对其砍了 7 刀，被害人重伤昏迷。乙以为苏某已经死亡，遂离去。但苏某自己醒来后，刚迈了两步即跌下山崖摔死。苏某的死亡和乙的危害行为之间存在因果关系

C. 丙追杀情敌赵某，赵狂奔逃命。赵的仇人赫某早就想杀赵，偶然见赵慌不择路，在丙尚未赶到时，即向其开枪射击，致赵死亡。赵的死亡和丙的追杀之间没有因果关系

D. 丁持上膛的手枪闯入其前妻钟某住所，意图杀死钟某。在两人厮打时，钟某自己不小心触发扳机遭枪击死亡。钟的死亡和丁的杀人行为之间存在因果关系，即使丁对因果关系存在认识错误，也构成故意杀人罪既遂

答案：ABCD

（三）不作为犯罪的因果关系

不作为犯罪的因果关系，是指存在于不作为与它所引起的危害结果之间的一种内在的、合乎规律的引起与被引起的联系。判断不作为与危害结果之间有无因果关系，应从两个方面加以考察：①考察行为人有无特定的作为义务，如果没有特定的作为义务，就不存在不作为，自然也不存在不作为的因果关系；②考察不作为对危害结果的发生是否起了决定作用，如果不起决定作用，则不作为与危害结果之间也不存在因果关系。

（四）刑法上因果关系与刑事责任

刑法上的因果关系，是行为人负担刑事责任的客观依据。解决了刑法上的因果关系，不等于就解决了刑事责任问题。要使行为人对自己的行为造成的危害结果负刑事责任，行为人还必须具备主观上的故意或过失。即使具备因果关系，如果行为人缺乏故意或过失，仍不能令其负刑事责任。

特别提示：没有作为的义务，不存在不作为，也不存在不作为的因果关系；虽然不作为，但结果是另一原因引起的，不作为与结果之间没有因果关系。虽有因果关系，但没有罪过或者未达责任年龄的，不负刑事责任。

3-17（04 卷二 87） 甲、乙二人系某厂锅炉工。一天，甲的朋友多次打电话催其赴约，但离交班时间还有 15 分钟。甲心想，乙一直以来都是提前 15 分钟左右来接班，今天也快来了。于是，在乙到来之前，甲就离开了岗位。恰巧乙这天也有要事。乙心想，平时都是我去甲才离开，今天迟去 15 分钟左右，甲不会有什么意见的。于是，乙过了正常交接班时间 15 分钟左右才赶到岗位。结果，由于无人看管，致使锅炉发生爆炸，损失惨重。甲、乙的行为与锅炉爆炸之间：

A. 没有因果关系

B. 有因果关系

C. 是不作为的因果关系

D. 属于多因一果的因果关系

答案：BCD

3-18 下列关于刑法因果关系的说法哪些是正确的？

A. 甲乙丙丁四人周末到朋友刘某正在值班的铁路道口值班室打扑克，值班员刘某因观看甲等四人打扑克入迷，竟然忘了在火车到来之前放下栏杆，以致发生了汽车与火车相撞的交通事故。甲乙丙丁四人的打扑克行为与交通事故之间也有因果关系

B. 甲因舍不得花钱而不给生病的老父治病，老父一气之下上吊自杀。甲的不作为与其老父死亡之间不具有刑法上的因果关系

C. 司机张某夜间往车库倒车时，轧死了躲在车库睡觉的小偷。张某的倒车行为虽与小偷的死有刑法上的因果关系，但张某不应对小偷的死承担刑事责任

D. 15 岁的小虎为报复 13 岁的小玲不让其骑牛，而将小玲骑的水牛向水塘中赶，小虎将水牛赶进水塘后，小玲从牛背上落入水中淹死。小虎的赶牛行为与小玲的死有因果关系，因而应追究小虎的刑事责任

答案：BC

3-19 乙于夜间翻墙潜入甲的院内行窃。乙刚入院，甲开车回家，甲打开院门，将车开进院子。乙见突然来人，急忙钻入堆放于院内的塑料薄膜下躲藏，甲倒车入库时，将乙碾轧致死。

（1）假如甲不知塑料薄膜下藏着乙，下列哪一选项正确？

A. 甲的倒车行为与乙的死没有因果关系

B. 甲的行为属于意外事件

C. 甲的行为属于不可抗力

D. 甲对乙的死不负刑事责任

答案：BD

（2）假如甲已经发现塑料薄膜下藏着乙，下列哪一选项正确？

A. 甲的倒车行为与乙的死有因果关系

B. 甲的行为构成故意杀人罪

C. 甲的行为构成过失致人死亡罪

D. 甲应对乙的死承担刑事责任

答案：ABD

（3）假如甲发现塑料薄膜下像是有个人，但又自信不可能，下列哪一选项正确？

A. 甲的倒车行为与乙的死没有因果关系

B. 甲的行为属于意外事件

C. 甲的行为属于正当防卫

D. 甲构成过失致人死亡罪

答案：D

五、行为的时间地点与方法

行为的时间、地点、工具与方法，都属于犯罪构成的选择要素。在一般情况下，行为的时间、地点、工具和方法不是犯罪构成客观方面的要素，只有在个别特殊的犯罪中，当刑法条文把它们规定在罪状中时，它们才成为该罪的构成要素。例如《刑法》第 340 条规定的"禁渔区"（地点）、"禁渔期"（时间）、"禁用的工具、方法"，都是非法捕捞水产品罪的构成要素。第 277 条第 3 款规定的"在自然灾害和突发事件中"（含有时间和地点），是妨害公务罪的构成要素。第 263 规定的"以暴力、胁迫或者其他方法"是抢劫罪的构成要素。

■ 第四节　犯罪主体

一、犯罪主体概述

犯罪主体，是指达到法定责任年龄，具有刑事责任能力实施了严重危害社会的行为的自然人或单位。它具有以下三个特征：

1. 犯罪主体是自然人和单位。自然人，是指有生命的人类个体，其生命始于出生，终于死亡。单位，是指法律上人格化了的组织，既包括具有民事权利能力和民事行为能力并享有独立民事权利和承担民事义务的法人，也包括不具有法人资格的企业、事业单位和机关、团体。一切动物、植物、物品以及死亡的人，都不能成为自然人犯罪主体。不能体现单位意志、假借单位名义犯罪的，不能成为单位犯罪主体。

2. 犯罪主体是具有刑事责任能力的自然人或单位。刑事责任责任能力在犯罪主体中处于核心的地位，没有刑事责任能力，就不能成为犯罪主体。自然人的刑事责任能力，受自然人个体年龄和精神状况等多种因素的影响和制约；单位主体的刑事责任能力是通过单位意志来体现的。单位意志则表现为单位负责人或领导机构的决定。

3. 犯罪主体是实施了严重危害社会行为的自然人或单位。犯罪主体与严重危害社会的行为密不可分。具有刑事责任能力的自然人或单位，并不是理所当然的犯罪主体，只有当他们实施了刑法中规定的严重危害社会的行为时，才能成为犯罪主体。

犯罪主体在区分罪与非罪、此罪与彼罪的界限上以及在影响量刑的轻重上都有重要意义。

二、自然人犯罪主体

自然人犯罪主体，就是达到刑事责任年龄、具有刑事责任能力、实施了严重危害社会行为的人类生命个体。成为自然人犯罪主体，必须具备刑事责任年龄和刑事责任能力两个条件。

（一）刑事责任年龄

刑事责任年龄，是指自然人对自己实施的严重危害社会行为负刑事责任所必须达到的年龄。我国刑法将刑事责任年龄分为如下四个阶段：①绝对无责任年龄段，即不满14周岁的人，不论实施多么严重的危害社会行为，都不构成犯罪，不负刑事责任。这是因为，这个年龄段的人还处于幼年时期，尚不具备对自己行为的辨别和控制能力。虽不负刑事责任，但应责令其家长或者监护人严加管教，必要时也可由政府收容教养。②相对负责任年龄段，即已满14周岁不满16周岁的人，只对故意杀人、故意伤害致人重伤或者死亡、强奸、抢劫、贩毒、放火、爆炸、投放危险物质罪负刑事责任，对其他危害行为不负刑事责任。这是因为这个年龄段的人有一定的辨别控制能力，但还不十分完整和成熟，所以只让他们对部分性质特别严重又较为常见的犯罪行为负刑事责任。③完全负责任年龄段，即已满16周岁的人犯罪应当负刑事责任。这是因为这个年龄段的人在智力和知识上都有相当发展，已经具备了完全的辨认控制自己行为的能力。④从宽责任年龄段，即已满14周岁不满18周岁的人犯罪，应当从轻或者减轻处罚。已满75周岁的人故意犯罪的，可以从轻或者减轻处罚；过失犯罪的，应当从轻或者减轻处罚。

有关刑事责任年龄，需要注意以下三个问题：

1. 刑事责任年龄的计算。"已满"多少年龄，是指实足年龄，按公历的年、月、日计算，并且以过了周岁生日的第二天开始起算。例如，行为人于1988年3月22日出生，应到2004年3月23日才算已满16周岁。如果他在 3 月 22 日生日当天过失致人死亡，还不构成犯罪。

2. 刑事责任年龄的确定。通说认为，刑事责任年龄依行为时进行确定，在行为与结果不同时的场合，也依行为时进行确定。如果行为有连续或继续状态的，应依行为结束时为准进行确定。

3. 跨年龄犯罪的认定。年满 14 周岁前后都实施了《刑法》第 17 条第 2 款规定的性质特别严重的危害行为，满 14 周岁前的实施的行为不应以犯罪论处。年满 16 周岁前后都实施了《刑法》第 17 条第 2 款之外的危害严重的行为时，满 16 周岁前的实施的行为不应以犯罪论处。比如行为人在 16 周岁前盗窃 8000 元，满 16 周岁后盗窃 5000 元，只能按盗窃 5000 元追究刑事责任。

特别提示：注意四个不同的年龄段和年龄的计算、确定及跨年龄段的问题。

3－20（06 卷二 51）　已满 14 周岁不满 16 周岁的人实施下列哪些行为应当承担刑事责任？

A. 参与运送他人偷越国（边）境，造成被运送人死亡的

B. 参与绑架他人，致使被绑架人死亡的

C. 参与强迫卖淫集团，为迫使妇女卖淫，对妇女实施了强奸行为的

D. 参与走私，并在走私过程中暴力抗拒缉私，造成缉私人员重伤的

答案：CD

3－21　关于刑事责任年龄，下列说法哪些是正确的？

A. 某甲在过 16 岁生日那天偷了别人 3000 元钱，甲应对该行为负刑事责任

B. 某乙在 2004 年 3 月 2 日至 8 月 10 日期间共盗窃 8 次，偷得他人财物价值 2 万多元，应当截至 2004 年 3 月 2 日计算某乙的犯罪年龄

C. 某丙于 2006 年 5 月 7 日以杀人的故意向某丁身体捅了一刀，某丁被送往医院抢救，后于当年 6 月 2 日因抢救无效死于医院。应截至 6 月 2 日计算某丙的犯罪年龄

D. 2005 年 7 月 4 是甲的 16 岁生日，他在 7 月 4 日之前偷得他人财物 6200 元，在 7 月 5 之后偷得他人财产 3000 元。应按 3000 元追究某甲盗窃罪的责任

答案：D

3－22（02 卷二 41）　对下列哪些情形应当追究刑事责任？

A. 15 周岁的甲在聚众斗殴中致人死亡

B. 15 周岁的乙非法拘禁他人使用暴力致人伤残

C. 15 周岁的丙贩卖海洛因 6000 克

D. 15 周岁的丁使用暴力奸淫幼女

答案：ABCD

3-23（00 卷二 23） 路某（15 岁）先后唆使张某（15 岁）盗窃他人财物折价 1 万余元；唆使李某（19 岁）绑架他人勒索财物计 2000 余元；唆使王某（15 岁）抢劫他人财物计 1500 元。路某的行为构成何罪？

A. 盗窃罪   B. 抢劫罪

C. 绑架罪   D. 抢劫罪、绑架罪

答案：B

3-24 15 周岁的甲与 20 周岁的乙共同绑架儿童丙勒索到 5 万元后，又共同将丙杀害。针对甲乙的行为，下列哪些认定是正确的？

A. 甲乙都构成绑架罪   B. 甲乙都构成杀人罪

C. 甲构成杀人罪   D. 乙构成绑架罪

答案：CD

3-25 15 周岁的甲与 17 周岁的乙共同潜入一仓库盗窃，被仓库保管员丙发现后，甲乙二人又共同将丙打成重伤后逃跑。针对甲乙的行为，下列哪些认定是正确的？

A. 甲乙都构成盗窃罪   B. 甲乙都构成抢劫罪

C. 甲构成故意伤害罪   D. 乙构成抢劫罪

答案：CD

3-26 对下列行为的处理方法，哪些项是正确的？

A. 15 周岁的甲与 13 周岁的女同学乙恋爱，发生过一次性关系，未造成严重后果。不认为是犯罪

B. 15 周岁的乙与多名未满 14 周岁的女同学恋爱并分别发生性关系，导致一名幼女怀孕，不得不中途辍学。乙构成强奸罪，但应从轻、减轻处罚。

C. 17 周岁的丙多次在学校附近拦截中学生，搜取 10 余人的零花钱，总共有 200 多元。不以犯罪论处

D. 17 周岁的丁多次在学校附近拦截中学生，搜取几十人的零花钱，动辄打骂威胁，共搜取 2000 余元。对丁应以寻衅滋事罪论处

答案：ABCD

（二）刑事责任能力

1. 刑事责任能力的定义。刑事责任能力,[1] 是指行为人辨认和控制自己行为的能力。辨认能力，是指行为人认识自己特定行为的性质、作用、后果及其意义的能力，其中包括识别、理解、判断的能力。控制能力，是指行为人支配自己实施或不实施特定行为的能力，其中包括决定自己行为的方向、方法、时间、地点及其行为力度的能力。辨认能力是控制能力存在的前提和基础，控制能力是在辨认能力的基础上形成的，并反映人的辨认能力。没有辨认能力就没有控制能力，但具有辨认能力的，却并非一定就有控制能力。因为在特殊情况下，有辨认能力的人可能因为某种特殊原因而丧失控制能力，例如癫痫自动症、躁狂症的精神运动性兴奋等就会产生这种现象。刑法上要求自然人必须同时具有辨认能力和控制能力，才算具有行为能力。不论丧失了其中任何一种能力，都应视为无行为能力。无行为能力的人，不可能成为犯罪主体。一个人辨认、控制能力的有无及其强弱，受着多种因素的决定和影响。其中影响较大的是年龄和精神状况。

2. 刑事责任能力的类别。根据我国《刑法》的规定和刑法理论，可将行为人的刑事责任能力作如下分类：

（1）完全刑事责任能力。这是指行为人对刑法规定的所有犯罪都能够辨认和控制的能力。根据《刑法》规定，已满16周岁并且没有精神障碍和生理缺陷的人，都具有完全的刑事责任能力。

（2）相对刑事责任能力。这是指行为人只对刑法规定的特别严重的犯罪才能够辨认和控制的能力。根据《刑法》规定，已满14周岁不满16周岁并且没有精神障碍和生理缺陷的人，具有相对的刑事责任能力。

（3）减弱刑事责任能力。这是指行为人由于年少而不完全的辨认控制能力。根据《刑法》规定，已满14周岁不满18周岁的人并且没有精神障碍和生理缺陷的人，具有减弱的刑事责任能力。由于这种人的刑事责任能力因年少而减弱，因而当他们构成犯罪时，应当从轻或者减轻处罚。

（4）限制刑事责任能力。这是指行为人由于精神障碍或者生理缺陷而降低了的辨认控制能力。根据刑法规定，尚未完全丧失辨认或者控制自己刑事责任能力的精神病人和又聋又哑的人或者盲人，具有限制的刑事责任能力。由于这种人的刑事责任能力因精神障碍或者生理缺陷而降低，因而当他们构成犯罪时，可以从轻或者减轻处罚。对于又聋又哑的人或者盲人，还可以免除处罚。

---

〔1〕 这里的"刑事责任能力"，实为行为能力。称为刑事责任能力，不合乎逻辑。详见侯国云：《刑法总论探索》，中国人民公安大学出版社2004年版，第209页。

（5）无刑事责任能力。这是指行为人因不达法定年龄或者精神障碍而对一切犯罪都没有辨认控制能力。根据《刑法》规定，不满 14 周岁的人和经法定程序鉴定确认，不能辨认或者不能控制自己行为的精神病人，属于无刑事责任能力人，这些人不能成为犯罪主体。

3. 几种"特殊人"的刑事责任责任能力问题。

（1）精神病人。我国《刑法》对精神病人的刑事责任能力分为三种情况加以规定：

第一，完全丧失责任能力的精神病人。这是指已经没有正常的意识和意志自由的重度精神病人。此种病人不能成为犯罪主体。《刑法》第 18 条规定："精神病人在不能辨认或者不能控制自己行为的时候造成危害结果，经法定程序鉴定确认的，不负刑事责任，[1] 但是应当责令他的家属或者监护人严加看管和医疗；在必要的时候，由政府强制医疗。"这是我国对完全丧失行为能力的精神病人不确认为犯罪主体的法律依据。我国刑法学界普遍认为，这种确认必须同时具备两个标准：①医学标准，又称生物学标准，就是确认行为人在行为时确实患有精神病；②法学标准，又称心理学标准，就是确认行为人在行为时确实因患精神病而完全丧失了辨认和控制自己行为的能力，而不仅仅是减弱了这种能力。如果一个人是在符合上述两个标准的情况下造成了危害社会的结果，就不能以犯罪论处。是否符合上述两个标准，必须经法定程序鉴定加以确认。

第二，完全具有责任能力的精神病人。这是指精神暂时处于正常状态的间歇性精神病人。间歇性精神病是精神病的一种，其特征是病症有发作期和缓解期，并且交替出现。在发作期，病人会完全或部分地丧失行为能力，在缓解期又完全恢复行为能力。处于缓解期的间歇性精神病人因具有完全的行为能力，因而可以成为犯罪主体。《刑法》第 18 条第 2 款规定："间歇性精神病人在精神正常的时候犯罪，应当负刑事责任"，道理就在于此。

第三，限制责任能力的精神病人。这是指患有精神病，但其责任能力只是减弱而没有完全丧失的精神病人。《刑法》第 18 条第 3 款规定："尚未完全丧失辨认或者控制自己行为能力的精神病人犯罪的，应当负刑事责任，但是可以从轻或者减轻处罚。"

（2）醉酒人。《刑法》第 18 条第 4 款规定："醉酒的人犯罪，应当负

---

〔1〕 这一规定存在逻辑性矛盾。本来，经法医鉴定确认不能辨认或者不能控制自己行为的精神病人不能成为犯罪主体，他们即使造成了危害结果，也不构成犯罪。不构成犯罪，当然不负刑事责任。因此，这里应当规定为"不构成犯罪"，而不应规定为"不负刑事责任"。现在这种规定，存在两个矛盾：①在不该规定刑事责任的时候规定了刑事责任；②给人一种误解，似乎精神病人造成危害结果的，构成犯罪，但不负刑事责任。

刑事责任。"醉酒，是指因酒精中毒所导致的精神障碍，医学上通常称为"酒精中毒"、"乙醇中毒"。精神病学根据酒精造成人精神障碍的程度，把醉酒分为"急性酒中毒"和"慢性酒中毒"两大类。对急性酒中毒又分为生理性醉酒和病理性醉酒两种。生理性醉酒，亦称普通醉酒，因其引起的精神障碍不属于精神病性精神障碍，所以现代医学与司法精神病学不认为是精神病。刑法理论认为，普通醉酒人还具有行为能力，故能够成为犯罪主体，对其实施的犯罪行为应当承担刑事责任。即使其行为能力有所减弱，但由于醉酒是一种恶习，也不得从轻处罚。

病理性醉酒，是一种因少量饮酒即可引起的严重精神障碍。它发病突然，持续时间短暂，并常常以昏睡告终。处于这种状态的人，其感知功能先于运动功能受到酒精作用的影响，因此，虽然外观上无异常表现，但其意识已经发生重大障碍。由于此种醉酒状态下的人，自我意识和环境意识均出现重大障碍，已经完全丧失了辨认和控制自己行为的能力，故应认定其为无刑事责任能力的人。

（3）又聋又哑的人和盲人。《刑法》第19条规定："又聋又哑的人或者盲人犯罪，可以从轻、减轻或者免除处罚。"又聋又哑的人，简称聋哑人，是指双耳都听不见且不会说话的人，只聋不哑或者只哑不聋的人，不是聋哑人。盲人，是指双目全部失明的人，只一目失明的人不是盲人。聋哑人和盲人也属于限制责任能力人。他们虽然由于生理缺陷导致辨认控制能力的减弱，但并没有完全丧失辨认控制能力，因而可以成为犯罪的主体。但考虑到他们由于生理上的缺陷，其辨认控制能力毕竟比正常人弱，因而法律规定对聋哑人和盲人犯罪的，可以从轻、减轻或者免除处罚。

特别提示：注意刑事责任的类别和几种特殊人的刑事责任。

3-27 关于刑事责任能力，下列哪些说法是正确的？

A. 精神病人完全丧失辨认控制能力，并经法定程序鉴定确认的，不负刑事责任

B. 尚未完全丧失辨认或者控制自己行为能力的精神病人犯罪的，可以从轻或者减轻处罚

C. 醉酒的人犯罪，可以从轻处罚

D. 聋子或者哑巴犯罪的，可以从轻、减轻或者免除处罚

答案：AB

（三）特殊身份

根据《刑法》的规定，理论上把自然人犯罪主体分为一般主体与特殊主体两种。达到刑事责任年龄、具有刑事责任能力并实施危害社会行为的

自然人，就是自然人中的一般犯罪主体。在具备刑事责任年龄、刑事责任能力两个条件的基础上，又具备刑法分则明文规定的特殊身份的人，如果实施了特定的危害社会的行为，就成为自然人中的特殊犯罪主体。特殊身份是特殊主体所必须具备的一个要素。

1. 特殊身份的定义与特征。特殊身份，是指某些自然人所具有的不同于社会一般人的地位、职业或资格。比如医务人员、司法工作人员、鉴定人等。它具有如下几个特征：

（1）它只是部分犯罪主体，而不是所有犯罪主体的构成要素。

（2）作为部分犯罪主体的构成要素，它是由《刑法》分则具体条文明确规定的。如果某个条文明确规定了犯罪主体的身份，这个条文规定的犯罪的主体就是特殊主体。

（3）特殊身份必须与一定的犯罪行为具有密切的联系，否则，不是特殊身份。例如，在贪污罪中，国家工作人员这个身份与"利用职务上的便利"密切联系，属于特殊身份；但在故意杀人罪中，国家工作人员这个身份与杀人行为没有密切联系，因而不是特殊身份。

（4）特殊身份只限制实行犯，不限制教唆犯和帮助犯。比如，脱逃罪中的实行犯只能是依法被关押的罪犯、被告人或犯罪嫌疑人，但教唆犯和帮助犯也可以是其他人。

2. 特殊身份的作用。特殊身份在刑法中有三个作用：

（1）区分罪与非罪。以特殊身份作为构成要素的犯罪主体，被称为真正身份犯。刑法中有些犯罪，行为人必须具有特殊的身份才能构成。例如，必须具有家庭成员的特殊身份才能构成遗弃罪，没有这种特殊身份，就不能构成此种犯罪。这说明，特殊身份的有无是区分罪与非罪的一个标准。

（2）区分此罪与彼罪。根据《刑法》的规定，有些性质相同的行为，由不同身份的人实施，就构成不同的犯罪。这样，特殊的身份，就成了区分此罪与彼罪的一个标准。例如，同是私自开拆、隐匿、毁弃邮件的行为，具有邮政工作人员特殊身份的人实施的，构成私自开拆、隐匿、毁弃邮件罪（第253条）；不具有邮政工作人员特殊身份的人实施的，构成侵犯通信自由罪（第252条）。

（3）影响量刑的轻重。有些犯罪，行为人有无特殊身份，不影响犯罪的成立，但影响量刑的轻重。例如，有无国家机关工作人员这种特殊身份，都可以犯诬告陷害罪。但如果有这种特殊身份，则要从重处罚。这种犯特定的罪因身份特殊而从重处罚的犯罪主体，被称作不真正身份犯。

3. 特殊身份的类别。依据《刑法》分则的规定，犯罪主体的特殊身份可分为如下几类：

（1）以特定公职为标志的特殊身份。主要有以下几种：

第一，国家工作人员。根据《刑法》第 93 条的规定，国家工作人员分为标准的国家工作人员和准国家工作人员。标准的国家工作人员是指在国家机关中从事公务的人员。准国家工作人员，是指不在国家机关工作，但"以国家工作人员论"的人员，共有以下三种：①在国有公司、企业、事业单位、人民团体中从事公务的人员。②国家机关、国有公司、企业、事业单位委派到非国有公司、企业、事业单位、社会团体从事公务的人员。根据最高人民法院 2001 年 5 月 22 日给重庆市高级法院的批复，"在国有资本控股、参股的股份有限公司中从事管理工作的人员，除受国家机关、国有公司、企业、事业单位委派从事公务的以外，不属于国家工作人员〔1〕"③其他依照法律从事公务的人员。根据全国人大常委会 2000 年 4 月 29 日对《刑法》第 93 条第 2 款的解释，村民委员会等村基层组织人员协助人民政府从事下列行政管理工作的，属于《刑法》第 93 条第 2 款规定的"其他依照法律从事公务的人员"：救灾、抢险、防汛、优抚、扶贫、移民、救济款物的管理；社会捐助公益事业款物的管理；国有土地的经营和管理；土地征用补偿费用的管理；代征、代缴税款；有关计划生育、户籍、征兵工作；协助人民政府从事的其他行政管理工作。

从事公务，是国家工作人员必须具备的基本特征。公务，即公共事务，既包括国家公务，也包括集体公务。但作为国家工作人员所从事的公务，则只能是国家公务。因此，这里所说的"从事公务"，是指在国家事务中依法履行组织、领导、监督、管理职责的职务行为以及其他办理国家事务的行为。虽然在国家机关或其他国有单位中工作，但所从事的是劳务性、服务性工作，而不是从事公务的，不属于国家工作人员。

第二，国家机关工作人员。这是指在国家权力机关、行政机关、审判机关、检察机关和军事机关从事公务的人员。但是，根据全国人大常委会的解释，在依照法律、法规规定行使国家行政管理职权的组织中从事公务的人员，或者在受国家机关委托代表国家机关行使职权的组织中从事公务的人员，或者虽未列入国家机关人员编制但在国家机关中从事公务的人员，也视为国家机关工作人员〔2〕另外，最高人民检察院 2000 年 4 月 30 日给北京市人民检察院的答复函中指出：中国证券监督管理委员会的干部应视同为国家机关工作人员〔3〕在司法实践中，在各级党的领导机关、

---

〔1〕《司法文件选编》2001 年合订本，第 389～390 页。
〔2〕"全国人民代表大会常务委员会关于《刑法》第九章渎职罪主体适用问题的解释"（2002 年 12 月 28 日），载《司法文件选编》2003 年第 2 辑，第 4 页。
〔3〕《司法文件选编》2000 年第 8 辑，第 36 页。

各级共青团领导机关、各级民主党派的领导机关、各级政协、妇联和工会的领导机关中从事公务的人员，也被视为国家机关工作人员。

第三，司法工作人员。即负有侦查、检察、审判、监管职责的工作人员。

第四，邮政工作人员。即国家邮政部门的各级负责人、营业员、分拣员、投递员、押运员、接站员等。

第五，国有公司、企业负责人。即国有公司、企业的董事长、董事、经理、副经理等管理层的负责人员。

第六，军人。即中国人民解放军和中国人民武装警察部队的现役军官、文职干部、士兵及具有军籍的学员以及执行军事任务的预备役人员和其他人员。

（2）以特定职业为标志的特殊身份。如医务人员、会计审计人员、航空人员、铁路职工、公司企业的工作人员、金融机构工作人员、保险公司的工作人员、证券从业人员，广告经营、发布人员，旅馆、饮食、文化娱乐从业人员，等等。

（3）以特定法律义务为标志的特殊身份，如纳税义务人、扣缴义务人、对没有独立生活能力的人负有抚养（扶养、赡养）义务的人，等等。

（4）以特定法律地位为标志的特殊身份，如证人、鉴定人、记录人、翻译人、辩护人、诉讼代理人、依法被关押的罪犯、被告人、犯罪嫌疑人，等等。

（5）以参与某种活动为标志的特殊身份，如生产者、销售者、投标人、公司发起人、股东，等等。

（6）以其他事项为标志的特殊身份，例如：以持有特定物品为标志的特殊身份（如合法持枪）、以患有某种疾病（如性病）为标志的特殊身份、以不具有特定资格（如医生执业资格）为标志的特殊身份、以特定人群中的特定地位为标志的特殊身份，如聚众犯罪中的首要分子，等等。

4. 真正身份犯与不真正身份犯。真正身份犯，是指刑法把该种身份作为犯罪构成要素加以规定的身份，可称为定罪身份。如国家工作人员是构成贪污罪的构成要素，所以，国家工作人员犯贪污罪时，就是真正身份犯。不真正身份犯，是指刑法把该种身份作为从重处罚的因素加以规定的身份，可称为量刑身份。如《刑法》第243条第2款规定："国家机关工作人员犯前款罪（诬告陷害罪）的，从重处罚。"所以，国家机关工作人员犯诬告陷害罪时，就是不真正身份犯。

3－28（05卷二15）　甲系某医院外科医师，应邀在朋友乙的私人诊所兼职期间，擅自为多人进行了节育复通手术。对甲的行为应当如何定性?

    A. 构成非法行医罪   B. 构成非法进行节育手术罪

    C. 构成医疗事故罪   D. 不构成犯罪

    答案:D

3-29（00 卷二 69） 下列哪些说法是错误的?

    A. 脱逃罪与破坏监管秩序罪的主体是依法被关押的罪犯、被告人与犯罪嫌疑人

    B. 伪证罪的主体是证人、鉴定人、记录人、翻译人、辩护人与诉讼代理人

    C. 贷款诈骗罪的主体既可以是自然人,也可以是单位

    D. 信用卡诈骗罪的主体只能是自然人,而不能是单位

    答案:ABC

■ 第五节 犯罪主观要件

一、犯罪主观要件概述

犯罪主观要件,是指行为人对自己实施的危害社会行为及行为所造成的危害社会结果所持的心理态度。这种心理态度,包括犯罪的故意、过失、目的、动机几个要素,其中,犯罪的故意和过失统称为罪过,是犯罪构成的必备要素。犯罪目的是选择要素。犯罪动机不是犯罪构成的要素,它不影响定罪,只是量刑时考虑的一个因素。

犯罪的主观方面是犯罪构成的必备要件之一。按照我国刑法的规定,只有故意或者过失实施的危害社会行为,才构成犯罪。因此,认定一个人构成犯罪,不仅要证实他在客观上实施了危害行为,还必须证实他在主观上具有罪过。

二、犯罪故意

（一）犯罪故意的定义

根据《刑法》第 14 条的规定,犯罪的故意,就是明知自己的行为会发生危害社会的结果,并且希望或者放任这种结果发生的心理态度。"明知自己的行为会发生危害社会的结果",属于犯罪故意的认识因素,其中的"会"字包含"必然"和"可能"两种意思。这就是说,认识因素分为认识到必然性和认识到可能性两种。"希望或者放任危害结果发生"属于犯罪故意的意志因素,即意志因素也分为"希望"和"放任"两种。

（二）犯罪故意的种类

1. 故意的法定分类。根据两种认识因素和两种意志因素的不同组合，犯罪的故意可以分为直接故意和间接故意两种：

（1）直接故意。直接故意，是指行为人明知自己的行为必然或者可能发生某种危害社会的结果，并且希望这种结果发生的心理态度。它有如下两个特征：①直接故意的认识因素是既可以明知自己的行为发生危害结果的必然性，也可以明知可能性。换言之，不论行为人认识到危害结果发生的必然性或是可能性，都可以成立直接故意。②直接故意的意志因素是希望危害结果的发生。"希望"是指"心里想着出现某种情况"。理论上又把这里的希望解释为追求，因此，也可以说，直接故意的意志因素是追求危害结果发生。"追求"是指"用积极的行动争取达到某种目的"。

直接故意的表现形式有三种：①明知自己的行为必然发生某种危害结果，并且追求这种结果发生；②明知自己的行为可能发生某种危害结果，并且追求这种结果发生；③明知自己的行为必然发生某种危害结果，但不是追求其发生，而是容忍或放任其发生。例如，汽车司机某甲因超速开车发生事故，发现某乙被挂在车盘底下，因见警察走来，为逃避处罚，开车逃跑，致某乙死亡。此属于特殊的直接故意。

（2）间接故意。间接故意，是指行为人明知自己的行为可能发生危害社会的结果，并且放任这种结果发生的心理态度。它也有如下两个特征：①间接故意的认识因素是，明知自己的行为具有发生危害结果的可能性，而且是只能认识到可能性，不能认识到必然性，否则就构成直接故意；②间接故意的意志因素是放任危害结果的发生。放任，是指对危害结果的发生持一种"听其自然，不加干预"的心理态度，也就是持一种麻木不仁、漠不关心、听之任之的心理态度。

间接故意共有三种表现形式：①为了追求一个犯罪的目的，而放任另一个危害结果发生。例如，为杀妻而投毒，放任孩子也被毒死。②为了追求一个非犯罪的目的，放任某种危害结果的发生。例如，开枪打猎，放任打死或打伤猎物附近的人。③不计后果式间接故意。例如，甲、乙二人为小事争吵，甲突然拔刀刺某乙，乙若死亡，甲为间接故意杀人；乙若未死，甲为直接故意伤害。

2. 故意的学理分类。

（1）确定故意与不确定故意。这是依行为人对危害结果的认识内容和认识程度为标准进行划分的。确定故意，是指行为人明知自己的行为肯定会发生某种特定的危害结果，即对危害结果的内容和性质以及危害结果发生的机率都有确定的（肯定性）预见，并追求或者放任这种结果发生的心理态度。不确定故意，是指行为人明知自己的行为会发生危害结果，但对结果的具体内容的认识不确定，或者对结果发生概率的认识不确定，而追求或放任结果发生的心理态度。

（2）预谋故意和非预谋故意。这是依行为人对犯罪进行策划的程度和时间的长短为标准进行划分的。预谋故意，是指行为人在产生犯罪决意后，经过长时间的深思熟虑、详细策划后，才付诸实施的犯罪故意。非预谋故意，又称突发故意、突然故意、一时故意，是指行为人在产生犯罪决意后，不假思索，立即付诸实施的犯罪故意。

（3）事前故意与事后故意。这是依故意产生于行为前还是行为后为标准划分的。事前故意，是指行为人故意实施的行为并未造成危害结果，但他误以为造成了危害结果，于是又实施另一个行为，由另一个行为造成了危害结果。例如，甲以杀人的故意掐乙颈部致乙休克，甲误以为乙已死，将乙投入水中，致乙被淹死。事后故意，是指行为人在实施某种行为时并无犯罪的故意，在实施某种行为后才产生了犯罪的故意。例如，大夫给病人做手术时并无杀人的故意，但在手术过程中，发现病人正是自己的仇人，遂起杀人故意，中途停止手术，导致病人死亡。

（4）无条件故意与有条件故意。这是依行为的实施是否附加条件为标准划分的。无条件的故意，是指行为人不附加任何条件就决意实施犯罪行为的故意。有条件的故意，是指行为人决意在出现某种条件时才实施犯罪行为的故意。例如，行为人做好杀人的准备，决意如果与对方交涉不成功就杀死对方。此种情况，即使最后未实施杀人行为，也成立杀人预备。

（三）故意的认定

区分直接故意与间接故意，需要把握以下三点：

1. 从认识因素上把握。直接故意在认识因素上，既可以明知危害结果发生的必然性，也可以明知危害结果发生的可能性。而间接故意是只能明知危害结果发生的可能性。因此，一旦查明行为认识到了危害结果发生的必然性，而他仍然实施特定的行为，就构成直接故意。如果查明行为人只是认识到了危害结果发生的可能性，就要继续查明行为人对危害结果的发生是持追求态度还是放任态度，然后才能确定是直接故意还是间接故意。

2. 从意志因素上把握。直接故意在意志因素上表现为追求危害结果的发生。其具体表现是：想方设法，克服困难，创造条件，排除障碍，促使危害结果发生。间接故意在意志因素上表现为放任危害结果发生。其具体表现是：在实施特定行为的基础上，既不采取措施促使危害结果发生，也不采取措施阻止危害结果发生。

3. 从危害结果是否实际发生上把握。对直接故意来说，不论行为人追求的危害结果是否发生，均不影响直接故意的成立。结果未发生的，是犯罪未遂；结果发生的是犯罪既遂。对于间接故意来说，放任的危害结果必须实际发生,才能成立间接故意和间接故意犯罪。这是因为,间接故意的放任,是既放任危害结果发生,也放任危害结果不发生。换言之,危害结果不发生也符合他的意志因素,因此,当危害结果未发生的,就不构成犯罪,间接故意自然也不存在了。

特别提示:注意两种故意的特征和表现形式。

3-30　关于犯罪的故意,下列哪些说法是正确的?

A. 甲明知在50米之外开枪只有击中乙的可能性,虽然他仔细瞄准,力争击中,但开枪后还是未击中乙。甲主观上有杀害乙的直接故意

B. 甲为防盗,在自种的西瓜地周围拉上铁丝并通上高压电,结果一天晚上电死了一个偷瓜者。甲对电死偷瓜者的主观罪过是间接故意

C. 甲在公园里从高处俯射前方30米处一棵小树上的一只小鸟,小树的对面有许多游客来往,甲不顾游客的安全,一枪打出去,结果打死一名游客。甲对打死游客的主观罪过是间接故意

D. 甲为一点小事,不计后果,突然拔出匕首刺向乙的胸部,致乙重伤,后经抢救乙未死亡。甲对致人重伤的结果主观上持间接故意

答案:ABC

3-31　(06卷二3)　甲贩运假烟,驾车路过某检查站时,被工商执法部门拦住检查。检查人员乙正登车检查时,甲突然发动汽车夺路而逃。乙抓住汽车车门的把手不放,甲为摆脱乙,在疾驶时突然急刹车,导致乙头部着地身亡。甲对乙死亡的心理态度属于下列哪一选项?

A. 直接故意　　　　　　　　B. 间接故意

C. 过于自信的过失　　　　　D. 疏忽大意的过失

答案:B

三、犯罪过失

(一)犯罪过失的定义

根据《刑法》第15条的规定,犯罪的过失,是指应当预见自己的行为可能发生危害社会的结果,因为疏忽大意而没有预见,或者已经预见但轻信能够避免的心理状态。

(二)过失的种类

1. 过失的法定分类。按照《刑法》第15条的规定,犯罪的过失可以分为疏忽大意的过失和过于自信的过失两种:

(1)疏忽大意的过失。疏忽大意的过失,亦称无认识过失,是指行为人应当预见自己的行为可能发生危害社会的结果,但由于疏忽大意而没有

预见的心理状态。成立疏忽大意的过失需要具备以下四个条件：

第一，行为人应当预见自己的行为可能发生危害社会的结果。这是构成疏忽大意过失的前提条件。"预见"的意思是：根据事物的发展规律预先料到将来。所谓应当预见，是指行为人对可能发生的危害结果有义务预见而且能够预见。有义务预见，是指行为人在实施行为时，根据法律规定所负有预见自己行为后果的责任。预见义务可分为一般的预见义务和特殊的预见义务。前者是指法律要求所有公民都必须注意的义务，后者是指法律要求某些具有特殊职业的人必须注意的义务。能够预见，是指行为人在主观上具有预见的能力，客观上具有预见的条件。这叫做主、客观相统一标准。主观上能够预见的标准是，行为人达到法定的年龄、具有刑事责任能力、具有相应的知识和经验；客观上能够预见的标准是，当时的气候、环境、时间、地点、光线、声响等客观因素都不影响行为人预见能力的发挥。

第二，行为人没有预见到自己的行为可能发生的危害结果。这是构成疏忽大意过失的基本条件。没有预见，是指行为人在实施行为的当时没有预见到，而不是说行为人过去从来就不知道什么行为可能产生什么后果。

第三，没有预见的原因是行为人疏忽大意。这是构成疏忽大意过失的根本原因。所谓疏忽大意，就是粗心，不注意的意思。行为人正是由于粗心、不注意，才未预见到可能发生的危害结果。

第四，实际发生了危害结果。如果危害结果没有发生，也就不存在过失。

（2）过于自信的过失。过于自信的过失，亦称有认识过失、轻信过失，是指行为人已经预见到自己的行为可能发生危害社会的结果，但轻信能够避免而实际上又没有避免的心理态度。构成过于自信的过失，需具备如下三个条件。

第一，行为人已经预见到了自己的行为发生危害结果的可能性。

第二，行为人轻信危害结果能够避免。轻信，就是相信的根据不全面、不可靠，行为人就轻率地加以相信。行为人之所以轻信危害结果能够避免，主要是因为他在主观认识上发生错误造成的。这种认识上的错误表现在两个方面：①行为人过低地估计了促使危害结果发生的危险因素的地位和作用；②行为人过高地估计了抑制危害结果发生的安全因素的地位和作用。有的是过高地估计了自己的主观能动性，以为凭借自己熟练的技术、敏捷的动作、强健的体魄、丰富的经验或采取的措施等，即可有效地避免危害结果的发生；有的是过高地估计了客观上的有利条件，以为凭借有利的时间、地点、环境或者他人的帮助、被害人的躲避等等，即可避免危害结果的发生。

尽管行为人是由于对主、客观条件的认识发生了错误才产生了轻信的态度，但是抑制危害结果发生的条件（安全因素）毕竟是存在的，或者说，尽管轻信的根据不全面、不可靠，但毕竟不是毫无根据。因此，在认定过于自信的过失时，必须注意考察行为人实施行为之时，是否存在导致行为人产生轻信心理的主客观条件。如果根本不存在这种条件，说明行为人的轻信是毫无根据的。毫无根据的轻信不是轻信，而是放任，应构成间接故意。

第三，危害结果没有避免。如果危害结果真的避免了，过于自信的过失就不能成立。

2. 过失的学理分类。

（1）普通过失与业务过失。依据行为人违反的注意义务是否属于业务上的，可将过失分为普通过失与业务过失。

普通过失，是指行为人在日常生活中违反注意义务，过失造成危害结果的心理状态。普通过失的主体是一般主体，其违反的是一般的社会生活准则，常发生在日常生活中。失火罪、过失致人死亡罪等都属于普通过失犯罪。

业务过失，是指行为人在业务活动中违反业务上的注意义务，过失造成危害结果的心理状态。这里的"业务"，是指带有危险性的一个人反复从事的技术性或技能性活动。业务过失的主体是从事业务的人员，其违反的是业务上的特别注意义务。交通肇事罪，医疗故事罪等都属于业务过失犯罪。由于业务过失罪发案率高，危害性大，行为人违反注意义务的责任大，因此，世界各国对业务过失罪规定的法定刑均重于普通过失罪。

（2）重过失与轻过失。根据过失的程度，可将过失分为重过失与轻过失。

重过失，是指违反注意义务的程度严重的过失，即只要稍加注意就可避免，但行为人却未加注意，以致造成了严重后果。比如在油库抽烟以致引起火灾。业务过失实际上都属于重过失。

轻过失，是指违反注意义务的程度轻微的过失，即较难预见或避免的结果，因不注意而没有预见或避免。比如，他人把砒霜忘在厨房，行为人因不注意误将砒霜当食盐使用，致人死亡。轻过失的罪过程度轻于重过失，故前者的刑事责任应轻于后者。

（三）过失的认定

1. 认定行为人是否成立疏忽大意的过失，要特别查明行为人对发生的危害结果是否应当预见。在查明是否应当预见时，首先查明行为人有无预见（注意）的责任，然后查明行为人有无预见的能力和客观条件。在查明行为人有无预见的能力时，要重点查明行为人有无相应的知识、经验以及技术熟练程度如何。

2. 认定行为人是否成立过于自信的过失，首先要查明行为人对发生的危害结果事前是否预见到了发生的可能性。如果未预见到，则可能是疏忽大意的过失或意外事件。如果预见到了，要进一步查明行为人是否具有防止危害结果发生的主、客观条件，以及行为人是否利用这些条件积极防止危害结果的发生。如果是否定的，则不是过于自信的过失，而有可能是间接故意。

3. 注意过于自信过失与间接故意的区别。二者的区别主要有以下三点：

（1）对待危害结果的心理态度不同。过于自信过失轻信危害结果能够避免，行为人对待危害结果的基本态度是：反对发生，希望不发生。间接故意是放任危害结果发生，行为人对待危害结果的基本态度是：漠不关心，麻木不仁，发生与否都无所谓。

（2）二者有无防止危害结果发生的客观条件不同。在过于自信过失情况下，都有防止危害结果发生的客观条件，这正是行为人产生轻信心理的根据。但在间接故意情况下，有的存在这种条件，有的则根本不存在这种条件。

（3）是否采取防止结果发生的措施不同。过于自信过失的行为人充分利用有利的主、客观条件，积极采取措施防止危害结果的发生。间接故意不采取措施防止危害结果的发生，而是听其自然，任凭其发生。

3-32 为防偷窃，甲在果园周围拉上电网。考虑到安全问题，同时安了个漏电保护器，并亲自试验，用手碰一下电网，被电一下之后立即就断电了。甲以为这样既可防盗又无危险，就继续在电网上通电。可是过了几天，还是有个人被电死了。后发现漏电器是一个伪劣产品。甲对电死人的主观罪过是什么？

A. 直接故意　　　　　　　　B. 间接故意
C. 过于自信的过失　　　　　D. 疏忽大意的过失
答案：C

3-33（99卷二22）　某医院妇产科护士甲值夜班时，一新生婴儿啼哭不止，甲为了止住其哭闹，遂将仰卧的婴儿翻转成俯卧，并将棉被盖住婴儿头部。半小时后，甲再查看时，发现该婴儿已无呼吸，该婴儿经抢救无效死亡。经医疗事故鉴定委员会鉴定，该婴儿系俯卧使口、鼻受压迫，窒息而亡。甲对婴儿的死亡结果有何种主观罪过？

A. 间接故意　　　　　　　　B. 直接故意

C. 疏忽大意的过失　　　　　　　D. 过于自信的过失

答案：D

3-34 行为人在实施不纯正不作为犯罪时，其罪过：

A. 只能是故意　　　　　　　　　B. 只能是过失

C. 既可以是故意，也可以是过失　D. 只能是间接故意

答案：C

3-35 朱甲、朱乙兄弟二人在李某承包的土地上放炮炸石，砸坏了李某的庄稼，李某阻止无效，找乡村干部也无人管，遂气愤不过，来到放炮现场，对朱家兄弟说："我就坐在这，你们要炸就连我一起炸。"朱甲说："你敢坐，我们就敢炸。"朱甲、朱乙在李某面前安放炸药，点燃导火索后喊道："点着啦，快跑哇！"李某未跑，被当场炸死。朱甲、朱乙对李某死亡结果的心理态度是什么？

A. 直接故意　　　　　　　　　　B. 间接故意

C. 过于自信的过失　　　　　　　D. 意外事件

答案：B

四、无罪过事件

《刑法》第16条规定："行为在客观上虽然造成了损害结果，但是不是出于故意或者过失，而是由于不能抗拒或者不能预见的原因所引起的，不是犯罪。"

（一）不可抗力

不可抗力，是指非出于行为人的故意或者过失，而是由于不能抗拒的原因致使行为在客观上造成了损害结果。它具有如下三个特征：①行为在客观上造成了致人重伤、死亡或者使公私财产遭受重大损失的严重后果。②损害结果是由不可抗拒的原因引起的。所谓不可抗拒，是指在当时当地的条件下，行为人即使集中全部的智慧和力量，也无法阻止某种强大的力量。不可抗力的"力"，可源于自然、动物，也可来自行为人自身的生理障碍。③行为人主观上没有故意或过失。

（二）意外事件

意外事件，是指非出于行为人的故意或者过失，而是由于不能预见的原因致使行为在客观上造成了损害结果。它也有如下三个特征：①行为在客观上造成了严重的损害结果。②损害结果是由不能预见的原因引起的。所谓不能预见，是指根据当时的客观环境和条件，根据行为人的智力和经验，他无法预见到可能发生的损害结果。不能预见的原因，可能来自客观

条件的制约，可能来自违背常规的事项，也可能来自行为人自身能力的欠缺。③行为人主观上没有故意或过失。

意外事件与疏忽大意过失的相似之处是，行为人对严重后果的发生都没有预见。二者的区别在于：前者是因为根本就无法预见；后者是因为行为人粗心、大意才没有预见。所以，前者主观上无罪过，后者主观上有过失的罪过。

五、犯罪的目的与动机

1. 犯罪目的。犯罪目的，是指犯罪人希望通过实施危害行为造成某种危害结果的心理态度。例如，杀人罪的目的，就是希望通过实施杀人行为造成他人死亡的结果；逃税罪的目的，就是希望通过逃税行为造成少缴税款的结果。犯罪目的，是犯罪构成主观方面的选择要素，它只存在于直接故意犯罪中，除影响犯罪的定性之外，也影响犯罪的量刑。

2. 犯罪动机。犯罪动机，是指驱使行为人实施危害行为以达到犯罪目的的一种心理活动，是推动行为人实施危害行为的内在动力。例如，在杀人罪中，推动行为人实施杀人行为的内在动力（起因）可能是复仇，也可能是图财，因而，复仇或者图财就是杀人行为的动机。犯罪动机不是犯罪构成的要素，不决定犯罪的性质，但动机如何可以影响量刑的轻重。

六、刑法上的认识错误

（一）认识错误的定义

认识错误，是指人的主观认识与客观实际不相符合。刑法上的认识错误包括对法律的认识错误和对事实的认识错误两种。

（二）法律认识错误

对法律的认识错误，是指行为人对自己的行为在法律上是否构成犯罪、构成什么罪以及应负何种刑事责任的认识与刑法的规定不一致。解决法律认识错误的原则是，以法律的规定为标准，不能以行为人的错误认识为标准。

（三）事实认识错误

对事实的认识错误，是指行为人的主观认识与和自己的行为有关的事实情况不一致。实践中情况比较复杂。解决事实认识错误的原则是，行为人主观上有什么性质的罪过，就构成什么性质的犯罪，主观上没有罪过，就不构成犯罪。对事实的认识错误，概括起来，有以下几种表现：

1. 对象错误。对象错误，是指行为人对行为对象的存在、不存在以及是甲对象还是乙对象发生认识错误。具体分三种情况：①对象不存在，却误以为存在。此种错误会导致犯罪未遂。如误以为动物是仇人而开枪杀害。②对象存在，却误以为不存在。此种错误会导致构成过失犯罪。如误以为人是野猪而开枪。③误把甲对象当作乙对象。例如，本想杀甲，但误把乙当成甲而杀害。此种认识错误，不影响犯罪的成立，仍构成故意杀人罪既遂。

2. 客体错误。客体错误，是指犯罪客体不存在，而行为人误以为存在，进而实施了危害行为。例如，误把尸体当活人而开枪杀害。此种错误会构成犯罪未遂。

3. 工具错误。工具错误，是指误把无用的工具当作有用的工具在犯罪中使用。如误把白糖当毒药投毒杀人。此种情况会构成犯罪未遂。

4. 因果关系错误。即行为人对自己的行为与结果之间的因果联系的认识与实际存在的因果联系不相符合。主要有以下三种情况：①危害结果是由行为人的甲行为造成的，但他自己却认为是由自己的乙行为造成的；②危害结果是由他人的行为引起的，但行为人却认为是自己的行为引起的；③行为人实施行为后，误以为预期结果已经发生，但实际上并未发生。

3-36 下列说法哪些是正确的？

A. 一段穿村而过的公路上铺了一层晾晒的稻草，一个精神病人躺在稻草下睡觉，司机甲驾驶车辆经过时，未发现睡觉的精神病人，结果轧死了精神病人。甲的行为属于意外事件

B. 刘某赶着一辆空马车路过一所小学门口时，恰是课间休息时间，一个学生从校园里向门外踢出一个皮球，飞出的皮球正巧打在驾辕的马头上，马受惊狂奔，轧死了路上的一名小学生。对刘某来说，这属于不可抗力

C. 某甲为追杀一头野猪奔波了一天，傍晚时，发现这头野猪向山梁下跑去，他追到山梁下，见前面有一个黑色并轻微活动的物体，以为就是那头野猪，于是开了一枪，结果打死了正弯腰拔草的某乙。某甲属于对象认识错误，构成过失致人死亡罪

D. 某甲见某乙一人躺在医院的病床上，以为正是复仇时机，便向某乙的胸部连捅数刀后逃跑。其实某乙因病已死亡半小时，某甲刀捅的是某乙的尸体。某甲属于客体错误，构成杀人未遂

答案：ABCD

3-37 有关认识错误问题，下列哪些说法是错误的？

A. 中学教务长甲听说有学生谈恋爱影响学习，就在传达室拆查地址不详的学生来信，数量很大。他全然不知这是破坏通信自由的行为，因而不构成犯罪

B. 甲在一僻静处看见了仇人乙，便开枪将乙击毙。走近一看，发现死

者是丙。因认错人了，所以甲构成过失致死罪

C. 甲见情敌乙和另一人并肩而行，便开枪杀乙。但因枪法不准，未击中乙，却击中了丙，致丙重伤。甲构成故意伤害罪

D. 甲为杀乙自制了一个炸弹，朝乙扔去，炸弹未炸。经鉴定，该炸弹不合原理，不可能爆炸。因而甲不构成犯罪

答案：ABCD

3-38（03卷二3）　张某在火车站候车室窃得某人一提包，到僻静处打开一看，里面没有钱财，却有手枪一支，子弹若干发，张某便将枪支、子弹放回包内，然后藏于家中。张某的行为构成何罪？

A. 非法持有枪支、弹药罪　　　　B. 盗窃枪支、弹药罪

C. 非法储存枪支、弹药罪　　　　D. 非法携带枪支、弹药罪

答案：A

3-39（02卷二31）　甲欲开枪杀乙，射击的结果却是导致乙重伤，同时导致乙身边的丙死亡。关于本案，下列哪些说法是错误的？

A. 认定甲的行为成立一个故意杀人罪即可

B. 认定甲的行为成立一个故意杀人未遂和一个过失致人死亡罪

C. 认定甲的行为成立一个故意杀人罪和一个过失致人重伤罪

D. 认定甲的行为成立一个故意杀人罪和一个故意杀人未遂，实行并罚

答案：BCD

3-40（02卷二50）　黄某意图杀死张某，当其得知张某当晚在单位值班室值班时，即放火将值班室烧毁，其结果却是将顶替张某值班的李某烧死。下列哪些判断不符合黄某对李某死亡所持的心理态度？

A. 间接故意　　　　　　　　　B. 过于自信的过失

C. 疏忽大意的过失　　　　　　D. 意外事件

答案：BCD

3-41（04卷二12）　朱某因婚外恋产生杀害妻子李某之念。某日晨，朱某在给李某炸油饼时投放了可以致死的"毒鼠强"。朱某为防止其6岁的儿子吃饼中毒，将其子送到幼儿园，并嘱咐其子等他来接。不料李某当日提前下班后将其子接回，并与其子一起吃油饼。朱某得知后，赶忙回到家中，其妻、子已中毒身亡。关于本案，下列哪一说法是正确的？

A. 朱某对其妻、子的死亡具有直接故意

B. 朱某对其子的死亡具有间接故意

C. 朱某对其子的死亡具有过失

D. 朱某对其子的死亡属于意外事件

答案：C

3-42（06卷二52）　甲举枪射击乙，但因没有瞄准而击中丙，致丙死亡。关于本案，下列哪些选项是正确的?

A. 甲的行为属于打击错误

B. 甲的行为属于同一犯罪构成内的事实认识错误

C. 甲构成故意杀人（既遂）罪

D. 甲构成故意杀人（未遂）罪与过失致人死亡罪

答案：ABC

第四章 排除犯罪的事由

■ 第一节   排除犯罪的事由概述

一、排除犯罪的事由的概念

排除犯罪的事由，是指在形式上似乎符合某种犯罪构成，但实质上既不具有社会危害性，也不具有刑事违法性，而是对社会有益的行为。如正当防卫，法令行为等等。此类行为具有以下两个特征：①客观上似乎给社会造成了一定的损害，但实质上对社会有益而无害；②形式上好像符合犯罪构成，但实质上不符合犯罪构成。因为它既不具有刑事违法性，也没有社会危害性，行为人主观上也没有犯罪的故意或过失。

二、排除犯罪的事由的分类

我国《刑法》明文规定的排除犯罪的事由只有正当防卫和紧急避险两种。除此之外，理论和实践都承认的排除犯罪性事由还有如下几种：法令行为、正当业务行为、自损行为、义务冲突。

■ 第二节   正当防卫

一、正当防卫的概念与条件

根据《刑法》第 20 条第 1 款的规定，正当防卫，是指为了使国家、公共利益、本人或者他人的人身、财产和其他权利免受正在进行的不法侵害，而实施的制止不法侵害的行为。它有以下几个特点：①行为人的主观意图是制止不法侵害，保护合法权益；②对行为人来说，正当防卫既是一项权利，也是一项义务；③行为不能明显超过必要限度造成重大损害。成立正当防卫需要具备以下几个条件：

（一）存在现实的不法侵害

所谓不法侵害，是指违反法律规定侵害他人合法权益的行为。既包括犯罪行为，也包括尚未达到犯罪程度但比较严重的违法行为。所谓现实的不法侵害，是指不法侵害是实际存在的，而不是想象或者推测的。如果根据想象或者推测，误把正当行为当作不法侵害实施防卫，理论上称之为假想防卫。对假想防卫不能以故意犯罪论处，如果行为人主观上有过失的，以过失罪论处。主观上无过失的，以意外事件论处。

（二）不法侵害正在进行

不法侵害正在进行，是指不法侵害已经开始，且尚未结束。何为"已经开始"？有"着手说"、"进入现场说"、"临近说"和"折衷说"几种观点，通说采折衷说。即通常情况下，着手就是不法侵害行为的开始，但对于某些危险性较大的犯罪，如杀人、抢劫、强奸、绑架、放火、爆炸等，虽然还未曾着手，但其预备行为临界着手的，已使合法权益面临着遭受不法侵害的紧迫危险性，也应视为不法侵害的开始，允许实行正当防卫。不法侵害的结束，是指不法侵害行为已经停止而不再继续进行。具体包括三种情况：①不法侵害行为已经实行终了，危害结果已经发生，行为人没有继续侵害的明显意图；②不法侵害行为确已自动中止；③不法侵害者已被制服或者已经丧失继续侵害的能力。

4-1 关于正当防卫，下列哪些说法是正确的？

A. 甲男和女友乙饭后在路边散步，遇到3个流氓的调戏、侮辱、殴打，甲掏出水果刀应对，正与3个流氓对峙间，一着便衣的警察想上前阻止，警察未说话，从后边走过去拍甲的肩膀。甲以为是流氓从后边袭击，回身一刀扎过去，致警察受伤。甲扎伤警察属于假想防卫，意外事件

B. 甲对乙持刀抢劫，乙一下子将甲摔昏在地。乙很气愤，捡起甲掉在地上的刀，几下就把昏倒在地的甲扎死了。乙扎死甲的行为属于故意杀人

C. 丙持刀进入丁家行凶抢劫，丁抄起一把斧子反抗，一斧子砍在丙的头上，将丙砍倒在地，不等丙起身，丁立即扑上去，对着丙的头部连砍数斧，直到丙不动了，才住手。鉴定发现，丙的头上被丁砍了十几斧。丁的行为属于正当防卫

D. 甲乙激烈争吵并散去之后，甲看见乙扛着锄头朝他家走来，以为乙要来行凶，便绕到乙的背后，投一块石头将乙击成重伤。甲的行为属于假想防卫，构成过失重伤罪

E. 甲男入户强奸乙女，乙的妹妹丙被呼救声惊醒，丙举棒将甲打昏，并立即拨打110报警。同时乙发现甲在动，并试图爬起，捡起棒子朝甲头部猛击两下，然后，乙丙二人逃离该屋，后甲死亡。乙最后击甲两棒的行为属于正当防卫

F. 甲乙因小事发生矛盾争吵，甲身强力壮，把乙打得口鼻流血，又把乙的头夹在腋下继续殴打。乙掏出水果刀先朝甲的臂膀后侧扎了一刀，甲仍不住手，乙又朝甲的腹部连扎数刀，致甲重伤。乙的行为属于防卫过当

答案：ABCE

（三）具有防卫意识

所谓防卫的意识，是指防卫人实行正当防卫，是为了使国家、公共利益、本人或者他人的人身、财产和其他权利免受正在进行的不法侵害。这体现了防卫的正当性，是成立正当防卫的决定性条件。貌似正当防卫但不具有防卫意识的行为，不是正当防卫，主要有以下三种：①防卫挑拨。这是指行为人为了侵害对方，故意用挑衅、引诱等方法促使对方向自己进攻，然后借口正当防卫加害对方的行为。②互相斗殴。即双方都有向对方实施不法侵害的意图和行为。在斗殴中，双方都具有侵害的意识，不具有防卫的意识，因而不是正当防卫。③巧合防卫。这是指故意侵害他人合法权益的行为，巧合了正当防卫的客观条件。因行为人不具有防卫意识，不能以正当防卫论。

（四）针对不法侵害人本人进行防卫

正当防卫只能针对不法侵害者本人实行，不能针对第三人实行。针对第三人实行的，不是正当防卫。因为只有针对不法侵害者本人实行正当防卫，才能制止住不法侵害。如果误把第三者当成了不法侵害者实施了防卫，应按假想防卫处理；如果是被害者为躲避不法侵害在迫不得已的情况下损害了第三者的合法权益，应按紧急避险处理。

（五）没有明显超过必要限度造成重大损害

所谓"重大损害"，是指造成不法侵害人的死亡或重伤。"必要限度"，通说认为应以制止不法侵害、保护合法权益所必需为标准。即只要是制止不法侵害、保护合法权益所必需的，就是必要限度之内的行为。至于是否"必需"，应全面分析案情。一方面要分析双方的手段、强度、人员多少与强弱、在现场所处的客观环境与形势；另一方面，还应权衡防卫行为所保护的合法权益的性质与防卫行为所造成的损害后果。不允许为了保护一个较小的合法权益而对侵害者造成重伤、死亡的严重后果。所谓"明显超过必要限度"，是指客观事实已清楚地表明防卫行为显著地越过了制止不法侵害所需要的界限范围。例如，为保护一个较小的合法权益，就一刀将不法侵害者捅死；不法侵害者只是一般殴打，防卫者就一刀捅死侵害者。"明显超过必要限度"和"造成重大损害"必须同时具备，才构成防卫过当。没有造成重大损害的，根本就不存在防卫过当问题。但造成了重大损害，也不一定就是防卫过当，是否过当，还要进一步查明是否明显超过必要限度。

4-2 甲乙二人绑架丙，丙的家人交了 50 万元赎金。甲为灭口执意要杀掉丙，乙认为丙的家人已交赎金，杀之不义，坚决反对。遂在甲动手杀丙时，乙与丙联手将甲杀死。就乙丙杀死甲的行为，下列哪一说法正确?

　　A. 正当防卫　　　　　　　　B. 紧急避险

　　C. 防卫过当　　　　　　　　D. 故意杀人

　　答案：A

　　4－3　甲乙身着警服冒充警察"抓赌"，参赌者丙见来了警察，急忙逃跑。乙抓住丙的衣服，丙拔出水果刀扎乙，致乙重伤。就丙的行为，下列哪一方法正确?

　　A. 正当防卫　　　　　　　　B. 防卫过当

　　C. 过失重伤罪　　　　　　　D. 故意伤害罪

　　答案：D

　　4－4　有关正当防卫问题，下列哪些说法是正确的?

　　A. 甲盗窃后逃跑，被失主乙追上，乙一棍扫在甲的腿上，将乙打倒，接着，乙又向甲的头部狠击一棍，致乙死亡。乙最后的行为不是防卫过当，构成故意杀人罪

　　B. 甲潜入仓库盗窃，被保管员乙发现，甲掏出匕首刺乙。甲乙正搏斗间，丙从后边一棍子打在甲的头上，致甲死亡。丙的行为属于防卫过当

　　C. 甲为行窃正埋头撬乙家的门，正巧被乙发现，乙悄悄接近于甲，一棍子打在甲的头上，致甲死亡。乙的行为属于防卫过当

　　D. 甲乙因积怨相约到树林决斗。甲先刺乙一匕首，乙闪身躲过，随即反身刺甲一匕首，致甲死亡。乙的行为属于正当防卫

　　答案：AC

　　4－5　甲看到儿子正被二人纠缠、推打，准备上前制止。这时一名便衣警察也上前制止，在未表明身份的情况下直接架住甲的儿子，且动作粗暴。甲误以为是对方的同伙，上前用扳手砸向便衣警察的头部，致其死亡。就甲的行为，下列哪一说法正确?

　　A. 正当防卫，不负刑事责任

　　B. 防卫过当，构成故意伤害罪

　　C. 假想防卫，构成过失致人死亡罪

　　D. 假想防卫，意外事件，不负责任

　　答案：C

二、防卫过当及其刑事责任

防卫过当，是指正当防卫明显超过必要限度造成了重大损害。它有三

个特征：①必须以正当防卫为前提。没有正当防卫，就没有防卫过当。②明显超过了正当防卫的必要限度，并造成了重大损害。③防卫人对明显超过必要限度造成的重大损害在主观上具有罪过。可表现为故意，也可表现为过失。

防卫过当，主观上是故意的，可以构成故意杀人罪或故意伤害罪；主观上是过失的，可以构成过失致人死亡罪或过失致人重伤罪。防卫过当构成犯罪的，应当减轻或者免除处罚。

三、特殊正当防卫

《刑法》第 20 条第 3 款规定："对正在进行行凶、杀人、抢劫、强奸、绑架以及其他严重危及人身安全的暴力犯罪，采取防卫行为，造成不法侵害人伤亡的，不属于防卫过当，不负刑事责任。"这就是刑法规定的特殊防卫。它有以下几个特点：

1. 对象特定。特殊防卫的对象，只限于法定的杀人、抢劫、强奸、绑架以及其他严重危及人身安全的暴力犯罪。所谓暴力犯罪，是指使用武力进行的犯罪。所谓其他严重危及人身安全的暴力犯罪，是指在危害程度上与杀人、抢劫、绑架相当的一些犯罪，比如，武装暴乱罪、为敌人指示轰击目标罪、爆炸罪等。

2. 时机特定。上述法定的严重危及人身安全的暴力犯罪必须是正在进行时，才可以对之实行无限防卫。

3. 防卫行为的强度没有限制，即特殊防卫不论致犯罪人重伤还是死亡，都不存在防卫过当问题。

特别提示：特殊防卫也必须遵守时间条件。

4-6（05 卷二 59）　《刑法》第 20 条第 3 款规定："对正在进行行凶、杀人、抢劫、强奸、绑架以及其他严重危及人身安全的暴力犯罪，采取防卫行为，造成不法侵害人伤亡的，不属于防卫过当，不负刑事责任。"关于刑法对特殊正当防卫的规定，下列哪些理解是错误的？

A. 对于正在进行杀人等严重危及人身安全的暴力犯罪，采取防卫行为，没有造成不法侵害人伤亡的，不能称为正当防卫

B. "其他严重危及人身安全的暴力犯罪"的表述，不仅说明其前面列举的抢劫、强奸、绑架必须达到严重危及人身安全的程度，而且说明只要列举之外的暴力犯罪达到严重危及人身安全的程度，也应适用特殊正当防卫的规定

C. 由于特殊正当防卫针对的是严重危及人身安全的暴力犯罪，而这种犯罪一旦着手实行便会造成严重后果，所以，应当允许防卫时间适当提前，即严重危及人身安全的暴力犯罪处于预备阶段时，也应允许进行特殊

正当防卫

D. 由于针对严重危及人身安全的暴力犯罪进行防卫时可以杀死不法侵害人，所以，在严重危及人身安全的暴力犯罪结束后，当场杀死不法侵害人的，也属于特殊正当防卫

答案：ACD

■ 第三节　紧急避险

一、紧急避险的概念和条件

根据《刑法》第21条的规定，紧急避险，是指为了使国家、公共利益，本人或者他人的人身、财产和其他权利免受正在发生的危险，不得已而采取的损害另一较小的合法权益的行为。例如，为防惊马冲入人群，开枪将马击毙。成立紧急避险需要具备以下几个条件：

1. 合法权益面临现实危险。所谓危险，是指足以使合法权益遭受损害的各种情形。主要包括：①自然灾害，如地震、洪水、风暴；②动物的侵袭；③犯罪行为；④人的生理、病理现象。例如，为抢救危急病人，强夺汽车送往医院。所谓现实的危险，是指危险是实际存在的。如果根据想象或推测，误以为存在危险而实施了所谓的避险行为，理论上称为假想避险。假想避险不是紧急避险，属于对事实认识的错误，不构成故意犯罪。如果主观上有过失，应按过失犯罪处理。主观上没有过失的，按意外事件处理。

2. 危险正在发生。危险正在发生，是指危险已经出现，而且尚未结束。危险已经出现，是指危险已经迫在眉睫，对法律所保护的权益将立即或正在造成损害，例如大火已经着起、惊马已经踏入人群边缘。危险的结束，是指危险已经过去或消失，不会再给合法权益带来损害。紧急避险只能在危险已经出现且尚未结束这一时间条件下才能进行。

3. 出于不得已而损害另一合法权益。"不得已"，是指除了采取损害第三者较小的合法权益的办法之外，别无他法能够保全较大的合法权益不受损害。如果当时还有其他办法保全较大的合法权益，比如有条件逃跑、躲避等，就不能实行紧急避险。

4. 具有避险意识。所谓避险意识，是指避险的目的是为了保护国家、公共利益，本人或者他人的人身、财产和其他权利免受正在发生的危险。包含两层含义：①避险行为所保护的权益必须是合法权益，如果是非法利益，就失去了避险的正当性，而不属于紧急避险；②避险人必须是真的为了避险，而不是为了侵害。假如本来没有危险，行为人故意引起某种危

险，然后以"紧急避险"为借口而侵害法律所保护的合法权益，应以故意犯罪论处。

5. 没有超过必要限度造成不应有的损害。所谓必要限度，是指避险行为所引起的损害必须小于所避免的损害。如果避险行为所引起的损害大于或者等于所避免的损害，属于避险过当。避险过当，应承担刑事责任。一般来说，人身权益大于财产权益，人身权益中，生命权益大于健康权益，多数人的生命、健康大于个人或少数人生命、健康。财产权益的大小用财产的价值进行比较。公共利益大于个人利益是相对而言的，如果公共利益是财产利益，个人利益是人身权利，则仍然是后者大于前者。

除了上述几个条件之外，还应注意，根据《刑法》第21条第3款的规定，关于避免本人危险的规定，不适用于职务和业务上负有特定责任的人。所谓职务或业务上负有特定责任的人，是指因担任的职务或从事的业务负有同一定的危险作斗争的责任人员。比如，人民警察负有制止犯罪行为的责任，消防人员负有扑灭火灾的责任，医生负有治疗传染病的责任，等等。这些人均不允许为了避免个人危险而放弃应负的责任，否则，造成严重后果的，应承担刑事责任。

二、避险过当及其刑事责任

避险过当，是指紧急避险超过必要限度造成了不应有的损害。其主要特征是：①在客观上，避险行为对合法权益所造成的损害相当于或者大于所避免的损害；②在主观上，行为人对避险过当造成的损害具有罪过。罪过的性质，绝大多数是过失，个别的是间接故意。

根据《刑法》第21条第2款的规定，避险过当的，"应当负刑事责任，但是应当减轻或者免除处罚"。

特别提示：深入理解紧急避险的条件和避险过当的处罚原则。

4－7 关于紧急避险，下列哪些说法是错误的？

A. 一艘货船正在海上航行，突然收到天气预报，4小时后将起大风。船长为了在起风前赶到目的地，下令将船上的货物抛入海中十几吨。船长的行为属于紧急避险

B. 一匹受惊的军马向一小学操场奔去，操场上数百名学生正在集会，为防惊马伤及学生，连长举枪准备击毙惊马。正在这时，惊马改变方向，朝操场外跑去。连长为防发生意外，还是击毙了惊马。连长的行为属于紧急避险

C. 甲男因有急事在村边的路上快速奔跑，走在前边的乙女以为甲男是坏人想侵害自己，于是在甲男的前边也快速奔跑。眼看甲男离乙女越来越近，乙女慌忙中来到村边的一户人家，因门推不开，就推开窗子，纵身

跳入。正巧窗下有一张床，床上睡着一个婴儿，乙女一脚踏在婴儿的胸脯，致婴儿死亡。乙女的行为属于假想避险，构成过失致人死亡罪

D. 甲因与乙有怨，吆喝自己的狗咬乙。乙一气之下将甲的狗打死。乙的行为属于紧急避险

答案：ABD

4-8　甲遭乙等三人的无端殴打，并被乙用刀刺伤，甲急忙夺路逃走。此时，乙等高喊"抓小偷！"路人丙不明真相，上前抓住甲。甲一时难以挣脱，眼看乙等3人又追了上来，甲不得已刺伤丙，得以脱身。就甲刺伤丙的行为，下列哪一说法正确？

A. 属于正当防卫，不负刑事责任

B. 属于紧急避险，不负刑事责任

C. 属于假想防卫，意外事件，不负刑事责任

D. 属于避险过当，应负刑事责任

答案：B

4-9　某日下午，陈某因曾揭发他人违法行为，被两名加害人报复砍伤。陈某逃跑过程中，两加害人仍持刀追赶。途中，陈某多次拦车欲乘，均遭出租车司机拒载。当两加害人即将追上时，适逢一中年妇女丁某骑摩托车缓速行驶，陈某当即哀求丁某将自己带走，但也遭拒绝。眼见两加害人已经逼近，情急之下，陈某一手抓住摩托车，一手将丁某推下摩托车（丁某倒地，但未受伤害），骑车逃走。试分析陈某上述行为的性质，并说明理由。

答案：陈某为躲避他人加害，夺取丁某摩托车的行为属于紧急避险，不负刑事责任。因为陈某是在遭受正在发生的紧急危险的情况下，为了避免紧急危险，不得已才损害了第三人丁某的合法权益，并且对丁某合法权益损害没有超过必要限度，符合紧急避险的条件，所以成立紧急避险。

4-10（06卷二18）　关于排除犯罪的事由，下列哪一选项是正确的？

A. 对于严重危及人身安全的暴力犯罪以外的不法侵害进行防卫，造成不法侵害人死亡的，均属防卫过当

B. 由于武装叛乱、暴乱罪属于危害国家安全罪，而非危害人身安全犯罪，所以，对于武装叛乱、暴乱犯罪不可能实行特殊正当防卫

C. 放火毁损自己所有的财物但危害公共安全的，不属于排除犯罪的事由

D. 律师在法庭上为了维护被告人的合法权益，不得已泄露他人隐私

的，属于紧急避险

答案：C

■ 第四节　其他排除犯罪的事由

一、法令行为

法令行为，是指根据现行法律、法令实施的行为。比如警察开枪击毙越狱逃跑的罪犯。构成法令行为必须符合以下条件：实施的行为必须是法令明文规定的当为或可为行为；行为人主观上必须是出于依法行使权利或履行义务的意图；行为必须是在法令限度以内实施。

二、正当业务行为

正当业务行为，是指行为人根据自身所从事的某种正当业务的需要而实施的行为，例如，医生为了医治疾病的需要，切除患者带有病灶人体器官或者肢体。正当业务行为必须具备以下条件：从事的业务必须是正当的；实施的行为必须在其业务范围内；行为人主观上必须是出于从事正当业务的意图；从事业务的行为不能超过必要限度。

三、自损行为

自损行为，是指自己损害自己权益的行为，包括自杀、自伤和毁坏自己财物的行为。自损行为必须符合以下条件：不具有侵害他人权益的故意；没有造成公共利益和他人权利损害的危害结果；其方法和手段不得违背社会善良风俗，不能具有公益危险性。

四、义务冲突

义务冲突，是指行为人同时存在两个以上的法律义务，为了履行其中的一个义务，不得不放弃其他义务的情况。比如甲的两个儿子同时落水，甲对两个儿子都有救助的义务，但只能救助一个，放弃一个。这便发生两个作为义务的冲突。当两个义务的程度不相当时，履行程度高的义务，不具有违法性；履行程序低的义务有违法性。比如，医生同时面临重伤、轻伤两个病人，应先救治重伤病人。若先救治轻伤病人，致重伤病人不治身亡，具有违法性。当两个义务相当时，不论履行哪个义务，都不具有违法性。

第五章 犯罪的未完成形态

■ 第一节 犯罪的未完成形态概述

一、犯罪的未完成形态的概念

犯罪的未完成形态，是指部分直接故意犯罪在其发展过程的不同阶段，由于种种不同的原因停顿下来，而没有达到终点的犯罪形态，也就是犯罪的预备、未遂和中止。

未完成的犯罪形态是与完成的犯罪形态相对而言的。所谓完成的犯罪形态，一般称为犯罪既遂，通说认为，是指行为人故意实施的犯罪行为已完全具备刑法分则条文规定的犯罪构成要件的犯罪形态。[1]

犯罪的未完成形态只存在于不以危害结果为构成要素的直接故意犯罪中。由于间接故意犯罪和过失犯罪没有犯罪目的，因而行为人不可能为犯罪实施预备行为；又由于间接故意犯罪和过失犯罪都是结果犯，不发生结果不构成犯罪，所以间接故意犯罪和过失犯罪也没有犯罪的预备、未遂、中止。由于间接故意犯罪和过失犯罪不存在犯罪未遂，肯定其犯罪既遂就没有意义，所以，对于间接故意犯罪和过失犯罪来说，只有成立不成立的问题，没有既遂与未遂的问题。在危害结果是构成要素的直接故意犯罪（如故意伤害罪）中，若未发生危害结果，就不成立犯罪。而犯罪预备、未遂、中止的一个共同特点就是未发生一定的危害结果，因此，在危害结果是构成要素的直接故意犯罪中，也不存在犯罪的预备、未遂、中止问题。这样，犯罪的预备、未遂与中止，就只能存在于不以危害结果为构成要素的直接故意犯罪中。

二、犯罪的未完成形态与犯罪的完成形态的关系

通说认为，犯罪的完成形态与犯罪的未完成形态，即犯罪既遂与犯罪的预备、未遂、中止之间的关系，是一般与特殊的关系。作为一般，犯罪的完成形态都是完全符合刑法分则具体条文的规定的。作为特殊，犯罪的

---

[1] 也有不少学者反对这种观点。认为通说关于犯罪既遂的见解既与犯罪构成理论相矛盾，也与刑法的规定相矛盾，还与"既遂"的本义相矛盾。参见侯国云：《刑法总论探索》，中国人民公安大学出版社 2004 年版，第 311～312 页。

未完成形态都是不完全符合刑法分则具体条文的规定的。因为，刑法分则中的每一个条文，都是以犯罪的完成形态为标本加以规定的。只要行为完全符合了刑法分则某一条文的具体规定，就可以直接依照该条文的规定，追究其犯罪既遂的刑事责任。而犯罪的未完成形态，是以刑法分则条文的规定为基础，加上刑法总则有关条文的补充，才得以确定的。所以，认定和处罚犯罪的未完成形态，既要依据刑法分则条文的规定，还要依据刑法总则有关条文的规定。[1]

三、犯罪的未完成形态与犯罪构成的关系

通说认为，犯罪的未完成形态不具备犯罪构成的全部要件，它们所具备的只是一种修正的犯罪构成，也可以说是一种特殊的犯罪构成。只有犯罪的完成形态所具备的才是基本的、完整的犯罪构成。通说认为，犯罪的预备、未遂、中止这些未完成形态的犯罪构成，是法律对既遂这种完成形态的犯罪构成加以修正和变更而确定的，未完成形态的构成要件与完成形态的构成要件在具备要件的内容上有所不同，或者说未完成形态不具备完成形态犯罪构成的全部要件。[2] 按照此种通说，同一种犯罪不是只有一个犯罪构成，而是有既遂、未遂、预备、中止数个不同的犯罪构成。[3]

特别提示： 犯罪的未完成形态只存在于一部分直接故意犯罪中。它的犯罪构成属于修正的犯罪构成。与完成的犯罪形态之间是一种一般与特殊的关系。

5－1 关于犯罪的未完成形态，下列哪些说法是错误的？

A. 甲开着汽车看见乙步行从对面过来，想与乙开个玩笑吓他一跳，就将车擦着乙的身边开过，结果将乙挂倒，后轮又从乙身上轧过，致乙死亡。甲的行为属于交通肇事罪既遂

B. 打猎的丁正举枪射击一头狍子时，发现狍子附近有人，他明知此时开枪，有可能击中人，但他仍然开枪，侥幸未击中人。丁属于间接故意伤害罪的未遂

C. 犯罪的完成形态与未完成形态是一般与特殊的关系

---

〔1〕 也有学者不赞成将犯罪的形态区分为完成的与未完成的两种。参见张明楷：《刑法学》（上），法律出版社 1997 版，第 246 页。

〔2〕 赵秉志主编：《新刑法教程》，中国人民大学出版社 1997 年版，第 184 页。

〔3〕 也有一些学者不同意这种观点，认为一种犯罪只能有一个犯罪构成，不能有数个犯罪构成。参见侯国云：《刑法总论探索》，中国人民公安大学出版社 2004 年版，第 309～310 页。

D. 犯罪完成形态的犯罪构成是基本的犯罪构成，犯罪未完成形态的犯罪构成是修正的犯罪构成

答案：AB

■　第二节　犯罪预备

一、犯罪预备的概念和特征

依照《刑法》第22条的规定，犯罪预备，是指为了犯罪而准备工具、制造条件的行为。[1] 它有以下几个特征：

1. 客观上实施了犯罪预备行为。实施犯罪预备行为，就是准备犯罪工具，制造犯罪条件。犯罪工具，是泛指供实行犯罪所使用的各种物品。任何物品，只要被用于或者准备用于犯罪，就成了犯罪工具。准备犯罪工具，就是预先置办供犯罪使用的工具。

制造犯罪条件，是指除了准备犯罪工具之外的其他一些能够便利于犯罪行为实施的准备活动。比如跟踪、守候、寻找、引诱被害人，拉拢共同犯罪人，商讨、制订犯罪计划，窥测犯罪地点、进行场地调查，排除犯罪障碍，等等，都属于为犯罪制造条件。

2. 主观上，犯罪行为人准备工具、制造条件的目的必须是为了犯罪。如果是为了其他目的而准备工具，则不是犯罪预备。"为了犯罪"，实指"为了实行犯罪"，因为只有通过实行犯罪才能达到犯罪目的。实行犯罪，是指实施刑法分则条文规定的能够直接造成危害结果从而达到犯罪目的的行为，例如杀人犯罪中的开枪行为、挥刀砍人行为等。因此，"为了犯罪"实际上是指为了便利于犯罪行为的实施。

3. 事实上未能着手实行犯罪。犯罪预备行为在着手之前停顿下来，固定在预备阶段的某一点上，不能着手实行犯罪。如果在预备阶段没有停顿，顺利地发展到着手实行，就不可能是犯罪预备。

4. 未能着手实行犯罪是由于行为人意志以外的原因。行为人本欲着手实行犯罪，但由于意志以外的原因使得其无法着手实行。如果不是由于意志以外的原因，而是由于行为人自愿放弃着手，则属于犯罪中止，而不是犯罪预备。意志以外的原因，主要是指犯罪预备行为败露而被制止。

二、犯罪预备与犯意表示的区别

犯意表示，是指犯罪意图的单纯暴露，表现为用口头、手势或者文字的形式将犯罪意图外在化。如某人向朋友表示，打算到某某地方盗窃，就

---

〔1〕　张明楷：《刑法学》（上），法律出版社1997年版，第249页。

是犯意表示。犯意表示与犯罪预备的相同之处在于，二者主观上都有犯罪的意图，客观上都已把犯罪意图外在化。二者的区别有二：①犯意表示仅仅是一种犯罪意思的流露，不是行为；而犯罪预备则是一种行为。②犯意表示不会便利于犯罪行为的实行，因而不具有社会危害性；而犯罪预备则能够便利于犯罪行为的实行，具有社会危害性。

犯意表示虽然不是犯罪预备，但很容易发展到犯罪预备。比如，某人对朋友说"我想杀了某某"，这仅仅是犯意表示，但他如果再加一句："你帮帮我吧"，这就成了犯罪预备。因为后边这句话是在拉拢共同犯罪人，属于为犯罪制造条件。

三、预备犯的刑事责任

《刑法》第22条第2款规定："对于预备犯，可以比照既遂犯从轻、减轻处罚或者免除处罚。"应注意如下三点：

1. 预备犯应当负刑事责任。

2. 对预备犯，可以从轻、减轻或者免除处罚，也可以不从轻、不减轻、不免除处罚。

3. 从轻、减轻或者免除处罚时，所比照的"既遂犯"实际上是指既遂犯罪。这个既遂犯罪，是指行为人意图所犯之罪，而不是其他犯罪。

特别提示：犯罪预备是因为意志以外的原因未着手。

5－2 丙绑架赵某，并要求其亲属交付100万元。在提出勒索要求后，丙害怕受刑罚处罚，将赵某释放。丙的行为在犯罪形态上属于：

A. 预备　　　　B. 未遂　　　　　C. 中止　　　　　D. 既遂

答案：C（通说D）

5－3 下列哪种情形属于犯罪预备？

A. 甲乙想抢劫一个路边店，买了刀子，深夜喊老板开门。老板刚开个门缝，甲乙就挤了进去，一看屋里有四人在搓麻将。就未敢行动。众人见甲乙拿着刀，把他俩抓住扭送到派出所

B. 甲与乙积怨多年，一天又发生争吵，吵后，甲对妻子说，早晚我非宰了他不可

C. 甲在饭馆吃饭时对乙说："最近手头太紧，我想去抢点钱，你能不能跟我一起去？"

D. 甲在路上碰见乙，对乙说："三天内你得送我10万元钱，不然，小心你儿子的命！"

答案：AC

5-4 甲乘乙女丈夫外出打工之机，试图与乙女发生性行为，某日往乙女家里放一封恐吓信，令乙女晚间到村外破庙等候，否则，其子性命不保。乙女报警，警察在破庙抓获正等候的甲。就甲的行为，下列定性哪些是错误的？

    A. 强奸罪预备   B. 强奸罪未遂

    C. 敲诈勒索罪未遂   D. 敲诈勒索罪和强奸罪并罚

    答案：BCD

5-5 甲为了杀乙，到黑市购买了一把手枪藏在家里。对甲的行为应如何论处？

    A. 以杀人预备论处

    B. 以非法买卖枪支罪论处

    C. 以杀人预备和非法买卖枪支罪论处

    D. 以杀人预备、非法买卖枪支罪、私藏枪支罪论处

    答案：B

■ 第三节 犯罪未遂

一、犯罪未遂的概念与特征

根据《刑法》第 23 条第 1 款的规定，犯罪未遂，是指已经着手实行犯罪，由于犯罪分子意志以外的原因而未得逞的犯罪形态。犯罪未遂具有以下几个特征：

（一）已经着手实行犯罪

这一特征是构成犯罪未遂的前提条件，同时是犯罪未遂与犯罪预备区别的标志。所谓着手实行犯罪，是指行为人开始实施刑法分则条文规定的某一具体犯罪的实行行为，简称着手。着手意味着故意犯罪行为已经脱离了预备阶段，开始向实行阶段前进。

着手在空间上表现为一个短暂的动作，在时间上往往就是那么一刹那，转瞬即逝，而不同的犯罪又有不同的着手表现，基于同一种犯罪因犯罪时间不同、使用工具不同、地点距离不同，也会有不同的着手表现。因而，认定行为是否着手较为困难。一般来说，区分是否着手可从两点加以把握：①考察行为在客观上是否暴露了行为人的犯罪目的，暴露了就是着手，未暴露就是未着手。②考察行为对犯罪对象是否构成了直接的威胁，构成了直接的威胁就是已经着手，否则，就是没有着手。

（二）犯罪未得逞

这一特征是犯罪未遂与犯罪既遂区别的基本标志。何为"未得逞"？理解上存在很大争议。通说认为，犯罪未得逞，是指犯罪行为没有具备刑法分则规定的某一犯罪构成的全部要件。并认为，犯罪未得逞有三种不同的表现类型：①以法定的犯罪结果没有发生作为犯罪未遂的标志，如盗窃未窃得财物；②以法定的犯罪行为未完成作为犯罪未遂的标志，如脱逃者逃出监房后未逃出监狱的警戒线；③以法定的危险状态未出现作为犯罪未遂的标志，如放火者未将被燃物引燃。但这种通说的见解受到广泛的批评，一种观点认为，犯罪未得逞，是指未达到行为人预期的犯罪目的。[1]另一种观点认为，犯罪未得逞，是指行为人所追求的、行为性质所决定的危害结果没有发生。[2]

（三）犯罪未得逞是由于犯罪分子意志以外的原因

这一特征是犯罪未遂与犯罪中止区别的标志。所谓意志以外的原因，是指违背犯罪人本意的原因。犯罪人的本意是想造成某种危害结果，但某种原因却使他不能造成这种结果；犯罪人的本意是想实施完毕某种行为，但某种原因却使他不能实施或者不能实施完毕想要实施的行为。这些与行为人的本意相冲突的原因都属于意志以外的原因。如果不是因为意志以外的原因，而是由于行为人自愿放弃对行为的实施或对结果的追求，则不是犯罪未遂，而是犯罪中止。

意志以外的原因必须具有一种特性，这就是必须在客观上具有"阻止犯罪意志"的作用，不具有这种作用的原因，谈不上意志以外的原因。犯罪人意志以外的原因，大体上可以分为如下三类：①来自犯罪人自身的原因，如射击技术低劣、正犯罪时突然患病等。②来自犯罪人的认识错误，如误把动物当作仇人射杀、误把白糖当作毒物投放等。③来自犯罪人之外的原因，如被害人的反抗、警察或群众的阻止、自然力量的阻碍等。

二、犯罪未遂的类型

用不同的划分标准，可对犯罪未遂作出不同的分类。共有三种分类方法。

（一）实行终了的未遂与未实行终了的未遂

实行终了的未遂，是指犯罪人已经实施完毕自己认为完成犯罪所必要的全部行为，但由于意志以外的原因未能得逞。例如，犯罪人基于杀人的意图向被害人食物中投放了毒物，被害人食后中毒，但被他人送往医院，经抢救脱险。

---

〔1〕 侯国云：《刑法总论探索》，中国人民公安大学出版社2004年版，第318~319页。
〔2〕 张明楷：《刑法学》（上），法律出版社1997年版，第257页。

未实行终了的未遂，是指由于意志以外的原因使得犯罪人未能将他认为完成犯罪所必需的全部行为实行完毕。例如，犯罪人正挥刀砍人时，被他人制服。

行为是否实行终了，应以犯罪人的主观认识为标准，而不是以客观事实为标准。

实行终了的未遂距离危害结果的发生较近，甚至已经造成了某种危害结果；未实行终了的未遂距离危害结果的发生较远。所以，前者社会危害性比后者大。这在量刑时应予考虑。

（二）能犯未遂与不能犯未遂

能犯未遂，是指犯罪人的行为实际上能够完成犯罪，但由于其意志以外的原因未能得逞。例如，正挥刀杀人时被他人制止，就属于这种情况。

不能犯未遂，是指犯罪人实施的行为根本就不可能完成犯罪而构成的未遂。又可再分为三种：①工具不能犯未遂。这是指犯罪人使用的工具不具有犯罪人期望的效能而构成的未遂。如犯罪人误把白糖当毒物投毒杀人，或者使用发火式枪支射杀有效射程之外的人，都因使用的工具缺乏相应的效能而不能既遂。②对象不能犯未遂。这是指由于犯罪对象不存在而导致的未遂。例如，误把草人当活人开枪射杀。③客体不能犯未遂。这是指由于客观上不存在犯罪客体而导致的未遂。例如，误把死人当活人射杀。人死之后，作为犯罪客体的生命已不存在，故杀人者不可能达到既遂。

能犯未遂有可能造成危害结果，不能犯未遂则根本无可能造成危害结果，所以能犯未遂比不能犯未遂的社会危害性大。

三、未遂犯的刑事责任

《刑法》第23条第2款规定："对于未遂犯，可以比照既遂犯从轻或者减轻处罚。"犯罪未遂的社会危害性比犯罪既遂要小，因此，刑法规定对未遂犯可以比照既遂犯从轻或者减轻处罚。犯罪未遂的社会危害性显然大于犯罪预备，因此，刑法规定对预备犯可以免除处罚，但对未遂犯不能免除处罚。

基于在预备犯的刑事责任中已经讲过的理由，对未遂犯，可以比照既遂犯从轻或者减轻处罚，也可以不从轻、不减轻处罚。在决定是否从轻或是否减轻处罚时，应考虑如下一些因素：犯罪行为是否实行终了、犯罪行为实际上是否能够造成危害结果、是否造成了一定的危害结果、犯罪性质是否严重、犯罪情节是否恶劣、主观恶性是否严重、犯罪手段是否残忍、是否属于累犯等等。一般来说，对犯罪性质特别严重（如杀人、抢劫、爆炸等），手段特别残忍，又造成了比较严重的危害后果的（如致人重伤），在处罚时可以既不从轻，也不减轻。但对于犯罪性质不太严重，又没有造成任何危害后果的，都可以减轻处罚。对于犯罪性质严重但未造成严重后果的，或者犯罪性质不严重却造成了严重后果的，则可以从轻处罚。在决定从轻、减轻的幅度时，应当根据犯罪的事实、性质、情节和未遂行为的具体情况，区别对待。一般来说，在犯罪事实、性质、情节相当的情况下，应根据以下不同情况作出不同的处理：对未遂行为距离既遂远的未遂犯应比距离既遂近的未遂犯，从轻、减轻的幅度大；对未实行终了的未遂犯应比实行终了的未遂犯，从轻、减轻的幅度大；对未造成任何危害结果的未遂犯应比造成一定危害结果的未遂犯，从轻、减轻的幅度大。

特别提示：未遂与预备区别的关键在于是否着手。

5－6　下列案例中哪些项成立犯罪未遂？

A. 甲乙二人为抢劫出租车准备了刀子、绳子，夜里 10 点左右，二人拦住并上了一辆出租车，计划到僻静偏远处再下手。司机问去什么地方，二人说的地点不一致，但都僻静偏远，引起司机警觉，就把车直接开到公安局。公安人员从甲乙身上搜出了刀子、绳子，甲乙交代了抢劫的动机

B. 甲乙开着汽车到码头货场偷货，装满汽车开到货场门口验货时，被验货人员看出货单是假的，当即被扣了起来

C. 甲大清早怀揣一把菜刀前往乙家杀乙，直到离乙家几十米处，见乙正在发动摩托车，便向乙跑过去。没跑几步，乙骑上摩托车跑了，乙悻悻回家

D. 甲拐骗一女，带到外地正准备出卖时被公安人员抓获，甲为此赔了 1000 多元

答案：BD

5－7（05 卷二 7）　甲深夜潜入乙家行窃，发现留长发穿花布睡衣的乙正在睡觉，意图奸淫，便扑在乙身上强脱其衣。乙惊醒后大声喝问，甲发现乙是男人，慌忙逃跑被抓获。甲的行为：

A. 属于强奸预备　　　　　　　　B. 属于强奸未遂
C. 属于强奸中止　　　　　　　　D. 不构成强奸罪

答案：B

5－8　关于犯罪未遂，下列哪些说法是正确的？

A. 甲为杀乙而向乙的水杯中投毒，但因误把碱面当毒物，因而未将乙毒死。甲的行为属于手段不能犯未遂

B. 甲捏了一个面人，上写着乙的名字，放在灶台上，每顿做饭时都用开水将面人浇一次，期望用这种办法致乙死亡。甲的行为属于手段不能犯

未遂

C. 甲为杀乙追踪乙至天黑，见乙在一个地方蹲下，便悄悄走过去对着一个黑影开了一枪，后发现被打的是一头猪。甲的行为属于对象不能犯未遂

D. 甲早想杀乙。一天，见乙一人在家睡觉，便照乙身上连开两枪。后经鉴定，甲开枪时，乙已因心脏病死亡。甲的行为属于客体不能犯未遂

答案：CD

5－9（06 卷二 54）　　下列哪些选项是错误的？

A. 甲、乙二人合谋抢劫出租车，准备凶器和绳索后拦住一辆出租车，谎称去郊区某地。出租车行驶到检查站，检查人员见甲、乙二人神色慌张便进一步检查，在检查时甲、乙意图逃离出租车被抓获。甲、乙二人的行为构成抢劫罪（未遂）

B. 甲深夜潜入某银行储蓄所行窃，正在撬保险柜时，听到窗外有响动，以为有人来了，因害怕被抓就悄悄逃离。甲的行为构成盗窃罪（未遂）

C. 甲意图杀害乙，经过跟踪，掌握了乙每天上下班的路线。某日，甲准备了凶器，来到乙必经的路口等候。在乙经过的时间快要到时，甲因口渴到旁边的小卖部买饮料。待甲返回时，乙因提前下班已经过了路口。甲等了一阵儿不见乙经过，就准备回家，在回家路上因凶器暴露被抓获。甲的行为构成故意杀人罪（未遂）

D. 甲意图陷害乙，遂捏造了乙受贿 10 万元并与他人通奸的所谓犯罪事实，写了一封匿名信给检察院反贪局。检察机关经初查发现根本不存在受贿事实，对乙未追究刑事责任。甲欲使乙受到刑事追究的意图未能得逞。甲的行为构成诬告陷害罪（未遂）

答案：ACD

■　第四节　犯罪中止

一、犯罪中止的概念与特征

根据《刑法》第 24 条的规定，犯罪中止，是指在犯罪过程中，自动放弃犯罪或者自动有效地防止犯罪结果发生的犯罪形态。根据此规定，犯罪中止有两种情形：①行为人在犯罪过程中自动放弃犯罪行为，即犯罪行为未实行终了的中止；②行为人在犯罪行为实施完毕后，自动有效地防止犯罪结果发生，即犯罪行为实行终了的中止。虽是两种犯罪中止，但它们

都具有如下的特征。

（一）中止的时间性

中止的时间性，是指犯罪中止在时间上只能发生在犯罪过程中。犯罪过程，是指从开始到结束的全过程。一般认为，犯罪过程从预备起到发生结果止，共分三个阶段：①预备阶段；②实行阶段；③行为后阶段。但犯罪并非必须经过这三个阶段，若行为人在第一阶段中止，就不会出现第二、第三阶段。事实上，在犯罪过程出现结局之前的任何点上都可以发生中止。在预备阶段的中止表现为放弃预备行为，在实行阶段的中止表现为放弃实行行为，在行为后阶段的中止表现为阻止危害结果的发生。所谓"出现结局之前"，是指发生犯罪预备、犯罪未遂或犯罪既遂之前。换言之，一旦发生了犯罪的预备、未遂或既遂，便不能再发生犯罪中止。因为任何一种结局都意味着犯罪过程的结束。以下两种情况发生在犯罪过程之外，不属于犯罪中止：①发生在预备行为之前。在预备之前产生了犯意，之后又打消了犯意的，根本就不构成犯罪，故不是犯罪中止。②发生在犯罪人遂愿之后。遂愿，标志着犯罪的既遂，既遂之后便无法中止。比如有些侵犯财产的犯罪，行为人在既遂之后，即使出于悔悟将赃物送还原处，也不是犯罪中止。不过，此种情况，在效果上相当于犯罪中止，因而，在处罚时可以适用对中止犯的处罚原则。

（二）中止的自动性

这是犯罪中止与犯罪预备和犯罪未遂在主观上的区分标志。所谓"自动中止"，是指行为人"自动"放弃犯罪行为和"自动"有效地防止犯罪结果发生。"自动"是自愿、主动的意思。但"自动放弃"的含义还要复杂一些，它是指行为人在认识到能将犯罪行为实施完毕或者能够达到预期目的的情况下，自愿地、主动地放弃犯罪。相反，如果行为人已经认识到无法将犯罪行为实施完毕或者认识到无法达到预期目的而放弃犯罪的，则不是犯罪中止，而是犯罪未遂。在这里，能否将犯罪行为进行到底、能否达到预期目的，不是以客观实际为标准，而是以行为人的主观认识为标准，哪怕行为人的主观认识发生错误，也要以他的错误认识为标准。因此，客观上犯罪行为不能进行，但行为人自以为能够进行，而基于自愿不再继续实行的，是犯罪中止；客观上犯罪行为能够进行，但行为人误以为不能继续进行，进而不再实行犯罪行为的，是犯罪未遂。

行为人中止犯罪的原因是多种多样的，有的是出于真诚悔悟，有的是因为对被害人产生怜悯之心，也有的是因为惧怕刑事惩罚，还有的是为了争取宽大处理，等等。不论出于什么原因，只要行为人是在认识到能将犯罪进行到底的情况下放弃犯罪，就成立犯罪中止。

另外，还要注意关于放弃重复侵害行为的性质问题。所谓放弃重复侵害行为，是指行为人使用了足以造成危害结果发生的侵害行为，由于意志以外的原因而未发生危害结果，在行为人有条件继续实施侵害行为的情况下，行为人自动地放弃了可以继续实施的侵害行为。例如，某甲基于杀人的故意向某乙开枪，第一枪没有击中，还可以接着击第二枪、第三枪，但某甲自动地不再开枪，放弃了犯罪。此种情况，通说认为应按犯罪中止论处。理由有：①意志以外的原因尚未出现；②放弃重复侵害行为仍然发生在犯罪过程中；③放弃重复侵害是行为人自动放弃的，不是被迫的；④自动放弃重复侵害，有效的防止了危害结果的发生；⑤若不将此种情况认定为犯罪中止，就会迫使犯罪人继续实施侵害行为，这对国家和人民都没有好处，不符合鼓励犯罪人中止犯罪的立法精神。

（三）中止的客观性

中止的客观性，是指中止犯罪不只是行为人内心状态的转变，还必须有客观的行为表现。其客观表现有两种：①彻底放弃能够继续实施的犯罪行为；②积极采取措施有效地防止危害结果的发生。放弃能够继续实施的犯罪行为，是在行为未实行终了的情况下进行的。这里需要注意两点：①放弃犯罪行为，必须是彻底放弃，即既要放弃犯罪的思想，也要放弃犯罪的行为，彻底打消犯罪的念头。如果只是暂时放弃，以后伺机再来，不是犯罪中止。②强调彻底放弃犯罪，是指彻底放弃本次所犯之罪，而不是指永远不再犯罪。换言之，以后又犯他罪，不影响本次犯罪中止的成立。

（四）中止的有效性

中止的有效性，是指犯罪中止必须有效地防止犯罪结果的发生。积极采取措施有效防止危害结果的发生是在行为实行终了危害结果尚未发生的情况下进行的。具体包括两种情况：①尚未发生任何危害结果，但存在着发生危害结果的严重危险，如某甲已将毒物投入乙的食物之中，乙尚未服下毒物，但有服下毒物的严重危险；②已经发生了某种较轻的危害结果，但这种较轻的危害结果正在向着严重的危害结果转化，例如，某乙身受重伤，伤情还在不断恶化，正在向死亡方向发展。在这两种情况下，都必须立即采取措施，方可阻止危害结果的发生。所采取的措施，必须是有效地防止了犯罪结果的发生，才为犯罪中止，如果虽然采取了防止措施，但原来追求的危害结果还是发生了，则不成立中止，仍是既遂。

二、中止犯的种类

从不同的角度，可对中止犯作如下分类：

（一）消极中止与积极中止

1. 消极中止，是指在犯罪预备或犯罪实行过程中，尚未发生任何危险时就自动停止实行行为的中止。

2. 积极中止，是指犯罪行为已经使法益受到危险的情况下，不但停止行为的实施，而且采取进一步的行为阻止危害结果发生的中止。如投毒以后，又设法将毒药倒掉，或者被害人已服下毒物，急送医院抢救。

（二）预备阶段的中止和实行阶段的中止和实行终了的中止

1. 预备阶段的中止，是指已经做了犯罪的准备，但在着手之前放弃犯罪的中止。

2. 实行阶段的中止，是指在犯罪着手之后但未实行完毕之前，自动放弃实行行为的中止。

3. 实行终了中止，是指犯罪行为已经实行完毕，但危害结果尚未发生时，采取措施阻止危害结果发生的中止。如投毒之后，送被害人去医院抢救。

三、认定犯罪中止需要注意的几个问题

1. 教唆犯要中止犯罪，必须说服被教唆人也放弃犯罪，若说不服，必须采取措施有效的防止犯罪结果发生，否则，仍是犯罪既遂。被教唆人不接受教唆、犯罪未遂或者中止犯罪的，对教唆犯来说，都属于犯罪未遂。

2. 实行犯中止犯罪的，帮助犯不能以中止论处。帮助犯要中止犯罪，必须收回对实行犯提供的帮助，若收不回，必须采取其他措施防止犯罪结果发生，否则，不能以中止论处。

四、中止犯的刑事责任

《刑法》第24条第2款规定："对于中止犯，没有造成损害的，应当免除处罚；造成损害的，应当减轻处罚"。没有造成损害，是指没有造成任何危害后果，这包括造成一定的危险状态。换言之，造成一定的危险状态，仍属于没有造成任何危害结果，应当免除处罚。造成损害，是指造成了一定的危害结果，但这种危害结果不是中止犯原来追求的危害结果。

特别提示：

1. 深入理解犯罪预备的条件和处罚原则。

2. 犯罪过程由于意志以外的原因已经告一段落，归于未遂；未料到的情况，起不到阻止继续犯罪作用的，不属于意志以外的原因。

5—10 关于犯罪中止，下列哪一表述是正确的？

A. 甲教唆乙杀丙，乙答应。两天后，甲后悔，劝说乙放弃杀丙。乙不听，仍然杀死了丙。甲属于杀人中止

B. 甲为杀丙而与乙商量并向乙借来手枪一把。两天后，乙后悔，找甲要回了手枪。甲后来用匕首杀死了丙。乙属于杀人中止

C. 甲教唆乙杀丙并交给乙一包毒药，乙答应。事后乙放弃了杀丙行为，将毒药丢进下水道里。甲和乙都属于杀人中止

D. 甲为杀丙而与乙商量并向乙借来手枪一把。两天后甲放弃杀丙计

划，并主动将手枪还给乙。甲和乙都属于杀人中止

答案：B

5-11 下列关于犯罪形态的表述，哪些表述是正确的？

A. 甲为杀乙，携带枪支跟踪乙到一树林，甲躲在一棵树后向乙开了一枪，未击中。甲本可以再开第二枪，但甲突然想到乙有老母和未成年子女，于是未再开第二枪。甲的行为属于杀人未遂

B. 丙对仇人王某猛砍 20 刀后离开现场。2 小时后，丙为寻找、销毁犯罪工具回到现场，见王某仍然没有死亡，但极其痛苦，即将其送到医院治疗。丙的行为属于犯罪中止

C. 丁为杀妻而对其投毒，后见妻痛苦不堪，就将妻送医院治疗，但其妻经抢救无效而死。丁的行为属于杀人既遂

D. 甲教唆乙杀丙，乙答应。后甲后悔，劝乙放弃杀丙，乙不听。甲无奈向公安机关报告，乙在杀丙之前被逮捕。甲是杀人中止，乙是杀人预备

答案：CD

5-12 关于犯罪形态，下列哪些种表述是错误的？

A. 中午时分，甲正行走在山间小道上，拐过一道弯，见前边有一女子独自行走，便想强奸该女。甲追上该女，从后边抓住该女肩膀，该女一回头，甲发现该女是教过自己的老师，于是撒腿就跑。甲的行为属于强奸未遂

B. 一天夜里，乙为杀李怀揣菜刀摸到李的床前，正要举刀砍去，床上睡觉的人说了一句梦话，乙听声音不是李，于是悄悄退出，未再砍杀。乙的行为属于杀人中止

C. 丙撬坏门锁溜入丁家行窃，刚进得门来，突然肚子剧烈疼痛，丙知道自己胃炎又犯了，只好退出丁家，未再行窃。丙的行为属于犯罪中止

D. 丁为了杀害李四而对其投毒，李四服毒后极端痛苦，于是丁将李四送往医院抢救脱险。经查明，毒物只达到致死量的 50%，即使不送到医院，李四也不会死。丁将被害人送到医院的行为和被害人的没有死亡之间，并无因果关系，所以丁不能成立犯罪中止

答案：ABCD

5-13 甲欲进入一家电器仓库盗窃，正撬库房门锁时，突然听到说话声，以为有人来了，慌忙拿起工具就跑。其实，说话的人并未向仓库走来，而是向其他方向走去了。甲的行为属于：

A. 盗窃罪预备   B. 未实行终了的盗窃罪未遂
C. 预备阶段的中止   D. 不构成犯罪
答案：B

5-14（04 卷二 4）　下列案例中哪一项成立犯罪中止？

A. 甲对胡某实施诈骗行为，被胡某识破骗局。但胡某觉得甲穷困潦倒，实在可怜，就给其 3000 元钱，甲得款后离开现场

B. 乙为了杀死刘某，持枪尾随刘某，行至偏僻处时，乙向刘某开了一枪，没有打中；在还可以继续开枪的情况下，乙害怕受刑罚处罚，没有继续开枪

C. 丙绑架赵某，并要求其亲属交付 100 万元。在提出勒索要求后，丙害怕受刑罚处罚，将赵某释放

D. 丁抓住妇女李某的手腕，欲绑架李某然后出卖。李为脱身，便假装说："我有性病，不会有人要。"丁信以为真，于是垂头丧气地离开现场
答案：BCD

5-15（02 卷二 42）　陈某趁珠宝柜台的售货员接待其他顾客时，伸手从柜台内拿出一个价值 2300 元的戒指，握在手中。然后继续在柜台边假装观看。几分钟后售货员发现少了一个戒指并怀疑陈某，便立即报告保安人员。陈某见状，速将戒指扔回柜台内后逃离。关于本案，下列哪些说法是正确的？

A. 陈某的盗窃行为已经既遂
B. 陈某的盗窃行为属于未遂
C. 陈某将戒指扔回柜台内不属于中止行为
D. 陈某将戒指扔回柜台内属于犯罪既遂后返还财物的行为
答案：ACD

5-16　甲乙共谋劫机外逃，购买了手枪、机票，临登机前，甲悔悟，主动到公安机关自首。针对本案，下列哪些说法正确：

A. 乙构成犯罪预备   B. 乙构成犯罪未遂
C. 乙构成犯罪中止   D. 甲构成犯罪中止
答案：AD

第六章　共同犯罪

■　第一节　共同犯罪概述

一、共同犯罪的概念

我国《刑法》第 25 条第 1 款规定："共同犯罪是指二人以上共同犯罪。"其第 2 款又规定："二人以上共同过失犯罪，不以共同犯罪论处；应当负刑事责任的，按照他们所犯的罪分别处罚。"这一规定说明，我国刑法不承认共同过失犯罪，因而，我国刑法规定的共同犯罪，就是共同故意犯罪。

共同犯罪是相对于单人犯罪而言的。与单人犯罪相比，共同犯罪具有如下几个特征：①犯罪人更加胆大妄为。数人共同犯罪，相互壮胆，相互鼓气，因而胆子更大。②更容易得逞。数人共同犯罪，相互协力，密切配合，因而更容易达到犯罪目的。③社会危害性更大。数人共同犯罪，可以完成一人难以完成的犯罪，也可以造成更严重的危害结果，因而共同犯罪比单人犯罪危害性更大。

《刑法》规定共同犯罪的意义主要有二：①合理解决共犯人的刑事责任。因为共同犯罪是数人犯罪，既是数人犯罪，每个人所起的作用就不可能完全相同，因而他们每个人所承担的刑事责任也不能完全相同。规定共同犯罪，就是要科学、合理地解决每个共同犯罪人的刑事责任。②便于追究教唆犯的刑事责任。因为我国刑法不承认思想犯罪，没有实施行为的人不可能构成犯罪。但在共同犯罪里，教唆犯常常是只动口，不动手。这种情况若按单人犯罪，就无法追究其刑事责任。但若放在共同犯罪里，就可以追究教唆犯的刑事责任。

二、共同犯罪与犯罪构成的关系

共同犯罪与单人犯罪一样，也必须以符合犯罪构成为前提。虽然共同犯罪的主体是二人以上，但每个人都必须是符合犯罪主体要件的人；虽然共同犯罪的故意是共同的故意，但这种共同故意必须是符合犯罪主观要件的故意；虽然共同犯罪的行为是共同行为，但这种共同行为必须是符合犯罪客观要件的行为。如果有哪一个要件不符合犯罪构成，就不是犯罪行为，所谓的共同犯罪也就不能成立。

共同犯罪还必须是以符合同一个犯罪构成为前提。共同犯罪自应是指二人以上共同故意实施同一犯罪。同一犯罪，当然是指犯罪构成相同的一种犯罪。如果二人以上共同实施犯罪构成不同的犯罪，则不是共同犯罪。因此，共同犯罪也就是二人上共同故意实施犯罪构成相同的犯罪。

通说认为，单人犯罪的犯罪构成是基本的犯罪构成，共同犯罪的犯罪构成是在单人犯罪构成的基础上修正而来的犯罪构成。并认为共同犯罪的犯罪构成是规定在刑法总则中的。

■ 第二节　共同犯罪的成立条件

一、共同犯罪成立条件

（一）必须二人以上

二人以上，是共同犯罪区别于单人犯罪的量的特征。"二人"是最低限制，"以上"则没有限制。同时，二人以上，包括自然人和单位。这就是说，共同犯罪，可以是两个以上的自然人共同实施，也可以是两个以上的单位共同实施，还可以是一个或数个自然人与一个或数个单位共同实施。作为共同犯罪中的自然人主体，每个人都必须达到法定年龄，具有辨认和控制自己行为的能力。作为共同犯罪中的单位主体，同样必须具有独立承担刑事责任的能力。

根据上述条件和《刑法》关于犯罪主体要素的规定，需要特别注意以下几个问题：①不满 14 周岁的人，或者满 14 周岁的人与不满 14 周岁的人，在任何情况下都不能构成共同犯罪。②已满 14 周岁不满 16 周岁的人，或者满 16 周岁的人与满 14 周岁不满 16 周岁的人，共同故意实施《刑法》第 17 条第 2 款规定的犯罪，才成立共同犯罪；实施此外的行为，不构成共同犯罪。③一个达到法定年龄、具有行为能力的人，如果教唆、帮助或者伴同一个未达法定年龄或者不具有行为能力的人实施犯罪，不构成共同犯罪，只有达到法定年龄、具有行为能力的人单独构成犯罪。此种情况，后者实际上是被前者当作犯罪工具利用的，因而后者不构成犯罪。前者由于利用没有行为能力的人达到自己的犯罪目的，刑法理论上称其为间接正犯。④自然人和单位也可以成立共同犯罪。但在一个单位单独犯罪时，直接负责的主管人员和其他直接责任人员，与该单位本身不是共同犯罪。

（二）必须有共同的故意

共同的故意，就是各共同犯罪人通过意思联络，知道自己是和他人相互配合共同实施犯罪，认识到他们的共同犯罪行为会发生什么样的危害结果，并且希望或者放任这种危害结果的发生。共同的犯罪故意，包括两个内容：①各个共犯均有相同的犯罪故意；②各个共犯之间有意思联络。

各个共犯均有相同的犯罪故意是指各个共犯都对同一罪或数罪持有故意。这种故意同样包括认识因素和意志因素两个方面。就其认识因素来说，主要内容是：①各个共犯都明知自己的行为和他们的共同行为的性质和危害社会的结果；②各个共犯都预见到自己的行为和他们的共同行为与共同犯罪结果之间的因果关系。就其意志因素来说，主要内容是：①各个共犯都是经过自己的自由选择，决意与他人共同实施犯罪的；②各个共犯对自己的行为和他们的共同行为会造成的危害结果，都是抱着追求或者放任发生的心理态度。就故意的类型而言，既可以是共同直接故意，也可以是共同间接故意，还可以是一方为直接故意另一方为间接故意，只要是同一罪或同数罪的故意，皆可成立共同犯罪。不过，在后两种情况下，只有实际发生了危害结果时才能成立共同犯罪。而且，在直接故意与间接故意相结合构成的共同犯罪中，各共同犯罪人所触犯的罪名有可能不同。例如，甲、乙合谋报复丙，甲对丙的死亡结果持希望态度，乙对丙的死亡结果持放任态度。如果丙的死亡结果发生了，甲、乙二人构成共同故意杀人罪；如果没有发生丙死亡的结果，而是致其重伤，甲、乙二人虽系共同犯罪，但甲构成故意杀人罪（未遂），乙则构成故意伤害罪。

各个共犯之间有意思联络，是指各个共犯主观上的犯罪故意相互沟通，彼此联络，都认识到不是自己在孤立地实施犯罪，而是在和他人一起共同实施犯罪。这是形成共同犯罪故意的关键因素。正是由于这种意思联络，才使各个共犯的犯罪故意具有了内在的一致性，才使各个共犯的行为形成一个有机、统一的整体。值得研究的是，司法实践中有这样一种情况：甲方明知另一方在实施犯罪，并暗中给予帮助，而乙方并不知道有人帮助他。显然，只甲方具有共同犯罪的意思联络，乙方不具有这种意思联络。那么，甲方是否可以单方面构成共同犯罪（片面共犯）？对此，理论界存在争议。有人持肯定观点，[1] 也有人持否定观点。[2] 我们认为，共同犯罪的本质特征在于其整体性，而整体性既来源于各个共犯主观犯意的相互沟通和联络，也来源于各个共犯客观行为的相互补充和配合。在明知对方犯罪而暗中帮助的情况下，客观上给予对方的帮助，实际上就是给对方行为的补充和配合，对方继续实施的行为实际上也是对自己行为的补充与配合。在主观上，既然明知对方在犯罪，说明对方的犯意已经传给了自己，自己给对方的帮助，则说明自己的犯意也暗中传给了对方。虽然对方不明知，但自己这一方却是对此对彼都明知的，因此，我们认为，就暗中

---

[1] 何秉松主编：《刑法教科书》，中国法制出版社 1995 年版，第 287～288 页。
[2] 李敏："论片面合意的共同犯罪"，载《政法论坛》1986 年第 3 期。

帮助的一方来说，其主观上的彼此联络和客观上的相互配合都是存在的，因而对其应以共同犯罪论处。有人以缺乏对方的明知为由否定片面共犯的成立，我们认为是不妥的。正因为缺乏对方的明知，才将其称为片面共犯，否则就是共同共犯了。缺乏对方的明知，只能是否认共同共犯的理由，而不是否认片面共犯的理由。

(三) 必须有共同的行为

共同的行为，是指各共同犯罪人的行为都指向同一的犯罪目标，彼此联系，相互协调、相互配合、相互补充，形成一个有机的整体。每个共同犯罪人的行为不论表现形式如何，都是共同犯罪行为这个有机整体的组成部分。在发生危害结果的情况下，各个共同犯罪人的行为作为一个整体与危害结果之间具有因果关系，每个共同犯罪人的行为也同危害结果之间具有因果关系。

在简单的共同犯罪中，每个共犯的行为都是实行行为。在复杂的共同犯罪中，则可能既有实行行为，也有教唆行为，又有组织行为，还有帮助行为。实行行为，是直接导致危害结果发生的行为，它对共同犯罪目的的实现起关键作用；教唆行为，是故意引起他人犯罪意图的行为，它对被教唆人的犯意形成起原因作用；组织行为，就是组织、策划、指挥共同犯罪的行为，它对共同犯罪的性质和规模起着决定性作用；帮助行为，是为共同犯罪创造条件的行为，它对共同犯罪起辅助作用。每个实行犯所实施的具体行为，还可能有进一步的分工。但不论他们分工如何，参与程度如何，也不论是教唆行为还是帮助行为，只要他们的行为是围绕着共同的犯罪目的，彼此联系，互相配合，结为一个有机的整体，成为危害结果发生的共同原因，那么，他们的行为就是共同犯罪行为。例如，甲教唆乙、丙、丁三人去仓库盗窃，并事前分工，由乙在路口接应，由丙、丁进仓库盗窃。尽管四人分工不同，但四者的行为都指向同一个目标，都是危害结果发生的原因。因此，甲、乙、丙、丁的行为就是共同犯罪行为，四人共同构成盗窃罪。

在认定共同犯罪行为的因果关系时，必须将各个共犯的行为联系起来，统一加以考察。既要注意各个人的行为作为一个整体与危害结果之间的因果关系，也要注意每个人的行为都是危害结果发生的原因的一部分。

共同犯罪行为的表现形式，既可以是共同作为，也可以是共同不作为，还可以是作为与不作为的结合，即部分人的行为是作为，部分人的行为是不作为。例如，仓库值班员甲与乙合谋盗窃仓库财物，乙于夜间去仓库盗窃时，甲借故离开，任乙随便盗窃，就是由作为和不作为构成的共同犯罪。又如，甲、乙二人都是托儿所的保育员，二人密议，不给某婴儿喂奶，致其饿死，这是由不作为构成的共同犯罪。

共同犯罪行为在犯罪过程中所呈现的阶段性,可能有三种情况:①共同处在预备阶段,即各共犯的行为都是预备行为,构成共同的犯罪预备。②共同进入实行阶段,各共犯的行为都是实行行为。此种情况,可能构成共同的犯罪既遂,也可能构成共同的犯罪未遂或中止,还可能有的共犯构成犯罪未遂,有的共犯构成犯罪中止。③有的共犯停留在预备阶段,有的共犯进入实行阶段,即有的共犯人只实施预备行为,有的共犯人只实施实行行为。此种情况下,如果实行行为达到既遂,预备行为也按犯罪既遂论处。存在争议的一个问题是,仅仅参与犯罪共谋而未参与犯罪实行的人是否为共同犯罪行为?例如,甲、乙二人共谋某日夜间杀丙,届时乙未去,甲一人将丙杀死。乙参与共谋是否为共同杀人行为?一种观点认为,甲、乙二人的行为不是共同犯罪行为,甲单独构成杀人既遂罪,乙单独负杀人预备的责任。[1]另一种观点认为,甲、乙二人的行为构成共同犯罪行为。[2]我们认为,不应一概而论,而应根据参与共谋的程度和未参与实行的原因,分别作出不同的处理。如果乙是共谋中的主谋,即在共谋中是主要的出谋划策者,又是因为具有特殊原因脱不开身才未参与犯罪的实行,即未参与实行行为不是自愿的而是由于意志以外的原因,则应以共同犯罪行为论;如果乙不是自愿地参与共谋,在参与共谋时只是消极应付,并不献计献策,事后又有意地逃避实行行为,则不应以共同犯罪行为论。

二、不成立共同犯罪的情况

由共同故意这一条件的限制,下列情况不成立共同犯罪:

1. 两个以上的过失行为共同造成危害结果的,不成立共同犯罪(交通肇事罪除外)。

2. 故意行为与无罪过行为共同造成危害结果的,不成立共同犯罪。

3. 故意行为与过失行为共同造成危害结果的,不成立共同犯罪。例如,仓库保管员因醉酒沉睡,被盗窃犯趁机行窃。前者为过失,后者为故意,二者没有共同的意思联络,故不成立共同犯罪。

4. 间接正犯不成立共同犯罪。间接正犯,亦称间接实行犯,是指把他人的行为当作工具利用的情况。包括两种情况:①利用无责任能力人犯罪。如利用未达责任年龄的人或无责任能力的人去犯罪。②利用无辜者或不知情的人犯罪。例如,大夫让不知情的护士将毒药注射给病人;贩毒者让不知情的人捎带毒品。

5. 同时犯和同地犯不成立共同犯罪。同时犯实际上是同时同地犯,指

---

〔1〕 高格:"关于共同犯罪的几个理论问题的探讨",载《吉林大学社会科学学报》1982 年第 1 期。

〔2〕 王作富主编:《中国刑法适用》,中国人民公安大学出版社 1987 年版,第 172 页。

二人以上同时在同一地点故意实施某种犯罪，但主观上没有意思联络，客观行为也不相互配合的情况。例如，甲、乙二人碰巧同时到同一商场行窃，但彼此互不知晓，各自行窃后各自逃走。同地犯实际上是同地不同时犯，指二人以上先后到同一地点故意实施某种犯罪，但彼此主观上没有意思联络的情况。例如，甲到某一仓库盗窃后刚走，乙又到该仓库行窃，二人互不知晓，不是共同犯罪。

6. 二人以上同时同地同是故意犯罪，但故意内容不同的，也不成立共同犯罪。例如，甲、乙二人共雇一船走私，甲走私毒品，乙走私假币，尽管二人彼此知道各自干什么，但因缺乏共同的故意内容和共同的行为，不成立共同犯罪，甲构成走私毒品罪，乙构成走私假币罪。又如，甲、乙二人同时同地暴打某丙，甲基于杀人的故意照丙的要害部位打，乙基于伤害的故意只照丙的非要害部位打。甲构成故意杀人罪，乙构成故意伤害罪，也不成立共同犯罪。

7. 超出共同故意范围的犯罪，不是共同犯罪。例如，甲教唆乙去某仓库盗窃，乙去某仓库盗窃后又放火烧了仓库。甲、乙二人只成立盗窃罪的共犯，不成立放火罪的共犯。

8. 改变共同犯罪性质的犯罪，不是共同犯罪。例如，甲教唆乙去盗窃，乙在盗窃时为抗拒抓捕使用暴力，从而使其行为转化为抢劫。乙构成抢劫罪，甲仍构成盗窃罪。又如，甲教唆乙去杀丙，乙改变主意不杀丙，只伤害了丙。乙构成故意伤害罪，甲构成故意杀人罪（未遂），二人不成立共同犯罪。

9. 事前无通谋的窝藏、包庇、窝赃、销赃行为，不成立共同犯罪，分别构成窝藏、包庇、窝赃、销赃罪。但事前有通谋的，成立共同犯罪。

10. 教唆、帮助行为，依分则规定为独立犯罪的，不成立共犯。如第103条2款："煽动分裂国家、破坏国家统一的，处……"；第353条："引诱、教唆、欺骗他人吸食、注射毒品的，处……"；第310条："明知是犯罪的人而为其提供隐藏处所、财物，帮助其逃匿或者作假证明包庇的"。

特别提示：深入理解成立共同犯罪的条件；充分注意不成立共同犯罪的各种情况。

6-1 成人甲教唆刚满15周岁的乙去仓库盗窃，乙在盗窃时被保管员发现，乙捅了保管员一刀，夺路而逃。针对这一案件，下列说法哪些是正确的？

A. 甲、乙二人构成抢劫罪的共犯

B. 甲、乙二人构成盗窃罪的共犯

C. 甲构成盗窃罪，乙构成抢劫罪

D. 甲属于教唆未遂，乙不构成犯罪

答案：C

6-2 下列哪些行为不构成共同犯罪？

A. 年满 30 周岁的甲一天到一家仓库盗窃，为保证安全，他拉上刚满 15 周岁的乙在路口望风。事后甲将盗得的赃物分给乙一部分

B. 一天夜里，甲到一家仓库盗窃，正行窃时，发现仓库的另一边有动静，他停下观察，发现是乙也在仓库盗窃。甲未惊动乙，拿起盗得的赃物，悄悄离开了仓库

C. 甲、乙、丙都是公安人员，甲与丙有隙。一天甲见丙从外边向屋内走来，趁乙不注意，将乙的手枪内压上子弹，然后鼓动乙与丙开玩笑。乙用枪与丙开玩笑，一枪打死了丙

D. 甲鼓动乙去丙家盗窃，乙到丙家后，见只有丙女一人在家，未实施盗窃，而是强奸了丙女

答案：ABCD

6-3（99 卷二 70） 下列哪些情形成立共同犯罪？

A. 甲与乙共谋共同杀丙，但届时乙因为生病而没有前往犯罪地点，由甲一人杀死丙

B. 甲在境外购买了毒品，乙在境外购买了大量淫秽物品，然后，二人共谋共雇一条走私船回到内地，后被海关查获

C. 甲发现某商店失火后，便立即叫乙："现在是趁火打劫的好时机，我们一起去吧！"乙便和甲一起跑到失火地点，窃取了商品后各自回到自己家中

D. 医生甲故意将药量加大 10 倍，护士乙发现后请医生改正，医生说："那个家伙（指患者）太坏了，他死了由我负责"。乙没有吭声，便按甲开的处方给患者用药，导致患者死亡

答案：ACD

6-4 甲因遭丈夫乙虐待离家出走。甲趁女儿丙（1992 年 5 月 6 出生）前来看望时，唆使丙用家中的老鼠药拌入饭中毒死乙。丙于 2006 年 5 月 6 日在其父亲乙的饭中拌入老鼠药，乙被毒死。甲的行为构成：

A. 故意杀人罪   B. 故意杀人罪的教唆犯

C. 传授犯罪方法罪   D. 传授犯罪方法罪的教唆犯

答案：A

6-5（02 卷二 38）　甲将头痛粉冒充海洛因欺骗乙，让乙出卖"海洛因"，然后二人均分所得款项。乙出卖后获款 4000 元，但在未来得及分赃时，被公安机关查获。关于本案，下列哪些说法是正确的？

A. 甲与乙构成贩卖毒品罪的共犯

B. 甲的行为构成诈骗罪

C. 甲属于间接正犯

D. 甲的行为属于犯罪未遂

答案：BC

6-6（03 卷二 37）　下列帮助、教唆行为中，能独立构成犯罪，不按共犯处理的有哪些？

A. 协助他人实施组织卖淫犯罪

B. 煽动他人颠覆国家政权

C. 有查禁犯罪活动职责的国家机关工作人员，向犯罪分子通风报信、提供便利，帮助犯罪分子逃避处罚

D. 帮助当事人毁灭、伪造证据，情节严重

答案：ABCD

6-7（00 卷二 63）　下列哪些说法是错误的？

A. 只要有人构成受贿罪，就有人构成行贿罪

B. 只要是聚众犯罪，就有三人以上应当承担刑事责任

C. 只要是故意唆使他人犯罪的，就属于教唆犯

D. 只要实施的是帮助行为，就属于从犯

答案：ABCD

■ 第三节　共同犯罪的形式

共同犯罪的形式，是指二人以上共同犯罪的内部结构或者各共犯之间的结合方式。研究共同犯罪的形式，对于充分认识不同形式的共同犯罪的特点及其社会危害程度，从而正确适用刑法，具有重要意义。

关于共同犯罪的形式，可用不同的标准作出不同的分类。最基本的是法律上的分类和学理上的分类。

学理上，根据不同的标准，对共同犯罪的形式做了如下一些分类：

一、任意共同犯罪与必要共同犯罪

这是以共同犯罪能否任意形成为标准进行划分的。

（一）任意的共同犯罪

任意的共同犯罪，是指二人以上共同实施可以由一人单独实施的犯罪。这就是说，此种犯罪，一人可以实施，二人以上也可以实施，当二人以上共同实施时，就是任意的共同犯罪。例如杀人罪、盗窃罪、放火罪等，都属于这一类。对于任意的共同犯罪，应当根据刑法分则的有关规定和刑法总则关于共同犯罪的规定定罪处罚。

（二）必要的共同犯罪

必要的共同犯罪，是指刑法规定必须由二人以上共同实施的犯罪。例如聚众赌博罪、聚众斗殴罪等，均属于此类犯罪。对此类犯罪，直接依照刑法分则的规定定罪量刑即可，不必再参照刑法总则关于共同犯罪的规定。根据刑法规定，对必要的共同犯罪，又可分为以下三种：

1. 对行式共同犯罪。这是指基于双方的对向行为构成的犯罪。如行贿罪，受贿罪，重婚罪，[1] 出售、购买假币罪，都属于这种犯罪。此种共同犯罪的特点是，以双方的对向行为互相依存而成立，例如出售假币行为以存在购买假币行为为条件始能发生。我国《刑法》规定的对行性共同犯罪，有的是共犯双方罪名和法定刑都相同，如重婚罪；有的是共犯双方罪名和法定刑都不同，如受贿罪和行贿罪；也有的是共犯双方罪名不同，但法定刑相同，如出售假币罪和购买假币罪。

2. 聚众共同犯罪。聚众共同犯罪是由首要分子组织、策划、指挥众人所实施的共同犯罪。它有如下几个特点：①必须有三人以上参与，二人不能为众。②其他众人可以随时加入，加入的人员也可以随时撤退，因而，人员处于不固定状态。③必须有组织、策划、指挥者，即首要分子。首要分子可以是一个，也可以是数个。④公然实行犯罪，即明目张胆地进行犯罪活动。⑤行为混乱，容易失控。聚众犯罪由于人员众多而且复杂，虽有组织、策划、指挥者，但不可能对每一个参与者都严加控制，很难完全统一行动，因而容易使行为失控，引起局部性社会混乱。

聚众共同犯罪与聚众犯罪不是等同的概念。聚众犯罪是由首要分子组织、策划、指挥众人所实施的犯罪。按照刑法的规定，聚众犯罪，有的是聚众共同犯罪，有的不是聚众共同犯罪。例如，《刑法》第291条规定的聚众扰乱公共场所秩序、交通秩序罪，就不是聚众共同犯罪。这类犯罪的一个显著特点是，只有首要分子才构成犯罪，其他参与人不构成犯罪。也就是说，犯罪以行为人是首要分子为犯罪构成的必备要素。此类聚众犯罪，如果只有一个首要分子，属于单人犯罪。如果有二个以上的首要分子，当然也成立共同犯罪，但这属于一般共同犯罪，而不是聚众共同犯

---

〔1〕 重婚罪不一定是共同犯罪，但当双方都构成犯罪的情况下，就肯定是对行式共同犯罪。

罪。只有首要分子和积极参与人都构成犯罪的聚众犯罪，例如《刑法》第290条规定的聚众扰乱社会秩序罪、第292条规定的聚众斗殴罪等，才属于聚众共同犯罪。

3. 集团共同犯罪。集团共同犯罪，简称集团犯罪，是指由三人以上较为固定的犯罪组织所实施的共同犯罪。按照《刑法》第26条第2款的规定，犯罪集团，是指"三人以上为共同实施犯罪而组成的较为固定的犯罪组织"。认定集团共同犯罪，关键在于正确认定犯罪集团。根据司法解释[1]和司法实践，犯罪集团通常具有以下特征：①人数较多，至少三人以上。这是犯罪集团与一般共同犯罪区别的特征之一。②具有明确的犯罪目的，即犯罪集团成员纠合在一起的目的就是为了犯罪，这是区分犯罪集团和非犯罪集团的重要标志之一。③集团重要成员固定或基本固定，并且有明显的首要分子。有的首要分子是在纠集过程中形成的，有的首要分子在纠集开始时就是组织者和领导者。④集团成员以首要分子为核心结合得比较紧密，经常纠集一起进行一种或数种严重的刑事犯罪活动。⑤集团的犯罪活动通常都是有计划、有预谋地进行的。⑥进行一种或数种严重的刑事犯罪活动之后，其组织形式继续存在，并不解散。⑦危害严重。犯罪集团成员较多，加之组织严密，能够形成一种整体力量，这种整体力量使得犯罪集团能够实施一般共同犯罪人难以实施的重大犯罪，而且计划周密，容易得逞，给社会造成极为严重的后果。

二、事前通谋的共同犯罪与事前无通谋的共同犯罪

这是以共同故意形成的时间为标准划分的。

1. 事前通谋的共同犯罪，是指各个共犯在着手实行犯罪之前，即在预备阶段就已经形成共同故意的共同犯罪。所谓通谋，是指共犯之间犯罪意思的沟通。它可能表现为用语言或文字就犯罪的性质、目标、时间、地点、手段、分工以及罪后分赃等进行密谋策划，也可能简单地表现为点头示意，赞同其他犯罪人的意见或答应共同犯罪人的要求。只要这些情况发生在共同犯罪的着手之前，就属于事前通谋的共同犯罪。这是一种比较常见的共同犯罪，它比事前无通谋的共同犯罪危害大，更易于得逞。

2. 事前无通谋的共同犯罪，是指在着手实行犯罪之前没有进行密谋策划，共同犯罪的故意是在着手之际或实行过程中临时形成的共同犯罪。例如，某甲一日路遇朋友某乙正与某丙打架，某甲上前就帮助某乙殴打某丙，直至把某丙打伤。甲、乙二人构成的就是事前无通谋的共同犯罪。

---

〔1〕 1984年6月15日最高人民法院、最高人民检察院、公安部联合公布的《关于当前办理集团犯罪案件中具体应用法律的若干问题的解答》。

三、简单共同犯罪与复杂共同犯罪

这是以共犯之间有无分工为标准进行划分的。

1. 简单的共同犯罪，是指各个共犯共同实施实行行为的共同犯罪。在这种共同犯罪中，没有教唆犯、帮助犯，各共犯都是实行犯（正犯），故在刑法理论上又叫共同实行犯（共同正犯）。在简单共犯中，由于各个共犯都是行为犯，因而各个共犯都要对犯罪的全部结果承担责任，即使某一共犯只实施了部分行为，也要对全部结果承担责任。比如甲、乙二人共同故意伤害丙，即使只是甲的行为造成丙的死亡，乙也要承担伤害致死的责任。但这并不意味着每个共犯都要承担相同的责任，而是应当根据每个共犯在共同犯罪中所处的地位和所起的作用，分清主犯、从犯、胁从犯，依照刑法规定的处罚原则进行处罚。如前例中，虽然甲、乙二人都对伤害致死的结果负责，但甲显然要负主犯的责任，乙则只负从犯的责任。另外，各个共犯都只对共同故意实行的犯罪负责，对他人超出共同犯意实行的犯罪不负责任。

2. 复杂的共同犯罪，是指在共犯之间有一定分工的共同犯罪，即有的是实施者，有的是组织者，还有的是教唆者或帮助者。由于各个共犯的行为各不相同，故意的具体内容也有差异，因而对每个共犯都应按其在共同犯罪中所处的地位和所起作用的大小，分别以主犯、从犯或胁从犯论处。

四、一般共同犯罪与特殊共同犯罪

一般的共同犯罪，是指没有组织形式的共同犯罪。这种共同犯罪的特点在于，各共同犯罪人之间没有组织，只是为了实施某一具体犯罪而临时纠集在一起，当犯罪完成之后，这种共同犯罪形式就不复存在。特殊的共同犯罪，是指有组织形式的共同犯罪，即集团性共同犯罪。

特别提示：一种共同犯罪可以表现为数种不同的形式。

6-8 甲乙二人经过密谋策划，共同将丙绑架到一处地下室，并要求丙的亲属交来赎金 30 万。甲乙二人共同犯罪的形式是：

A. 任意性共同犯罪　　　　　　　B. 简单的共同犯罪

C. 事前有通谋的共同犯罪　　　　D. 一般的共同犯罪

答案：ABCD

6-9 有关共同犯罪的形式，下列哪些说法是正确的？

A. 甲教唆乙杀死了丙，甲、乙属于任意的共同犯罪

B. 丙、丁共同殴打李某，致李某重伤。丙、丁属于简单的共同犯罪

C. 刘某为承包一项工程，向主管工程建设的副市长周某行贿 10 万元。刘周属于必要的共同犯罪

D. 为帮助张某杀害刘某，王某给张某提供了一包毒药。张王属于特殊的共同犯罪

答案：ABC

■ 第四节　共犯人的分类及其刑事责任

一、主犯及其刑事责任

（一）主犯的概念与种类

根据《刑法》第26条第1款的规定，主犯是指"组织、领导犯罪集团进行犯罪活动的或者在共同犯罪中起主要作用的"犯罪分子。根据此规定，主犯分为以下两种：

1. 组织、领导犯罪集团进行犯罪活动的犯罪人，也就是犯罪集团中的首要分子。这种主犯可以是一人，也可以不止一人。"组织"主要是指纠集他人组成犯罪集团，使集团成员形成一个有组织的整体。"领导"包括"策划"和"指挥"，其中，"策划"主要是指为犯罪集团的犯罪活动出谋划策，主持制定犯罪计划；"指挥"主要是指直接指使、安排集团成员进行犯罪活动。只要从事上述三种活动之一的，就是此种主犯。此种主犯是犯罪集团的核心，不论是否亲自实施犯罪，都作为核心对犯罪集团的建立、存在和实行犯罪起着决定性作用。因此这种主犯是所有主犯中恶性最重、危害最大的主犯，历来都是刑法打击的重点。

2. 在共同犯罪中起主要作用的犯罪人。这是指除犯罪集团的首要分子之外的在共同犯罪中对共同犯罪的形成、实施与完成起决定或重要作用的犯罪人。其中的"共同犯罪"包括各种形式的共同犯罪。详细说来，这种主犯共有以下五种：

（1）在一般共同犯罪中起主要作用的实行犯或教唆犯。

（2）不是犯罪集团的组织者、领导者，但却在犯罪集团实施犯罪时起主要作用的犯罪人。

（3）在不以首要分子作为犯罪构成必备要素的聚众犯罪中起组织、策划、指挥作用的首要分子。比如，《刑法》第292条规定的聚众斗殴罪、第317条第2款规定的聚众劫狱罪。行为人是否构成犯罪，不以行为人具有首要分子这样的特殊身份为必备要素，换言之，不论是不是首要分子都构成犯罪。在这样的聚众犯罪中，其首要分子理所当然的是主犯。

（4）在不以首要分子作为犯罪构成必备要素的聚众犯罪中，不是首要分子，但在聚众犯罪中起主要作用的犯罪人。这种主犯虽然不是聚众犯罪中的组织者、指挥者，但却在聚众犯罪的具体实施中最卖力、发挥作用最

大，因而也是主犯。

（5）在以首要分子作为犯罪构成必备要素的聚众犯罪中，如果有两个以上的首要分子，其中起主要作用的首要分子。例如，《刑法》第291条规定的聚众扰乱公共场所秩序、交通秩序罪，行为人是首要分子的，才构成犯罪；非首要分子者不构成犯罪。倘若只有一个首要分子，这个首要分子实际上属于单人犯罪，自然不会成为主犯。但是，在这种聚众犯罪中，如果有两个以上的首要分子，则会出现主犯。所以，那种认为在这种聚众犯罪中绝对没有主犯的观点，是不可取的。

犯罪人是否在共同犯罪中起主要作用，应从其主客观方面进行综合判断：一方面要看犯罪人对共同犯罪故意的形成是否起了决定作用；另一方面要看犯罪人实施了哪些具体犯罪行为，这些行为对危害结果的发生是否起了决定性作用。

（二）主犯与首要分子的关系

根据《刑法》第97条对首要分子的解释，首要分子共有两种：一种是在犯罪集团中起组织、策划、指挥作用的犯罪人；一种是在聚众犯罪中起组织、策划、指挥作用的犯罪人。第一种首要分子在《刑法》第26条被规定为第一种主犯，第二种首要分子在《刑法》第26条并未明确规定为主犯，但第二种首要分子有一部分可以成为《刑法》第26条规定的第二种主犯。这样一来，主犯与首要分子的关系就显得有些复杂。为了明确二者的关系，需要注意以下几点：

1. 首要分子可以成为主犯，但并非所有的首要分子都是主犯。

2. 犯罪集团中的首要分子都是主犯。

3. 聚众犯罪中的首要分子有的是主犯，有的不是主犯。

4. 首要分子不是《刑法》第26条规定的两种主犯之一种。犯罪集团中的首要分子虽然就是《刑法》第26条规定的第一种主犯，但却不能将第一种主犯称之为"犯罪集团中的首要分子"，而只能称之为"组织、领导犯罪集团进行犯罪活动的犯罪人"。聚众犯罪中能够成为主犯的首要分子，从逻辑上讲，只能归于《刑法》第26条规定的第二种主犯之中，即属于"在共同犯罪中起主要作用的"主犯。

（三）主犯的刑事责任

《刑法》第26条第3款规定："对组织、领导犯罪集团的首要分子，按照集团所犯的全部罪行处罚。"根据这一规定，犯罪集团的首要分子，除了对自己直接参与实施的犯罪承担刑事责任外，还要对集团所犯的全部罪行承担刑事责任，即还要对其他成员按照集团犯罪计划所犯的全部罪行负责。因为这些犯罪都是在他的组织、策划、指挥下实施的。需要注意的是，这里所说的"全部罪行"，是指在犯罪集团的组织、策划、指挥下实施的"全部罪行"，不是指"集团全体成员"所犯的全部罪行。如果集团成员实施了超出集团犯罪计划的其他犯罪，则只能由实施者自己负责，其他成员包括首要分子对此不负责任。这是罪责自负原则的必然要求。

《刑法》第26条第4款还规定："对于第3款规定以外的主犯，应当按照其所参与的或者组织、指挥的全部犯罪处罚"。根据这一规定，对犯罪集团的首要分子以外的主犯，即前述第二种"在共同犯罪中起主要作用的犯罪人"，应分别两种情况给予处罚：对于组织、指挥共同犯罪的主犯（如聚众共同犯罪中的首要分子），按其组织指挥的全部犯罪处罚；对于没有从事组织、指挥活动但在共同犯罪中起主要作用的主犯，按其参与的全部犯罪处罚。

二、从犯及其刑事责任

（一）从犯的概念和种类

根据《刑法》第27条的规定，从犯是指"在共同犯罪中起次要或者辅助作用的"犯罪分子。据此，从犯也包括两种：

1. 在共同犯罪中起次要作用的犯罪人。也就是在共同犯罪的形成、实施、完成过程中起次于主犯作用的犯罪人，包括起次要作用的实行犯和教唆犯。

2. 在共同犯罪中起辅助作用的犯罪人。也就是为共同犯罪提供方便、创造条件的犯罪人，在刑法理论上被称为帮助犯。辅助作用，其实也是次要作用。这里所说的"辅助"，应理解为帮助。具体表现有：提供犯罪工具，指示犯罪地点，排除犯罪障碍，打探有关消息，拟订犯罪计划以及事前答应隐匿罪犯、湮灭罪迹、窝藏赃物等。

（二）从犯的刑事责任

《刑法》第27条第2款规定："对于从犯，应当从轻、减轻处罚或者免除处罚。"根据此规定，对于从犯，如果不能减轻或免除处罚，则必须从轻处罚。实践中，究竟是从轻、减轻还是免除处罚，要根据犯罪的性质、情节和从犯对造成的危害结果所起的作用，综合分析而定。

三、胁从犯及其刑事责任

1. 胁从犯的概念。根据《刑法》第28条的规定，胁从犯是指"被胁迫参加犯罪"的人。所谓被胁迫，是指受到威胁和强迫的意思。这种人，本不愿意参加犯罪，只是由于迫于他人的暴力威胁或者精神强制，才勉强参加了犯罪，而且在共同犯罪中起作用较小。如果行为人起初是被胁迫参加共同犯罪，但参加之后变得积极主动，并在共同犯罪中发挥重要作用，造成严重后果的，则不应以胁从犯论处，而应根据实际情况分别按主犯或从犯论处。当然，不能仅看后果是否严重。虽然造成的结果十分严重，但如果是在他人威逼胁迫下造成的，仍然是胁从犯。犯罪的主要责任自应由威逼胁迫者承担。

2. 认定胁从犯应注意的问题。在认定胁从犯时，要注意两个问题：①要把胁从犯与身体完全被强制但主观上没有犯罪故意的人区别开来。胁从犯虽然是被胁迫参加犯罪，但毕竟没有完全被强制，他在意志上还有选择的自由，行为也是受他的意志支配的，因而仍然构成犯罪。但身体完全被强制者，也完全丧失了意志自由，不能支配自己的行为，在这种情况下，造成危害后果的，因主观上没有罪过，不是胁从犯。例如，铁路扳道员被犯罪人捆绑起来，致使不能按时扳道，造成火车相撞事故，扳道员因身体完全被强制，而不是胁从犯。罪责应由强制者承担。②符合紧急避险条件的不成立胁从犯。例如，民航飞机在空中遭歹徒劫持，机长为避免机毁人亡，不得已将飞机开往劫机犯指定的地点。机长的行为是紧急避险，不是劫持飞机的胁从犯。

3. 胁从犯的刑事责任。《刑法》第 28 条规定："对于被胁迫参加犯罪的，应当按照他的犯罪情节减轻处罚或者免除处罚。"根据这一规定，对于胁从犯，如果不能免除处罚，则必须减轻处罚。

四、教唆犯及其刑事责任

（一）教唆犯的概念与成立条件

教唆犯，我国古代刑法中称为"造意犯"，是指故意引起他人犯罪意图的人。具体地说，是指以授意、劝说、鼓动、引诱等方法唆使没有犯罪意图或者虽有犯罪意图但尚不坚定的人去实施犯罪的人。其基本特征是教唆他人实行犯罪，通过他人实现自己的犯罪意图，自己一般不直接实施犯罪。构成教唆犯，须具备以下几个条件：

1. 客观方面必须实施了教唆行为。教唆的方式没有限制，可以是口头的，也可以是书面的，还可以用动作、眼色示意。教唆的方法也没有限制，如劝告、建议、指示、嘱托、请求、怂恿、引诱、鼓动、激将、挑拨、威胁、命令等，不论教唆者采用何种方式方法，只要能够引起他人的犯罪意图，就构成教唆。被教唆人是否实施被教唆的犯罪，不影响教唆犯的成立。但如果强迫达到一定程度，使被教唆者失去意志自由时，应成立间接正犯。

如果教唆行为引起了被教唆人的犯罪故意，被教唆人进而实施了被教唆的犯罪（包括预备行为和实行行为），教唆人和被教唆人成立共同犯罪，该教唆人便是共同犯罪中的教唆犯，简称共犯教唆犯。如果被教唆人没有犯被教唆的罪，被教唆人不构成犯罪，则无法成立共同犯罪，教唆人便是非共同犯罪的教唆犯，简称单独教唆犯。

关于教唆的行为，要注意以下几个问题：

（1）教唆行为必须是教唆他人犯罪的行为。如果只是教唆他人去实施一般的违法、违纪行为，不属于刑法上的教唆，不成立教唆犯。

（2）教唆行为的实质是引起或者坚定他人的犯罪意图，如果是对已经决意犯罪的人给予言辞鼓励，属于精神上的帮助，不是教唆。可根据其在共同犯罪中所起作用的大小，按从犯（帮助犯）给予处罚。但对已有犯意而尚在犹豫不决的人用言辞激发，促其下定犯罪的决心的，应按教唆论处。他人已有他种犯意，教唆人又教唆其产生了此种犯意的，仍为教唆犯。

（3）教唆的对象必须达到法定年龄，具有行为能力。否则，因被教唆人不构成犯罪而不成立共同犯罪。如果不达法定年龄、没有行为能力的被教唆人没有实施被教唆的行为，教唆人成立单独教唆犯。如果不达法定年龄、没有行为能力的被教唆人实施了被教唆的行为，教唆人成立间接正犯。

（4）教唆的对象还必须是具体的、特定的，即明确是教唆张三或者是李四去犯罪。如果是在公共场所面对不特定的多人宣传煽动，意图使群众产生不满情绪，甚至煽动众人去偷去抢，由于教唆的对象不特定，也不成立教唆犯。

（5）教唆的内容必须是特定的，即教唆时必须明确让他人去犯什么罪。如果教唆的内容不特定，则不能按教唆论处。

2. 主观方面必须具有教唆他人犯罪的故意。即教唆人明知自己的教唆行为会引起他人的犯罪意图进而实施犯罪，并且希望或者放任他人去实施犯罪。教唆的故意同样包含认识因素和意志因素。其认识因素是：①认识到他人尚无犯意或者虽有犯意但尚在犹豫。如果认识到他人已有犯意并已决意，而为其提供犯罪工具或出谋划策的，构成帮助犯（从犯）。如果教唆人不知道他人已有犯罪决意而对之教唆的，不影响教唆的成立。②认识到自己的教唆行为会使对方产生犯罪的决意，而导致犯罪的发生。如果不是这样，而是无意中引起了他人犯罪的决意，不构成教唆犯。教唆故意的意志因素，是希望或者放任被教唆人产生犯意并去实施犯罪。即既可由直接故意构成，也可由间接故意构成。但对于《刑法》第 29 条第 2 款规定的教唆犯，只能出于直接故意。因为该款规定的教唆犯，如果被教唆人没有犯被教唆的罪，也成立教唆犯。如果是出于间接故意，即对被教唆人是否犯被教唆的罪采取放任态度，当被教唆人未犯被教唆的罪时，就不构成犯罪，自然也就不成立教唆。对《刑法》第 29 条第 1 款规定的教唆犯，则既可以出于直接故意，也可以出于间接故意。在出于间接故意时，必须是被教唆人实施了被教唆的罪，才成立教唆犯。

（二）教唆犯的认定

教唆犯的情况颇为复杂，在认定教唆犯时，应注意以下问题：

1. 教唆他人犯某种罪，如果刑法分则已经把这种教唆行为单独规定为一种犯罪，就直接按刑法的规定定罪量刑，而不再按教唆犯处理。比如《刑法》第 103 条第 2 款规定的煽动分裂国家罪，煽动也是一种教唆，但直接定煽动分裂国家罪即可。

2. 对教唆犯，应当按照他所教唆的罪定罪，而不能笼统地定教唆罪。如教唆抢劫的，应定抢劫罪。

3. 被教唆人实施了被教唆以外的犯罪，或者被教唆人在实施犯罪时超出了教唆的范围，理论上称为"实行过限"，对此，教唆人只按其教唆的罪负刑事责任，过限的行为由被教唆人个人负责。但是，如果被教唆人实施的犯罪性质未变，只是造成的后果更加严重，对严重的后果教唆人也应负责。例如，甲教唆乙伤害丙，乙在伤害丙时造成了丙的死亡，甲也应对丙的死亡负责。

4. 如果被教唆人把教唆人的意图领会错了，实施了其他的犯罪，教唆人只按照他所教唆的犯罪承担刑事责任，对被教唆人实际实施的犯罪不负刑事责任。

5. 如果既有教唆行为，又有帮助行为，则教唆行为吸收帮助行为。例如教唆杀人，又提供杀人工具，只按教唆杀人论处。

6. 教唆他人犯罪，自己又直接参与实行犯罪的，实行行为吸收教唆行为，只作为实行犯处理，教唆行为作为量刑时考虑的情节。

7. 对间接教唆，也按教唆的罪定罪。间接教唆，是指教唆教唆人的教唆。例如，甲教唆乙，让乙教唆丙去杀丁。外国刑法有明文规定处罚间接教唆的，如《日本刑法》第 61 条规定："教唆他人致为犯罪之实行者准于正犯。教唆教唆人者亦同"。我国刑法虽未明确规定，但按照刑法理论，间接教唆，也应成立教唆犯。因为"教唆他人犯罪的"，是教唆犯，而教唆行为本身也是犯罪行为，故教唆他人实施教唆犯罪的，也是教唆犯。

8. 教唆犯教唆他人实施数种较为特定犯罪中的任何一种犯罪时，对教唆犯按被教唆人实际实施的犯罪定罪。例如，甲教唆乙侵犯丙的财产，言明偷、抢、骗均可，如果乙实施抢夺犯罪，对甲也定抢夺罪。若乙未实施上述犯罪，对甲按其教唆的数罪中的第一罪的教唆未遂论处。

9. 被教唆人犯罪未遂、犯罪中止或者拒绝接受教唆，对教唆人来说都属于未遂。教唆人若中止犯罪，必须说服被教唆人放弃犯罪或者采取措施有效防止犯罪结果的发生。虽然采取了措施，但犯罪结果仍然发生的，仍然是教唆既遂。

（三）教唆犯的处罚

《刑法》第 29 条对教唆犯规定了以下三个处罚原则：

1. "教唆他人犯罪的，应当按照他在共同犯罪中所起的作用处罚"。

这是就共犯教唆犯所作的规定。如果教唆犯在共同犯罪中起主要作用，就以处罚主犯的原则对其处罚；如果教唆犯在共同犯罪中起次要作用，就以处罚从犯的原则对其处罚。在间接教唆中，被教唆的教唆人可能会是胁从犯，如果出现被胁迫的教唆犯，那就按处罚胁从犯的原则对其处罚。

2. "教唆不满18周岁的人犯罪的，应当从重处罚"。这一原则分为两种情况：①教唆满14周岁不满16周岁的人犯《刑法》第17条第2款规定的犯罪和教唆满16周岁不满18周岁的人犯任何罪，对教唆犯都作为共同犯罪中的主犯从重处罚；②教唆不满14周岁的人犯任何罪和教唆满14周岁不满16周岁的人犯《刑法》第17条第2款规定之外的罪，对教唆犯均按单独犯罪即间接正犯从重处罚。

3. "如果被教唆的人没有犯被教唆的罪，对于教唆犯，可以从轻或者减轻处罚"。这种情况在刑法理论上称为教唆未遂。"被教唆的人没有犯被教唆的罪"，共有以下几种情况：①被教唆人拒绝接受教唆；②被教唆人虽然接受了教唆，但未实施犯罪行为；③被教唆人虽然接受了教唆，但他实施的不是被教唆的罪。

特别提示：

1. 充分注意主犯与首要分子的关系。

2. 各共犯人的处罚原则。

3. 教唆犯的条件、处罚原则及其与犯罪形态的关系。

4. 教唆犯和共同实行犯要单独成立中止，必须有效阻止结果发生。

5. 帮助犯想单独成立中止，必须有效撤回自己的帮助。

6 – 10　下列关于首要分子的表述，哪些是正确的？

A. 共同犯罪中的首要分子都是主犯

B. 犯罪集团中的首要分子都是主犯

C. 聚众犯罪中的首要分子都是主犯

D. 聚众斗殴罪中的首要分子是主犯

答案：BD

6 – 11　关于主犯的处罚原则，下列哪些说法是正确的？

A. 对主犯应当从重处罚

B. 对犯罪集团中的首要分子应当从重处罚

C. 对犯罪集团的首要分子，应当按照集团所犯的全部罪行处罚

D. 对一般主犯，应当按照其所参与的或者组织、指挥的全部犯罪处罚

答案：CD

6－12　对于从犯的处罚，下列哪一表述是正确的？

A. 应当减轻或者免除处罚

B. 可以减轻或者免除处罚

C. 应当从轻、减轻处罚或者免除处罚

D. 可以从轻、减轻处罚或者免除处罚

答案：C

6－13　关于教唆犯，下列哪一表述是正确的？

A. 甲到乙家串门，见乙家来了丙丁两位朋友，四人一起聊天。聊到某地发生一起抢劫案件时，甲说：我们厂小张小王两个姑娘家每次去银行取款总是骑着自行车，从那条长长的柳泉胡同走，我真替她们担心呀！不料丙丁二人刚劳改释放不久，听了甲的话，就去柳泉胡同守候，抢了小张小王从银行取回的款项。甲属于抢劫罪的教唆犯

B. 小刘因迟到被车间主任扣了工资，大李对小刘挑拨说："车间主任真可恶，这么点小事就扣你工资，这事要是我，就跟他没完。"小刘第二天将车间主任的小孩丢水井淹死了。大李的挑拨属于杀人教唆

C. 张某明知小李不满14周岁，却指示小李将一包氢化物投放在一个养鱼溏里，导致大量鱼苗死亡。张某属于间接实行犯，小李不构成犯罪

D. 王某交给大刘5万元钱，要求大刘将李某杀死。大刘接受了王某的5万元钱，但却没有杀害李某。王某属于教唆杀人未遂

答案：CD

6－14　甲乙合谋飞车抢夺，甲驾驶摩托车，乙坐后边抢包。一次抢夺后被巡警抓获，经搜查发现乙在腰间别着一把手枪，但甲对此不知情。针对此案，下列说法哪些是正确的？

A. 甲构成抢夺罪

B. 乙构成抢劫罪

C. 甲乙在抢夺的范围内构成共犯

D. 甲乙构成抢劫罪的共犯

答案：ABC

6－15　甲、乙共谋伤害丙，进而共同对丙实施伤害行为，导致丙身受一处重伤，但不能查明该重伤由谁的行为引起。对此，下列哪些说法是错误的？

A. 由于证据不足，甲、乙均无罪

B. 由于证据不足，甲、乙成立故意伤害（轻伤）罪的共犯，但都不

对丙的重伤负责

C. 由于证据不足，认定甲、乙成立过失致人重伤罪较为合适

D. 甲、乙成立故意伤害（重伤）罪的共犯

答案：ABC

6－16 甲乙丙三人共同盗窃 3 万元现金，甲分得 2 万元，乙丙各分得 5000 元。甲乙丙三人各应对多少现金承担责任？

A. 甲 2 万元   B. 乙 5000 元

C. 丙 5000 元   D. 甲乙丙均按 3 万元

答案：D

■ 第五节　共同犯罪的特殊问题

一、共同犯罪与身份

身份，是一个人所具有的资格、地位和状态。当某种犯罪以行为人特定的身份为成立要件时，该种犯罪被称为身份犯，该身份被称为构成身份；当某种犯罪的处罚会受到特定身份的影响时，该种犯罪被称为不真正身份犯，该身份被称为加减身份。关于共同犯罪与身份，需要注意以下两个问题：

1. 不具有构成身份的人与具有构成身份的人内外勾结进行贪污或盗窃活动的，应按主犯犯罪的基本特征为根据定性。如无身份者为主犯，则均以盗窃罪共犯论处；如有身份者为主犯，则均以贪污罪论处。[1]

2. 不具有加减身份的人与具有加减身份的人共同实施不真正身份犯时，构成共同犯罪，但刑法关于刑罚加减的规定只适用于具有加减身份的人，不适用于不具有加减身份的人。例如，非国家机关工作人员与国家机关工作人员共同犯诬告陷害罪时，成立共同犯罪，但只应对国家机关工作人员从重处罚，对非国家机关工作人员不从重处罚。

特别提示：

1. 有身份的人和无身份的人共同犯非身份罪，犯什么罪，就定什么罪。共同犯身份罪的，定什么罪，以谁是主犯为准。

2. 具有加减身份的人与无加减身份的人共同犯罪，从重处罚的规定只适用于有加减身份的人。

---

[1] 最高人民法院和最高人民检察院 1985 年 7 月 18 日《关于当前办理经济犯罪案件中具体应用法律的若干问题的解答（试行）》。

6-17 关于共同犯罪，下列哪一表述是错误的？

A. 国有仓库保管员甲主动找到村民乙，密谋让乙将库内值钱的东西偷去卖钱，然后二人平分。甲乙构成贪污罪

B. 甲乙二人找到国有仓库保管员丙，要求丙配合他们从库内偷走财物，声称：丙若不配合，就打断丙的腿，若配合，就三人平分所得财物。丙无奈，只好假装喝醉酒，让甲乙将财物盗走。丙属于盗窃罪的共犯

C. 某县劳动局副局长王某为挤走局长，自己当局长，找到老同学工人纪某，两人密谋策划，编出一个局长贪污受贿的故事，并让纪某前去报案。王某与纪某共同构成诬告陷害罪，对王某应从重处罚

D. 公安人员王某为帮助朋友李某索要赌债，与李某一起将债务人刘某劫持到李某家，限制人身自由三天三夜。王某和李某共同构成非法拘禁罪。李某既赌博又非法拘禁，对其应从重处罚

答案：D

6-18 （05卷二18） 甲为非国家工作人员，是某国有公司控股的股份有限公司主管财务的副总经理；乙为国家工作人员，是该公司财务部主管。甲与乙勾结，分别利用各自的职务便利，共同侵吞了本单位的财物100万元。对甲、乙两人应当如何定性？

A. 甲定职务侵占罪，乙定贪污罪，两人不是共同犯罪

B. 甲定职务侵占罪，乙定贪污罪，但两人是共同犯罪

C. 甲定职务侵占罪，乙是共犯，也定职务侵占罪

D. 乙定贪污罪，甲是共犯，也定贪污罪

答案：C

二、共同犯罪的认识错误

共同犯罪的认识错误，是指某个共同犯罪人所认识的犯罪事实与其他共同犯罪人所实行的犯罪事实不相一致。对共同犯罪的认识错误，应按刑法上的认识错误的原则来解决。共同犯罪的认识错误，主要有以下几种：

（一）共同实行犯的认识错误

共同实行犯的认识错误，即共同实行犯中某人所认识的犯罪事实与其他实行犯所实行的犯罪事实不相一致。对此种认识错误的解决原则是：各共同实行犯只能在其认识与实行的犯罪事实相符合的范围内负刑事责任。具体又分为两种情况：

1. 所认识的犯罪事实与所实行的犯罪事实虽不相同，但性质相近。例如，甲、乙共同用棍棒殴打丙，甲认识的是实行伤害，乙实行的却是杀人。此种情况下，甲负伤害罪的刑事责任，乙负杀人罪的刑事责任。

2. 所认识的犯罪事实与所实行的犯罪事实性质完全不同。例如，甲乙共同强奸丙女，而乙在实施强奸过程中又抢劫了丙女的手表。此种情况下，甲乙共同负强奸罪的刑事责任，乙独自另负抢劫罪的刑事责任。

（二）教唆犯、帮助犯与实行犯或实行者之间的认识错误

具体分为如下两种情况：

1. 实行犯所实行的犯罪事实与教唆犯或帮助犯所认识的犯罪事实不相一致。这种认识错误可表现为以下几种：

（1）相同构成要件范围内对具体事实的认识错误，即虽然对具体事实认识错误，但犯罪构成并无差别。目标错误和打击错误都属于此种情况。例如，甲教唆乙杀丙，乙误认丁为丙，将丁杀死。此属目标错误（亦称对象错误）。又如，甲教唆乙杀丙或提供武器帮助乙去杀丙，乙因打击错误，杀死了丁，此属于打击错误（亦称行为误差）。目标错误和打击错误，对教唆犯或帮助犯来说，都是所认识的犯罪事实与所实行的犯罪事实不相一致。解决办法：都应当采用构成要件符合说的观点，即基本的构成要件范围内的认识错误，不影响实行犯故意的成立，也不影响教唆犯和帮助犯故意的成立。因此，实行者构成杀人罪既遂，教唆者构成杀人既遂的教唆犯，帮助者构成杀人既遂的帮助犯。

（2）不同犯罪构成要件之间的认识错误，即实行犯所实行的犯罪事实与教唆犯、帮助犯所认识的犯罪事实在构成要件上不相一致。这种认识错误具体又分为以下两种：

第一，犯罪构成虽然不同，但有部分重合关系。例如教唆者或帮助者教唆或帮助他人实施抢夺，实行犯则实施了抢劫。此种情况，教唆者或帮助者与实行者构成共犯关系，但对教唆者或帮助者应按抢夺罪既遂的教唆犯或从犯（帮助犯）论处，对实行犯则应按抢劫罪既遂论处。反之，如果教唆者或帮助者教唆或帮助他人实施抢劫，而实行犯只是实施了抢夺。此种情况下，教唆者或帮助者与实行者同样构成共犯关系，但教唆者或帮助者构成抢劫罪未遂的教唆犯或帮助犯，对实行者应抢夺罪既遂论处。

第二，犯罪构成完全不同，没有重合关系。例如，教唆者或帮助者教唆或帮助他人实施盗窃，而实行者却实施了强奸。此种情况下，被教唆者并未犯被教唆的罪，因而教唆者与被教唆者不构成共犯关系。对实行者当然以强奸罪论处。对教唆者应按盗窃罪的教唆未遂论处。

（3）关于结果加重犯的认识错误。即教唆者或帮助者教唆或帮助实行者实施基本的犯罪构成要件的行为，实行者实施的行为却发生了基本犯罪构成要件的结果以外的重结果。例如，教唆者或帮助者教唆或帮助实行者实施伤害行为，实行者实施的行为却是伤害致人死亡。此种情况下，教唆者或帮助者应否对加重和结果负责，应根据教唆者或帮助者是否应当预见

这种加重结果的发生为准，若应当预见，就应对加重的结果负刑事责任；若不应当预见，则只负伤害的刑事责任。

2. 教唆者或帮助者所认识的教唆或帮助对象与所教唆或帮助对象的实际情况不相一致。此种认识错误也可分为以下两种：

（1）教唆或帮助者认为所教唆或帮助的对象是有责任能力者，实际上是无责任能力者，或者相反。此种认识错误，对教唆犯或帮助犯的处罚，应采用事实上的认识错误不影响犯罪故意成立的原则，如果教唆者、帮助者误认为所教唆或帮助的对象是有责任能力者，实际上是无责任能力者，被教唆或被帮助者实施了所教唆或帮助的犯罪时，教唆者应构成教唆犯，依照《刑法》第26条第1款的规定，按主犯处罚，帮助者按从犯处罚；如果教唆者、帮助者误认为所教唆或帮助的对象是无责任能力者，而实际上是有责任能力者，被教唆或被帮助者实施了所教唆或所帮助的犯罪时，教唆者、帮助者均应以间接实行犯论，教唆者可按主犯处罚，帮助者可按从犯处罚。

（2）教唆者认为他所教唆的对象是实行者，实际上是直接教唆者。换言之，教唆者教唆他人实行犯罪，但他人又转而教唆第三者实行犯罪，或者相反。这种认识错误，不过是教唆犯构成要件内部的因果关系的错，不影响教唆犯的成立。

被帮助者转而又帮助别人的，应与上述教唆对象的认识错误同样解决。

特别提示：

1. 目标错误和打击错误对所有的共犯都不影响犯罪成立，也不影响犯罪性质。

2. 教唆抢夺，实行抢劫，教唆犯是抢夺既遂，实行犯是抢劫既遂。教唆抢劫，实行抢夺，教唆犯是抢劫未遂，实行犯是抢夺罪既遂。

3. 教唆者对教唆对象的责任能力认识错误的，以教唆者的实际认识为标准，决定其是教唆犯还是间接实行犯。

6－19　有关共同犯罪问题，下列哪一表述是正确的？

A. 甲乙共谋打断丙的腿，打的时候，甲往丙的腿上打，乙却暗中改变主意，往丙的要害部位打，致将丙活活打死。甲乙就伤害成立共同犯罪，但乙应负杀人罪的刑事责任

B. 丙丁共谋潜入李家盗窃，逃跑前，丁自个儿又放了一把火，致将李家的财产全部烧毁。丙丁共同负盗窃罪和放火罪的刑事责任

C. 甲教唆乙烧毁李家的房子，乙却错烧了李的邻居张家的房子。甲属于教唆未遂，乙属于放火既遂

D. 甲给乙提供一把手枪，要求乙开枪打死丙，乙开枪时因枪法不准，打死了站在丙旁边的丁。乙构成故意杀人未遂和过失致死两个罪，应数罪并罚

答案：A

6－20 有关共同犯罪与认识错误问题，下列哪些表述是正确的？

A. 甲教唆乙去抢夺丙的提包，乙在接近丙时一拳将丙打倒，然后才抢走了丙的提包。对甲应按抢夺罪既遂论处，对乙应按抢劫罪既遂论处

B. 丙交给丁一把匕首，教唆丁去抢劫李，丁接近李时，趁李不注意，一把夺走了李的提包。对丙应按抢劫罪未遂论处，对丁应按抢夺罪既遂论处

C. 甲教唆乙去丙家盗窃，乙到丙家后，发现只有丙女一人在家，便强奸了丙女，而没有盗窃。甲构成盗窃罪未遂，乙构成强奸罪既遂。二人不成立共犯关系

D. 甲得知乙、丙二人要去打丁，就找了两根棍棒交给乙丙，并嘱咐乙丙，只把丁的腿打断，不要把丁打死。但乙丙因用力过重，丁两天后死亡。甲只应负故意伤害的刑事责任，不应负故意伤害致死的刑事责任

答案：ABCD

三、共同犯罪与犯罪形态

对共同犯罪的犯罪形态，仍应根据刑法所规定的各种犯罪形态的特征予以认定，具体说来，应注意以下两种关系：

（一）共同犯罪与预备、未遂、既遂的关系

此种关系比较简单，主要有以下三种表现：

1. 二人以上为了实行犯罪而共同预备，但由于意志以外的原因而未能着手实行的，各共犯人均为预备犯。

2. 共同实行犯已着手实行犯罪，但由于意志以外的原因而未得逞的，各共犯人均为未遂犯。

3. 二人以上共同实行犯罪，只是部分人的行为导致结果发生的，根据"部分实行全部责任"的原则，各共犯人均为既遂犯。

（二）共同犯罪与犯罪中止的关系

此种关系较为复杂，主要有以下几种情况：

1. 当所有的实行犯都自动中止犯罪时，各实行犯均成立中止犯。

2. 部分实行犯自动停止犯罪，并成功阻止其他实行犯实行犯罪或防止结果发生时，这部分实行犯是中止犯。其他没有自动中止意图和中止行为的实行犯，是未遂犯。

3. 部分实行犯自动中止自己的行为，但其他实行犯的行为导致结果发生时，所有的实行犯均不是中止犯，而是既遂犯。

4. 教唆犯、帮助犯自动中止教唆行为、帮助行为，并成功阻止实行犯的行为或其结果时，成立教唆犯、帮助犯的中止。若未能成功阻止，则仍为既遂犯。

5. 实行犯自动中止犯罪的，实行犯成立中止犯，教唆犯、帮助犯是未遂犯。

特别提示：

1. 部分共犯的行为造成结果的，所有共犯都为既遂。

2. 部分实行犯中止犯罪，但未成功劝阻其他共犯也中止的，不成立中止。

3. 实行犯中止犯罪，对教唆犯和帮助犯来说，是未遂。

6-21 有关共同犯罪与犯罪形态问题，下列哪一表述是正确的？

A. 甲乙共谋杀丙，甲先开一枪未击中，乙后开一枪打死了丙。甲是犯罪未遂，乙是犯罪既遂

B. 甲乙共谋杀丙，并各自准备了匕首。第二天，甲放弃杀丙意思，并劝说乙也放弃。但乙执意不肯。甲无奈向公安机关告发，乙在着手前被逮捕。甲为犯罪中止，乙为犯罪未遂

C. 甲乙共谋杀丙，第二天甲放弃杀丙意思，未去现场，乙独自一人杀死了丙。甲是犯罪中止，乙是犯罪既遂

D. 甲教唆乙杀丙，乙向丙捅了两刀，见丙痛苦不堪，又将丙送往医院，经抢救脱险。甲是犯罪未遂，乙是犯罪中止

答案：D

6-22 甲交给乙丙每人一把手枪，要求乙丙找机会将丁杀死。第二天早上，甲改变主意，要求乙丙放弃杀丁计划。乙同意放弃，但丙执意不放弃。甲无奈只好托人通知丁注意提防躲避，但丁不以为然。一天，丙趁丁与家人共同就餐之机，向丁连开两枪，但因枪法不准，打伤了丁的妻子，丁却毫发未损。回答下列问题：

(1) 甲的教唆行为构成：

A. 杀人预备   B. 杀人未遂

C. 杀人中止   D. 杀人既遂

答案：B

(2) 乙的行为构成：

A. 杀人预备   B. 杀人未遂

C. 杀人中止
答案：C

（3）丙的行为构成：

A. 故意杀人罪
B. 过失杀人罪
C. 故意伤害罪
D. 过失伤害罪

答案：A

（4）甲乙丙三人之间

A. 构成共犯关系
B. 不构成共犯关系
C. 只甲和丙构成共犯关系
D. 只乙和丙构成共犯关系

答案：A

第七章　单位犯罪

■ 第一节　单位犯罪概述

一、单位犯罪的概念

根据《刑法》第 30 条的规定，单位犯罪，是指公司、企业、事业单位、机关、团体在单位整体意志支配下为谋取单位非法利益而实施的在刑法上有明文规定的严重危害社会的行为。

单位犯罪，是相对于自然人犯罪而言的，在国外亦称"公司犯罪"、"企业犯罪"和"法人犯罪"。单位犯罪具有以下几个特点：

1. 单位犯罪是单位整体的犯罪，而不是单位的各个成员的犯罪之和。任何单位都是由单位成员（自然人）组成的，但单位成员不是分散的个体，而是按照单位的统一要求，相互联系、相互作用、协调一致，共同形成的一个整体。因此，单位犯罪是单位整体的犯罪，不是单位成员的犯罪之和。

2. 单位犯罪是经单位决策机构决定或者由单位负责人决定的。单位的决策机构和单位负责人代表着单位的整体意志和利益，决策机构的决定或者负责人的决定就是单位整体的决定。

3. 单位犯罪是出于为单位谋取非法利益的目的。为单位谋取合法利益的行为不可能成立任何犯罪，只是为单位个别成员谋取非法利益的行为也不成立单位犯罪，只有为单位整体谋取非法利益的行为才可能成立单位犯罪。但是，为单位谋取非法利益不是单位犯罪的必备要素。

二、单位犯罪的类型

根据我国刑法的规定，单位犯罪可分为以下两种类型：

（一）纯正的单位犯罪

纯正的单位犯罪，是指只能由单位构成而不能由个人构成的犯罪。如《刑法》第 327 条规定："违反文物保护法规，国有博物馆、图书馆等单位将国家保护的文物藏品出售或者私自送给非国有单位或者个人的，对单位判处罚金，并对其直接负责的主管人员和其他直接责任人员，处 3 年以下有期徒刑或者拘役。"这是关于非法出售、私赠文物藏品罪的规定，这一犯罪就只能由国有博物馆、图书馆等单位构成，而不可能由个人构成。再如，单位受贿罪、单位行贿罪，也是纯正的单位犯罪。

（二）不纯正的单位犯罪

不纯正的单位犯罪，是指既可以由单位构成也可以由个人构成的犯罪。如倒卖文物罪就是一个不纯正的单位犯罪。此类单位犯罪，在立法上往往与个人犯罪共用一个犯罪构成，而且往往是在对个人犯罪规定之后，紧接着对单位犯罪作出处罚规定。例如《刑法》第326条第1款对个人倒卖文物罪的构成要件和法定刑作出规定之后，紧接着在第2款规定："单位犯前款罪的，对单位判处罚金，并对其直接负责的主管人员和其他直接责任人员，依照前款的规定处罚。"

■ 第二节　单位犯罪的定罪

一、单位犯罪的主体要件

（一）单位犯罪主体的概念

单位犯罪主体，是指依法成立的、能以自己独立的资产和名义对外承担经济责任并实施了刑法禁止的危害社会行为的公司、企业、事业单位、机关、团体。根据最高人民法院的解释，这里的"公司、企业、事业单位"，既包括国有、集体所有的公司、企业、事业单位，也包括依法设立的合资经营、合作经营企业和具有法人资格的独资、私营等公司、企业、事业单位。个人为进行违法犯罪活动而设立的公司、企业、事业单位实施犯罪的，或者公司、企业、事业单位设立后，以实施犯罪为主要活动的，不以单位犯罪论处。盗用单位名义实施犯罪，违法所得由实施犯罪的个人私分的，依照刑法有关自然人犯罪的规定定罪处罚。[1]

1. 公司。公司是企业的一种组织形式，是依照《公司法》设立的以营利为目的组织生产和经营活动的经济组织，包括有限责任公司和股份有限公司。有限责任公司，是指全体股东以各自的出资额为限对公司债务承担清偿责任的公司；股份有限公司，是指由一定人数的股东发起设立的，全部资本划分为股份，股东按拥有的股份承担财产责任的公司。有限责任公司和股份有限公司是企业法人。

2. 企业。企业，是指依法成立并具有一定形式，以从事商品生产、商业服务、流通、科技等活动为内容，以获取利润和增加积累、创造社会财富为目的的一种营利性社会经济组织。从逻辑学上讲，企业与公司是属概

---

〔1〕 "最高人民法院关于审理单位犯罪案件具体应用法律有关问题的解释"（1999年6月18日），载《司法文件选编》1999年合订本，第420页。

念与种概念的包容与被包容关系，立法上将二者并列规定，不符合逻辑规则。立法者可能是为了强调公司的特殊地位，才将公司与企业并列。如此，这里的企业实际上是指公司以外的其他经济组织。不论是公司还是企业，除法律有特别规定外，它们的所有制性质不影响其成为犯罪的主体。

3. 事业单位。事业单位，是指依照法律或者行政命令成立的从事各种社会公益活动的组织，包括国家事业单位和集体事业单位。其主要特点是：受国家机关领导，不以营利为目的，所需经费由国家或集体财政划拨。从职能上划分，事业单位可分为教学、科研、医疗、文化、新闻等不同的事业单位。尽管其主要目的不是营利，但在现行市场经济条件下，有些事业单位被推向了市场，因而，在市场经济活动中，事业单位也有可能成为单位犯罪的主体。

4. 机关。机关，是指行使党和国家的领导、管理职能和保卫国家安全职能的机构，包括立法机关、行政机关、审判机关、检察机关、党务机关、军事机关。但在狭义上，这里的机关主要是指地方的国家行政机关、党务机关或者军事机关。从理论上讲，国家的立法机关、司法机关以及中央的党、政、军事机关很难成为单位犯罪的主体。一般认为，地方的党、政机关成为单位犯罪的主体是有可能的，而且已被实践所证明。这与以往计划经济体制下政企不分，国家机关经商或者直接介入经济活动直接有关。随着体制改革、政企分开，国家机关不再直接介入经济活动，由国家机关构成的单位犯罪将会逐渐减少，甚至消失。

5. 团体。团体，是指各种群众性组织，如工会、妇联、共青团、学会、协会、基金会、宗教团体等。与公司、企业、事业单位、机关相比，团体的结构比较松散，但有广泛的群众基础。

（二）单位犯罪主体的一般要素

单位犯罪主体的一般要素，是指单位犯罪主体所必须具备的最基本的条件。

1. 必须是依法成立的组织。非法成立的组织如果进行犯罪的，属于自然人共同犯罪，不是单位犯罪。依法成立包含两层意思：①成立组织的目的和宗旨是合法的。如果成立一个组织，其目的是专门从事非法活动，那是犯罪集团，而不是单位。②履行了一定的登记、报批手续，并被依法批准。虽然报批，但未获批准而擅自成立的，也属非法成立，不能成为单位犯罪的主体。

2. 必须能以独立的资产和名义对外承担经济责任。要做到这一点，这个单位必须有自己的名称、机构和场所，拥有一定的财产或者经费，而且必须具有独立性或相对的独立性。所谓独立性，主要是指在生产、经营和财产、经费上不依赖于外力，不受外界的束缚，能够独立核算，能够以自己的名义承担责任。所谓相对的独立性，是指某些单位在人事、技术、组织上隶属于某个大单位，但独立核算，有自己独立的财产和经费。如果没有独立或相对的独立性，如工厂的车间、学校的院系、机关中的科室等，不能成为犯罪的主体。

二、单位犯罪的客观要件

（一）单位犯罪的客观方面表现为单位集体作出犯罪的决定和直接责任人员具体实施犯罪

单位集体决定有三种表现：①由单位全体成员共同讨论决定。这在单位成员不多的单位里是完全可以的。②由单位的决策机构作出决定。单位决策机构，是指由单位里有权对单位事物作出决定的高层管理人员组成的领导班子，如董事会、委员会、厂委会等。其组成人员有董事长、董事、总裁、经理、厂长、主任以及机关、团体、事业单位里的行政首长（均包括副职）等。③由单位领导成员中的某一位负责人作出决定，一般是单位的法人代表或行政首长，也可以是主管某项工作的主要负责人。这些人有权对单位的事项作出决定，他们的意志代表着单位的意志，他们的决定就是单位的决定，因而虽然从形式上看是个人作出的决定，但也应视为单位集体（整体）的决定。不过，这些人在单独作出某项决定时，必须是以单位的名义而不是以个人的名义作出的，否则会构成个人犯罪而不是单位犯罪。单位集体作出犯罪的决定后，还要由单位的直接责任人员去具体实施。具体实施犯罪的直接责任人员，可能就是作出犯罪决定的决策人自己，也可能是另行安排单位的其他人员；可能是一人，也可能是数人或数十人。集体决定与具体实施是单位犯罪客观方面密切联系、不可分割的两部分。没有单位集体作出的犯罪决定，就没有单位犯罪；没有单位直接责任人员对犯罪行为的具体实施，就也没有单位犯罪。所以可以说，单位犯罪的客观方面是集体决定与具体实施的有机统一。

（二）单位犯罪的客观方面必须是法律明文规定的

《刑法》中规定的四百多个罪名，并不是单位都可以构成的。有一些犯罪，只能由自然人构成，单位无法构成，比如重婚罪就是这样。还有些犯罪，自然人可以构成，单位也可以构成，但现行刑法没有规定单位可以构成，比如盗窃罪。这些刑法没有规定单位也可以构成的犯罪，即使单位实施了这类危害行为，单位也不能构成犯罪，不能追究单位的刑事责任。当然，这并不意味着也不能追究行为实施者个人的责任。一般来说，如果单位有计划地组织实施只能由自然人才可构成的犯罪，应对实施者按自然人犯罪论处。不能因为实施者是为了单位的利益而不以犯罪论处。比如，单位实施盗窃行为的，不对单位定盗窃罪，不追究单位的刑事责任（但可处以行政罚款），但必须对实施盗窃行为的个人以盗窃罪论处，不论他们是否将所盗赃物归为己有。

（三）以单位名义实施犯罪只是构成单位犯罪的一个选择要素

有不少刑法教材强调单位犯罪必须是以单位的名义进行的，这就把以单位名义当成单位犯罪的必备要素了，这是不合适的。应当说，单位犯罪一般都是以单位名义实施的，但这一点不能绝对化，不能排除有些单位不以单位名义实施犯罪，更何况有些单位犯罪是不能以单位名义进行的，比如单位制造、贩卖毒品的，根本就不敢以单位名义进行。还有些单位犯罪，不以单位名义也可以进行，比如走私罪。可见，把以单位名义理解为单位犯罪的必备要素是不正确的。它只能是一个选择要素，即只是个别单位犯罪的一个特殊要素。

三、单位犯罪的主观要件

（一）单位犯罪的主观罪过是单位整体罪过与单位成员罪过的有机统一

单位犯罪首先是由单位作为决策机构的某些或某个单位成员决定的，然后是由作为直接责任人的某些或某个单位成员具体实施的。毫无疑问，这些作出犯罪决定的单位成员和那些具体实施犯罪的单位成员，主观上都是有罪过的。虽然如此，但单位犯罪的罪过却不是单位某些或某个成员的罪过，也不是单位内部各个成员罪过的简单相加，而是单位整体的罪过。因为单位是由组成单位的成员按照一定的要求和秩序，在相互联系、相互作用、协调一致的条件下形成的一个统一的整体，单位意志也是由单位每个成员的意志在相互联系、相互作用、协调一致的条件下形成的整体意志。单位犯罪就是在这种整体意志的支配下实施的。从形式上看，这种整体意志，是由单位决策机构的某些或某个成员决定的，但从法律上看，这种整体意志就是单位整体的罪过。单位整体罪过形成后，便由作为直接责任人的单位成员具体实施。具体实施犯罪的单位成员既要受单位整体罪过的指导，同时也必然有自己的具体罪过。这样，单位犯罪就有了两个罪过，一个是单位整体罪过，即由单位集体形成的犯罪意志；另一个是单位成员罪过，即实施危害行为的罪过。两种罪过密切联系，相互作用，缺一不可。单位成员的罪过不能脱离单位整体的罪过，否则它就成了纯粹的自然人罪过；单位整体罪过也不能脱离单位成员罪过，否则它就不成其为罪过，就没有单位犯罪。因为在单位整体罪过中，犯罪目的还只是预期的，若没有了行为的实施，整体罪过就会退缩成一种犯意，失去罪过的本义。可见，单位犯罪的主观罪过，离不开单位整体罪过，也离不开单位成员罪过，是两种罪过的有机统一。

（二）单位犯罪的主观罪过既有故意也有过失

单位犯罪的主观罪过在大多数情况下都是故意，但在特殊情况下，也可以由过失构成。这一方面是因为《刑法》中已经规定了几个单位可以构成的过失犯罪，如第 330 条规定的妨害传染病防治罪、第 332 条规定的妨害国境卫生检疫罪、第 337 条规定的逃避动植物防疫、检疫罪，都是过失犯罪，而且单位也可以构成。另一方面是因为，按照刑法原理，故意实施的行为不一定都构成故意犯罪，也可以构成过失犯罪。除非故意实施的行为是为了追求或者放任某种危害结果发生，才构成故意犯罪。如果故意实施的行为，是为了追求某种非危害社会的结果，或者是因为害怕麻烦为了贪图方便而逃避某种应有的作为，只是由于疏忽大意或者过于自信才造成了危害社会的结果，则属于过失犯罪。前述第 330、332、337 条规定的三种犯罪，都属于这种故意实施行为（作为或不作为）过失造成危害结果的过失犯罪。行为既是故意实施的，当然会有一定的目的，但这目的与发生的危害结果如果是对立的，那就不是故意犯罪。可见不能因为行为是故意的，就认为一定是故意犯罪。

（三）为单位谋取非法利益是单位犯罪的选择要素

至今，所有的刑法教材和论著都一致认为为单位谋取非法利益是单位犯罪的必备要素。我们认为，这一点值得商榷：①《刑法》总则第 30 条并未将这一目的规定为单位犯罪的必备要素，而是只强调了实施危害行为和法律规定两个要素。按照这一规定，单位只要实施了刑法禁止的危害社会行为，不论是否为单位谋取非法利益，都可构成犯罪。②《刑法》分则中规定的单位犯罪，并非都是以谋取非法利益为构成要素的。比如，《刑法》第 337 条规定的逃避动植物检疫行为，可能是为本单位谋取利益，但并非是谋取非法利益。还有第 330 条规定的妨害传染病防治罪、第 332 条规定的妨害国境卫生防疫、检疫罪，也是这样。这说明，刑法并未把谋取非法利益规定为单位犯罪的必备要素。

■ 第三节　单位犯罪的处罚

一、单位犯罪的处罚根据

按照刑法的规定，我国对单位犯罪采用的是双罚制，即既要惩罚单位，也要惩罚单位中直接负责的个人。惩罚单位的根据在于：单位是一个具有整体性和组织性的主体，也是一个具有责任能力和行为能力的主体，它也具有意志上的自由，它本可以作出不实施犯罪的决定，但它却以整体的意志作出了犯罪的决定并组织实施犯罪，因而它应当对其意志支配下的犯罪行为承担刑事责任。作为犯罪的必然后果的刑罚，也就应当施加于单位自身。惩罚单位中的直接责任人即个人的根据在于：单位是由个人组成的，个人是单位存在的基础。单位中直接负责的主管人员和直接责任人员的行为属于单位的整体行为，他们的决定、决策是单位意志的表现，而且他们有权代表单位作出各种决定和决策并具体实施犯罪行为，既然如此，他们就应该对由自己决定实施的单位的犯罪行为承担刑事责任，因此，也就应当对单位内直接负责的主管人员和直接责任人员施加刑罚。

二、单位犯罪的处罚原则

《刑法》第31条规定："单位犯罪的，对单位判处罚金，并对其直接负责的主管人员和其他直接责任人员判处刑罚。本法分则和其他法律另有规定的，依照规定。"这一规定说明，我国刑法对单位犯罪，是既采用双罚制，也采用单罚制，但以前者为主。

（一）双罚制

双罚制，亦称两罚制，是指在单位犯罪时，既处罚单位，又处罚单位中有直接责任的个人。

1. 双罚制中对单位的处罚。按照我国刑法的规定，对单位的处罚，只是判处罚金，不能判处其他刑罚。需要特别注意的是，对单位判处罚金，是对单位整体的处罚，而不是对单位内部全体成员的处罚。因此，判处的罚金，只能从单位的财产中收缴，而不能从单位成员个人的财产中收缴。

2. 双罚制中对直接负责的主管人员和直接责任人员的处罚。直接负责的主管人员，一般是指对单位犯罪作出决定的人员，即决策人员。直接责任人员，是指具体实施单位犯罪行为的人员。刑法对这两种人员的处罚是，既可以判处罚金，也可以判处主刑和其他附加刑。绝大多数情况下，对他们判处的刑罚与自然人犯罪相同，例如，《刑法》第188条第2款规定："单位犯前款罪的……对其直接负责的主管人员和其他直接责任人员，依照前款的规定处罚。"这里的"前款规定"，指的是第1款对自然人犯罪规定的法定刑。少数情况下，对他们判处的刑罚也有低于自然人犯罪的。例如，自然人犯受贿罪的，最高可以判处死刑，但单位犯受贿罪的，对其直接负责的主管人员和其他直接责任人员，最高只能处5年有期徒刑。

（二）单罚制

单罚制，是指在单位犯罪时，只处罚单位中的责任人，不处罚单位；或者是只处罚单位，不处罚单位中的责任人。前者被称作代罚制，是大陆法系国家多采用的方法；后者被称作转嫁制，是英美法系国家和二战前的日本曾采用的方法。1987年我国《海关法》首次规定单位犯罪时，采用的是双罚制，未规定单罚制。1997年颁布的现行《刑法》在主要采用双罚制的同时，也规定了单罚制。《刑法》第31条前段在规定了双罚制之后，紧接着在后段又规定："本法分则和其他法律另有规定的，依照规定"，其意思就是说，法律另有规定适用单罚制的，就不适用双罚制。根据《刑法》分则的规定，我国刑法对单位犯罪采用单罚制时，是只采用代罚制，不采用转嫁制。具体适用对象有如下两种情况：

1. 对不是为本单位谋取利益，却是以单位名义进行的单位犯罪，采用代罚制。例如，《刑法》第396条规定："国家机关、国有公司、企业、事业单位、人民团体，违反国家规定，以单位名义将国有资产集体私分给个人，数额较大的，对直接负责的主管人员和其他直接责任人员，处3年以下有期徒刑或者拘役，并处或者单处罚金；数额巨大的，处3年以上7年以下有期徒刑，并处罚金。"

2. 对处罚单位会损害无辜者利益的犯罪，也采用代罚制。例如《刑法》第161条规定："公司向股东和社会公众提供虚假的或者隐瞒重要事实的财务会计报告，严重损害股东或者其他人利益的，或者有其他严重情节的，对其直接负责的主管人员和其他直接责任人员，处3年以下有期徒刑或者拘役，并处或者单处2万元以上20万元以下罚金。"此种犯罪已经侵害了股东和社会公众的利益，如果再对公司判处罚金，会进一步损害股东和公众的利益。所以刑法规定，只处罚直接责任人，不处罚公司。

特别提示：有些犯罪，好像单位也可构成，但实际上不是，要特别注意。如抗税罪，虚开增值税专用发票罪，用于骗取出口退税、抵扣税款发票罪等。

7-1 关于单位犯罪，下列哪些表述是正确的？

A. 某企业职工甲乙丙丁等人未经张某许可，以单位名义复制发行张某制作的录像，所得利益数人均分。甲乙丙丁等人的行为是个人犯罪，不是单位犯罪

B. 某公司负责销售的副总经理决定并指示工作人员将他人的商标贴在本公司生产的商标上出售。该副总的行为属于单位犯罪

C. 某国有博物馆违反文物保护法规，将国家保护的文物藏品予以出售，其行为属于纯正的单位犯罪

D. 某公司经理为了给本单位牟利，指示工作人员倒卖国家禁止经营的文物，且情节严重，该经理的行为属于不纯正的单位犯罪

答案：ABCD

7-2 下列有关单位犯罪的说法哪一项是错误的？

A. 信用卡诈骗罪的主体可以是单位，但贷款诈骗罪的主体只能是自然人

B. 行政机关可以成为单位犯罪的主体

C. 不具备法人资格的私营企业不能成为单位犯罪的主体

D. 经企业领导集体研究决定并实施的盗窃电力的行为，可以成立单位犯罪，但不对单位判处罚金，只处罚作出该决定的单位领导和直接实施盗窃行为的责任人员

答案：ACD

7-3 下列哪些行为不构成单位犯罪？

A. 甲、乙、丙出资设立一家有限责任公司专门从事走私犯罪活动

B. 甲、乙、丙出资设立的公司成立后以生产、销售伪劣产品为主要经营活动

C. 某公司董事长及总经理以公司名义印刷非法出版物，所获收入由他们二人平分

D. 某公司董事长及总经理组织职工对前来征税的税务工作人员使用暴力，拒不缴纳税款

答案：ABCD

7-4 有关对单位犯罪的处罚，下列哪些表述是正确的？

A. 我国刑法规定，对单位犯罪，既可采用双罚制，也可采用单罚制

B. 我国刑法规定，对单位犯罪采用单罚制时，既可采用代罚制，也可采用转嫁制

C. 国有单位以单位名义将国有资产集体私分给个人，数额较大的，既要处罚单位，也要处罚直接负责的主管人员和其他直接责任人员

D. 公司向股东和社会公众提供虚假的或者隐瞒重要事实的财务会计报告，严重损害股东或者其他人利益的，不处罚公司，只处罚直接负责的主管人员和其他直接责任人员

答案：AD

7-5（06卷二5） 关于单位犯罪的主体，下列哪一选项是错误的？

A. 不具有法人资格的私营企业，也可以成为单位犯罪的主体

B. 刑法分则规定的只能由单位构成的犯罪，不可能由自然人单独实施

C. 单位的分支机构或者内设机构，可以成为单位犯罪的主体

D. 为进行违法犯罪活动而设立的公司、企业、事业单位，或者公司、企业、事业单位设立后，以实施犯罪为主要活动的，不能成为单位犯罪的主体

答案：A

第八章 罪 数

■ 第一节 罪数的区分

一、区分罪数的意义

罪数，是指一人犯罪的个数。区分罪数，就是区分一罪与数罪。在一般情况下，行为人是犯了一个罪还是犯了数个罪，不难区分。但犯罪是一种十分复杂的社会现象。有些犯罪比较简单，有些犯罪则十分复杂。遇到复杂的案件，一罪与数罪就很难区分。比如有些貌似数罪的实为一罪，有些貌似一罪的又实为数罪，这就需要认真研究罪数的区分问题。

正确区分罪数，对于准确定罪具有重要意义。准确定罪包括三个方面：①行为是否构成犯罪；②构成什么罪；③构成几个罪。这三个方面显然是密切联系的。如果把一罪定成了数罪，必然会把有些不构成犯罪的行为认定为有罪；如果把数罪定成了一罪，必然又会把有些构成犯罪的行为认定为无罪。可见，混淆了一罪与数罪的界限，不但影响犯罪性质的确定，而且影响罪与非罪的界限。

正确区分罪数，对于准确量刑也有重要意义。根据罪刑法定原则，构成一罪，应当单罚，构成数罪，应当并罚。如果将一罪定为数罪，通常情况下会无端地加重行为人的刑事责任，在特殊情况下，又会错误地减轻行为人的刑事责任。例如，杀人犯用绳将被害人勒昏后，为消尸灭迹将被害人丢入水井中，致被害人终被淹死。行为人实际上构成一个杀人罪。如果错定为杀人未遂和过失杀人两个罪，显然会不适当地导致刑事责任的减轻。如果将数罪定为一罪，通常情况下会无端地减轻行为人的刑事责任，在特殊情况下，又会错误地加重行为人的刑事责任。例如，行为人夜间潜入一仓库盗窃，为照亮而点燃一个小小火把，不小心引起了着火，他奋力扑打，但因仓库中有易燃品，而无法扑灭，只好拿上值钱的东西逃跑。此案，行为人构成了盗窃和失火两个罪，如果错定为一个放火罪，就必然会不适当的加重刑事责任。可见，一罪与数罪的混乱，肯定会造成量刑上的混乱。只有罪数确定准确，才能做到量刑准确。

二、区分罪数的标准

要正确区分罪数，关键是区分罪数的标准。关于这个问题，在国外刑法学界存在许多不同的学说。主要有以下几种：

1. 犯意说。亦称主观说，此说认为，犯罪的本质在于行为人的犯意，因为犯罪行为都是在犯意的支配下实施的，行为和结果只是犯意在客观上的表现，而且行为人负刑事责任的根据也是犯意，因此，区分罪数应以犯意的个数为标准。行为人具有一个犯意的为一罪，具有数个犯意的为数罪。

2. 行为说。此说认为，犯罪的本质是一种危害行为，没有行为就没有犯罪。因此，区分罪数应以行为的个数为标准，实施一个行为的是一罪，实施数个行为的是数罪。至于如何区分行为的个数，又有不同的学说，有人认为一个自然意义上的身体动静就是一个行为；也有人认为应以社会的一般观念为标准区分行为的个数；还有人认为应以法律的规定为标准区分行为的个数。

3. 结果说。此说认为，犯罪的本质是给社会造成的危害结果，因此，区分罪数应以行为给社会造成的危害结果的个数为标准。不论行为人实施一个行为还是数个行为，造成一个危害结果的就是一罪，造成数个危害结果的就是数罪。

4. 法益说。此说认为，犯罪的本质在于行为对法益的侵害，没有侵害法益就没有犯罪。刑法之所以将某种行为规定为犯罪，目的就是为了保护某种法益。因此区分罪数应以行为侵害的法益的个数为标准。行为侵害一个法益的就是一罪，侵害数个法益的就是数罪。

以上四种学说，有的只强调犯罪的主观方面，有的只强调犯罪客观方面的某一个要素，不论哪一种，都是各执一端，以偏概全，主观与客观相脱离，其结果不是主观归罪，就是客观归罪，因而都是不科学的。

目前，我国刑法学界在区分一罪与数罪的标准问题上，主要有两种学说，一种是罪名说，另一种是犯罪构成说。罪名说认为，行为触犯一个罪名的是一罪，触犯数个罪名的是数罪。但司法实践中经常遇到一行为触犯数罪名的情况，比如一枪打死一人，打伤一人。这样，一行为就可以构成数罪，显然有失科学性。因而，这种观点未得到多数学者的支持。

犯罪构成说，主张以犯罪构成的个数为标准，符合一个犯罪构成的为一罪，符合数个犯罪构成的为数罪。也就是说，行为人出于一个罪过，实施一个行为，符合一个犯罪构成的，是一罪；出于数个罪过，实施数个行为，符合数个犯罪构成的，是数罪。我们认为，犯罪构成说强调主客观的统一，既避免了主观归罪，又避免了客观归罪，是比较科学的，可取的。因而，我们赞同犯罪构成说。但必须强调的一点是：在考察行为究竟符合几个犯罪构成时，一个行为只能采用一次，不能采用二次。换言之，一个行为如果在这个犯罪构成中作为客观要素被采用，就不能再在另一个犯罪构成中被采用。例如，一枪打死一人，打伤一人。开枪行为如果作为杀人罪的客观要素，就不能再作为伤害罪的客观要素，否则，仍会得出一个行为符合两个犯罪构成的错误结论。

8－1（03卷二32） 某晚，甲潜入乙家中行窃，被发现后携所窃赃物（价值900余元）逃跑，乙紧追不舍。甲见杂货店旁有一辆未熄火摩托车，车主丙正站在车旁吸烟，便骑上摩托车继续逃跑。次日，丙在街上发现自己的摩托车和甲，欲将甲扭送公安局，甲一拳将丙打伤，后经法医鉴定为轻伤。本案应当以下列哪些罪名追究甲的刑事责任？

A. 抢劫罪   B. 抢夺罪

C. 盗窃罪   D. 故意伤害罪

答案：BCD

8－2（05卷二17） 甲在一豪宅院外将一个正在玩耍的男孩（3岁）骗走，意图勒索钱财，但孩子说不清自己家里的联系方式，无法进行勒索。甲怕时间长了被发现，于是将孩子带到异地以4000元卖掉。对甲应当如何处理？

A. 以绑架罪与拐卖儿童罪的牵连犯从一重处断

B. 以绑架罪一罪处罚

C. 以拐卖儿童罪一罪处罚

D. 以绑架罪与拐卖儿童罪并罚

答案：D

8－3 乙在大街上见赵某一边行走一边打手机，即起歹意，从背后用力将其手机抢走。但因用力过猛，致使赵某绊倒摔成重伤。针对乙的行为，下列哪些说法是正确的？

A. 构成抢劫罪   B. 构成抢夺罪

C. 构成过失致人重伤罪   D. 数罪并罚

答案：BC

三、罪数的种类

（一）一罪的种类

这里所说的一罪的种类，只是对一罪进行分类，不涉及一罪的表现形态问题。根据我国刑法的规定，一罪可以分为如下几类：

1. 简单的一罪。这是指行为人基于一个罪过，实施一个行为，造成一个结果，侵害一个客体，符合一个犯罪构成的犯罪。例如，一刀捅伤一人，构成一个伤害罪。

2. 复杂的一罪。这是指行为人的罪过、实施的行为、造成的结果、侵害的客体可能都不止一个，但只符合一个犯罪构成的犯罪。例如，故意伤害致死中，有故意、过失两个罪过；交通肇事罪中，可能有肇事和逃逸两个行为，结果也可能有致死、致伤、重大财产损害数个结果，从而侵害数个直接客体，但仍然符合一个犯罪构成，只构成一个罪。

3. 选择的一罪。这是指刑法在一个犯罪构成中又规定了若干个相对独立的犯罪构成，这些相对独立的犯罪构成都可以单独成立一罪，也可以由两个或两个以上相对独立的犯罪构成组合起来成立一罪。例如，《刑法》第125条规定的"非法制造、买卖、运输、邮寄、储存枪支、弹药、爆炸物罪"，既可成立一个犯罪，也可成立数个犯罪，即其中的任何一种具体行为也都可以独立成罪。

4. 复合的一罪。这是指刑法条文将数个具有独立犯罪构成的行为规定为一罪的犯罪。例如，行为人拐卖妇女并奸淫被拐卖的妇女的，本符合拐卖妇女罪和强奸罪两个犯罪构成，但根据《刑法》第240条之规定，仍构成拐卖妇女一罪，这就是复合的一罪。复合的一罪与结合犯不同。结合犯是将数个独立的犯罪结合成一个新罪，复合的一罪是将数个独立的犯罪合并成其中的一个罪。用公式表示，结合犯是：甲罪＋乙罪＝丙罪；复合的一罪是：甲罪＋乙罪＝甲罪或乙罪。

5. 重复的一罪。这是指同一种犯罪行为，多次、重复实施，仍构成一罪的犯罪。如《刑法》第153规定："对多次走私未经处理的，按照累计走私货物、物品的偷、逃应缴税款处罚。"多次重复实施走私行为，仍构成一个走私罪，这就是重复的一罪。

（二）数罪的种类

按照不同的划分标准，可以对数罪作出不同的分类。

1. 以所犯数罪的性质是否相同为标准，可将数罪分为同种数罪和异种数罪。

（1）同种数罪。这是指一个行为人犯了数个性质相同的罪。如一个行为人犯了数个抢劫罪，或者犯了数个伤害罪。如果是数个行为人分别犯了数个性质相同的犯罪，如甲犯盗窃罪，乙也犯盗窃罪，这不是数罪。但如果数个行为人共同犯了数个性质相同的罪，则属于同种数罪。例如甲乙二人共同作案，抢劫了三次，这属于同种数罪。对同种数罪，一般情况下不实行数罪并罚，而是对行为人按一罪论处，从重处罚。但是，如果所犯之罪性质较轻，法定刑较低，即使从重处罚，其最高法定刑也超不过5年有期徒刑的，则可以实行数罪并罚。否则，将无法体现罪刑相适应的基本原则。

（2）异种数罪。这是指一个行为人犯了数个性质不同的罪。例如，一个行为人犯了抢劫罪，又犯了伤害罪，这就是异种数罪。对于异种数罪，都应实行数罪并罚。

2. 以所犯数罪发生的时间为标准，可将数罪分为判决宣告以前的数罪和判决宣告以后的数罪。

（1）判决宣告以前的数罪，是指行为人在判决宣告以前实施并被发现的数罪。对此种数罪，在数罪并罚时，采用吸收原则和限制加重原则。[1]

（2）判决宣告以后的数罪，又包含两种情况：①在刑罚执行期间发现漏罪所构成的数罪。此种数罪是由已经宣判但刑罚尚未执行完毕的罪和判决宣告前所犯但新被发现的罪所组成的数罪。即数罪都发生于判决宣告之前，但发现的时间不同，有的发现于判决宣告之前，有的发现于判决宣告之后。对此种数罪，在数罪并罚时，采用先加后减的并罚方法。②又犯新罪而组成的数罪。此种数罪是由已经宣判但刑罚尚未执行完毕的罪和在刑罚执行期间又犯的罪所组成的数罪。对此种数罪，在数罪并罚时，采用"先减后加"的并罚方法。

8-4　关于一罪和种类，下列哪些说法是错误的？
A. 某甲强奸某乙，致使某乙死亡，这属于复杂的一罪
B. 某丙非法制造、买卖枪支、弹药，这属于选择的一罪
C. 绑架并杀害被绑架人的，仍构成绑架罪，这属于结合的一罪
D. 某甲使用暴力抢走了某乙2000元现金，这属于简单的一罪
答案：CD

■ 第二节　实质的一罪

实质的一罪，是指形式上具有某些数罪的特征，但行为人本来就实施了一个行为，只符合一个犯罪构成，因而从本质上讲本来就是一罪的犯罪形态。此类犯罪形态共有如下三种：

一、继续犯

继续犯，亦称持续犯，是指犯罪行为从着手实行起到行为终了止，在相当长一段时间内一直处于持续不断并持续侵害同一犯罪客体的犯罪形态。非法拘禁罪、窝藏罪，都是典型的继续犯。它有以下几个特征：

---

〔1〕 吸收原则和限制加重原则，以及下文谈到的"先加后减"、"先减后加"的并罚方法，详见本书第二十一章"数罪并罚"一节。

1. 继续犯必须是出于一个犯意。一般来说，都是出于一个直接故意。

2. 继续犯实施的行为在一段时间内一直不间断地持续存在着。首先是时间不间断，即在一段时间内持续不断。至于持续时间的长短一般不影响犯罪的成立。其次是犯罪行为不间断，即从着手到终了一直没有间断。这种时间和行为不间断的表现是继续犯的基本特征，但并不意味着时间和行为绝对地一点也不能中断。比如，甲把乙非法拘禁数天后，经人劝解将乙放回，但刚放回一天，又把乙非法拘禁起来。此种情况没必要按两个非法拘禁罪论处。所以，有学者认为"继续犯的行为可以有间断"的观点[1]是正确的。

3. 继续犯表现为一个行为侵犯了一种具体的社会关系。即犯罪行为自始至终都针对同一犯罪对象，侵犯一个合法权益。比如非法拘禁行为始终侵犯人身自由。如果数行为侵犯同一合法权益或者一行为侵犯数种合法权益，则不是继续犯。但需要注意的是，这里所说的同一犯罪对象并不是说只能是一个犯罪对象，事实上完全可以存在一行为同时侵犯数个对象的情况，比如在同时同地非法拘禁数人，当然也是非法拘禁。另外，强调一个行为，并不是说，行为人在实施继续犯的犯罪行为时，不可以实施其他犯罪行为。如果一边实施继续行为，一边又实施其他犯罪行为，行为人可以既构成继续犯，又构成其他犯罪。或者说他构成的其他犯罪并不影响继续犯的成立。比如，行为人非法拘禁一女子，并对被拘禁人实施强奸。行为人显然既构成了非法拘禁罪，也构成了强奸罪。强奸罪的成立，并不影响继续犯的成立。同时，强奸行为的存在也不影响非法拘禁行为对人身自由的侵害。

4. 继续犯是犯罪行为与不法状态同时继续。这是继续犯与状态犯区别的标志。所谓状态犯，是指犯罪行为结束后，行为造成的不法状态仍在继续的犯罪。比如故意伤害行为结束后，行为造成的伤害状态仍在继续，一直到伤愈为止。而继续犯是不仅行为造成的不法状态在继续，其犯罪行为也在继续。

对于继续犯，不论其持续时间长短，均应按一罪论处。因为继续犯是基于一个犯意，实施一个行为，侵犯一个犯罪客体，符合一个犯罪构成。但对继续犯的追诉期限，应从其行为终了之日起计算。

二、想象竞合犯

想象竞合犯，亦称想象的数罪、观念的竞合，是指行为人基于一个罪过，实施一个危害行为，同时造成数个危害结果，侵犯数个犯罪客体，触犯数个罪名的犯罪形态。例如，甲基于一个杀人的故意，实施一个开枪行

───────────────

[1] 顾肖荣：《刑法中的一罪与数罪问题》，学林出版社 1986 年版，第 31～32 页。

为，不但打死了乙，而且打伤了丙，造成了一死一伤两个结果，触犯了杀人罪和伤害罪两个罪名。想象竞合犯具有如下几个特征：①行为人是基于一个罪过。这个罪过，既可以是故意，也可以是过失。②行为人只实施了一个行为。③一行为造成了数个危害结果，侵害了数个犯罪客体。④触犯了数个罪名。数个罪名必须是数个不同的罪名，如果是数个相同的罪名，则不成立想象竞合犯。

想象竞合犯，由于只实施了一个行为，因而从本质上讲只是犯了一个罪，不能认定为数罪。我国刑法中没有规定想象竞合犯，这是刑法理论根据司法实践进行研究的结果。根据刑法理论，对于想象竞合犯，应当按照其触犯的数个罪名中最重的罪定罪，而不能实行数罪并罚。至于量刑，则应根据犯罪的其他情节决定是否从轻从重。想象竞合犯本身不是从轻或者从重的情节。

三、结果加重犯

结果加重犯，亦称加重结果犯，是指行为人实施的符合犯罪构成的行为，由于造成了比法定的犯罪构成中的结果更为严重的结果，刑法对其规定加重法定刑的犯罪形态。结果加重犯具有以下几个特征：

1. 行为人所实施的符合基本犯罪构成的行为必须造成了比基本犯罪构成中的结果更为严重的结果。即符合基本犯罪构成的行为与严重的危害结果之间具有因果联系。比如故意伤害的行为造成了死亡的结果，故意伤害行为与死亡的结果之间具有因果联系。

2. 加重结果，必须通过刑法明文规定的方式依附于基本犯罪，从而成为基本犯罪的有机组成部分。基本犯罪构成是成立结果加重犯的前提和基础，加重结果不能脱离基本犯罪构成而独立存在。比如，在故意伤害致死罪中，故意伤害的犯罪构成是死亡结果的基础，死亡的结果不能脱离故意伤害罪的构成，否则，便不成立结果加重犯。

3. 行为人对其实施的基本犯罪行为及其所引起的加重结果均有罪过。通说认为，行为人对加重结果的罪过性质可以低于和等于但不能高于基本犯罪的罪过性质，因而结果加重犯的罪过共有如下三种类形：①基本犯是故意，对加重的结果也是故意。如有些为抢劫而故意致人重伤或死亡的犯罪。②基本犯是故意，对加重的结果是过失，如故意伤害致死。③基本犯是过失，对加重的结果也是过失，例如，《刑法》第136条规定的危险物品肇事罪，过失造成严重后果的是基本犯，过失造成特别严重后果的，是结果加重犯。

4. 刑法因发生加重结果而加重了法定刑。加重了法定刑，是相对于基本犯罪的法定刑有所加重，即结果加重犯的法定刑重于基本犯罪的法定刑。如果刑法没有加重法定刑，结果再严重也不成立结果加重犯。

由于结果加重犯是以刑法的明文规定为前提并通过刑法的明文规定加重其法定刑的犯罪形态,因而,对于结果加重犯,在量刑上,应当直接按照刑法分则具体条款所规定的加重法定刑处罚。在罪名上,使用与基本犯罪相同的罪名。比如,故意伤害致人死亡的,仍然定故意伤害罪,抢劫致人死亡的,仍然定抢劫罪。

8-5(00 卷二 65)　下列哪些情形属于想象竞合犯?

A. 盗窃数额较大的、正在使用中的通信设备的

B. 窃取国家所有的、具有历史价值的档案的

C. 行为人在缴纳 10 万元税款后,一次性假报出口骗取国家 20 万元退税款的

D. 对正在执行国家安全工作任务的警察实施暴力,使之受轻伤的

答案:ACD

8-6(02 卷二 43)　下列哪些情形不属于结果加重犯?

A. 侮辱他人导致他人自杀身亡

B. 监管人员对被监管人进行殴打与体罚虐待致人死亡

C. 强制猥亵妇女致人死亡

D. 遗弃没有独立生活能力的人致其死亡

答案:ABCD

■ 第三节　法定的一罪

法定的一罪,是指行为本来可以成立数罪,但由于某种原因,刑法将其规定为一罪的犯罪形态。此类犯罪形态包括惯犯和结合犯两种。

一、结合犯

结合犯,是指刑法将数个原本独立的犯罪行为结合在一起,规定为另一个新的独立犯罪的犯罪形态。日本《刑法》第 241 条规定的强盗强奸罪,就是典型的结合犯。它有以下几个特征:

1. 被结合为结合犯的数罪,原本都是刑法上独立的犯罪。所谓独立的犯罪,就是具有自己独立的犯罪构成,不依附于其他任何犯罪的犯罪。数个独立的犯罪,还必须是数个不同性质的犯罪,而不是数个相同的犯罪。

2. 结合犯是将数个原本独立的犯罪,结合成另外一个独立的新罪,这个独立的新罪,在刑法中是唯一的,即不可能有任何其他的行为也构成此罪。用公式表示就是:甲罪 + 乙罪 = 甲乙罪。不是甲罪 + 乙罪 = 甲罪或乙

罪，也不是甲罪＋乙罪＝丙罪。甲乙罪就是结合犯。如果刑法将数个独立的犯罪结合成为其中的一个罪，则不是结合犯。如拐卖并强奸被拐卖的妇女的，刑法规定仍按拐卖妇女罪论处，这就不是结合犯。如果刑法将数个独立的犯罪结合为一个并非唯一的犯罪，也不是结合犯。例如，按照《刑法》的规定，故意伤害罪＋抢夺罪＝抢劫罪，这个抢劫罪就不是结合犯。因为其他行为（如暴力威胁、杀人、非致伤的暴力）加抢夺也可以构成抢劫罪，即这个抢劫罪不是唯一的。因此，认为"如果行为人用伤害、杀害被害人的方法夺取财物"构成的抢劫罪是结合犯的观点，[1] 值得商榷。

3. 数个原本独立的犯罪被结合成另外一个新的犯罪后，每个原本独立的犯罪在新罪中都失去了各自的独立性，但又都是新罪有机的、不可分割的组成部分，任何一个在新罪中都不能少，少了任何一个，新罪就不能成立。

4. 数个原本独立的犯罪结合成另外一个新的犯罪，是基于刑法的明文规定。如果没有刑法的明文规定，便没有结合犯。

我国刑法学界多数学者认为我国刑法没有规定结合犯。但按照上述特征进行分析，我国《刑法》第229条第2款规定的犯罪应当属于结合犯。该条第1款规定的是提供虚假证明文件罪，第2款规定"索取他人财物或者非法收受他人财物，犯前款罪的，处……"。这一规定显然是受贿罪＋提供虚假证明文件罪＝受贿提供虚假证明文件罪。受贿罪和提供虚假证明文件罪，在刑法中都是独立的犯罪，它们结合成的"受贿提供虚假证明文件罪"在刑法中显然是一个唯一的新的犯罪，而且具有自己独立的法定刑。根据刑法的规定，不能把它定为受贿罪，也不能把它定为提供虚假证明文件罪，而只能定为"受贿提供虚假证明文件罪"，因为它有自己独立的犯罪构成，也有自己独立的法定刑。因此，应当把它视为结合犯。但遗憾的是，最高人民法院关于罪名的司法解释中未将此罪定名为具有结合犯特点的罪名，而是仍然定名为"提供虚假证明文件罪"。这个罪名是值得商榷的。因为提供虚假证明文件罪，不论是犯罪构成还是法定刑，都只符合第1款的规定，不符合第2款的规定。比较一下《刑法》第399条第3款的规定，更可以发现第229条第2款的规定是结合犯。第399条第3款规定的是受贿＋徇私枉法，但《刑法》明文规定，在实际案件中，应根据具体案情在受贿罪和徇私枉法罪之间，"依照处罚较重的规定定罪处罚"，而没有另外规定独立的法定刑。也就是说，法律明确规定，对此种"受贿＋徇私枉法"的犯罪在实践中既可定受贿罪，也可定徇私枉法罪，而不是另外成立一个新的罪名，这就不是结合犯了。第229条第2款则不同，这

---

〔1〕 周振想编著：《刑法学教程》，中国人民公安大学出版社2000年版，第209页。

里没有规定只能按二罪中的一罪定罪处罚，而是重新规定了法定刑，这就说明既不是按受贿罪处罚，也不是按提供虚假证明文件罪处罚，而是要成立一个新的犯罪。这个新的犯罪显然应当定名为"受贿提供虚假证明文件罪"。此外，第321条第2款规定的"在运送他人偷越国（边）境中以暴力、威胁方法抗拒检查的"，也属于结合犯，其罪名应为"运送他人偷越国（边）境并妨害公务罪"。

由于结合犯是刑法把数个独立的犯罪结合成另外一个独立的新罪，因而它也是一罪，不是数罪。罪名应使用结合后的新罪名，量刑时应适用刑法专门为结合犯规定的法定刑。

二、集合犯

集合犯是日本刑法学中的一个概念，相当于我国所说的惯犯，它是指"被预定同种行为的反复的犯罪"，[1] 换言之，它是指反复多次实施同一种行为，刑法规定对其按一罪论处的犯罪形态。通说将集合犯分为常习犯、职业犯和营业犯三种。常习犯，是指以一定的行为为常习的犯罪，例如，数十次地反复实施赌博行为，构成一个常习赌博罪，就是一个典型的常习集合犯。职业犯，是指不以营利为目的，反复多次实施一定的业务行为的犯罪。例如，不以营利为目的，反复多次传播淫秽物品，构成的传播淫秽物品罪，就是一个职业集合犯。营业犯，是指以营利为目的，反复多次实施同一种业务行为所构成的犯罪。例如，没有医师资格的人，以营利为目的，对许多人反复多次实施医疗行为，构成的非法行医罪，就是一个营业集合犯。营业犯与职业犯的区别，仅仅在于一个以营利为目的，一个不以营利为目的。

■ 第四节　处断的一罪

处断的一罪，是指行为本来可以成立数罪，但由于某种原因，司法实践中将其按一罪论处的犯罪形态。通说认为处断的一罪包括连续犯、吸收犯和牵连犯三种形态，但从现行刑法的规定来看，牵连犯也有法定为数罪的情况。

一、连续犯

连续犯，是指基于同一的或者概括的犯罪故意，连续数次实施性质相同且又相互独立的犯罪行为，数次触犯同一罪名的犯罪形态。例如，某甲于某日夜间先后三次分别对过往行人乙、丙、丁实施抢劫。某甲连续抢了

---

〔1〕 马克昌：《比较刑法原理》，武汉大学出版社2002年版，第777页。

三次，实施了三个抢劫行为，三次触犯抢劫罪的罪名。但由于某甲是出于一个概括的抢劫故意，三个抢劫行为具有连续性，所以，不构成三个罪，而只定一个抢劫罪。这就是连续犯。连续犯具有以下四个特征：

1. 行为人必须是基于同一的或者概括的犯罪故意。同一的犯罪故意，是指行为人具有数次实施同一犯罪的故意，即数个犯罪行为都在行为人明确的计划之内。例如行为人经事先预谋连续杀害甲、乙、丙三人。概括的犯罪故意，是指行为人主观上具有只要有条件就实施特定犯罪的故意，数个犯罪行为虽然不在行为人明确的计划之内，但却包括在其总的犯罪意图之内。例如，行为人准备连续抢劫，究竟抢哪个人、抢几个人，虽然事先没有明确的目标和计划，需要根据随机遇到的条件作决定，但却在实施抢劫的总计划中。

2. 必须实施了数个性质相同的行为。如果只实施了一个行为，不成立连续犯；如果实施了数个不相同的行为，也不成立连续犯。

3. 连续实施的数个性质相同的行为，每一个都能独立构成犯罪。如上例中连抢三人，每一抢劫行为都能独立成罪。如果数行为不能单独成罪，则不成立连续犯，而属于徐行犯。所谓徐行犯，是指一人实施的多个行为单独都不构成犯罪，只有把多个行为综合起来考虑，才能构成犯罪的犯罪形态。虐待罪就是典型的徐行犯。行为人的每一次虐待行为，单独看来都不构成犯罪，但把一段时间内的多次虐待行为联系起来，达到情节恶劣的，就构成犯罪。

4. 连续实施的数个性质相同的行为必须具有连续性。是否具有连续性，关键要看行为人主观上是否具有连续实施某种犯罪行为的故意，即行为人实施的数次行为是否在一个总的犯罪意图的支配下实施的。有人认为是否具有连续性，关键要看数个行为间隔的时间的长短。但是，究竟间隔多长的时间才算具有连续性，实在难以确定。从司法实践看，最短的只间隔几分钟，如连续杀人；最长的可达十几年，例如，某人十几年前犯一次杀人罪，一直未破案，十几年后又犯一次杀人罪，间隔这么久，是否连续犯，值得研究。若按是否具有连续犯的故意为标准进行界定，则相对容易些。比如某企业从1990年开始从银行大额贷款后再高利转贷给另一家企业，直到2002年才被告发。此案虽然长达十几年，但每次犯罪间隔时间不长，且每次犯罪都是在一个总的犯罪意图的支配下进行的，因而，可以认定这仍然是一个连续犯。

5. 数次实施的犯罪行为触犯的是同一罪名。同一罪名，是指同一个具体的罪名。触犯不同罪名的，不是连续犯，而是数罪。

对连续犯的处理，一般都是按一罪从重处罚。连续犯罪次数多、时间长的，可以按照该罪名中"情节严重"、"情节特别严重"的条款规定的法定刑处罚。对连续犯的追诉时效，是从犯罪行为终了之日起计算。

但不论怎么界定，连续犯都与同种数罪难分界限。事实上，连续犯就是同种数罪。在处罚原则上，也与同种数罪相同，即都是以一罪从重处罚。因此，舍弃连续犯这个概念，并不是不可以的。

二、吸收犯

吸收犯，是指行为人实施的数个犯罪行为之间，由于存在着依附与被依附的关系，从而导致一行为被另一行为所吸收，对行为人仅以吸收之罪论处的犯罪形态。例如，行为人非法侵入他人住宅实行盗窃，其非法侵入住宅的行为被盗窃行为所吸收，仅以盗窃罪论处，即为吸收犯。它有以下几个特征：①行为人实施了数个不同的犯罪行为，如非法侵入住宅行为和盗窃行为；②数个不同的犯罪行为必须触犯了数个不同的罪名，如前例的两个行为分别触犯了非法侵入住宅罪和盗窃罪；③行为人实施的数个犯罪行为是出于一个犯意，即为了实现一个具体的犯罪目的而实施了数个犯罪行为，如前例行为人为了实现盗窃的目的实施了侵入住宅和盗窃两个行为；④数个不同的犯罪行为之间存在着依附与被依附的关系，这种关系表现为，数行为属于实施某种犯罪的同一过程，前行为是后行为的必经阶段，后行为是前行为的自然结果，如前例，非法侵入住宅行为和盗窃行为共存于一个盗窃犯罪的过程中，非法侵入住宅是盗窃的必经阶段，盗窃是非法侵入住宅的自然结果；⑤依附行为被被依附行为所吸收，如前例，非法侵入住宅行为被盗窃行为所吸收。对于吸收犯，应当仅按吸收之罪论处，不实行数罪并罚。

三、牵连犯

牵连犯，是指以实施一个犯罪为目的，而其犯罪的方法行为或结果行为又触犯了其他罪名的犯罪形态。例如，某甲为实施杀人行为，盗窃了一支手枪，并把手枪私藏在家里，然后又用私藏的手枪杀了人。某甲的犯罪目的是非法剥夺他人生命，但其手段行为触犯了盗窃枪支罪，结果行为又触犯了私藏枪支罪。从形式上看是犯了三个罪，但司法实践中只按一个杀人罪论处，这便是牵连犯。它有以下几个特征：

1. 行为人真正的犯罪目的只有一个。如上例，某甲真正的犯罪目的只是杀人。虽然实施盗窃枪支行为时，也有一个目的，即非法占有枪支，但这个目的是为杀人的目的服务的。其真正的目的实际上只有一个——杀人。

2. 行为人实施了两个以上的行为。除了目的行为之外，还可能有方法（手段）行为或结果行为。目的行为，是指行为人为追求某种危害结果而实施的直接引起危害结果的行为，如为杀人而实施的开枪行为。方法行为，实际上是指行为人为实施目的行为而做的触犯另一罪名的预备行为，如上例中的盗窃枪支行为。结果行为，是目的行为或方法行为自然的延续行为，如盗窃枪支之后，自然要私藏枪支，私藏枪支行为就是盗窃枪支行为的结果行为。

3. 数行为之间存在着内在的牵连关系。牵连的表现有二：①方法行为与目的行为的牵连，即一行为实际上是实现犯罪目的的行为的方法，如为了贪污而伪造国家机关的印章，伪造印章实际上是贪污行为的方法行为；②目的行为或方法行为与结果行为牵连，即一行为实际上是目的行为或方法行为之后的自然结果，如以出卖为目的绑架妇女，得手之后自然要对被绑架妇女实行非法拘禁。如果数行为间不存在牵连关系，则不存在牵连犯。

4. 所牵连的方法行为或结果行为必须能够独立成罪，而且必须是触犯了其他罪名。否则，也不能成立牵连犯。

对于牵连犯，理论上认为应当以相牵连的数罪中最重的罪定罪，并在该罪的法定刑内从重处罚，简称为"从一重从重处断"。这是因为，牵连犯真正的犯罪目的只有一个，所以要按一罪定罪处罚；又因为牵连犯实际上是犯了数个罪，即使按最重的罪处罚，也还有相对较轻的罪未受处罚，因而，按一重罪处罚时，还要从重处罚。但是，我国现行《刑法》对牵连犯的规定突破了这一理论。其表现是，有些条文规定对牵连犯从一重罪处断，如第399条第4款；而有的条文则明确规定从一重从重处断，如第253条第2款；有的条文又规定适用数罪并罚，如第157条第2款。这样，对牵连犯的处罚，就没有统一的标准了，从而也失去了科学性。

特别提示：深入理解一罪的各种不同表现及其相互之间的区别。

8-7 下列犯罪情形，哪一表述是正确的？

A. 某甲对某乙连续刺了十几刀，致使某乙死亡，某甲属于连续犯

B. 丙为杀丁，向丁开了一枪，但未击中丁，却击伤了站在丁旁边的王某，丙的行为属于牵连犯

C. 某甲为诈骗财物，伪造了一个单位的公章和自己的身份证，这属于牵连犯

D. 某甲将妇女某乙从四川拐卖到安徽，途中还强奸了某乙，但只构成拐卖妇女罪，这属于结合犯

答案：C

8-8 甲、乙共谋杀害在博物馆工作的丙，两人潜入博物馆同时向丙各开一枪，甲击中丙身边的国家重点保护的珍贵文物，造成文物毁损的严重后果；乙未击中任何对象。关于甲、乙的行为，下列哪一选项是正

确的？

A. 甲成立故意毁损文物罪，因为毁损文物的结果是甲故意开枪的行为造成的

B. 甲、乙成立故意杀人罪的共犯

C. 对甲应以故意杀人罪和过失损毁文物罪实行数罪并罚

D. 甲的行为属于一行为触犯数罪名，成立牵连犯

答案：B

8-9 甲乙共谋杀害丙，并共同到某地购买了两支手枪，各持一支。后来，某乙放弃了杀丙的念头，并劝甲也放弃，甲不听。之后，甲一人开枪打死了丙。下列哪一选项是正确的？

A. 甲成立杀人罪和非法买卖枪支罪，数罪并罚

B. 乙成立杀人罪中止和非法买卖枪支罪，数罪并罚

C. 甲乙成立故意杀人罪的共犯

D. 甲成立故意杀人罪，乙成立非法买卖枪支罪

答案：D

第九章　刑罚概说

■　第一节　刑罚的概念

一、刑罚及其特点

刑罚，是国家为了防止犯罪行为对社会利益的侵犯，根据刑事立法，对犯罪人适用的建立在剥夺性痛苦基础上的最严厉的强制措施。据此，对刑罚的概念，应从以下几个方面加以把握：

1. 刑罚的属性。刑罚的属性就是惩罚，它表现为使犯罪人承受一定的剥夺性痛苦，这也是刑罚的本质属性。刑罚作为对犯罪行为的否定性评价和对犯罪人的一种最严厉的强制性措施，当然要对犯罪人的人身自由权、财产权甚至生命权进行剥夺，与其他强制措施相比，这是最严厉的惩罚，最强烈的痛苦。不过，我国的刑罚并不是单纯的惩罚，我国一向贯彻惩罚与教育相结合的方针，不用残酷、野蛮的刑罚方法摧残、折磨犯罪人。当然，刑罚也绝不是仁慈的东西，不能让犯罪人感受不到应有的痛苦，否则，就背离了刑罚的基本属性。

2. 刑罚的社会政治内容。什么样的国家为什么人的利益适用刑罚，是刑罚最重要的的社会政治内容。我国是人民民主专政的国家，我国的刑罚是为了维护国家利益、社会利益和公民的合法权益而适用的。这正是我国刑罚的社会政治内容不同于剥削阶级刑罚的社会政治内容的要害所在。

3. 刑罚的法律特征。刑罚是刑法规定的，且只能由国家审判机关严格依照法律规定的管辖权限和诉讼程序适用，这表明，刑罚适用的主体、对象、根据、程序都与其他责任形式有着严格的区别。这充分体现了刑罚的刑事法律特征。

4. 刑罚的目的性。通过适用刑罚，使犯罪分子感受到一定的痛苦，是刑罚的属性，而不是刑罚的目的。刑罚的目的在于预防犯罪。刑罚既有惩罚的一面，也有教育改造的一面，但二者都是实现刑罚目的的手段。只讲惩罚而不讲教育改造，或者只讲教育改造而不讲惩罚，都不利于刑罚目的的实现。

二、刑罚与其他法律制裁的关系

我国的法律制裁体系是由多种制裁措施构成的。除了刑罚之外，还有行政制裁、经济制裁、民事制裁等。但刑罚与其他法律制裁具有明显的不同：

1. 严厉程度不同。刑法是一种最严厉的法律制裁，它不仅可以剥夺犯罪人的财产权利、政治权利，还可以剥夺犯罪人的自由权利乃至生命权利。而其他法律制裁不可能达到如此严厉的程度。因为其他强制方法都不能剥夺受处罚者的政治权利，更不能剥夺生命权利。行政拘留和刑事诉讼中的刑事拘留，虽然也可以剥夺人身自由，但只是一种临时性的强制措施，时间上比刑罚中的剥夺自由刑短得多，不但性质不同，法律后果也不同。被判处剥夺自由刑的人，刑罚执行完毕后，如果再犯罪，符合条件的会构成累犯，要从重处罚。而受过行政拘留或刑事拘留的人，则没有上述法律后果。

2. 适用的对象不同。刑罚只能适用于触犯刑法构成犯罪的人，对于其他违法者不能适用。而其他法律制裁则主要适用于仅有一般违法表现而不构成犯罪的人，同时在一定条件下也可以适用于构成犯罪的人，比如赔偿损失就既可以适用于违反民法的人，也可以适用于构成犯罪的人。这就是说，对构成犯罪的人，既可以判处刑罚，也可以科处其他法律制裁。但对于仅有一般违法行为的人，则只能科处刑罚之外的其他法律制裁。

3. 适用机关不同。刑罚只能由人民法院代表国家依法适用，其他任何机关、团体和个人都无权对公民适用刑罚。而其他有些强制方法，人民法院可以适用，其他机关也可以适用。比如，民事赔偿、经济赔偿，人民法院可以适用，仲裁机关也可以适用。暂时剥夺人身自由的法律制裁，人民法院可以适用，公安机关也可以适用。

4. 适用的根据不同。刑罚只能根据刑法的规定和刑事诉讼法规定的程序进行适用，而其他强制方法则是根据民事、经济、行政法规的规定进行适用。

■ 第二节　刑罚的目的

一、刑罚目的概念

刑罚的目的，是指国家制定刑罚、适用刑罚和执行刑罚所期望达到的效果。我国刑罚的目的是预防犯罪。

刑罚是惩罚犯罪的手段，惩罚是刑罚的自然属性。因此，对犯罪人适用和执行刑罚，当然会给犯罪人造成一定的痛苦，否则，刑罚就不成其为刑罚，就起不到它应有的作用。但是，惩罚本身并不是我国刑罚的目的，我们不是为了惩罚而惩罚。我们适用刑罚的根本目的，是为了通过惩罚，教育、改造犯罪人，达到预防犯罪的目的。因此，那种认为刑罚的目的只是单纯为了惩罚犯罪人的见解，是值得商榷的。

刑罚的目的，集中体现着国家制定刑罚、适用刑罚、执行刑罚的方针、政策和指导思想，决定着刑罚体系和种类的确立，是整个刑罚制度赖以建立的出发点和最终归宿。因此，刑罚的目的问题历来为统治阶级和法学家们所重视。今天，刑罚的目的，仍然是备受关注的理论问题。对于司法机关来说，只有正确理解刑罚的目的，才能更加准确的适用刑罚，使刑罚达到最佳的社会效果。

二、刑罚目的的内容

我国刑罚目的内容主要有两个：①特殊预防；②一般预防。

（一）特殊预防

特殊预防，就是防止犯罪人本人再次犯罪。不言而喻，特殊预防的对象是已经构成犯罪的人。预防的措施就是对犯罪人适用和执行刑罚。特殊预防通过以下两个途径实现：①对罪行极其严重的犯罪人判处死刑，立即执行，也就是剥夺其生命权利，将其从社会上淘汰掉。这虽然是一种最简单、最有效的方法，但却是一种代价最昂贵的方法，在现代社会中，它不能也不应成为主要的特殊预防方法。②对其中的绝大多数犯罪人判处和执行死刑之外的与其罪行相适应的其他刑罚，使其受到必要的惩罚与改造，以防止他再次犯罪。例如，对有些罪行严重的犯罪人判处无期徒刑，使其终身与社会隔离，而不能再次犯罪；对有些犯罪人判处有期徒刑，使其在一定期间内与社会隔离，难以再实施犯罪行为；对某些犯罪人，通过剥夺其财产权利的方法，使其在一定时间内丧失再犯罪的物质条件，而无法再次犯罪；对某些犯罪人，剥夺其一定的资格或政治权利，防止其利用这种资格和权利再次犯罪。这些方法，毫无疑问会对犯罪人起到一定的威慑和教育改造作用，迫使他们认识到，法不可违，罪不可犯，如果再次犯罪，必将再次遭受刑罚之苦。从而使他们不敢或不愿再以身试法，达到特殊预防的目的。

（二）一般预防

一般预防，就是防止社会上具有犯罪倾向的不稳定的人实施犯罪。也就是凭借刑罚所具有的威慑功能，抑制社会上不稳定的人产生犯罪思想，将犯罪消灭在萌芽状态。显然，一般预防的对象不是犯罪人，也不是社会上所有的人即一般人，而只是社会上那些具有犯罪倾向的不稳定的人。应当指出，不能把广大人民群众当做一般预防的对象。实践证明，在我国，绝大多数公民都没有犯罪，也不可能犯罪，这并不是刑罚威慑的结果，而是因为我国的法律与广大人民群众的利益和意志是一致的，人民群众热爱国家，具有遵守法律的观念和自觉性。而犯罪却是违背他们的意志和利益的，他们不但不会犯罪，而且会积极地与犯罪作斗争。因此，人民群众是预防犯罪的主体，而不是预防犯罪的对象。

一般预防的途径主要有三个：

1. 用刑罚的公开性威慑社会上有犯罪倾向的人，不要以身试法。所谓刑罚的公开性，是指国家将刑罚公之于众，让全体社会成员知道刑罚、了解刑罚。这包括两方面的内容：①刑事立法上的刑罚公开；②刑事审判上的刑罚公开。首先，将刑法上明文规定的犯罪和刑罚公之于众，让人们知道什么是犯罪，什么犯罪处什么刑罚，警告社会上不稳定的人依法约束自己的行为，不致走上犯罪的道路。其次，将刑事审判过程和对犯罪人适用的刑罚公之于众，让社会上不稳定的人亲眼目睹、亲耳聆听犯罪的结果和刑罚的严厉，不敢贸然犯罪。

2. 用刑罚的必然性，警告社会上的不稳定分子，不要以身试法。所谓刑罚的必然性，是指不论任何人犯罪，都必然要受到刑罚的处罚，即刑罚是犯罪的必然后果。有犯罪必有刑罚，不允许任何犯罪人逍遥法外，表明了国家对犯罪绝不姑息的严厉态度，这就可以破除社会上不稳定的人企图犯罪后逃避刑罚的侥幸心理，使他们心存恐惧，不敢贸然犯罪。

3. 用刑罚的及时性，警告社会上不稳定的人不敢以身试法。所谓刑罚的及时性，是指犯罪案件发生后，司法机关及时侦查，在尽可能短的时间内将犯罪人缉拿归案，并及时提起公诉、及时判处刑罚、及时执行刑罚。刑罚的及时性，能充分显示刑罚的威力，也能充分显示国家处罚犯罪的决心和力度，从而使社会上的不稳定分子受到更大的震动，不敢轻易犯罪。

第十章 刑罚的体系

■ 第一节 刑罚的体系概述

一、刑罚体系的概念

刑罚的体系，是指由刑法规定的并按照一定次序排列的各种刑罚方法的总和。

任何一个国家的刑罚体系，都是在同犯罪作斗争的过程中，随着对刑罚种类的选择确定而逐步形成的。我国刑罚体系的形成也经历了一个产生、发展和最后确定的历史过程。早在民主革命时期，各革命根据地和解放区人民政府制定的各种刑事法规中，就规定了死刑、无期徒刑、有期徒刑、拘役、劳役、剥夺公民权、罚金、没收财产等刑罚。新中国成立初期，由于没有制定完备、系统的刑事法律，实践中对刑罚种类的适用比较混乱。1956 年最高人民法院将各地适用过的刑种整理归纳为以下十种：死刑、无期徒刑、有期徒刑、劳役、管制、驱逐出境、剥夺政治权利、没收财产、罚金和公开训诫，实现了全国刑罚种类的统一。1979 年《刑法》对过去适用过的刑种进行了比较研究，参考了外国立法例，对我国的刑罚确立了主刑和附加刑的刑罚体系。1997 年《刑法》维持了 1997 年《刑法》关于刑罚体系的规定。

二、刑罚体系的特点

根据《刑法》第 33、34 条的规定，我国的刑法中的主刑有管制、拘役、有期徒刑、无期徒刑和死刑 5 种；附加刑有罚金、剥夺政治权利和没收财产 3 种。另外，《刑法》第 35 条还规定："对于犯罪的外国人，可以独立适用或者附加适用驱逐出境。"第 37 条还规定了对犯罪人适用的非刑罚处理方法。综合分析我国的刑罚体系，可以发现它有以下几个特点：

1. 体系完整、结构严谨。我国的刑罚既有主刑，又有附加刑，主刑和附加刑都由轻至重依次排列，主次分明，轻重衔接，从而有一个严谨的结构和完整的体系，能够适用于各种不同的犯罪和不同的犯罪人，符合同犯罪作斗争的需要。

2. 宽严相济、目标统一。我国的刑罚，既有严的一面，也有宽的一面。从严的方面来看，有死刑和无期徒刑，对累犯要从重处罚，犯数罪的要并罚。从宽的方面看,有不剥夺自由的开放式刑罚(管制),还可以只判处附加刑。另外还有许多从轻、减轻甚至免除处罚的从宽制度。因而,整个刑罚体系,宽中有严,严中有宽,宽严相济,充分体现了惩办与宽大相结合,惩罚与教育相结合的政策精神。

3. 内容合理、方法人道。我国的刑罚体系在内容上具有合理性,这主要表现在:整个体系符合我国国情,符合惩罚与教育改造的需要;各种刑罚都包含有惩罚与教育改造的机制;刑种由轻到重的排列符合刑罚的发展方向;以自由刑为中心同时扩大了罚金刑的适用范围,这符合世界立法趋势。我国的刑罚体系还充分体现了人道主义精神。从刑种上看,是以自由刑为核心,还有开放性的即不剥夺自由的刑罚,没有残酷的肉刑和侮辱人格的羞辱刑。虽然保留了死刑,但作了严格的限制,这就从刑种上保证了刑罚的人道主义。从刑罚的执行方法上看,死刑是用枪决和注射的方法执行的,废弃了斩首、腰斩等残酷的死刑执行方法;无期徒刑和有期徒刑是用劳动改造的方法执行,禁止对犯罪人体罚虐待、侮辱打骂;对于被判处管制刑的犯罪人实行同工同酬;对于被判处拘役的犯罪人,每月还允许回家一至两天,参加劳动的,还可酌量发给劳动报酬。这些都充分体现了刑罚的人道主义精神。

■ 第二节 主刑

主刑,是指对犯罪人适用的主要刑罚方法。它的特点是只能独立适用,不能附加适用。一个罪只能适用一个主刑,不能同时适用两个或两个以上的主刑。根据《刑法》第 33 条的规定,主刑共有以下五种:管制、拘役、有期徒刑、无期徒刑、死刑。

一、管制

(一)管制的定义与特点

管制,是指对犯罪人不予关押,但限制其一定自由,在公安机关管束下进行改造的一种刑罚方法。

管制是我国刑罚中最轻的主刑。作为一种刑罚方法,它是我国刑法的独创。最早是在我国的民主革命时期创立和采用,建国后继续采用。起初只适用于某些反革命罪犯和贪污罪犯,后来逐步扩大适用于其他犯罪人。1979 年《刑法》正式将其规定为主刑之一。管制刑具有以下几个特点:

1. 不剥夺人身自由。即对犯罪人不予关押,仍留在原单位或居住地参加工作和劳动,仍和家人生活在一起。而且,在工作和劳动中实行同工同酬。

2. 限制人身自由。管制虽然不剥夺犯罪人的人身自由，但却要限制其一定的人身自由。犯罪人被强制遵守某些特殊的规定，并始终处在公安机关的管束之下。

3. 管制只能由人民法院判决，其他任何机关和个人都无权决定。

（二）管制的具体内容

根据《刑法》第38条的规定，管制的具体内容如下：

1. 管制的适用对象。管制的适用对象虽然在刑法总则中没有明确规定，但由于它是刑罚中最轻的主刑，因而只能适用于那些罪行较轻，不需要关押，但又需要限制一定人身自由的犯罪人。刑法分则对可以适用管制的犯罪作了明确规定，这样的条文共有86个。约占刑法分则全部条文的24.6%。[1]

2. 判处管制，可以根据犯罪情况，同时禁止犯罪分子在执行期间从事特定活动，进入特定区域、场所，接触特定的人。违反上述禁止令的，由公安机关依照《治安管理处罚法》的规定处罚。

3. 管制对象的守则。根据《刑法》第39条的规定，被判处管制的犯罪人，在执行期间，应当遵守下列规定：①遵守法律、行政法规，服从监督；②未经执行机关批准，不得行使言论、出版、集会、结社、游行、示威等自由权利；③按照执行机关规定报告自己的活动情况；④遵守执行机关关于会客的规定；⑤离开居住的市、县或者迁居，应当报经执行机关批准。

4. 管制的期限。管制的期间为3个月以上2年以下。数罪并罚时，最高不能超过3年。被判处管制的犯罪人，被减刑时，减刑以后实际执行的刑期不能少于原判刑期的1/2。管制的刑期从判决执行之日起计算，判决执行前先行羁押的，羁押1日折抵刑期2日。

5. 被判处管制的犯罪人享有的权利。被判处管制的犯罪人，未附加剥夺政治权利的，仍享有政治权利。参加劳动的，在劳动中同工同酬。

6. 管制的执行和解除。对判处管制的犯罪分子，依法实行社区矫正。被判处管制的犯罪人，不能外出经商；如果原所在单位确有特殊情况不能安排工作，在不影响对其实行监督考察的情况下，经工商管理部门批准，可以在常住户口所在地谋生；家在农村的，亦可就地从事或者承包农副业生产。[2] 管制期满，执行机关应立即向被判处管制的本人和其所在单位或者居住地的群众宣布解除管制。

---

[1] 周振想编著：《刑法学教程》，中国人民公安大学出版社2000年版，第237页。

[2] 最高人民法院、最高人民检察院、公安部、劳动人事部1986年11月8日《关于被判处管制、剥夺政治权利和宣告缓刑、假释的犯罪人能否外出经商等问题的通知》。

特别提示：充分注意管制的期限、执行机关、刑期起算与折抵以及管制对象的守则。

10-1 依据法律规定，在管制的判决和执行方面，下列说法哪些是不正确的?

A. 管制的期限为 3 个月以上 1 年以下，数罪并罚时不得超过 2 年

B. 被判处管制的犯罪分子，由人民法院执行

C. 对于被判处管制的犯罪分子，在劳动中同工同酬

D. 管制的刑期从判决执行之日起计算，判决执行以前先行羁押的，羁押一日折抵刑期 2 日

答案：AB

10-2 被判处管制的犯罪人，在执行期间，应当遵守下列哪些规定?

A. 未经执行机关批准，不得行使言论、出版、集会、结社、游行、示威等自由权利

B. 按照执行机关规定报告自己的劳动情况

C. 遵守执行机关关于外出的规定

D. 离开居住的市、县或者迁居，应当报经执行机关批准。

答案：AD

二、拘役

（一）拘役的定义

拘役，是短期剥夺犯罪人的人身自由，就近执行并实行劳动改造的刑罚方法。

拘役与刑事拘留、民事拘留、行政拘留都属于短期剥夺自由的强制方法，但它们之间在性质、适用对象、适用机关、法律后果等方面都有显著的区别。

（二）拘役的内容

1. 拘役的适用对象。拘役是介于管制与有期徒刑之间的一种较轻的刑罚，适用于那些罪行较轻，但又需要关押的犯罪人。拘役在刑法中的运用较为广泛，仅次于有期徒刑。刑法分则中明文规定可以适用拘役的条文共有 265 条，约占分则全部条文的 75.7%。[1]

2. 拘役的期限。根据《刑法》第 42 条的规定，拘役的期限为 1 个月以上 6 个月以下。数罪并罚时，最高不能超过 1 年。判处拘役的，减刑后

---

[1] 周振想编著：《刑法学教程》，中国人民公安大学出版社 2000 年版，第 238 页。

实际执行的刑期不能少于原判刑期的 1/2。拘役的刑期，从判决执行之日起计算；判决执行以前先行羁押的，羁押 1 日折抵刑期 1 日。

3. 拘役的执行。被判处拘役的犯罪人，由公安机关就近执行。在执行期间，被判处拘役的犯罪人每月可以回家 1 ~ 2 天；参加劳动的，可以酌量发给劳动报酬。从司法实践来看，被判处拘役的犯罪人，一般放在其所在市、县或市辖区的公安机关设置的拘役所执行。尚未建立拘役所的，可以放在看守所或邻近的劳改队执行，但要分管、分押。

特别提示：注意拘役的期限、执行机关、刑期折抵、劳动报酬、每月回家时间等内容。

10 - 3 在拘役的判决和执行方面，下列哪些说法是正确的？

A. 拘役的期限为 15 天以上 6 个月以下，数罪并罚最高不能超过 1 年

B. 拘役的刑期从判决执行之日起计算；执行以前先行羁押的，羁押一日折抵刑期一日

C. 执行期间，被判处拘役的犯罪每月可以回家 2 ~ 3 天

D. 执行期间，被判拘役的犯罪人，参加劳动的，可以酌量发给劳动报酬

答案：BD

三、有期徒刑

(一) 有期徒刑的定义

有期徒刑，是指在一定期限内剥夺犯罪人的人身自由，并实行强制劳动改造的刑罚方法。有期徒刑具有较大的量刑幅度，便于人民法院根据案件的不同情节，灵活地加以运用。有期徒刑是刑事司法实践中运用最多的刑罚方法，是名副其实的主刑。

(二) 有期徒刑的内容

1. 有期徒刑的期限。根据《刑法》第 45 条的规定，有期徒刑的期限为 6 个月以上 15 年以下，但在下列三种情况下，有期徒刑的期限可以超过 15 年：①数罪并罚时，有期徒刑可以超过 15 年，但不能超过 20 年；②判处死刑缓期执行的犯罪人在执行期间，确有重大立功表现，2 年期满后，减为 15 年以上 20 年以下有期徒刑；③根据有关司法解释，无期徒刑减为有期徒刑时，也可以减为 15 年以上 20 年以下有期徒刑。[1] 根据《刑法》第 47 条的规定，有期徒刑的刑期，从判决执行之日起计算；判决执行以

---

〔1〕 最高人民法院、最高人民检察院、公安部 1979 年 10 月 10 日《关于死缓犯和无期徒刑犯减刑问题的联合通知》。

前先行羁押的，羁押 1 日折抵刑期 1 日。有期徒刑因有幅度较大的期限，所以可以适用于由轻到重的各种犯罪。由于有期徒刑的幅度很大，为了防止法官的自由裁量权过大，《刑法》分则对有期徒刑的刑度作了规定，具体表现为以下几种情况：1 年以下、2 年以下、3 年以下、5 年以下、1 年以上 7 年以下、2 年以上 5 年以下、2 年以上 7 年以下、3 年以上 7 年以下、3 年以上 10 年以下、5 年以上 10 年以下、7 年以上 10 年以下、5 年以上、7 年以上、10 年以上、15 年。

2. 有期徒刑的执行。根据《刑法》第 46 条的规定，有期徒刑在监狱或者其他执行场所执行。凡有劳动能力的，都应参加劳动，接受教育改造。根据我国《监狱法》的规定，执行有期徒刑的场所，除监狱外，还有未成年犯管教所。根据《监狱法》第 15 条的规定，对于被交付执行刑罚前，剩余刑期在 1 年以下的，由看守所代为执行。

特别提示：充分注意有期徒刑期限、刑期折抵、执行场所。

10 - 4　关于有期徒刑的判决与执行，下列哪些说法是正确的？
A. 有期徒刑的刑期为 6 个月以上 15 年以下，数罪并罚不得超过 20 年
B. 无期徒刑减为有期徒刑时，可以减为 10 年以上 15 年以下有期徒刑
C. 执行有期徒刑的场所，除监狱外，还有未成年管教所
D. 被交付执行前，剩余刑期为 2 年以下有期徒刑的，可交由看守所代为执行
　　答案：AC

四、无期徒刑

（一）无期徒刑的定义

无期徒刑，是终身剥夺犯罪人人身自由并强迫实行劳动改造的刑罚方法。

无期徒刑是仅次于死刑的一种严厉的刑罚，在我国刑罚体系中占有重要的地位。《刑法》分则中共有 78 个条文规定有无期徒刑，约占刑法分则全部条文的 22.3%。从刑法规定看，无期徒刑主要适用于那些罪行严重，需要与社会永久隔离，但又够不上判处死刑的犯罪人。

（二）无期徒刑的内容。

根据《刑法》第 46 条的规定，被判处无期徒刑的犯罪人，在监狱内执行。凡有劳动能力的，都应参加劳动，在劳动中接受教育和改造。被判处无期徒刑的，都应当附加剥夺政治权利终身（第 57 条）。无期徒刑就其性质讲，是终身剥夺人身自由。但实际上犯罪人并不会服刑终身。因为，刑法规定有减刑、假释和特赦制度。一般来说，在刑罚执行一定期限后，

只要认真遵守监规，接受教育和改造，确有悔改或者立功表现，都可以减为有期徒刑，有的还可以获得假释，使其提早回归社会。这正是我国刑罚贯彻惩罚与宽大相结合政策的具体体现。

特别提示：注意无期徒刑的定义、执行场所和附加刑。

10－5 关于无期徒刑，下列表述哪些是不正确的？

A. 无期徒刑，是终身剥夺犯罪人人身自由并强迫实行劳动改造的刑罚方法

B. 被判处无期徒刑的犯罪人在监狱内执行

C. 被判处无期徒刑的犯罪人，在执行期间都必须参加劳动

D. 被判处无期徒刑的，可以附加剥夺政治权利

答案：CD

五、死刑

（一）死刑的概念

死刑，亦称极刑、生命刑，是剥夺犯罪人生命的刑罚方法，包括立即执行和缓期 2 年执行两种情况。它是刑罚体系中最严厉的刑罚。

在西方国家，围绕死刑的存废问题有着旷日持久的争论，至今仍未平息。但无论如何，限制和废除死刑已成为国际刑法发展的趋势。据大赦国际 1992 年的报告称，有 44 个国家全面废除了死刑，16 个国家对普通犯罪废除了死刑，21 个国家实际上不执行死刑。三项合计共有 81 个国家和地区〔1〕 近年来，我国也有学者提出废除死刑的主张。我们认为，对死刑的评价不能离开本国国情。就我国现今国情而言，尚不具备废除死刑的条件。因为在现阶段，极其严重的危害国家和公共安全、侵犯公民人身权利的犯罪还时有发生。我们还有必要利用死刑同这些严重的犯罪作斗争，只有这样才更有利于保护国家和公共安全以及公民的人身安全。但是，我们保留死刑并不是要依靠杀人来维持统治，坚持少杀、防止错杀是国家一贯的死刑政策，也是人们的共识。因此，我国虽然保留了死刑，但对死刑的适用和执行采取了一系列的限制措施。

（二）死刑的适用

1. 死刑的适用对象。《刑法》第 48 条规定："死刑只适用于罪行极其严重的犯罪分子。"所谓罪行极其严重，是指犯罪对国家和人民利益危害特别严重，情节特别恶劣的情形。关于哪些犯罪可以判处死刑，我国刑法作了明确规定。《刑法》分则规定可以判处死刑的条文共有 38 条，其中危

---

〔1〕 胡云腾：《死刑通论》，中国政法大学出版社 1995 年版，第 79 页。

害国家安全罪 7 条,危害公共安全罪 5 条,破坏市场秩序罪 5 条,侵犯公
民人身权利罪 5 条,侵犯财产罪 1 条,妨害社会管理秩序罪 3 条,危害国
防利益罪 2 条,贪污贿赂罪 1 条,违反军人职责罪 11 条。[1]

死刑只适用于罪行极其严重的犯罪分子,但罪行极其严重的犯罪分子
未必都要适用死刑。《刑法》第 49 条规定:"犯罪的时候不满 18 周岁的人
和审判的时候怀孕的妇女,不适用死刑。审判的时候已满 75 周岁的人,
不适用死刑,但以特别残忍手段致人死亡的除外。"因为不满 18 周岁的
人,身心发育尚不成熟,认识和控制自己行为的能力尚不及成年人,可塑
性大,容易改造。对孕妇不适用死刑,主要是从保护胎儿考虑,这已经成
为一项世界性的刑法原则。对 75 周岁以上的老人不适用死刑,是出于矜
老的考虑。但为了防止 75 周岁以上的老人故意杀人,又有"除外"的规
定。最高人民法院 1998 年 8 月 4 日在给河北省高级人民法院的批复中指
出:"怀孕妇女因涉嫌犯罪在羁押期间自然流产后,又因同一事实被起诉、
交付审判的,应当视为'在审判的时候怀孕的妇女',依法不适用死
刑。"[2] 需要注意的是,"审判的时候",不只是指法院审理期间,而是指
包括从刑事拘留到宣判为止的全过程。在案件起诉到人民法院之前,被告
人在关押期间做人工流产或自然流产的,均应视为审判时怀孕的妇女,不
能判处死刑;更不能为了判处死刑而强迫怀孕的被告人做人工流产。另外
还要注意,这里的不适用死刑,包括不适用死刑立即执行,也包括不适用
死刑缓期 2 年执行,因为后者也属于死刑。

10 - 6   下列情形不适用死刑的有:
A. 审判的时候怀孕的妇女
B. 羁押受审期间已自然流产的妇女
C. 羁押受审期间已人工流产的妇女
D. 犯罪时不满 18 周岁的人
答案:ABCD

2. 死刑的判决与核准。根据《刑事诉讼法》第 20 条的规定,死刑案
件只能由中级以上的人民法院进行审理和判决,基层人民法院不得对犯罪
人判处死刑。根据《刑法》第 48 条和《刑事诉讼法》第 200~202 条的规
定,死刑除依法由最高人民法院判决的以外,都应当报请最高人民法院核
准。中级人民法院判处死刑的第一审案件,被告人不上诉的,应当由高级

---

〔1〕 周振想编著:《刑法学教程》,中国人民公安大学出版社 2000 年版,第 243 页。
〔2〕 《司法文件选编》1998 年合订本,第 597 页。

人民法院复核后，报请最高人民法院核准；高级人民法院判处死刑的第一审案件被告人不上诉的，以及判处死刑的第二审案件，都应当报请最高人民法院核准。死刑缓期执行的，由高级人民法院判决或者核准。

3. 死刑的立即执行。死刑的执行分为立即执行和缓期 2 年执行两种。

判处死刑立即执行的案件，除最高人民法院判决的之外，都必须报最高人民法院核准。之后，还必须由最高人民法院院长签发死刑执行命令，才能交付执行。下级人民法院接到最高人民法院执行死刑的命令后，应当在 7 日以内执行。死刑立即执行的执行方法有两种：①枪决；②注射。除此之外，不许采用任何其他方法执行死刑。由于《刑事诉讼法》第 212 条第 2 款规定死刑的执行方法时，在 "枪决或者注射" 之后使用了一个 "等" 字，容易使人理解为还可以使用其他方法执行死刑。这种理解是不正确的。"等" 字虽有列举后表示省略的含义，但也有在列举后表示煞尾的含义。对上述条文中的 "等" 字，只能作后一种含义的理解，即执行死刑只能采用枪决和注射两种方法。死刑执行的场所，可以在刑场也可以在指定的羁押场所，但不得在交通要道、旅游区和繁华场所执行。执行死刑，应当公布，但不许示众。

10 - 7 下列关于死刑立即执行的说法，哪些是不正确的？

A. 除最高人民法院判决的之外，都必须报最高人民法院核准

B. 由最高人民法院院长签发死刑执行命令，才能交付执行

C. 下级法院在接到最高人民法院执行死刑的命令后，应当在 10 日内执行

D. 执行死刑的方法，除枪决、注射之外，也可使用绞刑

答案：CD

（三）死刑缓期执行

1. 死缓的概念和意义。《刑法》第 48 条第 1 款后段规定："对于应当判处死刑的犯罪分子，如果不是必须立即执行的，可以判处死刑同时宣告缓期 2 年执行"。这就是死刑缓期执行制度，简称死缓。死缓不是独立的刑种，而是死刑适用制度。死缓制度是我国刑法的独创，它对于贯彻执行坚持少杀、防止错杀的刑事政策起到了特别重要的作用。

2. 适用死缓的条件。根据《刑法》第 48 条的规定，适用死缓必须具备两个条件：①罪该判处死刑。这是适用死缓的前提条件。它要求适用死缓必须首先符合适用死刑的条件。凡是刑法分则条文没有规定死刑的，就不可能适用死缓；刑法分则条文虽然规定有死刑，但所犯罪行不该判处死刑的，也不能适用死缓。②不是必须立即执行的。这是适用死缓的实质条

件。何为"不是必须立即执行的",刑法没有明文规定。原则上可从以下三点把握:一是犯罪人的行为客观危害十分严重,但其主观恶性并不大;二是犯罪人虽然主观恶性较大,但其行为的客观危害性并非特别严重;三是犯罪人虽然主观恶性和行为的客观危害都比较大,但其具有从宽处罚的情节。[1] 另外,根据审判经验,有下列情形之一的,可视为"应当判处死刑,但不是必须立即执行的":一是犯罪后自首、立功或者有其他法定从轻情节的;二是在共同犯罪中罪行不是最严重的或者其他在同一或同类犯罪中罪行不是最严重的;三是被害人的过错导致被告人激愤犯罪或者有其他表明容易改造的情节的;四是有令人怜悯的情节的;五是有其他应当留有余地情况的。[2]

10－8 符合下列哪些条件时,可对犯罪人判处死刑缓期 2 年执行?

A. 罪行极其严重   B. 应当判处死刑

C. 应当缓期执行   D. 不是必须立即执行

答案:ABD

3. 对被判处死刑缓期执行的累犯以及因故意杀人、强奸、抢劫、绑架、放火、爆炸、投放危险物质或者有组织的暴力性犯罪被判处死刑缓期执行的犯罪分子,人民法院根据犯罪情节等情况可以同时决定对其限制减刑。

4. 对判处死缓的犯罪人的处理结局。根据《刑法》第 50 条的规定,对于被判处死缓的犯罪人,有三种处理结局:①在死刑缓期执行期间,如果没有故意犯罪,2 年期满以后减为无期徒刑。②在死刑缓期执行期间,如果确有重大立功表现,2 年期满以后,减为 25 年有期徒刑,并将附加的剥夺政治权利终身减为剥夺政治权利 3 年以上 10 年以下。所谓重大立功表现,是指以下六种情况:一是阻止他人重大犯罪活动的;二是检举监狱内外重大犯罪活动,经查证属实的;三是有发明创造或者重大技术革新的;四是在日常生产、生活中舍己救人的;五是在抗御自然灾害或者排除重大事故中,有突出表现的;六是对国家和社会有其他重大贡献的。③在死刑缓期执行期间,如果故意犯罪,查证属实的,由最高人民法院核准,执行死刑。这里需要注意四个问题:一是犯罪人必须是在死刑缓期执行期间的2 年期限内又犯新罪,如果是在"死缓"2 年期满以后又犯新罪,只能按数罪并罚处理,而不能核准执行死刑;二是所犯新罪必须是故意犯罪,如

---

〔1〕 赵秉志主编:《新刑法教程》,中国人民大学出版社 1997 年版,第 303 页。

〔2〕 张明楷:《刑法学》(上),法律出版社 1997 年版,第 427 页。

果是过失犯罪，则不能核准执行死刑；三是因在"死缓"期间故意犯罪而核准执行死刑的，不需要等到 2 年期满以后。因为刑法规定的核准执行死刑的期间是在"死刑缓期执行期间"，这与对"死缓"裁定减刑必须是 2 年期满以后的规定不同。因而，只要犯罪人在死刑缓期执行期间故意犯罪，无论何时都可以核准执行死刑。四是如果犯罪人在死刑缓期执行期间先有重大立功表现，后又故意犯罪的，既符合减为有期徒刑的条件，又符合核准执行死刑的条件，依照有利被告的原则，不应核准执行死刑。但考虑到犯罪人毕竟又故意犯罪，也不应减为有期徒刑，而应减为无期徒刑。

特别提示：死刑缓期执行期间过失犯罪的，不能改为立即执行，仍应减为无期徒刑。

10－9 罪犯郑某在死刑缓期执行期间，劳动时因过失引起爆炸，构成了过失爆炸罪，依照法律规定，2 年期满后，对郑某应当：

A. 立即执行死刑

B. 减为 15 年以上 20 年以下有期徒刑

C. 减为无期徒刑

D. 减为 10 年以上 15 年以下有期徒刑

答案：C

5. 死刑缓期执行期间的计算。《刑法》第 51 条规定："死刑缓期执行的期间，从判决确定之日起计算。死刑缓期执行减为有期徒刑的刑期，从死刑缓期执行期满之日起计算。"最高人民法院 2002 年 11 月 5 日在给甘肃省高级人民法院的批复中指出："死刑缓期执行的期间，从判决或者裁定核准死刑缓期 2 年执行的法律文书宣告或送达之日起计算。"[1] 据此，死缓判决确定以前对犯罪人羁押的时间，不计算在死刑缓期执行的 2 年期限内。这是因为，规定 2 年考验期限是为了考察犯罪人在这 2 年内有无悔改表现，若将先前羁押的时间计算在内，就会缩短对犯罪人的考察时间，这不利于对犯罪人是否悔改作出真实评价。死缓减为有期徒刑的，不管何时裁定，有期徒刑的期限都从死刑缓期执行期满之日起计算。而不是从裁定之日起开始计算。

特别提示：死缓 2 年期满后裁定减刑前故意犯罪的，不能改立即执行，也不影响减刑。

10－10 关于死刑缓期执行问题，下列哪些说法是不正确的？

---

〔1〕 《司法文件选编》2003 年第 2 辑，第 37 页。

A. 死刑缓期执行的期间，从判决确定之日起计算

B. 死刑缓期执行的期间，从判决宣告之日起计算

C. 死刑缓期执行减为有期徒刑的刑期，从死刑缓期执行期满之日起计算

D. 死刑缓期执行减为有期徒刑的刑期，从裁定减刑之日起计算

答案：BD

10－11　吴某被判处死刑缓期 2 年执行，于 1988 年 7 月 27 日考验期满，其所在服刑的监狱于当日上报了将死缓减为无期徒刑的材料。7 月 29 日，吴某因同监舍的郑某无故辱骂他而将郑某打聋了一只耳朵。对吴某应当如何处理？

A. 报请最高人民法院核准执行死刑

B. 报请当地高级人民法院核准执行死刑

C. 以无期徒刑和伤害罪判处的刑罚数罪并罚

D. 撤回减刑材料，延长考验期限

答案：C

■ 第三节　附加刑

附加刑，亦称从刑，是补充主刑适用的刑罚方法。它的特点是既可以独立适用，也可以附加于主刑适用，而且对于同一犯罪和同一犯罪人可以同时附加两个以上的附加刑。根据《刑法》第 34 条的规定，附加刑包括罚金、剥夺政治权利和没收财产三种。

一、罚金

（一）罚金的定义及其评价

罚金，是人民法院判处犯罪人向国家缴纳一定金钱的刑罚方法，属于财产刑的一种。它在处罚性质、适用对象、适用程序、适用机关、适用依据等方面都与行政罚款具有严格的区别。

罚金也是一种古老的刑罚方法。罚金刑的执行以犯罪人具有一定金钱为前提，罚金的惩罚作用依赖于对金钱的价值观念，因此，到了近代罚金才开始真正发挥作用。罚金具有如下一些优点：①犯罪人不被关押，从而避免了狱中的交叉感染；②犯罪人仍然过着正常的社会生活，避免因入狱而与社会隔离导致对社会不适应；③罚金的执行不需要费用，而且可以增加国库收入；④罚金误判后容易纠正。因此，许多国家将罚金规定为主刑，并大量适用。但罚金也有如下一些缺点：①效果因犯罪人的贫富而有

差异。对于富者来说，罚金的惩罚十分轻微；对于穷者来说，罚金的惩罚则十分沉重。这就导致明显的不公正性。②法律上难以规定罚金的数额，规定低了不起作用，规定高了难以执行。而且，一旦遇到通货膨胀，就失去了刑罚效果。③罚金可以由本人以外的亲友代替缴纳，从而违反罪责自负的原则。④罚金对营利性犯罪缺乏惩罚力度，营利性犯罪人可以继续从事犯罪活动。⑤罚金的执行比较困难。由上可见，既不可忽视罚金的作用，也不可过分夸大罚金的作用。

（二）罚金的适用对象

罚金的适用对象比较广泛，《刑法》分则规定可以适用罚金的条文有139个，约占《刑法》分则全部条文的40%，适用对象主要是破坏市场经济秩序罪、侵犯财产罪、妨害社会管理秩序罪、贪污贿赂罪。在危害公共安全罪和侵犯公民人身权利、民主权利罪以及危害国防利益罪中，也有少量条文。

（三）罚金的适用方法

《刑法》分则对罚金刑规定的适用方法共有以下四种：并处罚金（如第263条）、选处罚金（如第270条）、单处罚金（专对单位犯罪）、并处或者单处罚金（如第265条）。最高人民法院解释说：刑法规定"并处"没收财产或者罚金的犯罪，人民法院在对犯罪人判处主刑的同时，必须依法判处相应的财产刑；刑法规定"可以并处"（选处）没收财产或者罚金的犯罪，人民法院应当根据案件具体情况及犯罪人的财产状况，决定是否适用财产刑。犯罪情节较轻，适用单处罚金不致再危害社会并具有下列情形之一的，可以依法单处罚金：①偶犯或者初犯；②自首或者有立功表现的；③犯罪时不满18周岁的；④犯罪预备、中止或者未遂的；⑤被胁迫参加犯罪的；⑥全部退赃并有悔罪表现的；⑦其他可以依法单处罚金的情形[1]。

特别提示：对罚金的适用，既要注意刑法规定，又要注意犯罪事实。

10-12 刑法分则某条文规定：犯 A 罪的，"处 3 年以下有期徒刑，并处或者单处罚金"。被告人犯 A 罪，但情节较轻，且其身无分文。对此，下列哪一判决符合该条规定？

A. 甲法官以被告人身无分文为由，判处有期徒刑 6 个月

B. 乙法官以被告人身无分文且犯罪情节较轻为由，判处有期徒刑 1 年，缓期 2 年执行

---

[1] "最高人民法院关于适用财产刑若干问题的规定"（2000 年 11 月 15 日）第 1 条，载《司法文件选编》2001 年合订本，第 195 页。

C. 丙法官以被告人的犯罪情节较轻为由，判处拘役 3 个月

D. 丁法官以被告人的犯罪情节较轻为由，判处罚金 1000 元

答案：D

（四）罚金数额的确定

罚金刑的数额，应当以人民币为计算单位。《刑法》第 52 条规定："判处罚金，应当根据犯罪情节决定罚金数额。"根据司法解释，人民法院在判处罚金时，应当根据犯罪情节，如违法所得的数额、造成损失的大小等，并综合考虑犯罪人缴纳罚金的能力，依法判处罚金。

我国《刑法》分则对罚金数额的规定分为以下四种情况：①同时规定罚金数额的上限和下限，如《刑法》第 170 条规定："伪造货币的，……并处 5 万元以上 50 万元以下罚金。"此为相对确定的罚金数额。②以违法所得数额的倍数决定罚金。如《刑法》第 204 条规定："骗取国家出口退税款，数额较大的，……并处骗取税款 1 倍以上 5 倍以下罚金。"此为浮动并相对确定的罚金数额。③按照犯罪数额的一定比例判处罚金。例如，《刑法》第 159 条规定：虚假出资或者抽逃出资的，"……并处或者单处虚假出资金额或者抽逃出资金额 2% 以上 10% 以下罚金"。这也是浮动并相对确定的罚金数额。④仅规定选处、并处或者单处罚金，没有规定具体数额。此为任意性罚金数额，但审判实践中应根据前述第 52 条规定的原则，确定具体的罚金数额。前述最高人民法院的解释指出："刑法没有明确规定罚金数额标准的，罚金的最低数额不能少于 1000 元。对未成年人犯罪应当从轻或者减轻判处罚金，但罚金的最低数额不能少于 500 元。"

特别提示：判处罚金，是根据犯罪情节，不是根据犯罪事实。

10 - 13　关于罚金数额的确定，下列哪些说法是正确的？

A. 应当根据犯罪事实决定罚金数额

B. 应当根据犯罪情节决定罚金数额

C. 刑法未明确规定罚金数额标准的，罚金的最低数额不能低于 1000 元

D. 对未成年人犯罪，罚金的最低数额不能少于 300 元

答案：BC

（五）罚金的执行

罚金刑，由第一审人民法院执行。根据《刑法》第 53 条的规定，罚金的执行分以下四种情况：①在判决指定的期限内一次或者分期缴纳。具体由法院视罚金数额和犯罪人缴纳能力而定。"判决指定的期限"，根据司

法解释应为从判决发生法律效力第二日起最长不超过 3 个月。②期满有能力缴纳而不缴纳的，法院强制其缴纳。强制缴纳的方法主要有：查封、变卖财产、冻结存款、扣发工资等。③随时追缴，即对于不能全部缴纳罚金的，法院在任何时候发现被执行人有可以执行的财产，应当随时追缴。④减免缴纳。对于因遭遇不可抗拒的灾祸缴纳确有困难的，经查证属实，可由人民法院决定酌情减少或者免除缴纳。根据前述最高人民法院的司法解释，"由于遭遇不可抗拒的灾祸缴纳确有困难的"，主要是指因遭受火灾、水灾、地震等灾祸而丧失财物；罪犯因重病、伤残等而丧失劳动能力，或者需要罪犯抚养的近亲属患有重病，须支付巨额医药费等，确实没有财产可供执行的情形。

根据前述司法解释，法院依法对犯罪分子所犯数罪分别判罚金刑的，应将所判处的罚金数额相加，执行总和数额。即在罚金上，采用相加原则。

如果一人犯数罪，同时并处罚金和没收部分财产的，应当合并执行。但并处没收全部财产的，只执行没收财产刑。

特别提示：随时追缴，没有时间限制，只要犯罪人未亡，任何时候都可追缴。

10－14 某法院以诈骗罪判处周某有期徒刑 1 年并处罚金 1 万元，周某以无钱为由拒不缴纳罚金。刑满释放后第 3 年，周某准备结婚，购买 29 寸彩电一台及冰箱一台。法院得知上述情况后派法警强行将彩电和冰箱扣押。请问应如何看待法院的行为？

A. 欠妥当　　　　　　　　　　B. 虽然欠妥当但却是合法的

C. 并无不妥，是完全合法的　　D. 是不符合法律规定的

答案：C

二、剥夺政治权利

（一）剥夺政治权利的概念

剥夺政治权利，是指剥夺犯罪人参加国家管理和政治活动的权利的刑罚方法。它属于资格刑。依照《刑法》第 54 条的规定，剥夺政治权利是指剥夺以下权利：①选举权和被选举权；②言论、出版、集会、结社、游行、示威自由的权利；③担任国家机关职务的权利；④担任国有公司、企业、事业单位和人民团体领导职务的权利。

（二）剥夺政治权利的适用方法

剥夺政治权利，在适用方法上，可以附加适用，也可以独立适用。

1. 附加适用。附加剥夺政治权利，只适用于严重的犯罪。具体由刑法

总则规定，分为如下两种情况：

（1）应当附加剥夺政治权利。此种情况，法院没有裁量的余地，必须附加剥夺政治权利。根据《刑法》第56、57两条的规定，应当附加剥夺政治权利的犯罪人有两种：①对于危害国家安全的犯罪人，应当附加剥夺政治权利。这是从犯罪性质上确定剥夺政治权利的适用对象，不论对犯罪人判处的主刑轻重，只要犯的是此种罪，就必须附加剥夺政治权利。但是，刑法分则对一些情节较轻的危害国家安全罪规定可以单处剥夺政治权利，如果独立适用了剥夺政治权利，就不能再附加适用。②对于被判处死刑、无期徒刑的犯罪人，应当附加剥夺政治权利终身。这是从主刑种类上确定剥夺政治权利的适用对象，不论犯罪的性质和类型，只要判处死刑或无期徒刑，就必须剥夺政治权利终身。之所以对判处死刑和无期徒刑的犯罪人附加剥夺政治权利终身，一方面是为了从政治上对犯罪人加以否定，另一方面是为了防止其以后继续行使或者由他人代为行使某些权利，比如著作权。

（2）可以附加剥夺政治权利。此种情况，在审判实践中是否剥夺政治权利，由人民法院酌情决定。但"可以"表明了立法机关的倾向性意见，即在通常情况下得附加剥夺政治权利。《刑法》第56条规定："对于故意杀人、强奸、放火、爆炸、投毒、抢劫等严重破坏社会秩序的犯罪分子，可以附加剥夺政治权利。"根据此规定，除了对该条所列举的犯罪人之外，对故意伤害、盗窃等其他严重破坏社会秩序的犯罪，犯罪人主观恶性较深、犯罪情节恶劣、罪行严重的，也可以依法附加剥夺政治权利。[1]

2. 独立适用。单独剥夺政治权利，适用于罪质较轻或者罪质严重但情节较轻的犯罪，由刑法分则加以规定。如果某个分则条文没有规定独立适用剥夺政治权利，审判实践中就不能独立适用。刑法分则主要对危害国家安全罪、侵犯公民人身权利、民主权利罪、妨害社会管理秩序罪、危害国防利益罪等几种类型的犯罪规定了可以选择判处剥夺政治权利。

（三）剥夺政治权利的期限

根据《刑法》第55、56、57条的规定，剥夺政治权利的期限分为四种情况：①独立适用或者判处有期徒刑、拘役附加剥夺政治权利的期限，为1年以上5年以下；②被判处管制附加剥夺政治权利的，剥夺政治权利的期限与管制期限相等，同时执行；③对于被判处死刑、无期徒刑的犯罪人，应当附加剥夺政治权利终身；④死缓或者无期徒刑减为有期徒刑时，应当把附加剥夺政治权利的期限改为3年以上10年以下。

---

[1] "最高人民法院给福建省高级人民法院的批复"（1997年12月23日），载《司法文件选编》1998年合订本，第83页。

（四）剥夺政治权利刑期的起算

根据《刑法》的有关规定，剥夺政治权利刑期的起算，分为以下几种情况：①被判处管制附加剥夺政治权利的，刑期与管制的刑期相等，同时起算。②判处拘役、有期徒刑附加剥夺政治权利的，以及死缓、无期徒刑减为有期徒刑附加剥夺政治权利的，刑期从拘役、有期徒刑执行完毕之日或者假释之日起算。剥夺政治权利的效力当然施用于主刑执行期间。③独立适用剥夺政治权利的，刑期从判决之日起算。④判处死刑、无期徒刑因而附加剥夺政治权利终身的，刑期从判决发生法律效力之日起算。

（五）剥夺政治权利的执行

根据《刑事诉讼法》第 218 条的规定，剥夺政治权利由公安机关执行。依照《刑法》第 58 条第 2 款的规定："被剥夺政治权利的犯罪人，在执行期间，应当遵守法律、行政法规和国务院、公安部门有关监督管理的规定，服从监督，不得行使《刑法》第 54 条规定的各项权利。"根据《中华人民共和国法院组织法》第 34 条的规定，被判处剥夺政治权利的人，无论经过多少年，都不能被选举为人民法院院长，也不能被任命为副院长、庭长、副庭长、审判员或助理审判员。

特别提示：

1. 判处管制的，剥夺政治权利的期限与管制刑期相等，同时执行。

2. 判处有期徒刑和拘役的，剥夺政治权利的刑期从主刑执行完毕或假释之日起执行，剥夺政治权利的效力当然适用于主刑执行期间。

3. 犯危害国家安全罪的，应当附加剥夺政治权利。不论犯什么罪，被判处死刑或无期徒刑，都应当附加剥夺政治权利终身。犯其他严重破坏社会秩序罪的，可以附加剥夺政治权利。

10 - 15 关于剥夺政治权利的下列说法，哪些是正确的？

A. 剥夺政治权利，是剥夺犯罪人参加国家管理和政治活动的权利

B. 被剥夺政治权利的人，无权担任人民团体的领导职务

C. 被剥夺政治权利的人，无权参加人大代表的选举

D. 罪质虽然较轻，但未经刑法分则明文规定的，不得独立适用剥夺政治权利

答案：ABCD

10 - 16 下列关于剥夺政治权利的适用，哪些说法是错误的？

A. 某甲犯间谍罪被判处管制，可以附加剥夺政治权利

B. 某丁犯故意重伤罪被判处 10 年有期徒刑，可以附加剥夺政治权利

C. 某乙犯抢劫罪被判处无期徒刑，应当附加剥夺政治权利

D. 某丙犯强奸罪被判处死刑缓期 2 年执行，应当附加剥夺政治权利终身

答案：AC

10-17 关于剥夺政治权利的期限，下列哪些说法是正确的？

A. 独立适用或者判处有期徒刑、拘役附加剥夺政治权利的期限为 1 年以上 5 年以下

B. 被判处管制附加剥夺政治权利的期限为 6 个月以上 3 年以下

C. 被判处死刑或者无期徒刑的，应当附加剥夺政治权利终身

D. 死缓或者无期徒刑减为有期徒刑时，应当把附加剥夺政治权利的期限改为 3 年以上 10 年以下。

答案：ACD

10-18 某甲犯抢劫罪，被判处 10 有期徒刑，附加剥夺政治权利 3 年，针对此案，下列说法哪些是正确的？

A. 对某甲应当附加剥夺政治权利 3 年

B. 对某甲可以附加剥夺政治权利 1~5 年

C. 执行 6 年后，某甲被假释，从假释之日起，才开始执行剥夺政治权利

D. 某甲实际被剥夺的政治权利是 9 年

答案：BCD

10-19 (06卷二55)　关于刑期的起算，下列哪些选项是正确的？

A. 管制、拘役的刑期，从判决执行之日起计算

B. 有期徒刑的刑期，从判决确定之日起计算

C. 死刑缓期执行减为有期徒刑的刑期，从死刑缓期执行期满之日起计算

D. 附加剥夺政治权利的刑期，从徒刑、拘役执行完毕之日或者从假释期满之日起计算

答案：AC

三、没收财产

（一）没收财产的概念与适用对象

没收财产，是指将犯罪人个人所有财产的一部或者全部强制无偿地收归国有的刑罚方法。没收财产与没收犯罪物品、违禁品和供犯罪所用的本人财物，具有本质区别。《刑法》第 64 条规定："犯罪人违法所得的一切

财物，应当予以追缴或者责令退赔；对被害人的合法财产，应当及时返还；违禁品和供犯罪所用的本人财物，应当予以没收。没收的财物和罚金，一律上缴国库，不得挪用和自行处理。"据此，追缴犯罪所得的财物、没收违禁品和供犯罪所用的本人财物，都不属于没收财产。可见，没收财产，实际上是没收犯罪人合法所有并且没有用于犯罪的财产。实践中，不得以追缴犯罪所得、没收违禁品和供犯罪所用的本人财物来代替或折抵没收财产。

没收财产适用的对象主要是破坏市场经济秩序、侵犯财产、贪污贿赂等贪利型和财产型犯罪，同时也适用于危害国家安全的严重犯罪。

（二）没收财产的范围

根据《刑法》第 59 条的规定，没收财产，是没收犯罪人个人所有的财产，不得没收犯罪人亲属应有的财产。另外，对犯罪人个人所有的财产，可以没收一部分，也可以没收全部。没收全部财产的，应当为犯罪人个人及其扶养的家属保留必需的生活费用。

（三）没收财产的执行

根据《刑事诉讼法》第 220 条的规定，没收财产的判决，由第一审人民法院执行，必要时，也可以会同公安机关执行。

《刑法》第 60 条规定："没收财产以前犯罪人所负的正当债务，需要以没收的财产偿还的，经债权人请求，应当偿还。"根据此规定，以没收的财产偿还债务，需具备以下三个条件：①必须是犯罪人在其财产被没收以前所负的债务；②必须是正当即合法的债务；③必须经债权人请求。

特别提示：用没收的财产偿还正当债务，不需要经法院批准。

10-20 关于没收财产刑，下列哪些说法是正确的？

A. 对犯罪人没收财产时，不得没收犯罪人亲属应有的财产

B. 没收犯罪人全部财产时，应当为犯罪人本人及其抚养的家属保留必要的生活费用

C. 没收财产刑，除适用于贪利型和财产型犯罪外，也可以适用于危害国家安全的严重犯罪

D. 没收财产以前犯罪人所负的正当债务，需要以没收的财产偿还的，经债权人请求，应当偿还

答案：ABCD

10-21（98 卷二 60）　丁某因犯走私罪被法院判处有期徒刑 7 年并处没收财产，汪某等 5 人得知这一消息后，提出丁某向他们借过钱，要求丁某偿还，在以没收的财产偿还债务时必须符合下述哪些条件？

A. 必须是在没收财产前所负的正当债务

B. 必须经债权人提出请求

C. 必须经过人民法院核准

D. 只能在没收财产的数额内偿还

答案：ABD

四、驱逐出境

驱逐出境，是强迫犯罪的外国人离开中国国（边）境的刑罚方法。这是专门适用于犯罪的外国人的一种特殊的附加刑。既可以独立适用，也可以附加适用。独立适用，从判决确定之日起执行；附加适用的，从主刑执行完毕之日起执行。

驱逐出境作为一种刑罚方法，是我国主权和司法自主权的体现。我国是一个独立的主权国家，任何在我国境内的外国人都必须遵守我国法律，不得实施犯罪行为。外国人在我国领域内犯罪的，除享有外交特权和豁免权的通过外交途径解决之外，一律适用我国刑法。

《刑法》中规定的驱逐出境，与《中华人民共和国外国人入境出境管理办法》第30条规定的驱逐出境在处罚方式上都是强迫外国人离开中国国（边）境，但二者是性质不同的处罚方法。前者属于刑罚，后者属于行政处罚。二者在适用的法律、适用的机关、适用的程序等方面都有本质的区别。对犯罪的外国人适用驱逐出境，往往会影响到我国与其所属国之间的关系。因此，在适用时需要慎重考虑。基于此，刑法中规定"可以"驱逐出境，而没有规定"应当"驱逐出境。这样规定，具有一定的灵活性，在具体案件中是否驱逐出境，由人民法院根据案件情况和国际形势的需要而决定。

第十一章　刑罚的裁量

■　第一节　量刑概述

一、量刑概念

量刑，是人民法院对犯罪人依照刑法的规定裁量决定刑罚的一种审判活动。

人民法院的刑事审判活动是由"审"和"判"两部分组成的。"审"就是定罪，也就是对案件事实、证据等进行审查，以确定行为人是否构成犯罪以及构成什么罪；"判"就是量刑，也就是在查清犯罪事实，认定构成犯罪的基础上，决定是否判刑、判什么刑以及是否立即执行。量刑具有以下几个特征：

1. 量刑的主体只能是人民法院。量刑权是国家刑罚权的重要内容之一，从属于刑事审判权。根据宪法及有关法律的规定，刑事审判权专属人民法院行使，因而，量刑的主体只能是人民法院。但也不是任何法院都可以裁量任何刑罚。根据《刑事诉讼法》的规定，基层人民法院不能对犯罪人作出无期徒刑和死刑的裁量。

2. 量刑的法律依据是刑法和刑事诉讼法。人民法院量刑时，只能在刑法规定的刑罚幅度之内并依照刑事诉讼法规定的程序进行量刑。

3. 量刑的对象是已被认定有罪的犯罪人。未经刑事审判确认有罪的人，不可能成为刑罚裁量的对象。

4. 量刑的基础是已经查明的犯罪事实和犯罪性质。换言之，人民法院只有在查明犯罪事实和犯罪性质之后，才能量刑。即只能先定罪后量刑，而不能先量刑后定罪。

5. 量刑的内容是裁量刑罚。即决定是否对犯罪人判处刑罚；在作出判处刑罚的决定后，再决定判处何种刑罚、判处多重的刑罚以及是否立即执行。

6. 量刑是一种刑事审判活动。刑事审判活动由定罪和量刑两部分组成，人民法院行使审判权的主要表现之一就是行使刑罚裁量权。所以，量刑在性质上属于人民法院的刑事审判活动。

二、量刑原则

《刑法》第61条规定："对于犯罪分子决定刑罚的时候，应当根据犯罪的事实、犯罪的性质、情节和对于社会的危害程度，依照本法的有关规定判处。"这一规定实际上就是量刑的基本原则。这个原则包括两个内容：以犯罪事实为根据，以刑事法律为准绳。

（一）量刑必须以犯罪事实为根据

犯罪事实是量刑的客观根据，没有犯罪事实，量刑就失去了赖以存在的基础。审判机关只有在查清犯罪事实以后，才能确定犯罪人犯了什么罪，应处什么刑罚。坚持量刑以犯罪事实为根据，是顺利开展刑事审判活动，避免出现冤假错案的保证。

犯罪事实有广义和狭义之分。这里所说的犯罪事实，应从广义上理解，是指犯罪案件中存在的一切事实情况的总和，包括犯罪构成的基本事实、犯罪性质、犯罪情节和犯罪的社会危害程度。全面贯彻量刑以犯罪事实为根据这一原则，必须做到如下几点：

1. 认真查清犯罪事实。这里所说的犯罪事实，是指狭义上的犯罪事实，即专指符合刑法规定的犯罪构成要件的主客观事实。其内容包括：什么人在什么心理状态下，实施了什么行为，造成了什么结果，侵犯了何种社会关系。也就是要查明：行为人是否达到了法定年龄、是否具有行为能力、主观上是否具有犯罪的故意或过失、客观上是否实施了犯罪行为以及实施了什么样的犯罪行为、造成的危害结果是什么、侵害的客体是什么。认真查清犯罪事实，是正确量刑的关键，是贯彻以犯罪事实为根据原则的前提。

2. 准确认定犯罪性质。这里的犯罪性质，是指行为人犯了什么罪，具备刑法分则哪个条文规定的犯罪构成，应定什么罪名。准确认定犯罪性质，实际上就是准确认定行为构成了什么罪、准确确定具体犯罪的罪名。我国《刑法》将所有犯罪分为10大类，400余种，各种犯罪都有其质的规定性，都有其相应的法定刑。因此，确定了犯罪性质，也就确定了应当适用的刑法条文，从而基本选定了与该犯罪相对应的法定刑。[1]

3. 全面掌握犯罪情节。这里所说的犯罪情节，实为量刑情节，是指犯罪构成基本事实以外的其他事实情况。这些事实情况，虽然不属于犯罪构成要件的内容，但却与犯罪构成主客观事实具有密切联系，能够反映主客观方面的情状和深度，从而影响犯罪的社会危害性程度和犯罪人的人身危险性程度，因而也就必然影响量刑的轻重。在性质相同的犯罪中，犯罪情节不同，犯罪的社会危害程度也会不同。因此，要使刑罚与犯罪的社会危

---

〔1〕 由于有的犯罪有数个档次的法定刑，因而确定了犯罪性质还不等于完全选定了法定刑。

害性相适应，除了使刑罚与犯罪事实、犯罪性质相适应外，还必须使刑罚与犯罪情节相适应。我国刑法分则有许多条文都规定了不同档次的法定刑。在规定了不同档次的法定刑的犯罪中，分清犯罪情节究竟属于哪个档次，对于正确量刑具有特别重要的意义。即使某种犯罪只有一档法定刑，犯罪情节对于如何在该法定刑的幅度内选择刑种和刑度，也具有十分重要的意义。因此，在量刑时，必须全面掌握犯罪情节，充分考虑各种情节对决定刑罚的作用。

4. 综合评价犯罪的社会危害程度。犯罪的社会危害程度，是由构成犯罪的基本事实、犯罪性质和犯罪情节共同决定的，而不仅仅是指犯罪造成的危害结果的大小。查清了犯罪造成的危害结果，并不等于就查清了犯罪的社会危害程度，还必须对犯罪的基本事实、犯罪性质和犯罪情节进行综合评价，同时还要考虑国家的政治、经济特别是社会治安形势等等，才能得出正确的结论。

（二）量刑必须以刑事法律为准绳

查清了犯罪的事实、性质、情节和危害程度，并不意味着量刑自然就会适当。要想做到量刑适当，还必须在查清犯罪事实的基础上，严格按照《刑法》的有关规定进行量刑。具体说来，必须注意以下几点：

1. 必须严格按照刑事法律规定的各种刑罚方法的适用权限和适用条件进行量刑。例如，基层人民法院不能判处无期徒刑和死刑，死刑只适用于罪行极其严重的犯罪人，对于危害国家安全的犯罪人必须附加剥夺政治权利。又如，不能同时判处两个主刑，附加刑既可独立适用，也可附加适用。这些都是人民法院量刑时必须严格遵守的。

2. 必须严格依照《刑法》规定的量刑制度进行量刑。例如，刑法规定了累犯制度、自首制度、立功制度、缓刑制度、数罪并罚制度。又如，《刑法》还规定，犯罪时不满 18 周岁和审判时怀孕的妇女不适用死刑等。量刑时，必须严格遵循这些制度。

3. 必须严格按照《刑法》规定的各种量刑原则进行量刑。例如，未成年人犯罪的处罚原则、又聋又哑的人犯罪的处罚原则、防卫过当和避险过当的处罚原则、对中止犯、预备犯和未遂犯的处罚原则等等，量刑时，都必须严格遵守。此外，刑法还规定了各种从重、从轻、减轻、免除处罚的情节，其中有的是应当从轻、减轻或免除处罚，有的是可以从轻、减轻或免除处罚；从重、从轻、减轻又各有其特定的含义：从重不能超过量刑幅度中的最高刑，从轻不能低于量刑幅度中的最低刑，减轻是低于法定刑一格量刑，等等。这些都是人民法院在量刑时必须要遵守的。

4. 必须严格按照《刑法》分则具体条文规定的法定刑进行量刑。我国《刑法》分则规定的法定刑，有着较大的幅度，有的条文甚至规定了数个刑种和数个量刑幅度，量刑时具体适用哪个量刑幅度或哪个刑种，确定多长的刑期，都需要根据案件的具体情况，公正地进行选择。在选择过程中，不得超越刑法规定的幅度，不得适用刑法没有规定的刑种。

■ 第二节 量刑情节

一、量刑情节的概念

量刑情节，是指存在于犯罪构成基本事实之外的，能够影响犯罪的社会危害性大小或犯罪人的人身危险性大小，从而能够决定对犯罪人免除刑罚或者足以影响量刑轻重的各种事实情况。

量刑情节可以分为轻重不同的等级，并成为刑法规定不同档次的法定刑的根据。我国《刑法》规定的量刑情节，在量的等级上共有五个，从轻到重的顺序是：①情节轻微；②情节较轻；③基本情节；④情节严重或情节恶劣；⑤情节特别严重或特别恶劣。情节轻微，是免予刑事处罚的根据（如第37条）。情节较轻，是比照基本情节减轻法定刑的根据（如第232条）。基本情节，是表明行为构成犯罪的根据，在条文中的表述一般为"……的，处……"，如第257条规定："以暴力干涉他人婚姻自由的，处2年以下有期徒刑或者拘役。"情节严重或情节恶劣，对有些犯罪是比照基本情节加重法定刑的根据（如第109条），对另一些犯罪则属于犯罪构成的要素（如第223、260条）。情节特别严重或特别恶劣，是比照情节严重或情节恶劣加重法定刑的根据（如第225条）。

量刑情节具有以下几个特征：

1. 量刑情节必须是存在于犯罪构成基本事实之外的各种情况。量刑情节，实际上是在某种行为已经构成犯罪的前提下，于量刑时应当考虑的情况。因此，量刑情节不属于犯罪构成的要素，存在于犯罪构成基本事实之外，对犯罪的成立不具有决定意义。如果某种情况属于犯罪构成的要素，存在于犯罪构成之中，具有区分罪与非罪、此罪与彼罪的功能，那就不是量刑情节。例如，《刑法》第315条规定："依法被关押的罪犯，有下列破坏监管秩序行为之一，情节严重的，处3年以下有期徒刑。"该条的"情节严重"就不是量刑情节，而是犯罪构成的要素，它对于区分罪与非罪具有决定性意义。有些事实情况，兼有犯罪构成要素与量刑情节两种功能，审判实践中需要根据刑法的具体规定予以区分。如危害结果，对某些犯罪来说是构成要素，不是量刑情节，但对于不以危害结果为构成要素的犯罪（如杀人罪），则属于量刑情节。

2. 量刑情节必须足以影响量刑的轻重，甚至能够决定对犯罪人免除刑罚。量刑情节虽然对犯罪的成立不具有决定意义，但却能够反映犯罪的社会危害性大小以及犯罪人人身危险性的大小，从而能够影响量刑的轻重或者决定免除犯罪人的刑罚。例如，犯罪中止且未造成危害后果的，就能决定免除刑罚；再如，在故意杀人罪中，行为人出于何种动机，采用何种手段，不影响犯罪的成立，但却影响量刑的轻重。因而，未造成危害后果的犯罪中止、故意杀人罪中的动机、手段等等，都属于量刑情节。如果某种情况不影响量刑的轻重，则不是量刑情节。如犯罪人的身体特征、生活习惯等等，就不属于量刑情节。

3. 量刑情节是选择法定刑的档次和决定宣告刑的依据。人民法院在量刑时，究竟选择哪一条的法定刑，是由犯罪性质决定的。而当一个犯罪具有数档法定刑时，究竟选择哪一档的法定刑，则是由量刑情节决定的。在选定了法定刑的档次后，在这个档次中究竟决定多重的宣告刑，也是由量刑情节决定的。

二、量刑情节的分类

（一）量刑情节的分类概述

1. 以刑法有无明文规定为标准，可以把量刑情节分为法定量刑情节和酌定量刑情节。前者是刑法明文规定在量刑时应予考虑的情节；后者是刑法没有明文规定，根据立法精神和刑事政策由人民法院从审判经验中总结出来的在量刑时需要酌情考虑的情节。

2. 以刑法是否就法定情节的功能作出确定性规定为标准，可以将法定情节分为应当情节和可以情节。前者是指刑法明文规定的对量刑必须产生从宽或从严影响的情节，如中止犯和累犯；后者是指刑法明文规定的对量刑可能产生从宽影响的情节（刑法没有规定对量刑可能产生从严影响的情节）如未遂犯。

3. 以情节对刑罚之宽严所产生的影响为标准，可以把量刑情节分为从宽情节和从严情节。从宽情节是指对犯罪人的量刑产生从宽或者有利影响的情节，包括免除处罚、减轻处罚和从轻处罚情节；从严量刑情节，是指对犯罪人的量刑产生从严或者不利影响的情节，即从重处罚情节。

4. 以情节与犯罪行为在时间上的关系为标准，可以把量刑情节分为案中情节和案外情节。案中情节，是指在犯罪过程中出现的情节，如犯罪手段、犯罪对象、犯罪未遂、时间、地点等等。案中情节，都是影响犯罪的社会危害性的情节。个别案中情节如犯罪中止，也能说明犯罪人的人身危险性。案外情节，是指在犯罪行为之前或之后出现的情节，如犯罪人的一贯表现、犯罪后的态度、累犯、自首等等。案外情节，都是影响犯罪人人身危险性的情节。

5. 以同一情节对量刑影响的功能多少为标准，可以把量刑情节分为单幅情节和多幅情节。单幅情节，是指对量刑只具有单一功能的量刑情节，它对量刑的影响只有一种可能性，例如，对于累犯，只能从重处罚；多幅情节，是指对量刑具有两种以上功能的量刑情节，它对量刑的影响具有两种以上的可能性，例如，对于从犯，既可以从轻处罚，也可以减轻处罚，还可以免除处罚。

（二）法定量刑情节

法定量刑情节，简称法定情节，是指《刑法》明文规定的各种应当或者可以免除、减轻、从轻或者从重处罚的情节。既有《刑法》总则规定的，也有《刑法》分则规定的。共有如下各种：[1]

1. 总则中常见的法定量刑情节。

（1）犯罪主体方面：①未成年。第17条：已满14周岁不满18周岁的人犯罪，应当从轻或者减轻处罚。②限制刑事责任能力人。第18条：尚未完全丧失辨认或者控制自己行为能力的精神病人犯罪的应当负刑事责任，但是可以从轻或者减轻处罚。③聋哑人或者盲人。第19条：又聋又哑的人或者盲人犯罪，可以从轻、减轻或者免除处罚。

（2）犯罪形态方面：①预备犯。第22条：对于预备犯，可以比照既遂犯从轻、减轻或者免除处罚。②未遂犯。第23条：对于未遂犯，可以比照既遂犯从轻或者减轻处罚。③中止犯。第24条：对于中止犯，没有造成损害的，应当免除处罚；造成损害的，应当减轻处罚。

（3）共同犯罪方面：①从犯。第27条：对于从犯，应当从轻、减轻处罚或者免除处罚。②胁从犯。第28条：对于被胁迫参加犯罪的，应当按照他的犯罪情节减轻处罚或者免除处罚。③教唆未成年人。第29条第2款：教唆不满18周岁的人犯罪的，应当从重处罚。④教唆未遂。第29条第3款：如果被教唆的人没有犯被教唆的罪，对于教唆犯，可以从轻或者减轻处罚。

（4）犯罪后的表现：①自首。第67条：对于自首的犯罪分子，可以从轻或者减轻处罚。其中，犯罪较轻的，可以免除处罚。②立功。第68条：犯罪分子有……立功表现的，可以从轻或者减轻处罚；有重大立功表现的，可以减轻或者免除处罚。③如实供述罪行。犯罪人虽无自首情节，但如实供述自己罪行的，可以从轻处罚；因其如实供述自己罪行，避免特别严重后果发生的，可以减轻处罚。

（5）其他：①累犯。第65条：对累犯，应当从重处罚。②防卫过当。第20条：正当防卫明显超过必要限度造成重大损害的，应当负刑事责任，

---

[1] 以下所列的法定情节，不包括影响选择法定刑档次的情节，所列条款均指刑法典的条款。

但应当减轻或者免除处罚。③避险过当。第 21 条：紧急避险超过必要限度造成不应有损害的，应当负刑事责任，但应当减轻或者免除处罚。④在域外犯罪已受过处罚的。第 10 条：在外国已经受过刑事处罚的，可以免除或者减轻处罚。

上述总则的法定情节，在司法考试中出现的概率极高，应当全部牢记。

2. 分则中的法定量刑情节。

（1）可以不予追究刑事责任的情节。第 241 条第 6 款：收买被拐卖的妇女、儿童，按照被买妇女的意愿，不阻碍其返回居住地的，对被买儿童没有虐待行为，不阻碍对其进行解救的，可以不追究刑事责任。

（2）可以减轻处罚或者免除处罚的情节。

第 164 条第 4 款：在被追诉前主动交待向公司、企业工作人员行贿行为的，可以减轻处罚或者免除处罚。

第 383 条第 1 款第 3 项后段：个人贪污数额在 5000 元以上不满 1 万元，犯罪后有悔改表现、积极退赃的，可以减轻处罚或者免予刑事处罚。

第 390 条第 2 款：行贿人在被追诉前主动交待向国家工作人员的行贿行为的，可以减轻处罚或者免除处罚。

第 392 条第 2 款：介绍贿赂人在被追诉前主动交待介绍贿赂行为的，可以减轻处罚或者免除处罚。

（3）从重处罚的情节。

第 104 条第 2 款：策动、胁迫、勾引、收买国家机关工作人员、武装部队人员、人民警察、民兵进行武装叛乱或者武装暴乱的，从重处罚。

第 106 条：与境外机构、组织、个人相勾结犯《刑法》第 103、104、105 条规定之罪的，从重处罚。

第 109 条第 2 款：掌握国家秘密的国家工作人员叛逃境外或者在境外叛逃的，从重处罚。

第 168 条：犯国有公司、企业、事业单位人员失职罪或国有公司、企业、事业单位人员滥用职权罪，徇私舞弊的，从重处罚。

第 171 条第 3 款：伪造货币并出售或者运输伪造的货币的，依照第 170 条伪造货币罪从重处罚。

第 177 条之一第 3 款：银行或者其他金融机构的工作人员利用职务上的便利，犯窃取、收买或者非法提供信用卡信息罪的，从重处罚（《刑法修正案（五）》）。

《关于惩治骗购外汇、逃汇和非法买卖外汇犯罪的决定》第 1 条第 2 款：伪造、变造海关签发的报关单、进口证明、外汇管理部门核准件等凭证和单据，并用于骗购外汇的，依照骗购外汇罪的规定从重处罚。

《关于惩治骗购外汇、逃汇和非法买卖外汇犯罪的决定》第5条：海关、外汇管理部门以及金融机构、从事对外贸易经营活动的公司、企业或者其他单位的工作人员与骗购外汇或者逃汇的行为人通谋，为其提供购买外汇的有关凭证或者其他便利的，或者明知是伪造、变造的凭证和单据而售汇、付汇的，以共犯论，依照本决定从重处罚。

第186条第2款：银行或者其他金融机构的工作人员违反国家规定，向关系人发放贷款的，依照违法发放贷款罪的规定从重处罚（《刑法修正案（六）》）。

第236条第2款：奸淫不满14周岁的幼女的，以强奸论，从重处罚。

第237条第3款：猥亵儿童的，依照前两款的规定从重处罚。

第238条：非法剥夺他人人身自由、具有殴打、侮辱情节的，从重处罚。

第238条第4款：国家机关工作人员利用职权犯非法拘禁罪的，从重处罚。

第243条第2款：国家机关工作人员犯诬告陷害罪的，从重处罚。

第245条第2款：司法工作人员滥用职权犯非法搜查罪或非法侵入住宅罪的，从重处罚。

第247、248条：刑讯逼供、暴力取证、虐待被监管人致人伤残、死亡的，以故意伤害罪或故意杀人罪从重处罚。

第253条第2款：邮政工作人员私拆或者隐匿、毁弃邮件、电报而窃取财物的，以盗窃罪从重处罚。

第279条第2款：冒充人民警察招摇撞骗的，以招摇撞骗罪从重处罚。

第301条第2款：引诱未成年人参加聚众淫乱活动的，依照聚众淫乱罪从重处罚。

第307条第2款：司法工作人员以暴力、威胁、贿买等方法阻止证人作证、指使他人作伪证或者帮助当事人毁灭、伪造证据的，从重处罚。

第345条第4款：盗伐、滥伐国家级自然保护区内的森林或者其他林木的，以盗伐林木罪或滥伐林木罪从重处罚。

第347条第6款：利用、教唆未成年人走私、贩卖、运输、制造毒品，或者向未成年人出售毒品的，从重处罚。

第349条第2款：缉毒人员或者其他国家机关工作人员掩护、包庇走私、贩卖、运输、制造毒品的犯罪分子的，依照包庇毒品犯罪分子罪，窝藏毒品、毒赃罪从重处罚。

第353条第3款：引诱、教唆、欺骗或者强迫未成年人吸食、注射毒品的，从重处罚。

第356条：因走私、贩卖、运输、制造、非法持有毒品罪被判过刑，又实施毒品犯罪的，从重处罚。（注意此条与累犯的竞合：因再犯毒品罪，即使符合累犯条件，也不适用累犯的规定，而只适用本条关于再犯从重的规定）。

第361条第2款：旅馆业、饮食服务业、文化娱乐业、出租汽车业等单位的主要负责人利用本单位的条件，组织、强迫、引诱、容留、介绍他人卖淫的，从重处罚。

第364条第3款：制作、复制淫秽的电影、录像等音像制品组织播放的，依照组织播放淫秽音像制品罪，从重处罚。

第364条第4款：向不满18周岁的未成年人传播淫秽物品的，从重处罚。

第369条第3款：战时犯破坏武器装备、军事设施、军事通信罪的，从重处罚。

第384条第2款：挪用用于救灾、抢险、防汛、优抚、扶贫、移民、救济款物归个人使用的，以挪用公款罪从重处罚。

第386条：索取贿赂的，从重处罚。

第426条：战时阻碍执行军事职务的，从重处罚。

11-1（06卷二65） 下列哪些行为属于法定的从重处罚情节？

A. 国家机关工作人员甲利用职权对乙进行非法拘禁，时间长达3天

B. 军警人员甲持枪抢劫

C. 国家机关工作人员甲利用职权挪用数额巨大的救济款进行赌博

D. 国家机关工作人员甲徇私舞弊，滥用职权，致使公共财产、国家和人民利益遭受重大损失

答案：AC

（三）酌定量刑情节

酌定量刑情节，简称酌定情节，是指《刑法》虽然没有明文规定，但由人民法院根据立法精神和审判实践灵活掌握的影响对犯罪处刑轻重的情节。常见的酌定情节主要有以下几种：

1. 犯罪的手段。特定的手段作为犯罪构成要素时，不是量刑情节，故这里的犯罪手段是指不属于构成要件内容的手段。犯罪的手段残酷、狡猾程度，直接说明犯罪行为的危害程度，因而影响量刑。如杀人的手段是否残忍，就对量刑起影响作用。

2. 犯罪的时空及环境条件。犯罪的时间、地点、环境条件不同，也能说明行为的社会危害程度不同，因而是影响量刑的因素。例如，发生在地震等严重自然灾害时的犯罪，其危害性就重于发生在平时的犯罪，量刑时

应当考虑从重。

3. 犯罪的对象。在刑法没有将特定对象规定为构成要素的情况下，犯罪对象的具体差别，反映行为的社会危害程度，因而是量刑时需要考虑的情节。例如，盗窃救灾、抢险款物的危害性就重于盗窃一般公私财物的危害性，盗窃贫病交加的人比盗窃一般人的危害性严重，量刑时应区别对待。

4. 犯罪造成的危害结果。在构成犯罪的前提下，危害结果（包括直接结果、间接结果）的轻重对说明行为的社会危害性起重要作用，因而成为量刑时应当考虑的重要情节。例如，同是隐匿、毁弃他人信件，其隐匿，毁弃的信件多少以及由此造成的后果不同，量刑就应有所不同。同样构成盗窃罪，但盗窃数额差别大的，量刑也应有所区别。

5. 犯罪的动机。犯罪动机不同，直接说明行为人的罪过程度不同，因而是量刑时必须考虑的因素。例如，同是故意杀人，有的是出于义愤，有的是基于图财，其所反映的罪过程度就有差别，量刑时也应有所差别。

6. 犯罪后的态度。犯罪后的态度，反映行为人的人身危险程度，因而在量刑时应当予以考虑。例如，有的人犯罪后坦白悔罪，积极退赃，主动赔偿损失；有的人犯罪后却负隅顽抗，隐匿赃物，要挟被害人，这反映出行为人的人身危险程度不同，改造的难易程度不同，在量刑时必须区别对待。

7. 犯罪人的一贯表现。犯罪人的一贯表现也反映行为人的人身危险性。例如，两个盗窃相同数额财物的罪犯，一个平时经常有小偷小摸行为，一个没有不良表现，对于前者的量刑就应当重于后者。

8. 前科。前科是指依法受过刑事处罚的事实。依法受过刑事处罚后又犯罪的，说明行为人的人身危险性较为严重，理当成为酌定量刑的情节。但是，如果构成累犯或者是特定的再犯（《刑法》第356条），则属于法定情节。

犯罪现象是十分复杂的，往往在同一个案件中，既有法定的情节，又有酌定的情节；既有从轻、减轻或免除处罚的情节，又有从重或加重处罚的情节。遇到此种情况，审判人员应当综合考虑全案情况，对犯罪人处以适当的刑罚。

（四）量刑情节的适用

正确合理的适用各种量刑情节，是保证量刑适当的前提。因此，在适用量刑情节时，就注意以下几个问题：

1. 应当型情节优于可以型情节，可以型情节优于酌定情节。审判人员在量刑时，应正确认识不同情节的不同地位和作用，不能将各种情节同等看待。必须注意，应当型情节是一种硬性规定，审判人员只有严格遵守的义务，没有自由选择的权利；可以型情节是一种授权性规定，审判人员有权根据案情决定是否适用。但可以型情节表明了法律的倾向性意见，在一般情况下，应实现刑法规定的内容；酌定情节因刑法没有明文规定，审判人员可根据具体案情，适当考虑，具体斟酌。

2. 在情节功能相同的情况下，案中情节优于案外情节。如果一个案件中既有案中情节又有案外情节，而且这些情节同属于法定情节或者同属于酌定情节，或者情节的功能相同，就应优先适用案中情节。因为案中情节的地位和作用优于案外情节。

3. 对于多功能情节：①考虑犯罪的危害程度，危害相当轻微的，应选择较大的从宽情节；反之，应选择较小的从宽情节。例如，不满18周岁的人犯相同的罪，情节严重的，应考虑从轻处罚；情节轻微的，应考虑减轻处罚。②考虑量刑情节自身的情况。例如，同是自首，犯罪后立即自首的，可考虑减轻处罚；犯罪后较长时间才自首的，可考虑从轻处罚。③考虑刑法规定的顺序，比如，"可以免除或者减轻处罚"与"可以减轻或者免除处罚"就有所不同，应首先考虑排列在前面的功能。

4. 当一个犯罪人同时具有数个减轻处罚情节时，仍然只能减轻，不能将数个减轻改为免除。当一个人同时具有数个从重处罚情节时，也只能从重，不能改为加重。当一个犯罪人同时既有从宽情节又有从严情节时，应先考虑从严情节估量出刑种与刑度，然后再考虑从宽情节决定刑种和刑度。

5. 对各种情节不能重复评价。刑法中规定的情节有三类：①作为犯罪构成要素的情节。②作为选择法定刑的依据的情节。③影响量刑轻重的情节。前两类情节发挥了各自的作用后，就不能再作为第三类情节重复适用。如《刑法》第275条规定的"故意毁坏公私财物，数额较大或者有其他严重情节的，处3年以下有期徒刑……"，这属于构成要素情节，在认定构成犯罪中起了作用之后，不能再作为量刑情节重复适用。又如《刑法》第275条规定的"数额巨大或者有其他特别严重情节的，处3年以上7年以下有期徒刑"，这属于选择法定刑依据的情节，在选择适用第二档法定刑中发挥作用之后，也不能再作为量刑情节重复适用。

三、累犯

累犯，是指受过一定刑罚处罚，在刑罚执行完毕或者赦免以后，在法定期限内又犯一定之罪的犯罪人。根据《刑法》第65条和第66条的规定，累犯分为一般累犯和特别累犯两种，但法律后果相同。

（一）一般累犯

《刑法》第65条规定："被判处有期徒刑以上刑罚的犯罪分子，刑罚执行完毕或者赦免以后，在5年以内再犯应当判处有期徒刑以上刑罚之罪的，是累犯，应当从重处罚，但是过失犯罪和不满 18 周岁的人犯罪的除外。"这就是关于一般累犯的规定。据此，成立一般累犯需具备以下条件：

1. 前罪和后罪都必须是故意犯罪。如果前后两罪或者其中一罪是过失犯罪，就不成立累犯。这是因为，过失犯罪的主观恶性轻于故意犯罪，过失犯罪人再犯罪的可能性也比较小，而累犯制度的设立是以遏制犯罪人再次犯罪为目的，故没有必要对过失犯罪设立累犯制度。

2. 前罪被判处有期徒刑以上刑罚，后罪应当判处有期徒刑以上刑罚。如果前罪被判处的是拘役、管制或者单处附加刑，无论后罪多么严重，也不成立累犯；反之，如果后罪应当判处的是拘役、管制或者应单处附加刑，无论前罪被判处的是什么刑罚，也不成立累犯。这说明，只有前后两罪都是比较严重的犯罪时，才成立累犯。这样就把从重处罚的累犯限定在严重犯罪的范围内。

3. 后罪发生的时间，必须是在前罪所判处的刑罚执行完毕或者赦免以后 5 年之内。如果犯罪人是在刑罚执行完毕或者赦免 5 年之后再次犯罪，不论再犯之罪多么严重，都不成立累犯。这是因为，后罪发生的时间距离前罪刑罚执行完毕或者赦免的时间超过 5 年的，说明犯罪人的人身危险性已相对减小，故没有必要再将其规定为累犯。上述 5 年的期限，对于被判处有期徒刑以上刑罚的犯罪人，从刑罚执行完毕或者赦免之日起计算；对于被假释的犯罪人，从假释期满之日起计算。被假释的犯罪人在假释考验期内再犯新罪的、被宣告缓刑的犯罪人在缓刑考验期内或者在缓刑考验期满后再犯新罪的，都不成立累犯。这是因为，缓刑和假释都没有实际执行原判刑罚，不符合"刑罚执行完毕"这个条件。另外，刑罚执行完毕是指主刑执行完毕，附加刑是否执行完毕不影响累犯的成立。

（二）特殊累犯

《刑法》第 66 条规定："危害国家安全犯罪、恐怖活动犯罪、黑社会性质的组织犯罪的犯罪分子，在刑罚执行完毕或者赦免以后，在任何时候再犯上述任一类罪的，都以累犯论处。"这就是关于特殊累犯的规定。据此，成立特殊累犯需具备以下条件：

1. 前罪和后罪都必须是危害国家安全、恐怖活动或者黑社会性质组织的犯罪。如果前后两罪或者其中一罪不是上述三类犯罪，则不成立特殊累犯。但符合条件的，可成立一般累犯。

2. 必须是在刑罚执行完毕或者赦免以后再犯罪。如果前罪判处的刑罚尚未执行完毕或者未被赦免而再次犯罪，不成立累犯。如果前罪被免予刑罚处罚，也不成立累犯。因为免予刑罚处罚的，没有实际执行刑罚，不符合"刑罚执行完毕"的条件。至于前罪被判处的刑罚种类，后罪应当判处何种刑罚，以及前罪与后罪间隔时间的长短，都不影响特殊累犯的成立。

（三）对累犯的处罚

累犯，表明犯罪人对前罪所判之刑没有认罪服判，没有得到有效改造，从而说明累犯具有更深的主观恶性、更大的人身危险性和改造的困难性，因而各国刑法都采取相应措施对累犯进行严厉处罚。有的国家是采取加重处罚原则，即高于法定刑判处刑罚；有的国家是采取刑罚与保安处分并科原则，即判处刑罚的同时，科以一定的保安处分；有的国家是采取不定期刑原则，即对累犯宣告不定期刑，待其得到有效改造后再予释放；有的国家是采取从重处罚原则。我国在建国前的新民主主义革命时期以及建国初期的一些单行刑事法规中，曾规定对累犯采取加重处罚原则，如1942年12月25日颁布的《晋察冀鲁豫边区妨害公务违抗法令治罪暂行条例》第5条和1952年5月3日颁布的《东北人民政府关于根绝烟毒处理贩毒分子的决定》第5条都规定对累犯加重处罚。我国1979年《刑法》规定对累犯从重处罚，1997年《刑法》，继续采取这一原则。

我国现行《刑法》第65条规定：对累犯"应当从重处罚"。贯彻这一原则，应从以下几点加以把握：

1. 对累犯是"从重"处罚。从重，就不允许超越法定的量刑幅度。

2. 对累犯是"应当"从重处罚。应当，即必须的意思。

3. 对累犯是比照初犯从重处罚。即对累犯判处的刑罚只要重于同种犯罪且情节相似的初犯即为从重。

4. 对累犯的从重处罚，并非一定要判处法定量刑幅度中的最高刑。是否判处最高刑，要根据案件的全部情况综合考虑。

5. 对累犯不得适用缓刑。这是因为，缓刑的适用是以犯罪人具有悔罪表现，不致再危害社会为条件的。而累犯不具备这一条件。若对累犯适用缓刑，不能保证对社会的安全，也不利于对累犯的改造。

特别提示：熟练掌握构成累犯的条件。

11 - 2（05卷二55）　符合下列哪些情形而在5年以内再犯应当判处有期徒刑以上刑罚之罪的可以构成累犯？

A. 前罪的刑罚执行完毕以后　　　　B. 赦免以后

C. 缓刑考验期满以后　　　　　　　D. 假释考验期满以后

答案：ABD

11 - 3　某甲2003年犯间谍罪被判拘役6个月，2006年8月又犯盗窃罪应当判有期徒刑。就某甲的行为下列哪一说法是正确的？

A. 构成累犯　　　　　　　　　　　B. 构成特别累犯

C. 构成一般累犯　　　　　　　　　D. 不构成累犯

答案：D

11 - 4 下列哪些被告人构成累犯?

A. 某甲犯间谍罪被判处有期徒刑，刑罚执行完毕后第 3 年又犯故意重伤罪

B. 某乙犯为境外非法提供国家秘密罪被判处管制，7 年后又犯间谍罪应被判处有期徒刑

C. 某丁犯交通肇事罪被判有期徒刑 3 年，刑罚执行完毕后第 2 年又犯强奸罪

D. 某丙犯盗窃罪被判处有期徒刑 5 年，执行 3 年后被假释，假释后第 7 年又犯抢劫罪

答案：ABD

11 - 5 刘某因犯抢劫罪被判处有期徒刑，刑罚执行完毕后第 4 年又犯抢劫罪。人民法院在对刘某的判刑和执行中，下列做法哪些是错误的?

A. 从轻处罚　　　B. 从重处罚　　　C. 缓刑　　　D. 假释

答案：ACD

四、自首

(一) 一般自首

一般自首，是指犯罪以后自动投案，如实供述自己罪行的行为。成立一般自首，需具备以下两个条件:

1. 自动投案。自动投案，是指犯罪事实或者犯罪嫌疑人未被司法机关发觉，或者虽被发觉，但犯罪嫌疑人尚未受到讯问、未被采取强制措施时，主动、直接向公安机关、人民检察院或者人民法院投案。自动投案是自首成立的前提条件。根据有关司法解释，[1] 下列情形也应当视为自动投案:①犯罪嫌疑人向其所在单位、城乡基层组织或者其他有关负责人员投案的;②犯罪嫌疑人因病、伤或者为了减轻犯罪后果，委托他人先代为投案，或者先以信电投案的;③罪行尚未被司法机关发觉，仅因形迹可疑，被有关组织或者司法机关盘问、教育后，主动交代自己的罪行的;④犯罪后逃跑，在被通缉、追捕过程中，主动投案的;⑤经查实确已准备去投案，或者正在投案途中，被公安机关捕获的;⑥并非出于犯罪嫌疑人主动，而是经亲友规劝、陪同投案的;⑦公安机关通知犯罪嫌疑人的亲

---

[1] "最高人民法院关于处理自首和立功具体应用法律若干问题的解释"（1998 年 4 月 6 日），载《司法文件选编》合订本 1998 年，第 296 页。

友，或者亲友主动报案后，将犯罪嫌疑人送去投案的。但是，犯罪嫌疑人自动投案后又逃跑的，不能认定为自首。逃跑后又自动归案的，仅成立脱逃罪的自首。

2. 如实供述自己的罪行。如实供述自己的罪行，是指犯罪人自动投案后，如实交代自己的主要犯罪事实。犯有数罪的犯罪嫌疑人仅如实供述所犯数罪中部分犯罪的，只对如实供述部分犯罪的行为，认定为自首。共同犯罪案件中的犯罪嫌疑人，除如实供述自己的罪行，还应当供述所知的同案犯，主犯则应当供述所知其他同案犯的共同犯罪事实，才能认定为自首。

犯罪嫌疑人自动投案并如实供述自己的罪行后又翻供的，不能认定为自首；但在一审判决前又能如实供述的，应当认定为自首。

如果犯罪人避重就轻，只供述次要罪行而隐瞒主要罪行的，或者以虚假供述来掩盖自己罪行的性质和事实真相的，或者为掩护同伙而包揽罪责的，都不能认为是如实供述自己的罪行。如实供述自己的罪行，是犯罪人认罪的表现，是自首的基本条件和本质特征。

（二）特别自首

特别自首，亦称准自首、余罪的自首，是指被采取强制措施的犯罪嫌疑人、被告人和已宣判的罪犯，如实供述司法机关还未掌握的本人其他罪行的行为。成立特别自首需具备如下两个条件：

1. 自首人必须是已被采取强制措施的犯罪嫌疑人、被告人和已经宣判的罪犯。根据我国有关法律的规定，处于公安机关侦查、预审阶段和检察机关审查、起诉阶段的案犯称为犯罪嫌疑人，处于人民法院审判阶段的案犯称为被告人。犯罪嫌疑人和被告人又统称为未决犯。可见，特别自首适用的对象，包括被采取强制措施的未决犯和已被宣判且刑期未满的已决犯。

2. 如实供述自己的其他罪行。按照有关司法解释，所谓"自己的其他罪行"，是指司法机关尚未掌握的，且与司法机关已掌握的或者判决确定的罪行属不同种的罪行。如果是与司法机关已掌握的或者判决确定的罪行属同种的罪行，不认为是自首，但可以酌情从轻处罚；如实供述的同种罪行较重的，一般应当从轻处罚。[1]

特别自首的特别之处在于投案的方式和场所与一般自首不同。不过从实质上看，特别自首和一般自首并无不同，二者都是自首人主观上认罪、悔罪或者悔改的一种表现。

---

[1] 最高人民法院 1998 年 4 月 6 日《关于处理自首和立功具体应用法律若干问题的解释》第 3 条。

11-6 下列情形哪些属于自首?

A. 甲杀人后回家服安眠药睡觉,其父报案、看守并带领公安人员将其抓获。到公安机关,甲即交代了杀人的事实。

B. 某乙因过失致人死亡,在去派出所投案的路上,被前来拘捕他的公安人员抓获。

C. 某丙因过失引起爆炸,炸死 10 多人,他自己被炸成轻伤,丙先给 110 打电话,表示先去医院包扎,然后就去投案,但丙去医院之后,逃往他乡。

D. 某丁在火车站偷一提包,内有万元现金和一把手枪。失主报案后,车站加强盘查。公安人员见丁某神色有些紧张,将其叫在一边盘问,丁交代了偷盗的事实。

答案:ABD

11-7 下列哪些情形不属于自首?

A. 甲因盗窃罪被刑事拘留后,又主动交代一起司法机关尚未掌握的盗窃行为。

B. 乙因盗窃 300 元被行政拘留,拘留后乙主动交代 3 月前曾有一次盗窃了 6000 元。

C. 丙因强奸罪被判处 6 年有期徒刑,在监狱执行期间,丙主动交代 3 年前曾抢劫一次。

D. 丁一教唆丁二实施抢劫,丁二劫得现金 2000 元,分给丁一 500 元。10 天后,丁二主动到公安机关交代了自己抢劫的事实,但未交代是丁一教唆的。

答案:AD

(三) 自首与坦白的区别

坦白,亦称如实供述罪行,有广义与狭义之分。广义的坦白包括自首,自首是坦白的内容之一,是坦白的最高形式。通常所说的“坦白从宽、抗拒从严”中的坦白,就是指广义的坦白。狭义的坦白不包括自首。这里所讲的坦白是指狭义的坦白。

坦白,是指犯罪人被动归案后,如实交代自己被指控的犯罪事实的行为。它有两个特征:①坦白的主体限于已被司法机关传讯或已被采取强制措施的犯罪人;②如实供述的内容限于已被司法机关掌握的犯罪事实。《刑法》第 67 条第 3 款规定:“犯罪嫌疑人虽不具有前两款规定的自首情节,但是如实供述自己罪行的,可以从轻处罚;因其如实供述自己罪行,避免特别严重后果发生的,可以减轻处罚。”自首与坦白的相同之处在于:

二者都以实施犯罪行为为前提；都是在归案后如实交待自己的犯罪事实；都是从宽处罚的情节。二者的区别主要有以下三点：

1. 是否自动归案不同。自首是自动归案，坦白是被动归案，这是二者区别的关键所在。但需注意的是，被采取强制措施的犯罪嫌疑人、被告人和正在服刑的罪犯如实供述司法机关尚未掌握的本人其他罪行的，也是自首。对此种情况，不能划入被动归案之列。

2. 主体不完全相同。自首的主体既可以是也可以不是已被司法机关讯问或采取强制措施的犯罪人，甚至可以是正在服刑的罪犯；坦白的主体则只能是已被司法机关讯问或采取强制措施的犯罪人。

3. 供述的内容不完全相同。自首供述的内容，既可以是也可以不是已被司法机关掌握的本人罪行；坦白供述的内容，则只能是已被司法机关掌握的罪行。

11－8 下列哪些情形不是自首而属于坦白？

A. 公安机关经过侦查掌握了某甲盗窃的一些线索和证据，一天，公安人员把甲叫到派出所，问甲最近都干什么事了，甲一听，就主动交代了盗窃犯罪的事实。

B. 甲、乙、丙三人夜半将盗得的电视机等赃物装在三轮车上运输，被巡逻警察发现，经盘问，三人交代了盗窃的犯罪事实。

C. 检察人员到某国有企业找来副厂长王某了解厂长李某的贪污事实，询问中，王某神色紧张，检察人员乘机问他："你有什么问题也说说吧"。王某就交代了自己贪污的事实。

D. 丁因受贿被刑事拘留后，主动交代了检察机关尚未掌握的一起数额巨大的受贿事实。

答案：ABD

（四）自首的法律后果

对自首的犯罪人从宽处罚，是各国自首制度普遍确立的基本原则。但究竟如何从宽处罚，各国立法不尽一致。有的是采用相对（可以）从宽原则，有的是采用绝对（应当）从宽原则。我国采用的是相对从宽原则，但对于自首后又有重大立功表现的，采用绝对从宽原则。我国《刑法》第67条第1款后段规定："对于自首的犯罪分子，可以从轻或者减轻处罚；其中，犯罪较轻的，可以免除处罚"。这里采用的是相对从宽原则。据此，对于自首的犯罪人应区别不同情况分别处理：

1. 犯罪以后自首的，无论罪行轻重，均可以从轻或者减轻处罚。需要特别注意的是，这里强调的是"可以"，而不是"应当"。这就是说，并非对每一自首的犯罪人都一律从宽处罚，而是既可以从宽处罚，也可以不从宽处罚。审判实践中，对自首的犯罪人，是否从宽处罚，应综合全案情况斟酌决定。一般来说，只要没有特殊情况，均要考虑从宽处罚。但对于具有下列特殊情形的，可以不从宽处罚：①犯罪人自首后只交代轻罪，隐瞒重罪的；②犯罪人自首后于判决前又犯新罪的；③犯罪人所犯罪行特别严重、情节特别恶劣，必须判处最高法定刑，而自首的情节不足以削弱应当从严处罚的；④犯罪人同时具有多个从严处罚的情节，而自首不足以削弱应当从严处罚的。

2. 犯罪较轻而且自首的，可以免除处罚。这里的免除，也是可以，不是应当。但如果不免除处罚的，则应当考虑减轻或者从轻处罚。至于何为较轻的犯罪，法律未做明文规定。理论界多数学者认为，应当根据犯罪所应判处的刑罚为 3 年有期徒刑作为区分较轻之罪与较重之罪的标准。详言之，应当判处的刑罚为 3 年以下有期徒刑的犯罪可视为较轻之罪，应当判处的刑罚为 3 年以上（不含 3 年）有期徒刑的犯罪可视为较重之罪。因为，根据《刑法》有关规定，我国公民在我国领域外犯罪，可以不予追究的是以 3 年以下有期徒刑为限的；适用缓刑的对象也是以 3 年以下有期徒刑为限的。这表明，在我国立法者看来，实施应当判处 3 年以下有期徒刑的犯罪，属于"犯罪较轻的"。

11 – 9　下列关于自首的处理决定，哪一项是正确的？

A. 甲将王某杀死后主动投案自首，对甲可以从轻处罚，不能减轻处罚

B. 乙过失致刘某重伤后，先将刘某送往医院抢救，然后主动到公安机关自首。对乙应当免除处罚

C. 丙被胁迫参与了一次盗窃，事后主动到公安机关自首，并将同案犯都作了交代，对丙应当减轻处罚

D. 丁某因口角与小李打架，将李打成轻伤。丁将李送医院后，主动到公安机关自首。对丁某可以免除处罚

答案：D

五、立功

（一）立功的概念

刑法意义上的立功，是一种特殊类型的立功，不同于一般意义上的立功。根据《刑法》第 68 条的规定，所谓立功，是指犯罪人揭发他人犯罪行为，查证属实的，或者提供重要线索，从而得以侦破其他案件的情形。据此，刑法规定的立功，具有如下几种情形：

1. 揭发他人犯罪行为，查证属实的。揭发他人犯罪，是指揭发未被司法机关掌握的其他犯罪人的犯罪行为。如果揭发的他人犯罪，是已被司法机关掌握的犯罪，则不属于立功。但如果揭发的他人犯罪，司法机关仅仅掌握一点线索，尚未完全掌握的，或者司法机关刚刚掌握，犯罪人并不知晓的，也应视为立功。另外，共同犯罪人揭发同案犯共同犯罪的，不属于立功，只有揭发同案犯共同犯罪以外的其他犯罪，且查证属实的，才属于立功。查证属实，是指经司法机关侦查，确认犯罪人所揭发的他人的犯罪事实实际存在。如果揭发的他人犯罪，无法查证，或者经查证后无法证实的，不属于立功。如果犯罪人故意捏造他人所谓的"犯罪行为"，作虚假告发，情节严重的，则应以诬告陷害罪追究刑事责任。

2. 提供重要线索，使司法机关得以侦破其他案件的。提供重要线索，是指提供他人犯罪的重要线索。所谓重要线索，是指与某个刑事案件有关联的事实或迹象，而不是指案件本身的事实。比如某个案件犯罪嫌疑人的长相、衣着、声音特征、犯罪动机、反常表现等等。提供的重要线索，必须使司法机关得以侦破其他案件的，才被认为是立功。如果提供的线索，并未在司法机关侦破其他案件中起到作用，则不是立功。

3. 由于《刑法》第68条第1款在列举上述两种立功表现之后使用了一个"等"字，故应认为还有其他立功表现。根据相关司法解释，下列情形也应视为立功：①阻止他人犯罪活动的；②协助司法机关抓捕其他犯罪嫌疑人（包括同案犯）；③具有其他有利于国家和社会的突出表现的。

（二）立功的种类

根据《刑法》第68条的规定，立功分为一般立功和重大立功两种。刑法对一般立功和重大立功所采用的从宽程度有所不同。

一般立功，是指犯罪人到案后检举、揭发他人的一般犯罪行为，包括共同犯罪案件中的犯罪人揭发同案犯共同犯罪以外的其他犯罪，经查证属实的；提供侦破其他案件的重要线索，经查证属实的；阻止他人犯罪活动的；协助司法机关抓捕其他犯罪嫌疑人（包括同案犯）的；具有其他有利于国家和社会的突出表现的，等等。

重大立功，是指犯罪人到案后检举、揭发他人重大犯罪行为，经查证属实的；提供侦破其他重大案件的重要线索，经查证属实的；阻止他人重大犯罪活动的；协助司法机关抓捕其他重大犯罪嫌疑人（包括同案犯）的；对国家和社会有其他重大贡献等表现的。所谓"重大犯罪"、"重大案件"、"重大犯罪嫌疑人"，一般是指犯罪嫌疑人、被告人可能被判处无期徒刑以上刑罚或者案件在本省、自治区、直辖市或者全国范围内有较大影响等情形。

（三）立功的法律后果

根据《刑法》第 68 条的规定，对立功的犯罪人的处罚，分两种情况：

1. 犯罪人具有一般立功表现的，可以从轻或者减轻处罚。

2. 犯罪人具有重大立功表现的，可以减轻或者免除处罚。

11－10　下列关于立功的表述，哪些选项是正确的？

A. 甲因抢劫被刑事拘留后，主动揭发刘某是自己抢劫的教唆犯。甲揭发刘属于立功

B. 乙和王某共同盗窃被刑事拘留后，乙揭发王某 3 月前还曾抢夺一次。乙揭发王抢夺属于一般立功

C. 丙和周某共同抢劫被拘留，但周在途中脱逃，丙提供了周藏匿的地点，公安机关得以顺利将周某抓获。丙提供周的藏匿地点属于重大立功

D. 丁因受贿被拘留后，主动揭发了郑某的受贿行为。检察机关根据这一线索，查获郑某受贿 500 多万元的犯罪事实。丁揭发郑的行为属于重大立功

答案：BCD

11－11　王某和周某因共同抢劫，案发被捕，在审讯中，王某交代了公安机关尚未掌握的另外一次和周某共同实施的杀人案。公安机关取得相应证据后，再审问周某，周某才承认了这次犯罪事实。

（1）就共同抢劫一案，对王某应当如何量刑？

A. 可以从轻或者减轻处罚　　　　B. 应当从轻或者减轻处罚

C. 可以减轻或者免除处罚　　　　D. 应当减轻或者免除处罚

答案：C

（2）就共同杀人一案，对王某应如何认定？

A. 一般自首　　　　　　　　　　B. 特别自首

C. 立功　　　　　　　　　　　　D. 坦白

答案：B

11－12　某甲杀死某乙后投案自首，并揭发了丙杀死丁的犯罪行为。公安机关根据甲提供的线索，破获了丙杀丁案件，并将丙缉拿归案。对某甲的杀人罪应如何处罚？

A. 可以从轻或者减轻处罚　　　　B. 应当从轻或者减轻处罚

C. 可以减轻或者免除处罚　　　　D. 应当减轻或者免除处罚

答案：C

11-13（06 卷二 6） 甲和乙共同入户抢劫并致人死亡后分头逃跑，后甲因犯强奸罪被抓获归案。在羁押期间，甲向公安人员供述了自己和乙共同所犯的抢劫罪行，并提供了乙因犯故意伤害罪被关押在另一城市的看守所的有关情况，使乙所犯的抢劫罪受到刑事追究。对于本案，下列哪一选项是正确的？

A. 甲的行为属于坦白，但不成立特别自首

B. 甲的行为成立特别自首，但不成立立功

C. 甲的行为成立特别自首和立功，但不成立重大立功

D. 甲的行为成立特别自首和重大立功

答案：D

■ 第三节 量刑制度

一、从重、从轻、减轻与免除处罚制度

（一）从重与从轻处罚制度

从重处罚，是指在法定刑的限度内判处较重的刑罚；从轻处罚，是指在法定刑的限度内判处较轻的刑罚。因此，从重与从轻处罚，都必须在法定刑的限度内判处刑罚，而不能高于或低于法定刑判处刑罚。

另外，从重处罚并不意味着在法定刑的"中间线"以上判处刑罚，从轻处罚也不意味着在法定刑的"中间线"以下判处刑罚。正确的做法是，首先综合考虑犯罪的事实、性质及危害后果，从整体上估量应当判处的刑罚，然后再考虑从重与从轻处罚情节，决定应当宣告的刑罚。例如，某罪的法定刑是 3 年以上 10 年以下有期徒刑，综合考察甲的犯罪的事实、性质及危害后果，认为应当判处 9 年有期徒刑，考虑到甲有从轻处罚的情节，最终决定判处甲 8 年有期徒刑。依同样的方法，综合考察乙的犯罪事实、性质及危害后果，认为应当判处 4 年有期徒刑，考虑到乙有从重处罚的情节，最终决定判处乙 5 年有期徒刑。虽然甲的宣告刑是在"中间线"以上，但仍然属于从轻处罚；乙的宣告刑虽然是在"中间线"以下，但仍然属于从重处罚。

11-14 下列关于从轻处罚的表述哪些是正确的？

A. 从轻处罚是指应当在犯罪所适用刑罚幅度的中间线以下判处

B. 从轻处罚是指在法定刑的限度以内判处刑罚

C. 从轻处罚是指在法定刑的限度内判处比应判刑罚较轻的刑罚

D. 从轻处罚不一定判处法定最低刑

答案：CD

（二）减轻处罚

减轻处罚，根据《刑法》第 63 条的规定，是指对犯罪人降低一个法定量刑档次进行量刑的制度。换言之，对于具有减轻处罚情节的犯罪人，应当或者可以在与其罪行相应档次的法定刑的下一档（亦称一格）进行量刑。比如，本应在第二档即 10 年以上有期徒刑或者无期徒刑的幅度内量刑，因具有减轻情节，可以在第一档即 5 年以上 10 年以下有期徒刑的幅度内量刑。减轻处罚有两种情况：①法定减轻处罚，即对于具有法定减轻处罚情节的犯罪人，适用减轻处罚；②酌定减轻处罚，即《刑法》第 63 条第 2 款规定的情形："犯罪人虽然不具有本法规定的减轻处罚情节，但是根据案件的特殊情况，经最高人民法院核准，也可以在法定刑以下判处刑罚。"这里所说的法定刑，是指相应档次的法定刑。

（三）免除处罚

免除处罚，是指对行为作有罪宣告，但不判处任何刑罚。免除处罚包括两种情况：①对行为作有罪宣告，不判处刑罚，但给予一定的非刑罚处罚；②对行为作有罪宣告，既不判处刑罚，也不给予其他非刑罚处罚。即单纯宣告有罪。免除处罚的前提是行为人已经构成犯罪，只是由于具有法定的免除处罚情节，才免除处罚。如果行为人不构成犯罪，就不存在免除处罚问题，而是不应当处罚。

《刑法》第 37 条规定"对于犯罪情节轻微不需要判处刑罚的，可以免予刑事处罚。"据此，有的学者认为，"犯罪情节轻微"是一个独立的免除处罚的情节，即如果犯罪情节轻微，人民法院就可以决定对犯罪人免除处罚。另有学者认为，上述规定不是独立的免予处罚的情节，而是其他具体的免予处罚情节的概括性规定。主要理由有二：①《刑法》第 37 条旨在规定，具有免除处罚情节因而免除刑事处罚时，可以适用非刑罚方法，而不在于规定具体的免除处罚情节；②《刑法》第 63 条第 2 款规定，对不具有刑法规定的减轻处罚情节而又需要减轻处罚的，必须经最高人民法院核准才可以减轻处罚。如果认为可以直接根据《刑法》第 37 条的规定免除刑罚，也不需要经最高人民法院核准，就极不协调了。[1] 我们认为，第二种意见是正确的。

11－15 下列关于减轻处罚和免除处罚的表述哪些是正确的？

A. 减轻处罚是指在法定刑以下判处刑罚

---

[1] 张明楷：《刑法学》（上），法律出版社 1997 年版，第 490 页。

B. 虽不具有法定的减轻处罚情节，但经最高人民法院核准的，也可减轻处罚

C. 免除处罚是指对犯罪人只作有罪宣告，但不给予任何刑事处罚

D. 免除处罚是指被告人不构成犯罪，不应给予刑事处罚

答案：ABC

11－16（04卷二85） 假如甲罪的法定刑为"3年以上10年以下有期徒刑"，下列关于量刑的说法不正确的是：

A. 如果法官对犯甲罪的被告人判处7年以上10年以下有期徒刑，就属于从重处罚；如果判处3年以上7年以下有期徒刑，就属于从轻处罚

B. 法官对犯甲罪的被告人判处3年有期徒刑时，属于从轻处罚与减轻处罚的竞合

C. 因甲罪的法定最低刑为3年有期徒刑，所以，法官不得对犯甲罪的被告人宣告缓刑

D. 如果犯甲罪的被告人不具有刑法规定的减轻处罚情节，法官就不能判处低于3年有期徒刑的刑罚，除非根据案件的特殊情况，报经最高人民法院核准

答案：ABC

二、数罪并罚制度

（一）数罪并罚的概念

数罪并罚，是指人民法院对一人所犯的数罪，分别定罪量刑后，依照法定的原则和方法，决定应当执行的刑罚的制度。简言之，就是对一人所犯数罪的合并处罚。适用数罪并罚，需要具备以下两个条件：

1. 必须是一人犯了数罪，这是适用数罪并罚的前提条件。一人犯一罪或数人共同犯一罪的，不发生数罪并罚问题；数人共同犯数罪的，应对每个犯罪人分别量刑，实际上仍属于一人犯数罪，存在数罪并罚问题。

2. 数罪必须发生在判决宣告以前或者刑罚执行完毕以前。这是适用数罪并罚的时间条件。如果在刑罚执行完毕后又犯罪或者发现漏罪，不需要再与前罪实行并罚。

（二）数罪并罚的原则

数罪并罚的原则，是指对一人犯数罪合并处罚时所依据的规则。

1. 国际通行原则。目前，世界各国所采用的数罪并罚原则主要有以下四种：

（1）吸收原则。该原则的内容是将数罪分别定罪量刑后，选择其中一个最重的刑罚作为执行的刑罚，其余较轻的刑罚被最重的刑罚所吸收，不

再执行。吸收原则主要适用于数罪中有判处死刑或无期徒刑的情形。即如果数罪中有判处死刑的，只执行一个死刑，其余犯罪所判处的刑罚被死刑吸收，不再执行。如果数罪中没有判处死刑，但有判处无期徒刑的，则只执行无期徒刑，其余犯罪所判处的刑罚被无期徒刑吸收，也不再执行。如果数罪中没有判处死刑或无期徒刑的，则不能适用吸收原则。

（2）并科原则。亦称相加原则，其内容是将数罪分别定罪量刑后，然后将各罪所判处的刑罚相加在一起全部执行。该原则只适用于没有判处死刑和无期徒刑的数罪。因为，在判有这两种刑罚的数罪中，事实上是无法采用并科原则的。

（3）限制加重原则。该原则的内容是，以数刑中的最高刑期为基础，再加重一定的刑期作为执行的刑期，但最高不能超过数罪的总和刑期和法定的最高刑期。该原则也只能适用于没有判处死刑和无期徒刑的数罪。

（4）混合原则。亦称综合原则、折衷原则，是指将上述三个原则综合运用，扬长避短，相互补充的做法。实际上，世界上没有哪个国家单独采用上述一个原则的，各国基本上都是采用混合原则。所不同的只是有的国家以并科原则为主，有的国家以限制加重原则为主罢了。

2. 我国采用的原则。我国《刑法》第 69 条规定："判决宣告以前一人犯数罪的，除判处死刑和无期徒刑的以外，应当在总和刑期以下、数刑中最高刑期以上，酌情决定执行的刑期，但是管制最高不能超过 3 年，拘役最高不能超过 1 年，有期徒刑总和刑期不满 35 年的，最高不能超过 20 年，总和刑期在 35 年以上的，最高不能超过 25 年。"如果"数罪中有判处附加刑的，附加刑仍须执行。其中附加刑种类相同的，合并执行，种类不同的，分别执行。"这说明，我国刑法在数罪并罚上采用的是以限制加重原则为主的混合原则。其具体内容有以下几点：

（1）数罪中有判处死刑和无期徒刑的，采取吸收原则：①数罪中判有一个或数个死刑的，只执行一个死刑，不执行其他主刑。②数罪中没有判处死刑，但判有一个或几个无期徒刑的，只执行一个无期徒刑，不执行其他主刑。在此种情况下，不能将两个以上的无期徒刑合并为死刑。因为无期徒刑与死刑是性质截然不同的两种刑罚，是生与死的区别。既然数罪都未达到应当处死的程度，就不能因为犯了数个应处无期徒刑的罪而升格为死刑。

（2）数罪中没有判处死刑和无期徒刑，只判处有期徒刑、拘役和管制的，采取限制加重原则，不得采用吸收原则。"限制"表现为两个方面：①受总和刑期的限制；②受数罪并罚法定最高刑的限制。以有期徒刑为例，被告人犯了两个罪，所判处的刑罚分别为 8 年和 6 年，总和刑期为 14 年，数罪中的最高刑期为 8 年，数罪并罚后决定执行的刑期最高不能超过

14 年有期徒刑，此时，加重受总和刑期（14 年）的限制。[1] 如果被告人犯了三个罪，所判处的刑罚分别为 9 年、8 年和 7 年，总和刑期为 24 年，数罪中的最高刑期为 9 年，但法律规定数罪并罚时有期徒刑总和刑期不满 35 年的，最高不得超过 20 年，故数罪并罚后决定执行的刑期不能超过 20 年有期徒刑，此时受数罪并罚法定最高刑（20 年有期徒刑）的限制。"加重"表现为在所判数刑中的最高刑期以上加重，而且可以超过有期徒刑、拘役、管制的一般法定最高限度，决定执行的刑期。有期徒刑在数罪并罚时可以超过 15 年达到 20 年，甚至 25 年，拘役可以超过 6 个月达到 1 年，管制可以超过 2 年达到 3 年。

在一人犯数罪，同时被判处有期徒刑、拘役或者管制数个不同种的自由刑时，为了数罪并罚的方便，应将数个不同的刑种折算为一个刑种，折算的方法是，拘役 1 日折抵有期徒刑 1 日，管制 2 日折抵拘役或有期徒刑 1 日。审判实践中，并不强调只能将轻刑种折算为重刑种。如果数罪中所判的刑罚以轻刑为主，也可以将重刑种折算为轻刑种。例如，被告人犯有三个罪，分别判处管制 1 年、管制 6 个月与拘役 3 个月，在这种情况下，可以将 3 个月的拘役折算为 6 个月管制，再实行并罚。

（3）数罪中有判处附加刑的，附加刑仍须执行。即对于判处附加刑的，采取附加刑与主刑并科原则。事实上，附加刑之间也存在并罚问题。根据最高人民法院的解释，依法对犯罪人所犯数罪分别判处罚金的，应当实行并罚，将所判处的罚金相加，执行总和数额。一人犯数罪依法同时并处罚金和没收部分财产的，应当合并执行；但并处没收全部财产的，只执行没收财产刑。[2] 另外，我们认为，对于判处数个剥夺政治权利的，应采用限制加重原则；对判处数个没收全部财产的，应采用吸收原则。

11 - 17 关于数罪并罚的原则，下列哪些说法是正确的？

A. 数罪中有判处死刑或无期徒刑的，只执行最重的刑期，这体现的是吸收原则

B. 数罪中判处两个有期徒刑的，合并执行一个死刑，这体现的是合并原则

C. 数罪中只判处了有期徒刑的，应在最重刑期以上、总和刑期以下，

---

[1] 通说认为，此种情况下既可以执行 14 年（总和刑期）也可以执行 8 年（数刑中的最高刑期），但最新观点认为，这样做与数罪并罚的本意和限制加重的原则存在严重冲突，因而是错误的。详见侯国云：《刑法总论探索》，中国政法大学出版社 2004 年版，第 499～501 页。

[2] "最高人民法院关于适用财产刑若干问题的规定"（2000 年 11 月 15 日），载《司法文件选编》2001 年合订本，第 195 页。

酌情决定执行的刑期，这体现的是限制加重原则

D. 数罪中判处了数个附加刑的，附加刑均需执行，这体现的是合并原则

答案：ACD

（三）适用数罪并罚的三种不同情况

这里所讲的几种情况，仅适用于采用限制加重原则的数罪并罚，因而仅限于数罪中都是判处自由刑的数罪并罚，不适用于数罪中有判处死刑或无期徒刑的并罚。因为数罪中有判处死刑或无期徒刑的，并罚时要采用吸收原则。

根据《刑法》第 69、70、71 条的规定，采用限制加重原则进行的数罪并罚，有以下三种情况：

1. 判决宣告以前一人犯数罪的并罚。判决宣告以前一人犯数罪，并且数罪均已被发现时，根据《刑法》第 69 条的规定，除判处死刑和无期徒刑的以外，应当在数罪的总和刑期以下、最高刑期以上，酌情决定执行的刑期。例如，某人犯三个罪，分别被判处 8 年、6 年、4 年有期徒刑，应在 8 年以上 18 年以下有期徒刑之间，酌情决定执行的刑期。

理论上对判决宣告前一人犯异种数罪的应实行并罚，没有争议。但对于判决宣告前一人犯同种数罪的，应否并罚，有三种不同观点：第一种观点主张对同种数罪一概不并罚，而应作为一罪的从重情节或法定刑升格的情节处罚。[1] 第二种观点主张对同种数罪一概实行并罚。[2] 第三种观点主张以一罚作为基本处罚方法，以并罚作为补充方法，即所犯之罪具有两个以上法定刑幅度时，不实行并罚，只有一个法定刑幅度时，则实行并罚。[3]

我们同意上述第三种观点，认为对判决宣告前一人犯同种数罪的，原则上应以一罪论处。理由主要有以下三点：①刑法事实上将许多同种数罪规定为一罪的从重情节或法定刑升格的情节。例如，《刑法》第 236 条将强奸妇女多人、第 263 条将多次抢劫都作为法定刑升格的情节，这意味着立法上明文规定对同种数罪原则上不并罚。②刑法分则的大多数条文规定的法定刑，都有数个幅度，不实行并罚完全可以做到罪刑相适应；如果均实行并罚，反而可能重罪轻判。③有些犯罪（如贪污罪、受贿罪）本身可

---

[1] 杨春洗、杨敦先主编：《中国刑法论》，北京大学出版社 1994 年版，第 235～236 页。

[2] 中央政法干部学校刑法刑事诉讼法教研室编著：《中华人民共和国刑法总则讲义》，群众出版社 1980 年版，第 243 页。

[3] 樊凤林主编：《刑罚通论》，中国政法大学出版社 1994 年版，第 456 页。

以包含多次行为，或者说可以包含同种数罪，也没有必要实行并罚。

但是，在以一罪论处不符合罪刑相适应原则，或者前后犯罪相隔时间太长，不宜作为一罪的从重情节或法定刑升格的情节处理时，虽是同种数罪，也应实行并罚。这主要是基于以下两点理由：①有的犯罪只有一档法定刑，或者虽有两档以上的法定刑，但不可能将同种数罪作为法定刑升格的情节时，以一罪论处不符合罪刑相适应原则的要求，只有实行数罪并罚，才能做到罪刑相适应。②有的虽然是同种数罪但相隔时间太长。将相隔时间过长的同种数罪以一罪从重论处，可能导致刑罚过重。例如，某人10年前犯一次强奸罪，10年后又犯一次强奸罪，若将前后两个强奸罪作为一罪论处，认定为情节恶劣，就可能判处无期徒刑或者死刑；而实行数罪并罚，就只能处20年以下有期徒刑。应当认为，后一种选择较为合理。

对同种数罪例外地实行并罚有两个前提：①以符合罪刑相适应原则为前提。如果以一罪论处能够做到罪刑相适应，就没有必要实行并罚；如果实行并罚才能做到罪刑相适应，则理当实行并罚。因为罪刑相适应是刑法的基本原则，在决定对同种数罪是否并罚时，也必须以该原则为指导。②以不违反刑法规定为前提。如果刑法条文规定将同种数罪规定为一罪的法定刑升格的情节，就不得实行数罪并罚。[1]

2. 刑罚执行完毕以前发现漏罪的并罚。《刑法》第70条规定："判决宣告以后，刑罚执行完毕以前，发现被判刑的犯罪人在判决宣告以前还有其他罪没有判决的，应当对新发现的罪作出判决，把前后两个判决所判处的刑罚，依照本法第69条的规定，决定执行的刑罚。已经执行的刑期，应当计算在新判决决定的刑期以内。"这种数罪并罚的特点是：①一人所犯数罪均发生在原判决宣告以前；②原判决只对其中的部分犯罪作了判决，对另一部分犯罪没有判决；③不管新发现的漏罪与原判决的罪是否性质相同，都必须实行并罚；④将新发现的漏罪定罪量刑，依照《刑法》第69条规定的原则与原判决的刑罚实行并罚；⑤已执行的刑期计算在新判决决定的刑期以内。这种方法称为"先并后减"。例如，某人在判决宣告以前犯有甲乙二罪，但人民法院只判决甲罪6年有期徒刑，执行2年后发现乙罪，人民法院对乙罪判处8年有期徒刑，这样便在8年以上14年以下决定执行的刑期，如果决定执行11年，那么，已执行的2年应计算在这11年之中，被告人应再执行9年有期徒刑。

3. 刑罚执行完毕以前又犯新罪的并罚。《刑法》第71条规定："判决宣告以后，刑罚执行完毕以前，被判刑的犯罪人又犯罪的，应当对新犯的罪作出判决，把前罪没有执行的刑罚和后罪所判处的刑罚，依照本法第69

---

[1] 张明楷：《刑法学》（上），法律出版社1997年版，第465页。

条的规定，决定执行的刑罚。"这种数罪并罚的特点是：①犯罪人在原判决宣告以后，刑罚执行完毕之前又犯新罪；②不管新罪与原判决的罪是否性质相同，都实行并罚；③先将新罪定罪量刑，再将前罪没有执行的刑罚与新罪所判处的刑罚，依照《刑法》第 69 条的原则进行并罚。这种方法称为"先减后并"。例如，某人因犯甲罪被判处有期徒刑 12 年，执行 6 年后又犯乙罪和丙罪，对乙罪判处有期徒刑 11 年，对丙罪判处有期徒刑 5 年。依照先减后并的方法，应当将没有执行的 6 年与乙罪的 11 年和丙罪的 5 年实行并罚，即在 11 年以上 22 年[1]以下决定执行的刑期，如果决定执行 17 年，则被告人还需服刑 17 年。加上已执行的刑期，被告人实际执行的刑期为 23 年。这说明，先减后并的结果比先并后减的结果重。

　　如果犯罪人在刑罚执行完毕前又犯新罪，并且又发现其在原判决宣告以前的漏罪，应先将漏罪与原判决的罪，依据《刑法》第 70 条规定的先并后减的方法进行并罚；再将新罪的刑罚与前一并罚后的刑罚还没有执行的刑期，根据《刑法》第 71 条规定的先减后并的方法进行并罚。

　　11-18　下列关于数罪并罚的做法和说法，哪项是正确的？

　　A. 甲犯二罪，分别被判有期徒刑 11 年和 8 年，法院应在 8 年以上 19 年以下决定执行的刑期

　　B. 乙犯 A、B 罪，分别被判处有期徒刑 13 年和 8 年，法院决定合并执行 17 年，执行 6 年后，乙又犯 C 罪，被判处有期徒刑 4 年，对此，法院应在 11 年以上 15 年以下有期徒刑的范围内决定合并执行的刑期

　　C. 丙犯 ABC 罪分别被判有期徒刑 12 年、8 年、5 年，合并执行 19 年。执行 8 年后，发现丙在判决宣告前还有未经判决的 D 罪，并就 D 罪判处有期徒刑 7 年，这样，丙实际被执行的刑期必然要超过 20 年

　　D. 丁犯 AB 罪分别被判处有期徒刑 6 年和 8 年，合并执行 11 年。执行 4 年后，发现丁在判决宣告前还犯有 C 罪未经判决，并对 C 罪判处有期徒刑 7 年。这次再数罪并罚，总和刑期应该是 14 年

　　答案：B

（四）应当数罪并罚的几种具体情形

1. 犯组织、领导、参加恐怖活动组织罪，并实施杀人、爆炸、绑架等

---

〔1〕　这里的总和刑期是 22 年，但许多教科书认为，按照数罪并罚有期徒刑不能超过 20 年的规定，这里的总和刑期只能按 20 年计算，即只能在 11 年以上 20 年以下，酌情决定执行的刑期。我们认为，这种理解是不正确的。应当指出，《刑法》第 69 条规定的有期徒刑不能超过 20 年，是指最后决定的执行刑期不能超过 20 年，并不是指数罪的总和刑期不能超过 20 年。

犯罪的，数罪并罚（第 120 条）。

2. 以暴力、威胁方法抗拒缉私的，以走私罪和妨害公务罪并罚（第157 条）。

3. 犯保险诈骗罪，投保人、被保险人故意造成财产损失的保险事故，或者投保人、受益人故意造成被保险人死亡、伤残或者疾病，同时构成其他犯罪的，数罪并罚（第 198 条第 2 款）。

4. 纳税人缴纳税款后，采取假报出口或者其他欺骗手段，骗取国家出口退税款的，以逃税罪论处；骗取税款超过所缴纳的税款部分的，以骗取出口退税罪论处，并且要数罪并罚（第 204 条）。

5. 收买被拐卖的妇女、儿童，又强奸被收买的妇女或者又有非法拘禁、伤害、侮辱等犯罪行为的，数罪并罚（第 241 条）。

6. 组织、运送他人偷越国（边）境，对被组织、被运送人有杀害、伤害、强奸、拐卖等犯罪行为，或者对检察人员有杀害、伤害等犯罪行为的，数罪并罚（第 318 条）。

7. 挪用公款后又使用挪用的公款犯罪的，数罪并罚（最高人民法院1998 年 5 月《关于审理挪用公款案件具体应用法律的若干问题的解释》第7 条）。

8. 组织、领导、参加黑社会性质的组织，或者境外的黑社会组织的人到中国境内发展组织成员，又有其他犯罪行为的，数罪并罚（第 294 条）。

11 - 19 下列哪些犯罪，应当数罪并罚？
A. 参加恐怖活动组织，又实施绑架、杀人的
B. 走私并以暴力、威胁方法抗拒缉私的
C. 收买被拐卖的妇女，又强奸被收买的妇女的
D. 拐卖妇女并强奸被拐卖的妇女的
答案：ABC

（五）不实行数罪并罚的犯罪
1. 一罪被法定为另一罪的加重情节的，不并罚。此情形有以下几项。
（1）绑架并杀害人质的，仍以绑架罪论处（第 239 条）。
（2）拐卖妇女又奸淫被拐卖的妇女的，或者拐卖妇女又诱骗、强迫被拐卖的妇女卖淫的，仍以拐卖妇女罪论处（第 240 条）。
（3）组织他人偷越国（边）境又非法拘禁被组织者的，仍以组织他人偷越国（边）境罪论处（第 318 条第 4 项）。
（4）组织、运送他人偷越国（边）境，又以暴力、威胁方法抗拒检查的，仍以组织运送他人偷越国（边）境罪论处（第 318 条第 1 款第 5 项）。

（5）强奸后迫使卖淫的，以强迫卖淫罪论处（第 358 条第 1 款第 4 项）。此种情况，强奸是强迫卖淫的手段，二者有牵连。若二者无牵连，即强奸与强迫卖淫是两个独立的行为，则应数罪并罚。

2. 虽属数罪，但法定按一罪处罚的，不并罚。此种情形有以下几项。

（1）伪造货币又出售、运输伪造的货币的，以伪造货币罪从重处罚（第 171 条第 3 款）。

（2）盗窃信用卡并冒用盗窃的信用卡的，以盗窃罪论处（第 196 条第 3 款）。

（3）收买被拐卖的妇女、儿童又出卖的，以拐卖妇女、儿童一罪处罚（第 241 条第 5 款）。

（4）私拆、毁弃邮件、电报从中窃取财物的，以盗窃罪从重处罚（第 253 条第 2 款）。

（5）犯盗窃、抢夺国家档案罪，同时又构成其他犯罪的，依照处罚较重的罪论处（第 329 条第 3 款）。

（6）犯擅自出卖、转让国有档案罪同时又构成其他犯罪的，依照处罚较重的罪论处（第 329 条第 3 款）。

（7）受贿后徇私枉法的；受贿后在民事、行政审判中作枉法裁判的；受贿后在执行判决裁定时滥用职权的，都择一重罪论处，不并罚（第 399 条第 4 款）。

（8）为走私而骗购外汇的，为骗购外汇而伪造公文的，如果实行了走私行为，以走私罪一罪论处。若尚未实施走私行为，以骗购外汇罪一罪论处（《关于惩治骗购外汇、逃汇和非法买卖外汇犯罪的决定》第 1 条）。

3. 法定的转化型犯罪，不是数罪，不并罚。此种情形有以下几项。

（1）非法拘禁他人，故意暴力殴打致被拘禁人重伤、死亡的，以故意伤害罪、故意杀人罪论处（第 238 条）。

（2）刑讯逼供致人伤残、死亡的，以故意伤害罪、故意杀人罪论处（第 247 条）。

（3）虐待被监管人造成重伤、死亡的，以故意伤害罪、故意杀人罪论处（第 248 条）。

（4）聚众斗殴造成重伤、死亡的，以故意伤害罪、故意杀人罪论处（第 292 条）。

（5）非法组织卖血、强迫卖血致人重伤的，以故意伤害罪论处（第 333 条第 2 款）。

（6）盗窃、诈骗、抢夺转化为抢劫的，以抢劫罪论处（第 269 条）。

4. 司法实践中不适用数罪并罚的情形。

（1）强奸、抢劫、绑架、聚众斗殴、寻衅滋事、妨害公务、非法拘禁、刑讯逼供、虐待被监管人等侵犯人身的犯罪，造成轻伤后果的，仍以本罪论处，不并罚。

（2）妨害公务、聚众斗殴、寻衅滋事，造成重伤结果的，一般以故意伤害罪论处。

（3）抗税致人轻伤的，属于抗税情节严重，仍以抗税罪论处；抗税致人重伤、死亡的，以故意伤害罪、故意杀人罪论处（最高人民法院《关于审理偷税抗税刑事案件具体应用法律若干问题的解释》第5、6条）

（4）以破坏手段实施盗窃，即窃得数额较大的财物，又毁坏大量财物的，以盗窃罪从重处罚。但用危害公共安全的方法盗窃财物，同时危害公共安全的，应在盗窃和危害公共安全罪中，择一重罪论处。

（5）组织卖淫又有强迫、引诱、容留介绍卖淫行为的，仍以组织卖淫罪论处。

（6）同种数罪，一般都不数罪并罚。

5. 选择罪名，不并罚。例如第347条规定的"走私、贩卖、运输、制造毒品罪"，单独实施其中一种行为的，构成一个独立的犯罪，四种行为都实施的，也构成一个独立的犯罪，不并罚。类似的还有非法制造、买卖、运输、邮寄、储存枪支弹药罪，非法持有、私藏枪支弹药罪，非法猎捕、杀害珍贵、濒危野生动物罪，等等，都属于这种情况。不实行数罪并罚。

11－20　下列哪些犯罪不实行数罪并罚？
A. 挪用公款后，又使用挪用的公款进行犯罪活动的
B. 绑架人质，并杀害被绑架的人质的
C. 收买被拐卖的妇女又出卖的
D. 抗税时使用暴力致人重伤的
答案：BCD

11－21（99卷二67）　下列哪些情形不实行数罪并罚？
A. 在运送他人偷越（国）边境过程中以暴力、威胁方法抗拒检查的
B. 在走私过程中以暴力、威胁方法抗拒缉私的
C. 司法工作人员因收受贿赂而枉法裁判的
D. 同一行为人既向国家工作人员行贿，又向国家机关行贿的
答案：ABC

11－22（02卷二10）　税务稽查员甲发现A公司欠税80万元，便私下与A公司有关人员联系，要求对方汇10万元到自己存折上以了结此事。

A 公司将 10 万元汇到甲的存折上后，甲利用职务上的便利为 A 公司免交 80 万元税款办理了手续。对甲的行为应如何处理？

A. 认定为徇私舞弊不征、少征税款罪，从重处罚

B. 认定为受贿罪，从重处罚

C. 认定为徇私舞弊不征、少征税款罪与受贿罪的竞合，从重处罚

D. 认定为徇私舞弊不征、少征税款罪与受贿罪，实行并罚

答案：D

11－23　审判员甲在审理王某受贿一案中，私下要求王某的亲属往其私人账号上汇入 10 万元人民币，之后，甲对本应判处无期徒刑的王某只判处了 5 年有期徒刑。对甲的行为应当如何处理？

A. 定徇私枉法罪，从重处罚

B. 定受贿罪，从重处罚

C. 在徇私枉法和受贿二罪中，择一重罪处断

D. 以徇私枉法罪和受贿罪，实行并罚

答案：C

11－24　下列哪些说法是正确的？

A. 实施盗窃犯罪，造成公私财物毁损，又构成其他犯罪的，择一重罪处罚

B. 盗窃后为掩盖罪行而故意毁坏公私财物的，应数罪并罚

C. 盗窃信用卡并使用的，以信用卡诈骗罪论处

D. 盗窃商业秘密的，以侵犯商业秘密罪论处

答案：ABD

三、缓刑制度

（一）缓刑的概念

现今，世界各国刑法规定的缓刑主要有三种：①刑罚暂缓宣告，②刑罚暂缓执行，③缓予起诉。我国刑法规定的缓刑属于刑罚暂缓执行，具体是指，人民法院对于被判处拘役、3 年以下有期徒刑的犯罪人，根据其犯罪情节和悔罪表现，认为适用缓刑确实不致再危害社会的，规定一定考验期，暂缓刑罚的执行。在考验期内，被判刑人如果没有犯新罪或者发现漏罪，没有违反法律、行政法规或者公安部门有关缓刑监督的情节严重的行为，原判刑罚就不再执行。简单说，就是附条件地不执行所判刑罚。不过，需要强调指出的是，缓刑的效力不及于附加刑。被宣告缓刑的犯罪人，如果被判处附加刑的，附加刑仍须执行。缓刑的特点是：判处刑罚，

又暂不执行，但在一定期间保留执行的可能性。缓刑不是一种独立的刑种。从裁量是否执行所判刑罚的意义上说，它是一种量刑制度；从刑罚执行的意义上说，它也是一种刑罚执行制度。

缓刑不同于免予刑事处分。免予刑事处分是人民法院对被告人作出有罪判决，但不判处刑罚。二者的区别是：缓刑以判处一定刑罚为前提，而免予刑事处分并没有判处刑罚；缓刑具有执行所判刑罚的可能性，免予刑事处分不存在这种可能性；缓刑有一定时间的考验期，而免予刑事处分不存在考验期问题。

缓刑不同于监外执行。监外执行是犯罪人在符合法定条件的情况下，暂在监外执行刑罚。二者区别的关键在于：缓刑是有条件的不执行所判刑罚，监外执行是有条件的在监外执行所判刑罚。此外，二者在适用对象、适用条件、法律后果上都有明显的区别。

缓刑也不同于"死缓"。二者的区别有四：①适用对象不同。缓刑适用于被判处拘役或者3年以下有期徒刑的犯罪人；死缓适用于应当判处死刑但不是必须立即执行的犯罪人。②执行方法不同。对于宣告缓刑的犯罪人不予关押；但对于宣告死缓的犯罪人则必须予以监禁。③考验期限不同。缓刑的考验期限依所判处的刑种与刑期不同而有不同的法定期限；死缓的考验期限则都是2年。④法律后果不同。缓刑的后果可能是不再执行所判刑罚，也可能是执行原判刑罚甚至数罪并罚；死缓的后果可能是减为无期徒刑或有期徒刑，也可能是执行死刑。

缓刑也不同于对军人的"战时缓刑"。《刑法》第449条规定"在战时，对被判处3年以下有期徒刑没有现实危险宣告缓刑的犯罪军人，允许其戴罪立功，确有立功表现时，可以撤销原判刑罚，不以犯罪论处。"这是一种特殊的缓刑制度。其特点是：只适用于战时被判处3年以下有期徒刑没有现实危险的犯罪军人；只要确有立功表现就可以撤销所判刑罚，而不存在缓刑考验期；符合条件的，可以撤销所判刑罚，即不再以犯罪论处。由此可见，战时缓刑实际上是赦免犯罪的一种特殊方式。它与缓刑在适用的时间、适用的对象、适用的条件、考验的内容、法律后果等方面都有相当明显的区别。

（二）缓刑的适用条件

根据《刑法》第72、74条的规定，适用缓刑必须符合以下条件：

1. 缓刑只适用于被判处拘役或者3年以下有期徒刑的犯罪人。由于被判缓刑的犯罪人要放归社会，为确保社会安全，适用缓刑的对象就只能限于罪行较轻的犯罪人。一般来说，被判处拘役或3年以下有期徒刑的犯罪，属于较轻的犯罪，社会危害性较小，犯罪人的主观恶性不深，人身危险性不大，故而可以适用缓刑。从司法实践看，被判处高于3年有期徒刑的犯罪，罪行较重，犯罪人的人身危险性也比较大，对这样的犯罪人，只有予以关押、改造，才能使其改恶从善。因此，对这些犯罪人不能适用缓刑。被判处管制的犯罪人，并未剥夺人身自由，故无必要适用缓刑。

需要指出的是，这里的"3年以下有期徒刑或者拘役"，是指宣告刑而不是法定刑。犯罪人所犯之罪的法定刑虽然高于3年有期徒刑，但如果根据全案情况，只判处了3年以下有期徒刑或者拘役的，就可以适用缓刑。

2. 犯罪情节较轻，有悔罪表现，没有再犯罪的危险，宣告缓刑对所居住社区没有重大不良影响。

3. 犯罪人不是累犯或犯罪集团的首要分子。累犯或犯罪集团的首要分子本身就表明其没有通过刑罚的执行改恶从善，主观恶性深，人身危险性大，如果对其适用缓刑，就难以防止其再次危害社会。因此，累犯或犯罪集团的首要分子即使被判处3年以下有期徒刑或者拘役，也不能适用缓刑。

以上三个条件必须同时具备，方可适用缓刑。

（三）对宣告缓刑的犯罪人的限制

根据刑法第72条第2款的规定，宣告缓刑，可以根据犯罪情况，同时禁止犯罪分子在缓刑考验期限内从事特定活动，进入特定区域、场所，接触特定的人。禁止特定活动，比如，可以禁止其经商、驾驶汽车等。禁止进入特定区域、场所，比如可以禁止其进入商场、影剧院、歌厅、舞厅等。禁止接触特定的人，比如可以禁止其接触他的某一个朋友或某一位歌星等等。

（四）缓刑的考验期限与考察

缓刑的考验期，是指对被宣告缓刑的犯罪人进行考察的一定期间。缓刑考验期，是缓刑制度的重要组成部分。设立考验期的目的，在于考察被判缓刑的犯罪人是否接受改造、弃旧图新。若没有考验期，就很难充分发挥缓刑制度的积极作用。法院在宣告缓刑时，必须同时确定缓刑的考验期。

根据《刑法》第73条的规定，拘役的缓刑考验期限为原判刑期以上1年以下，但是不能少于2个月；有期徒刑的缓刑考验期限为原判刑期以上5年以下，但是不能少于1年。审判实践中，在确定缓刑考验期时，应当注意原判刑罚与缓刑考验期限的比例关系，一般来说，考验期限应适当长于原判刑罚，不宜过长，也不能过短。判1年有期徒刑定5年考验期或者判3年有期徒刑定3年考验期的，都不太合适。前者过长，后者过短。

根据《刑法》第73条第3款的规定，缓刑的考验期限，从判决确定之日起计算。"判决确定之日"，是指判决发生法律效力之日。判决确定以前先行羁押的，不能折抵考验期限。因为缓刑考验期限不是刑罚执行期限，所以不发生折抵问题。如果撤销缓刑，执行所判刑罚时，则应把以前的羁押日期折抵刑期。

根据《刑法》第75条的规定，被宣告缓刑的犯罪人，在缓刑考验期间应遵守下列规定：①遵守法律、行政法规、服从监督；②按照考察机关的规定报告自己的活动情况；③遵守考察机关关于会客的规定；④离开所居住的市、县或者迁居，应当报经考察机关批准。

根据《刑法》第76条的规定，被宣告缓刑的犯罪人，在缓刑考验期内，依法实行社区矫正。如果没有《刑法》第77条规定的情形，缓刑考验期满，原判的刑罚就不再执行，并公开予以宣告。需要注意的是，对"原判刑罚不再执行"，不能理解为"原判刑罚已经执行完毕"。虽然原判刑罚不再执行，但原判决的有罪宣告仍然有效。

11-25 下列关于缓刑的说法，哪些是错误的？

A. 缓刑的考验期限从判决确定之日起算，判决确定以前先行羁押的，可以折抵考验期限

B. 有期徒刑的缓刑考验期限为原判刑期以上5年以下，但是不能少于6个月

C. 被宣告缓刑的犯罪人在缓刑考验期内遵守有关缓刑的规定，只要没有再犯新罪，缓刑考验期满，原判刑罚就不再执行

D. 被宣告缓刑的犯罪人在缓刑考验期内犯新罪的，应当撤销缓刑，将前罪和后罪所判处的刑罚，依照先并后减的方法决定应当执行的刑期

答案：ABC

11-26（06卷二8） 关于缓刑，下列哪一选项是错误的？

A. 对于累犯不适用缓刑

B. 对于危害国家安全的犯罪分子，不适用缓刑

C. 对于数罪并罚但宣告刑为3年以下有期徒刑的犯罪分子，可以适用缓刑

D. 虽然故意杀人罪的法定最低刑为3年有期徒刑，但只要符合缓刑条件，仍然可以适用缓刑

答案：B

（五）缓刑考验期满与缓刑的撤销

缓刑的撤销，是指由于犯罪人在缓刑考验期内，没有遵守法定条件，而取消原判宣告的缓刑，对犯罪人执行原判刑罚。根据《刑法》第77条

的规定，缓刑的撤销包括两种情况：

1. 被宣告缓刑的犯罪人，在缓刑考验期内犯新罪或者发现判决宣告以前还有其他罪没有判决的，应当撤销缓刑，对新犯的罪或者新发现的罪作出判决，把前罪和后罪所判处的刑罚，依照《刑法》第69条的规定，决定执行的刑罚。如果原判决宣告以前先行羁押的，羁押日期应当折抵刑期，也就是要在决定执行的刑罚中减去羁押的日期。

2. 被宣告缓刑的犯罪人，在缓刑考验期内，违反法律、行政法规或者国务院有关部门有关缓刑的监督管理规定，或者违反人民法院判决中的禁止令，情节严重的，应当撤销缓刑，执行原判刑罚。这种缓刑的撤销，不存在数罪并罚问题，只是执行原判刑罚。原判决宣告以前先行羁押的，也应当折抵刑期。

11-27 2003年7月21日，甲因犯盗窃罪被判处有期徒刑3年，缓刑4年。2005年7月20日，甲又犯抢夺罪，被判有期徒刑2年，对于甲的量刑，下列哪些表述是正确的：

A. 对抢夺罪判处的2年有期徒刑，不能再适用缓刑

B. 对甲应在3年以上5年以下有期徒刑内决定应执行的刑期

C. 最后决定的对甲的执行刑期，应减去前后两次对甲的羁押日期

D. 如果最后决定执行的刑期在3年以下，仍可对甲适用缓刑

答案：BCD

第十二章　刑罚的执行

■　第一节　刑罚执行概述

一、刑罚执行的概念

刑罚的执行，亦称行刑，是指国家授权的专门机构将人民法院生效的刑事裁判所确定的刑罚付诸实施的刑事司法活动。刑罚的执行有广义和狭义之分。广义的刑罚执行，泛指对各种刑罚的执行。狭义的刑罚执行，是专指对死刑立即执行和自由刑的执行。本书所讲的执行，是指广义的执行。关于具体刑罚的执行，因在讨论刑罚种类时已作过说明，故本章仅讨论刑罚执行的制度问题。

行刑制度，是指国家授权的专门机构在对犯罪人执行刑罚时，所必须采用的规程和准则。行刑制度也有广义和狭义之分。广义的行刑制度，包括刑罚执行过程中所适用的一切制度，比如监狱里的作息制度、劳动制度等等。狭义的行刑制度，是专指刑法中规定的行刑制度。我国刑法规定的行刑制度包括缓刑、减刑和假释三种。缓刑也属于量刑制度，因为对犯罪人是否适用缓刑，是量刑阶段的事情。但一旦宣告对犯罪人适用缓刑，便要进入行刑领域。可以说，缓刑纵跨了量刑、行刑两个阶段。由于前章对缓刑已作过介绍，这里不再涉及缓刑。

减刑和假释是在行刑过程中修正和调整量刑结果的两项制度。它们是根据实现刑罚目的的需要和行刑中的具体情况酌情适用的。人民法院对犯罪人裁量决定刑罚时，对犯罪人改造的难易仅是一般的预测。刑罚交付执行后，犯罪人经过改造，一般都会表现出不同程度的悔改心理，有的甚至有立功表现。为了鼓励犯罪人改过自新，应当对表现好的犯罪人予以适当奖励。减刑和假释就是奖励犯罪人改过自新的两项行之有效的制度。

二、刑罚执行的原则

刑罚执行的原则，是指刑罚执行机关在执行刑罚的过程中必须遵循的、保证刑罚目的得以实现的准则。一般认为，执行刑罚应当坚持合法性、教育性、人道性、效益性、个别化五个原则。

1. 合法性原则。合法性原则，是指刑罚执行的全过程都必须符合法律。其中，执行机关必须是合法的刑罚执行机关，刑罚执行的依据必须是人民法院具有法律效力的刑事判决或裁定，刑罚执行的内容与方法必须严格依照刑法的规定，刑罚执行的程序必须符合刑事诉讼法的规定。

2. 教育性原则。教育性原则，是指以将犯罪人教育改造成为新人，及时回归社会为出发点，采取严格要求、积极施教、善意劝导等方式，使犯罪人的思想和行为逐渐良性化的基本准则。《中华人民共和国监狱法》第61条规定："教育改造罪犯，实行因人施教、分类教育、以理服人的原则，采取集体教育与个别教育相结合、狱内教育与社会教育相结合的方法。"第62条又规定："监狱应当对罪犯进行法制、道德、形势、政策、前途等内容的思想教育。"这些规定充分体现了刑罚执行的教育性原则。

3. 人道性原则。人道性原则，是指在执行刑罚的过程中，要尊重罪犯的人格和尊严，把罪犯当作人看待，不使用残酷的、非人道的行刑方法，也不体罚虐待罪犯，而且要关心罪犯的基本生活，保证罪犯享有其未被判决剥夺的基本权利。我国的《监狱法》明文规定："罪犯的人格不受侮辱"，"罪犯的人身安全、合法财产和辩护、申诉、控告、检举以及其他未被依法剥夺或限制的权利不受侵犯，"这都是执行刑罚人道性的具体体现。

4. 效益性原则。效益性原则，是指力求以较小的投入获取较大的执行效益，以少执行、不执行或者不实际执行刑罚的方法来达到实际执行刑罚的目的。因此，行刑的效益性，应当包括三个内容：①不适用刑罚也可以达到预防犯罪之目的的，就不适用刑罚；②适用缓刑就可以达到预防犯罪之目的的，就不实际执行刑罚；③适用较轻刑罚可以达到预防犯罪之目的的，不适用较重的刑罚。刑法中规定的缓刑、减刑、假释和免除处罚制度，是效益性原则的重要体现。

5. 个别化原则。个别化原则，是指根据犯罪人本人的不同情况，给予不同的处遇、采取不同的教育改造方法。其中所说的本人的不同情况，包括受刑人的犯罪性质、犯罪原因、生活经历、成长环境、社会背景、悔罪表现、再犯可能性的大小以及年龄、性别、气质、性格、能力和生理状况等个性特征。我国《监狱法》规定，对未成年犯和女犯的改造，应当照顾其生理和心理特点；监狱应当根据犯罪人的犯罪类型、刑罚种类、刑期、改造表现等情况，对罪犯实行分别关押，采取不同方式管理。这些规定都体现了个别化原则。

■ 第二节 减刑制度

一、减刑的概念

减刑，是指对于被判处管制、拘役、有期徒刑、无期徒刑的犯罪人，因在刑罚执行期间确有悔改或者立功表现，而适当减轻原判刑罚的制度。

根据《刑法》第78条的规定，减刑分为两种情况：①可以减刑；②应当减刑。减刑时，既可以将无期徒刑减为有期徒刑（这是刑种的变更。变更刑种只限于这一种），也可以将管制、拘役、有期徒刑较长的刑期减为较短的刑期。

减刑是我国刑法特有的一项行刑制度，目的在于鼓励犯罪人提高改造的自觉性和积极性，早日弃恶从善，回归社会。该制度充分体现了惩办与宽大相结合、惩罚与教育相结合的刑事政策，对于鼓励犯罪人加速改造，化消极因素为积极因素，实现刑罚的目的，具有积极作用。

减刑与改判不同。改判是因原判决有错而撤销原判重新判决；减刑不是因为原判有错，也不是重新判决，而是在肯定原判决的基础上，基于法定原因将原判刑罚予以适当的减轻，是对原判决的适当修正。

减刑也不同于减轻处罚。减轻处罚是指判处低于法定最低刑的刑罚，它发生在判决确定之前，属于审判阶段的量刑活动。而减刑是指对原判刑罚予以减轻，它发生在判决确定之后的刑罚执行过程中，属于行刑活动。

二、减刑的条件

根据《刑法》第78条的规定，适用减刑必须具备以下两个条件：

（一）前提条件

减刑只能适用于被判处管制、拘役、有期徒刑、无期徒刑的犯罪人。也就是说，除了被判处死刑的犯罪人无法减刑之外，对判处其他刑罚的犯罪人都可以减刑。这里只有刑种的限制，没有刑期和犯罪性质的限制。另外，根据最高人民法院的批复，[1] 被宣告缓刑的犯罪人，如果在缓刑考验期间确有突出悔改或者立功表现的，也可以对原判刑罚予以减刑，同时相应地缩短其缓刑考验期限。

（二）实质条件

可以减刑的实质条件是，犯罪人在刑罚执行期间认真遵守监规，接受教育改造，确有悔改或者立功表现。犯罪人只要有上述表现之一的，就可以减刑。所谓"确有悔改表现"，是指同时具有以下几个方面的情形：①认罪服法。对罪犯在刑罚执行期间提出申诉的，要依法保护其申诉的权利。对罪犯申诉应当具体情况具体分析，不能一概认为是不认罪服法。②认真遵守监规，接受教育改造。③积极参加政治、文化、技术学习。④积极参加劳动，完成生产任务。所谓"确有立功表现"，是指具有下列情形之一的：①检举、揭发监内外犯罪活动，或者提供重要的犯罪线索，经查

---

〔1〕 最高人民法院1985年5月9日《关于缓刑考验期内表现好的罪犯可否缩短其缓刑考验期限的批复》。

证属实的；②阻止他人犯罪活动的；③在生产、科研中进行技术革新，成绩突出的；④在抢险救灾或者排除重大事故中表现积极的；⑤有其他有利于国家和社会的突出事迹的。[1]

应当减刑的实质条件是，犯罪人在刑罚执行期间有重大立功表现。根据《刑法》第78条的规定，有下列重大立功表现之一的，就应当减刑：①阻止他人重大犯罪活动的；②检举监狱内外重大犯罪活动，经查证属实的；③有发明创造或者重大技术革新的；④在日常生产、生活中舍己救人的；⑤在抗御自然灾害或者排除重大事故中，有突出表现的；⑥对国家和社会有其他重大贡献的。

12 - 1　下列关于减刑的说法，哪些是正确的？

A. 法官根据被告人某甲揭发他人犯罪的立功表现，对其在本应适用的3年以上10年以下幅度内降低一格量刑，判处2年有期徒刑。这属于正常的减刑

B. 某乙在服刑劳改期间，虽有一次立功表现，但他一直不认罪服法，坚持认为自己无罪，并申诉不断。因而，不可以对某乙进行减刑

C. 某丙因犯罪被判处3年有期徒刑，缓刑5年。缓刑期间他在一次抗洪抢险中立了大功。法院应当对某丙裁定减刑，并缩短相应的考验期

D. 一次正在劳动时，监狱的一座墙体突然坍塌，犯人某丁奋力将另外两人推出危险区，自己却被坍塌的墙砖砸伤。据此，应当对某丁进行减刑

答案：CD

三、减刑的限制

根据刑法第50条第2款的规定，对被判处死刑缓期执行的累犯以及因故意杀人、强奸、抢劫、绑架、放火、爆炸、投放危险物质或者有组织的暴力性犯罪被判处死刑缓期执行的犯罪分子，人民法院根据犯罪情节等情况可以同时决定对其限制减刑。

四、减刑的限度与幅度

减刑必须要有一定的限度。减得过少，难以对犯罪人的改造起鼓励作用；减得过多，又有损法院判决的严肃性，且不利于贯彻罪刑相适应原则。因此，《刑法》第78条第2款对减刑的限度作了明确规定：减刑以后实际执行的刑期，判处管制、拘役、有期徒刑的，不能少于原判刑期的1/

---

[1] "最高人民法院关于办理减刑、假释案件具体应用法律若干问题的规定"（1997年10月28日），载《司法文件选编》1997年第12辑，第40页。

2；判处无期徒刑的，不能少于 13 年；人民法院依照《刑法》第 50 条第 2 款规定限制减刑的死刑缓期执行的犯罪分子，缓期执行期满后依法减为无期徒刑的，不能少于 25 年，缓期执行期满后依法减为 25 年有期徒刑的，不能少于 20 年。

关于减刑的起始时间、一次减刑的幅度、两次减刑的间隔时间，刑法未作明文规定。这些问题最高人民法院在前述 1997 年的司法解释中作了如下规定：

1. 有期徒刑罪犯的减刑幅度。有期徒刑罪犯在刑罚执行期间，如果确有悔改或者立功表现的，一般一次减刑不超过 1 年有期徒刑；如果确有悔改表现并有立功表现，或者有重大立功表现的，一般一次减刑不超过 2 年有期徒刑。被判处 10 年以上有期徒刑的罪犯，如果悔改表现突出的，或者有立功表现的，一次减刑不得超过 2 年有期徒刑；如果悔改表现突出并有立功表现，或者有重大立功表现，一次减刑不得超过 3 年有期徒刑。

2. 有期徒刑罪犯减刑的起始时间和间隔时间。被判处 5 以上有期徒刑的罪犯，一般在执行 1 年 6 个月以上方可减刑；两次减刑之间一般应当间隔 1 年以上。被判处 10 年以上有期徒刑的罪犯，一次减 2 年至 3 年有期徒刑之后，再减刑时，其间隔时间一般不得少于 2 年。被判处不满 5 年有期徒刑的罪犯，可以比照上述规定适当缩短起始和间隔时间。确有重大立功表现的，可以不受上述减刑起始和间隔时间的限制。

在有期徒刑罪犯减刑时，对附加剥夺政治权利的刑期可以酌减。酌减后剥夺政治权利的期限，最短不得少于 1 年。

3. 无期徒刑罪犯减刑的起始时间和减刑幅度。无期徒刑罪犯在执行期间，如果确有悔改表现或者有立功表现的，服刑 2 年以后，可以减刑。减刑幅度为，对确有悔改表现或者有立功表现的，一般可以减为 18 年以上 20 年以下有期徒刑；对有重大立功表现的，可以减为 13 年以上 18 年以下有期徒刑。无期徒刑罪犯在刑罚执行期间又犯罪，被处有期徒刑以下刑罚的，自新罪判决确定之日起一般在 2 年之内不予减刑；对新罪判处无期徒刑的，减刑的起始时间要适当延长。被判处无期徒刑的罪犯减刑后，实际执行的刑期不得少于 10 年，其起始时间应当自无期徒刑判决确定之日起计算。

4. 宣告缓刑的罪犯的减刑幅度。对判处拘役或者 3 年以下有期徒刑、宣告缓刑的犯罪人，一般不适用减刑。如果在缓刑考验期间有重大立功表现的，可以参照《刑法》第 78 条的规定，予以减刑，同时相应地缩减其缓刑考验期限。减刑后实际执行的刑期不能少于原判刑期的 1/2，相应缩减的缓刑考验期限不能低于减刑后实际执行的刑期。判处拘役的缓刑考验期限不能少于 2 个月，判处有期徒刑的缓刑考验期限不能少于 1 年。

12 - 2 下列有关减刑的做法哪些是错误的?

A. 某甲被判处 12 年有期徒刑,在服刑期间,因有立功表现,法院裁定一次减刑 3 年

B. 某乙被判处 7 年有期徒刑,入监刚刚 6 个月,因其揭发他人重大犯罪并查证属实,监狱报请法院裁定,给某乙减刑 2 年

C. 某丙被判处无期徒刑,执行 2 年后,因其确有悔改表现,经法院裁定,将其减为 17 年有期徒刑

D. 某丁被判处无期徒刑,执行 2 年后,因其确有悔改表现,经法院裁定,将其减为 20 年有期徒刑。又过 1 年,因其有重大立功表现,经法院裁定,又对其减刑 3 年

答案:AC

五、减刑的程序与减刑后的刑期计算

为了保证减刑的合法性与正当性,防止减刑制度被滥用,维护刑法与刑事判决的严肃性和权威性,《刑法》第 79 条对减刑的程序作了明确规定:"对于犯罪人的减刑,由执行机关向中级以上人民法院提出减刑建议书。人民法院应当组成合议庭进行审理,对确有悔改或者立功事实的,裁定予以减刑。非经法定程序不得减刑"。根据这一规定,执行机关不能直接对服刑的罪犯减刑;基层人民法院无权裁定减刑;中级以上人民法院在没有接到执行机关的减刑建议书时,也不能裁定减刑;中级以上人民法院接到执行机关减刑建议书后,在没有组成合议庭进行审理的情况下,也不得裁定减刑。

减刑后刑期的计算方法,根据原判刑罚种类的不同而有所不同:①判处管制、拘役、有期徒刑的,减刑后的刑期从原判决开始执行之日起计算,已执行的部分,计算在减刑后的刑期以内。例如,某罪犯原判有期徒刑 10 年,执行 3 年后减为 8 年,已执行的 3 年应计入 8 年之内,该罪犯只需再执行 5 年即可。②判处无期徒刑减为有期徒刑的,减刑后有期徒刑的刑期从裁定减刑之日起计算,减刑前执行的日期,不计入减刑后的刑期之内。例如,某罪犯被判处无期徒刑,服刑 3 年后减为有期徒刑 18 年,已执行的 3 年不计入减刑后的 18 年之内。该罪犯从减刑确定之日起,还需要再服刑 18 年。对于无期徒刑减刑后再次减刑的,其刑期的计算,则应按照有期徒刑的方法计算。如上述某罪犯被减为 18 年有期徒刑后,3 年后又减为 17 年有期徒刑,已执行的 3 年应计入 17 年之内,该罪犯只需再执行 14 年有期徒刑即可。

12 - 3 下列有关减刑的说法,哪些选项是错误的?

A. 减刑既可由基层法院也可由中级以上的法院裁定

B. 在特别情况下，执行机关可以不经法院裁定而直接对罪犯作出减刑的决定

C. 某甲被判处有期徒刑 8 年，执行 2 年后，被减为 6 年有期徒刑，对某甲应当再执行 6 年

D. 某乙被判处无期徒刑，执行 3 年后，被减为 19 年有期徒刑。因已经执行 3 年，因此，对某乙应再执行 16 年

答案：ABCD

■ 第三节 假释制度

一、假释的概念

假释，是指对于被判处有期徒刑、无期徒刑的犯罪人，在执行一定刑期之后，因其确有悔改表现，没有再犯罪的危险，附条件的予以提前释放的制度。

假释和减刑一样，是为了鼓励犯罪人加速改造而规定的一种制度，它体现了惩办与宽大相结合、惩罚与教育相结合的刑事政策，对于实现刑法的任务和目的，促进犯罪人改过自新，具有积极的作用。

假释不同于释放。假释是附条件的提前释放，还有再执行的可能性；释放不附加任何条件，也不存在再执行的问题。

假释与减刑不同：①适用范围不同。假释适用于被判处有期徒刑、无期徒刑的犯罪人；减刑适用于被判管制、拘役、有期徒刑和无期徒刑的犯罪人。②适用次数不同。假释只能适用一次；减刑可以适用多次。③有无考验期不同。假释附有考验期，如果再犯罪或有其他法定原因，就撤销假释；减刑没有考验期，减刑后即使再犯罪，也不存在撤销问题。④结果不同。假释的直接结果是当即解除监禁，附条件释放；减刑的直接结果只是减轻原判刑罚，若还有余刑，不能释放。

假释不同于缓刑：①适用范围不同。假释适用于被判处有期徒刑和无期徒刑的犯罪人；缓刑适用于被判处拘役和 3 年以下有期徒刑的犯罪人。②适用时间不同。假释是在原判刑罚的执行过程中适用；缓刑是在判处刑罚时同时宣告。③适用根据不同。假释的根据是犯罪人在刑罚执行过程中的悔改或立功表现；缓刑的根据是犯罪情节与判决前的悔改表现。④不执行的刑期不同。假释是有条件地不执行余刑；缓刑是有条件地不执行全部原判刑罚。

假释也不同于监外执行：①适用对象不同。假释适用于被判有期徒

刑、无期徒刑的犯罪人；监外执行适用于被判处有期徒刑和拘役的犯罪人。②适用条件不同。假释适用于执行了一定刑期、确有悔改表现、不致再危害社会的犯罪人；监外执行适用于因法定特殊情况不宜在监内执行的犯罪人。③收监条件不同。假释犯在考验期内若再犯罪或者发生其他法定情形，撤销假释，收监执行；监外执行是法定条件消失且刑期未满时，收监执行。④期间计算不同。假释若被撤销，所经过的考验期不计入执行的刑期内；监外执行的期间，计入已执行的刑期。

二、假释的适用条件

根据《刑法》第 81 条的规定，适用假释必须具备以下几个条件：

（一）前提条件

假释只适用于被判处有期徒刑、无期徒刑的犯罪人。因此，对判处其他刑罚的犯罪人，不能适用假释。不过，根据有关的司法解释，对死缓犯减为无期徒刑或者有期徒刑后，符合条件的，也可以适用假释。

（二）执行刑期条件

假释只适用于已经执行了一定刑期的犯罪人。根据《刑法》第 81 条的规定，被判处有期徒刑的犯罪分子，执行原判刑期 1/2 以上，被判处无期徒刑的犯罪人，实际执行 13 年以上，才可以假释。如果有特殊情况，经最高人民法院核准，可以不受上述期限的限制。这里的"特殊情况"，是指有关国家政治、国防、外交等方面特殊需要的情况。[1]

需要注意的是，有期徒刑执行原判刑期 1/2 以上，包括判决前先行羁押的时间。无期徒刑执行 13 年以上，不包括先行羁押的时间。这是因为刑法条文针对有期徒刑使用的是"执行"一词，针对无期徒刑使用的是"实际执行"一语。无期徒刑不存在折抵问题，只能是指实际执行的刑期。

另外，对死刑缓期执行罪犯减为无期徒刑或者有期徒刑后，符合《刑法》第 81 条第 1 款规定的，也可以假释。但死缓减为无期徒刑的犯罪人减刑后假释的，其实际执行的刑期不得少于 25 年。死缓减为 25 年有期徒刑的犯罪人减刑后假释的，实际执行的刑期不得少于 20 年。即对于被判处死缓的犯罪人，实际执行 20 年以上才可以假释。实际执行的刑期自 2 年考验期满第 2 日起计算。

（三）实质条件

假释只适用于在刑罚执行期间，认真遵守监规，接受教育改造，确有悔改表现，提前释放后没有再犯罪的危险的犯罪人，这是决定能否假释的实质性条件。根据前述司法解释，确有悔改表现，是指同时具备以下四个

---

[1] 最高人民法院 1997 年 10 月 28 日《关于办理减刑、假释案件具体应用法律若干问题的规定》第 11 条。

方面的情形：认罪服法；认真遵守监督，接受教育改造；积极参加政治、文化、技术学习；积极参加劳动，完成生产任务的。没有再犯罪危险，是指罪犯在刑罚执行期间一贯表现良好，确有悔改表现，不致违法、重新犯罪的，或者年老、身体有残疾（不含自伤致残），并丧失作案能力的。

（四）消极条件

《刑法》第81条第2款规定："对累犯以及因故意杀人、强奸、抢劫、绑架、放火、爆炸、投放危险物质或者有组织的暴力性犯罪被判处10年以上有期徒刑、无期徒刑的犯罪分子，不得假释。"这是因为，这些犯罪分子人身危险性大，所犯罪行严重，主观恶性深，适用假释不利于防止他们再犯新罪。如果犯罪人实施的不是上述犯罪，或者虽是上述犯罪但所判处的刑罚低于10年有期徒刑的，仍然可以假释。

（五）影响条件

根据刑法第81条第3款的规定，对犯罪分子决定假释时，应当考虑其假释后对所居住社区的影响。这就是说，对犯罪分子进行假释，如果对其所居住的社区有不良影响的，就不能假释。这构成假释的又一个条件。所居住的社区，是指犯罪分子居所在的区域，城市里是指居委会管辖的区域，农村是指村委会管辖的区域。不良影响，是指对社区内的居民心理、情绪以及相互关系上的不良影响。如果有居民强烈反对犯罪分子回社区居住，即可视为不良影响。

特别提示：

1. 被判死缓不能直接假释，减为无期或有期徒刑后，可以假释。

2. 八种严重犯罪被判10年以上有期徒刑、无期徒刑的，才禁止假释。

12－4 下列有关假释的说法，哪些是错误的？

A. 假释只适用于被判处有期徒刑、无期徒刑和死刑缓期2年执行的犯罪人

B. 有期徒刑执行1/2以上，无期徒刑执行15年以上才可以假释

C. 对累犯以及犯故意杀人、爆炸、抢劫、强奸、绑架等暴力性犯罪的人，不得假释

D. 被判处死刑缓期执行被减为无期徒刑或有期徒刑后，符合条件的，也可以假释

答案：ABC

12－5 下列关于假释的说法哪些是正确的？

A. 犯杀人、绑架等八种严重犯罪被判处10年以上有期徒刑或无期徒刑的，只有当他们的刑期被减的低于10年有期徒刑时，才可以假释

B. 某甲犯绑架罪被判处 8 年有期徒刑，犯抢劫罪被判处 6 年有期徒刑，数罪并罚后决定执行 11 年有期徒刑，因某甲所犯的两个罪都属于特定的严重犯罪，所判刑期也超过 10 年，所以对某甲不能适用假释

C. 被假释的犯罪分子，在假释考验期限内，被发现还有漏罪未经判决的，应当撤销假释，按照先减后并的方法实行数罪并罚

D. 某甲因犯罪被判处 8 年有期徒刑，刚刚执行 1 年，因特殊情况，报经最高人民法院核准，也可以假释

答案：BD

三、假释的程序

假释的程序与减刑的程序完全相同，即由执行机关向中级以上人民法院提出假释建议书，人民法院组成合议庭进行审理，对符合假释条件的，裁定予以假释。非经法定程序不得假释。执行机关不能直接对服刑的罪犯进行假释；基层人民法院无权裁定假释；中级以上人民法院在没有接到执行机关的假释建议书时，也不能裁定假释；中级以上人民法院接到执行机关假释建议书后，在没有组成合议庭进行审理的情况下，也不得裁定假释。这是为了保证假释的合法性与正当性，防止假释制度被滥用，维护刑法与刑事判决的严肃性和权威性。

四、假释的考验期限与监督

假释是附条件的提前释放，在一定的条件下保留执行余刑的可能性。因此，对假释要规定一定的考验期，以便根据其在此期间的表现决定是否还要收监执行。《刑法》第 83 条规定："有期徒刑的假释考验期限，为没有执行完毕的刑期；无期徒刑的假释考验期限为 10 年。假释考验期限，从假释之日起计算。"

根据《刑法》第 84 条的规定，在假释考验期内，犯罪人应当遵守下列规定：①遵守法律、行政法规，服从监督；②按照监督机关的规定报告自己的活动情况；③遵守监督机关关于会客的规定；④离开所居住的市、县或者迁居，应当报经监督机关批准。

根据《刑法》第 85 条的规定，对被假释的犯罪人，在假释考验期限内，依法实行社区矫正。如果被假释的犯罪人在考验期限内没有再犯新罪，没有发现判决宣告以前的漏罪，没有违反法律、行政法规或者国务院有关部门关于假释的监督管理规定，假释考验期满，就认为原判刑罚已经执行完毕，并公开予以宣告。

五、假释的撤销

假释的撤销，是指由于犯罪人在假释考验期内，没有遵守法定条件，而取消假释，对犯罪人收监执行剩余的刑期。根据《刑法》第 86 条的规

定，假释的撤销有以下三种情况：

1. 被假释的犯罪人，在假释考验期限内犯新罪的，撤销假释，依照《刑法》第71条的规定实行数罪并罚。即先对新犯的罪作出判决，然后把前罪没有执行的刑罚和新罪所判处的刑罚，按照限制加重的办法实行并罚。已经执行的刑期不计算在新判决决定的刑期内。假释后所经过的考验期，也不计入新判决决定的刑期内。简单说就是按照先减后并的方法并罚。

2. 在假释考验期限内，发现被假释的犯罪人在判决宣告以前还有其他罪没有判决的，撤销假释，依照《刑法》第70条的规定实行数罪并罚。即先对新发现的漏罪作出判决，然后把前后两个判决所判处的刑罚，按照限制加重的办法实行并罚。已经执行的刑期，计算在新判决决定的刑期内。但假释后所经过的考验期，不得计入新判决决定的刑期内。

3. 被假释的犯罪人，在假释考验期限内，有违反法律、行政法规或者国务院有关部门关于假释监督管理规定的行为，尚未构成新的犯罪的，按照法定程序撤销假释，收监执行未执行完毕的刑罚。此种情况，因未构成新的犯罪，故不存在数罪并罚的问题。

12-6 某甲犯盗窃罪被判处13年有期徒刑，服刑7年后，因表现良好而获假释。在假释考验期限的第5年，某甲盗窃他人财物，被判处8年有期徒刑。下列对某甲的处罚方法哪一项是正确的？

A. 撤销假释，采用先并后减的方法数罪并罚

B. 应在8年以上14年以下决定应执行的刑期

C. 应在13年以上21年以下决定应执行的刑期，然后再减去已执行的7年

D. 应在8年以上14年以下决定应执行的刑期，然后减去经过的5年考验期

答案：B

12-7（06卷二9） 关于假释，下列哪一选项是正确的？

A. 被假释的犯罪分子，未经执行机关批准，不得行使言论、出版、集会、结社、游行、示威自由的权利

B. 对于犯故意杀人、强奸、抢劫、绑架、放火、爆炸、投放危险物质或者有组织的暴力性犯罪的犯罪分子，即使被判处10年以下有期徒刑，也不得适用假释

C. 对于累犯，只要被判处的刑罚为10年以下有期徒刑，均可适用假释

D. 被假释的犯罪分子，在假释考验期间再犯新罪的，不构成累犯

答案：D

第十三章 刑罚的消灭

■ 第一节 刑罚的消灭概述

一、刑罚消灭的概念

刑罚的消灭，是指由于法定的或者事实的原因，致使国家不能对特定的犯罪人行使具体的刑罚权。它有以下三个特征：

1. 刑罚的消灭必须以行为人的行为构成犯罪为前提。无犯罪即无刑罚，无刑罚自然也没有刑罚的消灭。因此，无犯罪，也就没有刑罚的消灭。

2. 刑罚的消灭意味着国家对特定的犯罪人不能行使刑罚权。刑罚权是国家对犯罪人适用刑罚的权力。包括制刑权、求刑权、量刑权和行刑权。刑罚消灭，是指求刑权、量刑权、行刑权的消灭，国家的制刑权在任何情况下都不存在消灭的问题。

3. 刑罚的消灭必须基于一定的事由。没有一定事由，刑罚不可能消灭。其中有的事由是基于法律的规定，比如超过追诉时效。此种情况下，法律规定不得行使刑罚权。有的事由是基于特定事实的出现，比如犯罪人、被告人的死亡。此种情况下，司法机关不可能行使刑罚权。

二、刑罚消灭的事由

一般来说，导致刑罚消灭的事由大致有以下几种：

1. 刑罚执行完毕。刑罚执行完毕后，因没有可再执行的刑罚，刑罚权自然归于消灭。

2. 缓刑考验期满。犯罪人在缓刑考验期间没有出现法定撤销缓刑的情形，缓刑考验期满后，原判刑罚不再执行，行刑权便归于消灭。

3. 假释考验期满。被假释的犯罪人在假释考验期间没有出现法定撤销假释的情形，假释考验期满，剩余刑期不再执行，行刑权自然归于消灭。

4. 犯罪人死亡。犯罪人如果在起诉前死亡，求刑权消灭；犯罪人如果在判决确定前死亡，量刑权消灭；犯罪人如果在刑罚执行过程中死亡，行刑权归于消灭。

5. 超过时效期限。犯罪发生后，如果超过追诉时效未予追诉，则求刑权归于消灭。刑罚宣告后，如果超过行刑时效而未行刑，则行刑权归于消灭。

6. 赦免。不论是大赦或特赦，都导致行刑权的消灭。

7. 未告诉或撤回告诉。告诉才处理的犯罪，如果没有告诉或者告诉后又撤回告诉的，求刑权归于消灭。

8. 其他法定事由。例如被判处罚金的犯罪人由于遭遇不能抗拒的灾祸缴纳确实有困难的，可以酌情减少或者免除，此属于部分或者全部的罚金执行权归于消灭。

刑罚消灭的事由虽然不少，但有些属于监狱学研究的内容，有些属于刑事诉讼法学研究的内容。有些虽然属于刑法学研究的内容，但又分别被包容在相关的刑法理论或制度中。因此，本章只研究刑罚消灭事由的一部分，即时效和赦免。

■ 第二节 时 效

一、时效概述

（一）时效的概念

刑法上的时效，分为追诉时效和行刑时效。追诉时效，是指刑法规定的，追究犯罪人刑事责任的有效期限。在此期限内，司法机关有权追究犯罪人的刑事责任；超过了这个期限，司法机关就不能再追究犯罪人刑事责任。已经追究的，应撤销案件。

行刑时效，是指刑法规定的，对被判处刑罚的犯罪人执行刑罚的有效期限。在此期限内，司法机关有权对犯罪人执行刑罚，超过这个期限，司法机关就不能再对犯罪人执行刑罚。

我国刑法只规定了追诉时效，未规定行刑时效。这是因为建国以来人民法院判处刑罚而未执行的现象未曾发生过，规定行刑时效没有现实意义。从另一个角度讲，不规定行刑时效，对防止犯罪人在被判刑之后逃避刑罚有一定意义，这会更有利于同犯罪作斗争。

（二）追诉时效的意义

刑法中规定追诉时效，显然不是为了放纵犯罪，而是因为具有如下重要意义：

1. 有利于实现刑罚的目的。对犯罪人适用刑罚的目的是为了预防犯罪，如果犯罪人犯罪后经过一定时期，虽然没有受到追诉，但也没有重新犯罪，说明已经改恶从善，成为无害于社会的人。从特殊预防的角度看，就没有必要再行追诉。从一般预防的角度看，再行追诉，对社会上不稳定的人的警诫教育作用也不明显。

刑　法

2. 有利于司法机关集中力量打击现行犯罪。犯罪经过一定时期之后，随着时间的推移和环境的变迁，物证可能散失，证人可能死亡、不知去向或者失去记忆，隔得时间越久，查证就越是困难。有了追诉时效制度，就可以使司法机关避免某些陈案的拖累，集中力量与现行犯罪作斗争。而打击现行犯罪，对于维护社会秩序和预防犯罪的效果最为明显。

3. 有利于社会的安定。随着时间的推移，犯罪给社会造成的混乱可能已经平息，被害人与犯罪人之间的隔阂可能已经消除，过去的对立关系可能已被新的正常关系所取代，在此种情况下，如果对时隔多年的犯罪重新追诉，反而可能在被害人与犯罪人的关系上揭开旧的伤疤，引起新的矛盾，使已经稳定的社会关系再紧张起来，这不利于社会的安定团结。有了追诉时效制度，就可以避免这些问题。

二、追诉时效的期限

追诉时效期限的长短，应与犯罪社会危害性的大小相适应。这样，既可以防止那些犯有严重罪行的人在不长的时间内就轻易逃脱了应得的惩罚，也可以避免使那些犯有较轻罪行的人在过长的时间里不必要地处于刑罚恐惧之中。犯罪社会危害性的大小在刑法中的体现就是刑罚的轻重。因此，我国刑法对追诉时效的长短，是以犯罪的法定刑的轻重为标准来规定的。

根据《刑法》第87条的规定，犯罪经过下列期限不再追诉：①法定最高刑为不满5年有期徒刑的，经过5年；②法定最高刑为5年以上不满10年有期徒刑的，经过10年；③法定最高刑为10年以上有期徒刑的，经过15年；④法定最高刑为无期徒刑、死刑的，经过20年。如果20年以后认为必须追诉的，须报请最高人民检察院核准。

理解上述追诉期限，要特别注意以下两个问题：

1. 不满5年、10年，不包括5年、10年。5年以下、10年以下，包括5年、10年。比如第293条规定，犯寻衅滋事罪的，处5年以下有期徒刑……，追诉期限是10年。

2. 法定最高刑，是指与具体案件的罪行轻重相适应的某一量刑幅度的法定最高刑，不一定都是条文的法定最高刑。例如，《刑法》第234条对伤害罪规定了三档法定刑：①故意伤害他人身体的（造成轻伤），处3年以下有期徒刑……；②致人重伤的，处3年以上10年以下有期徒刑……；③致人死亡或者以特别残忍手段致人重伤造成严重伤残的，处10年以上有期徒刑、无期徒刑或者死刑。本条的最高法定刑是死刑，但并非所有的伤害罪都按死刑来确定追诉时效。如果只是造成轻伤，应适用第一档法定刑，最高刑是3年，追诉时效为5年；如果是造成重伤，应适用第二档法定刑，最高刑是10年，追诉时效为15年。

如果所犯之罪的刑罚，分别规定在数个条文中，应按其罪行相适应的条文的法定最高刑为标准确定追诉时效的期限。比如，破坏交通工具罪分别规定在《刑法》第116条和第119条，破坏交通工具尚未造成严重后果的，应以第116条规定的法定最高刑确定追诉期限；造成了严重后果的，应以第119条规定的法定最高刑确定追诉期限。

特别提示： 处5年以下有期徒刑的，追诉期限是10年。

13-1 下列关于追诉时效的说法，哪些选项是正确的？

A. 甲犯寻衅滋事罪，应处5年以下有期徒刑，追诉时效为5年

B. 乙故意致人重伤，应处3年以上10年以下有期徒刑，追诉时效为10年

C. 丙盗窃3000元，应处3年以下有期徒刑，追诉时效为5年

D. 丁犯杀人罪，应处10年以上有期徒刑、无期徒刑或死刑，追诉时效为20年

答案：CD

三、追诉时效的计算

（一）一般犯罪追诉期限的计算

《刑法》第89条第1款前段规定："追诉期限从犯罪之日起计算。"这是就一般犯罪所作的规定。一般犯罪，是指犯罪行为没有连续或者继续状态的犯罪。犯罪之日，是指犯罪成立之日，即行为符合犯罪构成之日。因此，对于以危害结果为构成要素的犯罪，应从危害结果发生之日起计算追诉时效；对于不以危害结果为构成要素的犯罪，应从实施犯罪行为之日起计算追诉时效。

追诉期限的届满时间，是应当截止在侦查破案时间、起诉时间，还是应当截止在审判时间？换言之，计算到破案时没有超过追诉期限，但到起诉时超过了追诉期限，或者计算到起诉时没有超过追诉期限，但到审判时超过了追诉期限，还应不应当追究刑事责任？这个问题，刑法没有明确规定。理论界有学者认为应当计算到审判之日，即"只有在审判之日还没有超过追诉时效的，才能追究刑事责任"。理由是"追诉不只是起诉的含义，更重要的是具有追究刑事责任的意义，而追究刑事责任……是经过审判才能决定的"[1]。我们认为，追诉期限是否届满，应以起诉书到达审判机关之日为准。换言之，只要起诉到人民法院时，追诉期限尚未届满，即使到审判时期限届满，也应当追究刑事责任。只有起诉到人民法院时，追诉期

---

〔1〕 张明楷：《刑法学》（上），法律出版社1997年版，第504页。

限已经届满，才不能追究犯罪人的刑事责任。因为，刑法规定的是"追诉"时效，而不是"审判"时效。追诉的"诉"字，是"说给人"听的意思，[1] 引申到诉讼上，就是诉到法院的意思。这与诉讼中的上诉期限，截止到上诉状递到法院为止是一个道理。也正是因为这个道理，《刑法》第87条规定，如果20年以后认为必须追诉的，须报请最高人民检察院核准，而不是报请最高人民法院核准。因此，认为追诉时效中的"追诉"一词含有审判的意思，是值得商榷的。

（二）连续或继续犯罪追诉期限的计算

《刑法》第89条第1款后段规定："犯罪行为有连续或者继续状态的，从犯罪行为终了之日起计算。"犯罪行为有连续状态的，是连续犯。犯罪行为有继续状态的，是继续犯。对于继续犯，当然是从犯罪行为终了之日起计算追诉期限；而对于连续犯，实际上是从最后一次犯罪终了之日起计算追诉期限。对惯犯追诉期限的起算，刑法没有明文规定。但从刑法规定的精神以及惯犯与连续犯的关系来看，对惯犯的追诉期限，也应当从最后一次犯罪终了之日起计算。

（三）追诉时效的延长

追诉时效的延长，是指由于某种法定事由的发生，使得司法机关对犯罪的追诉不受追诉期限限制的情况。实际上就是将追诉时效无限期的延长。根据《刑法》第88条的规定，追诉时效的延长有两种情况：

1. 在人民检察院、公安机关、国家安全机关立案侦查或者在人民法院受理案件以后，逃避侦察或者审判的，不受追诉期限的限制。此种情况的时效延长，需具备两个条件：①侦查机关已经立案侦查或者审判机关已经受理案件；②行为人逃避侦查或者审判。具备这两个条件的，不论经过多长时间，任何时候都可以追诉。司法机关虽然已经立案侦查，行为人并没有逃避侦查，但由于司法机关没有破案的，仍然受追诉期限的限制。

2. 被害人在追诉期限内提出控告，人民法院、人民检察院、公安机关应当立案而不予立案的，不受追诉期限的限制。据此，只要被害人在追诉期限内提出控告，符合立案条件而司法机关不予立案的，不论行为人是否逃避侦查或审判，不论经过多长时间，任何时候都可以追诉。

（四）追诉时效的中断

追诉时效的中断，亦称追诉时效的更新，是指由于某种法定事由的发生，使得以前所经过的时效期间归于无效，待法定事由终了时，重新开始计算追诉时效的情形。我国《刑法》第89条第2款规定："在追诉期限以内又犯罪的，前罪的追诉期限从犯后罪之日起计算。"这就是时效中断。

---

[1] 《现代汉语词典》，商务印书馆1978年版，第1095页。

追诉时效正在进行之中又犯罪的，从前罪成立之日到后罪成立之日这段所经过的时效期间，归于无效，前罪的追诉期限从犯后罪之日重新起算。例如，某人于1995年7月3日犯盗窃罪，追诉期限应从该日起计算。1998年7月4日，该人又犯故意毁坏财物罪。这样，某人于1995年7月3日所犯的盗窃罪，就也从1998年7月4日起计算追诉期限。1995年7月3日至1998年7月4日这段时间，不计入追诉期限之中。这样，某人犯盗窃罪的追诉期限实际上是8年，而不是5年。

13-2 1998年10月某甲盗窃一次，窃得现金3000元，2003年9月某甲故意致人重伤。下列关于某甲追诉时效的说法哪些是正确的？

A. 盗窃罪的追诉时效应计算到2001年10月

B. 盗窃罪的追诉时效应计算到2003年10月

C. 盗窃罪的追诉时效应计算到2008年9月

D. 伤害罪的追诉时效应计算到2013年9月

答案：C

13-3 1998年2月起，张某与许某结伙盗窃，先后共同作案5次，共窃得财物价值25 000元，销赃后得赃款9000元，二人平分。1998年10月张某单独作案1次，窃得现金5000元。1999年3月案发后，张某主动交代曾在1988年元月单独作案，窃得摩托车1辆，价值1800元。

（1）在追究张某和许某刑事责任时，张某和许某分别对下列何种数额负责？

A. 张某盗窃合计31 800元　　　　B. 许某盗窃25 000元

C. 张某盗窃30 000元　　　　　　D. 许某盗窃12 500元

答案：BC

（2）如果张某主动交代那辆价值1800元的摩托车是在1988年4月和许某共同盗窃的，张、许二人分别应对下列何种数额负责？

A. 张某盗窃合计31 800元　　　　B. 许某盗窃26 800元

C. 张某盗窃18 400元　　　　　　D. 许某盗窃13 400元

答案：AB

■ 第三节 赦 免

一、赦免的概念

赦免，是国家宣告免除犯罪人的罪或刑的一种法律制度。一般由宪法加以规定，分大赦和特赦两种。

大赦，是国家对一定时期内犯有一定罪行的不特定的犯罪人免予起诉或者免除其罪和刑的法律制度。大赦的适用范围十分广泛，它既可赦免某一时期的各种犯罪人，也可赦免某一地区的全体犯罪人，还可赦免某一类或者某一事件的全体犯罪人。赦免的效果及于罪和刑两个方面，即既赦罪，又赦刑。被宣告大赦的人，或者不再追究其刑事责任，或者不再认为是犯罪。

特赦，是国家对某一时期内犯有罪行的特定的犯罪人，免除其刑罚的全部或一部的制度。大赦与特赦的区别是：①大赦是被赦免的罪特定，被赦免的人不特定；特赦恰好相反，是被赦免的罪不特定，被赦免的人特定。②大赦是既赦刑又赦罪；特赦是只赦刑，不赦罪。③大赦在法院判决前后都可实行；特赦只能在法院判决后实行。④大赦后再犯罪不构成累犯；特赦后再犯罪有可能构成累犯。⑤大赦不公布被赦人名单；特赦往往要公布被赦人名单。

大赦和特赦是国家行为，都由国家元首或者国家最高权力机关以命令的形式宣告。这种命令称为大赦令、特赦令。大赦、特赦完毕，命令自然失效。大赦令、特赦令多在国家喜庆或国家大典时颁布。

我国于1954年《宪法》中有大赦和特赦的规定，但大赦没有实行过。后来的几部宪法包括1982年《宪法》都只规定有特赦，未再规定大赦。因此，我国《刑法》第65、66条所说的赦免，实际上都是仅指特赦而言。

二、我国特赦制度的特点

建国以来，我国共实行了七次特赦，即1959年9月17日对蒋介石集团和伪满洲国的战争罪犯、反革命罪犯和普通刑事罪犯的特赦；1960年11月19日和1961年12月16日对蒋介石集团和伪满洲国的战争罪犯的特赦；1963年3月30日、1964年12月12日和1966年3月29日对蒋介石集团、伪满洲国和伪蒙疆自治政府的战争罪犯的特赦；1975年3月17日对全部在押战争罪犯的特赦。

从我国已经实行的七次特赦看，我国的特赦有以下几个特点：①每次特赦都是由党中央或国务院提出建议，由全国人大常委会决定，由最高人民法院或高级人民法院执行；②特赦的对象主要是战争罪犯，只有第一次特赦包括部分反革命罪犯和普通刑事罪犯；③特赦的范围是一类或几类犯罪人，而不是个别犯罪人；④被特赦的都是经过一定时间的关押或服刑改造，确实已经改恶从善的犯罪人；⑤对被特赦的犯罪人，根据其罪行的轻重和悔改表现，实行区别对待，有的予以释放，有以予以减刑；⑥只是赦免部分刑罚，不是赦免全部刑罚，更不是赦免罪行。

【分论】

第十四章　罪刑各论概说

■ 第一节　《刑法》分则的体系

一、刑法分则体系的概念

刑法分则的体系，是指刑法分则对犯罪的分类及排列次序。它在一定程度上体现着刑法的价值取向，有利于对各种犯罪的性质、特征及危害程度的认识，也有利于司法机关正确地定罪量刑。西方国家的刑法一般是以犯罪侵犯的法益为标准，采用二分法或三分法。二分法是将犯罪分为侵犯公法益的犯罪和侵犯私法益的犯罪两类；三分法是将犯罪分为侵犯国家法益的犯罪、侵犯社会法益的犯罪和侵犯个人法益的犯罪三类。我国《刑法》分则共有 10 章，每一章规定一类犯罪，其排列顺序如下：危害国家安全罪，危害公共安全罪，破坏社会主义市场经济秩序罪，侵犯公民人身权利、民主权利罪，侵犯财产罪，妨害社会管理秩序罪，危害国防利益罪，贪污贿赂罪，渎职罪，军人违反职责罪。

二、刑法分则体系的特点

（一）原则上依据犯罪的同类客体对犯罪进行分类

我国《刑法》分则对犯罪的分类原则上是以犯罪行为所侵犯的同类客体为标准进行划分的，也就是把侵犯同一方面或同一部分社会关系的犯罪归为一类。比如，背叛祖国、分裂国家、武装暴乱、间谍、资敌等犯罪，虽然具体表现各不相同，但它们都侵犯国家安全，因此《刑法》分则就把这些犯罪归为一类，名曰危害国家安全罪；再如放火、爆炸、决水、破坏交通工具等犯罪，都侵犯公共安全，因此刑法分则就把这些犯罪也归为一类，名曰危害公共安全罪。按照这种方法，我国刑法分则把所有的犯罪归纳为 10 类。这种分类方法，有利于把握各类犯罪的性质、特征与社会危害程度，也有利于贯彻区别对待的政策和正确的定罪量刑。

（二）依据各类犯罪的社会危害程度对类罪进行排列

对各类犯罪的排列次序，反映着刑法的打击重点和立法者对各类犯罪的认识和态度。我国刑法分则是以犯罪对社会危害性的大小为标准进行排列的，大体上采取的是从重到轻的顺序。例如危害国家安全罪是危害国家政权和制度的犯罪，性质最严重，社会危害性最大，因而排在刑法分则各类犯罪之首；危害公共安全罪侵犯的是公众的人身、健康和重大公私财产的安全，是普通刑事犯罪中危害性最大的犯罪，因而紧接着危害国家安全罪被排第二。其他各类犯罪，基本上也是按照社会危害性的大小，由重到轻排列的。不过，军人违反职责罪，是由于主体的特殊性而被排在最后，但这并不意味着其社会危害性比前面各类犯罪都小。另外，这种排列方法，只是就总体而言，并不意味着后一类犯罪中的所有具体犯罪，都比前一类犯罪轻。

（三）依据犯罪的社会危害程度以及犯罪之间的内在联系对具体犯罪进行排列

在每一类犯罪中，对每一具体犯罪的排列，也是按照犯罪社会危害性的大小，并兼顾罪与罪之间的内在联系，从重到轻进行排列的。比如，在侵犯公民人身权利、民主权利罪中，杀人罪排在伤害罪之前，强奸罪又排在伤害罪之后，这体现了由重到轻的顺序。过失重伤罪排在故意伤害罪之后，强奸罪之前，这体现了罪与罪之间的内在联系，并不意味着过失重伤罪的社会危害性比强奸罪还重。

（四）依据犯罪的主要客体对复杂客体的犯罪进行归类

复杂客体的犯罪侵犯了两个以上的客体，刑法分则根据该种犯罪的主要客体将其归于同类罪，如将抢劫罪归于侵犯财产罪，将绑架罪归于侵犯公民人身权利罪。

■　第二节　《刑法》分则的条文结构

《刑法》分则的条文，通常是由罪状和法定刑构成的。罪状，可视为假定条件，法定刑实际上是犯罪的法律后果。其中，罪状中又包含着罪名。

一、罪状

罪状，是刑法分则条文对犯罪基本状况的描述，它指明适用该法定刑所必须具备的条件，行为只有符合规定的条件时，才能适用规定的法定刑。罪状可以分为基本罪状和加重、减轻罪状两大类。

（一）基本罪状

基本罪状，是对犯罪基本构成要件的描述，行为符合规定的要件，就构成犯罪；否则就不构成犯罪。根据对基本罪状的描述方式的不同，可以把基本罪状分为如下四种：

1. 简单罪状。简单罪状，就是不具体描述犯罪的基本特征，而是只规定出犯罪名称的罪状。例如第 232 条规定："故意杀人的，处……"，该条中的"故意杀人"，就是一个简单罪状。有些犯罪所以采用简单罪状加以规定，是因为这种犯罪的基本特征众所周知，无需具体描述。简单罪状的优点是，简单明了，避免繁琐。

2. 叙明罪状。叙明罪状，就是对犯罪的基本特征予以详细、具体描述的罪状。例如，《刑法》第 382 条第 1 款规定："国家工作人员利用职务上的便利，侵吞、窃取、骗取或者以其他方法非法占有公共财物的，是贪污罪"。该规定就是一个叙明罪状。它对该罪的主体、对象、手段、行为、目的都作了具体的描述。有些犯罪之所以采用叙明罪状加以规定，是因为该种犯罪比较特殊或者比较复杂，不为一般人所了解，也很难从总则的规定中加以把握，需要作详细规定。叙明罪状的优点是，具体明确，避免歧义。

3. 引证罪状。引证罪状，就是引用刑法中的其他条款来说明本种犯罪基本特征的罪状。例如，《刑法》第 115 条第 2 款规定："过失犯前款罪的，处……"。这里的"前款罪"，就是一个引证罪状。引证罪状的优点是，减少重复，使条文简明。

4. 空白罪状。空白罪状，[1] 亦称参见罪状，就是不直接描述犯罪的基本特征，只指出该犯罪所违反的其他法律、法规的罪状。从它不直接描述犯罪的基本特征来说，是空白罪状；从它指明了违反的法律、法规来说，属于参见罪状。例如，《刑法》第 322 条规定："违反国（边）境管理法规，偷越国（边）境，情节严重的，处……"。这个罪状，就属于空白罪状，它没有直接描述偷越国（边）境的具体表现，但指明了参见的法规。有些犯罪所以采用空白罪状，是因为这些犯罪的成立以触犯其他法律、法规为前提，行为的特征在其他法律、法规中有详细规定，而刑法条文又难以作出简洁的描述。空白罪状的优点是，可以使刑法条文保持简明，避免复杂。

基本罪状与犯罪构成有密切的联系，但不是同一个概念。基本罪状通常并不完全描述犯罪构成的全部要件，即使叙明罪状也是如此。较多的基本罪状只是描述具体犯罪的客观要件，对具体犯罪的主体、客体、主观要件，只在特殊或容易混淆的情况下才加以描述，以示区别。这是因为，犯罪的一般主体在刑法总则中已有规定，不是特殊主体，无需在分则中再作规定；犯罪的客体一般在犯罪的分类中已有明示，具体条文中一般也不需要再作规定。至于犯罪的故意和过失，一则其基本含义在总则中已有规

---

[1] 空白罪状，亦称参见罪状。规定空白罪状的法条，又被称为空白刑法、白地刑法。

定，二则有些行为从条文的规定中可以明确判断出罪过性质，因而，也不必在罪状中一一规定，只有在容易混淆的情况下，才需要专门加以强调。因此，在罪状中是不能找到犯罪构成的全部要件的，只有把分则的罪状与总则的规定结合起来，才能确定具体犯罪的全部构成要件。

（二）加重、减轻罪状

加重、减轻罪状，是对加重或减轻法定刑的犯罪状况的描述。例如，《刑法》第 257 条第 2 款规定："犯前款罪，致使被害人死亡的，处 2 年以上 7 年以下有期徒刑"。这里的"致被害人死亡"，就是暴力干涉婚姻自由罪的加重罪状。又如，《刑法》第 232 条规定："故意杀人的，处死刑、无期徒刑或者 10 年以上有期徒刑；情节较轻的，处 3 年以上 10 年以下有期徒刑"。这里的"情节较轻"，就是故意杀人罪的减轻罪状。刑法分则并不是对所有的犯罪都规定了加重或减轻罪状。

刑法分则对加重罪状规定的具体内容主要有：特殊主体、特殊对象、造成严重后果、致人重伤死亡、情节严重、情节特别严重、情节恶劣、情节特别恶劣、犯罪数额巨大、犯罪数额特别巨大，等等。刑法分则对减轻罪状规定的具体内容都是"情节较轻"。

加重、减轻罪状与基本犯罪构成没有关系，它们只是加重或者减轻法定刑的适用条件。换言之，它们只指导量刑，不指导定罪。与此相适应，加重犯与减轻犯不是独立的犯罪，不成立新的罪名，它们与基本犯是同一种犯罪，适用同样的罪名。因此，不能认为加重罪状与减轻罪状是加重的犯罪构成与减轻的犯罪构成。

二、罪名

罪名，就是犯罪的名称，它是对犯罪的本质或主要特征的高度概括，如危害国家安全罪、盗窃罪等。依据不同的标准，可以对罪名作出如下分类：

（一）类罪名与具体罪名

这是根据犯罪所侵犯的社会关系的范围进行划分的。类罪名，是指某一类犯罪的名称，它是以犯罪的同类客体或同类主体为标准进行概括的，如危害公共安全罪，军人违反职责罪，等等。我国《刑法》分则共规定了10 个类罪名，其中前 8 个是专以同类客体概括的，后两个既可以说是以同类客体概括的，也可以说是以同类主体概括的。在刑法分则中，类罪名，实际上也是章的标题，刑法未对它规定具体的罪状和法定刑，但刑法理论根据其性质仍能概括出它的构成要件。在司法实践中，类罪名不能被司法文书所引用，换言之，类罪名不能作为具体罪名来使用。

具体罪名，是指类罪名下所包括的各种具体犯罪的名称，它是对具体犯罪的本质或主要特征的高度概括，如杀人罪、爆炸罪、抢劫罪、赌博罪等等。具体罪名包含在罪状中。每个具体犯罪，都有自己的名称。在司法实践中，只能根据具体罪名进行定罪，具体罪名是司法文书引用的名称。

（二）单一罪名与选择罪名、概括罪名

单一罪名，是只能反映一种犯罪行为、一种犯罪对象，不能分解拆开使用的罪名。如伪证罪、脱逃罪、强迫职工劳动罪、刑讯逼供罪等。它们所表示的是单一的具体犯罪行为，内含的犯罪行为只能是一种，犯罪对象也只能是一种，因而是名副其实的一罪。我国刑法分则中的绝大部分罪名都是单一罪名。

选择罪名，是同时反映多种犯罪行为或多种犯罪对象，既可概括使用，也可分解拆开使用的罪名。例如，拐卖妇女、儿童罪，是一个罪名，但由于它反映"妇女"、"儿童"两种犯罪对象，因而可以分解出"拐卖妇女"和"拐卖儿童"两个罪名，加上概括罪名，一共可形成三个罪名。当犯罪人只拐卖妇女时，成立拐卖妇女罪；当犯罪人只拐卖儿童时，成立拐卖儿童罪；当犯罪人既拐卖妇女，又拐卖儿童时，只成立拐卖妇女、儿童罪，不实行数罪并罚。选择罪名共有如下三种情况：①多种行为，一种对象，形成行为选择。如引诱、容留、介绍他人卖淫罪，内含三种行为，可以再分解出6个罪名，共可形成7个罪名。②一种行为，多种对象，形成对象选择。如前述拐卖妇女、儿童罪。③多种行为，多种对象，形成行为和对象交叉选择。如非法制造、买卖、运输、邮寄、储存枪支、弹药、爆炸物罪，内含5种行为3种对象，可以分解出111个具体罪名，共可形成112个具体罪名。选择罪名的优点是，可使罪名一个不漏，又可避免罪名过于繁杂。

概括罪名，是指其犯罪构成的具体内容比较复杂，包含着多种犯罪行为，但只能概括使用，不能分解拆开使用的罪名。如信用卡诈骗罪，包含着使用伪造的信用卡、使用作废的信用卡、冒用他人信用卡、恶意透支四种行为，行为人实施其中任何一种行为，都定信用卡诈骗罪，实施数种行为，也定信用卡诈骗罪，不数罪并罚。这说明，概括罪名是介于单一罪名和选择罪名之间的一种罪名。从其不具有选择余地来看，它具有单一罪名的特点；从其包含着多种行为，实施其中之一就构成犯罪而言，又有选择罪名的特点。

（三）确定罪名与不确定罪名

确定罪名，是指罪名中所包含的行为、对象等内容已经固定，使用时不容更改的罪名。刑法中规定的罪名，除了"以危险方法危害公共安全罪"和"过失以危险方法危害公共安全罪"之外，都属于确定的罪名。

不确定的罪名，是指罪名中所包含的行为、手段尚未固定，使用时需要根据犯罪的实际情况才能确定的罪名。我国刑法规定的不确定罪名只有

"以危险方法危害公共安全罪"和"过失以危险方法危害公共安全罪"两个。这两个罪名中的"危险方法",究竟是什么方法,没有固定,司法实践中,需根据犯罪人实际采用的具体方法加以确定。

三、法定刑

（一）法定刑的概念

法定刑,是指《刑法》分则对各种具体犯罪规定的刑种和幅度,它是根据《刑法》总则关于刑种的规定和具体犯罪的性质及其社会危害性的大小而决定的,既可以是不同的刑种,如死刑、无期徒刑;也可以是同一种刑种的不同幅度,如3年以上10年以下有期徒刑。

（二）法定刑的种类

1. 绝对确定的法定刑。绝对确定的法定刑,是指对某种犯罪只规定单一的刑种与固定的刑度。例如,我国1951年颁布的《惩治反革命条例》第5条规定:"持械聚众叛乱的主谋者、指挥者及其他罪恶重大者处死刑"。这就是绝对确定的法定刑。此种法定刑,由于没有伸缩的余地,不利于贯彻区别对待的政策,因而1979年颁布的《刑法》中没有规定此种法定刑。但1997年《刑法》中有少量条文规定了此种法定刑。例如,《刑法》第121条规定的劫持航空器罪,"致人重伤、死亡或者使航空器造成严重破坏的,处死刑"。第239条规定的绑架罪,"致使被绑架人死亡或者杀害被绑架人的,处死刑,并处没收财产"。还有《刑法》第383条第1款第1项规定:个人贪污数额在10万元以上,情节特别严重的,处死刑,并处没收财产;该条第2项规定:个人贪污数额在5万元以上不满10万元,情节特别严重的,处无期徒刑,并处没收财产。这些都属于绝对确定的法定刑。不过,这些规定,只是针对某种犯罪"特别严重"的情节而言的,并不是针对某种犯罪的所有情况而言。因此可以说,这还不是一般意义上的绝对确定的法定刑。

2. 绝对不确定的法定刑。绝对不确定的法定刑,是指对某种犯罪不规定刑种和刑度,只笼统地规定"依法制裁"、"依法严惩"、"依法追究刑事责任"等,至于如何"制裁"、"严惩",则由审判人员决定。此种法定刑,因给审判人员自由裁量的权限过于宽泛,不利于适用法律的统一,也容易滋生腐败,故我国刑法没有采用。行政法规、经济法规中常有对某种犯罪行为"依法追究刑事责任"的规定,但这不属于绝对不确定的法定刑。因为刑法中对这些犯罪已经规定了相对确定的法定刑,上述规定实际上只是宣告有罪,而不是一种法定刑。

3. 相对确定的法定刑。相对确定的法定刑,是指对某种犯罪规定一定的刑种和幅度,并明确规定其最高刑和最低刑,审判人员可依据具体犯罪的事实、性质、情节和社会危害程度,在规定的幅度内恰当地选择刑罚。

此种法定刑较好地纠正了绝对确定和绝对不确定法定刑的弊端，因而为我国和世界绝大多数国家所普遍采用。我国刑法对相对确定的法定刑，有以下几种规定：

（1）只规定最高刑，最低刑由刑法总则解决。如《刑法》第448条规定：犯虐待俘虏罪的，处3年以下有期徒刑。

（2）只规定最低刑，最高刑由刑法总则解决。如《刑法》第425条第2款规定，战时犯擅离职守或玩忽职守罪的，处5年以上有期徒刑。

（3）既规定最高刑也规定最低刑。如《刑法》第232条规定：故意杀人，情节较轻的，"处3年以上10年以下有期徒刑"。

（4）规定两种以上的主刑或者又规定附加刑。如《刑法》第354条规定："容留他人吸食、注射毒品的，处3年以下有期徒刑、拘役或者管制，并处罚金"。

（三）法定刑与宣告刑的区别

宣告刑是人民法院对具体犯罪判决宣告的应当执行的刑罚。宣告刑必须以法定刑为依据，二者有以下几点区别：①确定的时间不同。法定刑是在制定刑法时确定的；宣告刑是在处理案件时确定的。②有无幅度不同。法定刑有可供选择的刑种和幅度，宣告刑则是特定的刑种和刑期。③性质不同。法定刑是立法上的规定；宣告刑是司法上的适用。

另外，执行刑与法定刑和宣告刑也各不相同。执行刑是对犯罪人实际执行的刑罚，它以宣告刑为依据，可能与宣告刑相等，也可能低于宣告刑。因为，犯罪人在实际执行过程中，可能被减刑。执行刑与法定刑有明显的区别：法定刑是刑法规定的刑种和刑度，执行刑是对犯罪人实际执行的刑罚。由于对执行刑可以减刑，因而执行刑可能低于法定刑。

■ 第三节　《刑法》分则的法条竞合

一、法条竞合的概念与表现形式

法条竞合，是指一个犯罪行为同时符合数个法律条文的规定，但在定罪量刑时，只能适用其中一个法律条文的情况。

法条竞合是由于刑事立法的复杂性引起的，而刑事立法的复杂性又是因刑事犯罪的复杂性引起的。现实社会中的犯罪现象异常复杂，有的犯罪行为是另一犯罪行为的一部分，从而其全部被另一犯罪行为所包容；有的犯罪行为的一部分也是另一犯罪行为的一部分，从而使两种犯罪行为相互交叉。这种错综复杂的犯罪现象反映到刑事立法上，便不可避免的出现如下复杂的立法现象：这一法条规定的犯罪可能是另一法条规定的犯罪的一部分，或者这一法条规定的犯罪的一部分可能是另一法条规定的犯罪的一部分。这样，便会出现一个犯罪行为同时符合数个法律条文的情况，从而产生法条竞合。也正是因为如此，法条竞合，通常表现为以下两种形式：

（一）包容式竞合

包容式竞合，是指一个法条的全部内容是另一个法条内容的一部分，从而为另一个法条全部包容，二者形成包容关系。例如，《刑法》第432条规定的故意泄露军事秘密罪，实际上是第398规定的故意泄露国家秘密罪的一部分，后者被前者全部包容。这是因为，军事秘密也是国家秘密，且只是国家秘密的一部分。当行为人泄露军事秘密时，既触犯第432条的规定，构成泄露军事秘密罪；又触犯第398条的规定，构成泄露国家秘密罪。

（二）交叉式竞合

交叉式竞合，是指一个法条内容的一部分也是另一个法条内容的一部分，从而使两个条文存在交叉关系。例如，《刑法》第279条规定的招摇撞骗罪，与第266条规定的诈骗罪，就存在这种关系。当犯罪人冒充国家工作人员诈骗公私财物时，其诈骗公私财物这部分行为，也是诈骗罪中的部分行为。因而，必然既触犯招摇撞骗罪的规定，又触犯诈骗罪的规定。

二、法条竞合的适用原则

法条竞合时，只能适用一个法条，究竟应适用哪个法条，则必须确立一定的原则。根据长期的实践经验，解决这一问题的原则，主要有以下两个：

（一）特别法优于普通法原则

特别法优于普通法原则，是指当特别法与普通法竞合时，按照特别法的规定定罪量刑的原则。这里的普通法，指的是刑法典。特别法，是指单行刑事法规，如1998年全国人大常委会颁发的《关于惩治骗购外汇、逃汇和非法买卖外汇犯罪的决定》。当单行刑事法规与刑法典竞合时，应适用单行法规。这是因为，国家之所以在刑法典之外又制定单行法规，是为了惩治特别犯罪，保护特定的合法权益。"其用意是将特定犯罪依特别刑法论处，从而对特定的合法权益予以特殊保护"[1] 所以，当不同法律之间出现法条竞合时，只能适用特别法，不能适用普通法。否则，特别刑法就失去意义。

（二）特别条款优于普通条款原则

同一部法律中也会发生普通条款与特别条款的竞合关系。这种情况既会发生在普通刑法中，也会发生在特别刑法中。比如，《刑法》第398条

〔1〕 张明楷：《刑法学》（下），法律出版社1997年版，第536～537页。

规定的泄露国家秘密罪，属于普通法条，第432条规定的军人泄露军事秘密罪，就属于特别法条。此种在同一部法律中发生的法条竞合，在通常情况下，应依特别法优于普通法的原则解决法条适用问题。道理同样在于，立法者在普通法条之外另设特别条款，是为了对特定犯罪给予特别处罚，或因为某种犯罪特别突出而予以特别规定。因此，当行为符合特别条款时，应首先考虑依特别条款的规定论处。只有在特殊情况下，才可以放弃特别法优于普通法的原则，而改用重法优于轻法的原则。

（三）重法优于轻法原则

重法优于轻法原则，是指形式上符合特别法的规定，但由于情节或者后果特别严重，依照特别法定罪量刑显然有悖罪刑相适应原则时，改按行为所触犯的法条中法定刑最重的普通法条定罪量刑的原则。实践中适用这一原则，必须符合以下三个条件：

1. 竞合必须是发生在同一法律（法规）之中，即行为同时触犯了同一法律（法规）中的普通条款与特别条款。如果竞合是发生在不同法律（法规）之间，则应严格依照特别法优于普通法的原则定罪量刑，不能适用该原则。

2. 同一法律的特别条款规定的法定刑明显低于普通条款规定的法定刑，而且根据犯罪的情节，适用特别条款定罪明显不符合罪刑相适应的基本原则。例如，《刑法》第279条规定的招摇撞骗罪，最高法定刑是10年有期徒刑；《刑法》第266条规定的诈骗罪，最高法定刑是无期徒刑。如果某人冒充国家工作人员招摇撞骗，诈骗公私财物数额特别巨大，适用特别法第279条定招摇撞骗罪，就不能做到罪刑相适应。此种情况下，就应适用普通法第266条定诈骗罪。

3. 必须是在特殊情况下才能适用该原则。这里的"特殊情况"是指以下两种情况：①法律明文规定按重罪定罪量刑。例如，《刑法》分则第149条第2款规定："生产、销售本节第141～148条所列产品，构成各该条规定的犯罪，同时又构成本节第140条规定之罪的，依照处罚较重的规定定罪处罚"。该节第140条规定的是生产、销售一般伪劣产品罪，属于普通条款；第141～148条规定的是生产、销售特定伪劣产品罪，属于特别条款。生产、销售伪劣产品的行为既符合普通条款又符合特别条款的规定时，只能根据案件的具体情况，按处罚较重的规定定罪处罚。换言之，特别法处罚重的，按特别法定罪量刑；普通法处罚重的，按普通法定罪量刑。例如，生产、销售假药，致人死亡或者对人体健康造成特别严重危害的，按照第141条的规定，可处10年以上有期徒刑、无期徒刑或者死刑。若行为人生产、销售假药没有造成上述特别严重的危害，但其销售金额却达到200万元以上的，按第141条的规定就不能处无期徒刑或者死刑，最重只能处 10 年有期徒刑。但若按第 140 条规定的生产、销售一般伪劣产品罪定罪，最重就可以处无期徒刑。这种情况下，就应按第 140 条的规定定罪量刑。②法律没有禁止适用普通条款，或者说没有特别强调必须适用特别条款。否则，就只能适用特别条款。比如，当条文中规定："本法另有规定的，依照规定"时，就是禁止适用普通条款，只能适用特别条款。

应当指出，在特殊情况下，采用重法优于轻法的原则解决法条竞合问题，并不是单纯为了强调重罚，而主要是为了贯彻罪刑相适应的基本原则。从我国刑法的规定看，许多特别法规定的犯罪比普通法规定的犯罪严重，但其规定的法定刑却轻于普通法规定的法定刑。如果绝对地采用特别法优于普通法的原则定罪量刑，就会出现罪刑失衡现象。在这种情况下，只要刑法没有禁止适用重法，或者说只要刑法没有强调必须适用轻法，为了贯彻罪刑相适应的基本原则，就应按照重法优于轻法的原则定罪量刑。

14 – 1 下列结论是否正确？

《刑法》第 266 条规定的诈骗罪的法定最高刑为无期徒刑，而第 198 条规定保险诈骗罪的法定最高刑为 15 年有期徒刑。为了保持刑法的协调和实现罪刑相适应原则，对保险诈骗数额特别巨大的，应以诈骗罪论处。

答案：不正确。因为不符合法条竞合特别规定优先的原则。

14 – 2 下列哪种情形属于法条竞合？

A. 盗窃数额较大的、正在使用中的通讯设备的

B. 窃取国家所有的、具有历史价值的档案的

C. 行为人在缴纳 10 万元税款后，一次性假报出口骗取国家 20 万元退税款的

D. 对正在执行国家安全工作任务的警察实施暴力，使之受轻伤的

答案：B

第十五章　危害国家安全罪

本章从第 102～113 条，共 12 个条文，12 个罪名。司法考试考察的有 7 个罪名，分三类。

■ 第一节　危害国家、颠覆政权的犯罪

一、背叛国家罪（第 102 条）

是指勾结外国，危害中华人民共和国的主权、领土完整和安全的行为。

"勾结"是指以公开或秘密的方式进行策划、商议或密谋出卖国家民族利益的具体活动。"外国"是指外国政府、外国政党以及敌视、破坏我国社会主义制度的外国敌对势力。与境外其他机构、组织、个人相勾结，危害中华人民共和国的主权、领土完整和安全的，也以本罪论处。"境外机构、组织"包括境外机构、组织在中华人民共和国境内设立的分支（代表）机构和分支组织；"境外个人"包括居住在中华人民共和国境内不具有中华人民共和国国籍的人。实施危害中华人民共和国的主权、领土完整和安全的行为，如签订不平等条约出卖国家主权；策划对我国发动侵略战争；借助外国势力，组织傀儡政权等。

本罪主体是中国公民，一般多为在党政机关位居要职，掌握实权的野心家、阴谋家和社会上有较大政治影响的人。

二、资助危害国家安全犯罪活动罪（第 107 条）

是指境内外机构、组织或者个人资助实施特定的危害国家安全犯罪活动的行为。"资助"，是指向有危害国家安全行为的犯罪人提供经费、场所和物资或提供用于进行危害国家安全活动的经费、场所和物资。"特定的危害国家安全的犯罪活动"是指《刑法》第 102～105 条规定的犯罪，包括背叛国家罪、分裂国家罪、煽动分裂国家罪、武装叛乱、暴乱罪、颠覆国家政权罪、煽动颠覆国家政权罪。本罪亦属于行为犯。只要有资助行为，就成立既遂。如果资助境内组织或个人实施其他危害国家安全的犯罪活动，应以其资助的犯罪的共犯定罪处罚。

本罪为一般主体，既可以是个人，也可以是单位。

■ 第二节 叛变、叛逃犯罪

一、投敌叛变罪（第108条）

是指中国公民投奔敌方营垒，或者在被捕、被俘后投降敌人，进行危害国家安全活动的行为。

本罪客观上有两种表现：①投奔国内的敌对势力或国际上与我为敌的国家并为敌人效力。如逃到外国，为间谍机构提供我方军事情报，进行反华宣传等。②被捕、被俘后投降敌人，进行危害国家安全的行为。如屈服敌方，出卖组织、同志等。本罪主体只能是中国公民。外国公民和无国籍人可以成为本罪的共犯。

投敌叛变罪与背叛国家罪的界限。二者虽然都具有叛国的性质，但属于两种不同层次的背叛行为：①前者是个人或者带领众人叛变投敌，后者是通敌卖国。②前者一般是普通公民或者较低级别的公务、军警人员投奔敌方，只能危害到国家的局部安全和利益；而后者则一般是在国家具有相当地位、影响的人物，与外国高层进行接触，危害到国家的生存。③前者包括投奔国外敌人和国内敌人两种情况，后者只限于勾结外国一种情况。

二、叛逃罪（第109条）

是指国家机关工作人员或者掌握秘密的国家工作人员在履行公务期间，擅离岗位，叛逃境外或者在境外叛逃的行为。

本罪客观方面须把握两个要点：①叛逃行为发生在履行公务期间。"履行公务期间"是指在行使职权，执行职务的整个时间里。这个时间应是连续的，不应因节假日或休假而间断。因此，国家机关工作人员或掌握秘密的国家工作人员在休假或节假日，叛逃境外或在境外叛逃的，也应属于在履行公务期间的叛逃行为；②叛逃行为具体表现为擅离岗位，叛逃境外或在境外叛逃。"擅离岗位"是指未经主管部门或领导批准，擅离职守。"叛逃境外"是指背叛祖国，逃往境外。这里的境外应包括外国、外国驻华使领馆及我国台湾地区。"在境外叛逃"是指在境外履行公职或执行某项具体任务时，擅自离开工作岗位叛变逃走。本罪属于行为犯，只要有叛逃行为，就构成本罪既遂。本罪犯罪主体是多为国家机关工作人员，此外，还包括掌握秘密的国家工作人员。

注意问题：

1. 本罪与军人叛逃罪的区别：主体不同。一个是国家机关工作人员，一个是军人。

2. 与偷越国（边）境罪的区别：目的、主体身份不同。犯叛逃罪而偷越国边境的，属于吸收犯，不数罪并罚。

3. 与投敌叛变罪的界限：①主体范围不同，本罪仅限于国家机关工作人员，后者包括一切中国人。②客观方面的侧重点不同。本罪的要点是离岗叛逃，后者的要点是投敌叛逃。③投奔对象的侧重点不同。本罪逃向的对象不限于敌人，后者投奔的对象则限于敌方营垒。

特别提示：如果行为人在叛逃之后，又实施其他危害国家安全的行为，应数罪并罚。

14 - 1 关于叛逃罪，下列哪些说法是正确的？

A. 犯罪主体是掌握国家秘密的国家机关工作人员

B. 在履行公务期间，擅离岗位

C. 递交辞呈后，在境外离岗，不属于擅离岗位

D. 叛逃境外，即构成本罪

答案：BD

■ 第三节　间谍、资敌犯罪

一、间谍罪（第110条）

是指参加间谍组织或者接受间谍组织及其代理人的任务，或者为敌人指示轰击目标，危害国家安全的行为。

本罪客观上有以下三种表现：①参加间谍组织。"间谍组织"主要是指外国政府或境外的敌对势力建立的旨在窃取、刺探、收买、非法搜集我国政治、军事、经济、科技、外交等情报，进行渗透、颠覆和破坏活动的专门组织。"参加"是指行为人主动申请加入或者被动地被招募加入，成为间谍组织的成员。②接受间谍组织及其代理人的任务。依照《中华人民共和国国家安全法实施细则》第4条的规定，间谍组织代理人是指受间谍组织或者其成员的指使、委托、资助，进行或者授意、指使他人进行危害中华人民共和国国家安全活动的人，既可以是自然人，也可以是单位。如通过境外的公司、记者站、商会等在境内设立分支机构或办事处，安插或委托具有合法身份的人作为其代理人进行活动。接受，就是表示同意。至于行为人是否来得及实施或完成任务，不影响本罪的成立。③为敌人指示轰击目标。是指在战时为交战敌对国或敌方指明或显示要轰击的我方目标。本罪主体为一般主体。

特别提示：

1. 参加间谍组织后又实施刺探、窃取、收买和非法提供国家秘密、情

报的或从事其他危害国家安全的行为又触犯其他罪名的，属于牵连犯，按一重罪论处。

2. 本罪是行为犯，只要实施法定的三种行为之一，就构成既遂。

14 – 2（98 卷二 30）　依照我国《刑法》的规定，下列哪一行为构成间谍罪？

A. 为境外机构窃取、刺探国家秘密的

B. 为敌人指示轰击目标的

C. 为境外组织非法提供情报的

D. 为武装叛乱分子提供武器、弹药的

答案：B

14 – 3（02 卷二 11）　某国家机关工作人员甲借到 M 国探亲的机会滞留不归。1 年后甲受雇于 N 国的一个专门收集有关中国军事情报的间谍组织，随后受组织的指派潜回中国，找到其在某军区参谋部工作的战友，以 1 万美元的价格从乙手中购买了 3 份军事机密材料。对甲的行为应如何处理？

A. 以叛逃罪论处

B. 以叛逃罪和间谍罪论处

C. 以间谍罪论处

D. 以非法获取军事秘密罪论处

答案：C

二、为境外窃取、刺探、收买、非法提供国家秘密、情报罪（第 111 条）

是指为境外机构、组织、人员窃取、刺探、收买、非法提供国家秘密或情报，危害国家安全的行为。"窃取"是指以秘密手段获取，如使用照相机、计算机或盗窃等手段窃密。"刺探"是指用打听或一定的侦查技术获取国家秘密的行为。"收买"是指利用金钱或物质利益换取国家秘密的行为。"非法提供"是指违法国家法律的有关规定，提供国家秘密和情报的行为。行为人只要实施上述行为之一，就构成本罪。"境外机构"是指在我国国（边）境以外的国家和地区的除了间谍组织之外的官方机构及其在我国境内设立的分支（代表）机构。如政府、军队等。"境外组织"是指在我国国（边）境以外的政党、社会团体或企事业单位及其在我国境内设立的分支组织，如商社、通讯社、公司等。

本罪主体是一般主体，包括中国人、外国人和无国籍人。主观上是故意。犯罪对象是秘密和情报。"秘密"是指法律确定的、关系国家安全和利益、在一定时间内限于一定范围人员知悉的事项。国家秘密分为三级，即绝密、机密和秘密。绝密，是国家最重要的秘密，泄露会使国家安全和利益遭受特别严重的损害。机密，是重要的国家秘密，泄露会使国家安全和利益遭受严重的损害。秘密，是一般的国家秘密，泄露会使国家安全和利益遭受损害。"情报"，是指关系国家安全和利益、尚未公开或者依照有关规定不应公开的事项。

特别提示：明知对方是间谍组织而实施上述行为的，构成间谍罪。

注意问题：

1. 罪与非罪：为境外窃取、刺探、收买、非法提供机密级国家秘密、三项以上秘密级国家秘密或提供国家秘密、情报对国家安全和利益造成其他严重损害的，构成本罪。行为人知道或者应当知道没有标明密级的事项关系国家安全和利益，而实施上述行为的，也依本罪论处。

2. 通过互联网发布国家秘密的，依照故意泄露国家秘密罪论处；发给境外一般机构、组织、个人的，以本罪论处；发给间谍组织的，以间谍罪论处。

3. 作为间谍组织成员或者接受间谍组织任务实施上述行为的，属于间谍活动之一，定间谍罪。

4. 本罪与其他涉密犯罪发生法条竞合的，优先适用本条。比如，非法获取军事秘密，又将秘密提供给境外的机构、组织的，既触犯本条，又触犯第431条，优先适用本条。其他涉及国家秘密的犯罪还有：故意泄露国家秘密罪，非法持有绝密、机密文件、资料、物品罪，故意泄露军事秘密罪。注意：如果这些犯罪与间谍罪也发生法条竞合，当然要优先适用间谍罪。

5. 抢夺、窃取国家档案，擅自出卖、转让国有档案，又构成侵犯国家秘密犯罪的，依照处罚较重的规定定罪处罚。

14-4 甲从国家档案库中窃取一份秘密文件，通过互联网发送给境外某通讯社的电子信箱，对甲应以何罪论处？

A. 窃取国有档案罪

B. 非法获取国家秘密罪

C. 间谍罪

D. 盗窃罪

E. 非法持有绝密、机密文件、资料罪

F. 为境外窃取、刺探、收买、非法提供国家秘密、情报罪

G. 为境外窃取、非法提供国家秘密罪

H. 故意泄露国家秘密罪

答案：G

三、资敌罪（第112条）

是指战时供给敌人武器装备、军用物资，危害中华人民共和国安全的行为。"战时"，是指国家宣布进入战争状态，部队接受作战任务或遭受敌人突然袭击时。部队执行戒严任务或者处置突发性暴力事件时，以战时论。构成本罪的时间条件必须是在战时。犯罪主体仅限于中国公民。

第十六章　危害公共安全罪

本章从第 114～139 条之一，共 28 个条文（含第 133 条之一、第 135 条之一）。本章是司法考试的一般重点，几乎每年都有考题，但分值不多，没有疑难、复杂的罪名。主要考点是：放火罪、爆炸罪、投放危险物质罪及这 3 罪与故意杀人罪等的区别，破坏交通工具罪、破坏电力设备罪及其与盗窃罪的区别，组织、领导、参加恐怖组织罪，违规制造、销售枪支罪，非法出租、出借枪支罪，交通肇事罪，重大责任事故罪。

本章的同类客体是公共安全，不危害公共安全的不能构成本章之罪，这一点需要特别注意。所谓公共安全，是指多数人的生命、健康和重大公私财产的安全。具体包括两个方面：①不特定的人员和公私财产的安全。所谓不特定，是指行为危害的具体对象和对象的数量不确定。也就是说，不特定也包含两个方面，首先是究竟会危害着谁不确定；其次是危害多少人或多少财产不确定。有时候（如一次爆炸），可能没有实际危害到任何人，没有实际造成任何损失，但同样是危害了公共安全，因为它的对象不确定。②特定的多数人和特定的巨额公私财产的安全。比如在一架飞机上安放一颗定时炸弹，飞机在空中爆炸，机上 200 余人全部遇难。这 200 余人是特定的，是多数，也是公共安全。有些教材把公共安全仅局限在"不特定"上，忽略了特定的多数，是不正确的。当然，也有些特定的多数不认为是公共安全，如有计划、有目标的杀害特定的十几人，构成杀人罪，而不构成危害公共安全罪。但这类犯罪又有其自身的特征，可以从犯罪目的、动机等方面与危害公共安全罪区别开来。

■　第一节　以危险方法危害公共安全的犯罪

一、放火罪（第 114、115 条）

是指故意引燃焚烧公私财物，危害公共安全的行为。

本罪主体为年满 14 周岁具有刑事责任能力的自然人。客观方面既可由作为构成，如故意纵火；也可由不作为构成，如负有防火义务的油区安全员，发现油区有着火的危险，能够采取措施防止而不防止，以致发生火灾者。

注意问题：

1. 放火罪既遂的标准。通说认为，放火罪的既遂，以被燃物能够独立燃烧为标准。但此说不利于鼓励放火人中止犯罪，也与《刑法》第 23 条的规定相矛盾，值得研究。

2. 放火罪与杀人罪的区别。区分的关键是看行为人的放火行为是否危及公共安全。如果行为人采用放火的危险方法杀害特定的个人，不危及公共安全的，属于故意杀人罪；如果已经危及公共安全的，则应以放火罪论处。

3. 放火罪与故意毁坏财物罪的区别。关键也是看放火行为是否危及公共安全。造成公私财产重大损失没有危及公共安全的，定故意毁坏财物罪；如果已经危及公共安全的，则应以放火罪论处。

特别提示： 放火罪的既遂采"独立燃烧说"。

16 - 1 甲是某工厂电器设备维修工。某日在其值班期间发现电气设备受损，有引起火灾的危险，但由于对车间主任扣发其工资不满，故意不予维修，结果引起火灾，造成严重损失。甲的行为构成：

A. 放火罪　　　　　　　　　　B. 重大责任事故罪

C. 玩忽职守罪　　　　　　　　D. 失火罪

答案：A

16 - 2 甲为泄愤，在夜晚先后到乙、丙、丁三家的打谷场（不在一起）上放火，分别烧毁乙、丙、丁三家稻谷各 3 000、3 500、2 000 公斤，造成直接经济损失 15 000 元。甲的行为性质如何界定？

A. 放火罪　　　　　　　　　　B. 故意毁坏财物罪

C. 玩忽职守罪　　　　　　　　D. 破坏生产经营罪

答案：B

16 - 3 （99 卷二 66）　李某租用某建筑公司场地开了一家酒店，并为酒店财产投了 10 万元人民币保险，后因经营不善，无力支付租金，场地被建筑公司封锁。李某决定放火烧毁酒楼：①报复建筑公司（因酒店旁边还有建筑公司的其他建筑）；②可以获取保险赔偿金，李某放火后到保险公司理赔时被公安机关抓获。下列关于本案的意见哪些是正确的？

A. 李某的行为触犯放火罪和保险诈骗罪两个罪名

B. 放火罪与保险诈骗（未遂）罪应并罚

C. 放火罪与保险诈骗罪相竞合，只定放火罪

D. 放火罪与保险诈骗（预备）罪应并罚

答案：AB

二、失火罪（第115条）

是指过失引起火灾，危害公共安全，致人重伤、死亡或者使公私财产遭受重大损失的行为。本罪主体为一般主体，主观上是过失，客观上必须造成严重的后果才构成犯罪。

三、决水罪（第114、115条）

是指利用水的破坏作用，故意决水，制造水患，危害公共安全的行为。"决水"是指将受到控制的水的自然力释放出来，造成水的泛滥。本罪主体为一般主体。

四、过失决水罪（第115条）

是指过失造成水患，危害公共安全，致人重伤、死亡或者使公私财产遭受重大损失的行为。

五、爆炸罪（第114、115条）

是指故意引发爆炸物，危害公共安全的行为。

本罪主体为一般主体。主观上是故意。客观上实施的爆炸行为必须危害了公共安全。

注意问题：

1. 爆炸罪与放火罪、决水罪的竞合。在爆炸引起火灾、水患的情况下，如果爆炸行为本身足以危害公共安全时，则应认定为想象竞合犯，从一重处罚。由于我国刑法对爆炸罪、放火罪、决水罪规定的法定刑相同，只能通过考察爆炸与放火、决水各自的情节轻重确定罪名，即爆炸情节重于放火、决水情节时，应认定为爆炸罪；反之亦然。

2. 爆炸罪与杀人罪、故意毁坏财物罪的区别，关键是看爆炸是否危害了公共安全。

16-4 甲意图杀乙，乘乙和他人打牌之机，向乙仍去一颗炸弹，不但炸死了乙，而且还炸伤了在场的丙和丁，炸毁丁的电视机1台，价值人民币4000元。甲的行为构成何罪？

A. 爆炸罪　　　　　　　　　　B. 故意杀人罪

C. 故意伤害罪　　　　　　　　D. 故意毁损财物罪

答案：A

六、过失爆炸罪（第115条）

是指过失引起爆炸，危害公共安全，致人重伤、死亡或者使公私财产遭受重大损失的行为。

七、投放危险物质罪（第114、115条）

是指故意投放毒害性、放射性、传染病病原体等物质，危害公共安全的行为。该罪名原为投毒罪，《刑法修正案（三）》第1条对该罪罪状作了修改，罪名也随之修改。

本罪为一般主体。主观上是故意。客观上表现为投放毒害性、放射性、传染病病原体等物质，危害公共安全。"毒害性物质"主要包括：①化学性有毒物质，如砒霜、氰化物、鼠药、剧烈农药等；②生物性有毒物质，分为植物性有毒物质如有毒野蘑菇，以及动物性有毒物质如蛇毒、河豚鱼等；③微生物类有毒物质，如肉毒杆菌等。"放射性物质"，是指能对人或动物产生严重辐射危害的物质，如铀、镭、钴以及产生裂变或聚变反应的核材料。"传染病病原体物质"，是指通过在人体或动物体内适当的环境中繁殖从而给身体造成危害的传染病菌种、毒种，如天花病毒、炭疽菌、艾滋病病毒、肝炎病毒、SARS病毒等。无论行为人投放上述何种物质，也不论采用何种投放方式，只要足以危害多数人的生命、健康或重大公私财产安全，就构成本罪。

注意问题：

1. 与重大环境污染事故罪的区别。要点在于投放的区域不同：本罪是将危险物质投放在非自然环境中，后罪则是将污染物投放在河流、大气等自然环境中。

2. 故意杀人罪的区别。要点在于是否危害多数人的生命、健康。

3. 与危险物品肇事罪的区别。还有放火罪、爆炸罪都容易与这个罪混淆，区别的要点在于前三种罪都是故意，后罪是过失。

4. 与过失投放危险物质罪的区别。关键在于主观上前者故意，后罪是过失。

5. 与故意毁坏财物罪的区别。要点在于是否危害公共安全。

6. 与破坏生产经营罪的区别。要点在于，危害的是公共安全，还是生产经营。

7. 与生产、销售有毒、有害食品罪的区别。要点在于目的不同：后罪是在生产、销售食品的过程中发生的，目的是为了营利，不是为了毒害他人。

16-5 甲为获利于某日晚向乙家的羊圈内（共20只羊）投放毒药，待羊中毒后将羊运走，并将羊肉出售给他人。甲的行为构成哪些犯罪？

A. 盗窃罪

B. 投放危险物质罪

C. 故意毁坏财物罪

D. 生产、销售有毒、有害食品罪

答案：AD

八、过失投放危险物质罪（第 115 条）

是指过失投放毒害性、放射性、传染病病原体等物质，致人重伤、死亡或者使公私财产遭受重大损失的行为。

九、以危险方法危害公共安全罪（第 114、115 条）

是指故意以放火、决水、爆炸、投放危险物质以外的其他危险方法危害公共安全的行为。

其他危险方法，常见的如：驾驶机动车辆在公共场所撞人；非法架设电网；拆卸公共道路中央的下水井盖；破坏矿井通风设备等。本罪主体是一般主体。主观方面是故意。

十、过失以危险方法危害公共安全罪（第 115 条）

是指过失以放火、决水、爆炸、投放危险物质以外的危险方法危害公共安全的行为。

根据有关司法解释，患有突发性传染病或者疑似突发传染病而拒绝接受检疫、强制隔离或者治疗，过失造成传染病传播，情节严重，危害公共安全的，依本罪定罪处罚。

特别提示：

1. 区分放火罪、爆炸罪、投放危险物质罪与故意杀人罪、故意毁坏财物罪，关键在于判断行为是否危及公共安全。

2. 凡是已满 14 周岁具有刑事责任能力的人，均可成为放火、爆炸、投放危险物质罪的主体。

3. 本节中的故意犯罪，只要足以危害公共安全就构成犯罪，发生严重后果的，是结果加重犯。

16 - 6 下列哪些行为，即使尚未造成严重后果，也构成犯罪？

A. 放火、爆炸、投放危险物质

B. 破坏交通工具、破坏交通设施、破坏电力设备、破坏易燃易爆设备

C. 生产销售劣药

D. 生产销售假药

答案：ABD

16 - 7 下列关于相关行为的定性，哪一项是正确的？

A. 甲为泄愤报复，放火烧了乙建在养鱼塘边的存放养鱼饲料的库房，库房周围没有其他建筑。甲构成放火罪。

B. 甲为防苹果被盗，在苹果园周围私设电网，为慎重起见，特意安装一个漏电保护器，经试验，手一触摸就断电。可后来还是电死了一个人。经检测，是漏电器失灵（伪劣产品）。甲的行为构成以危险方法危害公共安全罪。

C. 某工厂生产雷管，规定雷管绝对不许带进炸药车间。技术员甲到雷管车间检查质量，把一个质量有问题的雷管装进上衣口袋准备带回办公室研究。突然来电话要他到炸药车间解决问题，他跑过去弯腰查看时，雷管掉进炸药搅拌槽里却未发觉，结果雷管爆炸，把整个车间都炸毁了。甲构成了危险物品肇事罪。

D. 货车司机甲在一超市购物时与超市保安发生争执并相互殴打，下午甲驾驶货车路过该超市，为图报复，故意驾驶货车冲向超市，结果撞死一名保安，撞伤三名顾客，其中一人重伤。甲构成以危险方法危害公共安全罪。

答案：CD

■ 第二节 破坏公用工具、设施危害公共安全的犯罪

一、破坏交通工具罪（第116、119条）

是指故意破坏火车、汽车、电车、船只、航空器，足以使火车、汽车、电车、船只、航空器发生倾覆、毁坏危险，尚未造成严重后果或者已经造成严重后果的行为。

本罪是一般主体。行为对象仅限于法定的火车、汽车（含运输用拖拉机）、电车、船只、航空器。因客体是公共安全，因而本罪在客观方面必须具有如下特点：①破坏的对象必须是正在使用中的交通工具。"正在使用中的"，包括正在运行的、停机待用的、已经交付的。②破坏的必须是交通工具的要害部位。③必须是造成隐患，而不是彻底毁坏（正在运行的除外）。

注意问题：

1. 与盗窃罪、故意毁坏财物罪的界限。要点在于是否危害公共安全。用盗窃或毁坏交通工具零部件的方法破坏交通工具的，危害公共安全的，构成本罪；不危害公共安全的，以盗窃罪或故意毁坏财物罪论处。

2. 与爆炸、放火罪的区别。要点在于客体的性质。使用爆炸、放火的方法破坏交通工具的，若危害了交通运输的安全，构成本罪；若危害的不是交通运输安全，而是一般的公共安全，如将停放在居民区或公共场所的汽车炸毁，危及公共安全的应以爆炸罪或放火罪论处。若只是炸毁、烧毁

了交通工具，并未危害公共安全，如将停放在野外的汽车炸毁，应以故意毁坏财物罪论处。

16-8 某汽车运输公司工人赵某，因对公司经理不满，遂指使常与其喝酒的孙某将本公司一辆正在接送职工通勤的面包车炸毁。赵某构成：

A. 爆炸罪   B. 破坏交通工具罪

C. 故意毁坏财物罪   D. 破坏生产经营罪

答案：B

16-9 甲系汽车检修厂职工，发现自己将要检修的一辆公交车为仇人乙驾驶，便在检修时破坏了刹车装置，然后交付使用。乙驾驶该车时，因刹车失灵，导致与其他车辆相撞，造成三人死亡，一人重伤。甲的行为构成：

A. 破坏交通工具罪   B. 破坏交通设施罪

C. 破坏生产经营罪   D. 故意毁坏财物罪

答案：A

二、过失损坏交通工具罪（第119条）

是指过失损坏火车、汽车、电车、船只、航空器，危害交通运输安全，已经造成严重后果的行为。本罪主体是一般主体，主观上是过失。客观上必须造成了致人重伤、死亡或重大财产损失的严重后果。

三、破坏交通设施罪（第117、119条）

是指故意破坏轨道、桥梁、隧道、公路、机场、航道、灯塔、标志或者进行其他破坏活动，足以使火车、汽车、电车、船只、航空器发生倾覆、毁坏危险，或者已经造成严重后果的行为。

本罪主体是一般主体。行为对象是轨道、桥梁、隧道、公路、机场、航道、灯塔、标志以及与交通安全有关的、正在使用中的交通设施。客观上实施了破坏行为，足以使火车、汽车、电车、船只、航空器发生倾覆、毁坏危险，或者已经造成了严重后果。"其他破坏活动"，是指虽然没有直接破坏交通设施，但其行为本身足以使交通工具发生倾覆、毁坏危险的破坏活动，如乱发指示信号，故意提供错误的天气预报等。

与破坏交通工具罪的区别。要点在于行为直接指向的对象不同：本罪的对象是交通设施，后罪的对象是交通工具。

16-10（06卷二10） 甲盗割正在使用中的铁路专用电话线，在构成犯罪的情况下，对甲应按照下列哪一选项处理？

A. 破坏公用电信设施罪

B. 破坏交通设施罪

C. 盗窃罪与破坏交通设施罪中处罚较重的犯罪

D. 盗窃罪与破坏公用电信设施罪中处罚较重的犯罪

答案：C

四、过失损坏交通设施罪（第119条）

是指过失破坏轨道、桥梁、隧道、公路、机场、航道、灯塔、标志或者进行其他破坏活动，危害公共安全，造成严重后果的行为。

五、破坏电力设备罪（第118、119条）

是指故意破坏电力设备，危害公共电力安全的行为。

本罪主体是一般主体。行为对象是正在使用或已交付的电力设备。"电力设备"，是指电力的生产输送设备，包括各种发电、供电和输、变电设备。电力使用的终端设备如抽水机、电灯、电视等，属于电器设备，不是电力设备。破坏非正在使用中的电力设备，不构成本罪。单纯破坏的，可构成故意毁坏财物罪，盗窃的，可构成盗窃罪。"正在使用中的"，一般理解是正在通电的，但有两种情况，即使未通电也被认为是正在使用中：①已经架设完毕交付电力部门验收过的（虽然架设完毕但尚未交付验收的，不认为是正在使用中）；②已经通电使用，只是由于枯水季节或电力不足等原因，而暂停供电的线路。

六、过失损坏电力设备罪（第119条）

是指过失破坏电力设备，危害公共电力安全，造成严重后果的行为。本罪主体是一般主体主观上是过失。客观上必须造成了严重后果，危害了公共安全。

七、破坏易燃易爆设备罪（第118、119条）

是指故意破坏燃气或者其他易燃易爆设备，危害公共安全的行为。本罪主体是一般主体。行为对象是正在使用或已交付使用的燃气设备或者其他易燃易爆设备。只要实施了破坏行为，即使尚未产生严重后果，也构成犯罪。

最高人民法院2002年4月批复：正在使用的油田输油管道，属于刑法规定的"易燃易爆设备"。行为人采用破坏性手段盗窃正在使用的油田输油管道中的油品，构成破坏易燃易爆设备罪、盗窃罪等犯罪的，依照处罚较重的规定定罪处罚。

16－11 甲、乙二人多次采用氧气切割机切割等手段打开输油管道盗取原油，总价值5万余元，并造成输油管道爆炸，造成一人死亡、两人重伤、经济损失 16 万元的后果。甲乙的行为构成：

A. 同时触犯盗窃罪和破坏易燃易爆设备罪

B. 同时触犯盗窃罪和爆炸罪

C. 在理论上称为想象竞合犯，数罪并罚

D. 在理论上称为想象竞合犯，择一重罪论处

答案：AD

八、过失损坏易燃易爆设备罪（第 119 条）

是指过失破坏燃气或者其他易燃易爆设备，危害公共安全，造成严重后果的行为。

九、破坏广播电视、公用电信设施罪（第 124 条）

是指故意破坏广播电视、公用电信设施，危害公共安全的行为。

本罪主体是一般主体。主观上是故意。行为对象是正在使用、已交付使用等关涉公共安全的广播电视、公用电信设施；其中的电信设施必须是公用的，包括公用电报、电话及其他通讯设施。没有安装完毕、没有交付使用或者已经报废的广播电视、公用电信设施不能成为本罪对象。只要实施了破坏行为，即构成犯罪。造成严重后果的，属于加重情节。

根据最高人民法院 2004 年 12 月《关于审理破坏公用电信设施刑事案件具体应用法律若干问题的解释》，需注意：

1. 故意破坏正在使用中的公用电信设施尚未危害公共安全，或者故意毁坏尚未投入使用的公用电信设施，造成财物损失，构成犯罪的，以故意毁坏财物罪定罪处罚。

2. 盗窃公用电信设施价值数额不大，但是危害公共安全的，以破坏公用电信设施罪定罪处罚；盗窃公用电信设施同时构成盗窃罪和破坏公用电信设施罪的，依照处罚较重的规定定罪处罚（注意：如果盗窃数额特别巨大，应以盗窃罪论处。但以盗窃方法破坏电力设备、易燃易爆设备、交通设备等犯罪，不存在以盗窃罪论处的问题）。

16－12（99 卷二 26） 村民张某，为了筹集结婚费用，动起了盗窃国防通信线路的念头，先后 3 次用钢丝钳等工具，偷剪该线路电缆 2000 余米，价值 2 万元，销赃后得赃款 3000 元，致使该线路中断通信 3 个多小时。张某的行为构成何罪？

A. 盗窃罪　　　　　　　　B. 破坏公用通信设备罪

C. 破坏军事通信罪　　　　D. 故意毁坏财物罪

答案：C

16－13（06 卷二 10） 甲盗割正在使用中的铁路专用电话线，在构成犯罪的情况下，对甲应按照下列哪一选项处理？

A. 破坏公用电信设施罪

B. 破坏交通设施罪

C. 盗窃罪与破坏交通设施罪中处罚较重的犯罪

D. 盗窃罪与破坏公用电信设施罪中处罚较重的犯罪

答案：C

十、过失损坏广播电视、公用电信设施罪（第 124 条）

是指过失破坏广播电视、公用电信设施，危害公共安全，造成严重后果的行为。

特别提示：

1. 破坏交通工具罪的行为对象仅限于法定的火车、汽车、电车、船只、航空器以及大型拖拉机，且必须处于使用中或者随时待用状态。

2. 过失损坏电力设备罪的对象限于正在使用中或已经交付使用的电力设备，这是本罪区别与盗窃等其他犯罪的关键。

3. 为贪利行窃，同时破坏易燃易爆设施的，在理论上称为想象竞合犯，从一重罪处断。

4. 盗窃公用电信设施同时构成盗窃罪和破坏公用电信设施罪的，依照处罚较重的规定定罪处罚。

■ 第三节 实施恐怖、危险活动危害公共安全的犯罪

一、组织、领导、参加恐怖活动组织罪（第 120 条）

是指组织、领导或者参加恐怖活动组织的行为。"恐怖活动组织"，是指 3 人以上，以实施恐怖活动为目的而建立起来的，危害极为严重的犯罪组织，包括国际恐怖活动组织与国内恐怖活动组织。"组织"，主要是指组建恐怖活动组织；"领导"，主要是指策划、指挥恐怖活动组织的具体活动；"参加"，是指加入恐怖活动组织，使自己成为该组织成员。本罪主体是一般主体。主观上是故意。

注意问题：

1. 本罪为选择性罪名，行为人实施组织、领导、参加行为之一的，便成立本罪；事实上是否开始实施恐怖活动，不影响本罪的成立。

2. 行为人犯本罪并实施杀人、爆炸、绑架等犯罪的，依照数罪并罚的规定处罚。

16-14 魏某受恐怖活动组织的指派潜入大陆进行恐怖活动,先后杀害3人,绑架1人。魏某的行为构成何种犯罪?

A. 参加恐怖组织罪   B. 故意杀人罪

C. 绑架罪   D. 以危险方法危害公共安全罪

答案:ABC

二、资助恐怖活动罪(第120条之一)

是指故意资助恐怖活动组织或者实施恐怖活动的个人的行为。

本罪主体既可以是自然人,也可以是单位。主观方面是故意,即明知是恐怖活动组织或者实施恐怖活动的个人,而仍然予以资助。"资助",是指向恐怖活动组织、实施恐怖活动的个人提供经费、场所和物资以提供帮助和支持。资助的具体方式没有限制、资助的时间没有限定。

三、劫持航空器罪(第121条)

是指以暴力、胁迫或者其他方法劫持航空器,危害航空运输安全的行为。

客观上是以暴力、胁迫或者其他方法劫持航空器。"暴力"是指采用对驾驶、操作人员或者机上其他人员实施袭击或者其他身体强制使其不能反抗,被迫服从其指挥。"胁迫",是指以使他人产生恐惧心理为目的,以毁坏飞机、杀害人质等威胁手段要挟或进行精神恐吓。"其他方法",是指使用暴力、威胁方法以外的手段使驾驶、操作人员不能反抗、不敢反抗的行为,如使用麻醉药品,使机组成员丧失反抗能力等。本罪主体为一般主体。主观上只能是故意。行为对象是正在飞行中的航空器,既包括民用的,也包括军用的和其他用途的。"正在飞行中",是指自载客(货)后舱门关闭时起至为卸客(货)舱门开启时止,不仅仅限于飞在空中。

注意问题:

1. 既遂问题。本罪属于行为犯,只要行为人以暴力、胁迫或者其他方法实施了劫持航空器的行为,并将航空器置于自己的控制之下,即构成既遂。至于行为人的犯罪动机和目的是否达到、有没有造成危害结果,对犯罪既遂没有影响。

2. 与破坏交通工具罪的界限。要点在于目的不同:本罪是以控制、支配航行为目的,后罪则是以破坏为目的。

3. 与国际刑法中的劫持航空器罪的区别。国际刑法中的劫持航空器罪除具有国内刑法中的劫持航空器罪的全部特征之外,另外还有两个特征:①劫持的对象仅限于民用航空器,包括客运、货运、邮运,不包括军事、海关、警察部门使用的航空器,也不包括无人驾驶的航空器;②具有跨国性,即航空器的起飞地点或降落地点是在该航空器的登记国之外。同时具备这两个特征的，属于国际性犯罪，适用普遍管辖原则。

4. 对本罪的处罚较为严厉。"处 10 年以上有期徒刑或者无期徒刑；致人重伤、死亡或者使航空器遭受严重破坏的，处死刑。"后者是一个绝对刑。另一个绝对刑是第 239 条：绑架致被绑架人死亡或者杀害被绑架人的。

四、劫持船只、汽车罪（第 122 条）

是指使用暴力、胁迫或者其他方法劫持船只、汽车，危害公共安全的行为。本罪主体是一般主体。行为对象限于正在运行中的船只、汽车。客体也是公共安全。

与抢劫罪的区别。要点在于目的不同：抢劫是为了非法占有交通工具；劫持是为了控制、支配交通工具的运行方向和目的地。

五、暴力危及飞行安全罪（第 123 条）

是指对飞行中的航空器上的人员使用暴力，危及飞行安全的行为。

本罪客体是飞行安全。"飞行安全"是指航空器的正常飞行和机组人员及乘客的人身、财产安全。犯罪主体是一般主体，犯罪对象是飞行中的航空器上的人员。客观方面表现为对飞行中的航空器上的人员使用暴力，且危及飞行安全。暴力的程度仅限于轻伤，不包括杀害和重伤。"危及飞行安全"是指有使飞机发生坠毁的现实危险性。如使用暴力造成机舱内混乱，飞机发生摇晃、倾斜等。本罪属于危险犯，只要使用暴力达到危及飞行安全的程度就构成既遂。主观方面对于实施的暴力行为是故意，但对于危害飞行安全的效果则是过失。

注意问题：

1. 对飞行中的航空器上的人员实施杀害、重伤行为，危及飞行安全的，从一重罪论处。

2. 以暴力手段劫持航空器的行为，同时触犯了劫持航空器罪与本罪，但只能认定为劫持航空器罪，不能将其与本罪并罚。

3. 与伤害罪的区别。本罪以危及飞行安全为要素，不以造成伤害结果为要素。对飞行中的航空器上的人员实施暴力，不论是否造成伤害结果，只要危及飞行安全的，就构成本罪。造成伤害，但不危及飞行安全的，以伤害罪论处。

■ 第四节 违反枪支、弹药、爆炸物管理规定危害公共安全的犯罪

一、非法制造、买卖、运输、邮寄、储存枪支、弹药、爆炸物罪（第 125 条）

是指违反国家有关枪支、弹药、爆炸物管理法规，擅自制造、买卖、

运输、邮寄、储存枪支、弹药、爆炸物，危害公共安全的行为。由于枪支、弹药、爆炸物的杀伤力与破坏力相当大，故刑法将本罪以及其他有关枪支、弹药、爆炸物的犯罪，规定为危害公共安全的犯罪。本罪为选择性罪名。其特点如下：

本罪主体既可以是自然人，也可以单位。主观上是故意，必须明知是枪支、弹药、爆炸物，不明知者不构成本罪。本罪的对象是枪支、弹药、爆炸物。"枪支"，既包括军用的，也包括非军用的；既包括组装的枪支，也包括未组装的零部件。客观上表现为非法制造、买卖、运输、邮寄、储存。"非法制造"，是指未经国家有关部门批准，私自制造（包括改装、配装）枪支、弹药、爆炸物的行为，既包括使用机器大量生产，也包括手工制作。"非法买卖"，是指违反有关法规，购买或出售枪支、弹药、爆炸物；介绍买卖的，以买卖的共犯论处。"非法运输"，是指非法转移枪支、弹药、爆炸物。"非法邮寄"是指违反有关法规，通过邮政部门寄递枪支、弹药、爆炸物。"非法储存"，是指明知是他人非法制造、买卖运输、邮寄的枪支、弹药、爆炸物而为其存放的行为。

本罪属选择罪名。实施非法制造、买卖、运输、邮寄、储存枪支、弹药爆炸物中的一个行为，只涉及一个对象的，就构成犯罪；有其中数个行为，涉及数个对象的，也只构成一罪；实施了全部的行为，涉及全部对象的，仍是一罪，不存在并罚问题。罪名按照行为方式和对象确定，例如，行为是制造，对象是枪支，就定非法制造枪支罪；行为是买卖、运输，对象是枪支、弹药，就定非法买卖、运输枪支弹药罪。依此类推。类似的罪名还有许多。

特别提示：本罪主体也可以是单位。

二、非法制造、买卖、运输、储存危险物质罪（第125条）

是指非法制造、买卖、运输、储存毒害性、放射性、传染病病原体等物质，危害公共安全的行为。本罪经《刑法修正案（三）》作过修改。

本罪主体既可以是自然人，也可以是单位。主观上是故意，必须明知是危险物质。犯罪对象是具有毒害性、放射性、传染病病原体等危险物质。

三、违规制造、销售枪支罪（第126条）

是指依法被指定、确定的枪支制造企业、销售企业，违反枪支管理规定，擅自制造、销售枪支的行为。

本罪主体是特殊主体，即依法被指定、确定的枪支制造或销售企业。其他企业及个人非法制造、销售枪支的，构成《刑法》第125条的非法制造、买卖枪支罪。客观行为有三种：①超过限额或者不按规定的品种制造、配售枪支；②制造无号、重号、假号的枪支；③非法销售枪支或者在境内销售为出口制造的枪支。前两项强调以非法销售为目的。

与非法制造、买卖枪支罪的区别。关键是主体不同：本罪主体是有资格制造、销售枪支的企业；后罪主体无此资格。

四、盗窃、抢夺枪支、弹药、爆炸物、危险物质罪（第 127 条）

是指盗窃、抢夺枪支、弹药、爆炸物或者毒害性、放射性、传染病病原体等物质，危害公共安全的行为。本罪主体是一般主体。主观上是故意，以非法占有为目的。盗窃、抢夺时必须明知盗窃、抢夺的对象是枪支、弹药、爆炸物或危险物质，不知者，不能以此罪论处。犯罪对象是枪支、弹药、爆炸物和毒害性、放射性、传染病病原体等物质。本罪也是一个选择罪名。

注意问题：

1. 与盗窃罪、抢夺罪的区别。当对象都是枪支、弹药、爆炸物、危险物质时，区分盗窃罪与本罪的关键在于是否明知对象的性质。若明知是枪支、弹药、爆炸物或危险物质，构成本罪，若不明知，构成盗窃罪。

2. 犯本罪后又用枪支、弹药实施其他犯罪，如杀人、抢劫等，应数罪并罚。犯本罪后持有、私藏枪支弹药的，不数罪并罚。但为盗窃普通财物（盗窃罪）而误盗他人枪支，而后持有的，又构成非法持有枪支罪，应以盗窃罪和非法持有枪支罪并罚。

五、抢劫枪支、弹药、爆炸物、危险物质罪（第 127 条）

是指以非法占有为目的，当场使用暴力、胁迫或者其他方法，强行劫夺枪支、弹药、爆炸物、危险物质的行为。本罪主体是一般主体。主观上是故意，且抢劫时明知抢劫的对象是枪支、弹药、爆炸物或危险物质，不知者，以抢劫罪论处。客观上表现为使用暴力、胁迫或者其他方法，强行劫夺枪支、弹药、爆炸物、危险物质。

特别提示：只有明知是枪支、弹药、爆炸物、危险物质而盗窃、抢夺或者抢劫的，才构成盗窃、抢夺、抢劫枪支、弹药、爆炸物、危险物质罪。

六、非法持有、私藏枪支、弹药罪（第 128 条）

是指违反枪支、弹药管理规定，非法持有、私藏枪支、弹药的行为。"非法持有"，是指不符合配备、配置枪支、弹药条件的人员，违反枪支管理法律、法规的规定，擅自持有枪支、弹药的行为。接受枪支质押进而实际占有或者控制枪支的，属于非法持有枪支。"私藏"，是指依法配备、配置枪支、弹药的人员，在配备、配置枪支、弹药的条件消除后，违反枪支管理法律、法规的规定，私自藏匿所配备、配置的枪支、弹药且拒不交出的行为。本罪主体为一般主体。主观上是直接故意。

与非法储存枪支、弹药、危险物质罪的界限。认定为非法持有、私藏枪支、弹药罪，是因为根据证据尚不能认定为非法制造、买卖、运输、盗窃、抢夺、抢劫枪支、弹药，而只能认定为持有和私藏，否则，应以相应的犯罪论处。"非法储存"，是指明知是他人非法制造、买卖、运输、邮寄的枪支、弹药而为其存放的行为。

16-15（03卷二3） 张某在火车站候车室窃得某人一提包，到僻静处打开一看，里面没有钱财，却有手枪一只，子弹若干发，张某便将枪支、子弹放回包内，然后藏于家中。张某的行为构成何罪？

A. 非法持有枪支、弹药罪   B. 盗窃枪支、弹药罪

C. 非法储存枪支、弹药罪   D. 非法携带枪支、弹药罪

答案：A

16-16 郭某在公共汽车上偷得某军人的一个手提包，内装人民币8 000元及手枪一支、弹药18发。郭某将枪藏于家中。郭某的行为构成：

A. 盗窃罪

B. 盗窃枪支、弹药罪

C. 盗窃罪和私藏枪支、弹药罪

D. 盗窃罪和盗窃枪支、弹药罪

答案：C

七、非法出租、出借枪支罪（第128条）

是指依法配备公务用枪的人员、单位，违反枪支管理规定，非法出租、出借枪支，或者依法配置枪支的人员、单位，非法出租、出借枪支造成严重后果的行为。"出租"是指以收取金钱为条件，将枪支暂时转让给他人使用。"出借"是指无偿地将枪支暂时转让给他人使用。本罪主体有两种：①依法配备公务用枪的人员或单位，如公安人员；②依法配置枪支的人员或单位，如射击运动员、野生动物保护单位等。后者非法出租、出借枪支，以造成严重后果为犯罪的构成要素。

根据最高人民检察院的批复：依法配备公务用枪的人员，将公务用枪用作借债质押物，使枪支处于非依法持枪人的控制、使用之下的，应以非法出借枪支罪追究刑事责任；对于接受枪支质押的人员，构成犯罪的，应以非法持有枪支罪追究刑事责任。

特别提示：

1. 本罪主体包括特定的单位。

2. 依法配备公务用枪的人员，只要非法出租、出借枪支行为就构成犯罪；依法配置枪支的人员非法出租、出借枪支，只有造成严重后果的才构

成犯罪。

3. 依法配备公务用枪的人员，将公务用枪用作借债质押物，以非法出借枪支罪追究刑事责任；对于接受枪支质押的人员以非法持有枪支罪追究其刑事责任。

16 - 17（00 卷二 32）　某甲系省运动队的教练，依法配置有枪支。一日，某乙向某甲借枪打猎，某甲碍于情面，就将枪支借给某乙用了半天。某甲的行为属于什么性质？

A. 非法出借枪支罪　　　　　　B. 玩忽职守罪
C. 非法出租枪支罪　　　　　　D. 不构成犯罪
答案：D

16 - 18（99 卷二 30）　警察甲临时急需用钱，便找个体户乙借钱。乙同意借钱，但条件是要有物品质押。甲将公务用枪交给乙质押，乙借给甲 5 万元现金，借期 1 个月。1 个月后，甲无力偿还借款，乙便向公安机关报案。甲、乙的行为如何认定？

A. 甲、乙均无罪
B. 甲触犯非法出借枪支罪，乙无罪
C. 甲无罪，乙触犯非法持有枪支罪
D. 甲触犯非法出借枪支罪，乙触犯非法持有枪支罪
答案：D

16 - 19（02 卷二 81 ~ 83）　A 为某国家机关工作人员，依法配备有公务用枪。A 在有配偶（B 女，生活在外地）的情况下，长期与 C 女共同生活，并生有一子（周围群众均认为 A 与 C 为夫妻关系），为此借用了 D 的 3 万元现金。D 多次讨债，A 无力偿还，于是 A 将公务用枪（无子弹）用作借债质押物交给 D，约定 A 还款时，D 将枪支归还 A。3 个月后 A 仍然未能归还借款，D 便将枪支送给其外甥 E 玩耍。E 在 1 周后使用该枪支抢劫某银行储蓄所现金 20 余万元。请根据案情回答问题。

（1）关于 A 将枪支质押给 D 的行为，下列哪些说法是错误的？

A. A 的行为既不属于非法出租，也不属于非法出借，根据罪刑法定原则，不成立非法出租、出借枪支罪
B. A 的行为本身没有造成严重后果，故不成立非法出租、出借枪支罪
C. 由于枪内无子弹，A 的行为不可能危害公共安全，故不成立非法出租、出借枪支罪
D. 对 A 的行为以滥用职权罪论处较为合适

答案：ABCD

（2）关于 D 的行为，下列哪些说法是错误的？

A. D 的行为仅成立非法持有枪支罪

B. D 的行为成立非法持有枪支罪和抢劫罪

C. D 的行为虽然不成立抢劫罪，但应对 E 抢劫银行的犯罪行为承担一定的刑事责任

D. D 的行为不成立犯罪

答案：BCD

八、丢失枪支不报罪（第 129 条）

是指依法配备公务用枪的人员，丢失枪支不及时报告，造成严重后果的行为。

本罪主体是特殊主体，即依法配备公务用枪的人员。客观上是丢了枪支不及时报告，且造成了严重后果。"严重后果"，一般是指他人用此枪支制造杀人、抢劫等恶性事件。主观上对造成的严重后果是过失。但就不及时报告的不作为来说，通常表现为故意。

特别提示：

1. 本罪主体仅限于"依法配备公务用枪的人员"。

2. 本罪以"造成严重后果"为构成要件。通常是该丢失的枪支被犯罪分子用于杀人、抢劫等重大犯罪活动。对此后果，通常不考虑行为人（丢枪人）主观上是否预见到。

3. 本罪以"行为人不及时报告"为构成要件，如果行为人发现丢失枪支后及时报告，则不构成犯罪。

九、非法携带枪支、弹药、管制刀具、危险物品危及公共安全罪（第 130 条）

是指非法携带枪支、弹药、管制刀具或者爆炸性、易燃性、放射性、毒害性、腐蚀性物品，进入公共场所或者公共交通工具，危及公共安全，情节严重的行为。本罪主体为一般主体，主观上是故意。客观上以"情节严重"为构成要素。根据司法解释，具有下列情形之一的，属于"情节严重"：①携带枪支或者手榴弹的；②携带爆炸装置的；③携带炸药、发射药、黑火药 500 克以上或者烟火药 1000 克以上、雷管 20 枚以上或者导火索、导爆索 20 米以上的；④携带的弹药、爆炸物在公共场所或者公共交通工具上发生爆炸或者燃烧，尚未造成严重后果的；⑤具有其他严重情节的。行为人非法携带上述第 3 项爆炸物进入公共场所或者公共交通工具，虽未达到上述数量标准，但拒不交出的，依照本罪处罚；携带的数量达到

最低数量标准，能够主动、全部交出的，可不以犯罪论处。[1]

注意问题：

1. 与非法持有枪支、弹药罪的区别。携带是持有的一种表现形式。区别的要点在于是否进入公共场所或交通工具。进入者，以本罪论处；未进入者，以非法持有论处。

2. 与非法运输枪支、弹药罪的区别。要点是行为表现不同。运输枪支、弹药者，目的是将枪支、弹药从一地转移到另一地，即到另一地后，枪支、弹药就存放某地或转交他人。携带枪支、弹药者，不论到什么地方，枪支、弹药都会带在身上。

3. 具有配备、配置公务用枪资格的人，未经批准，擅自带枪进入公共交通工具，也属于非法携带。

4. 非法持有枪支并进入公共交通工具的，应按非法持有枪支罪情节严重论处。

16 - 20 甲为本厂购买 6 公斤接头胶。甲明知是危险品，不得随身携带上船，仍然违反规定，将其带上客轮。甲发现塑料桶内的胶水溢出，马上打着打火机查看，致引燃胶水，引起火灾。烧毁客轮和烧死、烧伤数十名乘客。甲构成何罪？

A. 非法运输危险物品罪

B. 非法携带危险物品危及公共安全罪

C. 失火罪

D. 重大责任事故罪

答案：B

■ 第五节　造成重大责任事故危害公共安全的犯罪

一、重大飞行事故罪（第 131 条）

是指航空人员违反规章制度，致使发生重大飞行事故，造成严重后果的行为。本罪主体为特殊主体，即航空人员，包括空勤人员和地面人员。主观上是过失。

二、铁路运营安全事故罪（第 132 条）

是指铁路职工违反规章制度，致使发生铁路运营安全事故，造成严重

---

〔1〕　最高人民法院 2001 年 5 月《关于审理非法制造、买卖、运输枪支、弹药、爆炸物等刑事案件具体应用法律若干问题的解释》第 6 条。

后果的行为。本罪主体只能是铁路职工。主观上是过失。

三、交通肇事罪（第 133 条）

交通肇事罪，是指违反交通运输管理法规，因而发生重大交通事故，致人重伤、死亡或者使公私财产遭受重大损失的行为。

本罪主体是一般主体，但主要是交通运输人员。主观方面只能是过失。犯罪客体是道路和水路的交通运输安全。这里的"交通运输"是指航空、铁路运输以外的道路和水路交通运输。侵犯的客体是道路和水路的交通运输安全。客观上的表现有三种：①必须有违反交通运输管理法规的行为；②必须发生重大交通事故，致人重伤、死亡或者使公私财产遭受重大损失；③违反交通运输管理法规的行为与结果之间必须具有因果关系。

注意问题：

1. 与一般交通事故的界限。两者区别的关键在于发生的事故是否重大，本罪以发生重大事故为构成要素，因此对有违章行为但未造成重大事故的，不以本罪论处。根据《最高人民法院关于审理交通肇事刑事案件具体应用法律若干问题的解释》（以下简称《关于交通肇事问题的解释》）第 2 条的规定，交通肇事具有下列情形之一的，以交通肇事罪论处：①死亡 1 人或者重伤 3 人以上，负事故全部或者主要责任的；②死亡 3 人以上，负事故同等责任的；③造成公共财产或者他人财产直接损失，负事故全部或者主要责任，无能力赔偿数额在 30 万元以上的。

交通肇事致 1 人以上重伤，负事故全部或者主要责任，并具有下列情形之一的，也以交通肇事罪论处：①酒后、吸食毒品后驾驶机动车辆的；②无驾驶资格驾驶机动车辆的；③明知是安全装置不全或者安全机件失灵的机动车辆而驾驶的；④明知是无牌证或者已报废的机动车辆而驾驶的；⑤严重超载驾驶的；⑥为逃避法律追究逃离事故现场的。

2. 与意外事件的界限。二者的区别在于行为人主观上是否存在过失。本罪在主观方面表现为过失，如果不是由于行为人的过失，而是由于不能预见的原因造成重大交通事故的，不构成本罪。

3. 与重大责任事故罪、过失致死等罪的界限。在实行公共交通管理的范围内发生的重大交通事故，依照交通肇事罪定罪处罚。在公共交通管理的范围外，驾驶机动车辆或者使用其他交通工具致人伤亡或者致使公私财产遭受重大损失，构成犯罪的，可根据案情分别依照重大责任事故罪、重大劳动安全事故罪或过失致人死亡罪定罪处罚（《关于交通肇事问题的解释》第 8 条）。如厂矿车辆，在公共道路上违反交通规则造成事故的，是交通肇事罪；在厂矿区域内违反操作规程，造成事故的，是重大责任事故罪。

4. 与故意杀人、故意伤害罪的区别。行为人在交通肇事后为逃避法律追究，将被害人带离事故现场后隐藏或者遗弃，致使被害人无法得到救助而死亡或者严重残疾的，应当分别以故意杀人罪或者故意伤害罪定罪处罚（《关于交通肇事问题的解释》第6条）。另外，交通肇事后，再故意回车将被害人轧死的，或者明知被害人被拖挂在车下，仍不停车，致被害人被拖挂致死的，都应定故意杀人罪。

5. "交通肇事后逃逸"。是指在发生交通事故后，为逃避法律追究而逃离肇事现场的行为。交通肇事后逃逸是交通肇事罪的加重情节。如果逃离现场不是为了逃避法律追究，而是为了报警或躲避殴打，并立即自首的，不属于交通肇事后逃逸。

6. "因逃逸致人死亡"。是指行为人在发生交通事故后，为逃避法律追究而逃跑，致使被害人因得不到救助而死亡的情形。因逃逸致人死亡，需要具备以下要素：①发生交通肇事致人受伤，须紧急救助；②行为人逃离现场，不实施救助行为；③受伤人因得不到及时救助而死亡；④逃逸行为延误救助与死亡结果之间有因果关系；⑤行为人主观上对死亡结果有过失。

7. 教唆违章。单位主管人员、机动车辆所有人或者机动车辆承包人指使、强令他人违章驾驶造成重大交通事故的，以交通肇事罪定罪处罚。

8. 教唆逃逸。交通肇事后，单位主管人员、机动车辆所有人、承包人或者乘车人指使肇事人逃逸，致使被害人因得不到救助而死亡的，以交通肇事罪的共犯论处。

9. 数罪问题。在盗窃他人机动车过程中或者在盗窃后，违反交通运输管理法规，造成交通事故，构成犯罪的，应当以交通肇事罪与盗窃罪实行并罚。

特别提示：

1. 交通肇事罪的场所限于公共交通管理范围，在该范围之外发生交通事故构成犯罪的，依法认定为重大责任事故罪、重大劳动安全事故罪或者过失致人死亡罪。

2. 交通肇事后将被害人藏匿或遗弃致被害人死亡或严重残疾的，应当以故意杀人罪或者故意伤害罪定罪处罚。

3. 交通肇事后，单位主管人员、机动车辆所有人、承包人或者乘车人指使肇事人逃逸，致使被害人因得不到救助而死亡的，以交通肇事罪的共犯论处。

4. 在盗窃他人机动车过程中或者在盗窃后，违反交通运输管理法规，造成交通事故，构成犯罪的，应当以交通肇事罪与盗窃罪实行并罚。

四、危险驾驶罪（第133条之一）

是指在道路上驾驶机动车追逐竞驶情节恶劣，或者在道路上醉酒驾驶机动车的行为。

本罪的主体是一般主体，不局限于有驾照的机动车驾驶人员。这里的机动车，是指汽车、摩托车。电动自行车、三轮车不应包括在内。

本罪主观方面是故意，其故意的内容是追逐竞驶和醉酒驾车，而不是制造交通事故。如果因追逐竞驶或醉酒驾车而发生了交通事故，可按交通肇事罪论处。如果利用追逐竞驶或醉酒驾车故意制造交通事故，可以构成故意杀人罪或者以危险方法危害公共安全罪。

本罪在客观上有两种表现，一为驾驶机动车辆追逐竞驶且情节恶劣，二为醉酒驾车。追逐竞驶，必然会超速行车，至于超速多少才构成犯罪，需要由司法机关做出司法解释。我们的意见是超速50%，比如，限速80公里，他120公里行驶。需要注意的是，只是超速，没有追逐竞驶的，不论超速多少都不构成犯罪。另外，因追逐竞驶构成的犯罪属于情节犯。虽然驾车在道路上追逐竞驶，但情节不恶劣的，不构成犯罪。至于何为情节恶劣，需要由司法机关做出司法解释。我们认为，三次以上追逐竞驶、受行政处罚后仍然追逐竞驶、经人劝阻时辱骂劝阻人后又追逐竞驶、发生碰撞危险或轻微交通事故后不以为然继续追逐竞驶的，均应以情节恶劣论处。醉酒驾车，是指饮酒并达到醉酒的程度后仍然驾驶机动车辆在道路上行驶的行为。仅仅是酒后驾车，未醉的，不构成犯罪。酒后与醉酒有一个量变过程，至于体内酒精度达到多少才视为醉酒，由交通行政部门决定。

本罪侵犯的客体是交通安全。构成本罪的，处拘役，并处罚金。同时构成其他犯罪的，依处罚较重的罪论处。

根据最高人民法院2009年9月11日发布的《关于醉酒驾车犯罪法律适用问题的意见》，行为人在醉酒驾车发生交通事故后，继续驾车冲撞行驶，主观上对他人伤亡的危害结果明显持放任态度，具有危害公共安全的故意的，以"以危险方法危害公共安全罪"论处。黎景全、孙伟铭二被告曾犯此罪，被判处无期徒刑。

16－21（04卷二3） 卡车司机甲在行车途中，被一吉普车超过，甲顿生不快，便加速超过该车。不一会儿，该车又超过了甲，甲又加速超过该车。当该车再一次试图超车行至甲车左侧时，甲对坐在副座的乙说，"我要吓他一下，看他还敢超我。"随即将方向盘向左边一打，吉普车为躲避碰撞而翻下路基，司机重伤，另有一人死亡。甲驾车逃离。甲的行为构成：

　　A. 故意杀人罪

　　B. 交通肇事罪

　　C. 破坏交通工具罪

D. 故意杀人罪和故意伤害罪的想象竞合犯

答案：B

16-22（06卷二11） 甲系某公司经理，乙是其司机。某日，乙开车送甲去洽谈商务，途中因违章超速行驶当场将行人丙撞死，并致行人丁重伤。乙欲送丁去医院救治，被甲阻止。甲催乙送其前去洽谈商务，并称否则会造成重大经济损失。于是，乙打电话给120急救站后离开肇事现场。但因时间延误，丁不治身亡。关于本案，下列哪一选项是正确的？

A. 甲不构成犯罪，乙构成交通肇事罪

B. 甲、乙均构成交通肇事罪

C. 乙构成交通肇事罪和不作为的故意杀人罪，甲是不作为的故意杀人罪的共犯

D. 甲、乙均构成故意杀人罪

答案：B

16-23 王某在学校的操场上练习骑摩托车，因技术不佳，将陈某撞伤，陈某经抢救无效死亡。王某的行为构成：

A. 故意杀人罪　　　　　　　　B. 过失致人重伤罪

C. 过失致人死亡罪　　　　　　D. 交通肇事罪

答案：C

16-24 张某驾车超速行驶，将在非机动车道内骑自行车的刘某撞成重伤，张某下车将刘某拖至公路边的草丛中，然后驾车逃窜，致使刘某死亡。张某的行为如何处理？

A. 交通肇事罪

B. 故意杀人罪

C. 过失致人死亡罪

D. 交通肇事罪和故意杀人罪并罚

答案：B

16-25 甲驾车将丙撞伤，乘车人乙劝甲逃匿。甲、乙将丙抬至路旁后驾车逃匿。丙因未及时救治而死亡。本案应如何处理？

A. 甲构成故意杀人罪

B. 乙构成交通肇事罪，甲构成故意杀人罪

C. 甲、乙构成交通肇事罪的共犯

D. 甲、乙构成故意杀人罪的共犯

答案：C

五、重大责任事故罪[1]（第 134 条）

是指在生产、作业中违反有关安全管理的规定，因而发生重大伤亡事故或者造成其他严重后果的行为。

本罪主体是一切从事生产、作业的工人与技术人员，包括对安全事故负有责任的国企、外企、个体、包工头和有证、无证从事生产、作业的一切人员。主观上只能是过失。客观上表现为在生产、作业中违反有关安全管理的规定，发生重大伤亡事故或者造成其他严重后果。"安全管理规定"，是指与保障安全生产、作业有关的国家颁发的各种法规性文件，和企业、事业单位及其上级管理机关制定的反映安全生产客观规律的各种规章制度，包括工艺技术、生产操作、技术监督、劳动保护、安全管理等方面的规程、规则、章程、条例、办法和制度等。同时也包括虽无明文规定，但却反映了生产、科研、设计、施工中安全操作的客观规律与要求，长期为群众所公认的行之有效的正确的操作习惯与惯例。

注意问题：

1. 与失火罪、过失爆炸罪的区别。本罪是在生产、作业活动中违反安全管理规定造成严重后果，后者是在日常生活中违反生活规则造成严重后果；本罪主体是特殊主体，后者是一般主体；本罪是业务过失，后者是普通过失。例如，某国有大型林场职工在作业中因违章引起火灾，属于业务过失，应认定为重大责任事故罪。

2. 与重大劳动安全事故罪的区别。本罪是个人违章作业引起的事故，后者是单位的安全生产设施或者安全生产条件不符合国家规定引起的事故。

3. 与工程重大安全事故罪的区别。本罪是个人违章作业造成的事故；后者是单位在建筑工程中偷工减料、降低质量标准造成的事故，如因"豆腐渣"工程而造成人员伤亡或财产损失的。

4. 与危险物品肇事罪的区别。发生了重大事故，凡是涉及危险物品的生产、运输、储存、使用的，都定危险物品肇事罪。比如在生产烟花爆竹过程中违章，发生事故的，就只能定危险物品肇事罪。不涉及危险物品的生产作业，因违章造成事故的，才定违章作业重大事故罪。虽然是危险物品，但不涉及生产、运输、储存、使用，而是在日常生活中不小心造成事

---

[1] 本罪由《刑法修正案（六）》第 1 条作了修改。原规定是"工厂、矿山、林场、建筑企业或者其他企业、事业单位的职工，由于不服管理、违反规章制度，或者强令工人违章冒险作业，因而发生重大伤亡事故或者造成其他严重后果的，处……"。

故的，既不是危险物品肇事罪，也不是违章作业重大事故罪。例如，从地下挖出个炸弹，几个人瞎摆弄，爆炸了，应定过失爆炸罪。

特别提示：

1. 本罪只能发生在生产作业过程中。

2. 生产、作业人员在管理人员强令下违章作业引起事故的，不构成犯罪。构成犯罪的是强令者。

16-26 电工赵某自恃技术熟练，在检修电路时不按规定操作，造成电路着火，使部分设备被烧毁，损失40万元。其行为构成：

A. 破坏生产经营罪　　　　　　　B. 失火罪

C. 玩忽职守罪　　　　　　　　　D. 重大责任事故罪

答案：D

六、强令违章冒险作业罪（第134条）

是指强令他人违章冒险作业，因而发生重大伤亡事故或者造成其他严重后果的行为。[1]

本罪主体主要是生产、施工、作业等工作的管理人员。主观上是过失，但对强令行为是故意的。表现为：明知自己的决定违反安全生产、作业的规章制度，可能发生事故，却心存侥幸，自认为不会出事，而强令他人违章作业。对"强令"应当理解为发出的信息内容具有使工人不得不违心继续生产、作业的心理强制作用，而不能机械地理解为态度强硬、大声命令。强令者也不一定必须在生产、作业的现场。

七、重大劳动安全事故罪[2]（第135条）

是指安全生产设施或者安全生产条件不符合国家规定，因而发生重大伤亡事故或者造成其他严重后果的行为。"安全生产设施"，是指用于保护劳动者人身安全的各种设施、设备，如隔离栏、防护网、危险标志、紧急逃生通道等。"安全生产条件"，主要是指保障劳动者安全生产、作业必不可少的安全防护用品和措施，如用于防毒、绝缘、避雷、防爆、防火、通风等用品和措施。

本罪主体是特殊主体，即一切从事生产、经营的自然人、法人及非法人实体。但承担刑事责任的只是直接负责的主管人员和其他直接责任人

---

[1] 本罪是《刑法修正案（六）》第1条新增加的。

[2] 本罪由《刑法修正案（六）》第2条作了修改。原规定是"工厂、矿山、林场、建筑企业或者其他企业、事业单位的劳动安全设施不符合国家规定，经有关部门或者单位职工提出后，对事故隐患仍不采取措施，因而发生重大伤亡事故或者造成其他严重后果的，处……"。

员。"直接负责的主管人员",包括生产经营单位的负责人、生产经营的指挥人员、实际控制人、投资人。"其他直接责任人员",包括对安全生产设施、安全生产条件负有提供、维护、管理职责的人。

本罪采用单罚制,即只处罚直接负责的主管人员和其他直接责任人员。

八、大型群众性活动重大安全事故罪[1]（第 135 条之一）

是指举办大型群众性活动违反安全管理规定,因而发生重大伤亡事故或者造成其他严重后果的行为。"大型群众性活动",是指在公共场所或居民生活区举办的参加人数在百人以上的游园、灯会、花会、演唱会、音乐会、展销会、庆祝会、体育比赛、民间竞技等文艺活动和群众性活动。"安全管理法规",是指国家有关部门为保证大型群众性活动安全、顺利举行制定的管理规定,不是有关安全生产、作业的管理规定。

本罪主体是特殊主体,即发生大型群众性活动安全事故"直接负责的主管人员和其他直接责任人员"。"直接负责的主管人员",是指大型群众性活动的策划者、组织者、举办者。"其他直接责任人员",是指对大型活动的安全举行、紧急预案负有具体落实、执行职责的人员。

本罪主观上是过失。客观上以"发生重大伤亡事故或者造成其他严重后果"为构成要素。

九、危险物品肇事罪（第 136 条）

是指违反爆炸性、易燃性、放射性、毒害性、腐蚀性物品的管理规定,在生产、储存、运输、使用中发生重大事故,造成严重后果的行为。

本罪主体为一般主体,但主要是从事生产、运输、储存、使用危险物品的人员。主观方面只能是过失。客观方面表现为违反危险物品的管理规定,在生产、储存、运输、使用中发生重大事故,造成了严重后果。

本罪与过失投放危险物质罪、过失爆炸罪的区别。前者的行为必须发生在生产、储存、运输、使用危险物品的过程中,而后者不受此限制。

特别提示：本罪只能发生在对危险物品的生产、储存、运输、使用过程中。

十、工程重大安全事故罪（第 137 条）

是指建设单位、设计单位、施工单位、工程监理单位违反国家规定,降低工程质量标准,造成重大安全事故的行为。

本罪主体为特殊主体,即在建设、设计、施工或工程监理单位中,对建筑工程质量安全负有直接责任的人员。主观上只能是过失。

本罪的追诉时效应从结果发生之日起算。

---

〔1〕 本罪是《刑法修正案（六）》第 3 条新增加的。

十一、教育设施重大安全事故罪（第138条）

是指学校或者其他教育机构的直接责任人员，明知校舍或者教育教学设施有危险，而不采取措施或者不及时报告，致使发生重大伤亡事故的行为。

本罪主体为特殊主体，即对教育教学设施负有管理责任的人员。例如，村办小学的校舍有危险，小学校长不采取措施或不及时报告，因而发生重大伤亡事故的，成立本罪；如果小学校长向村民委员会分管小学的领导报告后，该领导不采取措施，以致发生重大伤亡事故的，则该领导构成本罪。本罪主观上是过失，但行为（不作为）是故意，且要求明知有危险。不明知而未报告或未采取措施的，不构成犯罪。客观方面"不采取措施或者不及时报告"与"发生重大伤亡事故"都是构成要素，并且要求两者之间具有直接的因果关系。

十二、消防责任事故罪（第139条）

是指违反消防管理法规，经消防监督机构通知采取改正措施而拒绝执行，造成严重后果的行为。

本罪主体是特殊主体，仅限于具有消防安全职责的直接责任人员。主观方面是过失。但对于不采取改正措施、拒绝执行的行为则是明知的。客观上有三种表现：①违反消防管理法规；②经消防监督机构通知采取改正措施而拒绝执行；③造成严重后果。

本罪与重大劳动安全事故罪的区别。要点在于事故发生的领域不同：本罪是发生在非生产劳动领域如仓储、商场、娱乐、居住领域中，后罪则是发生在生产劳动领域如工厂、矿山、建筑等领域中。

十三、不报、谎报安全事故罪（第139条之一）

是指在安全事故发生后，负有报告职责的人员不报或者谎报事故情况，贻误事故抢救，情节严重的行为。所谓"安全事故"，不仅限于生产经营单位发生的安全生产事故、大型群众性活动安全事故，也包括《刑法》分则第二章规定的除第133条和第138条之外的所有安全事故。

本罪主体是特殊主体，即只能是对安全事故负有报告职责的人员。此种人员，通常是指生产经营单位的主要负责人；对安全生产、作业负有组织、监督、管理职责的部门中的监督、检查人员；地方政府负有安全生产监督管理职责的部门中的直接负责的主管人员，以及直接造成安全事故的责任人员。本罪主观上是故意。"贻误事故抢救，情节严重"，是本罪客观上的构成要素，也是罪与非罪的重要界限。这主要是指安全事故发生后，由于不报或者谎报，耽误了抢救的最佳时机，使一些本可以救出的人员未能救出，或者造成财产损失进一步扩大等情形。

第十七章　破坏社会主义市场
经济秩序罪

本章从第 140～231 条，共 94 个条文（含第 205 条之一和第 210 条之一），分为 8 节。随着经济犯罪的增多，这一章在司法考试中的地位正逐年上升。较重要的罪名有：①生产、销售伪劣产品罪及其与其他伪劣商品犯罪的法条竞合关系；②走私普通货物、物品罪及其与走私其他特定物品犯罪的关系；③公司、企业人员受贿罪，非法经营同类营业罪，签订、履行合同失职被骗罪；④伪造、变造金融票证罪，内幕交易、泄露内幕信息罪，操纵证券交易价格罪，洗钱罪；⑤票据诈骗罪，金融凭证诈骗罪，信用卡诈骗罪，保险诈骗罪；⑥逃税罪，骗取出口退税罪及其与逃税罪的界限；⑦假冒注册商标罪，侵犯著作权罪，侵犯商业秘密罪；⑧合同诈骗罪，非法经营罪。

■　第一节　生产、销售伪劣商品罪

注意问题： 本节规定之罪都是一般主体，既可以是自然人，也可以是单位。

一、生产、销售伪劣产品罪（第 140 条）

是指生产者、销售者在产品中掺杂、掺假，以假充真，以次充好或者以不合格产品冒充合格产品，销售金额较大的行为。

本罪主观上是故意，是否具有非法牟利的目的不影响犯罪的成立。客体是国家对产品质量的管理制度和消费者的合法权益。客观上有四种表现：①"在产品中掺杂、掺假"，这是指在产品中掺入杂质或者异物，致使产品质量不符合国家法律、法规或者产品明示质量标准规定的质量要求，降低、失去应有使用性能的行为。②"以假充真"，这是指以不具有某种使用性能的产品冒充具有该种使用性能的产品的行为。③"以次充好"，这是指以低等级、低档次产品冒充高等级、高档次产品，或者以残次、废旧零配件组合、拼装后冒充正品或者新产品的行为。④"以不合格产品冒充合格产品"，"不合格产品"是指不符合《产品质量法》第 26 条第 2 款规定的质量要求的产品。[1]

注意问题：

1. 罪与非罪的界限。构成本罪要求数额较大，具体是指：①销售金额在 5 万元以上的，包括货物已售出但尚未"回款"的金额。多次实施生产、销售伪劣产品行为，未经处理的，伪劣产品的销售金额累计计算。②伪劣产品尚未销售，货值金额达到 15 万元以上的，以犯罪未遂论处。

2. 生产、销售伪劣产品罪（第 140 条）与生产、销售具体的伪劣商品犯罪（第 141～148 条）的区别。要点在于：第 140 条规定的生产、销售伪劣产品罪以数额为要件，即销售额达到 5 万元以上或者当场查获的伪劣产品价值 15 万元以上。第 141～148 条规定的各罪不以数额为要件，而以危险或者严重结果为要件。其中，①以危险为要件的有：生产、销售假药罪（第 141 条），生产、销售不符合卫生标准的食品罪（第 143 条）；②以造成人身或者财产危害结果为要件的有：生产、销售劣药罪（第 142 条），生产、销售不符合标准的医用器材罪（第 145 条），生产、销售不符合安全标准的产品罪（第 146 条），生产、销售伪劣农药、兽药、化肥、种子罪（第 147 条），生产、销售不符合卫生标准的化妆品罪（第 148 条）；③行为犯，即既不要求危险也不要求结果，只要实施了行为就构成犯罪：生产、销售有毒、有害食品罪（第 144 条）。

3. 竞合问题。注意以下三种情况：

（1）生产、销售伪劣产品达到了第 140 条规定的数额标准，但不符合第 141～148 条规定的犯罪，即生产、销售第 141～148 条所列产品之外的产品，或者生产、销售 141～148 条所列产品，但不构成各该条规定的犯罪，如生产、销售不符合卫生标准的化妆品，却没有造成严重后果的，适用第 140 条，定生产、销售伪劣产品罪。

（2）只构成某一特殊的生产、销售伪劣产品的犯罪。行为符合第 141～148 条规定的某一犯罪，但未达到第 140 条规定的数额标准的，按照第 141～148 条规定之罪定罪处罚。

（3）行为既符合 140 条规定的犯罪，又符合第 141～148 条规定的犯罪，根据《刑法》第 149 条第 2 款的规定，依照处罚较重的规定定罪处罚，不并罚。这是关于法条竞合适用原则的特别规定。《刑法》第 140 条是关于生产、销售伪劣商品犯罪的普通法条（对生产、销售的产品种类没有任何限定），第 141～148 条是关于生产、销售伪劣商品犯罪的特别法条（对生产、销售的产品种类作了特别规定）。

---

[1] 以上解释见最高人民法院、最高人民检察院 2001 年 4 月《关于办理生产、销售伪劣商品刑事案件具体应用法律若干问题的解释》第 1 条。

17-1（99卷二70）　某化妆品厂系私营企业，所生产的婴儿护肤产品供不应求。为增加产量，厂长童某决定改变配方，增加添加剂。结果生产出不符合卫生标准的劣质产品，销售金额达30万元。消费者使用后程度不同地引起过敏、脱皮等不良反应。在如何确定犯罪主体性质及定罪的罪名上，下列哪些选项是正确的？

A. 生产、销售伪劣产品罪

B. 生产销售不符合卫生标准的化妆品罪

C. 单位犯罪

D. 自然人犯罪

答案：AC

17-2（04卷二10）　下列哪一说法是正确的？

A. 甲违反海关法规，将大量黄金运输进境，不予申报，逃避关税。甲的行为成立走私贵重金属罪

B. 乙生产、销售劣药，没有对人体健康造成严重危害，但销售金额超过了5万元。乙的行为成立生产、销售伪劣产品罪

C. 丙在自己的35名同学中高息揽储，吸收存款100万元，然后以更高的利息贷给他人。丙向其同学还本付息后，违法所得达到数额较大标准。丙的行为成立非法经营罪与高利转贷罪的想象竞合犯

D. 承担资产评估职责的丁，非法收受他人财物后，故意提供虚假证明文件。丁的行为构成公司、企业人员受贿罪与提供虚假证明文件罪，应实行数罪并罚

答案：B

二、生产、销售劣药罪（第142条）

是指生产、销售劣药，对人体健康造成严重危害的行为。根据《药品管理法》的规定，药品成分的含量不符合国家药品标准的，为劣药，包括：①未标明有效期或者更改有效期的；②不注明或者更改生产批号的；③超过有效期的；④直接接触药品的包装材料和容器未经批准的；⑤擅自添加着色剂、防腐剂、香料、矫味剂及辅料的；⑥其他不符合药品标准规定的。

"对人体健康造成严重危害"，属于本罪的构成要素，是指生产、销售的劣药被使用后，造成轻伤、重伤或者其他严重后果的情形。本罪主观上只能是故意。

三、生产、销售不符合食品安全标准的食品罪（第143条）

是指生产、销售不符合食品安全标准的食品，足以造成严重食物中毒

事故或者其他严重食源性疾病的行为。"足以造成严重食物中毒事故或者其他严重食源性疾病",是指经省级以上卫生行政部门确定的机构鉴定,食品中含有可能导致严重食物中毒或者其他严重食源性疾病的超标准的有害细菌或者其他污染物。本罪主观上只能是故意。客体是国家对食品的管理制度和不特定多数人的身体健康。

本罪是危险犯,以足以造成严重食物中毒事故或者其他严重食源性疾患为构成要素,不具有该危险性的,不构成本罪。

四、生产、销售有毒、有害食品罪(第 144 条)

是指在生产、销售的食品中掺入有毒、有害的非食品原料的,或者销售明知掺有有毒、有害的非食品原料的食品的行为。

本罪主体、客体、主观方面都与前罪相同。客观方面有三种表现:①在生产的食品中掺入有毒、有害的非食品原料;②在销售的食品中掺入有毒、有害的非食品原料;③明知是掺有有毒、有害的非食品原料的食品而销售。有其中一种表现即可构成本罪。

使用盐酸克仑特罗等禁止在饲料和动物饮用水中使用的药品或者含有该类药品的饲料养殖供人食用的动物,或者销售明知是使用该类药品或者含有该类药品的饲料养殖的供人食用的动物的,以本罪论处。

明知是使用盐酸克仑特罗等禁止在饲料和动物饮用水中使用的药品或者含有该类药品的饲料养殖的供人食用的动物,而提供屠宰等加工服务,或者销售其制品的,也以本罪论处。

注意问题:

1. 本罪与生产、销售不符合卫生标准的食品罪的区别。①本罪是在食品中掺入有毒、有害的非食品原料,如将工业酒精兑入白酒中;后罪是生产、销售不符合卫生标准的食品,如用变质的面粉制作饼干。②本罪是行为犯,构成犯罪不要求产生危险和实害结果;后罪是危险犯,要求足以造成严重食物中毒或者其他严重食源性疾患的危险,才构成犯罪。

2. 与投放危险物质罪的区别。①行为方式不同:本罪是在作为商品的食品中掺入少量有毒、有害的非食品原料;后罪是将剧毒物质投入能害人的地方。②主体不同:本罪主体可是自然人,也可是单位,自然人必须已满 16 周岁;后罪主体只能是自然人,满 14 周岁即可。③主观目的不同:本罪是为了营利,后罪是为了害人。

17 - 3(02 卷二 40) 甲为获利于某日晚向乙家的羊圈内(共有 29 只羊)投放毒药,待羊中毒后将羊运走,并将羊肉出售给他人。甲的行为构成哪些犯罪?

A. 盗窃罪

B. 投毒罪

C. 故意毁坏财物罪

D. 生产、销售有毒、有害食品罪

答案：AD

五、生产、销售不符合标准的医用器材罪（第 145 条）

是指生产不符合保障人体健康的国家标准、行业标准的医疗器械、医用卫生材料，或者销售明知是不符合保障人体健康的国家标准、行业标准的医疗器械、医用卫生材料，足以危害人体健康的行为。

注意问题：

1. 本罪是危险犯。原为结果犯，《刑法修正案（四）》将其修改为危险犯。

2. 医疗机构或者个人，知道或者应当知道是不符合保障人体健康的国家标准、行业标准的医疗器械、医用卫生材料而购买、使用，对人体健康造成严重危害的，以本罪论。[1]

六、生产、销售不符合安全标准的产品罪（第 146 条）

是指生产不符合保障人身、财产安全的国家标准、行业标准的电器、压力容器、易燃易爆产品或者其他不符合保障人身、财产安全的国家标准、行业标准的产品，或者销售明知是以上不符合保障人身、财产安全的国家标准、行业标准的产品，造成严重后果的行为。"严重结果"，是指造成了他人伤害、死亡或者重大财产损失等后果。

注意问题： 本罪是结果犯，未造成严重后果，不构成犯罪。

17 - 4（05 卷二 66） 甲为了获取超额利润，在明知其所经销的电器产品不符合保障人身安全的国家标准的情况下，仍然大量进货销售，销售金额总计达到 180 万元。一企业因使用这种电器而导致短路，引起火灾，造成 3 人轻伤，部分厂房被烧毁，直接经济损失 10 万元。下列关于甲的行为的说法哪些是正确的？

A. 应当数罪并罚

B. 构成销售不符合安全标准的产品罪

C. 构成销售伪劣产品罪

D. 应按照销售伪劣产品罪和销售不符合安全标准的产品罪中的一个

---

[1] 最高人民法院、最高人民检察院 2001 年 4 月《关于办理生产、销售伪劣商品刑事案件具体应用法律若干问题的解释》（以下简称《关于办理生产、销售伪劣商品案的解释》）第 6 条。

重罪定罪处罚

答案：BCD

七、生产、销售伪劣农药、兽药、化肥、种子罪（第147条）

是指生产假农药、假兽药、假化肥，销售明知是假的或者失去使用效能的农药、兽药、化肥、种子，或者生产者、销售者以不合格的农药、兽药、化肥、种子冒充合格的农药、兽药、化肥、种子，使生产遭受重大损失的行为。"使生产遭受较大损失"是本罪的构成要素，一般以2万元为起点。

八、生产、销售不符合卫生标准的化妆品罪（第148条）

是指生产不符合卫生标准的化妆品，或者销售明知是不符合卫生标准的化妆品，造成严重后果的行为。

注意问题：本罪主观上是过失，但行为是故意。

特别提示：

1. 自然人、单位均可构成本节之罪的主体。

2. 本节规定之罪既有危险犯，也有行为犯和结果犯，注意区分。

3. 知道或应当知道他人实施生产、销售伪劣商品犯罪，而为其提供贷款、资金、账号、发票、证明、许可证件，或者提供生产、经营场所或者运输、仓储、保管、邮寄等便利条件，或者提供制假生产技术的，以生产、销售伪劣商品犯罪的共犯论处（《关于办理生产、销售伪劣商品案的解释》第9条）。

4. 生产、销售伪劣产品，同时构成侵犯知识产权、非法经营等犯罪的，依照处罚较重的规定定罪处罚（《关于办理生产、销售伪劣商品案的解释》第10条）。

5. 犯本节规定之罪，又以暴力、威胁方法抗拒查处，构成妨害公务、故意伤害、故意杀人等犯罪的，依照数罪并罚的规定处罚（《关于办理生产、销售伪劣商品案的解释》第11条）。

6. 国家机关工作人员参与生产、销售伪劣商品犯罪的，从重处罚（《关于办理生产、销售伪劣商品案的解释》第12条）。

17-5 下列生产、销售伪劣商品罪的犯罪中，属于结果犯的有：

A. 生产、销售假药罪

B. 生产、销售不符合卫生标准的化妆品罪

C. 生产、销售伪劣农药、兽药、化肥、种子罪

D. 生产、销售有毒、有害食品罪

答案：BC

17-6 下列说法正确的是：

A. 某工厂生产了大量的伪劣皮鞋，并假冒在当地市场很有名气的某注册商标进行销售。销售金额达30万元。该工厂的行为构成生产、销售伪劣产品罪和假冒注册商标罪，择一重处罚，不实行数罪并罚

B. 某工厂生产了价值达20万元的伪劣产品。在尚未销售之前，被有关机关查获，该工厂的行为构成生产、销售伪劣产品罪（未遂）

C. 某医院知道某医疗器械不符合国家标准，仍然购买使用。结果造成3名患者因此死亡。该医院的行为构成销售不符合标准的医用器材罪

D. 某工厂从香港购进大量工业用猪油，冒充食用猪油出售，造成100多人中毒。在执法部门查处该工厂时，该工厂的厂长指使工人以暴力方法进行抗拒。该工厂的行为构成销售有毒、有害食品罪与妨害公务罪，实行数罪并罚。

答案：ABCD

第二节　走私罪

注意问题：本节规定之罪都是一般主体，既可以是自然人，也可以是单位。

本节重要司法解释：①2000年9月最高人民法院《关于审理走私刑事案件具体应用法律若干问题的解释》（以下简称《关于审理走私案件的解释》）；②2002年7月最高人民法院、最高人民检察院、海关总署《关于办理走私刑事案件适用法律若干问题的意见》，（以下简称《办理走私案件的意见》）。③2006年11月最高人民法院《关于审理走私刑事案件具体应用法律若干问题的解释（二）》，（以下简称《关于审理走私案件的解释二》）

一、走私武器、弹药罪（第151条）

是指违反海关法规，逃避海关监管，运输、携带、邮寄武器、弹药进出国（边）境的行为。

本罪主观上只能是故意。客体是国家对武器、弹药进出口的监管制度。

注意问题：

1. 罪与非罪的界限。根据司法解释：走私武器弹药达到以下数量之一的，方构成本罪：①走私军用子弹10发以上；②走私非军用枪支2支以上；③走私军用枪支1支以上。

2. 主观问题。①主观上要求明知是武器、弹药，不知是武器弹药而走私的，成立走私普通货物、物品罪。②行为人主观上具有走私犯罪故意，

但对其走私的具体对象不明确的，不影响走私犯罪构成，应当根据实际的走私对象定罪处罚。但是，确有证据证明行为人因受蒙骗而对走私对象发生认识错误的，可以从轻处罚。如甲雇佣乙走私一批枪支弹药，但欺骗乙说是固体废物，后被查获，对乙应定走私枪支、弹药罪，从轻处罚。

该主观故意对走私其他特定物品的犯罪同样适用。

17-7（04 卷二 17）　甲利用到外国旅游的机会，为了自用，从不法分子手中购买了手枪 1 支、子弹 60 发，然后经过伪装将其邮寄回国内。后来甲得知乙欲抢银行，想得到一支枪，就与乙协商，以 5000 元将其手枪出租给乙使用。乙使用该手枪抢劫某银行，随后被抓获。对甲的行为应如何处理？

A. 以买卖、邮寄枪支、弹药罪与抢劫罪并罚

B. 以买卖、邮寄枪支、弹药罪与非法出租枪支罪并罚

C. 以走私武器、弹药罪与抢劫罪并罚

D. 以走私武器、弹药罪、非法出租枪支罪、抢劫罪并罚

答案：C

二、走私假币罪（第 151 条）

是指违反海关法规，走私伪造的货币的行为。构成本罪，主观上必须明知是伪造的货币，不明知是伪造的货币而携带、运输其进出境的，不成立本罪。走私的对象是伪造的货币，其中的"货币"是指可在国内市场流通或者兑换的人民币、外币。伪造废币并走私的，或者走私变造的货币的，不成立本罪。

罪与非罪的界限。根据司法解释，走私假币，总面额达到 2000 元以上或者币量达到 200 张（枚）以上的，才构成犯罪。

17-8（02 卷二 47）　黄某、王某二人从境外走私入境假币 150 余万元。运载假币的渔船刚一到岸，即被海关缉私人员发现。黄某、王某手持铁棍、匕首将缉私人员打成重伤后携带假币逃走。对黄某、王某的行为应以哪些犯罪论处？

A. 走私假币罪　　　　　　　　B. 运输假币罪

C. 故意伤害罪　　　　　　　　D. 妨害公务罪

答案：AC

三、走私文物罪（第 151 条）

是指违反海关法规，走私国家禁止出口的文物的行为。本罪对象是禁

止出口的文物。将文物从境外走私至境内的，不构成本罪。主观上要求明知是禁止出口的文物。

注意问题：

1. 罪与非罪的界限。根据司法解释，走私国家禁止出口的三级文物两件以上即构成犯罪。走私国家二级文物两件以下或三级文物三件以上八件以下即为情节严重。

2. 任何组织或个人将收藏的国家禁止出口的珍贵文物私自出售或者私自赠送给外国人的，以走私论处（《文物保护法》第64条第4款）。

四、走私贵重金属罪（第151条）

是指违反海关法规，逃避海关监管，运输、携带、邮寄黄金、白银或其他贵重金属出国（边）境的行为。主观上必须明知是贵重金属。客观上仅限于将贵金属从境内走私至境外，若将贵重金属从境外走私至境内的，只能成立走私普通货物、物品罪。

五、走私禁止进出口的其他货物物品罪（第151条第3款）[1]

是指违反海关法规，走私珍稀植物及其制品等国家禁止进出口的其他货物、物品的行为。本罪的犯罪对象是除了本条及第152条规定的武器、弹药、核材料、假币、文物、黄金、白银、珍贵动物及其制品、淫秽物品、废物等货物、物品之外的一切国家禁止进出口的货物、物品。本罪与第153条规定的走私普通货物物品罪的区别在于，本罪的对象是禁止进出口的其他货物物品，后罪的对象是非禁止进出口的货物物品。

六、走私淫秽物品罪（第152条）

是指违反海关法规，以牟利或者传播为目的，走私淫秽的影片、录像带、录音带、图片、书刊或者其他淫秽物品的行为。主观上是直接故意，且以牟利或者传播为目的。犯罪对象是淫秽的影片、录像带、录音带、图片、书刊或者其他淫秽物品。走私非淫秽的上述物品，按走私普通货物、物品罪定罪处罚。

罪与非罪的界限。根据司法解释，走私淫秽物品数量较大的，方构成本罪：①淫秽录像带、影碟50张（盘）以上的；②淫秽录音带、音碟100张（盘）以上的；③淫秽扑克、书刊、画册100副（册）以上的。

七、走私废物罪（第152条）

是指逃避海关监管，将境外固体废物、液态废物和气态废物运输进境，情节严重的行为。客观上仅限于将废物运输进境的行为，将废物运输

---

〔1〕 本款由《刑法修正案（七）》第1条做了修改。原规定是："走私国家禁止进出口的珍稀植物及其制品的，处5年以下有期徒刑，并处或者单处罚金；情节严重的，处5年以上有期徒刑，并处罚金。"

出境的，不成立本罪。

以原料利用为名，进口不能用作原料的固体废物、液态废物和气态废物的，以本罪论处。

八、走私普通货物、物品罪（第153、154条）

是指违反海关法规，走私《刑法》第151、152、347条规定以外的普通货物、物品，偷逃应缴税额在5万元以上的行为。本罪客体是国家对外贸易管制及关税征管制度。主观上只能是故意。

本罪是走私罪的普通条款，凡是法律没有特别规定的走私罪，都以本罪论处。

注意问题：

1. 变相走私。《刑法》第154条规定，下列走私行为构成犯罪的，依照走私普通货物、物品罪定罪处罚：①未经海关许可并且未补缴应缴税额，擅自将批准进口的来料加工、来件装配、补偿贸易的原材料、零件、制成品、设备等保税货物，在境内销售牟利的。所谓"保税货物"，是指经海关批准，未办理纳税手续进境，在境内储存、加工、装配后应予复运出境的货物。保税货物包括通过加工贸易、补偿贸易等方式进口的货物，以及在保税仓库、保税工厂、保税区或者免税商店内储存、加工、寄售的货物。②未经海关许可并且未补缴应缴税额，擅自将特定减税、免税进口的货物、物品，在境内销售牟利的。

2. 《刑法》第155条以走私论的两种行为。《刑法修正案（四）》对《刑法》第155条作出修正，以走私论的两种行为包括：①直接向走私人非法收购国家禁止进口物品的，或者直接向走私人非法收购走私进口的其他货物、物品，数额较大的。"数额较大的"，是指偷逃应缴税额达到5万元以上。②在内海、领海、界河、界湖运输、收购、贩卖国家禁止进出口物品的，或者运输、收购、贩卖国家限制进出口货物、物品，数额较大，没有合法证明的。对上述两种行为，应当按照走私物品的种类，分别适用《刑法》第151、152、347条的规定定罪处罚；直接向走私人非法收购走私进口的国家非禁止进口货物、物品，数额较大的，或者在内海、领海运输、收购、贩卖国家限制进出口货物、物品，数额较大，没有合法证明的，应当适用《刑法》第153条的规定定罪处罚（《关于审理走私案件的解释》第8条第2、3款）。

3. 关于在加工贸易活动中骗取海关核销行为的认定问题。在加工贸易经营活动中，以假出口、假结转或者利用虚假单证等方式骗取海关核销，致使保税货物、物品脱离海关监管，造成国家税款流失，情节严重的，依照《刑法》第153条的规定，以走私普通货物、物品罪追究刑事责任。但有证据证明因不可抗力原因导致保税货物脱离海关监管，经营人无法办理正常手续而骗取海关核销的，不认定为走私犯罪（《关于办理走私案件的意见》第10条）。

4. 本罪与走私特定物品的犯罪的关系。本罪与其他走私罪是一种因对象不同在手段上竞合的法条竞合关系。走私普通货物、物品罪的走私对象是除毒品、武器弹药、核材料、假币、文物、贵重金属、淫秽物品、废物、珍贵动物及其制品、珍稀植物及其制品等十种特定物品以外的物品。因此，如果走私的对象属于十种特定物品之一的，就不定走私普通货物、物品罪，而按照走私的对象定特定物品的走私罪。如走私的是枪支弹药，就定走私枪支弹药罪。

17－9（99卷二29）　1999年2月，刘某在香港以84万港币购买了12公斤金条。次日上午，刘某携带经过伪装的金条从某海关入境，入境时未向海关申报，企图将黄金偷运往内地销售。经鉴定，该批黄金价值人民币100万元，应缴纳关税8万元。下列对刘某行为的说法，哪一种是正确的？

A. 刘某的行为不构成犯罪
B. 刘某的行为构成走私贵重金属罪
C. 刘某的行为构成走私普通货物罪
D. 刘某的行为构成偷税罪
答案：C

17－10　某电子有限责任公司经海关许可进口保税电子元器件，价值1000余万元。该公司将该批电子元器件组装后，由经理甲决定，业务员乙经手擅自销售给国内的某电子市场。然后该公司利用虚假的出口报关单核销了本公司应当出口而在国内销售的该批保税电子元器件。偷逃应缴税款200余万元，全部归公司所有。下列说法正确的是：

A. 该公司构成走私普通货物、物品罪
B. 对该公司判处罚金，对甲和乙判处刑罚
C. 该公司不构成犯罪
D. 对甲乙可适用共犯的规定，按照作用大小区分主犯、从犯
答案：ABD

注意问题：

1. 共犯问题。根据《刑法》第156条及《关于办理走私案件的意见》的规定，对于走私的共犯问题须注意以下几点：

（1）与走私罪犯通谋，为其提供贷款、资金、账号、发票、证明，或

者为其提供运输、保管、邮寄或者其他方便的，以走私罪的共犯论处。"与走私罪犯通谋"，是指犯罪行为人之间事先或者事中形成的共同的走私故意。下列情形可以认定为通谋：①明知他人从事走私活动而同意为其提供贷款、资金、账号、发票、证明、海关单证，提供运输、保管、邮寄或者其他方便的；②多次为同一走私犯罪分子的走私行为提供前项帮助的。

（2）如果行为人与走私分子通谋出售贸易登记手册、特定减免税批文等涉税单证，或者在出卖批文后又以提供印章、向海关伪报保税货物、特定减免税货物等方式帮助买方办理进口通关手续的，对卖方依照《刑法》第 156 条以走私罪共犯定罪处罚。

（3）对《刑法》第 155 条第 2 项规定的实施海上走私犯罪行为的运输人、收购人或者贩卖人应当追究刑事责任。对运输人，一般追究运输工具的负责人或者主要责任人的刑事责任，但对于事先通谋的、集资走私的，或者使用特殊的走私运输工具从事走私犯罪活动的，可以追究其他参与人员的刑事责任。

2. 罪数问题。武装掩护走私的，依据《刑法》第 157 条第 1 款规定从重处罚；以暴力、威胁方法抗拒缉私的，以走私罪和妨害公务罪数罪并罚（《刑法》第 157 条）。

3. 单位与个人共同走私的，可成立共同犯罪。单位和个人（不包括单位直接负责的主管人员和其他直接责任人员）共同走私的，单位和个人均应对共同走私所偷逃应缴税额负责。

对单位和个人共同走私偷逃应缴税额为 5 万元以上不满 25 万元的，应当根据其在案件中所起的作用，区分不同情况作出处理。单位起主要作用的，对单位和个人均不追究刑事责任，由海关予以行政处理；个人起主要作用的，对个人依照刑法有关规定追究刑事责任，对单位由海关予以行政处理。无法认定单位或个人起主要作用的，对个人和单位分别按个人犯罪和单位犯罪的标准处理。

单位和个人共同走私偷逃应缴税额超过 25 万元且能区分主、从犯的，应当按照刑法关于主、从犯的有关规定，对从犯从轻、减轻处罚或者免除处罚（《关于办理走私案件的意见》第 20 条）。

特别提示：

1. 走私文物和走私贵重金属仅限于非法出口（境）的行为，而不包括进口的行为。

2. 走私假币罪的对象是伪造的货币，其中的"货币"是指可在国内市场流通或者兑换的人民币、境外货币。伪造废币并走私的，或者走私变造的货币的，不成立本罪。

3. 有走私故意，但对走私对象不明确的，按实际走私的对象定罪。确因受蒙骗对走私对象发生认识错误的，可从轻处罚。

4. 各种特定的走私罪，主观上必须明知特定的对象，不明知的，按走私普通货物、物品罪论处。

5. 武装掩护走私的，从重处罚。

6. 以暴力、威胁方法抗拒缉私的，以走私罪和妨害公务罪数罪并罚。

17－11　下列行为，以走私罪论处的是：

A. 直接向走私人非法收购国家禁止进口的物品的

B. 直接向走私人非法收购走私进口的其他货物、物品，数额较大的

C. 在内海、领海、界河、界湖运输、收购、贩卖国家禁止进出口物品的

D. 运输、收购、贩卖国家限制进出口货物、物品，数额较大，没有合法证明的

答案：ABCD

17－12　下列说法正确的是：

A. 逃避海关监管将境外液态废物、气态废物运输进境，情节严重的，构成走私废物罪

B. 走私变造的货币的，以走私假币罪论处

C. 直接向走私人非法收购走私进口的黄金，数额较大的，按走私贵重金属罪论处

D. 走私伪造的中国宋朝的钱币，以走私假币罪论处

答案：A

17－13　走私分子某甲在驾驶大轮船走私汽车的过程中，指使他人将登上货轮进行例行检查的海关缉私人员全部打落水中。甲某的行为构成：

A. 以妨害公务罪论处

B. 以走私罪论处

C. 妨害公务罪和走私罪择一重处罚

D. 妨害公务罪和走私罪数罪并罚

答案：D

■　第三节　妨害对公司、企业的管理秩序罪

对本节犯罪应结合《公司法》掌握。

一、虚报注册资本罪（第158条）

是指申请公司登记使用虚假证明文件或者采取其他欺诈手段虚报注册资本，欺骗公司登记主管部门，取得公司登记，虚报注册资本数额巨大、后果严重或者有其他严重情节的行为。

本罪主体是申请公司登记的自然人或单位。主观上只能出于故意。客观方面必须具备以下3个条件：①申请公司登记使用虚假证明文件或者采取其他欺诈手段虚报注册资本，欺骗公司登记主管部门；②已经取得公司登记。如果欺诈手段被登记机关发觉而未予登记的，则不成立本罪；③虚报注册资本数额巨大、后果严重或者有其他严重情节。

注意问题：

1. 追诉标准。根据司法解释，申请公司登记使用虚假证明文件或者采取其他欺诈手段虚报注册资本，欺骗公司登记主管部门，取得公司登记，涉嫌下列情形之一的，应予立案追诉：①超过法定出资期限，实缴注册资本不足法定注册资本最低限额，有限责任公司虚报数额在30万元以上并占其应缴出资数额60%以上的，股份有限公司虚报数额在300万元以上并占其应缴出资数额30%以上的；②超过法定出资期限，实缴注册资本达到法定注册资本最低限额，但仍虚报注册资本，有限责任公司虚报数额在100万元以上并占其应缴出资数额60%以上的，股份有限公司虚报数额在1000万元以上并占其应缴出资数额30%以上的；③造成投资者或者其他债权人直接经济损失累计数额在10万元以上的；④虽未达到上述数额标准，但具有下列情形之一的：2年内因虚报注册资本受过行政处罚2次以上，又虚报注册资本的；向公司登记主管人员行贿的；为进行违法活动而注册的。⑤其他后果严重或者有其他严重情节的情形。[1]

2. 虚报注册资本设立公司，进行合同诈骗的，属于牵连犯，从一重罪处罚。

特别提示：本罪客观方面：虚报注册资本、取得公司登记、虚报数额巨大。

二、虚假出资、抽逃出资罪（第159条）

是指公司发起人、股东违反公司法的规定，未交付货币、实物或者未转移财产权，虚假出资，或者在公司成立后又抽逃其出资，数额巨大、后果严重或者有其他严重情节的行为。本罪主体是公司发起人、股东，包括自然人与单位。主观上只能是故意。

追诉标准：根据《公安管辖追诉标准（二）》第4条的规定，公司发

---

〔1〕 最高人民检察院、公安部《关于公安机关管辖的刑事案件立案追诉标准的规定（二）》（以下简称《公安管辖追诉标准二》）第3条。

起人、股东违反公司法的规定未交付货币、实物或者未转移财产权，虚假出资，或者在公司成立后又抽逃其出资，涉嫌下列情形之一的，应予立案追诉：①超过法定出资期限，有限责任公司股东虚假出资数额在 30 万元以上并占其应缴出资数额 60% 以上的，股份有限公司发起人、股东虚假出资数额在 300 万元以上并占其应缴出资数额 30% 以上的；②有限责任公司股东抽逃出资数额在 30 万元以上并占其实缴出资数额 60% 以上的，股份有限公司发起人、股东抽逃出资数额在 300 万元以上并占其实缴出资数额 30% 以上的；③造成公司、股东、债权人的直接经济损失累计数额在 10 万元以上的；④虽未达到上述数额标准，但具有下列情形之一的：致使公司资不抵债或者无法正常经营的；公司发起人、股东合谋虚假出资、抽逃出资的；2 年内因虚假出资、抽逃出资受过行政处罚 2 次以上，又虚假出资、抽逃出资的；利用虚假出资、抽逃出资所得资金进行违法活动的。⑤其他后果严重或者有其他严重情节的情形。

虚假出资罪与虚报注册资本罪的区别：前者是公司的发起人、股东未实际出资，侵犯公司利益；后者是欺骗公司登记主管部门，取得了公司登记。

17－14（05 卷二 9）　甲、乙二人出资 10 万元，同时通过购买并使用伪造的商业零售发票，虚填商品实物价值人民币 50 万元，骗取审计事务所出具验资报告，欺骗公司登记主管部门，以 60 万元注册资本取得"××贸易有限公司"营业执照。后甲、乙又合谋将上述 10 万元资本金转移用于注册另一公司。甲、乙二人的行为构成：

A. 虚报注册资本罪　　　　　　　B. 虚假出资罪

C. 虚报注册资本罪与抽逃出资罪　D. 虚假出资罪与抽逃出资罪

答案：C

三、违规披露、不披露重要信息罪[1]（第 161 条）

是指依法负有信息披露义务的公司、企业向股东和社会公众提供虚假的或者隐瞒重要事实的财务会计报告，或者对依法应当披露的其他重要信息不按照规定披露，严重损害股东或者其他人利益，或者有其他严重情节的行为。

本罪主体是特殊主体，即所有依法负有信息披露义务的公司、企业。主观上是故意。客观行为有两种表现：①提供虚假的或者隐瞒重要事实的

---

[1]　本罪由《刑法修正案（六）》作了修改。原规定是"公司向股东和社会公众提供虚假的或者隐瞒重要事实的财务会计报告，严重损害股东或者其他人利益的……"

财务会计报告；②不按规定披露应当披露的重要信息。有上述两种行为之一即可构成犯罪，若两种行为都有，也按一罪论处。客观上还要求严重损害股东或者其他人利益。未严重损害股东或其他人利益，但有其他严重情节的，也可构成犯罪。"其他严重情节"，主要是指隐瞒多项依法应当披露的重要信息、多次搞虚假信息披露，或者因不按规定披露受到处罚后又违反的等情形。

本罪采用单罚制，只处罚直接负责的主管人员和其他直接责任人员。

四、妨害清算罪（第162条）

是指公司、企业在进行清算时，隐匿财产，对资产负债表或者财产清单作虚伪记载或者在未清偿债务前分配公司、企业财产，严重损害债权人或者其他人利益的行为。主体是进行清算的公司、企业。客观上须具备三个要素：①行为发生在破产清算时。②实施了以下三种行为之一：一是隐匿财产；二是对资产负债表或者财产清单作虚假记载；三是在清偿债务前分配公司、企业财产。③严重损害债权人或者其他人的利益（直接损失10万元以上）。

本罪采用单罚制，只处罚直接负责的主管人员和其他直接责任人员。

五、虚假破产罪[1]（第162条之二）

是指公司、企业通过隐匿财产、承担虚构的债务或者以其他方法转移、处分财产，实施虚假破产，严重损害债权人或者其他人利益的行为。"隐匿财产"，是指将公司的财产隐藏，或者对公司、企业的财产清单和资产负债表作虚假记载，或者采用少报、低报的手段，故意隐瞒、缩小公司、企业财产的实际数额。"承担虚构的债务"，是指夸大公司、企业的负债状况，目的是造成公司资不抵债的假象。"以其他方法非法转移、分配财产"，是指在清偿债务之前，将公司、企业的财产无偿转让、以明显不合理的低价转让财产或者以明显高于市场的价格受让财产、对原来没有财产担保的债务提供财产担保、放弃债权、对公司财产进行分配等情形。"严重损害债权人的利益"，主要是指通过虚假破产意图逃避偿还债权人的债务数额巨大等情形。"严重损害其他人的利益"，是指搞虚假破产造成公司、企业拖欠的职工工资、社会保险费和国家的税款得不到清偿，或者使公司、企业的其他股东的合法权益受到损害等情形。

本罪主体是特殊主体，只能是单位，即公司、企业，但承担刑事责任的只是直接负责的主管人员和其他直接责任人员，刑法采用的是单罚制。主观上是直接故意，并以逃债为目的。

---

〔1〕 本罪是《刑法修正案（六）》第6条新增加的。

注意问题：

1. 与诈骗罪的竞合。虚假破产，本质上是一种欺诈行为，属于诈骗罪的范畴。但由于刑法把此种诈骗专门加以规定，所以不再定诈骗罪。本罪在客观上以"严重损害债权人或其他人的利益"为构成要素。

2. 与妨害清算罪的区别。要点在于隐匿、转移、处分财产的行为发生在清算程序之前还是之后。本罪的行为是发生在清算程序启动之前，妨害清算罪的行为是发生在清算之后。

特别提示：虚假破产罪的行为发生在破产清算程序启动之前。

六、非国家工作人员受贿罪[1]（第163、184条）

是指公司、企业或者其他单位的工作人员利用职务上的便利，索取他人财物或者非法收受他人财物，为他人谋取利益，或者在经济往来中，利用职务上的便利，违反国家规定，收受各种名义的回扣、手续费，归个人所有，数额较大的行为。

本罪主体是公司、企业或者其他单位的工作人员，但不包括国有公司、企业或者其他国有单位中从事公务的人员和国有公司、企业或者其他国有单位委派到非国有公司、企业以及其他单位从事公务的人员。

银行或者其他金融机构的工作人员（国有金融机构工作人员和国有金融机构委派到非国有金融机构从事公务的人员除外），在金融业务活动中索取他人财物或者非法收受他人财物，为他人谋取利益的，或者违反国家规定，收受各种名义的回扣、手续费，归个人所有的，亦构成本罪（第184条）。

本罪客观上有三种表现：①利用职务上的便利，即利用自己在单位所任职务赋予的职权或者同职务有关的便利条件；②索取或者非法收受他人财物，或者在经济往来中，收受各种名义的回扣、手续费，归个人所有，且数额较大；③为他人谋取利益。但这只是一种允诺行为，不要求实际为他人谋取了利益。

注意问题：

1. 罪与非罪。索取或收受他人财物，数额达5000元以上的，方能构成本罪。

2. 本罪与受贿罪的区别：①主体不同，本罪主体是公司、企业或者其他单位的工作人员，后罪的主体是国家工作人员，包括国有公司、企业或其他国有单位中从事公务的人员和国有公司、企业或其他国有单位委派到非国有公司、企业或其他单位从事公务的人员。②二者对于索贿的认定不同。本罪不论收贿还是索贿，都要求为他人谋取利益（包括承诺、着手或

---

[1] 本罪主体因《刑法修改案（六）》的修改，由公司、企业人员扩大到其他单位人员。

者已经为他人谋取了利益），没有为他人谋取利益的，不成立犯罪。后罪在收贿时要求为他人谋取利益，索贿时不要求为他人谋取利益。

3. 收受回扣、手续费的认定。收受回扣、手续费如实入账的，属正当业务行为；不如实入账而归自己所有的，构成本罪。

17－15 下列选项中，哪一项构成公司、企业人员受贿罪？

A. 甲是国有公司委派到非国有公司从事公务的人员，多次利用职务之便收受他人贿赂，为他人谋利益

B. 某私营公司业务员乙利用掌握物资采购权之便，多次向他人索取贿赂，但从未打算为他人谋利益

C. 丙是某私营公司的业务员，在一次交易中收受了对方 5 万元的现金，将经手的货物低价卖给对方

D. 国有公司经理丁在一次业务中收受了他人回扣 3 万元

答案：C

七、对非国家工作人员行贿罪（第 164 条）

是指为谋取不正当利益，给予公司、企业或者其他单位的工作人员以财物，数额较大的行为。主体可以是自然人，也可以是单位。主观目的是为了谋取不正当利益，但未实际谋到不正当利益的，不影响犯罪的成立。

八、向外国公职人员、国际公共组织官员行贿罪（第 164 条第 2 款）

是指为谋取不正当商业利益，给予外国公职人员或者国际公共组织官员以财物的行为。所谓"商业"，是指以货币为媒介进行交换从而实现商品流通的经济活动。商业有广义与狭义之分。广义的商业是指所有以营利为目的的事业；狭义的商业是指专门从事商品交换活动的营利性事业。这里所说的"商业"就是指广义的商业。本罪的主体是一般主体，包括自然人和单位。主观罪过是直接故意，目的是为了谋取不正当的商业利益。客观方面表现为向外国公职人员和国际公共组织官员行贿。本罪的行为对象即受贿主体是外国公职人员和国际公共组织官员。所谓"外国公职人员"，是指拥有某一外国的立法、行政、司法职责的任何人和为某一外国的公共机构或者公营企业行使公共职能的任何人员。所谓国际公共组织官员，是指国际公务员或者经此种组织授权代表该组织行事的任何人员。

九、非法经营同类营业罪（第 165 条）

是指国有公司、企业的董事、经理利用职务便利自己经营或者为他人经营与其所任职公司、企业同类的营业，获取非法利益，数额巨大的行为。主体只能是国有公司、企业的董事、经理。主观上是故意。

17－16（05 卷二 58）　　下列哪些人可以成为非法经营同类营业罪的犯罪主体？

A. 中外合资企业的董事、经理

B. 国有公司的董事

C. 国有企业的经理

D. 国有公司控股的公司、企业的董事、经理

答案：BC

17－17　　甲是 K 国有印刷企业的经理，其妻也开办了一个小型的 H 印刷厂。甲为使妻子获利，将其所在的 K 印刷企业的一部分业务介绍给 H 印刷厂，并有意提高 K 印刷企业的价格，降低质量，致使 K 印刷企业连年亏损，而 H 印刷厂生意红火。甲的行为构成：

A. 国有公司、企业人员滥用职权罪　　B. 为亲友非法牟利罪

C. 非法经营同类营业罪　　　　　　　D. 贪污罪

答案：C

十、为亲友非法牟利罪（第 166 条）

是指国有公司、企业、事业单位的工作人员，利用职务上的便利，将本单位的盈利业务交由自己的亲友进行经营，或者以明显高于市场的价格向自己亲友经营管理的单位采购商品，或者以明显低于市场的价格向自己的亲友经营管理的单位销售商品，或者向自己的亲友经营管理的单位采购不合格的商品，致使国家利益遭受重大损失的行为。"遭受重大损失"，是指如下几种情形：①造成国家直接经济损失数额在 10 万元以上的；②使其亲友非法获利数额在 20 万元以上的；③造成有关单位破产、停业、停产 6 个月以上，或者被吊销许可证和营业执照、责令关闭、撤销、解散的；④其他致使国家利益遭受重大损失的情形。

注意问题：依司法解释，国有公司、企业委派到国有控股、参股公司从事公务的人员，以国有公司、企业人员论。

17－18　　甲是某国有公司的经理，其下列行为构成为亲友非法牟利罪的有：

A. 将本公司的营利业务交由其亲友经营

B. 以明显高于市场的价格向自己亲友经营管理的单位采购商品

C. 以明显低于市场的价格向自己的亲友经营管理的单位销售商品

D. 向自己的亲友经营管理的单位采购不合格的商品

答案：ABCD

十一、签订、履行合同失职被骗罪（第167条）

是指国有公司、企业、事业单位的直接负责的主管人员，在签订、履行合同过程中，因严重不负责任被诈骗，致使国家利益遭受重大损失的行为。"重大损失"，是指如下几种情形：①造成国家直接经济损失数额在50万元以上的；②造成有关单位破产，停业、停产6个月以上，或者被吊销许可证和营业执照、责令关闭、撤销、解散的；③其他致使国家利益遭受重大损失的情形。本罪主观上是过失。

注意问题：金融机构、从事对外贸易经营活动的公司、企业的工作人员严重不负责任，造成100万美元以上外汇被骗购或者逃汇1000万美元以上的，致使国家利益遭受重大损失的，依本罪论处（《全国人民代表大会常务委员会关于惩治骗购外汇、逃汇和非法买卖外汇犯罪的决定》第7条）。

十二、国有公司、企业、事业单位人员失职罪（第168条）

是指国有公司、企业、事业单位的工作人员，由于严重不负责任，造成国有公司、企业、事业单位破产、严重损失，致使国家利益遭受重大损失的行为。本罪主观上是过失。

十三、国有公司、企业、事业单位人员滥用职权罪（第168条）

是指国有公司、企业、事业单位的工作人员滥用职权，造成国有公司、企业、事业单位破产、严重亏损，致使国家利益遭受重大损失的行为。本罪主观上是过失。

十四、徇私舞弊低价折股、出售国有资产罪（第169条）

是指国有公司、企业或者其上级主管部门直接负责的主管人员，徇私舞弊，将国有资产低价折股或者低价出售，致使国家利益遭受重大损失的行为。本罪主体是特殊主体，主观上是故意。

十五、背信损害上市公司利益罪[1]（第169条之一）

是指上市公司的董事、监事、高级管理人员违背对公司的忠实义务，利用职务便利，操纵上市公司从事不正当关联交易，致使上市公司利益遭受重大损失的行为。上市公司的控股股东或者实际控制人，指使上市公司董事、监事、高级管理人员实施前款行为的，依本罪论处。

本罪主体是特殊主体，即上市公司的董事、监事、高级管理人员和控股股东、实际控制人。"董事"是指有限责任公司和股份有限公司中由股东大会选出的，作为公司业务的决策者和管理者对公司和股东负有特定义务的自然人。"监事"是对董事会决议执行负有监督职责的人。"高级管理人员"是指公司的经理、副经理、财务负责人、上市公司董事会秘书和公司章程规定的其他人员。"控股股东"是指其出资额占有限责任公司资本

---

[1] 本罪是《刑法修正案（六）》第9条新增加的。

总额 50% 以上或者其持有的股份占股份有限公司股本总额 50% 以上的股东；出资额或者持有股份的比例虽然不足 50%，但依其出资额或者持有的股份所享有的表决权已足以对股东会、股东大会的决议产生重大影响的股东。"实际控制人"是指虽不是公司的股东，但通过投资关系、协议或者其他安排，能够实际支配公司行为的人。

本罪在客观上的表现是，利用职务便利，实施了操纵上市公司进行不正当关联交易，侵害上市公司利益的行为。行为的具体表现有以下几种：

1. 无偿向其他单位或者个人提供资金、商品、服务或者其他资产的；

2. 以明显不公平的条件，提供或者接受资金、商品、服务或者其他资产的；

3. 向明显不具有清偿能力的单位或者个人提供资金、商品、服务或者其他资产的；

4. 为明显不具有清偿能力的单位或者个人提供担保，或者无正当理由为其他单位或者个人提供担保的；

5. 无正当理由放弃债权、承担债务的；

6. 采用其他方式损害上市公司利益的。

■ 第四节 破坏金融管理秩序罪

一、伪造货币罪（第 170 条）

是指违反国家货币管理法规，非法制造外观上足以使一般人误认为是货币的假货币的行为。本罪主体是一般主体。主观上只能是故意。客体是国家对货币的管理制度。犯罪对象是可在国内市场流通或者兑换的人民币和境外货币，如果伪造已经停止通用的古钱、废钞，则不成立本罪。

注意问题：

1. 既遂问题。只要实施了伪造行为，不论是否完成全部印制工序，即构成伪造货币罪；对于尚未制造出成品，无法计算伪造、销售货币面额的，或者制造、销售用于伪造货币的版式的，不认定犯罪数额，依据犯罪情节决定刑罚。[1]

2. 预备犯与实行犯。行为人制造货币版样或者与他人通谋，为他人伪造货币提供版样的，是实行犯，以伪造货币罪论处。[2]

---

〔1〕 最高人民法院 2001 年 1 月《全国法院审理金融犯罪案件工作座谈会纪要》。

〔2〕 最高人民法院 2000 年 9 月《关于审理伪造货币等案件具体应用法律若干问题的解释》（以下简称高法关于《伪造货币的解释》）第 1 条第 3 款。

3. 吸收犯。伪造货币后又运输、贩卖的，以伪造货币罪一罪从重处罚（第 171 条 3 款）。

17-19 下列哪些行为应定伪造货币罪？
A. 对真币加工改造，增加其面值的
B. 制造假币版样的
C. 与他人事前通谋，为他人伪造货币提供版样的
D. 伪造货币后又运输、出售的
答案：BCD

17-20 甲在 A 地伪造大量人民币后，运至 B 地销售，甲的行为构成
A. 伪造货币罪
B. 运输货币罪
C. 销售货币罪
D. 伪造货币罪、运输货币罪、销售货币罪三罪并罚
答案：A

二、出售、购买、运输假币罪（第 171 条）

是指明知是伪造的货币而出售、购买或者运输，数额较大的行为。本罪主体是一般主体，主观上只能是故意，并以明知是假币为要素。

注意问题：

1. 罪与非罪。本罪以数额较大为构成要素，"数额较大"是指总面额在 4000 元以上或者币量在 400 张（枚）以上的。

2. 一罪与数罪。①行为人购买假币后使用，构成犯罪的，以购买假币罪定罪，从重处罚。②行为人出售、运输假币构成犯罪，同时有使用假币行为的，定出售、运输假币罪和使用假币罪，数罪并罚。

17-21（00 卷二 26） 甲欠乙 1800 元人民币，经乙多次催讨，甲提议用其购得的（无法查证）假人民币 8000 元偿还，乙表示同意并收下。甲、乙的行为构成何罪？
A. 甲、乙的行为均构成持有、使用假币罪
B. 甲的行为构成使用假币罪，乙的行为构成持有假币罪
C. 甲的行为构成出售假币罪，乙的行为构成购买假币罪
D. 甲的行为构成非法经营罪，乙的行为构成窝藏赃物罪
答案：C

17-22（02 卷二 84~88） 甲找到在某国有公司任出纳员的朋友乙，提出向该公司借款 5 万元用于购买假币，并许诺出售假币获利后给乙好处费。乙便擅自从自己管理的公司款项中借给甲 5 万元。甲拿到 5 万元后，让丙从外地购得假币若干，然后在本地出售。出售一部分后，甲便送给乙 2 万元好处费。甲后来在出售假币的过程中被公安人员抓获。甲如实交代了让丙购买假币和自己出售假币的行为，还主动交代了自己使用面值 5000 元的假币购买家电产品的事实，但未能如实说明购买假币的 5 万元现金的来源。乙得知甲被抓后，担心受刑罚处罚，便携带 10 万元公款潜逃外地，后被司法机关抓获归案。请根据上述案情回答下列各题。

（1）关于出售、购买假币罪的共犯关系，下列哪些说法是错误的？

A. 甲、乙、丙三人成立出售、购买假币罪的共犯

B. 甲、乙二人成立出售、购买假币罪的共犯

C. 甲、丙二人成立出售、购买假币罪的共犯

D. 甲单独成立出售、购买假币罪，乙、丙不成立出售、购买假币罪

答案：ACD

（2）关于甲出售、购买假币与使用假币的行为，下列哪些说法是错误的？

A. 使用假币罪应被出售、购买假币罪吸收

B. 使用假币罪与出售、购买假币罪为牵连关系，应从一重罪处罚

C. 对使用假币罪与出售、购买假币罪应实行并罚

D. 甲就使用假币罪成立自首

答案：BCD

17-23（04 卷二 53） 《刑法》第 171 条第 1 款前段规定："出售、购买伪造的货币或者明知是伪造的货币而运输，数额较大的，处 3 年以下有期徒刑或者拘役，并处 2 万元以上 20 万元以下罚金。"关于本条的理解，下列哪些说法是错误的？

A. 运输假币罪要求行为人明知是假币，但出售、购买假币罪不要求行为人明知是假币

B. 根据故意犯罪的刑法规定与刑法原理，出售、购买假币罪也以行为人明知是假币为前提

C. 出售、购买、运输假币罪都是故意犯罪，但运输假币罪只能是直接故意，而出售、购买假币罪只能是间接故意

D. "并处 2 万元以上 20 万元以下罚金"是指可以并处罚金，而非应当并处罚金

答案：ACD

三、持有、使用假币罪（第 172 条）

是指明知是伪造的货币而持有、使用，数额较大的行为。本罪主体是一般主体。主观上必须明知是假币。"持有"，是指将假币置于行为人事实上的支配之下，不要求行为人实际上握有假币。"使用"，是将假币作为真货币而使用，以对方不明知是假币为前提。因此，向知情的人交付假币、伪造的共犯人之间分配假币、向知情的人出售假币等，都不属于使用假币的行为。

使用假币既可以是以外表合法的方式使用假币，如购买商品、兑换另一货币、存入银行、赠与他人、交纳罚款等，也可以是以非法的方式使用，如用于赌博。此外，将假币交给不知情的他人使用、向自动售货机中投入假币以取得商品的，均成立使用假币罪。

注意问题：

1. 罪与非罪。不明知是假币而持有、使用的，无罪。总面额不足 4000 元或者币量不足 400 张（枚）的，不构成本罪。

2. 对持有假币罪的认定。一般来说，行为人明知是假币而持有，数额较大，根据现有证据不能认定行为人是为了进行其他假币犯罪的，以持有假币罪定罪处罚；如果有证据证明其持有的假币已构成购买、出售、运输等假币犯罪的，应当以相应的假币犯罪定罪处罚。刑法设立持有假币罪，就是为了惩罚那些没有证据证明行为人持有假币的来源或者用途的情形。

3. 持有假币罪与使用假币罪。使用假币必然持有假币。行为人只有持有行为而没有使用行为的，定持有假币罪；将持有的假币全部使用的，定使用假币罪。使用假币后仍持有假币的，如使用 1 万元，手中尚持有 2 万元，定持有、使用假币罪，按"选择一罪"处罚，总额是 3 万元。

4. 使用假币罪与出售假币罪的区别。使用假币是将假币作为真币使用，掩饰假币真相，通常是直接以假币的票面金额使用，没有"折扣"。出售假币是以假卖假，不隐瞒假币真相，买卖双方都知道是假币，并按一定折扣进行交易，如 100 元假币卖 30 元真币。买卖双方是对合性犯罪，通常不按共同犯罪处罚。如果行为人直接以假币票面金额抵债、赌博，属使用假币，对方是被害人；若按假币票面金额打折抵债、赌博，属出售假币，对方是购买假币。

5. 使用假币罪与诈骗罪的区别。使用假币，是以假充真，隐瞒真相，本质上属于诈骗。但由于刑法将此种特殊的诈骗专门规定为使用假币罪，因此，一般情况下应适用特别法（定使用假币罪），而排斥一般法（不定诈骗罪）。但是，当适用特别法不构成犯罪，而适用一般法则构成犯罪的情况下，应适用一般法。如行为人用 3000 元假人民币换取相应金额的真美元。使用假币满 4000 元才构成犯罪，而诈骗满 2000 元就构成犯罪。所以应定诈骗罪。

17-24（03卷二34）　甲从 A 地购得面值 2 万元的假币，然后携带假币乘坐火车到 B 地。甲在车上与几个朋友赌博时被乘警发现，乘警按规定对甲处以罚款，甲欺骗乘警，以假币交纳罚款，被乘警发现。甲的行为构成下列哪些罪？

A. 购买、运输假币罪　　　　　B. 诈骗罪
C. 持有、使用假币罪　　　　　D. 赌博罪
答案：AC

17-25（06卷二12）　下列哪一行为可以构成使用假币罪？
A. 甲用总面额 1 万元的假币参加赌博
B. 甲（系银行工作人员）利用职务上的便利，以伪造的货币换取货币
C. 甲在与他人签订经济合同时，为显示自己的经济实力，将总面额 20 万元的假币冒充真币出示给对方看
D. 甲用总面额 10 万元的假币换取高某的 1 万元真币
答案：A

四、变造货币罪（第 173 条）

是指对真币进行各种方式的加工、处理，改变货币的面值或币量，数额较大的行为。变造货币的总面额在 2000 元以上或者币量在 200 张（枚）的，属于"数额较大"。

五、高利转贷罪（第 175 条）

是指以转贷牟利为目的，套取金融机构信贷资金高利转贷他人，违法所得数额较大的行为。本罪主体是一般主体，可以是自然人也可以是单位。主观上具有牟取高额利息的目的。"违法所得数额较大"，是指以下两种情形：①高利转贷，违法所得数额在 10 万元以上的；②虽未达到上述数额标准，但两年内因高利转贷受过行政处罚 2 次以上，又高利转贷的。

与贷款诈骗罪的区别：①违法点不同：本罪获取贷款没有违法性，后者获取贷款时具有违法性（欺诈）。②目的不同：本罪是以牟取高额利息为目的，后者是以非法占有贷款为目的。

17-26　甲为扩大再生产从银行贷款 20 万元，后因市场需求发生变化，拟投资的项目不再具有市场竞争力。为牟取高额利息，甲将 20 万元贷款转贷给乙，乙因经营亏损，致使甲到期未能偿还银行的贷款。甲的行

为构成：

    A. 贷款诈骗罪

    B. 高利转贷罪

    C. 贷款诈骗罪与高利转贷罪，数罪并罚

    D. 民事贷款纠纷，不构成犯罪

    答案：D

六、骗取贷款、票据承兑、金融票证罪[1]（第175条之一）

是指以欺骗手段取得银行或者其他金融机构贷款、票据承兑、信用证、保函等，给银行或者其他金融机构造成重大损失或者有其他严重情节的行为。

本罪主体为一般主体，个人和单位均可构成。主观上是故意，但不以非法占有为目的。

本罪与贷款诈骗罪在客观上都采用了欺诈手段，区别在于：本罪没有非法占有的目的，后者具有非法占有的目的。有些单位知道自己不符合贷款条件或者经济效益很差，但为了从金融机构获得贷款，隐瞒真相，编造虚假经济效益，获得贷款后，用于扩大生产规模、技术改造，或者为单位员工盖家属楼、发奖金、改善福利等，此类情况应认为没有非法占有目的，可按本罪论处。

司法实践中，认定是否具有非法占有的目的，应当坚持主客观相统一的原则，既要避免单纯根据损失结果客观归罪，也不能仅凭被告人自己的供述，而应当根据案件具体情况具体分析。在处理具体案件时应注意以下两点：①不能仅凭较大数额的贷款不能返还的结果，推定行为人具有非法占有的目的；②行为人将大部分资金用于投资或生产经营活动，而将少量资金用于个人消费或挥霍的，不能仅以此便认定具有非法占有的目的。[2]

七、非法吸收公众存款罪（第176条）

是指非法吸收公众存款或者非法变相吸收公众存款，扰乱金融秩序的行为。"非法吸收公众存款"，是指未经中国人民银行批准，向公众吸收资金，出具凭证，承诺在一定期限内还本付息的活动。"变相吸收公众存款"，是指未经中国人民银行批准，不以吸收存款的名义，向公众吸收资金，但承诺履行的义务与吸收公众存款相同，即都是还本付息的活动。"公众"是指不特定的社会对象，包括个人和单位。本罪主体既可以是个人，也可以是单位。主观上只能是故意。

---

〔1〕 本罪是《刑法修正案（六）》第10条新增加的。

〔2〕 最高人民法院2001年1月《全国法院审理金融犯罪案件工作座谈会纪要》。

注意问题：

1. 非法吸收存款与吸收投资的区别。存款的特点在于保本付息，属于借贷关系。而投资存在风险，不具有保本付息的承诺。

2. 与集资诈骗罪的区别：①目的不同。本罪不具有非法占有的目的，后罪则具有非法占有集资款的目的。②收款后的表现不同。本罪吸收存款后，再向外贷款，赚取利息。而集资诈骗罪吸收存款或投资后，或是卷款潜逃，不予归还；或是挥霍资金，导致不可能归还。

八、伪造、变造金融票证罪（第 177 条）

是指伪造、变造汇票、本票、支票、委托收款凭证、汇款凭证、银行存单及其他结算凭证、信用证或者附随的单据、文件以及伪造信用卡的行为。本罪主体是一般主体，既可以是个人，也可以是单位。

注意问题： 伪造、变造金融票证后，利用伪造的金融票证进行诈骗的，构成牵连犯，从一重罪处罚。

17－27 伪造下列哪些票证的，构成伪造金融票证罪：

A. 银行存单　　　　　　　　B. 汇票

C. 国库券　　　　　　　　　D. 公司债券

答案：AB

九、妨害信用卡管理罪（第 177 条之一）

本罪是指具有下列情形之一的行为：①明知是伪造的信用卡而持有、运输的，或者明知是伪造的空白信用卡而持有、运输，数量较大的；②非法持有他人信用卡，数量较大的；③使用虚假的身份证明骗领信用卡的；④出售、购买、为他人提供伪造的信用卡或者以虚假的身份证明骗领的信用卡的；⑤窃取、收买或者非法提供他人信用卡信息资料的。本罪主体是一般主体。主观上是故意。

注意问题：

1. "信用卡"，是指由商业银行或者其他金融机构发行的具有消费支付、信用贷款、转账结算、存取现金等全部功能或者部分功能的电子支付卡[1]既包括贷记卡，也包括借记卡。

2. 银行或者其他金融机构的工作人员利用职务上的便利，犯本罪的，从重处罚。

3. 本罪与信用卡诈骗罪的关系。本罪行为实为信用卡诈骗罪的预备行

---

[1] 全国人大常务委员会 2004 年 12 月《关于〈中华人民共和国刑法〉有关信用卡规定的解释》。

为，但由于刑法将其专门加以规定，因而①行为人持有、运输假卡或者骗领信用卡，但没有实施信用卡诈骗行为的，依照本罪定罪处罚。②行为人持有、运输假卡或者骗领信用卡，并且实施了信用卡诈骗行为的，以信用卡诈骗罪定罪处罚。

十、伪造、变造国家有价证券罪（第178条）

是指伪造、变造国库券或者国家发行的其他有价证券，数额较大的行为。

本罪主体为一般主体，包括自然人和单位。主观上是故意。犯罪对象是国家有价证券。有价证券是指具有一定货币票面价值，代表一定的财产所有权，并借以取得一定的收益，而且被作为金融工具的一种凭证。

十一、内幕交易、泄露内幕信息罪（第180条）[1]

是指证券、期货交易内幕信息的知情人员或者非法获取证券、期货交易内幕信息的人员，在涉及证券的发行，证券、期货交易或者其他对证券、期货交易价格有重大影响的信息尚未公开前，买入或者卖出该证券，或者从事与该内幕信息有关的期货交易，或者泄露该信息，或者明示、暗示他人从事上述交易活动，情节严重的行为。

本罪主体为特殊主体，包括两类：①内幕信息的知情人员和非法获取证券、期货交易内幕信息的人员，包括单位；②证券交易所、期货交易所、证券公司、期货经纪公司、基金管理公司、商业银行、保险公司等金融机构的从业人员以及有关监管部门或者行业协会的工作人员。主观上只能是故意。

客观表现因主体的不同而有不同，对于第一类主体，客观上表现为：在涉及证券的发行，证券、期货交易或者其他对证券、期货交易价格有重大影响的信息尚未公开前，①买入或者卖出该证券；②从事与该内幕信息有关的期货交易；③泄露该信息；④明示、暗示他人从事上述交易活动。"内幕信息"，是指为内幕人员所知悉的、尚未公开的并对证券的发行，证券、期货交易或者价格有重大影响的信息。对于第二类主体，客观上表现为：利用因职务便利获取的内幕信息以外的其他未公开的信息，违反规定，①从事与该信息相关的证券、期货交易活动；②明示、暗示他人从事相关交易活动。就犯罪对象而言，第一类主体的犯罪对象是内幕信息，第二类主体的犯罪对象是内幕信息以外的其他未公开的信息。

注意问题：

《刑法修正案（七）》对该条的修改有两点：①增加了内幕信息的知情人员和非法获取证券、期货交易内幕信息的人员"明示、暗示他人从事

---

[1]《刑法修正案（七）》对本条做了修正。

上述交易活动"，情节严重的，构成本罪。②将"老鼠仓"行为纳入了本罪的适用范围。证券交易所、期货交易所、证券公司、期货经纪公司、基金管理公司、商业银行、保险公司等金融机构的从业人员以及有关监管部门或者行业协会的工作人员，利用因职务便利获取的内幕信息以外的其他未公开的信息，违反规定，从事与该信息相关的证券、期货交易活动，或者明示、暗示他人从事相关交易活动，情节严重的，构成本罪。

17-28 甲从在证监会工作的朋友乙处得知有两只股票可能要大幅上涨，于是赶紧购买了数万股。几天后，这两只股票价格果然上涨，甲获利30万元。甲的行为构成：

A. 侵犯商业秘密罪   B. 非法获取国家秘密罪

C. 内幕交易罪   D. 不构成犯罪

答案：C

十二、利用未公开信息交易罪（第180条第4款）

是指证券交易所、期货交易所、证券公司、期货经纪公司、基金管理公司、商业银行、保险公司等金融机构的从业人员以及有关监管部门或者行业协会的工作人员，利用因职务便利获取的内幕信息以外的其他未公开的信息，违反规定，从事与该信息相关的证券、期货交易活动，或者明示、暗示他人从事相关交易活动，情节严重的行为。"情节严重"主要指：多次进行交易的、在交易中非法获利数额巨大的或者因其非法交易对客户资产造成严重损失的等情形。本罪的基本特征如下：

1. 犯罪客体是国家对证券、期货市场的管理秩序和投资者的合法权益。

2. 客观方面，行为有两种表现：①利用因职务便利获取的内幕信息以外的其他未公开的信息，违反规定，从事与该信息相关的证券、期货交易活动；②明示、暗示他人从事相关交易活动。所谓"内幕信息以外的其他未公开的信息"，主要是指资产管理机构、代客投资理财机构即将用客户资金投资购买某个证券、期货等金融产品的决策信息。这些信息不属于法律规定的"内幕消息"，也未要求必须公开，故称"内幕信息以外的其他未公开的信息"。所谓"违反规定，从事与该信息相关的证券、期货交易活动"，不仅包括《证券投资基金法》等法律、行政法规所规定的禁止基金等资产管理机构的从业人员从事损害客户利益的交易等行为，也包括证监会发布的禁止资产管理机构从业人员从事违背受托义务的交易活动等行为。具体行为主要是指，资产管理机构的从业人员在用客户资金买入证券或者其衍生品、期货或者期权合约等金融产品前，自己先行买入，或者在卖出前，自己先行卖出等行为。

3. 犯罪主体是特殊主体，共有三种人：①证券交易所、期货交易所、证券公司、期货经纪公司、基金管理公司、商业银行、保险公司等金融机构的从业人员；②有关监管部门的工作人员；③行业协会的工作人员。

4. 主观方面是直接故意。

注意问题：

1. 罪与非罪。利用职务便利获取内幕信息之外的其他尚未公开的信息后，只是泄露该信息的，不构成犯罪。

2. 本罪与他罪的区别。

（1）本罪与本条第 1 款规定的内幕交易、泄露内幕信息罪的区别有三：①本罪利用的是内幕信息之外的其他尚未公布的信息，后罪利用的是内幕信息。其他尚未公布的信息，主要是所在资产管理机构准备将客户资金投资购买哪只证券、期货的投资交易信息，一般属于单位内部的商业秘密。②泄露信息是否构成犯罪不同。即泄露内幕信息之外的其他尚未公开的信息，不构成犯罪；但泄露内幕信息的，则构成犯罪。③损害的利益不同，本罪更多是损害资产管理机构的客户的利益，后罪更多是损害不特定的社会公众投资者和股民的合法权益。

（2）本罪与第 182 条操纵证券、期货市场罪的区别。本罪行为主要是通过受托管理的客户资金来承担更多的市场风险从而减少行为人的自身风险，行为的目的是利用机构即将用客户资金购买证券、期货的信息来抢先建仓、提早撤仓从中获利，主观上并没有操纵证券期货交易价格的目的；而操纵证券期货市场主要是通过资金优势、信息优势或者对倒、对敲来影响证券、期货交易价格或者成交量，从而达到获利的目的。

（3）本罪与第 185 条之一背信运用受托财产罪的区别。背信运用受托财产罪是单位犯罪，犯罪主体是金融机构，未规定金融机构从业人员的刑事责任，主要是指金融机构擅自运用客户资金和受托财产的决策本身与受托义务相违背，因而有可能使管理的客户资产陷入极大的风险之中；而本罪是一种个人犯罪，犯罪主体是从事资产管理机构的从业人员，资产管理机构做出的投资购买证券、期货的决策本身并不违背受托义务，不属于擅自运用受托财产，主要打击的是资产管理机构的从业人员利用机构内部信息提前建仓谋取非法利益的行为。

十三、操纵证券、期货市场罪（第 182 条）

是指在证券、期货活动中，违反规定，操纵证券、期货市场，情节严重的行为。本罪的基本特征：

1. 侵犯的客体是国家对证券、期货市场的正常管理秩序和投资者的合法权益。

2. 客观方面表现为违法操纵证券、期货市场，情节严重的行为。"违法操纵证券、期货市场"具体包括以下四种情形：①单独或者合谋，集中资金优势、持股或者持仓优势或者利用信息优势联合或者连续买卖，操纵证券、期货交易价格或者证券、期货交易量的；②与他人串通，以事先约定的时间、价格和方式相互进行证券、期货交易，影响证券、期货交易价格或者证券、期货交易量的；③在自己实际控制的账户之间进行证券交易，或者以自己为交易对象，自买自卖期货合约，影响证券、期货交易价格或者证券、期货交易量的；④以其他方法操纵证券、期货市场的。"情节严重"，根据最高检和公安部联合发布的《关于公安机关管辖的刑事案件立案追诉标准的规定（二）》是指具有以下八种情形之一者：①单独或者合谋，持有或者实际控制证券的流通股份数达到该证券的实际流通股份总量30%以上，且在该证券连续20个交易日内联合或者连续买卖股份数累计达到该证券同期总成交量30%以上的；②单独或者合谋，持有或者实际控制期货合约的数量超过期货交易所业务规则限定的持仓量50%以上，且在该期货合约连续20个交易日内联合或者连续买卖期货合约数累计达到该期货合约同期总成交量30%以上的；③与他人串通，以事先约定的时间、价格和方式相互进行证券或者期货合约交易，且在该证券或者期货合约连续20个交易日内成交量累计达到该证券或者期货合约同期总成交量20%以上的；④在自己实际控制的账户之间进行证券交易，或者以自己为交易对象，自买自卖期货合约，且在该证券或者期货合约连续20个交易日内成交量累计达到该证券或者期货合约同期总成交量20%以上的；⑤单独或者合谋，当日连续申报买入或者卖出同一证券、期货合约并在成交前撤回申报，撤回申报量占当日该种证券总申报量或者该种期货合约总申报量50%以上的；⑥上市公司及其董事、监事、高级管理人员、实际控制人、控股股东或者其他关联人单独或者合谋，利用信息优势，操纵该公司证券交易价格或者证券交易量的；⑦证券公司，证券投资咨询机构专业中介机构或者从业人员，违背有关从业禁止的规定，买卖或持有相关证券，通过对证券或者其发行人、上市公司公开作出评价，预测或者投资建议，在该证券交易中谋取利益，情节严重的。⑧其他严重情节的情形。

3. 犯罪主体既可以是自然人也可以是单位。

4. 主观方面是故意。

17－29 关于操纵证券、期货市场罪的客观行为有：

A. 在自己实际控制的账户之间进行证券交易，影响证券交易价格或者证券交易量的

B. 以自己为交易对象，自买自卖期货合约，影响期货交易价格或者期

货交易量的

  C. 以自己为交易对象，进行不转移证券所有权的自买自卖的

  D. 以自己为交易对象，进行不转移期货所有权的自买自卖的

  答案：AB

十四、背信运用受托财产罪[1]（第185条之一）

  是指商业银行、证券交易所、期货交易所、证券公司、期货经纪公司、保险公司或者其他金融机构，违背受托义务，擅自运用客户资金或者其他委托、信托的财产，情节严重的行为。"情节严重"，主要是指给委托人造成重大财产损失等情形。

  本罪主体为特殊单位主体，即只能是商业银行、证券交易所、期货交易所、证券公司、期货经纪公司、保险公司或者其他金融机构。个人不能成为本罪的主体。"其他金融机构"，主要包括信托投资公司、投资咨询公司、投资管理公司等金融机构。

  本罪在客观上表现为违背受托义务，擅自运用客户资金或者其他委托、信托的财产，情节严重。所谓"委托、信托的财产"，主要是指在委托理财业务中，存放在各类金融机构中的以下几类客户资金和资产：①证券投资业务中的客户交易资金，即客户在证券公司存放的用于买卖证券的资金；②委托理财业务[2]中的客户资产，包括资金、证券等；③信托业务中的信托财产，分为资金信托和一般财产信托；④证券投资基金，这是指通过公开发售基金份额募集的客户资金。

  注意问题：

  1. 本罪主体只能是特殊的单位。

  2. 本罪以"情节严重"为构成要素。

十五、违法运用资金罪（第185条之一）

  是指社会保障基金管理机构、住房公积金管理机构等公众资金管理机构，以及保险公司、保险资产管理公司、证券投资基金管理公司，违反国家规定运用资金的行为。

  本罪主体是特殊单位主体，即只能是社会保障基金管理机构、住房公积金管理机构等公众资金管理机构，以及保险公司、保险资产管理公司、证券投资基金管理公司。"社会保障基金管理机构"，是指相对独立的和集中的负责社会保险基金的管理和投资营运社会保险银行、社会保险基金管

---

〔1〕 本罪是《刑法修正案（六）》新增加的。

〔2〕 委托理财业务，是金融机构接受客户的委托，对客户存放在金融机构的资产进行管理的客户资产管理业务。

理公司或基金会等专门机构。其他"公众基金管理机构"，是指接受社会保障基金管理机构委托对社会保障基金进行资产管理的保险公司、保险资产管理公司、证券投资管理公司等机构。"社会保险基金"，是指在法律的强制规定下，通过向劳动者及其所在用人单位征缴社会保险费，或由国家财政直接拨款而集中起来、用于社会保险、社会福利、社会救济和公费医疗事业等社会保障事业的一种专项基金。基金按社会保障的项目可分为养老保险基金、失业保险基金、医疗保险基金、生育保险基金和工伤保险基金。"住房公积金"，是指国家机关、国有企业、城镇集体企业、外商投资企业、城镇私营企业及其他城镇企业、事业单位、民办非企业单位、社会团体及其在职职工缴存的长期住房储金。

注意问题：

1. 本罪是行为犯，不以情节严重为构成要素，只要动用资金，就构成犯罪。

2. 与挪用资金罪的区别：①主体不同：本罪是单位犯罪，而后者是自然人犯罪。②犯罪对象不同：本罪对象是委托人委托、信托的财产或者公众的资金，而后者的对象是本单位的资金。

十六、违法发放贷款罪[1]（第186条）

是指银行或者其他金融机构或者其工作人员违反国家规定发放贷款，数额巨大或者造成重大损失的行为。"造成重大损失"，是指以下两种情形：①违法发放贷款，数额在100万元以上的；②违法发放贷款，造成直接经济损失数额在20万元以上的。

本罪主体既可以是个人，也可以是单位，但只能是金融机构及其工作人员。

注意问题：

1.《刑法修正案（六）》取消了"违法向关系人发放贷款罪"这个罪名。

2. 罪与非罪。违法发放的贷款达到数额巨大标准，就构成犯罪。虽然数额未达巨大的标准，但造成重大损失的，也构成犯罪。

3. 违反国家规定，向关系人发放贷款的，从重处罚。关系人，是指商业银行及其他金融机构的董事、监事、管理人员、信贷人员及其家属，以及上述人员投资或者担任高级管理职务的公司、企业和其他经济组织。依

---

〔1〕 本罪由《刑法修正案（六）》第13条作了修改。原条文的第1款是："银行或者其他金融机构的工作人员违反法律、行政法规规定，向关系人发放信用贷款或者发放担保贷款的条件优于其他借款人同类贷款的条件，造成较大损失的，处……"第2款是："银行或者其他金融机构的工作人员违反法律、行政法规规定，向关系人以外的其他人发放贷款，造成重大损失的，处……"

据《商业银行法》的规定："商业银行不得向关系人发放信用贷款；向关系人发放担保贷款的条件不得优于其他借款人同类贷款的条件。"

17—30 甲为扩大再生产急需一笔贷款，便找到在某国有商业银行作信贷员的弟弟乙。乙没有要求提供担保，向甲发放贷款 1000 万元。甲在得到贷款后将价值 50 万元的房子过户到乙的名下。贷款到期后不能收回。乙的行为构成：

A. 违法发放贷款罪和公司企业人员受贿罪

B. 违法发放贷款罪和受贿罪

C. 违法向关系人发放贷款罪和公司、企业人员受贿罪

D. 违法向关系人发放贷款罪和公司、企业人员受贿罪和受贿罪

答案：A

十七、吸收客户资金不入账罪[1]（第 187 条）

是指银行或者其他金融机构的工作人员吸收客户资金不入账，数额巨大或者造成重大损失的行为。本罪主体既可以是个人，也可以是单位，但只能是金融机构的工作人员和金融机构。主观上是故意。

注意问题：

1. 罪与非罪。不入账的客户资金达到数额巨大的标准，就构成犯罪。未达巨大标准，但造成重大损失的，也构成犯罪。

2. 与挪用资金罪，挪用公款罪的区别。对于利用职务上的便利，挪用已经记入金融机构法定存款账户的客户资金归个人使用的，或者吸收客户资金不入账，却给客户开具银行存单，客户也认为该款已存入银行，该款却被行为人以个人名义借贷给他人的，均应认定为挪用公款罪或者挪用资金罪。如果银行或者其他金融机构的工作人员私下与客户勾通，经客户同意，不将客户存款记入银行法定账户，数额巨大或者造成重大损失的，应当定吸收客户资金不入账罪。

十八、违规出具金融票证罪[2]（第 188 条）

是指银行或者其他金融机构及其工作人员违反规定，为他人出具信用证或者其他保函、票据、存单、资信证明，情节严重的行为。"保函"，是

---

[1] 本罪由《刑法修正案（六）》第 14 条作了修改，修改后删除了"以牟利为目的"。原条文是："银行或者其他金融机构的工作人员以牟利为目的，采取吸收客户资金不入账的方式，将资金用于非法拆借、发放贷款，造成重大损失的，处……"

[2] 本罪由《刑法修正案（六）》第 15 条作了修改，修改的内容是把"造成较大损失"改为"情节严重"。原规定是："银行或者其他金融机构的工作人员，违反规定，为他人出具信用证或者其他保函、票据、存单、资信证明，造成较大损失的……"

指银行办理代客担保业务时，应申请人的要求，向受益人开出的保证函件。"票据"是指汇票、本票或者支票。"资信证明"，是指提供客户的财产状况、偿还能力、信用程度等情况的证明文件。本罪主体是特殊主体，既可以是单位，也可以是个人，即金融机构和金融机构的工作人员。主观上是故意。

注意问题："情节严重"是本罪的构成要素。这不仅包括给金融机构造成了较大损失，还包括虽然未造成较大损失，但非法出具金融票证涉及金额巨大，或者多次非法出具金融票证等情形。

十九、对违法票据承兑、付款、保证罪（第189条）

是指银行或者金融机关或者其工作人员，在票据业务中，对违反票据法规定的票据予以承兑、付款或者保证，造成重大损失的行为。"承兑"，是指汇票付款人承诺在汇票到期日支付汇票上的金额；"付款"，是指票据债务人向票据债权人支付票据上的金额；"保证"，是指对已经存在的票据上的债务进行担保。

本罪是结果犯，"造成重大损失"的方构成犯罪。

二十、逃汇罪（第190条）

是指国有公司、企业或者其他国有单位，违反国家规定，擅自将外汇存放境外，或者将境内的外汇非法转移到境外，数额较大的行为。本罪主体是特殊主体，即国有公司、企业或者其他国有单位。主观上只能是故意。

非国有公司、企业或者其他单位与国有公司、企业或者其他国有单位相勾结逃汇的，以逃汇罪的共犯论处。[1]

二十一、骗购外汇罪（《决定》[2] 第1条）

是指使用伪造、变造的海关签发的报关单、进口证明、外汇管理部门核准件等凭证和单据，重复使用海关签发的报关单、进口证明、外汇管理部门核准件等凭证和单据，或者以其他方式骗购外汇，数额较大的行为。本罪主体为一般主体，既可以是个人，也可以是单位。

注意问题：

1. 牵连犯。伪造、变造海关签发的报关单、进口证明、外汇管理部门核准件等凭证和单据，并用于骗购外汇的，以骗购外汇罪从重处罚。

2. 共犯。①明知用于骗购外汇而提供人民币资金的，以共犯论处。

---

〔1〕 最高人民法院1998年9月《关于审理骗购外汇、非法买卖外汇刑事案件具体应用法律若干问题的解释》。

〔2〕 全国人大常委会1998年12月《关于惩治骗购外汇、逃汇和非法买卖外汇犯罪的决定》。

②海关、外汇管理部门以及金融机构、从事对外贸易经营活动的公司、企业或者其他单位的工作人员与骗购外汇或者逃汇的行为人通谋，为其提供购买外汇的有关凭证或者其他便利的，或者明知是伪造、变造的凭证和单据而售汇、付汇的，以共犯论，从重处罚。

二十二、洗钱罪[1]（第191条）

是指明知是毒品犯罪、黑社会性质的组织犯罪、恐怖活动犯罪、走私犯罪、贪污贿赂犯罪、破坏金融管理秩序犯罪、金融诈骗犯罪的违法所得及其产生的收益，而以种种方法掩饰、隐瞒犯罪所得及其收益的来源和性质的行为（注意："恐怖活动犯罪"是《刑法修正案（三）》增加的；"贪污贿赂犯罪、破坏金融管理秩序犯罪、金融诈骗犯罪"是《刑法修正案（六）》增加的）。

本罪主体既可以是个人也可以是单位。主观上是故意，并明知是《刑法》第191条所列7种犯罪所得及其产生的收益。客观上有如下5种表现：①提供资金账户；②协助将财产转换为现金或者金融票据；③通过转账或者其他结算方式协助资金转移；④协助将资金汇往境外；⑤以其他方法加以掩饰、隐瞒的。犯罪目的是掩饰、隐瞒犯罪所得及其收益的来源和性质。

17－31（05卷二93）　甲公司走私汽车获利人民币4000万元后，欲通过乙公司（非国有）的账户将这笔资金换成外汇转移至香港，并说明可按资金数额的10%支付"手续费"。乙公司得知该笔资金为甲公司走私犯罪所得，仍同意为该资金转账提供账户，并在收取"手续费"400万元后，将该资金折换成438万美元，以预付货款为名汇往甲公司在香港的账户。乙公司的行为构成：

A. 走私罪（共犯）　　　　B. 洗钱罪
C. 逃汇罪　　　　　　　D. 单位受贿罪
答案：B

■　第五节　金融诈骗罪

一、集资诈骗罪（第192条）

是指以非法占有为目的，使用诈骗方法非法集资，数额较大的行为。本罪主体为一般主体，既可以是个人，也可以是单位。主观上只能是故

---

[1]　本罪经《刑法修正案（三）》和《刑法修正案（六）》作过两次修改。

意，并有非法占有集资款的目的。"目的"和"数额较大"都是构成要素。

注意问题：

1. 罪与非罪的界限。个人集资诈骗，数额不足 10 万元的，单位集资诈骗，数额不足 50 万元的，不构成犯罪。没有非法占有目的的，不构成本罪，但有可能构成非法吸收公众存款罪。

2. 集资诈骗罪与欺诈发行股票、债券罪，擅自发行股票、公司、企业债券罪，非法吸收公众存款罪的区别。关键在于行为人是否具有非法占有的目的。集资诈骗罪必须以非法占有为目的，而上述其他几种犯罪不仅没有不法占有目的，而且具有返还的意图。司法实践中，对具有下列情形之一的，可认定为具有非法占有的目的：①明知没有归还能力而大量骗取资金的；②非法获取资金后逃跑的；③肆意挥霍骗取的资金的；④使用骗取的资金进行违法犯罪活动的；⑤抽逃、转移资金、隐匿财产，以逃避返还资金的；⑥隐匿、销毁账目，或者搞假破产、假倒闭，以逃避返还资金的；⑦其他非法占有资金、拒不返还的行为。在处理具体案件的时候，对于有证据证明行为人不具有非法占有目的的，不能单纯以财产不能归还就按金融诈骗罪处罚。[1]

二、贷款诈骗罪（第 193 条）

是指以非法占有为目的，使用欺诈方法，诈骗银行或者其他金融机构的贷款，数额较大的行为。

本罪主体为一般主体，但不能是单位。主观上以非法占有贷款为目的。客观上使用的欺诈方法有以下几种：①编造引进资金、项目等虚假理由的；②使用虚假的经济合同的；③使用虚假的证明文件的；④使用虚假的产权证明作担保或者超出抵押物价值重复担保的；⑤以其他方法诈骗贷款的。诈骗贷款"数额较大"是本罪的构成要素，以 2 万元为标准。

注意问题：

1. 罪与非罪的界限。贷款诈骗罪与借贷纠纷容易混淆。实践中经常有人从银行或者其他金融机构获得贷款，但到期拖欠不还或者无力偿还。二者区别的关键在于：①是否以非法占有为目的；②是否采用了第 193 条规定的欺诈手段。对于合法取得贷款后，没有按规定的用途使用贷款，到期没有归还贷款的，不能以贷款诈骗罪定罪处罚。对于确有证据证明行为人不具有非法占有的目的，因不具备贷款的条件而采取了欺骗手段获取贷款，案发时有能力且愿意履行还贷义务，或者案发时不能归还贷款是因为意志以外的原因，如因经营不善、被骗等，不应以贷款诈骗罪定罪处罚。

2. 本罪的主体仅限于个人，对于单位实施贷款诈骗的，不能定贷款诈

---

〔1〕 最高人民法院 1996 年 12 月《关于审理诈骗案件具体应用法律的若干问题的解释》。

骗罪，若符合合同诈骗罪构成要件的，定合同诈骗罪。

17－32（05 卷二 16） 甲公司为了解决资金不足，以与虚构的单位签订供货合同的方法，向银行申请获得贷款 200 万元，并将该款用于购置造酒设备和原料，后因生产、销售假冒注册商标的红酒被查处，导致银行贷款不能归还。甲公司获取贷款的行为构成：

A. 贷款诈骗罪　　　　　　　　B. 合同诈骗罪

C. 集资诈骗罪　　　　　　　　D. 民事欺诈，不构成犯罪

答案：B

三、票据诈骗罪（第 194 条）

是指以非法占有为目的，利用金融票据进行诈骗活动，骗取数额较大的行为。

本罪主体可以是自然人，也可以是单位。主观上只能是故意，并以非法占有为目的，且明知是伪造、变造的票据。客观上的欺诈行为有以下几种：①明知是伪造、变造的汇票、本票、支票而使用；②明知是作废的汇票、本票、支票而使用；③冒用他人的汇票、本票、支票；④签发空头支票或者与其预留印鉴不符的支票，骗取财物；⑤汇票、本票的出票人签发无资金保证的汇票、本票或者在出票时作虚伪记载，骗取财物。根据司法解释，数额较大，个人以 1 万元为起点，单位以 10 万元为起点。

四、金融凭证诈骗罪（第 194 条）

是指使用伪造、变造的委托收款凭证、汇款凭证、银行存单或其他银行结算凭证，骗取财物的行为。主观上只能是故意，并以非法占有为目的，且明知是伪造、变造的银行结算凭证。

注意问题：

1. 与票据诈骗罪的区别。关键在于使用的票证不同。本罪使用的是：①伪造、变造的委托收款凭证；②伪造、变造的汇款凭证；③伪造、变造的银行存单；④伪造、变造的其他银行结算凭证，"其他银行结算凭证"不包括票据诈骗罪中的各种票据。票据诈骗罪使用的是票据，即汇票、本票、支票。

2. 竞合。本罪与其他诈骗犯罪发生竞合，通常择重以本罪论处。

3. 牵连。以金融诈骗为目的而伪造金融票证，又使用该金融票证诈骗的，是牵连犯，择一重罪处罚。

五、信用证诈骗罪（第 195 条）

是指以非法占有为目的，进行信用证诈骗的行为。其特征如下：

主体可以是自然人，也可以是单位。主观上以非法占有为目的。客观

上的诈骗方法有 4 种：①使用伪造、变造的信用证或者附随的单据、文件；②使用作废的信用证；③骗取信用证；④以其他方法进行信用证诈骗活动。

六、信用卡诈骗罪（第 196 条）

是指以非法占有为目的，利用信用卡进行诈骗，数额较大的行为。

一般主体，不含单位。主观上以非法占有为目的。客观上的诈骗方法有 4 种：①使用伪造的信用卡，或者使用以虚假的身份证明骗领的信用卡；②使用作废的信用卡；③冒用他人信用卡；④恶意透支。"恶意透支"，是指持卡人以非法占有为目的，超过规定限额或者规定期限透支，并且经发卡银行两次催收后超过 3 个月仍不归还的行为。数额较大以 5000 元为起点，恶意透支以 1 万远为起点。

注意问题：

1. 罪与非罪的问题。对于误用他人信用卡，或者经过持卡人同意而使用他人信用卡的，不能认定为犯罪。善意透支行为，也不成立本罪。区分善意透支与恶意透支的关键，是看行为人是否具有不法占有的目的。本罪是结果犯，只有利用信用卡诈骗取得的财物到达数额较大的程度，才构成犯罪。

2. 盗窃信用卡并使用的，依盗窃罪论处。

3. 伪造信用卡后又自己使用的，既触犯了《刑法》第 177 条规定的伪造金融票证罪，又触犯了信用卡诈骗罪。若骗取的财物未达到数额较大标准，定伪造金融票证罪；达到数额较大标准的，按牵连犯，从一重处断。

17－33（06 卷二 58） 甲到银行自动取款机提款后，忘了将借记卡退出便匆忙离开。该银行工作人员乙对自动取款机进行检查时，发现了甲未退出的借记卡，便从该卡中取出 5000 元，并将卡中剩余的 3 万元转入自己的借记卡。对乙的行为的定性，下列哪些选项是错误的？

A. 乙的行为构成盗窃罪

B. 乙的行为构成侵占罪

C. 乙的行为构成职务侵占罪

D. 乙的行为构成信用卡诈骗罪

答案：BCD

17－34 甲窃得一张信用卡，向乙谎称该卡是从街上捡的，让乙到银行柜台取出了信用卡中的 3 万元现金，然后二人平分。对于甲、乙盗窃和使用信用卡的行为，下列何种判断是错误的？

A. 甲、乙构成盗窃罪的共同犯罪

B. 甲、乙构成信用卡诈骗罪的共同犯罪

C. 甲构成盗窃罪，乙构成信用卡诈骗罪

D. 甲构成盗窃罪，乙构成诈骗罪

答案：ABD

17－35（03 卷二 85～88）　　被告人江某与被害人郑某是同一家电脑公司的工作人员，二人同住一间集体宿舍。某日，郑某将自己的信用卡交江某保管，3 天之后索回。一周后，郑某发现自己的信用卡丢失，到银行挂失时，得知卡上 1.5 万元已被人取走。郑某报案后，司法机关找到了江某。江承认是其所为，但对作案事实前后供述不一。第一次供述称，在郑某将信用卡交其保管时，利用以前与郑某一起取款时偷记下的郑某信用卡上的密码，私下在取款机上取款；第二次供述称，是仿制了一张信用卡后，用所获取的郑某信用卡上的有关信息取款；第三次供述却称，是拾得郑某的信用卡后，用该卡取款。但被害人郑某怀疑是江某盗窃其信用卡后取走卡上所存的钱款。请回答下列各题：

（1）如果郑某将信用卡交江某保管时，江某私下用来取走了现金，下列说法正确的是：

A. 江某构成侵占罪　　　　　　　　B. 江某构成信用卡诈骗罪

C. 江某构成盗窃罪　　　　　　　　D. 江某不构成犯罪

答案：B

（2）如果江某用自己仿制的信用卡在自动取款机上提取了现金，下列说法正确的是：

A. 江某构成伪造金融票证罪　　　　B. 江某构成伪造信用卡罪

C. 江某构成信用卡诈骗罪　　　　　D. 应该实行数罪并罚

答案：C

（3）如果江某拾得信用卡后，用该信用卡在自动取款机上提取了现金，下列说法错误的是：

A. 江某构成侵占罪

B. 江某构成信用卡诈骗罪

C. 江某构成侵占遗失物罪

D. 江某不构成犯罪，其行为属不当得利

答案：ACD

（4）如果江某盗窃信用卡后，用该信用卡在自动取款机上提取了现金，下列说法正确的是：

A. 江某构成盗窃信用卡罪

B. 江某构成信用卡诈骗罪

C. 江某既构成盗窃罪又构成信用卡诈骗罪，应实行数罪并罚

D. 江某构成盗窃罪

答案：D

七、有价证券诈骗罪（第197条）

是指以非法占有为目的，使用伪造、变造的国库券或者国家发行的其他有价证券进行诈骗活动，数额较大的行为。本罪主体仅限于自然人，不包括单位。主观上以非法占有为目的。数额较大，以1万元为起点。

伪造、变造有价证券后又用以进行诈骗的，属牵连犯，择一重罪论处。

八、保险诈骗罪（第198条）

是指投保人、被保险人、受益人，以非法占有为目的，采取虚构保险标的、保险事故或者制造保险事故等方法，骗取保险金，数额较大的行为。

本罪主体是特殊主体，即投保人、被保险人或者受益人，可以是自然人，也可以是单位。主观上具有非法占有保险金的目的。客观上有以下几种表现：①投保人故意虚构保险标的，骗取保险金；②投保人、被保险人或者受益人对发生的保险事故编造虚假的原因或者夸大损失的程度，骗取保险金；③投保人、被保险人或者受益人编造未曾发生的保险事故，骗取保险金；④投保人、被保险人故意造成财产损失的保险事故，骗取保险金；⑤投保人、受益人故意造成被保险人死亡、伤残或者疾病，骗取保险金。

注意问题：

1. 共犯。保险事故的鉴定人、证明人、财产评估人故意提供虚假的证明文件，为他人诈骗提供条件的，以保险诈骗罪的共犯论处。

2. 与贪污罪、职务侵占罪的区别。保险公司的工作人员利用职务上的便利，故意编造未曾发生的保险事故进行虚假理赔，骗取保险金归自己所有的，以职务侵占罪定罪处罚；国有保险公司工作人员和国有保险公司委派到非国有公司从事公务的人员实施上述行为的，以贪污罪论处（第183条）。

保险诈骗的行为人与保险公司的工作人员相勾结骗取保险金，构成共同犯罪时，应当根据共犯与身份的原理，定贪污罪或者职务侵占罪。

3. 罪数问题。投保人、被保险人故意造成财产损失的保险事故，投保人、受益人故意造成被保险人死亡、伤残或者疾病，骗取保险金，同时构成其他犯罪的，依照数罪并罚的规定处罚。例如，投保人或受益人故意杀害被保险人，然后骗取保险金的，应以故意杀人罪和保险诈骗罪实行

并罚。

特别提示：

1. 贷款诈骗罪和信用卡诈骗罪的主体限于自然人，单位不能构成。

2. 盗窃信用卡并使用的，依盗窃罪论处。

3. 金融凭证诈骗罪、票据诈骗罪与有价证券诈骗罪的区别：关键在于使用的票证不同。金融凭证诈骗罪使用的是：伪造、变造的委托收款凭证、汇款凭证、银行存单、其他银行结算凭证，"其他银行结算凭证"不包括票据诈骗罪中的各种票据。票据诈骗罪使用的是票据，即汇票、本票、支票。有价证券诈骗罪，使用的是伪造、变造的国库券或者国家发行的其他有价证券。

17-36（99 卷二 66） 李某租用某建筑公司场地开了一家酒店，并为酒店财产投了 10 万元人民币保险，后因经营不善，无力支付租金，场地被建筑公司封锁。李某决定放火烧毁酒楼，①报复建筑公司（因酒店旁边还有建筑公司的其他建筑），②可以获取保险赔偿金，李某放火后到保险公司理赔时被公安机关抓获归案。下列关于本案的意见哪些是正确的？

A. 李某的行为触犯放火罪和保险诈骗罪两个罪名

B. 放火罪与保险诈骗（未遂）罪应并罚

C. 放火罪与保险诈骗罪相竞合，只定放火罪

D. 放火罪与保险诈骗（预备）罪应并罚

答案：AB

17-37 某国有保险公司理赔人季某指示他人故意虚报保险事故，由自己进行虚假理赔，骗取保险金 20 余万元据为己有。季某的行为构成何罪？

A. 保险诈骗罪   B. 虚假理赔罪

C. 贪污罪   D. 侵占罪

答案：C

■ 第六节　危害税收征管罪

一、逃税罪（第 201 条）

是指纳税人采取欺骗、隐瞒手段进行虚假纳税申报或者不申报，逃避缴纳税款数额较大并且占应纳税额 10% 以上，或者扣缴义务人采取前述所列手段，不缴或者少缴已扣、已收税款，数额较大，以及缴纳税款后，以

假报出口或者其他欺骗手段，骗取所缴纳的税款的行为。本罪的基本特征如下：

（1）客体是国家税收征管制度。

（2）客观方面，逃税行为有三种表现：①采取欺骗、隐瞒手段进行虚假纳税申报或者不申报，逃避缴纳税款数额较大并且占应纳税额10%以上；②扣缴义务人采取前述所列手段，不缴或者少缴已扣、已收税款，数额较大的行为；③缴纳税款后，以假报出口或者其他欺骗手段，骗取所缴纳的税款的行为。

根据《刑法修正案（七）》第3条第3款规定，有上述逃避纳税行为，经税务机关依法下达追缴通知后，补缴应纳税款，缴纳滞纳金，已受行政处罚的，不予追究刑事责任；但是，5年内因逃避缴纳税款受过刑事处罚或者被税务机关给予2次以上行政处罚的除外。

（3）主体是纳税人与扣缴义务人，自然人或者单位均可构成本罪。

（4）主观方面是直接故意，并且具有逃避缴纳应纳税款，获取非法利益的目的。

注意问题：

1. 逃税罪与一般逃税行为的区别。区分两者的关键是看逃税数额是否达到数额较大的标准和是否占应纳税额10%以上。必须这两个标准同时具备，方能构成逃税罪。

2. 逃税罪与漏税、欠税的界限。"漏税"，是指纳税人因过失或者不熟悉税收法规而少缴或者漏缴应缴税款的行为。"欠税"，是指在法定的纳税期限内，因客观原因无力缴纳税款而拖欠税款的行为。漏税和欠税虽在客观上造成少缴或者不缴应纳税款的事实，但主观上并不是故意逃避纳税义务。因此，主观方面的区别是逃税与漏税、欠税的本质区别。值得注意的是，在某些情形下漏税行为可以转化为逃税。如当漏税者发觉或被告知后，没有及时弥补自己的过失，而是采取欺骗手段隐瞒漏税行为，漏税行为就成为逃税行为。

3. 逃税数额及其比例的确定。"逃税数额"，是指在确定的纳税期间，不缴或者少缴各税种税款的总额。逃税数额占应纳税额的百分比，是指一个纳税年度中的各税种逃税总额与该纳税年度应纳税总额的比例。不按纳税年度确定纳税期的其他纳税人，逃税数额占应纳税额的百分比，按照行为人最后一次逃税行为发生之日前1年中各税种逃税总额与该年纳税总额的比例确定。纳税义务存续期间不足一个纳税年度的，逃税数额占应纳税额的百分比，按照各税种逃税总额与实际发生纳税义务期间应当缴纳税款总额的比例确定。逃税行为跨越若干个纳税年度，只要其中一个纳税年度的逃税数额及百分比达到《刑法》第201条第1款规定的标准，即构成逃税罪。各纳税年度的逃税数额应当累计计算，逃税百分比应当按照最高的百分比确定。

对多次犯有逃税行为，未经处理的，按照累计数额计算。"未经处理"，是指纳税人或者扣缴义务人在 5 年内多次实施逃税行为，但每次逃税数额均未达到《刑法》第 201 条规定的构成犯罪的数额标准，且未受行政处罚的情形（最高人民法院《关于审理偷税抗税刑事案件具体应用法律若干问题的解释》（以与简称《关于审理偷税抗税案件问题的解释》）第 2 条）。

4. 使用伪造、变造、盗窃的武装部队车辆号牌，不缴或者少缴应纳的车辆购置税、车辆使用税等税款，逃税数额占应纳税额的 10% 以上，且逃税数额在 1 万元以上的，依照逃税罪的规定定罪处罚。[1]

5. 共犯。税务人员与纳税人或扣缴义务人相互勾结，共同实施逃税行为的，以逃税共犯论处，从重处罚。

17－38　（98 卷二 31）某企业因产品出口得到国家出口退税款 300 万元，后因产品质量问题被国外客商退货三分之一。该企业隐瞒这一事实且未补交应纳税款 100 万元，该企业的行为构成何种犯罪？

A. 骗取出口退税罪

B. 逃避追缴欠税罪

C. 逃税罪

D. 虚开用于骗取出口退税、抵扣税款发票罪

答案：C

二、抗税罪 （第 202 条)

是指以暴力、威胁方法拒不缴纳税款的行为。

本罪主体只能是自然人。犯罪客体是国家税收征管制度和税务工作人员的人身权利。客观上表现为使用暴力、威胁方法拒不缴纳税款。暴力、威胁是手段行为，目的行为是拒绝缴纳税款。实施抗税行为致人重伤、死亡的，以故意伤害罪、故意杀人罪论处。

注意问题：

1. 罪数问题。实施暴力是抗税罪的应有之意，所以因抗税致人轻伤的，是抗税罪的情节加重犯，不需数罪并罚；实施抗税行为致人重伤、死亡的，分别依照故意伤害罪、故意杀人罪论处，也不数罪并罚（《关于审

---

〔1〕 最高人民法院 2002 年 4 月《关于审理非法生产、买卖武装部队车辆号牌等刑事案件具体应用法律若干问题的解释》。

理偷税抗税案件问题的解释》第 6 条第 1 款)。同理，妨害公务也是抗税罪的应有之意，所以，因抗税而妨害公务的，不另定妨害公务罪。

2. 共犯问题。与纳税人或者扣缴义务人共同实施抗税行为的，以抗税罪的共犯论处（《关于审理偷税抗税案件问题的解释》第 6 条第 2 款）。

17 - 39　某甲是公司经理，拒不缴纳税款，并指使职工数十人对上门催缴税款的税务人员进行殴打，致一名税务人员重伤。某甲的行为构成

A. 抗税罪　　　B. 故意伤害罪　　　C. 妨害公务罪　　　D. 偷税罪

答案：B

三、逃避追缴欠税罪（第 203 条）

是指纳税人欠缴应纳税款，采取转移或者隐匿财产的手段，致使税务机关无法追缴欠缴的税款，数额较大的行为。其特征如下：

本罪主体是欠税人，包括个人和单位。主观上是故意。客观表现是在欠缴税款的情况下，采取转移、隐匿财产的手段，致使税务机关无法追缴欠缴的税款，数额在 1 万元以上的行为。在不欠税的情况下转移、隐匿财产的，不成立本罪。

四、骗取出口退税罪（第 204 条）

是指以假报出口或者其他欺骗手段，骗取国家出口退税款，数额较大的行为。出口退税，是指税务机关根据国家法律、法规的规定，对于在国内已征收税款的产品，在其出口时，将已征税款予以全部或者部分返还的制度。

本罪主体为一般主体，既可以是个人，也可以是单位。主观上只能是故意，目的是非法占有国家出口退税款。客观上表现为以假报出口或者其他欺骗手段，骗取国家出口退税款，且数额较大。"假报出口"，是指以虚构已税货物出口事实为目的，具有下列情形之一的行为：①伪造或者签订虚假的买卖合同；②以伪造、变造或者其他非法手段取得出口货物报关单、出口收汇核销单、出口货物专用缴款书等有关出口退税单据、凭证；③虚开、伪造、非法购买增值税专用发票或者其他可以用于出口退税的发票；④其他虚构已税货物出口事实的行为。"其他欺骗手段"是指：①骗取出口货物退税资格的；②将未纳税或者免税货物作为已税货物出口的；③虽有货物出口，但虚构该出口货物的品名、数量、单价等要素，骗取未实际纳税部分出口退税款的；④以其他手段骗取出口退税款的。[1]

---

〔1〕　最高人民法院 2002 年 9 月《关于审理骗取出口退税刑事案件具体应用法律若干问题的解释》（以下简称《关于审理骗取出口退税案件的解释》）。

注意问题：

1. 未遂犯。实施骗取国家出口退税行为，没有实际取得出口退税款的，可以比照既遂犯从轻或者减轻处罚（《关于审理骗取出口退税案件的解释》第7条）。

2. 国家工作人员参与实施骗取出口退税犯罪活动的，依照骗取出口退税罪从重处罚（《关于审理骗取出口退税案件的解释》第8条）。

3. 牵连犯。实施骗取出口退税犯罪，同时构成虚开增值税专用发票罪等其他犯罪的，依照刑法处罚较重的规定定罪处罚。

4. 骗取出口退税罪与逃税罪的竞合。纳税人缴纳税款后，采取假报出口等欺骗方法，骗取所交纳的税款的，成立逃税罪。骗取税款超过所缴纳的税款部分，则应认定为骗取出口退税罪，与逃税罪实行并罚。

17－40（05卷二10）　　某企业生产的一批外贸供货产品因外商原因无法出口，该企业采用伪造出口退税单证和签订虚假买卖合同等方法，骗取出口退税50万元（其中包括该批产品已征的产品税、增值税等税款19万元）。对该企业应当如何处理？

A. 以合同诈骗罪处罚

B. 以偷税罪处罚

C. 以骗取出口退税罪处罚

D. 以偷税罪和骗取出口退税罪并罚

答案：D

五、虚开增值税专用发票、用于骗取出口退税、抵扣税款发票罪（第205条）

是指个人或者单位故意虚开增值税专用发票或者虚开用于骗取出口退税、抵扣税款的其他发票的行为。"虚开"包括为他人虚开、为自己虚开、让他人为自己虚开、介绍他人虚开四种情况。根据司法解释，具有下列情形之一的，属于虚开专用发票：①没有货物购销或者没有提供或接受应税劳务而为他人、为自己、让他人为自己、介绍他人开具专用发票；②有货物购销或者提供或接受了应税劳务但为他人、为自己、让他人为自己、介绍他人开具数量或者金额不实的专用发票；③进行了实际经营活动，但让他人为自己代开专用发票。虚开税款数额1万元以上的或者虚开专用发票致使国家税款被骗5000元以上的，应当依法定罪处罚。本罪主体是一般主体，既可以是个人，也可以是单位。主观上是故意。

注意问题：

1. 罪与非罪。本罪属于抽象的危险犯，司法机关应以一般的经济运行方式为根据，判断是否具有骗取国家税款的可能性。如果虚开、代开增值税等发票的行为根本不具有骗取国家税款的可能性，则不宜认定为本罪。例如，甲、乙双方以相同的数额相互为对方虚开增值税发票，并且已按规定缴纳税款，不具有骗取国家税款的主观目的与现实可能的，不宜认定为本罪。再如，代开的发票有实际经营活动相对应，没有而且不可能骗取国家税款的，也不宜认定为本罪。

2. 本罪与逃税罪的区别。①是否采取"虚开"方式偷税，"虚开"是指开具无真实交易活动的发票，或者开具的金额与实际交易额不符；②是否用于"抵扣增值税"。如果行为人仅仅虚开了可抵扣税款的发票，偷逃税收，但不是直接用于抵扣增值税款，而是通过虚开做大成本，降低收入，从而达到偷逃税款的目的，这属于一般的逃税行为，而不是特定的以虚开发票直接抵扣税款的方式逃税，不构成虚开可用于抵扣税款的发票罪。

六、伪造、出售伪造的增值税专用发票罪（第206条）

是指自然人或者单位，伪造增值税专用发票或者出售伪造的增值税专用发票的行为。本罪是选择性罪名。主体可以是个人，也可以是单位。客观上表现为伪造增值税专用发票或者出售伪造的增值税专用发票。

七、非法出售增值税专用发票罪（第207条）

是指违反国家发票管理法规，非法出售增值税专用发票的行为。本罪对象是真实的增值税专用发票。主体可以是个人，也可以是单位。

17－41 某甲从税务机关领购增值税专用发票后，将其中的40余张先后卖给他人。后见出售增值税专用发票有利可图，就购买了300张伪造的增值税专用发票并转手倒卖给他人。对甲某应如何处理？

A. 只定出售伪造的增值税专用发票罪

B. 购买伪造的增值税专用发票罪和出售伪造的增值税专用发票罪，数罪并罚。

C. 只定非法出售增值税专用发票罪

D. 出售伪造的增值税专用发票罪和非法出售增值税专用发票罪，数罪并罚

答案：D

八、非法购买增值税专用发票、购买伪造的增值税专用发票罪（第208条）

是指自然人或者单位，违反国家发票管理法规，故意非法购买增值税专用发票，或者购买伪造的增值税专用发票的行为。本罪购买的增值税专

用发票，可以是真实的，也可以是伪造的。主体可以是个人，也可以是单位。主观上是故意。

注意问题：

1. 非法购买后又虚开的，以虚开增值税专用发票罪论处；非法购买后又出售的，以非法出售增值税专用发票罪或者出售伪造的增值税专用发票罪论处，不数罪并罚。

2. 非法购买真、伪两种增值税专用发票的，数量累计计算，不实行数罪并罚。

九、非法制造、出售非法制造的用于骗取出口退税、抵扣税款发票罪（第 209 条）

是指自然人或者单位，故意伪造、擅自制造或者出售伪造、擅自制造的增值税专用发票以外的可以用于骗取出口退税、抵扣税款的其他发票的行为。"伪造"，是指没有印制权的人，印制足以使一般人误认为是可以用于骗取出口退税、抵扣税款的发票；擅自制造，是指发票印制的指定企业，超出税务机关批准的范围，私自印制上述发票。本罪主体可以是个人，也可以是单位。

十、非法制造、出售非法制造的发票罪（第 209 条）

是指自然人或者单位，违反国家发票管理法规，故意伪造、擅自制造或者出售伪造、擅自制造的除增值税专用发票、可以用于骗取出口退税、抵扣税款以外的其他发票的行为。本罪主体可以是个人，也可以是单位。

十一、非法出售用于骗取出口退税、抵扣税款发票罪（第 209 条）

是指自然人或者单位，违反国家发票管理法规，故意非法出售除增值税专用发票以外的可以用于骗取出口退税、抵扣税款的其他发票的行为。

注意问题：本罪出售的是真实发票，如果出售伪造、擅自制造的可以用于骗取出口退税、抵扣税款的发票，则成立出售非法制造的用于骗取退税、抵扣税款发票罪。

十二、非法出售发票罪（第 209 条）

是指自然人或者单位，违反国家发票管理法规，故意非法出售除增值税专用发票、可以用于骗取出口退税、抵扣税款以外的其他发票的行为。本罪对象是真实的发票，如果出售伪造、擅自制造的普通发票，则成立出售非法制造的发票罪。

十三、持有伪造的发票罪（第 210 条之一）

是指持有数量较大的明知是伪造的发票的行为。本罪的主体既可以是自然人，也可以是单位。主观上是直接故意，并强调明知是伪造的发票。客观上表现是持有数量较大的伪造的发票。持有，是指随身携带，包括存放在自己能够控制的地方。数量较大的标准，需要由最高司法机关做出解释。不明知的，或者虽然明知但数量较小的，不构成犯罪。

特别提示：

1. 税务机关征缴优先原则。《刑法》第 212 条规定，犯第 201～205 条规定之罪，被判处罚金、没收财产的，在执行前，应当先由税务机关追缴税款和所骗取的出口退税款。

2. 盗窃、诈骗增值税专用发票或者其他涉税发票，数量较大的，是盗窃罪或诈骗罪。

17－42（03 卷二 44） 对涉及增值税专用发票的犯罪案件，下列哪些处理是正确的？

A. 非法购买增值税专用发票的，按非法购买增值税专用发票罪定罪处罚

B. 非法购买增值税专用发票后又虚开的，按非法购买增值税专用发票罪和虚开增值税专用发票罪并罚

C. 非法购买增值税专用发票后又出售的，按非法出售增值税专用发票罪定罪处罚

D. 非法购买伪造的增值税专用发票后又出售的，按出售伪造的增值税专用发票罪定罪处罚

答案：ACD

■ 第七节　侵犯知识产权罪

本节犯罪主体全部是一般主体，都既可以是个人，也可以是单位。主观上都是故意（在各罪中不再一一说明）。

本节重要司法解释：①2004 年 12 月最高人民法院、最高人民检察院《关于办理侵犯知识产权刑事案件具体应用》法律若干问题的解释》（以下简称《关于办理侵犯知识产权案件的解释》）；②《关于办理侵犯知识产权刑事案件具体应用法律若干问题的解释（二）》（以下简称《关于办理侵犯知识产权案件解释二》）；③关于办理侵犯知识产权刑事案件适用法律若干问题的意见》（以下简称《关于办理侵犯知识产权案件的意见》）。

一、假冒注册商标罪（第 213 条）

是指未经注册商标所有人的许可，在同一种商品上使用与其注册商标相同的商标，情节严重的行为。所谓"相同的商标"，是指与被假冒的注册商标完全相同，或者在视觉上基本无差别，足以对公众产生误导的商标。"使用"，是指将注册商标或者假冒的注册商标用于商品、商品包装或

者容器以及产品说明书、商品交易文书，或者将注册商标或者假冒的注册商标用于广告宣传、展览以及其他商业活动等行为（《关于办理侵犯知识产权案件的解释》第8条）。"情节严重"是指：①非法经营数额在5万元以上或者违法所得数额在3万元以上的；②假冒两种以上注册商标，非法经营数额在3万元以上或者违法所得数额在2万元以上的；③其他情节严重的情形。（《关于办理侵犯知识产权案件的解释》第1条）

本罪主观上是故意。即认识到自己使用的商标与他人已经注册的商标相同，认识到自己的行为未经注册商标所有人许可，但有意在同一种商品上使用与他人注册商标相同的商标。动机如何不影响犯罪的成立。本罪侵害的客体，是国家商标管理制度和他人商标专用权。商标经注册之后，商标注册人即享有排他的、独立的使用该项商标的权利。行为对象是注册商标，假冒他人没有注册的商标的，不构成本罪。

注意问题：

1. 罪与非罪的界限。①在相同的商品上使用相同的商标（两个相同），才构成犯罪。擅自在类似商品上使用与他人注册商标相同或者相似的商标的，以及在同一种商品上使用与他人注册商标相似的商标的行为，不构成假冒注册商标罪。例如，汽车与自行车是类似商品，如果在汽车上使用他人在自行车上注册的"凤凰"商标，虽然也是侵犯商标权的行为，但不构成犯罪。②假冒他人注册商标情节严重的，才构成犯罪。

2. 以假冒注册商标方式生产、销售伪劣商品的，择一重罪处罚，不数罪并罚。

17-43 某甲是酿醋能手，方圆十里都知甲酿造的醋物美价廉。但因没有品牌和名气，醋难以销往外地。于是甲印制了大量山西名醋"稻花香"的商标、包装，冒充"稻花香"食醋销售。甲的行为构成：

A. 假冒注册商标罪

B. 销售假冒注册商标的商品罪

C. 假冒注册商标罪和销售假冒注册商标的商品罪，数罪并罚

D. 假冒注册商标罪和销售假冒注册商标的商品罪，择一重处罚

答案：A

二、销售假冒注册商标的商品罪（第214条）

是指明知是假冒注册商标的商品，而予以销售，销售金额数额较大的行为。"销售金额"，是指销售假冒注册商标的商品后所得和应得的全部违法收入。"数额较大"，是指销售金额在5万元以上的。

本罪主观上是故意，且"明知是假冒注册商标的商品"。具有下列情

形之一的，属于"明知"：①知道自己销售的商品上的注册商标被涂改、调换或者覆盖的；②因销售假冒注册商标的商品受到过行政处罚或者承担过民事责任，又销售同一种假冒注册商标的商品的；③伪造、涂改商标注册人授权文件或者知道该文件被伪造、涂改的；④其他知道或者应当知道是假冒注册商标的商品的情形。（《关于办理侵犯知识产权案件的解释》第9条）

注意问题：

1. "数额较大"是本罪的构成要素。

2. 本罪与假冒注册商标罪的关系。①行为人实施假冒注册商标犯罪，又销售该假冒注册商标的商品，构成犯罪的，属于吸收犯，只成立假冒注册商标罪，不另成立销售假冒注册商标的商品罪。但是，如果行为人实施假冒注册商标犯罪，又销售明知是他人的假冒注册商标的商品，构成犯罪的，则成立数罪，应当并罚。（《关于办理侵犯知识产权案件的解释》第13条）②行为人事先与假冒注册商标的犯罪人通谋，然后分工合作，其中有的人制造假冒注册商标的商品，有的人销售假冒注册商标的商品的，构成共同犯罪。对行为人均以假冒注册商标罪论处。

3. 本罪与销售伪劣产品罪的关系。①商品的质量如何，不影响销售假冒注册商标的商品罪的成立。即使假冒注册商标的商品质量优于真正注册商标的商品质量，也不影响本罪的成立。②如果销售的假冒注册商标的商品属于伪劣产品，属于一行为触犯数罪名的想象竞合犯，从一重罪论处。

三、非法制造、销售非法制造的注册商标标识罪（第215条）

是指伪造、擅自制造他人注册商标标识或者销售伪造、擅自制造的注册商标标识，情节严重的行为。本罪的行为对象是伪造、擅自制造的商标标识。"商标标识"，是指商品本身或其包装上使用的附有文字、图形或文字与图形的组合所构成的商标图案的物质实体，如商标纸、商标标牌、商标标识带等。"情节严重"，是指具有下列情形之一者：①伪造、擅自制造或者销售伪造、擅自制造的注册商标标识数量在2万件以上，或者非法经营数额在5万元以上，或者违法所得数额在3万元以上的；②伪造、擅自制造或者销售伪造、擅自制造两种以上注册商标标识数量在1万件以上，或者非法经营数额在3万元以上，或者违法所得数额在2万元以上的；③其他情节严重的情形。

四、假冒专利罪（第216条）

假冒专利罪，是指自然人或者单位，违反专利管理法规，假冒他人专利，情节严重的行为。

"假冒他人专利"，是指具有下列情形之一的：①未经许可，在其制造或者销售的产品、产品的包装上标注他人专利号的；②未经许可，在广告或者其他宣传材料中使用他人的专利号，使人将所涉及的技术误认为是他人专利技术的；③未经许可，在合同中使用他人的专利号，使人将合同涉及的技术误认为是他人专利技术的；④伪造或者变造他人的专利证书、专利文件或者专利申请文件的。（《关于办理侵犯知识产权案件的解释》第10条）

"情节严重"，是指具有下列情形之一的：①非法经营数额在20万元以上或者违法所得数额在10万元以上的；②给专利权人造成直接经济损失50万元以上的；③假冒两项以上他人专利，非法经营数额在10万元以上或者违法所得数额在5万元以上的；④其他情节严重的情形。

犯罪客体是国家专利管理制度和他人的专利专用权。

五、侵犯著作权罪（第217条）

是指以营利为目的，违反著作权法的规定，侵犯他人著作权，违法所得数额较大或者有其他严重情节的行为。

侵犯他人著作权，是指具有下列情形之一者：①未经著作权人许可，复制发行其文字作品、音乐、电影、电视、录像作品、计算机软件及其他作品。"未经著作权人许可"，是指没有得到著作权人授权或者伪造、涂改著作权人授权许可文件或者超出授权许可范围的情形。通过信息网络向公众传播他人文字作品、音乐、电影、电视、录像作品、计算机软件及其他作品的行为，应当视为"复制发行"。②出版他人享有专有出版权的图书。"出版"，是指将作品编辑加工后，经过复制向公众发行。③未经录音录像制作者许可，复制发行其制作的录音录像。④制作、出售假冒他人署名的美术作品。

"违法所得数额较大"，是指违法所得在3万元以上的。

"有其他严重情节"，是指具有下列情形之一者：①非法经营数额在5万元以上的；②未经著作权人许可，复制发行其文字作品、音乐、电影、电视、录像作品、计算机软件及其他作品，复制品数量合计在1000张（份）以上的；③其他严重情节的情形。（《关于办理侵犯知识产权案件的解释》第5条第1款）

本罪强调以营利为目的。以刊登收费广告等方式直接或者间接收取费用的情形，属于"以营利为目的"。如果出于教学、研究等非营利目的的复制他人作品，则不属于侵犯著作权的行为。

注意问题：

1. "以营利为目的"，"数额较大"或者"有其他严重情节"，都是本罪的构成要素。但"数额较大"和"其他严重情节"不要求同时具备，具备其一即可。

2. 出版单位与他人事前通谋，向其出售、出租或者以其他形式转让该出版单位的名称、书号、刊号、版号，他人实施侵犯著作权行为，构成犯罪的，对该出版单位以共犯论处。

3. 与诈骗罪的区别。制作、复制假冒他人署名的美术作品，隐瞒假冒真相，骗取他人财产的，同时触犯诈骗罪，应择一重罪论处。不隐瞒假冒真相的，只能构成侵犯著作权罪。

17-44（03 卷二 5）　李某为了牟利，未经著作权人许可，私自复制了若干部影视作品的 VCD，并以批零兼营等方式销售，销售金额为 11 万元，其中纯利润 6 万元。李某的行为构成何罪？

A. 销售侵权复制品罪　　　　　　B. 侵犯著作权罪

C. 非法经营罪　　　　　　　　　D. 生产、销售伪劣产品罪

答案：B

六、销售侵权复制品罪（第 218 条）

是指自然人或者单位，以营利为目的，销售明知是侵权复制品的物品，违法所得数额巨大的行为。"侵权复制品"，是指侵犯著作权罪而形成的复制品，即《刑法》第 217 条规定的侵权复制品。"违法所得数额巨大"，是指违法所得在 10 万元以上的。（《关于办理侵犯知识产权案件的解释》第 6 条）

本罪主观上必须明知是《刑法》第 217 条规定的侵权复制品，并具有营利目的。

实施侵犯著作权犯罪，又销售该侵权复制品，构成犯罪的，以侵犯著作权罪定罪处罚（一罪）。实施侵犯著作权犯罪，又销售明知是他人的侵权复制品，构成犯罪的，应当以侵犯著作权罪和销售侵权复制品罪，实行并罚（《关于办理侵犯知识产权案件的解释》第 14 条）。

七、侵犯商业秘密罪（第 219 条）

是指违反国家商业秘密保护法规，侵犯他人商业秘密，给商业秘密权利人造成重大损失的行为。"商业秘密"，是指不为公众所知悉，能为权利人带来经济利益，具有实用性并经权利人采取保密措施的技术信息和经营信息。"权利人"，是指商业秘密的所有人和经商业秘密所有人许可的商业秘密使用人。"重大损失"是指在 50 万元以上的损失。

本罪客观上侵犯他人商业秘密的行为，有如下四种情形：①以盗窃、利诱、胁迫或者其他不正当手段获取权利人的商业秘密；②披露、使用或者允许他人使用以上述第一种手段获取的权利人的商业秘密；③违反约定或者违反权利人有关保守商业秘密的要求，披露、使用或者允许他人使用其所掌握的商业秘密；④明知或应知前述第一种至第三种违法行为，而获

取、使用或者披露他人商业秘密。

主体既可以是自然人，也可以是单位。其中，实施第一种和第二种行为的人，是无权知悉商业秘密内容的人；实施第三种行为的人，是已经合法知悉他人商业秘密内容的人；实施第四种行为的人可以是第三人。

注意问题：

1. 罪与非罪。未给权利人造成重大损失（50 万元以上）的，不构成犯罪。

2. 本罪与非法获取国家秘密罪的区别。要点在于对象不同，前者为商业秘密，后者为国家秘密。

3. 与盗窃罪的区别。以盗窃手段获取他人商业秘密的，形成了侵犯商业秘密罪与盗窃罪的竞合。但法律对窃取商业秘密作了特别规定，故仍定侵犯商业秘密罪。

17 -45（04 卷二 52） 下列关于侵犯商业秘密罪的说法哪些是正确的？

A. 窃取权利人的商业秘密，给其造成重大损失的，构成侵犯商业秘密罪

B. 捡拾权利人的商业秘密资料而擅自披露，给其造成重大损失的，构成侵犯商业秘密罪

C. 明知对方窃取他人的商业秘密而购买和使用，给权利人造成重大损失的，构成侵犯商业秘密罪

D. 使用采取利诱手段获取的权利人的商业秘密，给权利人造成重大损失的，构成侵犯商业秘密罪

答案：ACD

17 -46（05 卷二 94） 甲公司拥有某项独家技术每年为公司带来 100 万元利润，故对该技术严加保密。乙公司经理丙为获得该技术，带人将甲公司技术员丁在其回家路上强行拦截并推入丙的汽车，对丁说如果他提供该技术资料就给他 2 万元，如果不提供就将他嫖娼之事公之于众。丁同意配合。次日丁向丙提供了该技术资料，并获得 2 万元报酬。丙的行为构成：

A. 强迫交易罪

B. 敲诈勒索罪

C. 绑架罪

D. 侵犯商业秘密罪

答案：D

17-47 下列哪些给商业秘密权利人造成重大损失的行为，构成侵犯商业秘密罪？

A. 某甲窃取了商业秘密，然后使用

B. 某乙允许 A 公司使用其以盗窃手段取得的商业秘密

C. 某丙以欺骗手段获取了某公司的商业秘密

D. 某丁从公司辞职后，违反该公司保守商业秘密的要求，披露了其工作期间掌握的该公司的商业秘密

答案：ABCD

八、认定本节犯罪还需特别注意的司法解释

1. 本解释所称"非法经营数额"，是指行为人在实施侵犯知识产权行为过程中，制造、储存、运输、销售侵权产品的价值。已销售的侵权产品的价值，按照实际销售的价格计算。制造、储存、运输和未销售的侵权产品的价值，按照标价或者已经查清的侵权产品的实际销售平均价格计算。侵权产品没有标价或者无法查清其实际销售价格的，按照被侵权产品的市场中间价格计算。

多次实施侵犯知识产权行为，未经行政处理或者刑事处罚的，非法经营数额、违法所得数额或者销售金额累计计算。

2. 单位实施《刑法》第 213~219 条规定的行为，按照《关于办理侵犯知识产权案件的解释》规定的相应个人犯罪的定罪量刑标准的 3 倍定罪量刑。

3. 明知他人实施侵犯知识产权犯罪，而为其提供贷款、资金、账号、发票、证明、许可证件，或者提供生产、经营场所或者运输、储存、代理进出口等便利条件、帮助的，以侵犯知识产权犯罪的共犯论处。

特别提示：

1. 生产、销售假冒注册商标的伪劣商品的，择一重罪处罚。

2. 行为人实施假冒注册商标犯罪，又销售该假冒注册商标的商品，构成犯罪的，以假冒注册商标罪定罪处罚，不数罪并罚。但行为人实施假冒注册商标犯罪，又销售明知是他人的假冒注册商标的商品，构成犯罪的，则成立数罪。

3. 实施侵犯著作权犯罪，又销售该侵权复制品，构成犯罪的，以侵犯著作权罪定罪处罚，不并罚。但行为人实施侵犯著作权犯罪，又销售明知是他人的侵权复制品，构成犯罪的，应当实行数罪并罚。

■ 第八节 扰乱市场秩序罪

本节犯罪的主体，有的是一般主体，有的是特殊主体，但都可以由单位构成。本节犯罪主观上除"出具证明文件重大失实罪"为过失外，其他犯罪全部为故意犯罪。

一、损害商业信誉、商业声誉罪（第 221 条）

是指捏造并散布虚伪事实，损害他人的商业信誉、商品声誉，给他人造成重大损失或者有其他严重情节的行为。"造成重大损失"，是指造成直接经济损失 50 万元以上。"其他严重情节"，是指虽未达到上述数额标准，但有下列情形之一的：①利用互联网或者其他媒体公开损害他人商业信誉、商品声誉的；②造成公司、企业等单位停业、停产 6 个月以上，或者破产的；③其他给他人造成重大损失或者有其他严重情节的情形。本罪主体为一般主体，包括单位。

17－48 甲肉联厂捏造并散布同城乙肉联厂生产的鸡肉没有经过检疫，很可能存有禽流感病毒。当时正值全国人民因为禽流感而人心不稳，此消息一出，致乙肉联厂的销量一落千丈，损失惨重。下列说法正确的是：

A. 甲肉联厂构成诽谤罪   B. 甲肉联厂构成侮辱罪
C. 甲肉联厂构成损害商品声誉罪   D. 甲肉联厂不构成犯罪
答案：C

二、虚假广告罪（第 222 条）

是指广告主、广告经营者、广告发布者违反国家规定，利用广告对商品或者服务作虚假宣传，情节严重的行为。本罪主体为特殊主体，即广告主、广告经营者或者广告发布者，个人和单位均可构成。客体是复杂客体，即国家对广告的管理制度和消费者的合法权益。

注意问题：利用虚假广告，推销伪劣商品、进行诈骗，又构成犯罪的，按牵连犯从一重罪论处。

17－49 甲某见商店的空调滞销，便在一家网站上刊登一则广告，称凡在其商店购买空调的，6 个月后凭发票向顾客返还 50% 的价款。很多人见广告后购买其空调。甲高价售出空调，收款 200 余万元后，在 6 个月即将到期之际携款逃跑。甲的行为构成：

A. 虚假广告罪　　　　　　　B. 诈骗罪

C. 销售伪劣产品罪　　　　　D. 非法经营罪

答案：A

三、串通投标罪（第 223 条）

是指投标人相互串通投标报价，损害招标人或者其他投标人的利益，情节严重，或者投标人与招标人串通投标，损害国家、集体、公民的合法权益的行为。

本罪主体为特殊主体，即投标人、招标人，二者是必要的共犯，既可以是个人，也可以是单位。主观上只能由故意构成。客观上有两种表现：①投标人相互串通投标报价。这是指投标人私下串通，联手抬高标价或者压低标价，以损害招标人的利益或者排挤其他投标者，此种情形以情节严重为构成要素。②投标人与招标人串通投标，此种串通投标，不限于对投标报价的串通，还包括就报价以外的其他事项进行串通。由于这种行为的危害性重于前一种行为，故其成立犯罪不以情节严重为要件。

四、合同诈骗罪（第 224 条）

是指以非法占有为目的，在签订、履行合同过程中，使用欺诈手段，骗取对方当事人财物，数额较大的行为。"数额较大"，是指达到 2 万元以上。

合同诈骗罪是诈骗罪的一种特殊形式，刑法规定本罪，是为了保护市场秩序与对方当事人的财产。因为合同是市场经济活动的重要手段，利用经济合同骗取对方当事人财物的行为，使人们对合同这种手段失去信赖，从而侵犯了市场秩序。与此同时，利用合同诈骗的行为，也侵犯了对方当事人的财产。

本罪主体为一般主体，也可以是单位。主观上只能是故意，并具有非法占有对方当事人财物的目的。客观上的欺诈手段有以下表现：①以虚构的单位或者冒用他人名义签订合同的；②以伪造、变造、作废的票据或者其他虚假的产权证明作担保的；③没有实际履行能力，以先履行小额合同或者部分履行合同的方法，诱骗对方当事人继续签订和履行合同的；④收受对方当事人给付的货物、货款、预付款或者担保财产后逃匿的；⑤以其他方法骗取对方当事人财物的。实施上述行为之一，骗取对方当事人数额较大财物的，即可成立本罪。

注意问题：

1. 合同诈骗罪与经济合同纠纷的界限，关键在于：①是否具有非法占有对方当事人财物的目的。合同诈骗罪的行为人意欲利用合同非法占有对方当事人的财物，而经济合同纠纷的当事人，只是通过合同进行正常经济活动从而取得经济利益。②行为人是否采取了刑法所规定的欺诈手段。凡是使用刑法所规定的欺诈手段的，原则上均应认定为具有非法占有目的。

2. 合同诈骗罪与诈骗罪的界限。①是否在签订履行合同中实施诈骗。在签订履行合同中诈骗的，定合同诈骗罪，否则，定诈骗罪。②合同诈骗罪中的合同主要是指经济合同，必须能够体现一定的市场秩序，能够体现各种市场交易行为，不能认为凡是利用合同（如行政合同、赠与合同、劳动合同）进行诈骗的都构成合同诈骗罪。如利用伪造的遗赠扶养协议向继承人骗取被继承人的财产，就不能认定为合同诈骗罪。

3. 合同诈骗罪与金融诈骗犯罪、生产销售伪劣商品犯罪的区别。刑法规定的金融诈骗犯罪，大多也会利用经济合同的形式。但由于刑法对金融诈骗罪作了特别规定，所以，凡是符合金融诈骗罪构成要件的，应以金融诈骗罪论处。如利用保险合同诈骗保险公司保险金的，应认定为保险诈骗罪。行为人与他人签订合同，收到他人货款后，提供伪劣商品的，一般应认定为生产、销售伪劣商品的犯罪，不认定为合同诈骗罪。

17－50（99卷四7）　1998年3月，梁某伪造了某市供销贸易公司营业执照副本、公章和合同专用章。当月中旬，梁某结识了周某，梁自称是供销贸易公司业务经理，提出聘周某为公司业务员，周允诺。3月下旬的一天，梁某用伪造的公章以供销贸易公司的名义与一乡办衬衫厂签订合同一份，约定衬衫厂供应衬衫5 000件，价款15万元；供方3日内交货，需方提货时先付20%的货款，5日内付清全部货款，随后，梁某将假冒供销贸易公司签订合同一事告诉了周某，并让周某筹款1万元，联系衬衫销路，以便到衬衫厂提货后迅速出手。周某听后不悦，表示没钱，不愿到厂家提货，但可帮助联系衬衫销路。第二天，梁某雇车单独到衬衫厂，交了3万货款后，提取衬衫5 000件。运到服装城后，销给周某联系的客户4 000件，得款8万元。另1 000件推销给服装个体户李某，李某从梁、周小声言谈和急于出手的神态上，知悉此货系骗来的，考虑到自己未骗人，且买卖自由，便将价格压至每件10元（该品牌衬衫市场零售价50元左右），梁得款1万元，事后，梁某给周某1.5万元。问：

1. 梁某的行为构成何种犯罪？为什么？
2. 周某是否与梁某构成共同犯罪？为什么？
3. 李某是否构成犯罪？为什么？

五、组织领导传销活动罪（第224条之一）
是指组织、领导以推销商品、提供服务等经营活动为名，要求参加者以缴纳费用或者购买商品、服务等方式获得加入资格，并按照一定顺序组成层级，直接或者间接以发展人员的数量作为计酬或者返利依据，引诱、胁迫参加者继续发展他人参加，骗取财物，扰乱经济社会秩序的传销活动的行为。

本罪的基本特征：客体是我国社会主义市场经济秩序和他人财产权利。主体是一般主体，可以是个人也可以是单位，但仅限于传销活动的组织者和领导者。所谓"传销活动的组织者、领导者"，是指策划、发起、设立、指挥传销组织，或者对传销组织的活动进行策划、决策、指挥、协调，在传销组织的层级结构中居于最核心的地位、对传销组织的正常运转起关键作用的人员。他们既可能直接出面设立和领导传销组织的活动，也可能在幕后策划、指使，不直接在传销组织中担任具体职务，而由其代理人出面领导传销组织进行活动。主观上只能是故意，并具有骗取财物的目的。客观上的构成要素包括：①组织、领导以推销商品、提供服务等经营活动为名；②要求参加者以缴纳费用或者购买商品、服务等方式获得加入资格，并按照一定顺序组成层级；③直接或者间接以发展人员的数量作为计酬或者返利依据；④引诱、胁迫参加者继续发展他人参加，骗取财物，扰乱经济社会秩序。

情节严重，是本罪的加重情节。认定情节严重，主要应从行为人组织、领导传销活动涉案的财物金额，诱骗、发展参与传销人员数量，给他人造成财产损失的数额或者造成其他后果的情况，传销活动影响社会秩序的程度等方面考虑。

六、非法经营罪（第 225 条）

是指违反国家规定，故意从事非法经营活动，扰乱市场秩序，情节严重的行为。其基本特征如下：

（1）客体是国家的市场管理秩序。

（2）客观行为有以下几种表现：其一，未经许可经营法律、行政法规规定的专营、专卖物品或者其他限制买卖的物品。"未经许可"，是指没有经过主管机关的批准取得经营许可证和相关批准文件，擅自收购或经销专营、专卖物品。"专营、专卖物品"，是指由国家指定的特定单位和机构经营的物品，如食盐、烟草等。"其他限制买卖的物品"，是指国家在一定时期实行限制性经营的物品，如化肥、农药等。其二，买卖进出口许可证、进出口原产地证明以及其他法律、行政法规规定的经营许可证或者批准文件。"进出口许可证"，是指国家许可对外贸易经营者进出口某种货物和技术的证明。"进出口原产地证明"，是指在国际贸易中，对某一特定产品的原产地进行确认的证明文件。"其他法律、行政法规规定的经营许可证或者批准文件"，是指法律、行政法规规定的所有的经营许可证或批准文件，如矿产开采、森林采伐等许可证。其三，未经国家有关主管部门批准，非法经营证券、期货、保险业务或者非法从事资金支付结算业务。[1]其四，在国家规定的交易场所以外非法买卖外汇。其五，其他严重扰乱市场秩序的非法经营行为。根据相关司法解释，主要包括以下几种行为：①非法出版行为。最高人民法院《关于审理非法出版物刑事案件具体应用法律若干问题的解释》明确了两种行为：一是出版、发行、复制发行具有反动性政治内容的出版物、侵权复制品、淫秽物品等的严重危害社会秩序和扰乱市场秩序的非法出版物的行为；二是非法从事出版物的出版、印刷、复制、发行业务，严重扰乱市场秩序、情节特别严重的行为。②非法买卖外汇行为。根据《关于惩治骗购外汇、逃汇和非法买卖外汇犯罪的决定》的规定，在国家规定的交易场所以外买卖外汇，扰乱市场秩序，情节严重的，依照《刑法》第225条定罪处罚。③扰乱电信市场秩序的行为。《关于审理扰乱电信市场管理秩序案件具体应用法律若干问题的解释》中规定，违反国家规定，采取租用国际专线、私设转接设备或者其他方法，擅自经营国际电信业务或者涉港澳台电信业务进行营利活动，扰乱电信市场管理秩序，情节严重的，构成非法经营罪。④非法传销行为。最高人民法院在《关于情节严重的传销或者变相传销行为如何定性问题的批复》中指出，对于1998年4月18日国务院《关于禁止传销经营活动的通知》发布以后，仍然从事传销或者变相传销活动，扰乱市场秩序，情节严重的，应当以非法经营罪定罪处罚。⑤非法经营彩票。

（3）犯罪主体是一般主体，包括个人和单位。

（4）主观方面是直接故意。

注意问题：

1. 罪与非罪的界限。非法经营罪是情节犯。构成本罪的，要求非法经营行为达到"情节严重"的程度。这是区分罪与非罪的重要界限。对于非法经营情节尚不严重的，以一般违法行为对行为人给予行政处分。

2. 与买卖国家机关公文罪的区别。非法经营罪买卖的国家机关公文，仅限于进出口许可证、进出口原产地证明及其他法律、行政法规规定的经营许可证和批准文件，而买卖国家机关公文罪的犯罪对象是这些证件、公文以外的国家机关公文。

---

[1] 资金支付结算业务，是指通过银行账户的资金转移实现收付的行为，即银行接受客户委托代收代付，从付款单位存款账户划出款项，转入收款单位存款账户，以此完成经济活动主体之间债权债务的清算或资金调拨。银行结算的种类有：银行汇款、商业汇票、银行本票、支票、汇兑、委托收款和托收承付等。"地下钱庄"从事这些只有商业银行才能开展的资金支付结算业务都是非法秘密进行的，所以将它纳入非法经营的范围予以惩治。

注意问题：

其他严重扰乱市场秩序的非法经营行为：

1. 在国家规定的交易场所以外非法买卖外汇 20 万美元以上的；违法所得人民币 5 万元以上的。

2. 违反国家规定，出版、印刷、复制、发行严重危害社会秩序和扰乱市场秩序的非法出版物（构成《刑法》第 103、105、217、218、246、250、363、364 条规定之犯罪的除外），情节严重的（最高人民法院《关于审理非法出版物刑事案件具体应用法律若干问题的解释》）。

3. 违反国家规定，采取租用国际专线、私设转接设备或者其他方法，擅自经营国际电信业务或者涉港澳台电信业务进行营利活动，扰乱电信市场管理秩序，情节严重的（最高人民法院《关于审理扰乱电信市场管理秩序案件具体应用法律若干问题的解释》）。

4. 从事传销或者变相传销活动，情节严重的。同时构成刑法规定的其他犯罪的，依照处罚较重的规定定罪处罚。（最高人民法院《关于情节严重的传销或者变相传销行为如何定性问题的批复》）。

5. 违反国家规定，采取租用电信国际专线、私设转接设备或者其他方法，擅自经营国际或者港澳台地区电信业务进行营利活动，情节严重的（最高人民检察院《关于非法经营国际或港澳台地区电信业务行为法律适用问题的批复》）。

6. 违反国家有关盐业管理规定，非法生产、储运、销售食盐，情节严重的。情节严重，是指非法经营食盐数量在 20 吨以上的；或者曾因非法经营食盐行为受过 2 次以上行政处罚又非法经营食盐，数量在 10 吨以上的。

以非碘盐充当碘盐或者以工业用盐等非食盐充当食盐进行非法经营，同时构成非法经营罪和生产、销售伪劣产品罪、生产、销售不符合卫生标准的食品罪、生产、销售有毒、有害食品罪等其他犯罪的，依照处罚较重的规定追究刑事责任。（最高人民检察院《关于办理非法经营食盐刑事案件具体应用法律若干问题的解释》）

7. 未取得药品生产、经营许可证件和批准文号，非法生产、销售盐酸克仑特罗等禁止在饲料和动物饮用水中使用的药品，情节严重的。

8. 在生产、销售的饲料中添加盐酸克仑特罗等禁止在饲料和动物饮用水中使用的药品，或者销售明知是添加有该类药品的饲料，情节严重的。（最高人民法院、最高人民检察院《关于办理非法生产、销售、使用禁止在饲料和动物饮用水中使用的药品等刑事案件具体应用法律若干问题的解释》）

17-51 下列哪些行为构成非法经营罪?

A. 甲某倒卖进口汽车的许可证 200 余份，获利 50 余万元

B. 乙某于 1998 年 4 月 18 日国务院《关于禁止传销经营活动的通知》发布以后，仍然从事传销或者变相传销活动，扰乱市场秩序，情节严重

C. 丙某购进宣传西藏独立、民族分裂的图书 100 万册，在自己的连锁书店公开出售，并在西藏各地秘密批发

D. 丁某在外汇指定银行和中国外汇交易中心及其分中心以外买卖外汇，扰乱金融市场秩序，非法买卖外汇 20 万美元以上

答案：ABD

七、强迫交易罪（第 226 条）

是指以暴力、胁迫手段，强买强卖商品，或者强迫他人提供或接受服务，或者强迫他人参与或退出投标、拍卖，或者强迫他人转让或收购公司、企业的股份、债券或其他资产，或者强迫他人参与或者退出特定的经营活动，情节严重的行为。本罪主体是一般主体，可以是自然人也可以是单位。主观上为故意。

本罪与敲诈勒索罪的区别，要点在于有无交易。强迫他人进行一定的交易，是强迫交易罪。没有交易，要挟他人在一定期限内交钱，或者虽有交易但严重不合理，如强拉人干洗头发，就要数千元，是敲诈勒索。

17-52 甲某以每瓶 10 元的价格进了一批洗发水，以每瓶 50 元的价格在美发一条街上强行推销，迫于甲某在当地的淫威，大多美发厅都买了甲某的洗发水。3 日后，甲某又持利器强迫某一美发厅老板丙某以每瓶 500 元的价格买下剩余的洗发水，丙某称无钱，甲某即叫丙某打电话叫其妻送钱来，丙某无奈只得买下。甲某的行为构成何罪?

A. 只构成强迫交易罪　　　　　B. 只构成抢劫罪

C. 构成强迫交易罪和抢劫罪　　D. 构成敲诈勒索罪

答案：C

八、伪造、倒卖伪造的有价票证罪（第 227 条）

是指伪造车票、船票、邮票或者其他有价票证，或者倒卖伪造的车票、船票、邮票或者其他有价票证，数额较大的行为。

注意问题：

1. 对"变造"或者倒卖"变造"的邮票数额较大的，以伪造、倒卖伪造的有价票证罪定罪处罚（最高人民法院 2000 年《关于对变造、倒卖变造邮票行为如何适用法律问题的解释》）。

2. 非法制作或者出售非法制作的 IC 电话卡，数额较大的，以伪造、倒卖伪造的有价票证罪定罪处罚。

九、倒卖车票、船票罪（第 227 条）

是指自然人或者单位，倒卖车票、船票，情节严重的行为。本罪主体是一般主体，可以是自然人也可以是单位。主观上为故意。

注意问题：

1. 倒卖的车票、船票，必须是真实的车票、船票。如果倒卖伪造的车、船票，构成倒卖伪造的有价票证罪。如果伪造了车、船票又倒卖，则构成伪造有价票证罪。

2. 高价、变相加价倒卖车票或者倒卖坐席、卧铺签字号及订购车票凭证，票面数额在 5000 元以上，或者非法获利数额在 2000 元以上的，属于"倒卖车票情节严重"（《最高人民法院关于审理倒卖车票刑事案件有关问题的解释》）。

3. 对于铁路职工倒卖车票或者与其他人员勾结倒卖车票的，以及组织倒卖车票的首要分子，从重处罚。

十、非法转让、倒卖土地使用权罪（第 228 条）

是指以牟利为目的，违反土地管理法规，非法转让、倒卖土地使用权，情节严重的行为。"情节严重"，是指具有下列情形之一的：①非法转让、倒卖基本农田 5 亩以上的；②非法转让、倒卖基本农田以外的耕地 10 亩以上的；③非法转让、倒卖其他土地 20 亩以上的；④非法获利 50 万元以上的；⑤非法转让、倒卖土地接近上述数量标准并具有其他恶劣情节的，如曾因非法转让、倒卖土地使用权受过行政处罚而又实施本罪行为或者造成严重后果等（最高人民法院《关于审理破坏土地资源刑事案件具体应用法律若干问题的解释》）。本罪主体为一般主体，可以是自然人也可以是单位。主观上以牟利为目的。

十一、提供虚假证明文件罪（第 229 条）

是指承担资产评估、验资、验证、会计、审计、法律服务等职责的中介组织的人员，故意提供虚假证明文件，情节严重的行为。

本罪主体是特殊主体，即承担资产评估、验资、验证、会计、审计、法律服务等职责的中介组织或者上述中介组织的人员。主观上是故意。

注意问题：

上述中介组织的人员，索取他人财物或者非法收受他人财物，提供虚假证明文件的，是本罪的加重情节，不定受贿罪，不数罪并罚。

17－53 某公司为谋求上市，请律师某甲出具虚假的法律文件。某甲同意，但要求某公司给付 5 万元好处费。某公司付款后，某甲出具了虚假的法律文件。该公司上市后，购买该公司股票的股民遭受重大损失。某甲的行为构成：

A. 公司、企业人员受贿罪

B. 提供虚假证明文件罪

C. 公司、企业人员受贿罪和中介组织人员提供虚假证明文件罪数罪并罚

D. 公司、企业人员受贿罪和提供虚假证明文件罪择一重罪处罚

答案：B

十二、出具证明文件重大失实罪（第229条）

是指承担资产评估、验资、验证、会计、审计、法律服务等职责的中介组织的人员，严重不负责任，出具的证明文件有重大失实，造成严重后果的行为。

本罪主体特殊主体，即承担资产评估、验资、验证、会计、审计、法律服务等职责的中介组织的人员。主观上是过失。

特别提示：

1. 单位可以构成本节所有犯罪。

2. 串通投标罪只能是共同犯罪，表现为投标人与招标人串通投标或者投标人互相串通投标报价。

3. 合同诈骗罪中的合同是指能够体现一定的市场秩序的经济合同。

4. 强迫交易罪与抢劫罪、敲诈勒索罪的区别在于，强迫交易罪必须有交易的形式和内容，而抢劫罪、敲诈勒索罪不要求。

17－54（04卷二55） 下列关于扰乱市场秩序罪的说法哪些是正确的？

A. 单位可以构成刑法规定的各种扰乱市场秩序的犯罪

B. 广告主、广告经营者和广告发布者之外的其他人不能单独构成虚假广告罪

C. 招标人不能构成串通投标罪

D. 不以牟利为目的，非法转让土地使用权的，不能构成非法转让土地使用权罪

答案：ABD

17－55（04卷二10） 下列哪一说法是正确的？

A. 甲违反海关法规，将大量黄金运输进境，不予申报，逃避关税。甲的行为成立走私贵重金属罪

B. 乙生产、销售劣药，没有对人体健康造成严重危害，但销售金额超过了 5 万元。乙的行为成立生产、销售伪劣产品罪

C. 丙在自己的 35 名同学中高息揽储，吸收存款 100 万元，然后以更高的利息贷给他人。丙向其同学还本付息后，违法所得达到数额较大标准。丙的行为成立非法经营罪与高利转贷罪的想象竞合犯

D. 承担资产评估职责的丁，非法收受他人财物后，故意提供虚假证明文件。丁的行为构成公司、企业人员受贿罪与提供虚假证明文件罪，应实行数罪并罚

答案：B

第十八章 侵犯公民人身权利、民主权利罪

侵犯公民人身权利、民主权利罪，是指故意或者过失地侵犯公民的人身权利、与人身直接有关的其他权利以及公民依法享有的管理国家和参加社会政治活动及其他民主权利的行为。本章从第 232～262 条，共 32 个条文（含第 234 条之一），37 个罪名。司法考试考察的罪名有 32 个，分6 类。

■ 第一节 侵犯生命、健康的犯罪

一、故意杀人罪（第 232 条）

是指故意非法剥夺他人生命的行为。

本罪侵犯的客体是他人的生命权利。侵犯的对象是有生命的人。人的生命始于出生，终于死亡。一般认为，人的出生是以胎儿脱离母体，开始独立呼吸为标志。人的死亡，以心脏停止跳动，呼吸停止为标志。但随着现代医学的发展，脑死亡作为判断死亡的依据，已越来越多地为人们所认识和理解。目前，我国医学界多采用心肺死亡法，作为判定死亡的标准。

客观上既可表现为作为，如采用枪杀、毒杀、放火、爆炸等各种手段结束他人的生命。也可以是不作为，如有救助义务的人，见死不救等。但要注意的是，如果行为人采取放火、爆炸、投放危险物质等危险方法杀人且危及公共安全的，应以危害公共安全罪论处。另外，剥夺他人生命的行为必须是非法的。如果是正当防卫或执行死刑判决，则不构成犯罪。

本罪主体是已满 14 周岁具有刑事责任能力的自然人。主观方面只能是故意，故意的内容是非法剥夺他人的生命。包括直接故意和间接故意，即明知自己的行为会发生他人死亡的危害结果，并且希望或放任结果发生的心理态度。

根据刑法第 234 条之一第 2 款的规定，未经本人同意摘取其器官，或者摘取不满 18 周岁的人的器官，或者强迫、欺骗他人捐献器官，因而致人死亡的，依故意杀人罪定罪处罚。

注意问题：

1. 由于胎儿和尸体不属于有生命的人，堕胎和残害尸体的行为不构成

故意杀人罪。但如果行为人误将尸体当作活人杀害，属于对象认识错误，是故意杀人罪的未遂。溺婴是一种故意杀人行为，原则上应以故意杀人罪论处。

2. 以放火、爆炸、投毒及驾车撞人等方法故意杀人与危害公共安全罪的界限。区别两者的关键是行为是否危及公共安全。如甲为了杀死乙的全家，将毒药投放在距乙家最近的公共水井中，危及公共安全，构成投放危险物质罪。如果甲直接将毒药投放在乙家自家的饮用水或食物中，则构成故意杀人罪。

3. 故意杀人罪与引起他人自杀的界限。认定某人应否对他人的自杀结果承担刑事责任，应从主客观两方面进行分析：①行为人的行为与他人的自杀之间有无因果关系；②行为人主观方面有无罪过。

（1）致人自杀行为的定性。①因行为人的正当行为引起他人自杀的，行为人不承担任何责任；②因行为人的一般违法行为或错误行为引起他人自杀的，行为人只承担违法行为和错误行为的责任，不承担致人自杀的责任；③由行为人的犯罪行为，如暴力干涉婚姻自由、强奸等引起自杀的，应作为相关犯罪的结果加重情节认定，不宜再定故意杀人罪。

（2）教唆或帮助自杀行为的定性。教唆自杀，是指行为人采取引诱、劝说等方法使他人产生自杀意图并付之实施。帮助自杀，是指在他人已有自杀意图的情况下，帮助他人实现自杀意图。如果行为人出于同情之心、为了让他人摆脱痛苦，而劝说或鼓励其自杀，教唆者或帮助者主观上并无恶意，也未提供物质上的重要帮助，不应追究其责任。如果引诱、帮助的目的是为了达到借被害人之手杀死被害人的目的，应以故意杀人罪论处。

（3）相约自杀行为的定性。相约自杀，是指二人以上相互约定自愿共同自杀的行为。具体的有以下几种情形：①双方约定自杀，任何一方都未对对方实施帮助或欺骗的行为，只是精神上相互的支持，由于主观上没有恶性，客观方面没有实施教唆、帮助等行为，因此，任何一方都不对对方的死亡负责。②双方相约自杀，由一方杀死对方，然后自杀，但自杀未成或因害怕、后悔等放弃自杀，这在本质上与经被害人同意结束其生命相同。仍应以故意杀人罪论处，但量刑时可以考虑从轻。③一方以相约自杀为名，诱骗他人自杀的，应以故意杀人罪论处。对于劝说他人与自己一同自杀，而自己自杀未成的，主观上具有剥夺他人生命的故意，客观上又说服他人同自己一起自杀，因此，应以故意杀人罪论处，但由于自杀是自杀者自己的意思决定，可对说服者从轻或减轻处罚。

4. 逼人自杀行为的定性。即行为人凭借某种权势或利用某种特殊关系，采取威逼利诱等方法将他人置于无法生存的境地，引起他人自杀的结果。这是典型的"借刀杀人"，应以故意杀人罪论处。

5. 致人死亡情形的认定。"致人死亡"是指虽然出现死亡结果，但行为人主观上不具有追求死亡结果发生的直接故意。一般分两种情形：①转化犯，是指行为人在实施某一较轻的犯罪时，由于连带的行为又触犯了另一较重的犯罪，因而法律规定以较重的犯罪论处的情形。[1] 转化犯对死亡结果表现为间接故意，不包括过失。《刑法》第 238、247、248、289、292 条规定的非法剥夺人身自由使用暴力致人死亡的，刑讯逼供或暴力逼取证言致人死亡的，虐待被监管人致人死亡的，聚众"打砸抢"致人死亡的，聚众斗殴致人死亡的，应以故意杀人罪论处。②结果加重犯，是指法律上规定的一个犯罪行为，由于发生了严重结果而加重其法定刑的情形。[2] 因此，结果加重犯仍按照其基本犯罪行为定罪，只是对造成的死亡结果加重处罚，不构成故意杀人罪。行为人主观上一般表现为过失。如《刑法》第 234、236、238、239、260、263 条等规定的故意伤害致人死亡的，强奸致被害人死亡的，非法剥夺他人人身自由致人死亡的，绑架致使被绑架人死亡的，虐待家庭成员以致被害人死亡的，抢劫致人死亡等皆属于结果加重情形。后者体现的是行为人对自己犯罪行为的态度，因而不应再单独成立故意杀人罪，这也符合一行为不得进行重复评价的原则。

特别提示：为当场劫取财物而杀人的，是抢劫罪；劫取财物之后杀人灭口的，是杀人罪；为争夺不动产、遗产，而杀人的，是杀人罪。

18-1 下列哪些行为构成故意杀人罪？
A. 侮辱他人导致他人自杀身亡
B. 甲强奸某女，引起某女自杀
C. 乙（男）与丙通奸多年，某日，乙要求丙杀死其夫，丙不同意。乙毒打丙，并砸毁丙家中的物品，扬言如果丙两日内不能杀死其夫，就要丙自杀，丙因不忍心杀夫而自杀身亡
D. 某男与某女相约自杀，欺骗某女自杀后，某男逃走
答案：CD

18-2 下列哪些情形不属于结果加重犯？
A. 非法拘禁他人，使用暴力致人死亡
B. 刑讯逼供致人死亡
C. 聚众"打砸抢"致人死亡
D. 遗弃没有独立生活能力的人致其死亡

─────────────

〔1〕　陈兴良：《刑法适用总论》（上卷），法律出版社 2001 年版，第 664 页。
〔2〕　陈兴良：《刑法适用总论》（上卷），法律出版社 2001 年版，第 669 页。

答案：ABCD

18－3（02 卷二 31）　甲欲开枪杀乙，射击的结果是导致乙重伤、同时导致乙身边的丙死亡。关于本案，下列哪些说法是错误的？

A. 认定甲的行为成立一个故意杀人罪即可

B. 认定甲的行为成立一个故意杀人未遂和一个过失致人死亡罪

C. 认定甲的行为成立一个故意杀人罪和过失致人重伤罪

D. 认定甲的行为成立一个故意杀人罪和一个故意杀人未遂，实行并罚

答案：BCD

18－4　甲意图杀死乙，当其得知乙当晚在单位值班室值班时，即在值班室的水瓶中投毒，结果将顶替乙值班的丙毒死。下列哪种说法正确？

A. 甲的行为构成故意杀人罪　　　　B. 甲的行为属于故意杀人未遂

C. 甲的行为构成过失致人死亡罪　　D. 甲的行为属于意外事件

答案：A

18－5　刘某为其妻投人身意外保险，按合同规定，被保险人意外死亡，投保人可获得保险金 80 万元。2 年后，刘某买凶杀妻，骗取保险金。刘某的行为属于

A. 故意杀人罪　　　　　　　　　　B. 合同诈骗罪

C. 保险诈骗罪和故意杀人罪　　　　D. 保险诈骗罪

答案：C

18－6　下列说法正确的是？

A. 将杀人作为排除被害人反抗的手段，实施抢劫行为的，构成故意杀人罪和抢劫罪

B. 放火罪和以放火的方法杀人构成故意杀人罪的区别是行为人的主观方面是否有杀人的故意

C. 买凶杀死被保险人，骗取保险金，构成故意杀人罪和保险诈骗罪

D. 甲将仇人杀死，并将被害人携带的 5000 元现金拿走，构成故意杀人罪和盗窃罪

答案：CD

18－7　甲经常虐待妻子乙。一日，乙因不堪甲的虐待，与甲发生争吵，被甲毒打一顿。甲离家后，乙服毒自杀。邻居发现乙在床上挣扎，便

把甲找回来，要甲尽快送乙到医院抢救。甲不仅自己不抢救，还阻止邻居抢救。并说，这是她自己要死的，就让她死去吧。最后，还是邻居们强行将乙送往医院，但由于拖延太久，抢救无效死亡。甲的行为构成：

A. 虐待罪和故意杀人罪并罚

B. 虐待罪的结果加重情形

C. 故意杀人罪

D. 虐待罪和过失致人死亡罪并罚

答案：C

18-8（06 卷二 13）　关于故意杀人罪，下列哪一选项是正确的？

A. 甲意欲使乙在跑步时被车撞死，便劝乙清晨在马路上跑步，乙果真在马路上跑步时被车撞死，甲的行为构成故意杀人罪

B. 甲意欲使乙遭雷击死亡，便劝乙雨天到树林散步，因为下雨时在树林中行走容易遭雷击。乙果真雨天在树林中散步时遭雷击身亡。甲的行为构成故意杀人罪

C. 甲对乙有仇，意图致乙死亡。甲仿照乙的模样捏小面人，写上乙的姓名，在小面人身上扎针并诅咒 49 天。到第 50 天，乙因车祸身亡。甲的行为不可能致人死亡，所以不构成故意杀人罪

D. 甲以为杀害妻子乙后，乙可以升天，在此念头支配下将乙杀死。后经法医鉴定，甲具有辨认与控制能力。但由于甲的行为出于愚昧无知，所以不构成故意杀人罪

答案：C

二、过失致人死亡罪（第 233 条）

是指由于过失造成他人死亡的行为。本罪主体是年满 16 周岁的自然人，主观上是过失，客观上出现致人死亡的危害结果。

注意问题：

1. 与意外事件的界限。疏忽大意的过失与意外事件的相似之处是，行为人对严重结果的发生都没有预见，但区别点在于在当时的具体环境中，行为人没有预见的原因不同。前者是因为粗心大意没有预见，而后者是根本不可能预见。

2. 与间接故意杀人、伤害的界限。要点在于：对待危害结果的态度不同。前者在预见危害结果发生的可能性后，行为人充分利用有利的主、客观条件，采取一切可能采取的措施，积极防止危害结果的发生。而后者在预见危害结果发生的可能性后，不利用客观条件，也不采取任何措施加以防止，而是听其自然，任凭其发生。

3. 与过失以危险方法危害公共安全罪的界限。要点在于：过失行为有无危及公共安全。

4. 法条竞合问题。《刑法》中有许多条文，如第 133、134、335、336 条等规定的交通肇事罪、重大责任事故罪、医疗事故罪、非法行医罪等与过失致人死亡罪是特殊与一般的法条竞合关系。处理此种法条竞合适用的原则，通常是特殊条文优于一般条文。

特别提示：在封闭的住宅小区或停车场区域，发生交通事故致人死亡的，由于不具有交通运输的性质，一般按过失致人死亡罪论处。

18－9（03 卷二 4）　甲为上厕所，将不满 1 岁的女儿放在外边靠着篱笆站立，刚进入厕所，就听到女儿的哭声，急忙出来，发现女儿倒地，疑是站在女儿身边的 4 岁男孩乙所为。甲一手扶起女儿，一手用力推乙，导致乙倒地，头部刚好碰在一块石头上，流出鲜血，并一动不动。甲认为乙可能死了，就将其抱进一个山洞，用稻草盖好，正要出山洞，发现稻草动了一下，以为乙没有死，于是拾起一块石头猛砸乙的头部，之后用一块磨盘压在乙的身上后离去，案发后，经法医鉴定，甲在用石头砸乙之前，乙已经死亡。依此情况，甲的行为构成何罪？

A. 过失致人死亡罪

B. 过失致人死亡罪与故意杀人罪（既遂）数罪

C. 过失致人死亡罪与故意杀人罪（未遂）数罪

D. 故意杀人罪

答案：C

18－10　甲带其子（3 岁）在游乐场玩耍，其子在与另一儿童乙（5 岁）争抢旋转木马时摔倒，头部磕起一个大包。甲很生气，上前怒骂乙以大欺小。乙的母亲见状质问甲，乙乘机咬甲的手腕，甲恼怒中顺手将乙推了一把，乙踉跄倒地，头部恰好撞在石凳角上，致其头部受伤死亡。甲的行为：

A. 构成过失致人死亡罪，属于疏忽大意的过失

B. 不构成犯罪，属于意外事件

C. 构成故意伤害罪，属于间接故意

D. 构成过失致人死亡罪，属于过于自信的过失

答案：B

18－11　养花专业户李某为防止他人偷花，在花房周围私拉电网。一日晚，白某偷花不慎触电身亡。李某的行为属于：

A. （间接）故意杀人罪　　　　　B. 过失致人死亡罪

C. 过失以危险方法危害公共安全罪　D. 以危险方法危害公共安全罪

答案：D

18－12（06 卷二 56）　下列哪些行为不应认定为过失致人死亡罪？

A. 甲遭受乙正在进行的不法侵害，在防卫过程中一棒将乙打倒，致乙脑部跌在一块石头上死亡。法院认为甲的防卫行为明显超过必要限度造成了重大损害，应以防卫过当追究刑事责任

B. 甲对乙进行非法拘禁，在拘禁过程中，因长时间捆绑，致乙呼吸不畅窒息死亡

C. 甲因对女儿乙的恋爱对象丙不满意，阻止乙、丙正常交往，乙对此十分不满，并偷偷与丙登记结婚，甲获知后对乙进行打骂，逼其离婚。乙、丙不从，遂相约自杀而亡

D. 甲结婚以后，对丈夫与其前妻所生之子乙十分不满，采取冻饿等方式进行虐待，后又发展到打骂，致乙多处伤口腐烂，乙因未能及时救治而不幸身亡

答案：BCD

三、故意伤害罪（第 234 条）

是指故意非法损害他人身体健康的行为。本罪主体是已满 16 周岁具有行为能力的自然人，但如果故意伤害致他人重伤或死亡，则为年满 14 周岁。客观方面表现为非法损害他人身体健康，造成轻伤、重伤或致人死亡的结果。行为方式可以是作为，也可以是不作为。

根据刑法第 234 条之一第 2 款的规定，未经本人同意摘取其器官，或者摘取不满 18 周岁的人的器官，或者强迫、欺骗他人捐献器官的，依故意伤害罪定罪处罚。

注意问题：

1. 罪与非罪的界限。区别的关键在于划清轻伤和轻微伤害的界限。轻伤是故意伤害罪的伤害结果之一，而轻微伤害则是给他人造成暂时的肉体疼痛，或使他人精神上受到轻微刺激，一般经过治疗或不经过治疗就可以很快恢复的情形。因此，轻微伤害属于《刑法》第 13 条规定的情节显著轻微，不构成犯罪的情形。

2. 重伤和轻伤的界限。重伤和轻伤划分的目的在于区别故意伤害罪的罪重、罪轻，以利于准确量刑。

根据《刑法》第 95 条和司法部、公安部、最高人民法院、最高人民检察院联合下发的《人体重伤鉴定标准》的规定，有下列情形之一的，属

于重伤：

（1）使人肢体残废或者毁人容貌的。"肢体残废"指由各种致伤因素致使肢体缺失或者肢体虽然完整但已丧失功能。"毁人容貌"指毁损他人面容，致使容貌变形、丑陋及功能障碍。

（2）使人丧失听觉、视觉或者其他器官功能的。"丧失听觉"指造成损伤后，一耳语音听力减退在91分贝以上，两耳语音听力减退在60分贝以上。"丧失视觉"指造成损伤致使一眼盲，或者两眼低视力，其中一眼低视力二级。"丧失其他器官功能"指丧失听觉、视觉之外的其他器官的功能或者功能严重障碍。如喉损伤后引起不能恢复的失音、严重嘶哑等。

（3）其他对于人身健康有重大伤害的。如损伤引起创伤性休克、失血性休克或者感染性休克等。

轻伤是指物理、化学及生物等各种外界因素作用于人体，造成组织、器官结构一定程度的损害或者部分功能障碍，尚未构成重伤又不属轻微伤害，而是介于重伤与轻微伤害之间的情况。

评定损伤程度，必须坚持实事求是的原则，具体伤情，具体分析。根据《人体重伤鉴定标准》规定，损伤程度包括损伤当时原发性病变、与损伤有直接联系的并发症，以及损伤引起的后遗症。鉴定时，应依据人体损伤当时的伤情及其损伤的后果或者结局，全面分析，综合评定。

3. 与故意杀人罪的界限。故意伤害罪与故意杀人罪容易混淆的情形有两种：①故意伤害致死与故意杀人罪的界限；②故意伤害与故意杀人未遂的界限。前者的共同之处是都出现了致人死亡结果，后者的共同之处是没有出现死亡结果。区分的关键是看行为人的主观故意内容，即是具有非法剥夺他人生命的故意，还是具有伤害他人身体健康的故意。如何判断行为人的主观故意内容？一般应从客观表现入手，综合考虑以下因素：①案件的起因。是因生活琐事，一时冲动，还是利害关系，长久结怨引起。②双方的关系。是素不相识，关系一般还是关系紧张。③采用的手段。是赤手空拳，还是使用身边之物或携带的工具。④伤害的部位。是明显致命的部位，还是一般不会致人死亡的部位。⑤行为有无节制。⑥犯罪后的态度。对造成他人死亡的结果是满足、惊讶或是不相信。一般来说，如果行为人出于杀人的目的，往往使用易致人死亡的工具，有意侵害致命的部位，行为没有节制，不置被害人于死地不会住手，犯罪后比较满足。但实践中，犯罪人为逃避法律追究，行为表现诡秘，用一般原则很难解释其行为性质，因此，要全面收集各种证据，以准确认定行为人心理态度。

4. 故意伤害致死与过失致人死亡的界限。故意伤害致死，是行为人有伤害的故意但对死亡结果的发生是过失。而过失致人死亡，行为人根本没有伤害他人的故意，死亡是其过失行为造成的。

5. 与以暴力手段实施的其它犯罪的界限。如《刑法》第 277、292、293、308、315 条等规定的妨害公务罪、聚众斗殴罪、寻衅滋事罪、打击报复证人罪、破坏监管秩序罪的客观方面皆有暴力表现，并造成轻伤结果，依照《刑法》规定，分别构成相关各罪，但若采取暴力手段致被害人重伤，则按故意伤害罪论处。

6. 依照《刑法》第 269 条规定，犯盗窃、诈骗、抢夺罪，为窝藏赃物、抗拒抓捕或者毁灭罪证而当场使用暴力或者暴力相威胁的，构成抢劫罪。但是如果犯罪嫌疑人逃离犯罪现场后，在其它时间、地点被发现，为抗拒抓捕而使用暴力，致人重伤者，构成故意伤害罪，与其实施的相关侵犯财产罪数罪并罚。

特别提示：

1. 行为人利用医学方法、自身医务人员的特殊身份和技术，在被害人不知情的情况下，盗取其器官，应以故意伤害罪论处。

2. 有意损害自己的身体，不构成犯罪，但如果伤害自己的身体，是为了损害国家利益，则会构成犯罪。如军人在战时自伤身体，逃避履行军事义务的，应依照《刑法》第 434 条规定的战时自伤罪论处。

3. 非法组织他人出卖血液或强迫他人出卖血液，对他人造成伤害的，以故意伤害罪论处（第 333 条 2 款）。

18－13　下列哪些情形不能以故意伤害罪论处？

A. 甲、乙为争夺某地盘，相约各带 5 人在郊区某建筑工地旁决斗，输者离开地盘。在双方打斗中，各有 2 人受轻伤。

B. 甲在监狱服刑期间，为使新入监的同监犯乙"服管"，无故殴打乙，致乙轻伤。

C. 甲脱逃后，找到相关证人乙，对其进行打击报复，致乙轻伤。

D. 甲、乙因争夺座位，发生冲突，甲用拳击打乙的脸部，造成乙鼻子出血，眼部发青肿胀，经简单治疗，两天后不适症状消失。

答案：ABCD

18－14　下列哪些情形应以故意伤害罪论处？

A. 甲非法拘禁乙，乙乘看管人员不备，从二楼跳窗逃跑，摔成重伤。

B. 甲、乙为获取口供，对犯罪嫌疑人丙使用肉刑，致丙伤残。

C. 为抗拒纳税，甲与税务工作人员乙发生争执，并致乙重伤。

D. 甲虐待其妻乙，致乙重伤。

答案：BC

18－15 下列哪些说法是正确的?

A. 某晚,甲潜入乙家中行窃,被主人发现,甲夺门而逃,乙未再追赶。甲就躲在乙家墙根处的草垛里睡了一晚上。第二天早上村民丙路过此处时,感觉乙有些慌张,就对乙进行盘问。甲以为丙知道自己昨晚行窃的事,为了逃跑,致丙重伤。甲构成盗窃罪和故意伤害罪。

B. 甲见乙(女)耳戴价格不菲的钻石耳环,即起歹意。尾随乙进入胡同后,从背后用力将耳环抢下,造成乙耳廓受轻伤。甲的行为构成抢夺罪和故意伤害罪。

C. 甲乘乙不备,抢走乙的手机。乙紧追不放,抓住了甲,并要将甲扭送到公安机关,甲为了逃跑,将乙刺成重伤。甲的行为构成抢劫罪。

D. 甲(15岁)与乙(12岁)潜入西瓜地偷瓜,被瓜农发现,两人扔下西瓜逃跑。不料乙摔倒,被瓜农抓住。甲转身回来拉乙,与瓜农厮打起来,甲掏出随身携带的水果刀刺向瓜农,造成瓜农轻伤。甲构成故意伤害罪,乙不构成犯罪。

答案:AC

四、过失致人重伤罪(第235条)

过失致人重伤罪,是指行为人由于过失而造成他人重伤的行为。过失致人轻伤的,不构成犯罪。

特别提示:抢夺公私财物,构成抢夺罪,同时造成被害人重伤、死亡,构成过失致人重伤、过失致人死亡罪的,依照处罚较重的规定定罪处罚。

18－16 甲在大街上见乙一边走一边打手机,即起歹意,从背后用力将乙的手机抢走。但因为用力过猛,致使乙摔成重伤。下列哪种定罪正确?

A. 抢夺罪和过失致人重伤罪

B. 抢夺罪

C. 抢劫罪

D. 在抢夺罪和过失致人重伤罪中,择一重罪

答案:D

■ 第二节 侵犯妇女、儿童身心健康的犯罪

一、强奸罪(第236条)

(一)定义与特征

是指以暴力、胁迫或者其他手段,违背妇女意志,强行与妇女性交或

奸淫不满 14 周岁幼女的行为。其主要特征如下：

1. 犯罪对象包括不满 14 周岁的幼女和成年女性。

2. 客观方面表现为以暴力、胁迫或者其他手段，违背妇女意志，强行与妇女性交或者奸淫不满 14 周岁幼女的行为。所谓"违背妇女意志"，是指违背了妇女不同意与行为人发生性交的真实意思。认定是否违背妇女意志，不能仅以妇女是否反抗为依据，而应结合案发时间、地点、行为人采取的手段对被害人所造成的心理恐惧等因素综合分析。所谓"暴力"，是指直接对被害妇女身体进行强制，如殴打、捆绑、按倒、塞嘴巴等使妇女不能反抗。所谓"威胁"，是指以杀、伤、揭发隐私等相威胁，从精神上对妇女实行强制，使之不敢反抗。所谓"其他手段"，是指除上述手段之外的其他使妇女不敢反抗或不能反抗的手段，如乘妇女昏迷、以酒灌醉、用药物麻醉、组织或利用邪教组织或用迷信邪说引诱、胁迫、欺骗等等。

违背妇女意志与使用暴力威胁手段是强奸罪的重要组成部分。其中，违背妇女意志是强奸罪的本质特征，暴力、胁迫手段是违背妇女意志的外在表现。只有把二者有机结合起来，才能准确认定强奸罪。但对于精神病人、痴呆者及不满 14 周岁的幼女，由于她们没有辨认和控制自己行为的能力或由于年幼对行为后果危害性缺乏足够认识，从加强弱势人群保护角度出发，行为人明知被害人是精神病人、痴呆者或不满 14 周岁幼女的，不论行为人采用何种手段，也不论被害人是否同意，只要与其发生性关系，就以强奸罪论处。

3. 犯罪主体是已满 14 周岁，具有行为能力的男性。女性不能单独构成本罪的主体，但可以成为本罪的共犯，如教唆或帮助男性实施强奸行为。

4. 主观方面是直接故意，并且具有强行与被害妇女发生性行为的目的。

（二）认定强奸罪需注意的问题

1. 与不满 14 周岁的幼女发生性行为的认定。《刑法》第 236 条第 2 款规定："奸淫不满 14 周岁的幼女，以强奸论，从重处罚。"在司法实践中，对于明知是不满 14 周岁的幼女而与之发生性关系，不论幼女是否自愿，均依照上述规定处罚。所谓"明知"，包括知道和应当知道。"应当知道"，一般是指根据行为人的智力、精神状况、社会阅历等综合素质，可以推定在当时环境下，通过对某种事物的表象的分析，行为人能够得出符合实际的结论。但也有些特殊案件，行为人不明知女方是不满 14 周岁的幼女，而且女方出于主动，双方自愿发生性关系的，此种情况，根据最高人民法院 2003 年 1 月 17 日公布的《关于行为人不明知是不满 14 周岁的幼女双方自愿发生性关系是否构成强奸罪问题的批复》的精神，行为人确实不知对方是不满 14 周岁的幼女，双方自愿发生性关系，未造成严重后果，情节显著轻微的，不认为是犯罪。所谓"确实不知"，是指有充分的证据证明行为人不知道或者不可能知道女方是幼女。如幼女第二性征明显，外表成熟，自称或他人介绍其年龄在 14 周岁以上等。

2. 未成年人与幼女发生性行为的处理。最高人民法院 2006 年 1 月 23 日施行的《关于审理未成年人刑事案件具体应用法律若干问题的解释》第 6 条规定："已满 14 周岁不满 16 周岁的人偶尔与幼女发生性行为，情节轻微，未造成严重后果的，不认为是犯罪。"符合本条情形，必须具备三个条件：①偶尔与幼女发生性行为。所谓"偶尔"，一般指与一名幼女、偶然发生一两次性行为。②情节轻微。所谓"情节轻微"，一般从主客观两方面把握。主观方面多出于恋爱或对性的好奇。客观方面表现在幼女完全自愿，并且幼女年龄与之相近，一般在 12 周岁以上。③未造成严重后果。所谓"未造成严重后果"，一般从身体伤害和心理伤害综合考虑。如是否出现幼女怀孕、轻微伤或严重精神损害等后果。

3. 强奸与通奸的界限及转化。"通奸"是指双方或一方有配偶的男女，自愿发生的婚外性行为，不构成犯罪。值得注意的是，强奸与通奸的转化：①男女双方通奸，后女方决意放弃关系，男方又强行与之发生性关系的，应认定为强奸罪。②男方先强奸女方，后女方自愿与之保持通奸关系的，不以强奸罪论处。

4. 利用从属关系、教养关系或基于相互利用发生性行为的认定。现实中的情况比较复杂，应具体分析，区别对待。如果行为人利用职务上的从属关系或教养关系等特殊优势，要挟、威逼、刁难或乘人之危，迫使女方违心屈从，与之发生性行为的，应以强奸罪论处。如果行为人利用职权引诱女方、女方也基于相互利用而与之发生性行为的，不构成强奸罪。

特别提示：

1. 依照最高人民法院 2006 年 1 月 11 日公布的《关于审理未成年人刑事案件具体应用法律若干问题的解释》第 5 条规定，已满 14 周岁不满 16 周岁的未成年人，在拐卖妇女、儿童中实施强奸行为的，构成强奸罪。

2. 强奸后为灭口而杀害被害人的，构成强奸罪和故意杀人罪；使用暴力手段实施强奸，致被害人死亡的，属于强奸罪的结果加重情形；由于被害人奋力反抗，无法实施强奸，恼羞成怒，杀害被害人的，构成故意杀人罪。

3. 奸淫不满 14 周岁的幼女，以强奸论，从重处罚。

4. 收买被拐卖的妇女、幼女之后又强奸的，数罪并罚。但拐卖妇女、儿童并强奸的，仍以拐卖罪论处。强奸后迫使卖淫的，以强迫卖淫罪论处。

18－17（05 卷二 7）　甲深夜潜入乙家行窃，发现留长发穿花布睡衣的乙正在睡觉，意图奸淫，便扑在乙身上强脱其衣。乙惊醒后大声喝问，甲发现乙是男人，慌忙逃跑被抓获。甲的行为：

A. 属于强奸预备　　　　　　　B. 属于强奸未遂

C. 属于强奸中止　　　　　　　D. 不构成强奸罪

答案：B

18－18　甲（男）在朋友的婚宴上，遇到大学同学乙（女），宴席后邀乙到其家中坐坐。聊天中，谈到在班级舞会上，甲乙一起学跳舞的趣事，甲边说边放舞曲，邀乙跳舞。甲以为乙对自己有意，乘势把乙抱在床上，欲与乙发生性关系，乙意识到甲的意图后，将甲推开，斥责甲下流。甲立即道歉，并请求乙不要告诉他人。甲的行为：

A. 构成强奸罪　　　　　　　　B. 构成强制猥亵妇女罪

C. 不构成犯罪　　　　　　　　D. 是中止犯

答案：C

18－19　甲男明知乙女只有 13 周岁，误以为法律并不禁止征得幼女同意后的性交行为。于是在征得乙女的同意后，与乙女发生了性交。甲的行为属于下列何种情形？

A. 幻觉犯，不构成强奸罪

B. 法律认识错误，构成强奸罪

C. 对象认识错误，构成强奸罪

D. 客体认识错误，不构成强奸罪

答案：B

18－20　下列哪些说法正确？

A. 甲见一饭馆门前围着多人，凑上前去见乙女出于深度醉酒状态。于是谎称认识乙女，随将乙带到浴室包间内，利用乙酒醉无知觉、无反抗能力之机，发生性行为。甲的行为构成强奸罪。

B. 甲拦路抢劫乙女，致乙女死亡。然后将乙的尸体拖到树林中实施奸淫。甲的行为构成抢劫罪和强奸（未遂）罪。

C. 行为人既实施强奸妇女行为又实施了奸淫幼女行为的，以强奸罪从重处罚。

D. 甲女（16 岁）离家出走，在火车站遇到乙女，乙声称可以帮助甲找份保姆工作，并带甲到丙男家中。然后以去厕所为由，离开丙家，并将房门反锁，丙见时机已到，强行与甲发生性行为。乙与丙构成强奸罪。

答案：ACD

18-21（06卷二57） 对下列哪些行为不能认定为强奸罪？

A. 拐卖妇女的犯罪分子奸淫被拐卖的妇女的

B. 利用职权、从属关系，以胁迫手段奸淫现役军人的妻子的

C. 利用迷信奸淫妇女的

D. 组织卖淫的犯罪分子强奸妇女后迫使其卖淫的

答案：AD

二、强制猥亵、侮辱妇女罪（第237条）

是指以暴力、胁迫或者其他方法强制猥亵妇女或者侮辱妇女的行为。

本罪所称"暴力"，一般是指殴打、捆绑、堵嘴等强制手段，使妇女不能反抗。"胁迫"，是指对妇女实行精神威慑，使其不敢反抗，如以对被害人或其亲属杀害、揭发隐私相威胁或利用职权或其他优势地位逼迫妇女等。"其他方法"，是指除暴力、胁迫以外的其他使妇女不能反抗、不敢反抗的手段。如乘人熟睡、利用职权、乘人之危、用酒、药致其昏迷等等。"猥亵"，是指奸淫行为以外的一切刺激、兴奋、满足自己性欲或挑逗他人性兴奋的伤风败俗行为。"侮辱"，是指采用下流的语言或动作，调戏妇女或采用暴力、胁迫的手段追逐、堵截妇女或进行其他侮辱行为。如强行亲吻、搂抱，在公共场所偷剪妇女的衣服或发辫、向妇女显露生殖器等。本罪主观方面是直接故意，一般具有满足变态性要求或损害妇女人格的目的，不具有奸淫的目的。

特别提示：

1. 情节严重不是本罪的构成要素。发生在公共场合的和猥亵儿童的，从重处罚。

2. 乘人熟睡、昏迷或者利用职权，乘人之危的，也应视为强制手段。

18-22 关于强制猥亵、侮辱妇女罪，下列哪些说法正确？

A. 强制猥亵、侮辱妇女的行为，必须发生在公共场所。

B. 甲经常隐蔽在树丛中，见有年轻女子经过，突然跳出拦住去路，显示生殖器、且口出污言秽语。甲的行为构成强制侮辱妇女罪。

C. 强制猥亵、侮辱妇女的行为直接造成被害人重伤后果的，属于想象竞合犯，择一重罪处罚。

D. 乙女为从单位分到住房去找领导甲求情，甲提出猥亵乙的要求，乙为了分得住房，默认甲对其的猥亵。甲不构成犯罪。

答案：C

18－23 甲男在浴室更衣室光着身子时，乙女误入男更衣室。甲拉住乙并反扭双手，又扒下乙的衣裤，在乙身上乱摸。甲的行为构成：

A. 强制侮辱妇女罪　　　　　　B. 强制猥亵妇女罪

C. 侮辱罪　　　　　　　　　　D. 诽谤罪

答案：B

三、猥亵儿童罪（第237条）

是指猥亵不满14周岁的儿童的行为。本罪客观方面表现为，采取暴力、胁迫或者利用儿童的好奇心等非强制的手段，对儿童进行猥亵。

■ 第三节　侵犯人身自由的犯罪

一、非法拘禁罪（第238条）

是指非法拘禁他人或者以其他强制方法非法剥夺他人人身自由的行为。"拘禁"，是指使他人在一定时间内失去行为自由。概括起来有两类：一类是直接将他人身体拘束，如捆绑或注射药物使其失去抵抗力等。另一类是将他人监禁在一定场所，使其不能或难以逃离。"以其他方法剥夺他人人身自由"，是指除拘禁以外的，其他使人无法自由行动的方法。如绑架、办封闭式的学习班等。拘禁的行为必须是非法的。包括没有拘禁权力的人非法对他人实行拘禁，也包括有拘禁权的人滥用职权，违反法定程序和条件，非法实行拘禁。

注意问题：

1. 罪与非罪的界限。本罪属于持续犯，只要行为人在一定时间内非法剥夺他人人身自由，即构成本罪。时间的长短可作为量刑考虑的情节，但如果时间过短、瞬间性的剥夺他人自由，则难以成立本罪。根据最高人民检察院1999年8月6日通过的《关于人民检察院直接受理立案侦查案件立案标准的规定（试行）》，国家机关工作人员涉嫌利用职权非法拘禁，具有下列情形之一的，应予立案：①非法拘禁持续时间超过24小时；②3次以上非法拘禁他人，或者一次非法拘禁3人以上的；③非法拘禁他人，并实施捆绑、殴打、侮辱等行为的；④非法拘禁，致人伤残、死亡、精神失常的；⑤为索取债务非法扣押、拘禁他人，具有上述情形之一的；⑥司法工作人员对明知是无辜的人而非法拘禁的。处理非国家机关工作人员实施的非法拘禁案，也可参考上述标准，但考虑其社会危害程度与国家机关工作人员相比要轻一些，因此，具体适用时，依据案情，可适当严格一些。

2. 罪数问题。国家机关工作人员利用职权报复陷害而非法拘禁他人，属于牵连犯，应择一重罪处罚。但收买被拐卖的妇女、儿童后，为防止逃走，剥夺、限制其人身自由或者有伤害、侮辱等犯罪行为的，应按收买被拐卖妇女、儿童罪和非法拘禁罪，实行数罪并罚。

3. 非法拘禁致人重伤、死亡与使用暴力致人伤残、死亡的区别。前者属于本罪的结果加重情形，后者则依照故意伤害罪、故意杀人罪的规定定罪处罚，属于转化犯。

特别提示：

1. 非法拘禁他人并具有殴打、侮辱情节的，从重处罚。

2. 为索取债务非法扣押、拘禁他人的，以非法拘禁罪论处；为索取高利贷、赌债等法律不予保护的债务，非法扣押、拘禁他人的，也依非法拘禁罪论处。

3. 国家机关工作人员利用职权犯非法拘禁罪的，从重处罚。

18 - 24（04卷二1） 韩某在向张某催要赌债无果的情况下，纠集好友把张某挟持至韩家，并给张家打电话，声称如果再不还钱，就砍掉张某一只手。韩某的作为：

A. 构成非法拘禁罪

B. 构成绑架罪

C. 构成非法拘禁罪和绑架罪的想象竞合犯

D. 构成敲诈勒索罪

答案：A

18 - 25 下列哪些行为构成非法拘禁罪？

A. 甲将债务人乙拘禁在地下室，乙由于情绪激动，引发心脏病，造成死亡。

B. 甲为了阻止某报记者乙报道其销售伪劣产品的行为，将乙拘禁在库房，并纠集好友抢夺乙的相机，争夺中对乙拳脚相加，造成乙鼻子出血，面部、颈部有多处抓痕和淤血。

C. 甲将向哥哥放高利贷的乙扣押，要求乙取消高利贷，乙不从并扬言，将来给甲颜色看看，甲恼怒，将乙致残。

D. 甲将乙的女儿扣押，要求乙在一周内偿还5万元的货款及利息。

答案：ABD

18 - 26 刘某欠田某购车款30万元，久拖不还。为逼其还款，田某找来万某等四位老乡帮忙，将刘某强行拉上汽车从西安带回四川，一路上，为了防止刘某喊叫，先后三次给刘某注射"冬眠灵"，让其睡觉。到达四川后，发现刘某死亡。为避免被人发现，田某等人将刘某碎尸后装入桶内沉入河底。田某等构成何罪？

A. 故意杀人罪　　　　　　　　B. 非法拘禁罪

C. 绑架罪　　　　　　　　　　D. 故意伤害罪（致人死亡）

答案：B

二、绑架罪（第 239 条）

（一）定义和特征

是指以勒索财物为目的，劫持他人、偷盗婴幼儿或出于其他目的劫持他人作为人质的行为。其主要特征如下：

1. 犯罪客体是复杂客体，即他人的人身自由和其他合法权益。"劫持他人"，通常是采取暴力、胁迫或其他手段，虽然对被害人的生命、健康构成一定的威胁，但行为人劫持的目的是将对被害人的控制作为条件与相关人作"交易"。因此，侵犯的直接客体应为他人的人身自由。在司法实践中，劫持他人，多以勒索财物为目的，侵犯他人的财产权利，但也包括出于其他目而劫持他人作人质的，如出于政治目的，要求释放有关人员等。因此，侵犯他人的人身自由权利和其他合法权益更能反映绑架罪的特征。

2. 客观方面表现为实施以下三种行为：①劫持他人，勒索财物。即采用暴力、胁迫或其他方法将他人置于自己的控制之下，然后通过电话、书信或电子邮件等方式通知被绑架人的亲属或其他有利害关系的人，以杀害、伤害被绑架人为要挟，迫使其在一定的时间内交付赎金。②偷盗婴幼儿，勒索财物。不满 1 岁的为婴儿，1 岁以上不满 6 岁的为幼儿。婴幼儿没有行为能力和自卫能力，他们是由监护人或经监护人同意的有关人员看护的，因此，乘上述人员不在现场或休息等机会，秘密抱走婴幼儿的，属于偷盗婴幼儿的行为。如果行为人采取暴力、威胁或拐骗等手段从看护人员手中得到婴幼儿，应属于以其他方法劫持他人的表现方式。③劫持他人作人质，以满足其非法要求。

3. 犯罪主体是一般主体，即已满 16 周岁具有行为能力的自然人。

4. 主观方面是直接故意，其目的是为了勒索财物或获取其他非法利益。犯罪目的是否实现以及犯罪的动机如何，均不影响本罪的成立，但作为量刑情节可予以考虑。

（二）认定绑架罪需注意的问题

1. 绑架罪的既遂与未遂。对这一问题，理论界存在"目的达到说"、"勒索或提出不法要求已足说"以及"绑架行为完成说"等三种不同主张。我们认为，以"目的达到说"作为绑架罪既遂的标准是合理的。因为绑架罪根本特征是利用被绑架者的近亲属或者其他人对被绑架者安危的担忧进行勒索财物或者其他非法利益，这决定了不能将作为手段的"绑架人质"与作为目的行为的"勒索行为"相分离，否则将使得绑架罪与非法拘禁罪之间失去本质的区别。

2. 罪数问题。

（1）根据《刑法》第239条的规定，绑架行为致使被绑架人死亡或者杀害被绑架人的，处死刑，并处没收财产。这里的"致使被绑架人死亡"属于绑架罪的结果加重犯，限于绑架行为过失致人死亡，要求绑架行为与死亡之间具有直接的因果关系。这里的"杀害被绑架人"，属于绑架罪与故意杀人罪的结合犯，因为故意杀害被绑架人的行为与绑架行为本身没有内在的联系。

（2）行为人在绑架过程中，又以暴力、胁迫等手段当场劫取被害人财物，构成犯罪的，同时成立绑架罪与抢劫罪，择一重罪处断。

（3）在绑架妇女的过程中，行为人对被绑架人进行强奸或者猥亵的，应当以绑架罪和强奸罪、强制猥亵妇女罪进行数罪并罚。

3. 罪与罪的界限。

（1）与非法拘禁罪的界限。一般而言，两罪在客观上都表现为控制他人的人身自由，主要区别在于：①客体不同。前罪是复杂客体，而后罪只是单一客体。②客观方面。前者不仅实施剥夺他人人身自由的行为，而且实施勒索行为，后罪一般只是剥夺他人人身自由。③主观方面。前罪是以勒索财物或者其他非法利益为目的，后罪是以非法剥夺他人人身自由为目的。

（2）与抢劫罪的界限。两罪的关键区别在于：①前罪勒索财物的指向是被绑架人以外的第三人，不能是被绑架人本人；后罪被要挟的人与劫财行为的对象具有同一性。②前罪获取财物的时间一般不可能是绑架行为实施当时，地点一般不可能是在绑架行为实施地；后罪则通常具有当时、当场非法占有公私财物的特点。

（3）与敲诈勒索罪的界限。二者在以威胁的方式勒索财物这一点上有点相似。区别的要点在于，是否以绑架、劫持人质的方式勒索。以绑架、劫持人质的方式勒索财物的，是绑架罪；反之，是敲诈勒索罪。以谎称绑架人质的方式勒索财物的，仍构成敲诈勒索罪。为了勒索财物或其他非法利益而绑架人质，致人质死亡或者杀害人质后，向被害人亲属谎称人质还活着，继续勒索的，应定绑架罪，这属于"致使被绑架人死亡或者杀害被绑架人"的情形。为复仇而杀人后，谎称扣押人质，勒索财物的，应定杀人罪和敲诈勒索罪并罚。

特别提示：

1. 致使被绑架人死亡或者杀害被绑架人的，仍以绑架罪论处。但满14周岁不满16周岁的未成年人绑架后杀害被绑架人的，以杀人罪论处。

2. 以勒索财物为目的偷盗婴幼儿的，以绑架罪论处。

3. 非法拘禁债务人，不仅要求偿还债务，同时还要求给予额外的"补偿"，构成非法拘禁罪和绑架罪。

18 – 27 下列哪些说法正确？

A. 在绑架过程中，为制止被绑架人反抗注射药物，引起被绑架人死亡的，构成绑架罪

B. 在绑架过程中，因被绑架人极力反抗，害怕事情败露转而产生杀人灭口的念头，并付诸实施的，构成绑架罪和故意杀人罪

C. 以哄骗的方法，将婴儿抱走，并以此向其父母勒索财物的，构成绑架罪

D. 以利诱的方法，将儿童哄骗到手，并以其为人质，逼迫在场的儿童监护人当场交出财物，构成抢劫罪

答案：ACD

18 – 28 甲得知新结识的女友乙家中很有钱，便生绑架勒索歹意，并事先选好埋尸的地点。某日邀乙到家中，使用胶带封住乙的口鼻，致乙死亡。然后，搜走乙随身携带的贵重物品和现金，将乙掩埋。次日，给乙的家人打电话，声称绑架了其女，索要20万元赎金。甲的行为构成：

A. 绑架罪   B. 故意杀人罪

C. 抢劫罪   D. 故意杀人罪和敲诈勒索罪

答案：A

18 – 29 甲乙拦路劫持丙，并将丙带到郊区某一地点。然后向丙索要财物，由于丙随身贵重财物少，次日，甲乙挟持丙回到丙的住处，获取手提电脑及现金8000元，随即将丙释放。甲乙的行为构成：

A. 绑架罪   B. 非法拘禁罪

C. 抢劫罪   D. 敲诈勒索罪

答案：C

18 – 30（03卷二81～84）　　王某怀疑其妻与其表兄刘某有不正当关系，遂于某晚跟踪其妻至刘某住所。进屋后，王发现其妻披头散发，正在哭泣，刘某站在旁边，王大怒，遂殴打其妻，并与刘发生争吵。王知道刘

某有百万家财，决定抓住这个机会狠狠敲诈他一笔，于是谎称到其父母家中解决问题，将刘某骗至其姘妇叶某的住所（当时叶某不在家），并对刘某进行殴打、捆绑，反锁屋门将刘拘禁达一天之久。刘某在不堪忍受的情况下，承认与王妻有不正当关系，提出用金钱补偿，并在王的胁迫下，先后三次给家人打电话，要家人将30万元放在某公园指定场所，刘的家人并未照办。不久，叶某返回住所，王某以实情相告，叶未加制止，并与王某一起致信给刘妻，信称：刘某系卑鄙小人，现在我等控制之中，为示惩戒，速送30万元至某公园指定地点，钱到放人，不得报警；否则，后果自负。刘妻害怕，将钱放至指定地点，并通知王。王某叫叶某去公园取钱，叶某不敢去。于是，王某自己去取赃款。在王外出取钱时，刘某哀求叶某将自己放掉，并称王某心黑手辣，钱到手后，决不会放过叶某。叶某恐惧，将刘某放掉，并和刘某一起到派出所报警，带领公安人员去公园捉拿王某。人们赶到公园时，王某早已携款逃走，请回答以下问题：

（1）王某的行为不属于：

A. 敲诈勒索罪　　　　　　　　B. 绑架罪

C. 抢劫罪　　　　　　　　　　D. 非法拘禁罪

答案：ACD

（2）叶某的行为属于：

A. 犯罪预备　　　　　　　　　B. 犯罪未遂

C. 犯罪中止　　　　　　　　　D. 犯罪既遂

答案：D

（3）叶某在共同犯罪中属于：

A. 主犯　　　　　　　　　　　B. 从犯

C. 胁从犯　　　　　　　　　　D. 实行犯

答案：BD

（4）假设王某在犯罪过程中杀害了刘某，其行为构成：

A. 绑架罪　　　　　　　　　　B. 故意杀人罪

C. 抢劫罪　　　　　　　　　　D. 绑架罪和故意杀人罪

答案：A

三、拐卖妇女、儿童罪（第240条）

是指以出卖为目的，拐骗、绑架、收买、贩卖、接送、中转妇女、儿童的行为。本罪主体是一般主体，主观方面以出卖为目的。客观方面表现为拐骗、绑架、收买、贩卖、接送、中转妇女、儿童的行为。所谓"拐骗"，是指采用欺骗、利诱等手段，使妇女、儿童轻信上当，然后脱离家庭，并置于其控制之下。所谓"绑架"，是指采用暴力、胁迫或其他手段劫持妇女、儿童。所谓"收买"，是指以出卖为目的买下妇女、儿童。所谓"贩卖"，是指将妇女、儿童卖与他人。所谓"接送与中转"，是指在拐卖过程中，分工负责运送、接转、窝藏妇女、儿童。对于在实践中，借收养名义拐卖儿童的或出卖捡拾的儿童的，均应以本罪论处。行为人只要实施上述行为之一，即构成本罪。

注意问题：

1. 出卖亲生子女的行为的认定。如果以营利为目的，出卖不满 14 周岁的亲生子女，情节恶劣的，也应以拐卖儿童罪论处。若因家庭生活困难，为治病、求生路而出卖子女的，不以犯罪论。

2. 在介绍婚姻、介绍收养儿童过程中收取财物的，不构成本罪。

3. 与绑架罪的界限。二者区别的关键是看行为人是否以出卖被害人为目的。如果以出卖为目的，绑架妇女、儿童的，构成拐卖妇女、儿童罪。

特别提示：

1. 奸淫被拐卖的妇女、诱骗、强迫被拐卖的妇女卖淫或者将被拐卖的妇女卖给他人迫使其卖淫的，仍以拐卖妇女罪论处。

2. 以出卖为目的，使用暴力、胁迫或者麻醉方法绑架妇女、儿童的，构成拐卖妇女、儿童罪。

3. 以出卖为目的，偷盗婴幼儿的，构成拐卖儿童罪。

4. 在拐卖妇女、儿童过程中，致被害人重伤或死亡的，属于本罪结果加重情形。但若故意杀、伤被害人的，应以故意杀人、故意伤害罪论处，与拐卖妇女儿童罪一起并罚。

5. 以出卖为目的收买儿童的，构成拐卖儿童罪。以收养、奴役等为目的收买儿童的，构成拐骗儿童罪。

18-31（04 卷二 82） 甲拐骗了 5 名儿童，偷盗了 2 名婴儿，并准备全部卖往 A 地。在运送过程中甲因害怕他们哭闹，给他们注射了麻醉药。由于麻醉药过量，致使 2 名婴儿死亡，5 名儿童处于严重昏迷状态，后经救治康复。对甲的行为应以何罪论处？

A. 拐卖儿童罪 　　　　B. 拐骗儿童罪
C. 过失致人死亡罪 　　D. 绑架罪
答案：A

18-32（02 卷二 8） 甲在路边捡回一名弃婴，抚养了 3 个月后，声称是自己的亲生儿子，以 3000 元卖给乙。如何认定甲的行为？

A. 构成遗弃罪 　　　　B. 构成拐骗儿童罪
C. 构成诈骗罪 　　　　D. 构成拐卖儿童罪

答案：D

18-33（03 卷二 49）　根据我国刑法的规定，偷盗婴幼儿的行为，可因主观目的的不同而构成下列哪些犯罪？

A. 偷盗婴幼儿罪　　　　　　　　B. 绑架罪

C. 拐卖儿童罪　　　　　　　　　D. 拐骗儿童罪

答案：BCD

18-34　关于拐卖妇女、儿童罪下列哪些说法正确？

A. 奸淫被拐卖的妇女，构成拐卖妇女罪和强奸罪

B. 行为人以出卖为目的，实施了拐卖妇女、儿童的行为，就是犯罪既遂，不以实际卖出为必要

C. 以勒索财物为目的，绑架妇女、儿童，后因勒索未成，将被绑架人出卖的，应以绑架罪和拐卖妇女、儿童罪数罪并罚

D. 诱骗被拐卖妇女卖淫的，构成拐卖妇女罪

答案：BCD

18-35　甲在公路上遇一迷路男孩乙（5 岁），即产生将其卖掉的歹意。遂哄骗男孩找父母，将男孩带到郊区朋友家。称乙为亲戚小孩，因家境贫困，家里想将乙送人收养，请朋友帮忙在外地找个好家庭。三天过去了，仍没有找到合适的家庭，甲怕事情败露，只好带乙离开。在回家的路上，甲借口上厕所，丢掉乙。乙随后很快被家人发现。对此案，下列哪些说法正确？

A. 甲的行为构成拐卖儿童罪　　　B. 甲成立犯罪中止

C. 甲成立犯罪未遂　　　　　　　D. 甲的行为不构成犯罪

答案：A

四、收买被拐卖的妇女、儿童罪（241 条）

是指不以出卖为目的，收买被拐卖的妇女、儿童的行为。本罪对象仅限于被拐卖的妇女、儿童以及被偷盗的婴幼儿。客观方面表现为收买被拐卖的妇女、儿童。"收买"，是指以金钱或其他财物作为交换。主观方面是直接故意，即明知是被拐卖的妇女、儿童，仍予以收买。"明知"包括知道和应当知道。收买的目的不是为了再出卖，如果收买后又出卖的，以拐卖妇女、儿童罪论处。

注意问题：

1. 罪与非罪的界限。收买被拐卖的妇女、儿童，有下列情形之一的，

可以不追究刑事责任：①收买被拐卖的妇女，按照被买妇女的意愿，不阻碍其返回原居住地的。"不阻碍"是指对被买妇女回原居住地或投奔其亲戚、好友不设置任何障碍。但如果妇女因身处异乡、身无分文，而不给予必要的帮助，无法回乡的，对行为人不能视为"不阻碍"。②收买被拐卖的儿童，对被买儿童没有虐待行为，不阻碍对其进行解救的。这里的"不阻碍"，是指对国家机关工作人员执行解救没有设置障碍或无理纠缠。

2. 共犯问题。帮助买主对被买妇女儿童实施强奸、伤害、非法拘禁的，分别以强奸、伤害、非法拘禁罪的共犯论处，不以收买被拐卖的妇女儿童罪的共犯论处。对于仅有收买行为的买主，也不按拐卖妇女儿童罪的共犯论处，而是按收买被拐卖的妇女儿童罪论处。但对于帮助卖主实施拐卖行为的，则要以拐卖妇女儿童罪的共犯论处。

特别提示：

1. 收买被拐卖的妇女并强行与其发生性关系的，应以收买被拐卖的妇女罪与强奸罪数罪并罚。

2. 收买被拐卖的妇女、儿童，非法剥夺、限制其人身自由或者有伤害、侮辱等犯罪行为的，应以收买被拐卖的妇女、儿童罪与非法拘禁罪、故意伤害罪等相关犯罪数罪并罚。

3. 收买被拐卖的妇女、儿童又出卖的，以拐卖妇女、儿童罪定罪处罚。

18-36（06卷二16） 下列哪种说法是错误的？

A. 甲取得患有绝症的病人乙的同意而将其杀死，甲仍然构成故意杀人罪

B. 甲以出卖为目的收买生活贫困的妇女乙后，经乙同意将其卖给一个富裕人家为妻，甲仍然构成拐卖妇女罪

C. 甲征得不满14周岁的幼女乙同意而与之发生性行为，甲仍然构成强奸罪

D. 甲在收买被拐卖的妇女乙后，按照乙的意愿没有阻碍其返回原居住地，对甲仍然应当追究收买被拐卖的妇女罪的刑事责任

答案：D

五、聚众阻碍解救被收买的妇女、儿童罪（第242条）

是指聚集多人阻碍国家机关工作人员解救被收买的妇女、儿童的行为。

"聚众"，是指在首要分子的指挥、策划下，组织、纠合多人聚集在一起。"阻碍"，是指阻止和妨碍，表现方式多种多样，如采用暴力、胁迫或

设置障碍、无理纠缠等方法。本罪主体仅限于聚众阻碍解救的首要分子。主观上必须明知国家机关工作人员是依法解救被拐卖的妇女、儿童，而聚众阻碍。

特别提示：

1. 聚众阻碍的首要分子以本罪论处。

2. 其他参与人以暴力、威胁方法阻碍国家机关工作人员解救被收买的妇女、儿童，应以《刑法》第277条规定的妨害公务罪论处。

3. 参与者既不是首要分子也没有使用暴力、威胁方法的，不构成犯罪。

18－37（02卷二46）　甲以出卖为目的，将乙女拐骗至外地后关押于一地下室，并曾强奸乙女。甲在寻找买主的过程中因形迹可疑被他人告发。国家机关工作人员前往解救时，甲的朋友丙却聚众阻碍国家机关工作人员的解救行为。对本案应如何处理？

A. 对甲的行为以拐卖妇女罪论处

B. 由于甲尚未出卖乙女，对拐卖妇女罪应认定为犯罪未遂

C. 对丙应以聚众阻碍解救被收买的妇女罪论处

D. 对丙应以拐卖妇女罪的共犯论处

答案：AD

六、诬告陷害罪（第243条）

是指捏造犯罪事实，向国家机关和有关单位告发，意图使他人受刑事追究，情节严重的行为。本罪主观方面是直接故意，目的是使他人受刑事追究。客观方面表现为捏造犯罪事实，向国家机关和有关单位告发，且情节严重。所谓"捏造犯罪事实"，是指凭空虚构根本不存在的犯罪事实或歪曲事实，将一般违法行为、不道德行为借题发挥成犯罪事实。这里的"犯罪事实"，既可以是全部犯罪事实，也可以是部分犯罪事实。所谓"告发"，既包括直接向公检法部门控告也包括间接向保卫部门、主管部门等揭发。诬告陷害的对象是特定的、明确的。虽未指名道姓，但从其描述中，能明显的说明所指是谁，即为明确。需要注意的是，诬告陷害行为，必须情节严重，才构成犯罪。"情节严重"通常是指被害人受到刑事追究或诬告陷害的手段恶劣、造成其他严重后果等。

注意问题：

1. 划清诬告陷害与错告、检举失实的界限。区别的关键在于主观方面，诬告陷害罪主观目的是意图使他人受刑事追究。错告、检举失实行为是出于伸张正义的目的，但由于情况不明、在控告和检举中发生差错，不

应以本罪论处。确定是否诬告，可以从告发人与被告发人的关系、告发的材料来源、告发的背景、告发人平常表现等情况，全面进行分析，以确定事实真相。

2. 诬告陷害罪与一般诬告陷害行为的界限。区别的关键是情节是否严重。只有情节严重的，才构成犯罪。对于一般诬告陷害行为，只能给予行政处罚或者纪律处分。

特别提示：国家机关工作人员犯本罪的，从重处罚。

18－38 关于诬告陷害罪，下列哪些说法正确？

A. 诬告陷害的对象必须是特定的、明确的

B. 甲捏造乙与现役军人配偶通奸，并向单位保安部门投递"检举信"，致乙受到行政处分，甲构成诬告陷害罪

C. 甲捏造乙有贪污行为，并在学校的局域网上发布，引起学校有关部门的重视，对乙进行审查，甲构成诬告陷害罪

D. 甲诬告乙，事情败露，甲行为属于诬告陷害罪的未遂

答案：A

七、强迫劳动罪（第 244 条）

是指以暴力、威胁或者限制人身自由的方法强迫他人劳动或者明知他人强迫别人劳动而为其招募、运送人员或者有其他协助强迫别人劳动的行为。本罪侵害的客体是他人的健康和人身自由。犯罪主体既可以是自然人，也可以是单位。主观上是直接故意。客观上有两种表现，①以暴力、威胁或者限制人身自由的方法强迫他人劳动。"暴力"，是指对被害人的身体实行殴打、伤害、捆绑等。"威胁"，是指对被害人以立即实施暴力侵害相胁迫，实行精神强制，使被害人产生恐惧。"限制人身自由的方法"，是指将被害人限制在一定的范围，对其进行监视，禁止出入等。②为强迫劳动者招募、运送人员或者有其他协助强迫别人劳动的行为。不过，招募、运送、协助强迫行为必须以明知他人强迫劳动为前提，不明知的，不构成犯罪。

特别提示：使用限制人身自由的方法强迫劳动，虽然同时触犯非法拘禁罪，但仍按强迫劳动罪论处。

八、雇用童工从事危重劳动罪（第 244 条之一）

是指违反劳动管理法规，雇用未满 16 周岁的未成年人从事超体力劳动，或者从事高空、井下作业，或者在爆炸性、易燃性、放射性、毒害性等危险环境下从事劳动，情节严重的行为。

本罪主体是一般主体。侵犯的对象是未满 16 周岁的未成年人。客观

方面表现为违反劳动管理法规，雇用未满16周岁的未成年人从事超体力劳动，或者从事高空、井下作业，或者在爆炸性、易燃性、放射性、毒害性等危险环境下从事劳动，且情节严重。具有下列情形之一的，应视为"情节严重"：雇用3名以上未成年人从事上述危重劳动；雇佣未成年人（含1人）从事上述危重劳动长达1个月以上的；经有关部门批评制止后仍然雇佣的。

特别提示：犯本罪，造成事故，又构成其他犯罪的，依照数罪并罚的规定处罚。构成其他犯罪，常见的有重大责任事故罪和重大劳动安全事故罪。

18－39（03卷二46）　甲经营采矿，许诺给高工资，矿工和村民纷纷将他们的子女带到矿井上班，从事井下采矿作业，其中有20余人为10周岁至16周岁的未成年人。后因甲所承诺的高工资未兑现，童工们不想再干，要求离开矿井。甲不同意，并在矿井周围布上电铁丝网，雇用数十名守卫，禁止所有的矿工包括这20余名童工离开矿井，强制他们为其采矿，其中一名年约12岁的童工因体质瘦弱而累死在井下。甲的行为构成何罪？

A. 非法拘禁罪　　　　　　　　B. 强迫职工劳动罪
C. 雇用童工从事危重劳动罪　　D. 重大责任事故罪
答案：BC

九、非法搜查罪（第245条）

是指非法对他人身体、住宅进行搜查的行为。本罪客观方面表现为非法地对他人身体、住宅进行搜查。搜查必须是非法的，即无权搜查的人擅自搜查或有搜查权的人，未经授权或批准，滥用权力，进行搜查；对身体搜查，主要表现为翻掏衣物或使用仪器进行探测等；对住宅搜查，主要表现为搜索、检查、抄家、挖掘等。本罪属于行为犯，只要实施了非法搜查行为，就构成犯罪。但是情节显著轻微危害不大的，不认为是犯罪。

十、非法侵入住宅罪（第245条）

是指非法强行侵入他人住宅或者经要求退出仍拒不退出的行为。本罪对象是他人住宅，"住宅"既包括长期、固定的居住场所，也包括临时租用的场所。客观方面表现为非法强行侵入他人住宅或者经要求退出仍拒不退出。具体表现有两种：①未经住宅主人允许，不顾住宅主人反对、阻拦，强行进入他人住宅；②进入住宅时主人并不反对，但主人要求其退出时，拒不退出。

实践中，非法侵入住宅往往与其他犯罪结合在一起，如入室抢劫、盗窃、杀人等，对此种情况，应以行为人侵入住宅的目的行为定性。因为侵入住宅是实施其他犯罪的必经步骤，是整个犯罪行为的一部分，不是独立的行为，所以不应实行数罪并罚。

十一、刑讯逼供罪（第 247 条）

是指司法工作人员对犯罪嫌疑人、被告人使用肉刑或者变相肉刑，逼取口供的行为。

本罪主体是特殊主体，即具有侦查、检察、审判、监管职责的司法工作人员。犯罪对象是犯罪嫌疑人、被告人。主观方面是直接故意，目的是为了逼取口供。客观方面表现为对犯罪嫌疑人、被告人使用肉刑或者变相肉刑，逼取口供的行为。所谓"肉刑"，是指对被害人的肉体施行暴力使其身体器官或肌体遭受痛苦的摧残，如捆绑、吊打、火烫、电击等。所谓"变相肉刑"，是指不直接伤害身体但造成被害人痛苦的非暴力的折磨方法，如罚冻、罚饿、罚晒、罚站、不准睡觉等。所谓"逼取口供"，是指逼迫被害人作出行为人所期待的口供。对于采取诱供、指名问供等错误方法获取口供的，不构成本罪。

注意问题：

1. 罪与非罪的界限。刑法虽未明确规定情节严重的才构成犯罪，但实践中对于情节轻微的刑讯逼供，一般不以犯罪论处。根据最高人民检察院1999 年 8 月《关于人民检察院直接受理立案侦查案件立案标准的规定（试行）》（以下简称《立案标准》），司法工作人员刑讯逼供，涉嫌下列情形之一的，应予立案：①手段残忍的；②致人自杀或者精神失常的；③造成冤、假、错案的；④3 次以上或对 3 人以上进行刑讯逼供的；⑤授意、指使、强迫他人刑讯逼供的。

2. 与非法拘禁罪的界限。二者区别是：①侵犯的对象不同。前罪仅限于犯罪嫌疑人、被告人，后罪的对象没有限制。②客观表现不同。前罪采用肉刑或变相肉刑的方法，后罪是非法剥夺他人人身自由的行为。③犯罪目的不同。前罪是以逼取口供为目的，后罪对犯罪目的没有要求。④犯罪主体不同。前罪是特殊主体，即司法工作人员，后罪是一般主体。

特别提示：

1. 刑讯逼供，致人伤残、死亡的，依照《刑法》第 234 条故意伤害罪、第 232 条故意杀人罪定罪从重处罚。

2. 犯罪主体是司法工作人员。对于公司、企事业单位的保卫干部、保安人员，农村各级治保干部怀疑他人犯罪，进行刑讯逼供的，不构成本罪。但他们可能与司法工作人员构成本罪的共犯。

18－40 歌厅小姐甲因涉嫌卖淫被民警乙带回派出所留置盘查。乙和另一值班民警丙一同对甲进行讯问。因甲拒不承认卖淫，并哭哭啼啼喊冤枉，乙一气之下打了甲几个耳光，随后因私事离开讯问室，由丙继续讯问。丙对甲进行殴打，致甲跌倒后受伤，经医院抢救无效死亡。乙丙的行为构成：

A. 乙构成刑讯逼供罪

B. 丙构成故意伤害罪，对丙应当从重处罚

C. 丙构成刑讯逼供罪和过失致人死亡罪

D. 乙构成玩忽职守罪

答案：BD

18-41 甲系派出所管理治安案件的工作人员，因为某宾馆一女服务员得罪了他，就借口抓卖淫将该女抓到派出所进行吊打，迫使其承认卖淫。甲的行为构成：

A. 刑讯逼供罪   B. 非法拘禁罪

C. 暴力取证罪   D. 滥用职权罪

答案：B

18-42 下列哪种情形依照刑讯逼供罪定罪处罚？

A. 刑讯逼供致人伤残

B. 司法工作人员使用暴力逼取证人证言

C. 超市保安人员对实施盗窃行为的顾客刑讯逼供

D. 对犯罪嫌疑人使用肉刑，致其轻伤的

答案：D

十二、暴力取证罪（第247条）

是指司法工作人员使用暴力逼取证人证言的行为。

本罪主体是特殊主体，即司法工作人员。主观方面是直接故意，目的是逼取证言。客观方面表现为使用暴力逼取证人证言。"暴力"，通常是指使用捆绑、殴打、电击等造成他人痛苦或轻微伤害的方法。根据前述《立案标准》的规定，涉嫌下列情形之一的，应予立案：①手段残忍、影响恶劣的；②致人自杀或者精神失常的；③造成冤、假、错案的；④3次以上或者对3人以上进行暴力取证的；⑤授意、指使、强迫他人暴力取证的。

特别提示：

1. 暴力逼取证人证言，致人伤残、死亡的，依照《刑法》第234条故意伤害罪、第232条故意杀人罪的规定定罪从重处罚。

2. 与刑讯逼供罪区别的要点在于犯罪对象不同。前者是证人，后者是

犯罪嫌疑人和被告人。

18-43（05卷二92）　　民警甲接到关于某旅店老板乙涉嫌组织卖淫的举报，即前往该旅店，但没有碰见乙，便将怀疑是卖淫女的服务员丙带回派出所连夜审讯，要她交代从事卖淫以及乙组织卖淫活动的事。由于丙拒不承认有这些事，甲便指使其他民警对丙进行多次殴打逼其交代，丙于次日晨死于审讯室。法医出具的尸检报告称："因受外力击打造成下肢大面积皮下出血，引起患有心脏功能障碍的丙心力衰竭而死。"对于甲的行为，下列说法正确的是：

A. 属于刑讯逼供行为

B. 属于暴力取证行为

C. 应按故意杀人罪处罚

D. 属于意外事件，不负刑事责任

答案：BC

十三、虐待被监管人罪（第248条）

是指监狱、拘留所、看守所等监管机构的监管人员对被监管人进行殴打或者体罚虐待，或者指使被监管人殴打或者体罚虐待其他被监管人，情节严重的行为。

本罪主体是特殊主体，即监狱、拘留所、看守所、劳教所等监管机构的监管人员。犯罪对象是被监管人，包括已决犯、犯罪嫌疑人、被告人、被劳动教养人以及其他被依法监管的人员。客观方面表现为对被监管人进行殴打或者体罚虐待，或者指使被监管人殴打或者体罚虐待其他被监管人，且情节严重。所谓"殴打"，是指造成被监管人肉体上暂时的痛苦。所谓"体罚虐待"，是指除殴打以外的其他使被监管人肉体和精神上受到摧残和折磨的方法，如罚饿、罚冻、罚晒、不准睡觉、强迫超体力劳动、关禁闭等。

特别提示：虐待被监管人，致使其伤残、死亡的，依照《刑法》第234条故意伤害罪、第232条故意杀人罪的规定定罪从重处罚。

■ 第四节　侵犯人格、名誉的犯罪

一、侮辱罪（第246条）

是指以暴力或者其他方法公然贬低他人人格，破坏他人名誉，情节严重的行为。

本罪客观方面表现为使用暴力或其他方法，公然贬低他人人格，破坏他人名誉，且情节严重。①必须有破坏他人名誉的侮辱行为。侮辱的方式有三种：一是暴力侮辱，即使用强力破坏他人名誉。如强行扒光妇女衣裤，当众羞辱；强迫被害人做难堪的动作等；二是语言侮辱，对他人进行口头戏弄、辱骂、嘲笑等；三是文字侮辱，通过张贴、传阅大字报、小字报、传单、漫画或通过互联网散布破坏他人名誉的内容。②侮辱行为必须是公然进行的，即当着第三人的面甚至是当众，或利用可以使多人看到、听到的方式，对他人进行侮辱。公然并不一定要求被害人在场，也不一定指名道姓，但从描述中，能够明确地知道指向。③侮辱他人，必须情节严重的，才构成犯罪。情节严重，一般是指造成被害人自杀、精神失常或采取的手段恶劣、侮辱外宾、国家领导人造成恶劣政治影响等。

注意问题：

1. 罪与非罪的界限。因为侮辱行为只有"情节严重"才构成犯罪，因而一般谩骂、戏弄等轻微的侮辱行为，不能以犯罪论处。

2. 与强制猥亵、侮辱妇女罪的界限。①动机不同。前者往往是事出有因，基于报复、泄愤的动机；后者则是出于下流的精神刺激。②对象不完全相同。前者的对象既可以是妇女，也可以是男子；后者的对象只能是妇女。③场合不同。前者是公然进行，即行为发生在能使他人知晓的场合；后者不要求公然进行，即一般在秘密场合下进行。

3. 一罪与数罪问题。暴力侮辱他人，造成轻伤以上危害结果的，从一重罪处罚，一般应以伤害罪论处。犯其他罪又有侮辱行为的，仍以相关的罪论处。如非法拘禁他人有侮辱情节的，仍以非法拘禁罪论处；在公共场合强奸或者强制猥亵、侮辱妇女同时又损害被害人人格、名誉的，仍以强奸罪和强制猥亵、侮辱妇女罪论处，不并罚。但是，收买被拐卖的妇女又有侮辱行为，情节严重的，要以收买被拐卖的妇女罪和侮辱罪并罚。

特别提示：

1. 犯本罪，告诉的才处理，但是严重危害社会秩序和国家利益的除外。

2. 侮辱他人，情节严重的，才构成犯罪。

3. 侮辱他人导致他人自杀身亡，不属于侮辱罪的结果加重情形。

18 - 44（00 卷二 28） 甲男与乙女发生纠纷，乙将脏物泼在甲的身上，甲便揪住乙的上衣，并向乙的下身猛击数拳；乙骂声不止，甲便唤来自家养的大公狗，在有许多围观村民的情况下，甲扒下乙的裤子，使其当众赤裸身体，并让狗扑在乙的身上。甲的行为构成何罪？

　　A. 强制猥亵、侮辱妇女罪　　　　B. 侮辱罪

C. 公然猥亵罪　　　　　　　　　D. 诽谤罪

答案：B

二、诽谤罪（第246条）

是指捏造并散布某种虚假事实，足以败坏他人名誉，情节严重的行为。

本罪客观方面表现为捏造并散布虚假事实，足以败坏他人名誉，而且情节严重。"捏造"，即无中生有、凭空编造虚假事实。"散布"则是通过一定方式，在一定的范围向他人公布。由于编造事实又多处散布，容易使人相信，因而对他人名誉的损害往往比侮辱罪要大。如果传播的是既存或略有夸张的事实，不构成本罪。散布的方式既可以是口头的、书面的，也可以通过互联网传播。诽谤必须是针对特定的人，但不要求指名道姓，只要从其所指中可以推断出是谁即可。

注意问题：

1. 罪与非罪的界限。因诽谤行为情节严重的才构成犯罪，因而，虽有故意捏造事实并加以散布的行为，但情节不严重的，不以犯罪论处。另外，在新闻报道或批评文章中，因了解情况不全，导致内容失实，使他人名誉受到损害的，可按民事侵权处理，但不构成犯罪。

2. 与侮辱罪的界限。①手段不同。诽谤罪只能用口头或文字方式进行，不能用暴力手段；而侮辱罪既可使用口头、文字手段，也可使用暴力手段。②是否捏造事实不同。诽谤罪必须是捏造事实；侮辱罪则不论是否捏造事实，只要公然侮辱即可构成，即侮辱行为可以基于现有的事实。

3. 与诬告陷害罪的区别。①目的不同。前者以损害名誉为目的，后者以使他人受刑事处分为目的。②手段不同。前者捏造事实后在社会上散布，后者是捏造犯罪事实并向有关部门告发。③捏造的事实不同。前者捏造的既可以是犯罪事实，也可以是非犯罪事实；后者捏造的只能是犯罪事实。

特别提示：

1. 犯本罪，告诉的才处理，但是严重危害社会秩序和国家利益的除外。

2. 诽谤他人，情节严重的，才构成犯罪。

18－45（99卷二28）　某甲与某乙系在国家机关工作的同事，平时有隙。为报复某乙，某甲向公安机关作虚假匿名举报，诬告某乙曾在一歌舞厅嫖娼，有"陪侍女"某丙为证。公安机关调查时，某丙对此作了虚假指证，某乙因而受到了公安机关的处分。在公安机关查处某乙的过程中，某甲在公开场合多次渲染某乙嫖娼的事实，对某甲的行为应如何定性？

    A. 诬告陷害罪　　　　　　　　B. 报复陷害罪

    C. 诽谤罪　　　　　　　　　　D. 不构成犯罪

    答案：C

■ 第五节　侵犯民主权利的犯罪

一、侵犯通信自由罪（第 252 条）

是指隐匿、毁弃或者非法开拆他人信件，侵犯公民通信自由权利，情节严重的行为。

本罪客观方面表现为隐匿、毁弃或者非法开拆他人信件，且情节严重。所谓"隐匿、毁弃"是指将他人信件隐藏或撕毁、烧毁、丢弃，使收件人无法查收。所谓"非法开拆他人信件"，是指未经收件人允许，私自开启他人信件。所谓"情节严重"，一般是指：隐匿、毁弃或非法开拆他人信件，次数较多或数量较大；致使他人工作、生活受到严重影响或身体、精神受到严重损害；非法开拆他人信件、涂改信中内容，或者张扬他人隐私、侮辱他人人格；造成其他严重后果等。

非邮电工作人员非法开拆他人信件，侵犯公民通信自由权利，情节严重，并从中窃取少量财物，或者窃取汇票、汇款支票，骗取汇兑款数额不大的，依照侵犯通信自由罪的规定，从重处罚；若从中窃取财物数额较大的，应依照盗窃罪的规定从重处罚；若从中窃取汇票或汇款支票，冒名骗取汇兑款数额较大的，应依照侵犯通信自由罪和诈骗罪并罚。[1]

特别提示：

1. 过失误拆、丢失他人信件的，不构成本罪。

2. 邮政工作人员不属于本罪的犯罪主体。

二、私自开拆、隐匿、毁弃邮件、电报罪（第 253 条）

是指邮政工作人员私自开拆或者隐匿、毁弃邮件、电报的行为。

本罪主体是特殊主体，即邮政工作人员，包括营业员、投递员、押运员、分拣员以及有关主管人员等。客观方面表现为私自开拆或者隐匿、毁弃他人的邮件、电报，只要实施上述行为之一，即构成犯罪。但需注意的是，邮政工作人员私自开拆或者隐匿、毁弃他人的邮件、电报，必须利用了从事营业、分拣、押运、接发、投递等邮政业务的便利条件，否则应以

---

〔1〕 最高人民检察院 1989 年 9 月《关于非邮电工作人员非法开拆他人信件并从中窃取财物案件定性问题的批复》。

破坏通信自由罪论处。

特别提示：邮政工作人员，非法开拆、隐匿或者毁弃他人邮件，并窃取财物的，应以盗窃罪的规定定罪并从重处罚。

三、出售、非法提供个人信息罪（第253条之一第1款）

是指国家机关或者金融、电信、交通、教育、医疗等单位的工作人员，违反国家规定，将本单位在履行职责或者提供服务过程中获得的公民个人信息，出售或者非法提供给他人，情节严重的行为。本罪由《刑法修正案（七）》第7条所增加。

本罪的特征是：①客体是公民个人信息的保密权。犯罪对象是公民个人信息。②客观方面表现为违反国家规定，将本单位在履行职责或者提供服务过程中获得的公民个人信息，出售或者非法提供给他人，而且要求情节严重。这里的"出售"应当具体限定为非法出售，因为随着社会经济生活的日常复杂化，将业务所涉及的个人信息随公司、企业或者特定业务的转让而转让，并非都是罕见的、非法的。如中国联通将CDMA业务转让给中国电信，其中必然包含了顾客信息的买卖行为。这里的"情节严重"，一般是指出售公民个人信息获利较大，出售或者非法提供多人信息，多次出售或者非法提供公民个人信息，以及公民个人信息被非法提供、出售给他人后，给公民造成了经济上的损失，或者严重影响到公民个人的正常生活，或者被用于进行违法犯罪活动等情形。③主体是可以是自然人，也可以是单位。其中，自然人主体为特殊主体，只能由国家机关或者金融、电信、交通、教育、医疗等单位的工作人员。④主观方面只能是故意。

四、非法获取个人信息罪（第253条之一第2款）

是指窃取或者以其他方法非法获取国家机关或者金融、电信、交通、教育、医疗等单位在履行职责或者提供服务过程中获得的公民个人信息，情节严重的行为。本罪也是由《刑法修正案（七）》第7条所增加的。

本罪的特征是：①客体是复杂客体，既侵犯了公民个人信息的隐秘权，同时也损害了国家机关或者金融、电信、交通、教育、医疗等单位的正常运营秩序。犯罪对象是国家机关或者金融、电信、交通、教育、医疗等单位在履行职责或者提供服务过程中获得的公民个人信息，与非法出售、提供公民个人信息罪一样，这里的个人信息也应当仅限于受到法律保护，公民有意予以保密，并且采取了适当的保护措施的信息。②客观方面表现为以窃取或者其他方法非法获得公民个人信息。获取公民个人信息的方法是多样化的，可以是法律明示的窃取，也可以是骗取等其他方法；可以采取传统的非法获取方法，也可以采取计算机网络等高科技手段非法获取。而非法获取公民个人信息的途径应当限定为从在履行职责或者提供服务过程中获得的公民个人信息的国家机关或者金融、电信、交通、教育、医疗等单位获取，因为法条中采取的表述方式是"非法获取上述信息"。③主体为一般主体，凡年满 16 周岁的自然人均可以构成；单位也可以构成本罪。④主观方面是直接故意。

五、报复陷害罪（第 254 条）

是指国家机关工作人员，滥用职权、假公济私，对控告人、申诉人、批评人、举报人实行报复陷害的行为。

本罪主体是特殊主体，即国家机关工作人员。主观方面是直接故意，且具有报复陷害他人的目的。犯罪对象是控告人、申诉人、批评人和举报人。犯罪客体是公民的控告权、申诉权、批评权、检举权以及国家机关的正常活动。客观方面表现为滥用职权、假公济私，对控告人、申诉人、批评人、举报人实行报复陷害的行为。行为人以滥用职权、假公济私的方式，实行报复陷害，即国家机关工作人员违背职责要求，假借公事名义，打击报复、陷害他人。如非法克扣、停发工资、奖金，或降职降薪甚至开除公职，或压制学术、技术职称的评定等。根据前述《立案标准》，涉嫌下列情形之一的，应予立案：①致使被害人的人身权利、民主权利或者其他合法权利受到严重损害的；②致人精神失常或者自杀的；③手段恶劣、后果严重的。

六、破坏选举罪（第 256 条）

是指在选举各级人民代表大会代表和国家机关领导人员时，以暴力、威胁、欺骗、贿赂、伪造选举文件、虚报选举票数等手段破坏选举或者妨害选民和代表自由行使选举权和被选举权，情节严重的行为。

以暴力手段破坏选举，同时触犯故意伤害罪、妨害公务罪的，属于想象竞合犯，从一重罪论处。以贿赂手段破坏选举的，仍定破坏选举罪，因为贿赂行为是破坏选举行为的组成部分。

■ 第六节　妨害婚姻家庭的犯罪

一、暴力干涉婚姻自由罪（第 257 条）

是指以暴力方法干涉他人婚姻自由的行为。婚姻自由包括结婚自由和离婚自由。所谓"暴力"，是指以殴打、禁闭、捆绑等方法对他人身体实行强制或者打击。暴力的程度往往是造成他人肉体和精神上的痛苦，也包括轻伤在内。

特别提示：

1. 犯本罪，告诉的才处理。但致被害人死亡的除外。

2. 如果行为人只是以暴力相威胁或以断绝关系、自杀等方法逼迫他人结婚或离婚的，不构成犯罪。

3. 如果使用暴力故意造成他人重伤或死亡的，属于一行为同时触犯两个罪名，是想象竞合犯，应以重罪故意伤害罪或故意杀人罪论处。

4. 实践中抢婚后又强行与被害人发生性关系，迫使其结婚的行为，是想象竞合犯，应以强奸罪论处。

5. 暴力干涉婚姻自由，致使被害人死亡的，属于本罪的结果加重情形。

18-46 下列哪些说法正确？

A. 甲因不同意父亲乙为自己安排的婚姻，被乙反锁在阁楼，甲跳楼逃跑，摔成重伤。乙的行为构成暴力干涉婚姻自由罪和过失致人重伤罪。

B. 甲在儿子病死后，坚持让儿媳乙再嫁给一位呆傻的远亲。乙不从，而是要离开婆家。甲恼怒，将乙拘禁，并说："要么死，要么与远亲结婚。"乙见离家无望，自杀。甲的行为构成故意杀人罪。

C. 甲见无法说服女儿乙成亲，遂以跳楼自杀相威胁，乙见状，答应婚事。甲的行为不构成犯罪。

D. 甲怀疑妻子乙有外遇，因此不同意乙提出的离婚请求。并且在亲戚朋友及妻子的单位散布相关信息，使乙精神受到刺激，无法正常工作。甲的行为构成暴力干涉婚姻自由罪。

答案：C

二、重婚罪（第 258 条）

是指有配偶而与他人结婚，或者明知他人有配偶而与之结婚的行为。

本罪主体分两类人：①重婚者，即有配偶而与他人结婚者。所谓"有配偶"，是指男子有妻，女子有夫，且在合法的夫妻关系存续期间。②相婚者，即本人无配偶，但明知他人有配偶而与之结婚的人。客观方面表现为有配偶而与他人结婚，或者明知他人有配偶而与之结婚。这里的"结婚"包括法律婚和事实婚。法律婚，即登记婚，是指办理结婚登记手续后成立的婚姻关系。事实婚，是指以夫妻名义公开同居生活，群众也公认他们是夫妻关系但未依法登记的婚姻关系。重婚行为具体表现为两种：①有配偶而与他人登记结婚或形成事实婚姻。②无配偶但明知他人有配偶而与之登记结婚或形成事实婚姻。事实婚姻无效，不受法律保护，但违法婚姻并不意味着不能构成重婚。最高人民法院 1994 年 12 月《关于〈婚姻登记管理条例〉施行后发生的以夫妻名义同居的重婚案件是否以重婚罪定罪处罚的批复》明确指出，新的《婚姻登记管理条例》公布施行后，有配偶的人与他人以夫妻名义同居生活的，或者明知他人有配偶而与之以夫妻名义同居生活的，仍应按重婚罪定罪处罚。

注意问题：

对由于下列原因发生的重婚不宜定重婚罪：因遭受自然灾害外出谋生而重婚的；因配偶长期外出下落不明，生活困难而重婚的；被拐卖后再婚的；因被强迫、包办婚姻或婚后虐待而外逃重婚的。

特别提示：

1. 如果前一个婚姻是法律婚，后一个是事实婚姻，由于事实婚姻形成了对合法婚姻制度的侵害，所以，构成重婚罪。

2. 如果前一个婚姻是事实婚，后一个是法律婚，由于法律不保护事实婚姻，因而此种情形不构成重婚罪。

18－47 A 在有配偶 B 女（生活在外地）的情况下，长期与 C 女共同生活，并生有一子，周围群众均认为 AC 为夫妻，关于 A 与 C 女共同生活的行为，下列哪些说法是错误的？

A. 法律不承认事实婚姻，所以，A 不成立重婚罪。

B. 事实婚姻无效，所以，A 不成立重婚罪

C. A 与 C 女属于同居而非事实婚姻，所以，A 不成立重婚罪

D. 重婚罪侵犯的是配偶权，如果 B 女同意，则 A 不成立重婚罪

答案：ABCD

三、破坏军婚罪（第 259 条）

是指明知是现役军人的配偶而与之同居或者结婚的行为。

本罪主体是一般主体，既可以是现役军人，也可以是普通公民。主观上必须明知对方是现役军人的配偶。"现役军人"，是指有军籍并正在中国人民解放军或者人民武装警察部队服役的军人，不包括复员军人、退伍军人、转业军人、人民警察及在部队、人民武装警察部队中工作但没有军籍的工作人员。客观方面表现为与现役军人的配偶同居或者结婚。"现役军人的配偶"，是指现役军人的妻子或丈夫，即有合法婚姻关系的人，不包括与现役军人有事实婚姻和婚约关系的人。根据司法解释，所谓"同居"，是指与现役军人的配偶，不以夫妻名义，持续、稳定地共同居住[1] 所谓"结婚"，包括法律婚和事实婚。

特别提示：行为人确实不知对方是现役军人的配偶而与之同居的，不构成犯罪。若与之结婚的，可构成重婚罪。

---

〔1〕 最高人民法院 2001 年 12 月《关于适用〈中华人民共和国婚姻法〉若干问题的解释》第 2 条。

18-48（98 卷二 63）　下列哪种行为构成强奸罪？

A. 人贩子奸淫被拐卖的妇女的

B. 收买人强行与被收买的妇女发生性关系的

C. 运送他人偷越国（边）境，对被运送人有强奸行为的

D. 利用从属关系以胁迫手段奸淫现役军人妻子的

答案：BCD

四、虐待罪（第 260 条）

是指对共同生活的家庭成员，经常以打骂、冻饿、禁闭、强迫过度劳动、有病不给治疗或限制人身自由、凌辱人格等方法，从肉体或精神上进行摧残、折磨，情节恶劣的行为。

本罪主体是特殊主体，即必须是共同生活的家庭成员。犯罪对象也是共同生活的家庭成员。客观方面表现为经常对共同生活的家庭成员进行肉体上或精神上的摧残、折磨，且情节恶劣。虐待行为，具体有如下表现：① "肉体上的摧残"，如打骂、冻饿、禁闭、强迫过度劳动、有病不给治疗等。② "精神上的折磨"，如讽刺、侮辱、限制人身自由等。经常性是虐待行为的一个重要特点，无论肉体摧残还是精神折磨，均表现为一贯性、持续性。如果偶尔打骂等，不属于虐待。③实施虐待行为，情节恶劣的，才构成犯罪。所谓 "情节恶劣"，主要是指虐待时间长的；手段恶劣的；对老人、儿童、体弱者、残疾人、患病人进行虐待的；动机卑鄙的，等等。

注意问题：

1. 虐待罪与家庭暴力的界限。"家庭暴力"，是指行为人以殴打、捆绑、残害、强行限制人身自由或者其他手段，给其家庭成员的身体、精神等方面造成一定伤害后果的行为。它与虐待罪的区别在于家庭暴力不具有经常性、持续性，不构成犯罪。但因家庭暴力致被害人伤害、死亡的，应根据其主观罪过的性质，分别构成过失重伤、过失致死罪，或者故意伤害、故意杀人罪。

2. 虐待行为直接造成被害人重伤的（如一继父经常虐待继子，一次用一捅火的铁钩抽打继子面部，将继子一只眼睛打瞎）应以故意伤害罪论处。虐待行为过失致被害人重伤、死亡或者因长期虐待，致使被害人身体虚弱而死亡的，属于虐待罪的结果加重犯，仍以虐待罪论处。

3. 罪数问题。在虐待过程中，由于被虐待人反抗，而产生伤害或杀人故意，并造成伤害或死亡结果的，如果虐待行为情节恶劣，应以虐待罪和故意伤害罪或故意杀人罪数罪并罚；如果虐待行为情节不恶劣，则只以故意伤害罪或故意杀人罪论处。

特别提示:

1. 虐待罪的犯罪对象是共同生活的家庭成员,对一起生活的保姆,有虐待行为的,不构成本罪。

2. 犯本罪,告诉的才处理,但致使被害人重伤、死亡的除外。

18 – 49 甲乙夫妇二人,于 2003 年 7 月至 2004 年 3 月期间,对其养女丙用皮带、擀面杖等物进行殴打,用打火机、开水烫等手段实施伤害,并将其反锁在屋内,致使丙面部、四肢躯干等多处皮肤受伤,经法医鉴定为轻伤。甲乙的行为构成:

A. 虐待罪　　　　　　　　B. 故意伤害罪

C. 遗弃罪　　　　　　　　D. 非法拘禁罪

答案:A

五、遗弃罪 (第261条)

是指对于年老、年幼、患病或者其他没有独立生活能力的人,负有扶养义务而拒绝扶养,情节恶劣的行为。本罪主体是特殊主体,即负有扶养义务且具有扶养能力的人。犯罪客体是家庭成员受扶养的权利。犯罪对象是与犯罪主体同一个家庭中的年老、年幼、患病或者其他没有独立生活能力者。

本罪客观上表现为对于年老、年幼、患病或者其他没有独立生活能力的人,负有扶养义务而拒绝扶养,并且情节恶劣。根据《婚姻法》规定,扶养义务包括:①夫妻间有相互扶养的义务。②父母(包括养父母、继父母)对子女(包括养子女、继子女)有抚养教育的义务。③子女(养子女、继子女)对父母(养父母、继父母)有赡养扶助的义务。④有负担能力的祖父母、外祖父母,对于父母已经死亡或父母无力抚养的未成年孙子女、外孙子女,有抚养义务。⑤有负担能力的孙子女、外孙子女对于子女已经死亡或子女无力抚养的祖父母、外祖父母,有赡养的义务。⑥有负担能力的兄、姐,对于父母已经死亡或父母无力抚养的未成年的弟、妹,有扶养的义务。由兄、姐扶养长大的有负担能力的弟、妹,对于缺乏劳动能力又缺乏生活来源的兄、姐,有扶养的义务。所谓"拒绝扶养",是指不履行扶养义务,如不提供经济帮助,不给予基本的生活照料等。构成本罪,还必须以行为人具有扶养能力为前提。虽有扶养义务,但没有扶养能力而拒绝扶养的,不构成犯罪。另外,还必须是情节恶劣的,才构成犯罪。"情节恶劣",一般是指动机卑劣、手段恶劣、造成严重后果的,如因遗弃造成被扶养人流离失所;行为人屡教不改的;遗弃引起被扶养人自杀的等。

特别提示：遗弃被扶养人，致使被害人死亡的，刑法没有规定为结果加重情形；遗弃罪不属于自诉案件。

18-50（04 卷二 81） 下列情形中，告诉才处理的有：

A. 捏造事实，诽谤国家领导人，严重危害社会秩序和国家利益

B. 虐待家庭成员，致使被害人重伤的

C. 遗弃被扶养人，情节恶劣的

D. 暴力干涉他人婚姻自由的

答案：D

六、拐骗儿童罪（第262条）

是指拐骗不满14周岁的未成年人，使其脱离家庭或者监护人的行为。

本罪主观上一般是以收养或供其使唤为目的。犯罪客体是他人的家庭关系和未成年人的合法权益。客观方面表现为采用欺骗、利诱等方法使不满14周岁的未成年人脱离家庭或者监护人。拐骗行为既可以是针对儿童实行，也可以是针对家长或监护人实行。

特别提示：行为人出于收养目的偷盗婴幼儿的，以拐骗儿童罪论处。

七、组织残疾人、儿童乞讨罪[1]（第262条之一）

是指以暴力、胁迫手段组织残疾人或者不满14周岁的未成年人乞讨的行为。

"暴力"，是指以殴打、拘禁、捆绑等方法对他人身体实行强制和打击。暴力的程度仅限于造成肉体上的痛苦或者轻伤。"胁迫"，是指行为人以实施暴力或以不给吃饭、不准睡觉、挨冻等相威胁。"组织"，是指将分散的残疾人和儿童聚拢在一起。本罪为行为犯，行为人只要有组织行为，不论残疾人和儿童是否实施乞讨行为，均成立既遂。

本罪主体是一般主体。主观上是直接故意，一般以牟利为目的。犯罪客体是残疾人和儿童的家庭关系和身心健康。

注意问题：

1. 罪与非罪的界限。《中华人民共和国治安管理处罚法》第41条第1款规定，"胁迫、诱骗或者利用他人乞讨的"，构成治安违法行为。两者的区别在于：①侵犯的对象不同。本罪仅限于残疾人和未满14周岁的未成年人。而治安违法行为保护对象为任何人。②行为主体不同。本罪仅限为组织者，而治安违法行为主体为已满14周岁的任何人。另外，虽然组织残疾人和未成年人乞讨，但未使用暴力、胁迫手段的，也不构成犯罪。

---

〔1〕 本罪是《刑法修正案（六）》新增加的一个罪名。

2. 罪数问题。行为人使用收买、拐骗、拐卖等手段，将残疾人、儿童置于自己的控制之下的，属于牵连犯，择一重罪处罚。由于残疾人、儿童不"配合"，行为人恼怒，使用暴力致儿童伤残、死亡或将儿童出卖的，构成故意伤害罪、故意杀人罪或拐卖儿童罪，与本罪实行并罚。

特别提示：故意使用暴力致儿童伤残，迫使其行乞的，属于牵连犯，择一重罪处罚。

18－51 关于暴力组织乞讨罪，下列哪些说法是错误的？

A. 以牟利为目的，是本罪主观方面的必备要件

B. 引诱儿童脱离家庭，强迫儿童乞讨的，构成拐骗儿童罪和强迫儿童乞讨罪，实行并罚

C. 甲收留流浪儿童乙，并逼迫其行乞，构成暴力组织乞讨罪

D. 暴力组织残疾人行乞，致使残疾人死亡的，属于本罪结果加重情形

答案：ABCD

八、组织未成年人进行违法活动罪（刑法第262条之二）

是指组织未成年人进行盗窃、诈骗、抢夺、敲诈勒索等违反治安管理活动的行为。本罪由《刑法修正案（七）》第8条所增加。

本罪的特征是：①客体是复杂客体，既侵犯了未成年人的人身权利，又侵犯了社会治安秩序。②客观方面表现为组织未成年人进行盗窃、诈骗、抢夺、敲诈勒索等违反治安管理活动的行为。这里所说的"违反治安管理行为"可能相当严重，只是由于行为人未成年才不以犯罪论处。这里的"组织"，可以是以暴力、胁迫为手段实施，也可以是以单纯的利益引诱等非强力手段实施。如果组织未成年人进行违法活动的行为造成未成年人的身心健康受到严重损害或者社会治安秩序的严重破坏，则属于法条中的"情节严重"，应当加重处罚。③主体是一般主体，凡年满16周岁的自然人均可构成本罪。④主观方面表现为直接故意。

第十九章 侵犯财产罪

本章从第 263～276 条之一，共 14 个条文，13 个罪名。

■ 第一节 暴力、胁迫型财产犯罪

一、抢劫罪（第 263 条）

是指以非法占有为目的，使用暴力、胁迫或者其他方法，当场强行劫取公私财物的行为。其主要特征如下：

本罪主体是已满 14 周岁并具有行为能力的自然人。主观上以非法占有公私财物为目的。侵犯的客体是复杂客体，即同时侵犯公私财产所有权及人身权利，财产所有权是主要客体。客观方面表现为对公私财物的所有人、占有人或管理人实施强制性行为，迫使其当场交出财物或强行劫取财物。这一特征有两个要点："强制性行为"和"当场交出"。

实施了强制性行为是构成抢劫犯罪的基础性条件。"强制性行为"包括暴力、胁迫或其他方法。抢劫罪的"暴力"，是指行为人对被害人的身体实行的打击或强制，如殴打、捆绑、禁闭、杀害、伤害等。暴力的程度如何一般不影响抢劫罪的成立。但是暴力必须是向财物持有人为之，并在取得财物的当场实施，达到能够使被害人产生恐惧，使其反抗能力受到一定抑制的程度，并且这种暴力是犯罪人有意实施的。抢劫罪的"胁迫"，是指当面对被害人以立即实施暴力侵害相威胁，使被害人恐惧而被迫当场交出财物或者任财物被劫走。抢劫的"其他方法"，是指暴力、胁迫方法之外的能使被害人不知反抗、不能反抗或丧失反抗能力的方法，如用酒灌醉、用药物麻醉、使用催眠术等等。

"当场交出"表明抢劫罪中的强制性行为与抢走财物的行为在发生的时间、场合上具有统一性。如果行为人在取财的现场没有使用强制性行为，或使用了强制性行为而并不当场取财，都不能以抢劫罪论处。

注意问题：

1. 罪与非罪的界限。使用轻微的暴力强索少量财物属一般违法行为。因债务或其他财产纠纷强行扣留或拿走他人财物的；赌徒抢回输掉的赌资或者出于哥们义气帮助他人抢回输掉的赌资；小偷小摸被人发现，对他人使用了轻微暴力但没有造成后果的等，均不能以抢劫罪论处。

2. 与故意杀人罪的界限。犯罪人在抢劫的同时常常伴有杀人行为。对这类案件，应当具体问题具体分析：①行为人为抢劫财物，将被害人杀死的，以抢劫罪一罪论处。②行为人为谋取被害人的不动产，将被害人杀死的，应定故意杀人罪。③行为人在抢得财物后，出于灭口或其他动机将被害人杀死的，应另定故意杀人罪，与抢劫罪并罚。④如果本无抢劫之意，基于其他动机故意伤害或杀死他人后，临时起意，顺手牵羊拿走他人财物的，应以故意伤害罪或者故意杀人罪与盗窃罪实行并罚。

3. 与绑架罪的界限。①行为手段不同。抢劫罪是迫使被害人当场交出财物或直接抢走财物；绑架罪则是在将人掳走后迫使其亲友交出财物。②实施行为的时间和地点不同。抢劫罪是当场使用强制手段，当场取得财物；绑架罪则是先限制人身自由，后勒索财物。③犯罪对象不同。抢劫罪劫走的只限于动产；绑架罪勒索的也可以是财产性利益，比如技术秘密等。④主体条件要求不同。抢劫罪的主体为年满14周岁的人；绑架罪的主体则为年满16周岁的人。

4. 与寻衅滋事罪的界限。寻衅滋事客观上可表现为强拿硬要公私财物，这种强拿硬要，行为人主观上具有逞强好胜和填补其精神空虚等目的，而抢劫行为人一般只具有非法占有他人财产的目的。寻衅滋事客观上一般不以严重侵犯他人人身权利的方法强拿硬要，而抢劫则是以暴力、威胁等方法作为劫取他人财物的手段。司法实践中对于未成年人使用威胁或使用轻微暴力强抢少量财物的行为，严重的可以寻衅滋事罪论处。

5. 关于抢劫特定物的定性。以毒品、假币、淫秽物品等违禁物品为对象，实施抢劫的，以抢劫罪定罪，抢劫的违禁品数量作为量刑情节予以考虑。抢劫违禁品后又以违禁品实施其他犯罪的应以抢劫罪与具体实施的其他犯罪数罪并罚。抢劫赌资、犯罪所得的赃款赃物的以抢劫罪定罪，但行为人仅以其所输赌资或所赢赌债为抢劫对象的，一般不以抢劫罪定罪处罚。构成其他犯罪的，依照刑法的相关规定处罚。

6. 驾驶机动车、非机动车夺取他人财物行为的定性。对于驾驶机动车、非机动车（以下简称"驾驶车辆"）夺取他人财物的，一般以抢夺罪从重处罚。但具有下列情形之一的，应以抢劫罪定罪处罚：①驾驶车辆，逼挤、撞击或强行逼倒他人以排除他人反抗，乘机夺取财物的；②驾驶车辆强抢财物时因被害人不放手而采取强拉硬拽方法劫取财物的；③行为人明知并放任其驾驶车辆强行夺取造成财物持有人轻伤以上后果的。

7. 抢劫罪的既遂与未遂。抢劫罪侵犯的是复杂客体，既侵犯财产权利又侵犯人身权利，具备劫取财物或造成他人轻伤以上后果两者之一的，均属抢劫既遂；既未劫取财物，又未造成他人人身伤害后果的，属抢劫未遂。据此，《刑法》第263条规定的八种处罚情节中除"抢劫致人重伤、死亡的"这一结果加重情节之外，其余七种处罚情节同样存在既遂、未遂问题，其中属抢劫未遂的，应当根据刑法关于加重情节的法定刑规定，结合未遂犯的处理原则量刑。

8. 转化抢劫罪的认定和处理。《刑法》第 267 条规定：携带凶器抢夺的，定抢劫罪。《刑法》第 269 条规定：犯盗窃、诈骗、抢夺罪，为窝藏赃物、抗拒抓捕或者毁灭罪证而当场使用暴力或者以暴力相威胁的，定抢劫罪。这条的要点在于，转化型抢劫犯罪的构成并不以其前期行为构成犯罪为必要要件，即使盗窃、诈骗、抢夺行为未达到"数额较大"，只要符合特定的条件，使得行为的社会危害性程度增加，足以纳入刑法评价的范围，即可认定为犯罪。这些特定条件如：①盗窃、诈骗、抢夺接近"数额较大"标准；②使用暴力致人轻微伤以上后果的；③使用凶器或以凶器相威胁的。[1] 如果犯罪人在逃离犯罪现场时即刻被人发现而紧追不舍，其过程属于现场的延伸，也应视为当场；如果行为人使用的暴力程度显著轻微，则不应认为是使用暴力，应按原来的犯罪论处；行为人使用暴力或以暴力相威胁必须是为了窝藏赃物、抗拒抓捕或者毁灭罪证。《刑法》第 289 条规定：聚众"打砸抢"，毁坏或抢走公私财物的，对首要分子定抢劫罪。

9. 对八种加重处罚情节的认定。根据最高人民法院的司法解释[2]和 2004 年全国部分法院经济犯罪案件审判工作座谈会研讨综述的精神，以下八种情形作为抢劫罪的加重处罚情节：

(1) 入户抢劫，是指为实施抢劫行为而进入他人生活的与外界相对隔离的住所进行抢劫的行为；入户盗窃被发现而当场使用暴力或以暴力相威胁的行为也应认定入户抢劫；进入机关、企业等办公场所以及公共娱乐场所抢劫的，不属于入户抢劫。"入户抢劫"一般应当满足三个条件：①"户"的范围应有所限定。户一般是指住所，其特征表现为供他人家庭生活和与外界相对隔离两个方面。②"入户"目的具有非法性。即为了实施抢劫而入户。如抢劫行为虽然发生在户内，但行为人不以实施抢劫等非法侵害为目的而进入他人住所，而是临时起意实施抢劫的，不属于"入户抢劫"。例如卖淫女将嫖客带入家中嫖宿，后者在嫖宿过程中临时起意实施抢劫的只能认定为一般抢劫罪而不能认定为"入户抢劫"。[3] ③暴力或

---

〔1〕 以上要点参见 2004 年全国部分法院经济犯罪案件审判工作座谈会研讨综述。

〔2〕 最高人民法院 2000 年 11 月 22 日《关于审理抢劫案件具体应用法律若干问题的解释》。

〔3〕 《最高人民法院关于审理抢劫、抢夺刑事案件适用法律若干问题的意见》中提出的"入户后临时起意抢劫的不以入户抢劫论处"这个意见，有学者指出在理论和实践上都是错误的。详见侯国云："'入户抢劫'与'在户抢劫'区别何在"，载《人民检察》2005 年第 11 期（上）。另外该意见虽属最高人民法院颁发，但未经最高人民法院审判委员会讨论，不属于正规的司法解释。这一点需要注意。

暴力胁迫行为必须发生在"户内"。比如入户盗窃，被发现后在户内使用暴力、威胁手段的，以入户抢劫论，但若追出户外后再使用暴力，应以一般抢劫论。

（2）在公共交通工具上抢劫，既包括在正在运营中的交通工具上对旅客、司售、乘务人员实施的抢劫，也包括对运行途中的交通工具拦截后对交通工具上的人员实施的抢劫。"在公共交通工具上抢劫"主要是指在从事旅客运输的各种公共汽车、火车、船只、飞机等正在运营中的公共交通工具上对旅客、司售、乘务人员实施的抢劫，或者拦截正在运行的单位班车、郊游的校车进而实施抢劫的。在未运营的大、中型公共交通工具上针对司售、乘务人员抢劫的，或者在小型出租车上抢劫的，在公共交通工具的起始站或终点站实施抢劫的，不属于"在公共交通工具上抢劫"。"在公共交通工具上抢劫"的认定，还应同时具备公然性特征，即公然藐视众多人的存在，对不特定多数人的人身财产安全构成现实或潜在的威胁。例如以拉客为名，将特定被害人带上正在运营的长途汽车进行抢劫的，应认定为在公共交通工具上抢劫。

（3）抢劫银行或者其他金融机构，是指抢劫银行或其他金融机构的经营资金、有价证券和客户的资金等；抢劫正在使用中的运钞车亦视为犯此罪。"银行"包括国有银行、民营银行以及外国在我国设立的银行。"其他金融机构"是指银行以外的从事货币资金的融通和信用业务的机构，包括证券公司、保险公司、信托投资公司、信用社等。抢劫银行或者其他金融机构的一般办公用品、生活用品，不属于本项情形。

（4）多次抢劫或者抢劫数额巨大。多次抢劫是指抢劫三次以上。但对于行为人基于预感犯意实施犯罪的，如在同一地点同时对在场的多人实施抢劫的；或基于同一犯意在同一地点实施连续抢劫的或在一次犯罪中对一栋居民楼中的几户居民连续实施入户抢劫的，一般应认定为一次犯罪。

（5）抢劫致人重伤、死亡，是指为抢劫财物使用暴力或其他强制方法，因用力过度而过失造成重伤、死亡或者以杀人作为非法占有公私财物的手段实施抢劫造成人员重伤、死亡。

（6）冒充军警人员抢劫，是指冒充现役军人、武装警察和公安民警抢劫，不包括冒充一般执法人员和其他国家机关工作人员。行为人冒充正在执行公务的人民警察"抓赌"、"抓嫖"，没收赌资或者罚款的行为，构成犯罪的，以招摇撞骗罪从重处罚；在实施上述行为中使用暴力或者暴力威胁的，以抢劫罪定罪处罚。行为人冒充治安联防队员"抓赌"、"抓嫖"、没收赌资或者罚款的行为，构成犯罪的，以敲诈勒索罪定罪处罚；在实施上述行为中使用暴力或者暴力威胁的，以抢劫罪定罪处罚。

（7）持枪抢劫，是指持真枪抢劫，持假枪、因部件损坏已经无法使用的废枪进行抢劫的,不适用"持枪抢劫"的量刑情节。行为人携带枪支,但未使用或未向被害人显示持有、佩带的枪支,或者行为人并未实际持有枪支,但口头上表示有枪,不适用本规定;携带枪支抢夺转化为抢劫罪的,不能适用持枪抢劫的法定刑。

(8)抢劫军用物资或者抢险、救灾、救济物资不包括抢劫军用的枪支、弹药、爆炸物;抢劫这些军用物品的,应按《刑法》第127条定罪处罚。

特别提示:

1. 抢劫罪侵犯的财产对象,只限于有形的动产。
2. 注意第269条转化抢劫的条件。
3. 注意八种法定加重处罚的情形。

19－1 甲、乙深夜至某民宅中,持刀将户主丙(女)捆绑,从家中抢得现金若干。随后甲留在被害人家中,乙则用抢的赃物出门购置一部照相机后返回被害人家中拍摄丙的裸照20余张,并要求丙以每张千元的价格赎回。随后几天甲和乙先后两次将敲诈信和数张裸照寄往丙家中。问,甲和乙的行为构成何罪?

A. 抢劫罪

B. 敲诈勒索罪

C. 抢劫罪和敲诈勒索罪,并罚

D. 抢劫罪和敲诈勒索罪,择一重罪处罚

答案:C

19－2(99卷二27) 甲、乙二人于某日晚将私营业主丙从工厂绑架至市郊的一空房内,将丙的双手铐在窗户铁栏杆上,强迫丙答应交付3万元的要求。约2小时后,甲、乙强行将丙带回工厂,丙从保险柜取出仅有的1.7万元交给甲、乙。甲、乙的行为构成何罪?

A. 抢劫罪   B. 绑架罪

C. 敲诈勒索罪   D. 非法拘禁罪

答案:A

19－3(02卷二12) 张某乘坐出租车到达目的地后,故意拿出面值100元的假币给司机钱某,钱某发现是假币,便让张某给10元零钱,张某声称没有零钱,并执意让钱某找零钱。钱某便将假币退还张某,并说:"算了,我也不要出租车钱了"。但是,张某对钱某的头部猛击几拳,还吼道:"你不找钱我就让你死在车里"。钱某只好收下100元假币,找给张某

90 元人民币。张某的行为构成何罪？

    A. 使用假币罪   B. 敲诈勒索罪

    C. 抢劫罪   D. 强迫交易罪

    答案：C

19 - 4（02 卷二 49）   甲（19 周岁）、乙（17 周岁）合伙盗窃王家的耕牛。甲在门外望风，乙进去牵牛。由于乙不小心弄出声音，被王发现。甲听见王的吆喝声，不顾等乙即逃跑。王手持木棒紧追乙，乙为了逃避王的抓捕，掏出随身携带的水果刀，扎了王一刀。甲逃到村口刚好遇见巡逻的民警。民警见甲形迹可疑便带回问话，甲如实交待和乙合谋盗窃的问题。关于本案下列那些说法是正确的？

    A. 甲的行为构成盗窃罪   B. 对甲应当认定为自首

    C. 乙的行为构成抢劫罪   D. 对乙应当从轻、减轻处罚

    答案 ABCD

19 - 5（03 卷二 39）   某晚，甲身穿警服，冒充交警上了乙开的出租车。当车行至市郊时，甲持假枪抢走乙人民币 1000 元，并将乙踹出车外，使其身受重伤，将出租车开走。本案属于抢劫罪加重情节的有那些？

    A. 持枪抢劫   B. 冒充军警人员抢劫

    C. 抢劫致人重伤   D. 在公共交通工具上抢劫

    答案：BC

19 - 6   甲在赌博时输给乙 2000 元之后，怕回家不好交待，就将乙骗到无人处，用匕首对乙进行威胁，逼迫乙将钱还给自己。乙不给，甲将乙打成重伤。甲的行为构成

    A. 抢劫罪   B. 抢夺罪

    C 故意伤害罪   D. 抢自己的财物，不构成犯罪

    答案：C

19 - 7（06 卷二 14）   甲使用暴力将乙扣押在某废弃的建筑物内，强行从乙身上搜出现金 3000 元和 1 张只有少量金额的信用卡，甲逼迫乙向该信用卡中打入人民币 10 万元。乙便给其妻子打电话，谎称自己开车撞伤他人，让其立即向自己的信用卡中打入 10 万元救治伤员并赔偿。乙妻信以为真，便向乙的信用卡中打入 10 万元，被甲取走，甲在得款后将乙释放。对甲的行为应当按照下列哪一选项定罪？

    A. 非法拘禁罪   B. 绑架罪

C. 抢劫罪　　　　　　　　　　　　　D. 抢劫罪和绑架罪

答案：C

19－8（06 卷二 53）　甲、乙、丙共谋犯罪。某日，三人拦截了丁，对丁使用暴力，然后强行抢走丁的钱包，但钱包内只有少量现金，并有一张银行借记卡。于是甲将丁的借记卡抢走，乙、丙逼迫丁说出密码。丁说出密码后，三人带着丁去附近的自动取款机上取钱。取钱时发现密码不对，三人又对丁进行殴打，丁为避免遭受更严重的伤害，说出了正确的密码，三人取出现金 5000 元。对甲、乙、丙行为的定性，下列哪些选项是错误的？

A. 抢劫（未遂）罪与信用卡诈骗罪

B. 抢劫（未遂）罪与盗窃罪

C. 抢劫（未遂）罪与敲诈勒索罪

D. 抢劫（既遂）罪与盗窃罪

答案：ABCD

二、抢夺罪（第 267 条）

是指以非法占有为目的，公然夺取数额较大的公私财物的行为。本罪主体为一般主体。主观上以非法占有为目的。客观上表现为乘人不备公然夺取数额较大的公私财物。

注意问题：

1. 抢劫罪的界限。①犯罪客体不同。抢劫罪既侵犯财产所有权又侵犯人身权利，抢夺罪只侵犯财物所有权。②手段不同。抢劫罪是采用暴力、胁迫或者其他手段，抢夺罪是乘人不备公然夺取财物；抢劫行为使用的暴力是直接指向被害人人身，而抢夺罪的力是直接作用于被抢夺的财物。行为人在抢夺财物过程中，由于用力过猛等原因无意中造成伤害的仍构成抢夺罪。

2. 关于携带凶器抢夺的认定。根据有关司法解释，[1]"携带凶器抢夺"是指行为人随身携带枪支、爆炸物、管制刀具等国家禁止个人携带的器械进行抢夺或者为了实施犯罪而携带其它器械进行抢夺的行为。行为人随身携带国家禁止个人携带的器械以外的其它器械抢夺，但有证据证明该器械确实不是为了实施犯罪准备的，不以抢劫罪定罪；行为人将随身携带凶器有意加以显示、能为被害人察觉到的，直接适用《刑法》第 263 条的规定定罪处罚；行为人携带凶器抢夺后，在逃跑过程中为窝藏赃物、抗拒

────────────

[1]　最高人民法院 2005 年《关于审理抢劫、抢夺刑事案件适用法律若干问题的意见》。

抓捕或者毁灭证据而当场使用暴力或以暴力相威胁的，适用《刑法》第267条第2款的规定定罪处罚。

3. 关于"飞车抢夺"行为的定性（参见抢劫罪（二）5）。

19－9 有关抢夺罪，下列说法错误的是：

A. 甲身藏一仿真手枪埋伏在僻静处欲抢财物，巧遇乙边打电话边走了过来，甲见有机可乘迅速冲出抢了乙的手机就跑。甲构成抢夺罪

B. 甲抢夺乙包袱，用力拉扯时乙站立不稳倒地成重伤，甲的行为构成抢劫罪

C. 甲抢走乙的笔记本电脑一台，次日，乙在街上将甲认出，欲将其扭送至公安局，甲将乙打伤后逃走。甲的行为构成抢劫罪

D. 甲在火车站候车室见乙身边的座位上有一精致小包便上前拿了就跑，但实际上包是另一侧丙的，丙当时正在打盹，后经人提醒才发现包已不见。甲构成盗窃罪

答案：BCD

19－10 甲去镇上赶集，看见一把菜刀不错，就买了放在背包里。回来时，路过一个店铺，看见老板正在数钱。甲心生歹念，一把抢过钱就跑。请问甲构成何罪？

答案：抢夺罪

19－11 如果在上例中，甲见老板生得威猛高大，甲想到自己包里还有新买的一把菜刀，于是露出刀把，从其手里抢过钱就跑，甲的行为构成何罪？

答案：抢劫罪

19－12 甲骑摩托车在大街上见乙提着一个精制皮包在行走，遂起歹意，从背后用力拉皮包带，试图将皮包抢走。乙顿时警觉，拽住皮包带不放，甲见此情景，突然对摩托车加速，并用力猛拉皮包带，乙当即被率成重伤。请问甲构成抢夺罪还是抢劫罪？

答案：抢劫罪

19－13 甲见乙提一旅行包行色匆匆，于是趁其不备，迅速将旅行包夺走，至僻静处打开一看，包中有手枪一支。请问甲某构成何罪？

答案：抢夺罪

19－14　如上例中甲某打开手提包见其中有人民币800元和手枪一支，则甲构成何罪？

答案：抢夺罪

三、聚众哄抢罪（第268条）

指以非法占有为目的，聚集多人哄抢公私财物，数额较大或情节严重的行为。本罪主体为一般主体。主观上具有非法占有公私财物的目的。客观上表现为聚众、公然哄抢财物，数额较大或具有其他严重情节。

特别提示：

1. 只有数额较大或具有其他严重情节时才构成该罪。

2. 主体限于首要分子和积极参加者。

四、敲诈勒索罪（第274条）

是指以非法占有为目的，对被害人以威胁或者要挟的方法，强索数额较大的公私财物或者多次强索的行为。本罪主体为一般主体。主观上以非法占有为目的。客观上表现为行为人以对被害人实施威胁或者要挟的方法，迫使其交出数额较大的财物。"威胁"，是指以杀、伤等暴力方法相恫吓；"要挟"，是指以揭发隐私、揭发犯罪、毁坏名誉等非暴力方法相恫吓，二者都是想造成被害人心理上的恐惧，从精神上进行控制。勒索的财物，可当场取得，也可事后取得。数额较大以1000元至3000元为起点。[1]　多次敲诈勒索的，未达数额较大的标准也构成犯罪。

注意问题：

1. 与抢劫罪的区别：①威胁的方式不同。抢劫罪的威胁，是当面直接向被害人发出；而敲诈勒索罪的威胁可当面发出，也可通过他人或其他方法间接发出。②威胁的内容不同。抢劫罪的威胁，都是以杀、伤为内容；敲诈勒索罪的威胁，既可以杀、伤为内容，也可以毁人名誉、毁坏财产等为内容。③威胁内容的兑现时间不同。抢劫罪的威胁内容（暴力）会当即兑现，而敲诈勒索罪的威胁内容则是在将来某个时间兑现。④索取的财产不同。抢劫罪索取的财产，只能是动产；而敲诈勒索罪索取的财产，可以是动产也可以是不动产。⑤非法取得财产的时间不同。抢劫罪只能是当场取得；敲诈勒索罪可以当场取得，也可以在以后某个时间取得。⑥威胁的效果有所不同。抢劫罪的威胁，使被害人当场受到精神强制，丧失反抗意志，除将财产当场交出外，没有回旋的余地；而敲诈勒索罪的威胁，只会使被害人产生恐惧感和压迫感，在决定是否交付财物上尚有考虑、回旋的余地。

---

〔1〕　2000年4月28日《最高人民法院关于敲诈勒索罪数额认定标准问题的规定》。

2. 与绑架罪的区别：①犯罪客体不同。敲诈勒索罪侵犯的主要客体是公私财产所有权；而绑架罪侵犯的主要客体是公民的人身权利。②犯罪的客观特征不同：首先，敲诈勒索罪是以将要实施的侵害相威胁，勒索财物；绑架罪则是以非法剥夺人身自由的方法，勒索财物。其次，敲诈勒索罪既可以暴力相威胁，也可以非暴力相要挟；而绑架罪只是以暴力相威胁。最后，敲诈勒索罪是直接从被害人手中取得财物，而绑架罪则是从被绑架人的亲友或所在单位处取得财物。

3. 既遂的标准。敲诈勒索罪属于结果犯，行为人通过敲诈实际勒索到财物的，才是既遂。

特别提示：为逼迫对方偿还债务而进行要挟或威胁的，不构成犯罪。

19 – 15（03 卷二 50） 甲、乙合谋勒索丙的钱财。甲与丙及丙的儿子丁（17 岁）相识。某日下午，甲将丁邀到一家游乐场游玩，然后由乙向丙打电话。乙称丁被绑架，令丙赶快送 3 万元现金到约定地点，不许报警，否则杀害丁。丙担心儿子的生命而没有报警，下午 7 点左右准备了 3 万元后送往约定地点。乙取得钱后通知甲，甲随后与丁分手回家。下列罪名哪些不符合甲、乙的行为性质？

A. 绑架罪　　　　　　　　　B. 抢劫罪

C. 敲诈勒索罪　　　　　　　D. 非法拘禁罪

答案：ABD

19 – 16（05 卷二 14） 甲、乙为劫取财物将在河边散步的丙杀死，当场取得丙随身携带的现金 2000 余元。甲、乙随后从丙携带的名片上得知丙是某公司总经理。两人经谋划后，按名片上的电话给丙的妻子丁打电话，声称丙已被绑架，丁必须于次日中午 12 点将 10 万元现金放在某处，否则杀害丙。丁立即报警，甲、乙被抓获。关于本案的处理，下列哪一种说法是正确的？

A. 抢劫罪和绑架罪并罚

B. 以故意杀人罪、盗窃罪和绑架罪并罚

C. 以抢劫罪和敲诈勒索罪并罚

D. 以故意杀人罪、侵占罪和敲诈勒索罪并罚

答案：C

19 – 17 甲正在盗窃财物时，被乙发现，乙对甲说："交出 1000 块，不然告发你。"甲遂将 1000 元交给乙。乙的行为构成：

A. 抢劫罪　　　　　　　　　B. 盗窃罪的共犯

C. 敲诈勒索罪　　　　　　　　D. 不构成犯罪

答案：C

19－18　甲发现自己放在宿舍的西装（价值 1000 元钱）在隔壁乙的床上。怀疑被乙所偷。甲伙同数人找乙责问西装来源，并打了乙一顿。乙承认盗窃西装事实后，甲又要求其赔偿自己宿舍被盗其他财物的损失，乙表示同意。甲要求乙赔偿 5000 元钱，限定当天给钱，因当时乙没有那么多现金，乙给甲写下欠条，第二天，将钱如数给甲。对甲的行为如何认定？

A. 抢劫罪　　　　　　　　　　B. 敲诈勒索罪
C. 诈骗罪　　　　　　　　　　D. 不构成犯罪

答案：B

19－19（06 卷二 15）　下列哪种行为构成敲诈勒索罪？

A. 甲到乙的餐馆吃饭，在食物中发现一只苍蝇，遂以向消费者协会投诉为由进行威胁，索要精神损失费 3000 元。乙迫于无奈付给甲 3000 元

B. 甲到乙的餐馆吃饭，偷偷在食物中投放一只事先准备好的苍蝇，然后以砸烂桌椅进行威胁，索要精神损失费 3000 元。乙迫于无奈付给甲 3000 元

C. 甲捡到乙的手机及身份证等财物后，给乙打电话，索要 3000 元，并称若不付钱就不还手机及身份证等物。乙迫于无奈付给甲 3000 元现金赎回手机及身份证等财物

D. 甲妻与乙通奸，甲获知后十分生气，将乙暴打一顿，乙主动写下一张赔偿精神损失费 2 万元的欠条。事后，甲持乙的欠条向其索要 2 万元，并称若乙不从，就向法院起诉乙

答案：B

■　第二节　盗取、骗取型财产犯罪

一、盗窃罪（第 264 条）

是指以非法占有为目的，窃取公私财物数额较大的或者多次盗窃、入户盗窃、携带凶器盗窃、扒窃公私财物的行为。

本罪主体是一般主体。根据最高人民检察院的解释，单位组织实施盗窃行为，情节严重的，按自然人犯罪处理，只追究直接责任人员的刑事责任。客观上表现为行为人秘密窃取数额较大的公私财物或者多次盗窃、入

户盗窃、携带凶器盗窃、扒窃公私财物的行为。所谓"秘密窃取"，是指行为人采取自以为不使财物所有者、保管者发觉的方法，暗中将财物取走。

《刑法》第 265 条规定：以牟利为目的，盗接他人通信线路、复制他人电信码号或者明知是盗接、复制的电信设备、设施而使用的，以盗窃罪论处。

《刑法》第 196 条第 3 款：盗窃信用卡并使用的，以盗窃罪论处。其盗窃数额应根据行为人盗窃信用卡后使用的数额认定。

《刑法》第 210 条第 1 款：盗窃增值税专用发票或者可以用于骗取出口退税、抵扣税款的其他发票的，以盗窃罪论处。盗窃上述发票数量在 25 份以上的，为数额较大。

据司法解释，将电信卡非法充值后使用，造成电信资费损失数额较大，或者盗用他人公共信息网络上网账号、密码上网，造成他人电信资费损失数额较大的，均以盗窃罪论处。[1]

构成盗窃罪的情节有五个法定标准，①数额较大；②多次盗窃；③入户盗窃；④携带凶器盗窃；⑤扒窃。根据有关司法解释[2]，"数额较大"，以人民币 500 元至 2000 元为起点。"多次盗窃"，是指 1 年之内入户盗窃或者在公共场所扒窃 3 次以上。"扒窃"，是指直接在被害人衣袋或随身行李中窃取。多次盗窃、入户盗窃和扒窃的，未达数额较大标准的也构成犯罪。

注意问题：

1. 罪与非罪的界限。根据前述司法解释，盗窃公私财物数额接近"数额较大"的起点，具有下列情节之一的，可以追究刑事责任：①以破坏性手段盗窃造成公私财产损失的；②盗窃残疾人、孤寡老人或者丧失劳动能力人的财物的；③造成严重后果或者具有其他恶劣情节的。反之，盗窃公私财物虽已达到"数额较大"的起点，但情节轻微，并具有下列情节之一的，可以不作为犯罪处理：①已满 16 周岁不满 18 周岁的人作案的；②全部退赃、退赔的；③主动投案的；④被胁迫参加盗窃活动，没有分赃或者获赃较少的。盗窃未遂，情节轻微的，一般不定罪处罚。但如果以数额巨大的财物，或者国家珍贵文物等为目标，即使盗窃未遂，或者实际所得价值较小，也应定罪处罚。

2. 偷拿自己家里或近亲属的财物，根据《最高人民法院关于审理盗窃

---

〔1〕 最高人民法院 2000 年 5 月《关于审理扰乱电信市场管理秩序案件具体应用法律若干问题的解释》。

〔2〕 最高人民法院 1997 年 11 月 4 日《关于审理盗窃案件具体应用法律若干问题的解释》。

案件若干问题的解释》的规定，一般可不按盗窃罪处理；对于确有追究刑事责任必要的，在处理时也应同在社会上作案盗窃的有所区别。

3. 盗窃罪与某些危害公共安全罪的界限。在司法实践中，有些盗窃行为指向特定的对象，如枪支、弹药、爆炸物、电力设备、通讯设备、易燃易爆设备等；有些盗窃行为则以爆炸、投毒等为手段来完成，对这类情况应根据不同情况分别处理：①如果盗窃的是法律明确规定的危害公共安全犯罪的对象，如盗窃枪支、弹药、爆炸物等或偷窃正在使用中的电力设备等同时构成危害公共安全罪和盗窃罪的，应择一重罪从重处罚。如果是在盗窃他人财物时，在窃得的提包里放有枪支、弹药，属于盗窃犯罪所牵连的结果行为，按盗窃罪从重处罚。如果盗窃的是一般财物或者是库存的、废置的电力、通讯设备，不足以危害公共安全的，应认定为盗窃罪。②如果以非法占有为目的，在鱼塘里，毒死或炸死数量较大的鱼，将其偷走，未引起其他严重后果的，应定为盗窃罪。如果不顾人畜安危，向供饮用的池塘中投放大量剧毒物，或者向堤坝、其他公共设施附近的水库中投掷大量炸药，严重危害公共安全，致人重伤、死亡或者使公私财产遭受重大损失的，应当定为投放危险物质罪或爆炸罪。

4. 盗窃罪与破坏生产经营罪的界限。盗窃少量正在使用的机器设备及其零部件，数额未达巨大标准，但破坏了生产经营的，应以破坏生产经营罪论处。如果被盗物品数额巨大，同时也破坏了生产经营，按照处理想象竞合犯的原则，择一重罪处罚，以盗窃罪论处。

5. 偷开机动车辆案件的认定。偷开机动车辆案件的情况比较复杂，应按不同情况作出不同的处理：①以非法占有为目的，偷开机动车辆，变卖或者留用，或者以练习开车、游乐为目的，多次偷开机动车辆，并将机动车辆丢失的，应按盗窃罪定罪处罚；②为盗窃其他财物，盗窃机动车辆当犯罪工具使用后，将偷开的机动车辆送回原处或者停放到原处附近，车辆未丢失的，被盗机动车辆的价值计入盗窃数额，按盗窃罪定罪处罚；③为实施其他犯罪，偷开机动车辆当犯罪工具使用后，将偷开的机动车辆送回原处或者停放到原处附近，车辆未丢失的，按照其所实施的犯罪从重处罚；④为实施其他犯罪，在偷开机动车辆过程中因过失撞死、撞伤他人或者撞坏了车辆构成犯罪的，应当以交通肇事罪和其他罪实行并罚；⑤为游乐，多次偷开汽车，并将汽车遗弃，严重扰乱工作、生产秩序，造成严重损失的，可以按扰乱社会秩序罪论处；⑥偶尔偷开机动车辆，情节轻微的，可以不认为是犯罪。

6. 盗窃罪的既遂与未遂。盗窃罪的既遂以行为人实际控制所盗财物为标准。若只是暂时控制所盗财物，在逃离现场之前又被抓获的，属于没有实际控制，仍为盗窃未遂。但逃离现场并实际控制所盗财产之后，又被发觉、抓获的，属于既遂。

特别提示：

1. 窃取本人已被依法扣押的财物，或者偷回本人已交付他人合法持有或保管的财物，然后又要求他人赔偿的，应以盗窃罪论处。

2. 窃取财物时对失主之外的他人不加隐瞒，不影响盗窃罪的成立。

3. 单位组织实施盗窃行为，情节严重的，按自然人犯罪处理，只追究直接责任人员的刑事责任。

4. 如果盗窃的是法律明确规定的危害公共安全犯罪的对象，同时构成危害公共安全的犯罪和盗窃罪的，应择一重罪从重处罚。如果是在盗窃他人财物时，在窃得的提包里放有枪支、弹药，属于盗窃犯罪所牵连的结果行为，按盗窃罪处罚。

5. 如果以非法占有为目的，不顾人畜安危，使用投毒或爆炸手段，严重危害公共安全的，应当定为投放危险物质罪或爆炸罪。

6. 盗窃信用卡并使用的，其盗窃数额应当根据行为人盗窃信用卡后使用的数额认定。

19-20（02 卷二 7）　王某利用计算机知识获取某公司上网账号和密码后，以每 3 个月 100 元的价格出售上网账号和密码，从中获利 5000 元，给该公司造成 4 万元的损失。对此，下列哪个说法是正确的？

A. 王某的行为构成盗窃罪，盗窃数额为 5000 元

B. 王某的行为构成诈骗罪，诈骗数额为 5000 元

C. 王某的行为构成盗窃罪，盗窃数额为 4 万元

D. 王某的行为构成诈骗罪，诈骗数额为 4 万元

答案：C

19-21（04 卷二 11）　陈某在商场金店发现柜台内放有一条重 12 克、价值 1600 元的纯金项链，与自己所戴的镀金项链样式相同。陈某以挑选金项链为名，乘售货员不注意，用自己的镀金项链调换了上述纯金项链。陈某的行为：

A. 构成盗窃罪

B. 构成诈骗罪

C. 构成诈骗罪与盗窃罪的想象竞合犯

D. 构成诈骗罪与盗窃罪二罪

答案：A

19-22（03 卷二 10）　李某花 5000 元购得摩托车一辆，半年后，其

友王某提出借用摩托车，李同意。王某借用数周不还，李某碍于情面，一直未讨还。某晚，李某乘王某家无人，将摩托车推回。次日，王某将摩托车丢失之事告诉李某，并提出用4000元予以赔偿。李某故意隐瞒真情，称："你要赔就赔吧。"王某于是给付李某摩托车款4000元。后李某恐事情败露，又将摩托车偷偷卖给丁某，获得款项3500元。李某的行为构成何罪？

A. 盗窃罪　　　　　　　　　　　　B. 诈骗罪

C. 销售赃物罪　　　　　　　　　　D. 盗窃罪和诈骗罪的牵连犯

答案：A

19－23　甲刚从银行购买了该行发行的一年期金融债券5000元（不记名不挂失不能提前兑现）就被乙偷走。3天之后，乙被公安机关抓获。关于本案，正确说法是：

A. 构成盗窃罪，属于犯罪既遂

B. 构成盗窃罪，属于犯罪未遂

C. 盗窃数额按票面金额和案发时应得的收益一并计算

D. 乙的行为不构成犯罪

答案：AC

19－24　甲盗窃已经盖好印鉴的空白支票后，假冒支票单位的职工，向商店骗购大量货物。甲的行为构成：

A. 盗窃罪　　　　　　　　　　　　B. 诈骗罪

C. 盗窃罪和诈骗罪　　　　　　　　D. 招摇撞骗罪

答案：A

二、诈骗罪（第266条）

是指以非法占有为目的，用虚构事实或者隐瞒真相的方法，骗取数额较大的公私财物的行为。本罪客观上表现为行为人使用欺骗方法使被害人陷入错误认识，"自愿地"地交付财物。"欺骗方法"：①虚构事实，即编造客观上并不存在的事实；②隐瞒真相，即对被骗人掩盖某种客观事实。此处的"自愿"并非财物所有人、管理人的真实意愿，而是被犯罪人的欺骗方法所迷惑而上当受骗的结果。"骗"是诈骗罪的突出特点，是与其他侵犯财产罪相区别的重要标志。

据司法解释，以虚假、冒用的身份证办理入网手续并使用移动电话，造成电信资费损失数额较大的，依诈骗罪论处。[1] 使用伪造、变造、盗窃的武装部队车辆号牌，骗免养路费、通行费等各种规费，数额较大的，以诈骗罪论处。[2]

注意问题：

1. 罪与非罪的界限。数额较大是构成诈骗罪的必备要素，诈骗财物数额较小、危害不大的行为，不构成诈骗罪。根据有关司法解释的规定，[3] 个人诈骗公私财物 2000 元至 4000 元的为数额较大；单位直接负责的主管人员和其他人员以单位名义实施诈骗行为，诈骗所得归单位所有的，以 5 万元至 10 万元以上的为数额较大。

2. 诈骗罪与特种诈骗犯罪的界限。在我国刑法中，诈骗罪与集资诈骗罪、合同诈骗罪、贷款诈骗罪、票据诈骗罪、金融凭证诈骗罪、信用证诈骗罪、信用卡诈骗罪、有价证券诈骗罪、保险诈骗罪、骗取出口退税罪等特殊的诈骗罪之间具有法条竞合关系，对此应按照特别法优先的原则适用。

3. 与盗窃罪的界限。实践中犯罪分子为达到非法占有他人财物的目的，往往盗窃与诈骗并用，此时区分两罪的关键就在于行为人非法占有财物起主要作用的手段是什么。如果起主要作用的是欺骗，应定诈骗罪；如果起主要作用的是窃取，则应定盗窃罪。

特别提示：

1. 从不具有相应民事行为能力的未成年人、精神病人手中骗取财物，不构成诈骗罪，应构成盗窃罪。

2. 我国刑法及相关司法解释对各种金融诈骗罪规定的起刑数额比诈骗罪高，当金融诈骗行为的数额未达到金融诈骗罪的要求而已经达到普通诈骗罪的要求时，应认定为普通诈骗罪。

3. 行为人使用欺骗手段骗取增值税专用发票或者可以用于骗取出口退税、抵扣税款的其他发票，依诈骗罪论处。

4. 以虚假、冒用的身份证办理入网手续并使用移动电话，造成电信资费损失数额较大的，或者使用伪造、变造、盗窃的武装部队车辆号牌，骗免养路费、通行费等各种规费，数额较大的，也以诈骗罪论处。

---

〔1〕 最高人民法院 2000 年 5 月《关于审理扰乱电信市场管理秩序案件具体应用法律若干问题的解释》。

〔2〕 最高人民法院 2002 年 4 月《关于审理非法生产、买卖武装部队车辆号牌等刑事案件具体应用法律若干问题的解释》。

〔3〕 最高人民法院 1996 年 12 月 16 日《关于审理诈骗案件具体应用法律的若干问题的解释》。

19－25 甲对乙实施诈骗行为，被乙识破骗局，但乙觉甲穷困潦倒，实在可怜，就给其 3000 元钱，甲得款后离开现场。问：如何认定甲的行为？

答案：甲应成立诈骗罪未遂，因其未能使乙陷入错误认识

19－26（04 卷二 5） 个体户甲开办的汽车修理厂系某保险公司指定的汽车修理厂家。甲在为他人修理汽车时，多次夸大汽车毁损程度，向保险公司多报汽车修理费用，从保险公司骗取 12 万余元。对甲的行为应如何论处？

A. 以诈骗罪论处

B. 以保险诈骗罪论处

C. 以合同诈骗罪论处

D. 属于民事欺诈，不以犯罪论处

答案：A

19－27（05 卷二 19） 乙与丙因某事发生口角，甲知此事后，找到乙，谎称自己受丙所托带口信给乙，如果乙不拿出 2000 元给丙，丙将派人来打乙。乙害怕被打，就托甲将 2000 元带给丙。甲将钱占为己有。对甲的行为应当如何处理？

A. 按诈骗罪处理　　　　　　　B. 按敲诈勒索罪处理

C. 按侵占罪处理　　　　　　　D. 按抢劫罪处理

答案：A

19－28（06 卷二 17） 下列哪种说法是正确的？

A. 甲潜入乙家，搬走乙家 1 台价值 2000 元的彩电，走到门口，被乙 5 岁的女儿丙看到。丙问甲为什么搬我家的彩电，甲谎称是其父亲让他来搬的。丙信以为真，让甲将彩电搬走。甲的行为属于诈骗

B. 甲在柜台假装购买金项链，让售货员乙拿出 3 条进行挑选，甲看后表示对 3 条金项链均不满意，让乙再拿 2 条。甲趁乙弯腰取金项链时，将柜台上的 1 条金项链装入口袋。乙拿出 2 条金项链让甲看，甲看后表示不满意，将金项链归还给乙。乙看少了 1 条，便隔着柜台一把抓住甲的手不让其走，甲猛地甩开乙的手逃走。甲的行为属于抢夺

C. 甲在柜台购买 2 条中华香烟，在售货员乙拿给甲 2 条中华香烟后，甲又让乙再拿 1 瓶五粮液酒。趁乙转身时，甲用事先准备好的 2 条假中华香烟与柜台上的中华香烟对调。等乙拿出五粮液酒后，甲将烟酒又看了看，以烟酒有假为由没有买。甲的行为属于盗窃

D. 甲与乙进行私下外汇交易。乙给甲 1 万美元，甲在清点时趁乙不注意，抽出 10 张 100 元面值的美元，以 10 张 10 元面值的美元顶替。清点完成后，甲将总面额 8.3 万元的假人民币交给乙，被乙识破。乙要回 1 万美元，经清点仍是 100 张，拿回家后才发现美元被调换。甲的行为属于诈骗

答案：C

19－29（06 卷二 59） 下列哪些说法是错误的？

A. 甲盗窃乙的一本存折后，假冒乙的名义从银行取出存折中的 5 万元存款。甲的行为构成盗窃罪与诈骗罪

B. 甲盗窃了乙的 200 克海洛因，因本人不吸毒，就将海洛因转卖给丙。甲的行为构成盗窃罪和贩卖毒品罪

C. 甲盗窃了博物馆的一件国家珍贵文物，以 20 万元的价格转卖给乙。甲的行为构成盗窃罪和倒卖文物罪

D. 甲盗窃了乙的一块名表，以 2 万元的价格转卖给丙，甲的行为构成盗窃罪和销售赃物罪

答案：AD

■ 第三节 侵占、挪用型财产犯罪

一、侵占罪（第 270 条）

是指以非法占有为目的，将代为保管的数额较大的他人财物或他人的遗忘物、埋藏物非法占为己有，且拒不退还或拒不交出的行为。

本罪对象是代为保管的他人财物或他人的遗忘物、埋藏物。"代为保管"是指代替他人保管财物，包括基于无因管理、担保质押、履行合同、租赁财产等情况加以保管。行为人对他人财物的占有不合法或对他人的财物不具有控制权均不构成侵占罪。"他人财物"包括公共财产，也包括非法所得的财物。"遗忘物"是指财物所有人、持有人因遗忘暂时留置在出租车、餐厅等特定场所的财物。持有人在特定场所内未直接持有财物但财物仍在其视线范围内的，应认定其对财物仍具支配力，该财物不属"遗忘物"。"埋藏物"是指埋于地下的财物。包括所有人明确的埋藏物和所有人不明确的埋藏物两种。根据《民法通则》第 79 条的规定，所有人不明的埋藏物、隐藏物，归国家所有。

本罪客观上表现为拒不退还代为保管的他人数额较大的财物，或拒不交出他人数额较大的遗忘物或者埋藏物。非法占有的他人财物必须数额较大才构成犯罪。数额较大的具体标准，目前尚无司法解释，实践中可参照

诈骗罪数额较大的标准。

注意问题：

1. 与盗窃、诈骗罪的区别。侵占罪的特点是"合法持有，非法侵吞"，盗窃、诈骗罪的特点是用非法手段占有。另外，侵占罪的犯罪意思和行为是发生在持有他人财物之后，盗窃、诈骗罪的犯罪意思和行为是发生在持有他人财物之前。

2. 与职务侵占罪、贪污罪的区别。要点在于是否利用了职务上的便利：如果侵占了基于非职务关系保管的财物，构成侵占罪；如果侵占了基于职务关系保管的财物，构成职务侵占罪；如果侵占了基于公务关系保管的财物，构成贪污罪。

特别提示：侵占罪告诉的才处理。

19-30 甲某日晚到洗浴中心洗浴，进入该中心后，根据服务员乙的指引，将衣服、手机、手提包等财物锁入 8 号柜中，然后进入沐浴区。半小时后，乙为交班而准备打开自己一直存放衣物的 7 号柜，忙乱中将钥匙插入 8 号柜的锁孔，但居然能将 8 号柜打开。乙发现柜中有手提包，便将其中的 3 万元拿走。为迅速逃离现场，乙没有来得及将 8 号柜门锁上。稍后另一客人丙见 8 号柜半开半掩，就将柜中的手机（价值 3000 元）以及信用卡拿走。由于信用卡的背后写有密码，第二天，丙持该信用卡到商场购买价值 2 万元的手表。关于本案，下列哪些说法是错误的？

A. 乙的行为构成侵占罪、丙的行为构成盗窃罪

B. 乙的行为构成盗窃罪、丙的行为构成侵占罪

C. 乙、丙的行为都构成盗窃罪

D. 乙的行为构成职务侵占罪、丙的行为构成侵占罪与信用卡诈骗罪

答案：ABD

19-31（04 卷二 88） 甲乘坐长途公共汽车时，误以为司机座位后的提包为身边的乙所有（实为司机所有）；乙中途下车后，甲误以为乙忘了拿走提包。为了非法占有该提包内的财物（内有司机为他人代购的 13 部手机，价值 2.6 万元），甲提前下车，并将提包拿走。司机到站后发现自己的手提包丢失，便报案。公安人员发现甲有重大嫌疑，便询问甲，但甲拒不承认，也不交出提包。关于本案，下列说法正确的是：

A. 由于甲误认为提包为遗忘物，所以，甲的认识错误属于事实认识错误

B. 由于甲误认为提包为遗忘物，因而没有盗窃他人财物的故意，根据主客观相统一的原则，甲的行为成立侵占罪

C. 由于提包实际上属于司机的财物，所以，甲的行为成立盗窃罪

D. 由于提包实际上属于司机的财物，而甲又没有盗窃的故意，所以，甲的行为不成立盗窃罪；又由于甲具有侵占遗忘物的故意，但提包事实上不属于遗忘物，所以，甲的行为也不成立侵占罪

答案：AC

二、职务侵占罪（第271条）

是指公司、企业或其他单位的人员，利用职务上的便利，将本单位数额较大的财物非法占为己有的行为。

本罪主体为特殊主体，即只能是在本公司、本企业或本单位担任一定职务或因工作需要而主管、经手财物并且不具有国家工作人员身份的人。他人与公司、企业人员相勾结，利用公司、企业人员职务上的便利，侵占公司、企业财物的，以职务侵占罪的共犯论处。犯罪对象是行为人所在单位的合法财产。客观上表现为行为人利用职务上的便利，将本单位数额较大的财物非法占为己有。这一特征有三个要点：①行为人必须利用自己在职务上具有的主管、管理、经手本单位财物的方便条件。如果行为人是利用工作上的便利条件，如因工作关系而熟悉周围环境，则不能认定为本罪。②非法占有的财物必须是本单位的。③侵占的财物数额较大。根据有关司法解释,[1]"数额较大"是指5000元至1万元以上。

注意问题：

1. 与盗窃罪的区别。要点在于是否利用职务上的便利。利用职务上的便利，监守自盗的，是职务侵占罪；未利用职务上的便利，盗窃财物的，是盗窃罪。

2. 与诈骗罪的区别。要点在于是否利用职务上的便利。利用职务上的便利骗取本单位财物的，是职务侵占罪；未利用职务上的便利骗取财物的，是诈骗罪。

19－32（05卷二18）　甲为非国家工作人员，是某国有公司控股的股份有限公司主管财务的副总经理；乙为国家工作人员，是该公司财务部主管。甲与乙勾结，分别利用各自的职务便利，共同侵吞了本单位的财物100万元。对甲、乙两人应当如何定性？

A. 甲定职务侵占罪，乙定贪污罪，两人不是共同犯罪

B. 甲定职务侵占罪，乙定贪污罪，但两人是共同犯罪

---

〔1〕　最高人民法院1995年12月《关于办理违反公司法受贿、侵占、挪用等刑事案件适用法律若干问题的解释》。

C. 甲定职务侵占罪，乙是共犯，也定职务侵占罪

D. 乙定贪污罪，甲是共犯，也定贪污罪

答案：C

19－33 A公司系一私有公司。某日，A公司业务员甲与乙代表公司按合同接受4万打进口产品时，发现港商多发了200打。甲让乙不要声张。几天后，甲将这200打产品卖给个体户丙，并要丙将货款4万元汇到甲原来工作过的C外贸公司账户上。之后，甲从C公司账号上提走了4万元现金，与乙平分。后港商发现多发了货，找到A公司。遂案发。对甲、乙的行为认定正确的是：

A. 属于不当得利行为，不构成犯罪　　B. 构成职务侵占罪

C. 构成挪用资金罪　　　　　　　　　D. 构成侵占罪

答案：B

19－34（06卷二58）　甲到银行自动取款机提款后，忘了将借记卡退出便匆忙离开。该银行工作人员乙对自动取款机进行检查时，发现了甲未退出的借记卡，便从该卡中取出5000元，并将卡中剩余的3万元转入自己的借记卡。对乙的行为的定性，下列哪些选项是错误的？

A. 乙的行为构成盗窃罪　　　　　　　B. 乙的行为构成侵占罪

C. 乙的行为构成职务侵占罪　　　　　D. 乙的行为构成信用卡诈骗罪

答案：BCD

三、挪用资金罪（第272条）

是指公司、企业或其他单位的工作人员，利用职务上的便利，挪用本单位资金归个人使用或借贷给他人，数额较大、超过3个月未还的，或虽未超过3个月但数额较大、进行营利活动的，或进行非法活动的行为。

本罪主体为特殊主体，即本公司、企业或单位中的非国家工作人员。受委托经营管理国有资产的非国家工作人员，利用职务便利挪用国有资金归个人使用构成犯罪的，以挪用资金罪定罪处罚。[1] 客观上表现为行为人利用职务上的便利，挪用本单位资金归个人使用或借贷给他人使用。这里的"他人"包括自然人和单位。挪用资金具体有三种情况：①数额较大超过3个月未还，根据有关司法解释，这里的数额较大，以1万至3万元

───────────────

〔1〕 最高人民法院2000年2月13日《关于对受委托管理、经营国有财产人员挪用国有资金行为如何定罪问题的批复》。

为起点，[1] 3 个月的期限从挪用之日起算；②虽未超过 3 个月，但数额较大并进行营利活动；③进行非法活动，根据前述司法解释，这种情况下行为人须挪用 5000 元以上才追究刑事责任，挪用时间极短也不宜认定为犯罪。

与职务侵占罪的区别：①侵犯的客体不同。前罪未侵犯资金的处分权；后罪则侵犯了财产所有权的全部权能。②犯罪对象的范围不同。前罪只限于本单位的资金；后罪还包括其他财物。③犯罪的手段、方式不同。前罪不采用改变所有权的方法，后罪则改变了财产的所有权。④犯罪目的不同。前罪以非法使用为目的，后罪则以非法占有为目的。这是从主观上区分两罪的关键所在。

特别提示：行为人挪用资金后潜逃的应以职务侵占罪论处。

19－35（04 卷二 54）　某事业单位负责人甲决定以单位名义将本单位资金 150 余万元贷给另一公司，所得高利息归本单位所有。甲虽未牟取个人利益，但最终使本金无法收回。关于该行为的定性，下列哪几种是可以排除的？

　　A. 挪用公款罪　　　　　　　　B. 挪用资金罪
　　C. 违法发放贷款罪　　　　　　D. 高利转贷罪
　　答案：ABCD

四、挪用特定款物罪（第 273 条）

是指违反财经管理制度，挪用用于救灾、抢险、防汛、优抚、扶贫、移民、救济款物，情节严重，致使国家和人民群众利益遭受重大损害的行为。

本罪主体仅限于掌管、经手特定款物的直接责任人员。犯罪客体是国家对特定款物专款、专物专用的财经管理制度。犯罪对象是法定的七种款物。客观方面表现为行为人擅自将法定的七种款物挪作其他公共用途，情节严重，致使国家和人民群众的利益遭受重大损害。根据有关司法解释，[2] 挪用用于预防、控制突发传染病疫情等灾害的救灾、优抚、救济等款物，构成犯罪的，对直接责任人员以本罪定罪处罚。

与挪用资金罪的区别：①对象不同。前罪的对象是七种特定款物；后

---

〔1〕　最高人民法院 1995 年 12 月 25 日《关于办理违反公司法受贿、侵占、挪用等刑事案件适用法律若干问题的解释》。
〔2〕　2003 年 5 月 15 日《最高人民法院、最高人民检察院关于办理妨害预防、控制突发传染病疫情等灾害的刑事案件具体应用法律若干问题的解释》。

罪的对象是本单位的资金。②挪用后的用途不同。前罪所挪用的款物只限于公用；后罪所挪用资金限于归个人使用或者借贷给他人使用。③对危害结果的要求不同。前罪限定为情节严重，致使国家和人民群众利益遭受重大损害；后罪对构成犯罪结果的危害程度无明确限定。④犯罪主体不同。前罪的主体为掌管、经手七种特定款物的直接责任人员；后罪的主体是公司、企业或其他单位中的非国家工作人员。

特别提示：挪用这七种特定款物归个人使用的，以挪用公款罪从重处罚。

五、拒不支付劳动报酬罪（第276条之一）

是指以转移财产、逃匿等方法逃避支付劳动者的劳动报酬或者有能力支付而不支付劳动者的劳动报酬，数额较大，经政府有关部门责令支付仍不支付的行为。本罪的主体既可以是自然人也可以是单位。主观方面是直接故意。客观方面有三个要素：①经有关部门责令支付仍不支付；②数额较大；③具有转移、逃匿财产的行为或者有能力支付而拒不支付。已经构成本罪，但尚未造成严重后果，在提起公诉前支付劳动者报酬，并依法承担相应赔偿责任的，可以减轻或者免除处罚。需要特别注意的是，雇主拒不支付被雇佣者的劳动报酬，比如雇主拒不支付保姆的费用，符合本罪构成要件的，也可构成犯罪。

■ 第四节 毁坏、破坏型财产犯罪

一、故意毁坏财物罪（第275条）

是指故意毁灭或者损坏公私财物，数额较大或者情节严重的行为。本罪主体为一般主体。犯罪目的是毁坏公私财物使其丧失价值而不是非法占有。客观方面表现为故意毁坏公私财物，数额较大或者有其他严重情节。但如果使用放火、爆炸等危险方法毁坏公私财物，足以危害公共安全的，则应以放火罪、爆炸罪等危害公共安全罪论处。

注意问题：

1. 与危害公共安全罪的区别。使用危险方法毁坏财物或者毁坏特定的物品、设备，从而危害公共安全的，以相关的危害公共安全罪论处。比如，以放火、爆炸方法毁坏财物，危害公共安全的，以放火、爆炸罪论处；毁坏交通设备、电力设备、易燃易爆设备等，分别以相应的犯罪论处。

2. 与毁损文物罪的区别。若毁坏的财物同时是珍贵文物，应以毁损文物罪论处。如甲因与父亲发生矛盾，将祖传的属于国家一级文物的青花瓷

瓶砸碎，应以故意毁损文物罪论处。

特别提示：

1. 以危险方法毁坏公私财物，且危害公共安全的，以危害公共安全罪论处。

2. 过失毁坏公私财物的不构成犯罪。

19－36 甲、乙为街边混混，终日不务正业。一日两人在江边的路上游荡，见丙女独自一人骑摩托车路过，甲乙突起歹念，冲至车前将丙拉下车推倒在路边，将其摩托车（价值7000余元）推下江堤后扬长而去。后经鉴定，该摩托车完全损毁，无法修理。问，甲乙的行为构成何罪？

    A. 盗窃罪   B. 寻衅滋事罪

    C. 故意毁坏财物罪   D. 抢劫罪

    答案：C

二、破坏生产经营罪（第276条）

是指由于泄愤报复或其他个人目的，毁坏机器设备、残害耕畜或以其他方法破坏生产经营的行为。本罪主体为一般主体。主观上具有泄愤、报复或其他个人目的。犯罪对象为生产经营中正在使用的设备、耕畜和用具。构成本罪一般不以直接毁损财物的经济价值为标准，只要破坏行为足以造成停工、停产的后果即可。

特别提示：

1. 破坏库存的或闲置不用的机器设备不构成本罪，应以毁坏财物罪论处。

2. 以危险方法破坏生产经营或者毁坏特定的公共设施如通讯设备、易燃易爆设备等并危害公共安全的，应依照危害公共安全的有关规定定罪处罚。

19－37 甲因其妻计划外生育，被村有关部门罚款。为此甲心怀不满，寻机泄愤报复。某日晚，甲携带铁锤等作案工具，来到本村东北部麦地，将麦地中喷灌管道全部砸毁，造成直接经济损失5000元，致使500多亩小麦推迟浇水。甲的行为构成何罪？

    A. 故意毁坏财产罪   B. 破坏生产经营罪

    C. 寻衅滋事罪   D. 盗窃罪

    答案：B

本章综合习题：

1. （06 卷二 60）　　下列哪些说法是错误的？

A. 甲将乙价值 2 万元的戒指扔入海中，由于戒指本身没有被毁坏，甲的行为不构成故意毁坏财物罪

B. 甲见乙迎面走来，担心自己的手提包被乙夺走，便紧抓手提包。乙见甲紧抓手提包，猜想包中有贵重物品，在与甲擦肩而过时，当面用力夺走甲的手提包。由于乙并非乘人不备而夺取财物，所以不构成抢夺罪

C. 甲将一张作废的 IC 卡插入银行的自动取款机试探，碰巧自动取款机显示能够取出现金，于是甲取出 5000 元。甲将 IC 卡冒充借记卡的欺骗行为在本案中起到了主要作用，因而构成诈骗罪

D. 甲系汽车检修厂职工，发现自己将要检修的一辆公交车为仇人乙驾驶，便在检修时破坏了刹车装置，然后交付使用。乙驾驶该车时，因刹车失灵，导致与其他车辆相撞，造成 3 人死亡，1 人重伤。由于甲不是对正在使用中的交通工具实施破坏手段，所以不构成破坏交通工具罪

答案：ABCD

2. （06 卷二 96～100）　　甲乙共谋教训其共同的仇人丙。由于乙对丙有夺妻之恨，暗藏杀丙之心，但未将此意告诉甲。某日，甲、乙二人共同去丙处。为确保万无一失，甲、乙以入室盗窃为由邀请不知情的丁在楼下望风。进入丙的房间后，甲、乙同时对丙拳打脚踢，致丙受伤死亡。甲、乙二人旋即逃离现场。在逃离现场前甲在乙不知情的情况下从丙家的箱子里拿走人民币 5 万元。出门后，甲背着乙向丁谎称从丙家窃取现金 3 万元，分给丁 1 万元，然后一起潜逃。潜逃期间，甲窃得一张信用卡，向乙谎称该卡是从街上捡的，让乙到银行柜台取出了信用卡中的 3 万元现金。犯罪所得财物挥霍一空后，丁因生活无着，向公安机关投案，交待了自己和甲共同盗窃的事实，但隐瞒了事后知道的甲、乙致丙死亡的事实。请回答下列各题。

（1）就被害人丙的死亡而言，下列对甲、乙所应成立犯罪的何种判断是错误的？

A. 甲、乙均成立故意杀人（既遂）罪，属于共同犯罪

B. 甲、乙均成立故意伤害（致人死亡）罪，属于共同犯罪

C. 甲成立故意伤害（致人死亡）罪，乙成立故意杀人（既遂）罪，不属于共同犯罪

D. 甲成立故意伤害（致人死亡）罪，乙成立故意杀人（既遂）罪，在故意伤害罪的范围内成立共同犯罪

答案：ABC

（2）就被害人丙死亡这一情节，下列对与丁有关行为的何种判断是错误的？

A. 丁成立故意杀人罪的共犯

B. 丁成立故意伤害罪的共犯

C. 丁成立抢劫罪（致人死亡）的共犯

D. 丁对丙的死亡不承担刑事责任

答案：ABC

（3）对于甲从丙家的箱子里拿走人民币5万元，丁望风并分得赃物这一情节，下列何种判断是正确的？

A. 对甲应定抢劫罪、对丁应定盗窃罪

B. 对甲、丁的行为应定盗窃罪

C. 甲、丁都应对5万元承担刑事责任

D. 甲对5万元承担刑事责任，丁只对3万元承担刑事责任

答案：BC

（4）对于甲、乙盗窃和使用信用卡的行为，下列何种判断是错误的？

A. 甲、乙构成盗窃罪的共同犯罪

B. 甲、乙构成信用卡诈骗罪的共同犯罪

C. 甲构成盗窃罪，乙构成信用卡诈骗罪

D. 甲构成盗窃罪，乙构成诈骗罪

答案：ABD

（5）对于丁的投案行为，下列何种判断是正确的？

A. 丁虽然投案，但隐瞒了甲、乙致丙死亡的事实，因而不构成自首

B. 丁虽然隐瞒了甲、乙致丙死亡的事实，但交待了本人与甲共同犯罪的事实，因而构成自首

C. 丁构成自首且揭发甲与自己共同犯罪的行为成立立功

D. 丁构成坦白但揭发甲与自己共同犯罪的行为成立立功

答案：B

第二十章 妨害社会管理秩序罪

本章从第 277～367 条，共 101 条，101 个罪名。

■ 第一节 扰乱公共秩序罪

一、妨害公务罪（第 277 条）

是指以暴力、威胁方法阻碍国家机关工作人员、各级人民代表大会代表依法执行职务，或阻碍红十字会工作人员在自然灾害和突发事件中依法履行职责，或故意阻碍国家安全机关、公安机关依法执行国家安全工作任务，虽未使用暴力、威胁方法但造成严重后果的行为。

"依法执行职务"，是指国家机关工作人员在法律规定的范围内，运用其合法职权从事公务活动。国家机关工作人员滥用职权违法乱纪的，不属于依法执行职务。

妨害公务行为发生的时间必须是上述人员依法执行职务、工作任务或履行职责的期间。"依法执行职务、工作任务期间"是指国家机关、人民代表大会代表从事其职务权限范围内公务活动的任何期间；"依法履行职责期间"主要是指红十字会工作人员于自然灾害和突发事件中履行对伤病人员和其他受害者救助职责的期间。

本罪侵犯的客体是国家机关的公务活动。犯罪对象是国家机关工作人员、各级人民代表大会代表以及红十字会工作人员。根据最高人民检察院的解释，依照法律和行政法规执行行政执法职务的国有事业单位人员，或者在国家机关中受委托从事行政执法活动的事业编制人员也可成为本罪的对象。[1]

本罪的犯罪手段仅限于暴力、威胁方法。以侮辱、谩骂等其他方法妨害公务的，不构成犯罪。但是，在"执行国家安全工作任务"的场合，虽未使用暴力、威胁方法，但造成严重后果的，也可构成犯罪。

---

[1] 最高人民检察院 2000 年 3 月 21 日《关于以暴力威胁方法阻碍事业编制人员依法执行行政执法职务是否可对侵害人以妨害公务罪论处的批复》。

注意问题：

1. 罪与非罪的界限。人民群众同国家机关工作人员的违法乱纪现象作斗争的行为；群众因其合理要求未得到及时解决而对某些国家机关工作人员进行顶撞的行为；情节显著轻微的妨害公务行为，都不应以犯罪论处。

2. 妨害公务罪与彼罪的界限。构成本罪，要求行为人的暴力、威胁行为必须发生在国家机关工作人员等特定人员依法执行职务和履行特定职责期间，因此，行为人在此之前对上述人员实施暴力、威胁或在此之后进行报复构成犯罪的，不能以妨害公务罪论处。此外，如果妨害公务行为的暴力手段触犯其他更严重的犯罪时，应按从一重处断的原则以其他犯罪论处。

3. 与其他具有妨害公务性质的犯罪的区别。下列犯罪，虽具有妨害公务的性质，但不以妨害公务罪论处：

（1）在妨害公务中使用暴力致公务员重伤、死亡的；

（2）暴力抗拒税务人员税务征管活动的；

（3）暴力抗拒强制执行判决、裁定的；

（4）暴力阻碍缉毒，阻碍查处组织、运送偷越国（边）境犯罪的；

（5）聚众阻碍解救被收买的妇女、儿童的首要分子；但其他参与者，如果使用暴力，可构成妨害公务罪；

（6）聚众哄闹、冲击法庭或者在法庭殴打司法工作人员，扰乱法庭秩序的；

（7）劫夺押解途中的罪犯、被告人、犯罪嫌疑人的；

（8）聚众扰乱社会秩序，扰乱公共场所、交通秩序妨害公务的。

4. 数罪问题。暴力阻碍缉私，构成妨害公务罪，与走私罪并罚。

特别提示：本罪的暴力程度仅限于造成轻伤。

20－1（02卷二47）　黄某、王某二人从境外走私入境假币150余万元。运载假币的渔船刚一到岸，即被海关缉私人员发现。黄某、王某手持铁棍、匕首将缉私人员打成重伤后携带假币逃走。对黄某、王某的行为应以哪些犯罪论处？

A. 走私假币罪　　　　　　　　B. 运输假币罪

C. 故意伤害罪　　　　　　　　D. 妨害公务罪

答案：AC

20－2　甲以前为省人大代表，卸任后仍为人民的利益到处奔波，因维护了乙的合法权利而触怒与之相对的地痞丙。一日在甲出门为另一人寻求法律援助时丙守在甲家门外，将甲打成轻伤，一边打一边说"让你多管闲事!",而后扬长而去。问：丙的行为构成何罪？

A. 故意伤害罪　　　　　B. 寻衅滋事罪

C. 妨害公务罪　　　　　D. 不构成犯罪

答案：A

二、煽动暴力抗拒法律实施罪（第278条）

是指煽动群众暴力抗拒国家法律、行政法规实施，扰乱社会秩序的行为。

本罪的主要特征：①犯罪客体是国家法律、法规的实施秩序；②客观方面表现为煽动群众以暴力方法抗拒国家法律、行政法规的实施，扰乱社会秩序。煽动的对象人数必须不少于3人。本罪的成立不要求实际发生被煽动的群众以暴力抗拒国家法律、行政法规实施的后果，只要行为人实施了该种行为，即可以成立犯罪。

特别提示：

1. 煽动的对象人数必须不少于3人。

2. 只要行为人实施了煽动行为，即可以成立犯罪。

20-3 甲系个体户，拖欠税款几经催收仍不愿缴纳，税务机关去其家强制征税时，甲之妻乙纠集亲戚朋友几十人围着税务工作人员争吵不休，并对众喊道："打死这些收税抢钱的！"结果导致场面混乱，几名税务人员被打成轻伤。问，乙的行为构成什么罪？

答案：煽动暴力抗拒法律实施罪

三、招摇撞骗罪（第279条）

是指为谋取非法利益，假冒国家机关工作人员的身份，进行招摇撞骗的行为。本罪主体是一般主体，客体是国家机关的威信及其正常活动。客观方面表现为冒充国家机关工作人员的身份进行招摇撞骗的行为。"冒充国家机关工作人员"包括非国家机关工作人员冒充国家机关工作人员、职务低的国家机关工作人员冒充职务高的国家机关工作人员、此种国家机关工作人员冒充他种国家机关工作人员。"招摇撞骗"是指以假冒的身份进行炫耀、欺骗。这里的欺骗虽然不排除骗取一定数量的财物或其他物质性利益，但主要是指骗取职位、荣誉、资格或骗取玩弄他人的感情等情况。

本罪与诈骗罪的界限：①犯罪目的不同。本罪的目的是谋取非法利益，包括财物，也包括财物以外的其他非法利益，而诈骗罪只能是以非法占有公私财物为目的。②犯罪手段不同。本罪的手段仅限于冒充国家机关工作人员，而诈骗罪在手段上虽也可以冒充国家机关工作人员，但主要是采取其他虚构事实或隐瞒真相的欺骗方法。③犯罪客体不同。本罪犯罪客体是国家机关的威信和正常活动，而诈骗罪侵犯的是公私财物的所有权。④成立犯罪的数额要求不同。本罪的成立不以骗取财物的数额达到较大为条件，而诈骗罪必须是骗取财物数额较大的才构成。需要指出的是，对于行为人假冒国家机关工作人员骗取财物数额特别巨大的，应按法条竞合中重法优于轻法的原则，以处罚较重的诈骗罪论处。

20-4 甲为某地农民，已有妻室。2000年6月甲到某地打工，但甲嫌打工太累，遂自称是某县委组织部干部，未婚，负责全县的人员调动，由此骗取了 ABC 三位妇女的信任，自愿与其发生关系。除此以外甲还骗取了三人总计约 6000 元的财物。甲构成何种犯罪？
　　A. 诈骗罪　　　　　　　　　　B. 招摇撞骗罪
　　C. 不构成犯罪　　　　　　　　D. 重婚罪
　　答案：B

20-5 下列行为构成招摇撞骗罪的是：
　　A. 农民甲冒充某县委书记骗取他人钱财
　　B. 某国家机关工作人员乙冒充上级国家机关工作人员发文对自己进行表彰，因此获得荣誉称号
　　C. 丙冒充高干，骗取钱财
　　D. 丁冒充某名校博士生，骗取大一女生的感情
　　答案：AB

四、伪造、变造、买卖国家机关公文、证件、印章罪（第 280 条）

是指伪造、变造或者买卖国家机关的公文、证件、印章的行为。"公文"是指以国家机关名义制作的处理公务的书面文件，如命令、指示、介绍信等。"证件"一般是指有权制作的国家机关颁发的，用以证实身份、权利义务关系或者其他事项的凭证，如户口迁移证、营业执照等。"印章"既包括表示国家机关名称的印章，也包括国家机关用以表示某种特殊用途的专用章。本罪是选择性罪名，实施伪造、变造、买卖行为之一的，即可成立本罪；实施两种以上行为的，也只认定为一罪。

根据人大决定和司法解释，下列行为也依本罪论处：

1. 伪造、变造、买卖机动车牌证及机动车入户、过户、验证的有关证明文件的。[1]

---

〔1〕 最高人民法院、最高人民检察院、公安部、国家工商局 1998 年 5 月 8 日《关于依法查处盗窃、抢劫机动车案件的规定》第 7 条。

2. 买卖伪造、变造的海关签发的报关单、进口证明、外汇管理部门核准件等凭证和单据的。[1]

3. 买卖伪造的国家机关证件的行为，应当追究刑事责任的。[2]

4. 伪造、变造、买卖各级人民政府设立的行使行政管理权的临时性机构的公文、证件、印章的行为，构成犯罪的。[3]

5. 伪造、变造、买卖林木采伐许可证、木材运输证件，森林、林木、林地权属证书，占有或者征用林地审核同意书、育林基金等缴费收据以及其他国家机关批准的林业证件构成犯罪的。[4] 对于买卖允许进出口说明书等经营许可证明，同时触犯非法经营罪和本罪的，依照处罚较重的规定定罪处罚。

6. 伪造、变造、买卖国家机关颁发的野生动物允许出口证明书、特许猎捕证、狩猎证、驯养繁殖许可证等公文、证件构成犯罪的。[5] 实施上述行为构成犯罪，同时构成非法经营罪的，依照处罚较重的罪定罪处罚。

五、盗窃、抢夺、毁灭国家机关公文、证件、印章罪（第280条）

本罪的客观方面表现为盗窃、抢夺、毁灭国家机关公文、证件、印章的行为。三种行为实施其中一种即构成本罪，实施两种以上行为的，也只成立一罪。犯罪主体、罪过形式、犯罪对象及犯罪客体均与前述伪造、变造、买卖国家机关公文、证件、印章罪相同。

六、伪造公司、企业、事业单位、人民团体印章罪（第280条）

本罪的客观方面表现为伪造公司、企业、事业单位、人民团体的印章。主体一般主体。主观方面是故意。

依司法解释，伪造高等院校印章制作学历、学位证明的行为，应当以伪造事业单位印章罪定罪处罚；明知是伪造高等院校印章制作的学历、学位证明而贩卖的，以该罪的共犯论处。[6]

---

[1] 全国人大常委会1998年12月29日《关于惩治骗购外汇、逃汇和非法买卖外汇犯罪的规定》第7条。

[2] 最高人民检察院法律政策研究室1999年6月21日《关于买卖伪造的国家机关证件的行为是否构成犯罪问题的答复》。

[3] 最高人民检察院法律政策研究室2003年6月3日《关于伪造、变造、买卖政府设立的临时性机构的公文、证件、印章行为如何适用法律问题的答复》。

[4] 最高人民法院2000年11月17日《关于审理破坏森林资源刑事案件具体应用法律若干问题的解释》。

[5] 最高人民法院2000年11月17日《关于审理破坏野生动物资源刑事案件具体应用法律若干问题的解释》。

[6] 最高人民法院、最高人民检察院2001年7月3日《关于办理伪造、贩卖伪造的高等院校学历、学位证明刑事案件如何适用法律问题的解释》。

七、伪造、变造居民身份证罪（第 280 条）

是指非法制作居民身份证或以涂改、擦消、拼接等方式改变居民身份证真实内容的行为。

八、非法生产、买卖警用装备罪（第 281 条）

是指非法生产、买卖人民警察制式服装、车辆号牌等专用标志、警械，情节严重的行为。犯罪主体包括自然人和单位。

九、非法获取国家秘密罪（第 282 条）

是指以窃取、刺探、收买的方法，非法获取国家秘密的行为。本罪客体是国家的保密制度；对象包括绝密、机密、秘密三种级别的国家秘密；客观方面的行为方式有三种：窃取、刺探、收买。主体为一般主体。

注意问题：

1. 本罪与非法持有国家绝密、机密文件、资料、物品罪的界限。二者的区别在于：①犯罪对象不同。本罪侵犯的对象是三级国家秘密，而后罪的对象只是绝密、机密两级国家秘密。②行为的表现方式不同。本罪的行为表现为"窃取、刺探、收买"，而后罪的行为表现为"非法持有"且拒不说明秘密的来源与用途。

2. 本罪与为境外窃取、刺探、收买、非法提供国家秘密、情报罪的界限。二者的区别的要点在于，是否"为境外"的机构、组织、个人实施非法获取国家秘密，或者是否将非法获取的国家秘密故意向境外的机构、组织、个人非法提供。获取秘密后泄露的，仍构成本罪。因泄露致使秘密被境外的机构、组织、个人知悉、取得的，只要行为人对此情形不是故意，仍构成本罪。

十、非法持有国家绝密、机密文件、资料、物品罪（第 282 条）

是指非法持有属于国家绝密、机密的文件、资料或其他物品，拒不说明其来源与用途的行为。

注意问题： 因犯间谍罪，非法提供国家秘密、情报罪，非法获取国家秘密罪而非法持有国家绝密、机密文件、资料、物品的，非法持有的行为不单独成立犯罪。

十一、非法生产、销售间谍专用器材罪（第 283 条）

是指非法生产、销售窃听、窃照等间谍活动专用器材的行为。"间谍专用器材"是指进行间谍活动特别需要的器材，如暗藏式窃听、窃照器材，突发式收发报机，一次性密码本和密码工具，用于获取情报的电子监听、截收器材等。对间谍专用器材的确认应由国家安全部门负责。行为人实施了非法生产和非法销售行为之一即可成立本罪；实施两种行为的也只以一罪论处。

十二、非法使用窃听、窃照专用器材罪（第 284 条）

是指非法使用窃听、窃照专用器材，造成严重后果的行为。"造成严重后果"，主要是指因该种行为严重侵犯公民的隐私权及其他合法权益，导致他人自杀、精神失常或者引起杀人、伤害等犯罪案件发生等。非法生产间谍专用窃听、窃照器材后又非法使用的，只成立非法生产间谍专用器材罪。

十三、非法侵入计算机信息系统罪（第 285 条）

是指违反国家规定，侵入国家事务、国防建设、尖端科学技术领域的计算机信息系统的行为。

本罪的客观方面表现为违反国家规定，侵入国家事务、国防建设、尖端科学技术领域的计算机信息系统。只有非法侵入以上三者的计算机信息系统的，才能成立本罪。

根据《刑法》第 287 条的规定，利用计算机实施金融诈骗、盗窃、贪污、挪用公款、窃取国家秘密或者其他犯罪的，依照刑法有关规定定罪处罚。即行为符合什么罪就定什么罪。这是因为，此种情况下，计算机只是犯罪的工具。

特别提示：

1. 只有非法侵入国家事务、国防建设和尖端科学技术领域的计算机信息系统的，才成立本罪。

2. 非法侵入上述特定领域计算机信息系统而窃取国家秘密或者实施其他犯罪的，应以其他犯罪论处。

十四、非法获取计算机信息系统数据罪（第 285 条第 2 款）[1]

是指违反国家规定，侵入普通计算机信息系统或者采用其他技术手段，获取普通计算机信息系统中存储、处理或者传输的数据，情节严重的行为。①本罪侵犯的客体是计算机信息系统安全。本罪的对象是普通计算机信息系统。②本罪在客观方面有两种表现：一是侵入普通计算机信息系统，并获取该计算机信息系统中存储、处理或者传输的数据，且情节严重。常见的方式是利用他人网上认证信息进入计算机信息系统，或者在计算机系统中植入木马、后门程序，获取该计算机信息系统中存储、处理或者传输的信息数据。二是采用其他技术手段，获取普通计算机信息系统中存储、处理或者传输的数据，且情节严重。所谓"采用其他技术手段"，主要是指假冒或者设立虚假网站，或者采用网关欺骗技术，行为人并不需要进入他人的计算机信息系统就可获取其他计算机处理、传输的数据信息。"情节严重"，主要是指，通过上述手段获取了大量计算机信息系统数

---

[1] 本罪是由《刑法修正案（七）》第 9 条所增加。

据或者多次作案的情况。③本罪主体是一般主体。④本罪在主观方面是直接故意，并且具有获取普通计算机信息系统中存储、处理或者传输的数据的目的。

本罪与非法侵入计算机信息系统罪的区别。①犯罪对象不同，本罪的对象为普通的计算机信息系统，后罪的对象为为国家事务、国防建设、尖端科学技术领域的计算机信息系统；②客观方面的行为不同，本罪要求具备"侵入或者采用其他技术手段"并有"获取数据"行为，而后罪只要求实施"侵入"行为即可；本罪要求达到情节严重，而后罪不要求情节严重。

十五、非法控制计算机信息系统罪（第 285 条第 2 款）[1]

是指违反国家规定，侵入普通计算机信息系统或者采用其他技术手段，对该计算机信息系统实施非法控制，情节严重的行为。所谓"非法控制"，比较常见的是"行为人利用网站漏洞将木马植入到网站上，在用户访问网站时利用客户端漏洞将木马移植到用户计算机上，或在互联网上传播捆绑有木马的程序或文件。当用户连接到因特网时，这个程序就会通知黑客，报告用户的 IP 地址以及预先设定的端口。黑客在收到这些信息后，再利用这个潜伏的程序，就可以任意地修改用户的计算机的参数设定、复制文件、窥视硬盘中的内容等，从而达到控制用户的计算机的目的[2]"。"情节严重"，是指多次非法控制他人的计算机或者非法控制了许多台计算机等情况。

十六、提供用于侵入、控制计算机信息系统的程序、工具罪（第 285 条第 3 款）[3]

是指提供专门用于侵入、非法控制计算机信息系统的程序、工具，或者明知他人实施侵入、非法控制计算机信息系统的违法犯罪行为而为其提供程序、工具，情节严重的行为。①本罪侵犯的客体是计算机信息系统安全，犯罪对象包括所有的计算机信息系统。②本罪在客观方面表现为提供专门用于侵入、非法控制计算机信息系统的程序、工具，或者明知他人实施侵入、非法控制计算机信息系统的违法犯罪行为而为其提供程序、工具，且情节严重。所谓"专门用于非法控制计算机信息系统的程序、工具"，主要是指"可用于绕过计算机信息系统或者相关设备的防护措施，进而实施非法入侵或者获取目标系统中数据信息的计算机程序，比如具有远程控制、盗取数据等功能的木马程序、后门程序等恶意代码，它的特点是此类程序通常不会对计算机系统原有的功能和数据造成破坏，不会影响

---

〔1〕　本罪是由《刑法修正案（七）》第 9 条所增加。
〔2〕　黄太云："刑法修正案（七）解读"，载《人民检察》2009 年第 6 期。
〔3〕　本罪是由《刑法修正案（七）》第 9 条所增加。

计算机的正常使用，但行为人可以通过此类程序对他人计算机系统进行非法控制"[1]。"提供"，既包括出于营利目的的有偿供给，如网上销售，也包括不以营利为目的的免费供给，如将程序贴在网上供网民免费下载；既包括向特定对象提供，也包括向不特定的社会公众提供。"情节严重"，主要是指提供了大量专门用于侵入、非法控制计算机信息系统的程序、工具的；出售专门用于侵入、非法控制计算机信息系统的程序、工具数额大的；或者由于其提供的专门用于侵入、非法控制计算机信息系统的程序、工具被大量使用造成严重危害的等情况。③本罪主体是一般主体。④主观方面是故意。

十七、破坏计算机信息系统罪（第286条）

是指违反国家规定，对计算机信息系统功能进行删除、修改、增加、干扰，造成计算机信息系统不能正常运行，或对计算机信息系统中存储、处理或者传输的数据和应用程序进行删除、修改、增加的操作，或故意制作、传播计算机病毒，影响计算机系统正常运行，后果严重的行为。

20-6（05卷二63） 下列哪些情形应以破坏计算机信息系统罪论处？

A. 甲采用密码破解手段，非法进入国家尖端科学技术领域的计算机信息系统，窃取国家机密

B. 乙因与单位领导存在矛盾，即擅自对单位在计算机中存储的数据和应用程序进行修改操作，给单位的生产经营管理造成严重的混乱

C. 丙通过破解密码的手段，进入某银行计算机信息系统，为其朋友的银行卡增加存款额10万元

D. 丁为了显示自己在计算机技术方面的本事，设计出一种计算机病毒，并通过互联网进行传播，影响计算机系统正常运行，造成严重后果

答案：BD

十八、聚众扰乱社会秩序罪（第290条）

是指聚众扰乱社会秩序，情节严重，致使工作、生产、营业和教学、科研无法进行，造成严重损失的行为。

本罪主体为一般主体。首要分子和积极参加者是行为特征，不是主体身份。"首要分子"，是指在扰乱社会秩序活动中起组织、策划、指挥作用的人；"积极参加者"，是指主动参加扰乱社会秩序活动并起主要作用的人。一般参加者不构成犯罪。主观方面是故意。

客观上表现为聚众扰乱社会秩序，情节严重，致使工作、生产、营业

---

[1] 黄太云："刑法修正案（七）解读"，载《人民检察》2009年第6期。

和教学、科研无法进行，并造成了严重损失。"情节严重"是指聚众扰乱的时间长，纠合的人数多或造成的影响恶劣等。在聚众扰乱社会秩序活动中使用暴力造成人身伤亡或毁坏财物等后果，触犯其他罪名的，应从一重罪处断。

十九、聚众冲击国家机关罪（第290条）

是指聚众冲击国家机关，致使国家机关工作无法进行，造成严重损失的行为。本罪的犯罪客体是国家机关的正常工作秩序。客观方面表现为行为人纠集多人强行进入或包围国家机关、堵塞国家机关的通道或者占据国家机关等，致使国家机关工作无法进行，并造成了严重损失。犯罪主体和主观罪过与前述聚众扰乱社会秩序罪相同。

二十、聚众扰乱公共场所秩序、交通秩序罪（291条）

是指聚众扰乱车站、码头、民用航空站、商场、公园、影剧院、展览会、运动场或其他公共场所的秩序，聚众堵塞交通或者破坏交通秩序，抗拒、阻碍国家治安管理人员依法执行职务，情节严重的行为。

本罪主体是一般主体，但只能是聚众扰乱公共场所秩序或交通秩序的首要分子。主观上是故意。客观上表现为聚众扰乱公共场所秩序、交通秩序，且情节严重。成立本罪，要求行为发生在公共场所或交通要道。

二十一、投放虚假危险物质罪（第291条之一）

是指投放虚假的爆炸性、毒害性、放射性、传染病病原体等物质，严重扰乱社会秩序的行为。

注意问题：

1. 故意投放虚假的危险物质，并敲诈勒索的，属于牵连犯，应择一重罪处断。

2. 故意投放真的危险物质毒杀特定个人的构成故意杀人罪；危害公共安全的，构成投放危险物质罪。意图投放真的危险物质，但因认识错误投了无毒的物质，属于未遂的投放危险物质罪。投放真的危险物质后敲诈勒索的，也属牵连犯，应择一重罪处断。

二十二、编造、故意传播虚假恐怖信息罪（第291条之一）

是指编造爆炸威胁、生化威胁、放射威胁等恐怖信息，或明知是编造的恐怖信息而故意传播，严重扰乱社会秩序的行为。

根据司法解释，编造与突发传染病疫情等灾害有关的恐怖信息，或明知是编造的此类恐怖信息而故意传播，严重扰乱社会秩序的，以本罪论处。[1]

---

〔1〕 最高人民法院、最高人民检察院2003年5月15日《关于办理妨害预防、控制突发传染病疫情等灾害的刑事案件具体应用法律若干问题的解释》。

二十三、聚众斗殴罪（第 292 条）

是指出于不正当的目的，在首要分子的组织、策划、指挥下结伙成帮地进行殴斗，破坏公共秩序的行为。本罪客体是公共秩序。客观方面表现为聚众进行殴斗。成立本罪只要求行为人实施了聚众斗殴行为，不以造成人身伤害等严重后果为构成要件。"聚众斗殴"是指双方斗殴，一方邀约多人殴打他方一人或数人，致人重伤、死亡的不以本罪论处，以故意伤害罪、故意杀人罪论处。犯罪主体是一般主体，但仅处罚首要分子和积极参加者。

注意问题：

1. 对于群众间因民事纠纷激化而发生的多人之间的打斗等不宜按本罪论处。

2. 聚众斗殴涵盖的结果只能是致人轻伤，致人重伤、死亡的，以故意伤害罪、故意杀人罪论处。但致人死亡的，未必都定杀人罪，如果确实不具有杀人的故意，应定故意伤害（致死）罪。

3. 致人重伤、死亡的，通常只对直接致伤、致死的责任人和首要分子按伤害罪、杀人罪论处，对其他积极参加者仍然定聚众斗殴罪。

4. 犯本罪，有下列情形之一的，加重处罚：①多次聚众斗殴的；②聚众斗殴人数多，规模大，社会影响恶劣的；③在公共场所或者交通要道聚众斗殴，造成社会秩序严重混乱的；④持械聚众斗殴的。

二十四、寻衅滋事罪（第 293 条）

是指出于不正当目的，肆意挑衅，随意殴打、追逐、拦截、辱骂、恐吓他人，情节恶劣的；或者强拿硬要或任意损毁、占用公私财物，情节严重的；或者在公共场所起哄闹事，造成公共场所秩序严重混乱的行为。

注意问题：

1. 寻衅滋事，情节严重或者情节恶劣的才构成犯罪。

2. "随意殴打他人，情节恶劣的"，注意与伤害罪的区别。

3. "追逐、拦截、辱骂他人，情节恶劣的"，注意与强制猥亵、侮辱妇女罪的区别。

4. "强拿硬要或者任意损毁、占用公私财物，情节严重的"，注意与抢劫、敲诈勒索、故意毁坏财物罪的区别。

5. "在公共场所起哄闹事，造成公共场所秩序严重混乱的"，注意与扰乱社会秩序、聚众扰乱公共场所秩序、交通秩序罪的区别。

6. 寻衅滋事罪与其他犯罪的界限。寻衅滋事罪的特点主要是藐视公德法纪，无事生非。如看电影不买票或者在超市拿东西不交钱，受到指责，就起哄、打人，这是寻衅滋事。若不是无事生非，而是事出有因，则不构成此罪。例如，群众为要求赔偿，到有关单位闹事、因纠纷吵架发展为打架，都不构成本罪。

二十五、组织、领导、参加黑社会性质组织罪（第294条）

是指组织、领导或者参加以暴力、威胁或其他手段，有组织地进行违法犯罪活动，称霸一方，为非作恶，欺压、残害群众，严重破坏经济、社会生活秩序的黑社会性质组织的行为。本罪属于行为犯，只要行为人实施了组织、领导、参加黑社会性质组织的行为，即构成犯罪。

"黑社会性质的组织"应同时具备以下特征：①形成较稳定的犯罪组织，人数较多，有明确的组织者、领导者，骨干成员基本稳定；②有组织的通过违法犯罪活动或者其他手段获取经济利益，具有一定的经济实力，以支持该组织的活动；③以暴力、威胁或者其他手段，有组织地多次进行违法犯罪活动，为非作恶，欺压、残害群众；④通过实施违法犯罪活动，或利用国家工作人员的包庇或者纵容，称霸一方，在一定区域或者行业内，形成非法控制或者重大影响，严重破坏经济、社会生活秩序。

注意问题：

1. 对于组织、领导、参加黑社会性质组织又有其他犯罪行为的，应依照数罪并罚的规定处罚。

2. 对于黑社会性质组织的组织者、领导者，应当按照其所组织、领导的黑社会性质组织所犯的全部罪行处罚。

3. 对于黑社会性质组织的参加者，应当按照其所参与的犯罪处罚。

4. 对于参加黑社会性质组织，没有实施其他违法犯罪活动的，或者受蒙蔽、胁迫而参加组织的，情节轻微的可以不作为犯罪处理。

5. 国家机关工作人员组织、领导、参加黑社会性质组织的从重处罚。

20-7（03卷二43）　关于黑社会性质组织犯罪的认定问题，下列说法哪些是正确的？

A. 黑社会性质组织是犯罪集团，具有犯罪集团的一般属性

B. 黑社会性质组织所从事的危害行为，既包括犯罪行为，又包括违法行为

C. 组织、领导、参加黑社会性质组织罪，既包括组织、领导、参加黑社会性质组织的行为，又包括在该黑社会性质组织统一策划、指挥下从事的其他犯罪行为

D. 具有国家工作人员的非法保护，是认定黑社会性质组织的必要条件

答案：AB

20-8　劳改释放犯甲在当地组织一批无业人员以收保护费起家，逐

步建立了自己的组织系统，先后开设了几个公司，拉来县公安局长做靠山，长期霸占当地皮货市场。在甲的领导下，该组织杀死不服从管理的商户4人，强奸妇女2人。同时为牟取暴利，甲还在当地开设赌场。甲构成何罪？

A 组织、领导、参加黑社会性质组织罪

B. 故意杀人罪

C. 强奸罪

D. 赌博罪

答案：ABCD

二十六、入境发展黑社会组织罪（第294条）

是指我国境外的黑社会组织到境内发展其成员的行为。

本罪的行为地点仅限于我国境内，发展的成员仅限于境内的中国公民。在中国境外发展境内公民为其组织成员，或者在中国内地发展外国人及我国港、澳、台地区居民为其组织成员，都不属于本罪范围。

二十七、包庇、纵容黑社会性质组织罪（第294条）

是指国家机关工作人员包庇黑社会性质的组织，或纵容黑社会性质的组织进行违法犯罪活动的行为。

"包庇黑社会性质组织"，是指为使黑社会性质组织及其成员逃避查禁而通风报信，隐藏、毁灭、伪造证据，阻止他人检举揭发、作证，指示他人作伪证，帮助逃匿，或者阻挠其他国家机关工作人员依法查禁等行为。此种包庇不要求必须利用职权。包庇的对象是黑社会性质组织，为包庇黑社会性质组织而包庇其个别成员，属于本罪的包庇行为。单纯包庇黑社会性质组织中的个别成员，应按包庇罪论处。

"纵容黑社会性质组织"，是指不依法履行职责，放纵黑社会性质组织进行犯罪活动的行为。纵容以负有特定的职责为前提。

二十八、传授犯罪方法罪（第295条）

是指用语言、文字、动作或其他方式，将犯罪方法或技能传授给他人的行为。

"传授犯罪方法"，是指传授预备犯罪、实行犯罪及犯罪后湮灭罪迹、掩盖罪行的技术、步骤和办法。传授的方式可以是口头讲解、身体示范、观摩影像、书写文字等，可在社会上传授，也可在监狱等关押场所传授。传授之后，对方是否接受了传授或者是否按传授的方法去实施犯罪，不影响犯罪的成立。

传授与教唆不同。传授是教给对方方法，教唆则是引起对方的犯意。

如果行为人以同一犯罪内容既教唆又传授犯罪方法的，如既教唆盗窃又传授盗窃的方法，应按吸收原则，择一重罪论处。

如果行为人以不同的犯罪内容，对同一对象或不同对象实施传授和教唆行为，则应实行数罪并罚。如教唆盗窃，又传授诈骗方法的，应以盗窃罪和传授犯罪方法罪并罚。

20－9 甲在自己家中开办扒窃技术"学习班"，给邻里乡亲们免费"授课"，还多次带他人去火车站见习，窃得财物价值6万余元。甲的行为构成：

A. 传授犯罪方法罪　　　　　　B. 聚众扰乱公共场所秩序罪
C. 盗窃罪　　　　　　　　　　D. 组织黑社会性质组织罪
答案：AC

二十九、非法集会、游行、示威罪（第296条）

是指未依照法律规定申请或申请未获许可而举行集会、游行、示威，或未按照主管机关许可的起止时间、地点、路线进行集会、游行、示威，又拒不服从解散命令，严重破坏社会秩序的行为。本罪的主体是非法集会、游行、示威的负责人和直接责任人员。

三十、组织、利用会道门、邪教组织、利用迷信破坏法律实施罪（第300条）

是指组织和利用会道门、邪教组织或者利用迷信破坏法律、行政法规实施的行为。"会道门"是指封建迷信组织。"邪教组织"是指利用宗教、气功或其他名义建立，神化首要分子，利用制造、散布迷信邪说等手段蛊惑、蒙骗他人，发展、控制成员，危害社会的非法组织。实施本罪同时危害国家安全的，应以相应的危害国家安全罪论处；危害公共安全的，以相应的危害公共安全罪论处。

三十一、组织、利用会道门、邪教组织、利用迷信致人死亡罪（第300条）

是指组织、利用会道门、邪教组织或者利用迷信蒙骗他人，致人死亡的行为。

此种情况的"致人死亡"，是指宣扬异端邪说或者鼓吹怪异的生活、医疗方式，从而导致死亡的，比如走火入魔不吃饭、不睡觉致死的。如果是指使、胁迫其成员自杀、自伤，或者唆使信徒杀、伤其他信徒的，应以故意杀人罪、故意伤害罪论处。

组织、利用会道门、邪教组织、利用迷信奸淫妇女或者诈骗财物的，以强奸罪、诈骗罪论处。

三十二、聚众淫乱罪（第301条）

是指聚集多人进行淫乱活动或多次参加聚众淫乱活动的行为。

本罪的主观方面只要求行为人认识到所从事的是聚众性性行为，不要求行为人认识到该行为具有淫乱性。是否具有淫乱性，由法官根据社会的性道德标准进行判断。

三十三、引诱未成年人聚众淫乱罪（第301条）

是指引诱未成年人参加聚众淫乱活动的行为。

本罪的主体是引诱者。与女性未成年人进行淫乱者，若知道是未成年人，应以强奸罪论处。既引诱未成年人参加聚众淫乱，又与女性未成年人进行淫乱的，应数罪并罚。

三十四、盗窃、侮辱尸体罪（第302条）

是指秘密窃取或者公然贬损尸体的行为。

尸体是自然人死亡后遗留的躯体。尸体不以完整为必要，缺少部分肢体、器官的，仍为尸体。相对完整的遗骸、遗骨，视为尸体。骨灰不属于尸体。

"盗窃尸体"，是指窃取尸体置于自己控制之下。"侮辱尸体"，是指以暴露、肢解、猥亵、奸淫、毁损、涂划、践踏、碾轧、鞭打等方式损害尸体尊严的行为。杀人后毁弃、隐藏尸体，是杀人的后续行为，不另构成本罪。

依照刑法第234条之一第3款的规定，违背本人生前意愿摘取其尸体器官，或者本人生前未表示同意，违反国家规定，违背其近亲属意愿摘取其尸体器官的，依侮尸体罪定罪处罚。

三十五、赌博罪（第303条）

是指以营利为目的，聚众赌博、开设赌场或者以赌博为业的行为。

依据司法解释，"聚众赌博"，是指组织3人以上赌博，抽头渔利数额累计达到5000元以上或者赌资数额累计达到5万元以上或者参赌人数累计达到20人以上的，或者组织10人以上赴境外赌博，从中收取回扣、介绍费的。我国公民在我国领域外周边地区聚众赌博构成赌博罪的可以依照刑法规定追究刑事责任。本罪主观上具有营利目的。"营利目的"，是指为了获得较大数额的钱财而赌博。至于实际上是否达到这一目的，不影响赌博罪的成立。

注意问题：

1. 罪与非罪的界限。不以营利为目的，进行带有少量财物输赢的娱乐活动，以及提供棋牌室等娱乐场所只收取正常的场所和服务费用的经营行为等，不以赌博论处。

2. 赌博罪的从重处罚情节。具有下列情形之一的，按照赌博罪从重处罚：①具有国家工作人员身份的；②组织国家工作人员赴境外赌博的；③组织未成年人参与赌博，或者开设赌场吸引未成年人参与赌博的。

3. 通过赌博或者为国家工作人员赌博提供资金的形式实施贿赂行为，构成犯罪的，依照刑法关于贿赂犯罪的规定定罪处罚。

4. 共犯。明知他人实施赌博犯罪活动，而为其提供资金、计算机网络、通讯、费用结算等直接帮助的，以赌博罪的共犯论处。

三十六、开设赌场罪[1]（第 303 条）

是指营业性地为赌博提供场所，设定赌博方式，提供赌具、筹码，接受赌客投注的行为。根据司法解释，利用互联网、移动通讯终端等传输赌博视频、数据，组织赌博活动，具有下列情形之一的，也属于"开设赌场"行为：①建立赌博网站并接受投注的；②建立赌博网站并提供给他人组织赌博的；③为赌博网站担任代理并接受投注的；④参与赌博网站利润分成的。[2] 我国公民在我国领域外周边地区开设赌场，以吸引我国公民为主要客源，构成赌博罪的，可依照本罪追究刑事责任。

注意问题：本罪不需要强调"以营利为目的"。

■ 第二节 妨害司法罪

一、伪证罪（第 305 条）

是指在刑事诉讼中，证人、鉴定人、记录人、翻译人对与案件有重要关系的情节，故意作虚假证明、鉴定、记录、翻译，意图陷害他人或者隐匿罪证的行为。

本罪的犯罪主体只能是刑事诉讼中的证人、鉴定人、记录人、翻译人。刑事诉讼中，包括刑事案件的侦查、起诉和审判活动的全过程。

本罪与诬告陷害罪的界限：①主体不同。本罪主体是刑事诉讼中的证人、鉴定人、记录人、翻译人；而诬告陷害罪的主体是一般主体。②本罪的主观目的既可以是陷害他人，也可以是包庇犯罪人；而诬告陷害罪只能是陷害他人。③本罪只能发生在立案之后；而诬告陷害行为则发生在立案之前，并且是引起立案侦查的原因。④本罪表现为对与刑事案件的定罪量刑有重要关系的情节，作虚假证明、鉴定、记录、翻译；而诬告陷害则表

---

〔1〕 本罪是《刑法修正案（六）》第 18 条从原来的赌博罪中分离出来的一个罪名，并加重了法定刑。

〔2〕 2010 年 8 月最高人民法院、最高人民检察院、公安部《关于办理网络赌博犯罪案件适用法律若干问题的解释》第 1 条第 1 款。

现为捏造整个犯罪事实。

20-10（04 卷二 7） 下列哪一种行为可以构成伪证罪？

A. 在民事诉讼中，证人作伪证的

B. 在刑事诉讼中，辩护人伪造证据的

C. 在刑事诉讼中，证人故意作虚假证明意图陷害他人的

D. 在刑事诉讼中，诉讼代理人帮助当事人伪造证据的

答案：C

二、辩护人、诉讼代理人毁灭证据、伪造证据、妨害作证罪（第306条）

是指在刑事诉讼中，辩护人、诉讼代理人毁灭、伪造证据，帮助案件当事人毁灭、伪造证据，威胁、引诱证人违背事实改变证言或者作伪证的行为。

本罪主体是特殊主体，即只能是刑事诉讼中辩护人、诉讼代理人。客观上实施了下列行为之一：①毁灭、伪造证据；②帮助当事人毁灭、伪造证据；③威胁、引诱证人违背事实改变证言或者作伪证。只要实施其中一种即可成立本罪，对兼有两种以上情形的，也只以一罪论处。

三、妨害作证罪（第307条）

是指以暴力、威胁、贿买等方法阻止证人作证或者指使他人作伪证的行为。本罪主体是一般主体。客观行为有两种表现：①以暴力、威胁、贿买等方法阻止证人作证；②指使他人作伪证。行为既可发生在刑事诉讼中，也可发生在民事、行政诉讼中。由于法律将特定的教唆行为规定为具体的犯罪，因而，指使他人作伪证的，不适用教唆犯的规定。

司法工作人员犯本罪的，从重处罚，不论其是否利用职务上的便利。

20-11（03 卷二 11） 律师王某在代理一起民事诉讼案件中，编造了一份对自己代理人有利的虚假证言，指使证人李某背熟以后向法庭陈述，使本该败诉的己方胜诉。王某的行为构成何罪？

A. 伪证罪   B. 诉讼代理人妨害作证罪

C. 妨害作证罪   D. 帮助伪造证据罪

答案：C

四、帮助毁灭、伪造证据罪（第307条）

是指帮助诉讼当事人毁灭、伪造证据，情节严重的行为。

本罪主体是一般主体，但不包括当事人本人和刑事诉讼中的辩护人、

诉讼代理人。当事人自己毁灭、伪造证据的，不构成犯罪。客观表现是帮助当事人毁灭、伪造证据，且情节严重。这里的"帮助"应作广义理解，包括受当事人指示而为之；教唆、指示当事人为之；伙同当事人为之；为当事人提供毁灭、伪造证据的便利条件或传授方法等等。

司法工作人员犯本罪的，从重处罚，不论其是否利用职务上的便利。

五、打击报复证人罪（第308条）

是指对证人进行打击报复的行为。打击报复的手段多种多样，例如直接对证人进行人身侵害、精神威胁、人格侮辱、名誉贬损、自由限制、财产毁坏，或者骚扰证人的生活安宁、加害证人的亲友，或者滥用职权，采取降职、降薪、辞退等手段报复证人。本罪主体是一般主体，犯罪对象是作证之后的证人及其近亲属。

构成本罪不以造成轻伤为条件，但造成轻伤的，仍以本罪论处。若造成重伤、死亡，则应以故意伤害罪、故意杀人罪论处。

本罪和妨害作证罪的对象均为证人，二者区别的要点是：本罪是发生在证人作证之后，而妨害作证罪是发生在证人出庭作证之前以及诉讼活动过程中。

20 - 12（04 卷二 83）　某法院开庭审理一起民事案件，参加旁听的原告之夫李某认为证人王某的证言不实，便当场大声指责，受到法庭警告。李某不听劝阻，大喊"给我打"，在场旁听的 10 多个原告方的亲属一拥而上，对王某拳打脚踢，法庭秩序顿时大乱。审判长予以制止，李某一伙又对审判长和审判员进行围攻、殴打，审判长只好匆匆宣布休庭。问李某的行为触犯了什么罪名？

A. 打击报复证人罪　　　　　　B. 聚众冲击国家机关罪

C. 扰乱法庭秩序罪　　　　　　D. 妨害作证罪

答案：AC

六、扰乱法庭秩序罪（第309条）

是指聚众哄闹、冲击法庭，或者殴打司法工作人员，严重扰乱法庭秩序的行为。"法庭"，包括下乡、下厂临时组建的开庭场所。哄闹、冲击法庭必须采取聚众的形式，殴打司法工作人员不要求采用聚众形式。

七、窝藏、包庇罪（第310条）

是指明知是犯罪的人而为其提供隐藏处所、财物，帮助其逃匿或者作假证明予以包庇的行为。

本罪主观上是故意，含两项内容：①明知对方是犯罪人；②具有使其逃避法律制裁的意图。该两项内容须同时具备。客观上的"窝藏行为"有

3 种表现：①为犯罪人提供隐藏处所，包括藏于地窖山洞或留宿家中、租赁房屋、包用客房、介绍至亲友处等。②提供财物帮助犯罪人逃匿，如提供路费、宿费、衣物、食物等。③提供其他便利条件帮助逃匿，如提供交通工具、化装用品、为其伪造通行证明、带路或是指示逃匿方向、路线、地点等。"包庇行为"，是指向司法机关作虚假证明，掩盖犯罪事实，使其逃避刑事制裁。根据《刑法》第 362 条的规定，旅馆业、饮食服务业、文化娱乐业、出租汽车业等单位的人员，在公安机关查处卖淫、嫖娼活动时，为违法犯罪人通风报信，情节严重的，也以本罪论处。

注意问题：

1. 本罪与知情不举的界限。"知情不举"，是指明知是犯罪人而不检举告发的行为。知情不举不构成犯罪，但明知他人有间谍犯罪行为，在国家安全机关向其调查收集有关间谍犯罪的证据时，拒绝提供的，可以构成第 311 条规定的拒绝提供间谍犯罪证据罪。

2. 包庇罪与伪证罪的界限。主要区别在于：①犯罪主体不同。包庇罪主体为一般主体；而伪证罪的主体只能是证人、鉴定人、记录人和翻译人。②犯罪的时间不同。包庇罪可以发生在刑事诉讼之前和诉讼过程中；而伪证罪只能发生于刑事诉讼过程中。③犯罪意图不同。包庇罪的犯罪意图是使犯罪的人逃避刑事制裁；而伪证罪的意图既可以是使犯罪人逃避刑事制裁，也可以是陷害他人。

3. 包庇罪与帮助毁灭、伪造证据罪的区别。包庇罪的行为是"作假证明"，帮助毁灭、伪造证据罪的行为是"毁灭证据"和"伪造证据"，而作假证明就是伪造证据，这就使二者不易区别。此种情况区别的关键在于对象不同。为犯罪人作假证明的，是包庇罪；为民事、行政诉讼中的当事人伪造证据的，是帮助毁灭、伪造证据罪。另外一个容易混淆的是，帮助犯罪人毁灭证据的，究竟应定何罪？答案是：应定帮助毁灭、伪造证据罪，不能定包庇罪。因为包庇罪的法定行为只有"作假证明"一种，毁灭证据不属于作假证明。

4. 窝藏、包庇罪与同他人共同犯罪的界限。本罪是指事前未与被窝藏、包庇的犯罪人通谋，而仅仅是在他人犯罪以后实施窝藏、包庇的行为。如果事前已有通谋，约定事后为其提供隐蔽处所、财物，帮助其逃匿或作假证明予以包庇的，按共同犯罪处理。事前知道作案人去犯罪，未报案，事后又窝藏、包庇犯罪人的，不认为是事前通谋，不以共犯论处。

5. 包庇罪与其他具有包庇性质的犯罪的界限。除包庇罪外，刑法中还规定了一些具有包庇性质的犯罪。如第 294 条第 4 款包庇、纵容黑社会性质组织罪，第 311 条拒绝提供间谍犯罪证据罪，第 349 条包庇毒品犯罪分子罪，第 399 条徇私枉法罪，第 400 条私放在押人员罪，第 402 条徇私舞弊不移交刑事案件罪，第411条放纵走私罪，第417条帮助犯罪分子逃避处罚罪等。遇有这些专门规定的，都适用专门规定，不能定包庇罪。

特别提示：事前通谋事后窝藏包庇的，按共同犯罪论处。

20-13（00卷二61）　下列行为构成包庇罪的有哪些？

A. 明知是走私犯罪的违法所得，为掩饰、隐瞒其来源和性质而为其提供资金账户

B. 明知是犯罪的人而作假证明包庇

C. 包庇贩卖毒品的犯罪分子

D. 旅馆业、饮食服务业人员，在公安机关查处卖淫嫖娼活动时，为违法犯罪分子通风报信，情节严重的

答案：BD

20-14　甲系犯罪嫌疑人乙的堂兄，在乙被羁押期间，一日甲偶然发现乙的房间内有一件血衣，甲猜测此物为其堂弟的作案证据遂焚之。甲的行为构成：

A. 伪造证据罪　　　　　　　B. 妨害作证罪

C. 包庇罪　　　　　　　　　D. 帮助毁灭证据罪

答案：D

20-15　下列哪些情况构成包庇罪？

A. 司法工作人员甲明知乙有罪，利用职务便利使其逃避刑事追究

B. 乙明知丙是犯罪人而为其作假证明，使其逃避刑事追究

C. 丙明知丁是毒品犯罪分子而作假证明，使其逃避刑事追究

D. 有查禁犯罪活动职责的国家工作人员甲向犯罪分子乙通风报信，提供便利，帮助犯罪分子逃避处罚

答案：B

20-16（06卷二63）　下列哪些行为不构成包庇罪？

A. 国家机关工作人员包庇黑社会性质的组织的

B. 帮助当事人毁灭、伪造证据的

C. 明知他人有间谍行为，在国家安全机关向其收集有关证据时，拒绝提供，情节严重的

D. 包庇走私、贩卖、运输、制造毒品的犯罪分子的

答案：ABCD

八、掩饰、隐瞒犯罪所得、犯罪所得收益罪（第312条）[1]

是指明知是犯罪所得及其产生的收益而予以窝藏、转移、收购、代为销售或者以其他方法掩饰、隐瞒的行为。

本罪主体既可以是个人，也可以是单位。

主观上必须明知是赃物。"明知"，包括知道和应当知道。知道来路不明，即可推定为知道，如场外交易、手续不全、价格明显偏低等，即可推定为知道是赃物。

客观方面表现为"掩饰、隐瞒犯罪所得及其产生的收益"。所谓"犯罪所得及其产生的收益"，是指通过犯罪手段直接获取的赃物以及利用犯罪所得的赃物所产生的孳息或者进行经营活动产生的经济利益。包括现金、珠宝、债权、动产及不动产等。所谓"掩饰、隐瞒"，是指采取各种手段设法掩盖事实真相。掩饰、隐瞒的具体方法是窝藏、转移、收购、代为销售或者以其他方法。"窝藏"，是指将赃物及其收益置于一定的场所隐藏、保管。"转移"，是指将赃物及其收益由一个地方移送到另一个地方。"收购"，即购买赃物。只要收购行为完成，即为既遂，不问是否销售。"代为销售"，是指事先不支付价款，待销售之后再予支付。代为销售，以售出赃物为既遂。实施上述四种行为之一，即可成立本罪；同时兼有其中几种行为的，也只能成立一罪。"其他方法"，是指除窝藏、转移、收购、代为销售之外的方法，如提供资金账户、协助将赃物转换为现金或金融票据、协助将资金汇往境外等等。

根据司法解释，明知是赃车而介绍买卖的，以收购、销售赃物罪的共犯论处；明知是赃车而予以拆解、改装、拼装、典当、倒卖的，以窝藏、转移、收购、销售赃物罪论处。[2]

注意问题：

1. 罪与非罪的界限。对于因不知是犯罪所得的赃物及其收益而予以掩饰、隐瞒的行为，不能认定为犯罪；对情节轻微的买赃自用行为，也不以犯罪论处。另外，行为人犯罪后将自己犯罪所得的赃物予以掩饰、隐瞒的，其掩饰、隐瞒的行为本身，不再单独成立犯罪。

2. 与窝藏、包庇罪的区别。要点在于犯罪对象不同：本罪的对象是赃物；窝藏、包庇罪的对象是犯罪人。

3. 与洗钱罪的区别。要点在于掩饰、隐瞒的上游犯罪不同。洗钱罪掩

---

[1] 本罪由《刑法修正案（六）》作了修正。原来的罪名是"窝藏、转移、收购、销售赃物罪"，根据修正后的内容，将罪名改为"掩饰、隐瞒赃物及其收益罪"。

[2] 1998年5月《最高人民法院、最高人民检察院、公安部、国家工商行政管理局关于依法查处盗窃、抢劫机动车案件的规定》。

饰、隐瞒的是毒品犯罪、黑社会性质的组织犯罪、恐怖活动犯罪、走私犯罪、贪污贿赂犯罪、破坏金融管理秩序犯罪、金融诈骗犯罪的所得及其产生的收益，而本罪掩饰、隐瞒的是除了洗钱罪的上游犯罪之外的其他一切犯罪的所得及其收益。

特别提示：事前通谋，事后按事前的约定掩饰、隐瞒赃物及其收益的，按共同犯罪论处。

20－17　收废品的小贩甲答应收购某电缆厂童工乙（15 岁）偷来的工业用电缆，乙遂偷出价值 4 万元电缆交给甲，甲给乙 3000 元。关于二人的行为，下列哪一说法是正确的?

A. 甲构成掩饰、隐瞒赃物及其收益罪，乙构成盗窃罪

B. 甲乙共同构成盗窃罪

C. 甲构成掩饰、隐瞒赃物及其收益罪，乙不构成犯罪

D. 甲构成盗窃罪，乙不构成犯罪

答案：D

20－18　甲盗窃一辆价值 30 万元的汽车开到乙家院里，经协商以 5 万元卖给乙，但乙说只能先支付 5000 元，剩余钱待卖后支付。甲同意并拿上 5000 元作路费到外地暂避风头。丙丢失汽车后十分着急，登报悬赏 10 万元寻找汽车。乙见到广告后与丙协商，最后以 8 万元卖给丙。针对本案，下列哪些说法是正确的：

A. 甲构成盗窃罪，盗窃金额 30 万元

B. 甲构成盗窃罪，盗窃金额 5 万元

C. 乙构成掩饰、隐瞒赃物及其收益罪

D. 乙构成掩饰、隐瞒赃物及其收益罪和窝藏罪

答案：AC

九、拒不执行判决、裁定罪（第 313 条）

是指对人民法院已经发生法律效力的判决、裁定有能力执行而拒不执行，情节严重的行为。"发生法律效力的判决、裁定"，是指人民法院依法作出的具有执行内容并已发生法律效力的判决、裁定。人民法院为依法执行支付令、生效的调解书、仲裁裁决、公证债权文书等所作的裁定属于该条规定的裁定[1]"有能力执行"，是指根据查实的证据证明，行为人有可供执行的财产或者具有履行特定行为义务的能力。"且情节严重"，包括

---

〔1〕 2002 年 8 月 29 日全国人大常委会《关于〈中华人民共和国刑法〉第 313 条的解释》。

如下几种情形：①被执行人隐藏、转移、故意毁损财产或者无偿转让财产、以明显不合理的低价转让财产，致使判决、裁定无法执行的；②担保人或者被执行人隐藏、转移、故意毁损或者转让已向人民法院提供担保的财产，致使判决、裁定无法执行的；③协助执行义务人接到人民法院协助执行通知书后，拒不协助执行，致使判决、裁定无法执行的；④被执行人、担保人、协助执行义务人与国家机关工作人员通谋，利用国家机关工作人员的职权妨害执行，致使判决、裁定无法执行的；⑤其他有能力执行而拒不执行，情节严重的情形。[1] 本罪的主体是判决、裁定的执行义务人。

特别提示：

以暴力方法拒不执行判决、裁定致人重伤、死亡的，以故意伤害罪、故意杀人罪论处。

十、非法处置查封、扣押、冻结的财产罪（第314条）

是指隐藏、转移、变卖、故意毁损已被司法机关查封、扣押、冻结的财产，情节严重的行为。本罪的犯罪对象是已被查封、扣押、冻结的财物，但不包括工商、税务、海关等行政机关所作的查封、扣押、冻结。必须是情节严重的才构成犯罪。情节严重主要是指：严重妨害了诉讼活动的；导致判决、裁定在客观上无法执行的；严重损害对方当事人利益的；动机或手段恶劣的等。

十一、脱逃罪（第316条）

是指依法被关押的罪犯、被告人、犯罪嫌疑人逃脱司法机关的羁押和监管的行为。犯罪主体只能是依法被关押的罪犯、被告人、犯罪嫌疑人。包括已被拘留、逮捕而尚未判决的未决犯和已被判处拘役以上剥夺自由刑罚正在监狱服刑的已决犯。因错捕、错判被关押的无辜者，被劳动教养或者行政拘留者，被拘传、取保候审、监视居住的犯罪嫌疑人，被缓刑、假释的罪犯，都不是本罪的主体。主观上具有逃避羁押和刑罚执行的目的。因私事脱离执行场所事后主动归回的，经批准回家后逾期返回的，因没有逃避羁押、服刑的目的，不构成犯罪。

在脱逃中致人重伤、死亡的，以故意伤害罪、故意杀人罪论处。

脱逃罪的既遂与未遂应以是否实际摆脱监管机关或监管人员的实力控制范围为标准。已经摆脱监管人员的实力控制范围的，为既遂；虽然逃出关押场所，但未逃出监管人员控制范围，即被抓回的，是未遂。

20－19（04卷二58） 下列哪些人可以成为脱逃罪的主体？

---

〔1〕 2002年8月29日全国人大常委会《关于〈中华人民共和国刑法〉第313条的解释》。

A. 被判处管制的犯罪分子

B. 依法被关押的罪犯

C. 依法被关押的被告

D. 依法被关押的但尚无充分证据证明有罪的犯罪嫌疑人

答案：BCD

20－20（06 卷二 61） 对下列哪些行为不应当认定为脱逃罪？

A. 犯罪嫌疑人在从甲地押解到乙地的途中，乘押解人员不备，偷偷溜走

B. 被判处管制的犯罪分子未经执行机关批准到外地经商，直至管制期满未归

C. 被判处有期徒刑的犯罪分子组织多人有计划地从羁押场所秘密逃跑

D. 被判处无期徒刑的 8 名犯罪分子采取暴动方法逃离羁押场所

答案：BCD

十二、劫夺被押解人员罪（第 316 条）

是指以暴力、胁迫或其他强制手段，劫夺押解途中的罪犯、被告人、犯罪嫌疑人的行为。本罪主观上具有劫夺被押解人的目的，若无此目的，仅以暴力、威胁方法妨碍押解工作的，可以构成妨碍公务罪。暴力劫夺，致押解人员重伤、死亡，应以本罪和故意伤害罪或故意杀人罪并罚。

十三、组织越狱罪（第 317 条）

是指依法被关押的罪犯、被告人、犯罪嫌疑人，在首要分子的组织、策划、指挥下，有组织地以非暴力方式集体脱逃的行为。犯罪主体是依法被关押的犯罪分子，包括已决犯和未决犯。客观行为有三个特点：有组织、有计划性；聚众性；非暴动性。但不排除有轻微的暴力或者个别人非有计划地使用暴力。"越狱"，是指逃离监狱、看守所等关押、执行场所，包括押解途中。主观上有组织越狱或参加有组织的越狱行动的故意。不明真相乘乱尾随逃跑或者单独逃跑的，以脱逃罪论处。

十四、暴动越狱罪（第 317 条）

是指依法被关押的罪犯、被告人、犯罪嫌疑人在首要分子的组织、策划、指挥下，共同使用暴力手段集体脱逃的行为。

暴动越狱致人重伤、死亡的，仍以本罪论处。

十五、聚众持械劫狱罪（第 317 条）

是指狱外人员纠集多人，携带、使用器械，有组织地劫夺被依法关押的罪犯、被告人、犯罪嫌疑人的行为。本罪主体是一般主体，必须 3 人以上，只能是狱外人员。"持械"，是指手持枪、刀、斧、棍等器械。

本罪与劫夺被押解人员的区别在于对象不同，本罪的劫夺对象是监狱、看守所中的在押人员；后者的劫夺对象是在押解途中的在押人员。

■ 第三节　妨害国（边）境管理罪

一、组织他人偷越国（边）境罪（第 318 条）

是指违反国（边）境管理法规，组织、策划、指挥他人偷越国（边）境或者在首要分子的指挥下，实施拉拢、引诱、介绍他人偷越国（边）境的行为。

在组织他人偷越国（边）境的过程中，造成被组织人重伤或死亡的，是结果加重犯；剥夺或限制被组织人人身自由，或者以暴力、威胁方法抗拒检查的，是情节加重犯，不再另定非法拘禁罪或妨害公务罪，不存在数罪并罚问题。

犯本罪，同时对被组织人有杀害、伤害、强奸、拐卖等犯罪行为，或者对检查人员有杀害、伤害等犯罪行为的，依照数罪并罚的规定处罚。

根据第 318 条规定，犯本罪，有下列情形之一的，处 7 年以上有期徒刑或者无期徒刑，并处罚金或者没收财产：①组织他人偷越国（边）境集团的首要分子；②多次组织他人偷越国（边）境或者组织他人偷越国（边）境人数众多的；③造成被组织人重伤、死亡的；④剥夺或者限制被组织人人身自由的；⑤以暴力、威胁方法抗拒检查的；⑥违法所得数额巨大的；⑦有其他特别严重情节的。根据司法解释，[1]"人数众多"一般是指组织、运送他人偷越国（边）境人数在 10 人以上。

特别提示：

1. 在组织他人偷越国（边）境的过程中，过失造成被组织人重伤或死亡的，是结果加重犯；对被组织人故意杀害、伤害的，实行数罪并罚。

2. 注意区分情节加重犯与数罪并罚的情形。

二、骗取出境证件罪（第 319 条）

是指以劳务输出、经贸往来或者其他名义，弄虚作假，骗取护照、签证等出境证件，为组织他人偷越国（边）境使用的行为。本罪客体是国家对出境证件的管理制度。客观方面是以劳务输出、经贸往来或者以其他名义，骗取有关主管部门的批准，取得护照、签证等出境证件。犯罪主体可以是个人也可以是单位。主观方面是故意。

---

[1] 最高人民法院 2002 年 1 月 28 日《关于审理组织、运送他人偷越国（边）境等刑事案件适用法律若干问题的解释》。

与组织他人偷越国（边）境罪的界限：本罪的目的是骗取出境证件供组织他人偷越国（边）境使用，故在自然人实施的情况下，其行为实际上属于组织他人偷越国（边）境罪的预备行为（就组织者而言）或帮助行为（就组织人以外的人而言）。因此，如果行为人骗取了出境证件，但并未实际用于组织他人偷越国（边）境，成立本罪；如果行为人骗取了出境证件，又实施了组织他人偷越国（边）境行为，则预备行为被吸收，只构成组织他人偷越国（边）境罪。

特别提示：

1. 本罪主体既可以是自然人，也可以是单位。

2. 本罪骗取出境证件的目的是供组织他人偷越国（边）境使用，若为行为人自己偷越国（边）境使用之目的，以偷越国（边）境罪（预备）论处。

三、提供伪造、变造的出入境证件罪（第320条）

是指故意为他人提供伪造、变造的护照、签证等出入境证件的行为。

提供伪造、变造的出入境证件的行为，可以有偿，也可以无偿；所提供的出入境证件可以是他人伪造、变造的，也可以是本人伪造、变造的。如果是后者，行为人除成立本罪外，还同时触犯伪造、变造国家机关证件罪，应从一重罪论处。

四、出售出入境证件（第320条）

是指以牟利为目的，非法出售护照、签证等出入境证件的行为。

出入境证件也属于国家机关公文、证件，因刑法作了专门规定，所以出售出入境证件的，不再以非法买卖国家机关公文、证件罪论处。

与提供伪造、变造的出入境证件罪的界限。行为人出售的出入境证件是真实的，成立本罪；出售伪造、变造的出入境证件的，以提供伪造、变造的出入境证件罪论处。

五、运送他人偷越国（边）境罪（第321条）

是指违反国（边）境管理法规，运送他人偷越国（边）境的行为。"运送"，是指使用车船等交通工具或者徒步将偷越国（边）境的人员接入或送出国（边）境的行为。若行为人在组织他人偷越国（边）境时又亲自实施运送行为的，应以组织他人偷越国（边）境罪论处。

在运送他人偷越国（边）境过程中造成被运送人重伤、死亡，或者以暴力、威胁方法抗拒检查的，是本罪的加重情节，不数罪并罚。

犯本罪，对被运送人有杀害、伤害、强奸、拐卖等犯罪行为，或者对检查人员有杀害、伤害等犯罪行为的，依照数罪并罚的规定处罚。

20－21 下列哪些行为按照运送他人偷越国（边）境罪处理：

A. 在运送他人偷越国（边）境中造成被运送人重伤、死亡的

B. 在运送他人偷越国（边）境中以暴力、威胁方法抗拒检查的

C. 在运送他人偷越国（边）境中对被运送人有杀害、伤害、强奸、拐卖等犯罪行为的

D. 在运送他人偷越国（边）境中对检查人员有杀害、伤害等犯罪行为的

答案：AB

六、偷越国（边）境罪（第322条）

是指违反国（边）境管理法规，偷越国（边）境，情节严重的行为。构成本罪需要情节严重。"情节严重"是指具有下列情形之一的：①在境外有损害国家利益的行为；②偷越国（边）境3次以上的；③拉拢、引诱他人一起偷越国（边）境的；④因偷越国（边）境被行政处罚后1年内又偷越国（边）境的；⑤有其他严重情节的。

注意本罪与叛逃罪的界限。区别的要点在于犯罪主体不同：本罪主体是一般主体，叛逃罪的主体为国家机关工作人员或者掌握国家秘密的国家工作人员。

■ 第四节　妨害文物管理罪

一、故意损毁文物罪（第324条）

是指故意损毁国家保护的珍贵文物或者被确立为全国重点文物保护单位、省级文物保护单位的文物的行为。本罪的客体是国家对文物的保护管理制度。客观方面表现为行为人用捣毁、拆除、污损、挖掘、焚烧等方法，损毁国家保护的珍贵文物或者被确定为全国重点文物保护单位、省级文物保护单位的文物的行为。根据立法解释，刑法有关文物的规定，适用于具有科学价值的古脊椎动物化石、古人类化石。[1]

本罪与故意毁坏财物罪存在法条竞合关系，本罪为特别规定，应优先适用。

在盗窃文物时又造成文物的损毁（故意或者过失）的，按照盗窃罪从重处罚。

---

[1]　全国人大常委会2005年12月29日《关于〈中华人民共和国刑法〉有关文物的规定适用于具有科学价值的古脊椎动物化石、古人类化石的解释》。

二、故意损毁名胜古迹罪（第324条）

是指故意损毁国家保护的名胜古迹，情节严重的行为。

本罪以"情节严重"为要素。"情节严重"，是指损毁的对象特别珍贵的，致使被损毁的对象无法恢复原状的，或者造成其他严重后果的等等。

本罪与故意损毁文物罪的区别在于：①对象不同；②对情节的要求不同，本罪以情节严重为条件，后罪没有情节严重的条件。

三、过失损毁文物罪（第324条）

是指过失损毁国家保护的珍贵文物或者被确定为全国重点文物保护单位、省级文物保护单位的文物，造成严重后果的行为。

本罪以造成严重后果为要素。所谓"严重后果"，是指损毁的文物数量较大、损毁的文物特别珍贵或者造成无法弥补的严重损失等。

盗窃文物时故意或过失地毁损了文物，属于想象竞合犯，应择一重罪论处。

特别提示：毁损珍贵文物的行为，故意、过失都构成犯罪。毁损名胜古迹的行为，只有故意才构成犯罪，且要求情节严重。

四、非法向外国人出售、赠送珍贵文物罪（第325条）

是指违反文物保护法规，将收藏的国家禁止出口的珍贵文物私自出售或者私自赠送给外国人的行为。本罪的主体既可以是个人，也可以是单位。

20－22　甲系某国有博物馆馆长。在任馆长期间，甲利用职务的便利，将本馆的6件珍贵文物据为己有。某日，甲在某国定居并加入该国国籍的好友乙回国探亲时看中其中一件文物，甲即将该文物送于乙。后查明，该文物为禁止出口的珍贵文物。甲的行为构成：

A. 贪污罪　　　　　　　　　　B. 私赠文物藏品罪

C. 非法向外国人赠送珍贵文物罪　　D. 盗窃珍贵文物罪

答案：AC

五、倒卖文物罪（第326条）

是指违反文物保护法规，以牟利为目的，倒卖国家禁止经营的文物，情节严重的行为。"倒卖"，是指先买后卖，又买又卖。本罪以情节严重为构成要素。主体既可以是个人，也可以是单位。主观上强调以牟利为目的。

注意问题：

1. 出售本人盗窃、盗掘古墓葬所得的文物，按盗窃罪、盗掘古墓葬罪论处，不另定本罪。

2. 明知是他人犯罪所得的文物（赃物）而代为销售的，也应定本罪，而不应定销售赃物罪。因为本罪的法定刑比销赃罪重，代销犯罪所得文物的危害性也比代销一般的赃物重。

3. 与非法向外国人出售珍贵文物罪界限。①售卖对象不同。本罪的售卖对象可以是中国人，也可以是外国人；后者出售的对象只能是外国人；②犯罪对象不同。本罪的犯罪对象不是行为人收藏的文物；后者则是行为人合法收藏的珍贵文物

4. 本罪与非法经营罪的界限。二者对象不同，本罪对象限于国家禁止出口的文物，是特定对象。

六、盗掘古文化遗址、古墓葬罪（第328条）

是指违反国家文物保护法规，盗掘具有历史、艺术、科学价值的古文化遗址、古墓葬的行为。"古文化遗址、古墓葬"，是指受国家保护的清代及清代以前的具有历史、艺术、科学价值的文化遗址、墓葬。包括地面和地下的建筑、壁画、石刻、雕刻群、遗墟、坟墓等。1911年辛亥革命以后，与著名历史事件有关的名人墓葬、遗址和纪念地，也视同古文化遗址、古墓葬。"盗掘"，是指未经国家文物主管部门批准，私自开挖、掘取。盗掘不限于秘密挖掘，也包括公开挖掘。

盗掘古文化遗址、古墓葬的同时又盗窃文物的，或者在盗掘过程中损毁名胜古迹的以处罚较重的罪定罪处罚。

特别提示：行为人只要实施了挖掘古文化遗址、古墓葬的行为，就构成犯罪，不论是否窃取文物（注意：刑法修正案（八）取消了本罪的死刑）。

20-23（04卷二19）　甲晚上潜入一古寺，将寺内古墓室中有珍贵文物编号的金佛的头用钢锯锯下，销赃后获赃款10万元。对甲应以什么罪追究刑事责任？

A. 故意损毁文物罪

B. 倒卖文物罪

C. 盗窃罪

D. 盗掘古文化遗址、古墓葬罪

答案：C

七、抢夺、窃取国有档案罪（第329条）

是指公然夺取或秘密窃取国家所有的档案的行为。

本罪与抢夺罪、盗窃罪的界限。主要是犯罪对象不同。

抢夺、窃取的国家档案属于国家机密的，同时触犯非法获得国家机密罪、为境外机构、组织人员刺探国家机密、情报罪等，此属想象竞合犯，应从一重罪论处。

■ 第五节　危害公共卫生罪

一、妨害传染病防治罪（第330条）

是指违反传染病防治法规，引起甲类传染病传播或者有传播严重危险的行为。所谓"甲类传染病"，是指鼠疫、霍乱、非典等传染性极强、死亡率极高的恶性传染病。本罪的客体是国家对传染病防治的正常管理秩序和不特定多数人的生命、健康安全。犯罪主体既可以是个人也可以是单位。主观方面是过失。客观方面有以下四种表现：①供水单位供应的饮用水不符合国家规定的卫生标准；②拒绝按照卫生防疫机构提出的卫生要求，对传染病病原体污染的污水、污物、粪便进行消毒处理；③准许或者纵容传染病病人、病原携带者和疑似传染病病人从事国务院卫生行政部门规定禁止从事的易使该传染病扩散的工作；④拒绝执行卫生防疫机构依照传染病防治法提出的预防、控制措施。

特别提示：

1. 本罪主体包括单位。

2. 本罪属于危险犯，只要实施了四种法定行为之一，具有引起甲类传染病传播危险性，便成立本罪。

20－24　甲饲养的一头肥猪感染了霍乱（甲类传染病）。当地兽医站严厉警告其不要将猪出售或食用，等候有关部门处理。甲唯恐病猪卖不掉，经济上遭受损失，便以村民乙的名义将病猪卖给一食品站。后查实，该病猪已运到 A 市肉联厂宰杀，病猪肉已经混入准备出口的一批猪肉中，致使这批猪肉不能出口。甲的行为构成：

A. 传染病菌种扩散罪　　　　　B. 妨碍传染病防治罪

C. 以危险方法危害公共安全罪　D. 非法经营罪

答案：B

二、传染病菌种、毒种扩散罪（第331条）

是指从事实验、保藏、携带、运输传染病菌种、毒种的人员，违反国务院卫生行政部门的有关规定，造成传染病菌种、毒种扩散，后果严重的行为。本罪的主体只能是从事实验、保藏、携带、运输传染病菌种、毒种的人员。主观方面是过失。

本罪与妨害传染病防治罪的区别主要在于主体不同：本罪主体仅限于从事实验、保藏、携带、运输传染病菌种、毒种的人员，而后罪是一般主体，既可以是个人也可以是单位。另外，本罪要求造成严重后果才构成犯罪。

特别提示：

1. 本罪为自然人特殊主体，单位不能构成本罪。

2. 本罪之传染病菌种、毒种不限于甲类传染病。

3. 若故意传播传染病菌种、毒种危害公共安全的，以危险方法危害公共安全罪论处。

三、妨害国境卫生检疫罪（第332条）

是指违反国境卫生检疫规定，引起检疫传染病传播或者有传播严重危险的行为。本罪客体是国家对国境卫生检疫的管理制度。客观方面表现为逃避或者抗拒国境卫生检疫机关对其人身或者物品进行医学检查和必要的卫生处理，引起检疫传染病传播。所谓"检疫传染病"，是指鼠疫、霍乱、黄热病、天花、艾滋病、非典等。犯罪主体可以是个人，也可以是单位。主观方面是过失。

四、非法组织卖血罪、强迫卖血罪（第333条）

非法组织卖血罪，是指违反血液制品管理法规，擅自组织他人采集体内血浆出售的行为。"非法组织"，通常表现为以欺骗、动员、拉拢、劝说、引诱的方法组织他人自愿出卖血液。

强迫卖血罪，是指以暴力、威胁方法，强迫他人出卖血液的行为。

特别提示：非法组织卖血、强迫卖血，对他人造成伤害的，依照故意伤害罪论处。

五、非法采集、供应血液、制作、供应血液制品罪（第334条）

是指非法采集、供应血液或制作、供应血液制品，不符合国家规定的标准，足以危害人体健康的行为。

20－25（03卷二6）　某镇医院医生贾某在为患者输血时不按规定从县血站提取，而是习惯于直接从献血者身上采血后输给患者。住院病人于某输了贾某采集的不符合国家规定的血液发生不良反应死亡。贾某的行为构成何罪？

A. 非法采集、供应血液罪　　　　B. 采集、供应血液事故罪

C. 医疗事故罪　　　　　　　　　D. 过失致人死亡罪

答案：A

六、采集、供应血液、制作、供应血液制品事故罪（第334条）

是指经国家主管部门批准采集、供应血液或者制作、供应血液制品的部门，不依照规定进行检测或者违背其他操作规定，造成危害他人身体健康后果的行为。本罪在客观方面必须造成了危害他人身体健康的后果。主体是经批准的有关单位，主观上是过失。

20－26 某市血站工作人员甲某在采集血液的过程中，不按规定流程进行检验，致使一名艾滋病人多次向该血站献血，造成该市数10名病人因输入该艾滋病人的血液而感染艾滋病毒死亡。下列说法正确的是：

A. 该血站构成非法采集、供应血液罪

B. 该血站构成采集、供应血液事故罪

C. 该血站构成医疗事故罪

D. 甲某应承担相应刑事责任

答案：BD

七、医疗事故罪（第335条）

是指医务人员由于严重不负责任，造成就诊人死亡或者严重损害就诊人身体健康的行为。"严重不负责任"，是指医务人员在诊疗、护理工作中违反规章制度和诊疗护理常规，不履行或不正确履行医疗护理职责。"严重损害就诊人身体健康"，是指造成就诊人残废、组织器官损伤导致功能障碍等情形。

本罪主体是特殊主体，即只能是医务人员，包括国有、集体医疗单位从事医务工作的医生、护士、药剂人员以及经主管部门批准开业的个体行医人员。主观方面是过失。

注意问题：

1. 罪与非罪的界限。要将本罪的医疗事故与医疗技术事故、医疗意外事件、医疗风险事故以及一般医疗事故区别开来。"医疗技术事故"是由于医务人员的医疗技术水平不高、临床经验不足或者医疗单位技术设备条件的限制而发生的；"医疗意外事件"是指由于就诊人病情或特殊体质而发生医务人员难以预料和防范的严重后果；"医疗风险事故"是指由于现代医疗水平的有限性，在诊疗过程中发生了事与愿违的不良后果，这属于不可避免的正常现象；"一般医疗事故"是指医务人员虽然实施了不负责任的行为，也造成了就诊人一定的损害，但没有造成就诊人死亡、残废、组织器官损伤导致功能障碍等严重后果。后面几种事故或事件都不构成犯罪。

2. 一罪与数罪的界限。本罪之医疗事故致人死亡，也属于过失致人死亡，可以理解为本罪是特别规定，以本罪论处，不再另定过失致人死亡罪。

特别提示：本罪为过失犯罪，如果医务人员在医疗护理过程中故意造成就诊人死亡或故意严重损害就诊人身体健康的，应以故意杀人罪或故意伤害罪追究刑事责任。

20-27 下列行为中构成医疗事故罪的有：

A. 医生甲某因急于下班，对患者丁某未认真检查即说没问题，让丁回家休息，造成丁某病情恶化，导致两耳失聪。

B. 药剂师乙某在配药时心不在焉，错将应当给丁某的药给了丙某，幸亏当时被丙某发现，否则将造成十分严重的后果。

C. 护士丙某在护理监护室的病人时，因接听一个电话达40分钟，造成危重病人丁某严重缺氧，虽经抢救脱离生命危险，但已成为植物人。

D. 个体医生丁某在给胡某拔牙时，使用的镊子未经消毒，造成胡某创口感染而引起败血症，6个人月后死亡。

答案：ACD

八、非法行医罪（第336条）

是指未取得医生执业资格的人非法行医，情节严重的行为。"非法行医"，是指违反国家卫生管理法规，未经主管部门批准擅自从事医疗业务活动。非法行医的方式，可以是自己挂牌行医；也可以是冒充医生在医疗单位从业。"情节严重"，主要是指多次被取缔后仍然非法行医的；从事危险性较大的诊疗活动的；非法行医获利巨大的；损害就诊人健康的；采用愚昧、野蛮的方法等等。本罪是一般主体。医生执业涉及到两个证件："医师证书"和"医疗机构执业许可证"。最高人民法院关于周兆钧非法行医案的判决[1]确认：具备"医师资格"而没有"医疗机构执业许可证"的，不属于未取得医生执业资格的人，不是刑法意义的非法行医。本罪主观上是故意。

本罪与医疗事故罪的界限：二者在犯罪主体是否具有医生执业资格方面不同。此外，医疗事故罪是过失犯罪，造成就诊人死亡或严重损害，是犯罪构成的要素；本罪是故意犯罪，造成就诊人死亡，是结果加重犯，而不是构成要素。

特别提示：

1. 本罪的故意，只需认识到无医师资格的事实即可，不要求认识到行

---

〔1〕 张军主编：《刑事审判参考》（总第36集），法律出版社2004年版，第46页。

为的非法性质。

2. 注意在非法行医的情况下，被害人的承诺并不阻却非法行医罪的成立。

20－28 甲是某医学院大三肄业学生，未取得医生执业资格即挂牌开了一家私人诊所。一日，在为某病人进行诊治时，因疏忽大意忘记做皮试，直接为其注射了青霉素，致病人死亡。甲构成何罪？

A. 医疗事故罪　　　　　　　　B. 非法行医罪
C. 玩忽职守罪　　　　　　　　D. 过失致人死亡罪

答案：B

20－29 甲某，大学文化，某县人民医院退休医师。某日乙因咳嗽多日，自带青霉素针剂来到甲家，甲为乙做完皮试后，按操作规程为乙注射了自带的一支80万单位的青霉素针剂。约十几分钟后，甲发现乙有青霉素过敏反应特征，立即为乙注射了10毫升抗过敏药，见情况没有好转，又为乙注射了一支抗休克药，并立即拨打"110""120"电话，乙被送到某县人民医院抢救，乙终因呼吸循环衰竭而死亡。甲的行为构成：

A. 医疗事故罪　　　　　　　　B. 非法行医罪
C. 过失致人死亡罪　　　　　　D. 意外事件，不构成犯罪

答案：D

九、非法进行节育手术罪（第336条）

是指未取得医生执业资格的人，擅自为他人进行节育复通手术、假节育手术、终止妊娠手术或者摘取宫内节育器，情节严重的行为。"情节严重"一般是指多次为他人非法进行节育手术的、非法进行节育手术而严重妨害计划生育工作或者致人伤残的等。

注意问题：

1. 本罪与医疗事故罪的界限。主要看行为主体是否具有医生执业资格。有执业资格的医务人员依法或私下为他人施行节育手术的，不构成犯罪；因严重不负责任造成就诊人重伤或死亡的，只能构成医疗事故罪。

2. 本罪与非法行医罪的界限。二者的行为内容不同，本罪为特别规定。

3. 一罪与数罪的界限。非法进行节育手术且严重损害就诊人身体健康或者造成就诊人死亡的，是本罪的结果加重犯，只需以本罪一罪论处。

十、逃避动植物防疫检疫罪（第337条）[1]

是指违反有关动植物防疫、检疫的国家规定，引起重大动植物疫情的，或者有引起重大动植物疫情危险，情节严重的行为。"有关动植物防疫、检疫的国家规定"，是指包括进出境动植物检疫在内的所有有关动植物防疫、检疫方面的国家法律、法规、决定以及国务院制定的行政法规、发布的决定、措施、命令等等。"动植物疫情"，是指动物疫病的爆发或者流行，植物危险性病虫害的传播、滋生和蔓延。"重大动植物疫情"，通常是指引起的动植物疫情，难以治理或者过去没有发生过，对农林牧渔业生产危害很大或者实际造成巨大经济损失。本罪属于结果犯，即必须"引起重大动植物疫情的"才构成犯罪；也属于情节严重的危险犯，即"有引起重大动植物疫情危险，情节严重的"，也构成犯罪。这里需要特别注意的是，不能将引起了较小的动植物疫情理解为重大疫情危险，这是两个不同的概念，前者不应以犯罪论处。本罪的行为方式主要表现为逃避动植物的防疫或检疫，包括逃避进出境动植物检疫。本罪主体是一般主体。主观上只能是过失。虽然逃避动植物防疫、检疫是故意的，但对于引起的重大动植物疫情或者危险却是过失的。如果故意引起重大动植物疫情，应以危害公共安全罪论处。

■ 第六节　破坏环境资源保护罪

一、环境污染罪（第338条）

是指违反国家规定，排放、倾倒或者处置有放射性的废物、含传染病病原体的废物、有毒物质或者其他有害物质，严重污染环境的行为。

本罪主体可以是个人也可以是单位。主观上是过失。犯罪客体是国家环境保护制度和公私财产与公民生命、健康安全。本罪对象是危险废物。所谓"危险废物"，是指列入国家危险废物名录或者根据国家规定的危险废物鉴别标准和方法认定的具有危险特性的废物。危险废物可以是固态的、液态的，也可以是气态的。

注意问题：

1. 本罪与重大责任事故罪的界限。①犯罪主体范围不同：本罪主体包括自然人和单位；而重大责任事故罪的主体仅限于工厂、矿山、林场、建

---

[1] 该罪经《刑法修正案（七）》第11条所修改。原规定是："违反进出境动植物检疫法的规定，逃避动植物检疫，引起重大动植物疫情的，处三年以下有期徒刑或者拘役，并处或者单处罚金。"

筑企业或其他企业、事业单位的职工。②行为表现不同：本罪表现为违反环保法规，非法排放、倾倒或者处置危险废物；重大责任事故罪表现为不服管理，违反规章制度冒险作业或强令工人违章冒险作业。

2. 本罪与危险物品肇事罪的界限。①对象不同：本罪的对象是危险废物，而危险物品肇事罪的对象是危险品；②发生场合和违反规定不同：本罪是在排放、处理废物过程中发生的，违反的是环保法规；而危险物品肇事罪是在生产、储存、运输、使用危险物品的过程中发生的，违反的是危险品管理规定。

二、非法处置进口的固体废物罪（第339条）

是指违反国家规定，将境外的固体废物进境倾倒、堆放、处置的行为。犯罪主体既可以是自然人，也可以是单位。主观方面是故意，即明知是境外的固体废物，而进境倾倒、堆放和处置。

本罪属于行为犯，只要实施了非法倾倒、堆放、处置境外固体废物的行为，即构成犯罪。如果实际发生了严重后果，致使公私财产遭受重大损失或者严重危害人体健康的，是本罪的结果加重犯。

三、擅自进口固体废物罪（第339条）

是指未经国务院有关主管部门许可，擅自进口固体废物用作原料，造成重大环境污染事故，致使公私财产遭受重大损失或者严重危害人体健康的行为。本罪主体既可是自然人，也可是单位。主观方面是过失。

以原料利用为名，进口不能用作原料的固体废物、液态废物和气态废物的，应以走私固体废物罪论处。

20-30 某县造纸厂以进口原材料再利用为名，进口了500吨不能用作原料的固体废物，堆放于本厂废弃的仓库中。该行为不构成：

A. 重大环境污染事故罪　　　　B. 走私废物罪

C. 擅自进口固体废物罪　　　　D. 非法处置固体进口废物罪

答案：ACD

四、非法捕捞水产品罪（第340条）

是指违反保护水产资源法规，在禁渔区、禁渔期或者使用禁用的工具、方法捕捞水产品，情节严重的行为。

特别提示：

1. 本罪的主体可以是个人也可以是单位。

2. 时间、地点、工具、方法都是本罪的构成要素，只要违反其中之一，就构成本罪。

3. 使用爆炸、投毒、电网等危险方法捕捞水产品，危害公共安全的，依照处罚较重的规定定罪处罚。

20－31 下列哪些犯罪以特定的时间或地点为构成要素？
A. 非法捕捞水产品罪
B. 非法猎捕、杀害珍贵、濒危野生动物罪
C. 非法收购、运输、出售珍贵、濒危野生动物、制品罪
D. 非法狩猎罪
答案：AD

五、非法猎捕、杀害珍贵、濒危野生动物罪（第341条）

是指违反国家有关保护野生动物法规，猎捕、杀害国家重点保护的珍贵、濒危野生动物的行为。"珍贵、濒危野生动物"，包括列入国家重点保护野生动物名录的国家一、二级保护野生动物、列入《濒危野生动植物种国际贸易公约》附录一、附录二的野生动物以及驯养繁殖的上述物种。

注意问题：

1. 本罪与非法捕捞水产品罪的界限。①对象不同：本罪的对象仅限于珍贵濒危野生动物，包括水生的；后罪的对象是一般水产品。行为人若明知是珍贵、濒危的水产野生动物而捕捞或杀害的，以本罪论处，因不认识而误捕、误杀的，不构成犯罪。但若在禁止的时间、地点或使用禁止的工具、方法捕捞，构成后罪的，应把此作为后罪的情节考虑。②禁止的要素不同：本罪不强调时间、地点、工具、方法的违禁，后罪则强调这四项违禁。

2. 关联犯罪。①使用爆炸、投毒、电网等危险方法破坏野生动物资源构成本罪或者非法狩猎罪，同时构成危害公共安全罪的，依照处罚较重的罪论处，不并罚。②犯本罪，又非法出售同时构成非法经营罪的，依照处罚较重的罪论处。③犯罪本罪，同时伪造、变造、买卖国家机关颁发的野生动物允许进出口证明书、特许猎捕证、狩猎证、驯养繁殖许可证等公文、证件构成犯罪的，以伪造、变造、买卖国家机关公文、证件罪和本罪，实行并罚。④犯本罪，又以暴力、威胁方法抗拒查处，构成其他犯罪的，依照数罪并罚的规定处罚。

六、非法狩猎罪（第341条）

是指违反狩猎法规，在禁猎区、禁猎期或者使用禁用的工具、方法进行狩猎，破坏野生动物资源，情节严重的行为。

与非法捕捞水产品罪的区别：主要是对象不同，本罪对象是陆生动物，后罪是水生动物。

与非法猎捕、杀害珍贵、濒危野生动物罪的区别：主要是对象和"四

禁"不同，参照前罪注意问题之一：非法捕捞水产品罪与非法猎捕、杀害珍贵、濒危野生动物罪的区别。

特别提示：情节严重，是本罪的构成要素。

七、非法占用农用地罪（第342条）

是指违反土地管理法规，非法占用耕地、林地等农业用地，改变被占用土地用途，数量较大，造成耕地、林地等农用地大量毁坏的行为。犯罪客体是国家土地管理制度。犯罪主体可以是个人也可以是单位。主观方面是故意。

罪与非罪的界限。据司法解释，构成本罪必须同时具备以下两个条件：①"数量较大"：是指非法占用基本农田5亩以上或基本农田以外的耕地10亩以上。②"造成农用地大量毁坏"：这是指非法占用耕地建窑、建坟、建房、挖沙、采石、采矿、取土、堆放固体废弃物或者进行其他非农业建设，造成上述数量的基本农田或耕地的种植条件严重毁坏或者严重污染。[1]

20－32 甲未经有关部门批准，擅自在自己承包的2亩土地上建造养殖场。当乡里的执法队伍要来强制拆除时，甲就带了自己的弟弟和邻居把执法队伍围了起来，并推搡其中一个干部致使其手部擦伤。甲的行为如何定性？

A. 构成非法占用农用地罪和煽动暴力抗拒法律实施罪

B. 只构成非法占用农用地罪

C. 只构成煽动暴力抗拒法律实施罪

D. 不构成犯罪

答案：D

八、非法采伐、毁坏国家重点保护植物罪（第344条）

是指违反国家规定，非法采伐、毁坏珍贵树木或者国家重点保护的其他植物的行为。"非法采伐"，是指没有取得采伐许可证而进行采伐，或者违反许可证规定的面积、株数、树种进行采伐。"毁坏"，是指采用剥皮、取脂、焚烧、撞击、砍伤等方法损坏或者使之灭失的行为。本罪犯罪主体可以是个人也可以是单位。主观上是故意。本罪侵犯的客体是国家对珍贵树木及其他植物的管理保护制度。犯罪对象是珍贵树木，包括由省级以上林业主管部门或者其他部门确定的具有重大历史纪念意义、科学研究价值

---

[1] 最高人民法院2000年6月《关于审理破坏土地资源刑事案件具体应用法律若干问题的解释》。

或者年代久远的古树名木，国家禁止、限制出口的珍贵树木以及列入国家重点保护野生植物名录的树木。[1]

九、盗伐林木罪（第345条）

是指以非法占有为目的，盗伐森林或者其他林木，数量较大的行为。

本罪主体是一般主体，可以是个人，也可以是单位。主观上是故意，具有非法占有的目的。客观上实施了以下三种行为之一，即可构成犯罪：①擅自砍伐国家、集体、他人所有或者他人承包经营管理的森林或其他林木的；②擅自砍伐本单位或者本人承包经营管理的森林或者其他林木的；③在林木采伐许可证规定的地点以外采伐国家、集体、他人所有或者他人承包经营管理的森林或者其他林木的。但是，如果"在林木采伐许可证规定的地点以外，采伐本单位或者本人所有的森林或者其他林木的，除农村居民采伐自留地和房前屋后个人所有的零星林木以外……属于"滥伐林木"。[2]

注意问题：

1. 罪与非罪的界限。数量较大是成立本罪的一个必要条件，一般是指：①林区盗伐2~5立方米以上，非林区盗伐1~2.5立方米以上；②林区盗伐幼树100~250株以上，非林区盗伐幼树50~125株以上的。幼树是胸径在5厘米以下的树木。此外，对1年之内多次盗伐少量林木未经处理的，应累计计算其数量。

2. 本罪与盗窃罪的界限。根据有关司法解释[3]的规定，将国家、集体、他人所有并已经伐倒的树木窃为己有，以及偷砍他人房前屋后、自留地上种植的零星树木，数额较大的，以盗窃罪论处。

3. 本罪与非法采伐、毁坏珍贵树木罪的界限。主要是犯罪对象不同，本罪对象为一般林木。

20－33（03卷二8）　李某多次尾随林木人员，将其砍倒尚未运走的林木偷偷运走，销赃获利数千元。此外，他还盗伐了他人自留地、责任田等地边田坎种植的零星树木5个多立方米。对李某的上述行为应当如何定罪处罚？

A. 以盗伐林木罪定罪处罚

---

[1]　最高人民法院2000年11月《关于审理破坏森林资源刑事案件具体应用法律若干问题的解释》。

[2]　最高人民法院2004年3月《关于在林木采伐许可证规定的地点以外采伐本单位或者本人所有的森林或者其他林木的行为如何适用法律问题的批复》。

[3]　最高人民法院2000年11月17日《关于审理破坏森林资源刑事案件具体应用法律若干问题的解释》。

B. 以盗窃罪定罪处罚

C. 以盗伐林木罪和盗窃罪定罪，实行数罪并罚

D. 以盗伐林木罪、盗窃罪和销售赃物罪定罪，实行数罪并罚

答案：B

十、滥伐林木罪（第345条）

是指违反《森林法》的规定，滥伐森林或者其他林木，数量较大的行为。"数量较大"是本罪的构成要素，在林区一般是指滥伐10～20立方米或者幼树500～1000株，在非林区一般是指滥伐5～10立方米或幼树250～500株或相当于上述数量的损失。

本罪主体可以是个人也可以是单位，主观方面是故意。滥伐行为有三种表现：①未经林业行政主管部门及法律规定的其他主管部门批准并核发林木采伐许可证，或者虽持有林木采伐许可证，但违反林木采伐许可证规定的时间、数量、树种或者方式，任意采伐本单位所有或者本人所有的森林或者其他林木的；②超过林木采伐许可证规定的数量采伐他人所有的森林或者其他林木的；③林木权属争议一方在林木权属确权之前，擅自砍伐森林或者其他林木，数量较大的，以滥伐林木罪论处。

本罪与盗伐林木罪的区别主要在于是否侵犯林木所有权。

十一、非法收购、运输盗伐、滥伐的林木罪（第345条）

是指非法收购、运输明知是盗伐、滥伐的林木，情节严重的行为。"情节严重"是本罪的构成要素，一般是指非法收购、运输的盗伐、滥伐的林木数量较大或者严重助长了盗伐、滥伐林木的活动等。个人、单位均可构成，主观上必须明知是盗伐、滥伐的林木。"明知"，是指知道或者应当知道。具有下列情形之一的，可以视为应当知道，但是有证据证明确属被蒙骗的除外：①在非法的木材交易场所或者销售单位收购木材的；②收购以明显低于市场价格出售的木材的；③收购违反规定出售的木材的。

唆使他人盗伐、滥伐林木后低价收购或者与盗伐、滥伐者事先通谋，承担盗伐、滥伐林木的购销、运输分工的，以盗伐、滥伐林木罪的共犯论处。

与非法经营罪的区别主要在于对象不同。

20－34（02卷二34）　根据有关司法解释，下列哪些情形（有证据证明确属被蒙骗的除外）可以认定（或推定）行为人非法收购明知是盗伐、滥伐的林木？

A. 收购违反规定出售的木材的

B. 在发生过盗伐、滥伐林木案的林区收购木材的

C. 在非法的木材交易场所或者销售单位收购木材的

D. 收购以明显低于市场价格出售的木材的

答案：ACD

■ 第七节 走私、贩卖、运输、制造毒品罪

一、走私、贩卖、运输、制造毒品罪（第347条）

是指违反国家毒品管制法规，明知是毒品而故意实施走私、贩卖、运输、制造的行为。"走私"是指违反海关法规，逃避海关、边防检查站的监督、检查，非法运输、携带毒品进出国（边）境的行为。"贩卖"，是指明知是毒品而非法销售或者以贩卖为目的而非法收买毒品的行为。"运输"是指明知是毒品而采用携带、邮寄、利用或者使用交通工具等方法在国内运送毒品的行为。"制造"，是指对毒品进行加工的行为。

本罪主体可以是个人，也可以是单位。主观上是故意。犯罪客体是国家对毒品的管理制度。"毒品"，是指鸦片、海洛因、甲基苯丙胺、吗啡、大麻、可卡因等国家进行严格管制的能够使人形成瘾癖的麻醉药品和精神药品。

注意问题：

1. 罪与非罪的界限。①本罪涉案毒品不论数量多少，都构成犯罪；②自然人贩卖毒品的，年满14周岁即可构成犯罪，但走私、运输、制造毒品的，则必须年满16周岁。

2. 一罪与数罪。①武装掩护走私、贩卖、运输、制造毒品的；以暴力抗拒检查、拘留、逮捕，情节严重的，都属于本罪的加重情节，不数罪并罚。②在一次走私中，既有毒品又有其他物品，从一重罪论处。在两次以上走私中既有毒品又有其他物品的，数罪并罚。

3. 选择罪名。①对同一宗毒品，不论实施了走私、贩卖、运输、制造的一种或数种行为，都定一罪，不并罚。②对不同宗毒品分别实施了不同种犯罪行为，累计计算毒品数量，也不并罚。③一人走私、贩卖、运输、制造或者非法持有两种以上毒品，也不实行数罪并罚。[1]

4. 与诈骗罪的区别。明知不是毒品，冒充毒品贩卖，以诈骗罪论处。

5. 居间介绍贩卖毒品的，以贩卖毒品论处。

6. 既遂与未遂。实施走私、贩卖、运输、制造毒品，即使没运到、没

---

[1] 最高人民法院1995年11月《关于办理毒品刑事案件适用法律几个问题的答复》。

卖出、没造出，也构成既遂。但把非毒品误认为毒品进行贩卖的，成立未遂。

7. 利用、教唆未成年人走私、贩卖、运输、制造毒品，或者向未成年人出售毒品的，从重处罚。因犯毒品罪被判过刑，又犯毒品罪的，也从重处罚，不按累犯论处。

8. 对多次走私、贩卖、运输、制造毒品，未经处理的，按毒品数量累计计算。

特别提示：

1. 已满 14 周岁不满 16 周岁的人，仅对贩卖毒品罪承担刑事责任。

2. 单位也可成为本罪主体。

20－35（00 卷二 91） 关于走私、贩卖、运输、制造毒品罪，下列说法正确的是：

A. 走私、贩卖、运输、制造毒品的，无论数量多少，都应当追究刑事责任

B. 单位可以成为走私、贩卖、运输、制造毒品罪的主体

C. 以暴力抗拒检查、拘留、逮捕的，不另成立妨害公务罪

D. 运输毒品罪仅限于在境内运输毒品，而不包括从境外运往境内和从境内运往境外

答案：ABCD

20－36（06 卷二 62） 甲、乙通过丙向丁购买毒品，甲购买的目的是为自己吸食，乙购买的目的是为贩卖，丙则通过介绍毒品买卖，从丁处获得一定的好处费。对于本案，下列哪些选项是正确的？

A. 甲的行为构成贩卖毒品罪　　B. 乙的行为构成贩卖毒品罪

C. 丙的行为构成贩卖毒品罪　　D. 丁的行为构成贩卖毒品罪

答案：BCD

20－37（02 卷二 38） 甲将头痛粉冒充海洛因欺骗乙，让乙出卖"海洛因"，然后二人均分所得款项。乙出卖后获款 4000 元，但在未来得及分赃时，被公安机关查获。关于本案，下列哪些说法是正确的？

A. 甲与乙构成贩卖毒品罪的共犯　　B. 甲的行为构成诈骗罪

C. 甲属于间接正犯　　　　　　　　D. 甲的行为属于犯罪未遂

答案：BC

二、非法持有毒品罪（第348条）

是指明知是毒品而非法持有，数量较大的行为。"数量较大"是犯罪的构成要素，是指非法持有鸦片达到200克以上，海洛因或甲基苯丙胺达到10克以上或者其他毒品数量较大。持有的形式可以是随身携带，也可以是保存在能够控制的地方，还可以是委托其他人代为保管。主观上明知是毒品。

注意问题：

1. 因实施其他毒品犯罪而持有毒品的，按所实施的毒品犯罪定罪处罚，不定本罪。

2. 吸毒者在购买、运输、存储毒品过程中被抓获，若不能证明实施了其他毒品犯罪，一般不应定罪；但查获的毒品数量大的，应以非法持有毒品罪处罚。

3. 不以营利为目的，为他人代买仅用于吸食的毒品，达到数量标准的，托购和代购者均构成非法持有毒品罪。对以贩养吸者，被查获的毒品数量应认定为其犯罪的数量，但量刑时应考虑其吸食的情节。[1]

20-38（00卷二92）　关于非法持有毒品罪，下列说法错误的有：

A. 非法持有毒品，无论数量多少，都应当追究刑事责任

B. "持有"仅限于本人持有，不可能通过他人持有毒品

C. "持有"仅限于行为人对毒品具有所有权而持有

D. 为贩卖毒品而持有毒品的，应当实行数罪并罚

答案：ABCD

20-39　王某贩卖海洛因时被抓获，当场缴获海洛因50克。王某交代，他还有200克海洛因和20万元贩卖毒品的资金放在同学李某家中，托李某保管。下列说法正确的是：

A. 王某构成贩卖毒品罪

B. 王某贩卖毒品的数量为250克

C. 李某构成窝藏毒品、毒赃罪

D. 李某构成非法持有毒品罪

答案：ABC

---

[1]　2000年4月《最高人民法院关于印发全国法院审理毒品犯罪案件工作座谈会纪要的通知》。

三、包庇毒品犯罪分子罪（第349条）

包庇毒品犯罪分子罪，是指明知是走私、贩卖、运输、制造毒品的犯罪分子而予以包庇的行为。

注意问题：

1. 与走私、贩卖、运输、制造毒品的犯罪分子事先通谋，事后包庇的，以走私、贩卖、运输、制造毒品罪的共犯论处。

2. 本罪与包庇罪的界限。二者是法条竞合关系，本罪的规定属特别法，对包庇毒品犯罪分子的，只能认定为本罪。

3. 缉毒人员或其他国家机关工作人员犯本罪的，从重处罚；事先通谋的，以走私、贩卖、运输、制造毒品罪的共犯论处。

四、窝藏、转移、隐瞒毒品、毒赃罪（第349条）

是指明知是毒品或者毒品犯罪所得的财物而予以窝藏、转移、隐瞒的行为。

注意问题：

1. 与毒品罪共犯的区别。事先与毒品犯罪分子通谋的，以走私、贩卖、运输、制造毒品罪的共犯论处。

2. 与非法持有毒品罪的界限。能够查明毒品是其他毒品犯罪分子所有，本人为窝藏行为；如果不能查明毒品为他人所有，或者虽能查明为他人所有，但他人也仅仅是非法持有的，视为本人非法持有毒品。

3. 本罪与窝赃罪的界限。二者是法条竞合关系，本罪为特别规定，优先适用。

20－40（05卷二12）　毒贩甲得知公安机关近来要开展"严打"斗争，遂将尚未卖掉的50多克海洛因和贩毒所得赃款8万多元拿到家住偏远农村的亲戚乙处隐藏。公安机关得到消息后找乙调查此事，乙矢口否认。乙当晚将上述毒品、赃款带到后山山洞隐藏时被跟踪而至的公安人员当场抓获。乙的上述行为应当以何罪论处？

A. 非法持有毒品罪

B. 窝藏、转移赃物罪

C. 窝藏、转移、隐瞒毒品、毒赃罪

D. 包庇毒品犯罪分子罪

答案：C

五、非法种植毒品原植物罪（第351条）

是指违反国家规定，私自种植罂粟、大麻等毒品原植物，情节严重的行为。"情节严重"是指非法种植罂粟500株以上、大麻5000株以上或者其他毒品原植物数量较大的；数量虽不较大，但经公安机关处理后又种植的，或者抗拒铲除的，也构成本罪。在收获前自动铲除的，可以免除处罚。

20-41（00卷二94） 关于非法种植毒品原植物罪，下列说法错误的是：

A. 非法种植罂粟300株以上的行为构成非法种植毒品原植物罪

B. 非法种植罂粟或者其他毒品原植物，在收获前自动铲除的，可以不追究刑事责任

C. 非法种植罂粟而抗拒铲除的，成立非法种植毒品原植物罪

D. 国家工作人员非法种植罂粟或者其他毒品原植物的，属法定的从重处罚情况

答案：ABD

六、非法买卖、运输、携带、持有毒品原植物种子、幼苗罪（第352条）

是指明知是未经灭活的罂粟等毒品原植物种子或幼苗而非法买卖、运输、携带、持有，数量较大的行为。"数量较大"，可参照前述非法种植毒品原植物罪数量较大的标准。

七、引诱、教唆、欺骗他人吸毒罪（第353条）

是指对原本无意吸毒的人，以引诱、教唆、欺骗的方法，致使其吸食、注射毒品的行为。

引诱、教唆、欺骗未成年人吸毒的，从重处罚。

20-42 甲不断地将放有海洛因的香烟给乙吸，致使乙不知不觉中染上毒瘾，以后不得不向甲购买毒品。甲以此方法毒害了数十人，从中非法获利数十万元，甲的行为构成：

A. 贩卖毒品罪 B. 容留他人吸毒罪

C. 强迫他人吸毒罪 D. 欺骗他人吸毒罪

答案：AD

八、强迫他人吸毒罪（第353条）

是指违背他人意志，以暴力、威胁或者其他手段，强制他人吸食、注射毒品的行为。

本罪与引诱、教唆、欺骗他人吸毒罪的区别，主要在于是否使用暴力胁迫手段。

强迫未成年人吸毒的，从重处罚。

20－43（00卷二95）　关于引诱、教唆、欺骗他人吸毒罪和强迫他人吸毒罪，下列说法正确的是：

A. 引诱、教唆、欺骗他人吸毒罪中的"他人"仅限于已满14周岁的人

B. 非法在牛奶中加入毒品而提供给婴儿饮用的，不成立引诱、教唆、欺骗他人吸毒罪，而成立强迫他人吸毒罪

C. 国家工作人员利用职权强迫他人吸毒的，属于法定的从等重罚情节

D. 强迫未成年人吸毒的，属于法定的从重处罚情节

答案：BD

九、容留他人吸毒罪（第354条）

是指为他人吸食、注射毒品提供场所的行为。

容留他人吸食、注射毒品，并向其出售毒品的，以贩卖毒品罪论处。吸毒者在自己家中偶尔以毒品招待其他吸食的客人的，不认为是犯罪。但若引诱、欺诈他人吸食，应以引诱、欺骗他人吸毒罪论处。

20－44　甲系某医院麻醉药品管理人员，经常有吸毒人员来向其购买麻醉药品。开始甲坚决不允，后因甲妻生病急需用钱，甲遂将自己保管的部分吗啡卖给吸毒人员，并为其提供场所，准许他们在自己家里注射。甲的行为构成：

A. 引诱、教唆、欺骗他人吸毒罪

B. 非法提供麻醉药品、精神药品罪

C. 容留他人吸毒罪

D. 贩卖毒品罪

答案：D

十、非法提供麻醉药品、精神药品罪（第355条）

是指依法从事生产、运输、管理、使用国家管制的麻醉药品、精神药品的人员与单位，违反国家规定，向吸食、注射毒品的人提供国家规定管制的能够使人形成瘾癖的麻醉药品、精神药品的行为。本罪主体是依法从事生产、运输、管理、使用国家管制的麻醉药品与精神药品的人员或单位。

以牟利为目的向他人非法提供的，以贩卖毒品罪论处。明知是走私、贩卖毒品的犯罪分子而向其非法大量提供的，以走私、贩卖毒品罪论处。

20-45（00 卷二 93）　关于非法提供麻醉药品、精神药品罪，下列说法错误的是：

A. 本罪的自然人主体只能是依法从事生产、运输、管理、使用国家规定管制的麻醉药品、精神药品的人员

B. 单位可以成为本罪主体

C. 以牟利为目的，向吸毒人员提供国家规定管制的麻醉药品、精神药品的，成立本罪

D. 向走私、贩卖毒品的犯罪分子提供国家规定管制的麻醉药品和精神药品的，不成立本罪

答案：C

■ 第八节　组织、强迫、引诱、容留、介绍卖淫罪

一、组织卖淫罪（第358条）

是指招募、控制、管理多人从事卖淫的行为。本罪犯罪客体是社会治安管理秩序和社会风尚。犯罪主体是一般主体，是卖淫活动的组织者。

在组织卖淫的过程中，有强迫、引诱、容留、介绍卖淫行为的，不数罪并罚，因为这些行为本来就包括在组织卖淫行为中。

二、强迫卖淫罪（第358条）

是指以暴力、胁迫或其他强制手段，迫使他人卖淫的行为。"他人"，包括女性和男性。本罪的客体是社会治安管理秩序和他人的人身权利。

强奸后迫使卖淫的，强奸成为强迫卖淫罪的加重情节，不另定强奸罪。但若强奸与强迫卖淫没有关系，则应数罪并罚。

强迫卖淫，造成被强迫人重伤、死亡或者其他严重后果的，也是加重情节，不并罚。

三、协助组织卖淫罪（第358条）

是指为组织卖淫的人招募、运送人员或者有其他协助组织他人卖淫的行为。"其他协助"主要表现为充当组织卖淫者的保镖、打手、领班、管账人或者引诱、介绍、强迫者。主观上必须明知他人是组织卖淫者。

注意：因刑法作了特别规定，本罪不以组织卖淫罪的共犯论处。

四、引诱，容留、介绍卖淫罪（第359条）

是指以金钱、物质或其他利益诱使他人卖淫，或者为他人卖淫提供场所，或者在卖淫者与嫖娼者之间居间介绍的行为。

根据《刑法》第361条的规定，旅馆业、饮食服务业、文化娱乐业、出租汽车业等单位的人员，利用本单位的条件，组织、强迫、引诱、容

留、介绍他人卖淫的，分别以组织卖淫罪，强迫卖淫罪，引诱、容留、介绍卖淫罪定罪处罚；前述单位的主要负责人犯这些罪的，从重处罚。

五、引诱幼女卖淫罪（第359条）

是指引诱不满14周岁的幼女卖淫的行为。本罪犯罪客体是社会风尚和幼女的身心健康。客观方面表现为以金钱、物质或者其他利益为诱饵，勾引、诱惑不满14周岁的幼女从事卖淫活动。

注意问题：本罪的行为方式仅限于引诱，如果强迫幼女卖淫，应以强迫卖淫罪论处，并加重处罚。

20－46（04卷二89）　对刑法关于组织、强迫、引诱、容留、介绍卖淫罪的规定，下列解释正确的是：

A. 引诱、容留、介绍卖淫罪，包括引诱、容留、介绍男性向同性恋者卖淫

B. 引诱成年人甲卖淫、容留成年人乙卖淫的，成立引诱、容留卖淫罪，不实行并罚

C. 引诱幼女甲卖淫，容留幼女乙卖淫的，成立引诱幼女卖淫罪与容留卖淫罪，实行并罚

D. 引诱幼女向他人卖淫后又嫖宿该幼女的，以引诱幼女卖淫罪论处，从重处罚

答案：ABC

六、传播性病罪（第360条）

是指明知自己患有梅毒、淋病等严重性病而卖淫、嫖娼的行为。本罪客体是社会风尚和他人的健康权利。主体是患有严重性病的人。主观上明知自己患有性病。有下列情形之一的，可认定为明知：①有证据证明曾到医院被诊断为严重性病的；②根据其知识和经验能够知道自己患有严重性病的；③其他能够证明行为人明知的情形。

本罪是行为犯，只要患有性病并卖淫嫖娼，就构成犯罪，不要求出现传播性病的结果。

七、嫖宿幼女罪（第360条）

是指故意嫖宿不满14周岁的幼女的行为。本罪客体是社会风尚和幼女的身心健康。

主观上明知卖淫者为幼女或可能是幼女。

与强奸罪的界限：在卖淫嫖娼的场合与幼女发生性行为的，构成本罪；在其他场合下与幼女发生性行为的，则构成强奸罪。此外，嫖宿幼女还应以幼女主动或自愿卖淫为条件，若使用强迫手段让不满14周岁的幼

女为自己卖淫，则成立强奸罪。

20-47 （04卷二8） 1998年11月4日，甲到娱乐场所游玩时，将卖淫女乙（1984年12月2日生）带到住所嫖宿。一星期后甲请乙吃饭时，乙告知了自己年龄，并让甲到时为自己过生日。饭后，甲又带乙到住处嫖宿。甲的行为属于：

A. 奸淫幼女罪　　　　　　　　　B. 强奸罪

C. 嫖宿幼女罪　　　　　　　　　D. 应受治安处罚的嫖娼行为

答案：C

20-48 （99卷二91~96） 徐某1990年曾因投机倒把罪被判5年有期徒刑，服刑期间经过减刑，于1994年11月刑满释放。1998年，徐某在某市开设一娱乐城，自任总经理，为谋利，非法提供色情服务。为了对付公安机关的查处和管理卖淫妇女，徐某要求统一保管卖淫妇女的身份证，对卖淫妇女实行集体吃住、统一收费、定期体检和发避孕工具的措施。徐某聘用李某负责保安，聘用赵某协助管理卖淫妇女。营业初期，有陆某等6名妇女卖淫，陆某又将一名刚满13周岁的女孩林某引诱来卖淫。一次，出租汽车司机罗某得知公安机关晚上要检查娱乐场所，便给徐某报信，使娱乐城躲过了公安机关查处。后公安机关严密侦查，于1998年6月查封了娱乐城，在对卖淫妇女和嫖娼人员的查处中，发现经常在娱乐城嫖娼的陈某患有严重的性病。据陈某交代，他在1个月前被查出患有性病，但认为每次使用安全套，不会传染他人，因此一边治疗，一边还是经常嫖娼，听说娱乐城有一个十三四岁的女孩林某，曾嫖宿过这个女孩。幼女林某也指认，曾被李某嫖宿过。根据以上事实，请回答下列问题：

（1）对徐某应以什么罪定罪量刑？

A. 强迫妇女卖淫罪　　　　　　　B. 组织卖淫罪

C. 引诱、容留卖淫罪　　　　　　D. 非法经营罪

答案：B

（2）李某和赵某行为构成何罪？

A. 组织卖淫罪　　　　　　　　　B. 协助组织卖淫罪

C. 引诱、容留卖淫罪　　　　　　D. 强迫卖淫罪

答案：B

（3）陆某的行为构成何罪？

A. 协助组织卖淫罪　　　　　　　B. 介绍卖淫罪

C. 引诱幼女卖淫罪　　　　　　　D. 组织卖淫罪

答案：C

（4）对司机罗某通风报信的行为在刑法上应如何定性？

A. 无罪 　　　　　　　　　　B. 协助组织卖淫罪

C. 妨害公务罪 　　　　　　　 D. 包庇罪

答案：D

（5）嫖客陈某的行为在刑法上应如何定性？

A. 奸淫幼女罪 　　　　　　　 B. 嫖宿幼女罪

C. 传播性病罪 　　　　　　　 D. 不构成犯罪

答案：BC

（6）徐某具有哪些法定从重处罚情节？

A. 教唆不满 18 周岁人犯罪 　 B. 累犯

C. 该娱乐城的主要负责人 　　 D. 首要分子

答案：BC

■ 第九节　制造、贩卖、传播淫秽物品罪

一、制作、复制、出版、贩卖、传播淫秽物品牟利罪（第 363 条）

是指以牟利为目的，制作、复制、出版、贩卖、传播淫秽物品或淫秽电子信息的行为。"淫秽物品或淫秽电子信息"，是指具体描绘性行为或者露骨宣扬色情的秽淫性的书刊、影片、录像带、录音带、图片、电子信息及其他淫秽物品。"淫秽的电子信息"，包括淫秽的视频文件、音频文件、电子刊物、图片、文章、短信息等互联网、移动通讯终端电子信息和声讯台语音信息。有关人体生理、医学知识的科学著作不是淫秽物品；包含有色情内容的有艺术价值的文学、艺术作品不视为淫秽物品。

本罪客体是国家文化市场管理秩序和社会风尚。主体可以是个人，也可以是单位。主观上以牟利为目的。

理解本罪的关键是以牟利为目的，无此目的，传播淫秽物品的，构成传播淫秽物品罪；组织播放淫秽音像制品的，构成组织播放淫秽音像制品罪。

二、传播淫秽物品罪（第 364 条）

是指不以牟利为目的，在社会上散布、传播淫秽的书刊、影片、音像、图片或者其他淫秽物品，情节严重的行为。"情节严重"，是指传播淫秽的书刊、影片、音像、图片等出版物达 300 ~ 600 人次或者造成恶劣社会影响的，或者利用互联网或者移动通讯终端传播淫秽电子信息，达到传播淫秽物品牟利罪定罪数量标准的 2 倍以上的。本罪主体可以是个人也可以是单位。主观上没有牟利目的。

特别提示：

1. "情节严重"是本罪的构成要素。

2. 本罪与传播淫秽物品牟利罪的区别关键在于是否以牟利为目的。

20－49（2002 卷二 2） 孙某制作、复制大量的淫秽光盘，除出卖外，还多次将淫秽光盘借给许多人观看。对其行为应如何处理？

A. 以制作、复制、贩卖、传播淫秽物品牟利罪处罚

B. 以组织播放淫秽音像制品罪从重处罚

C. 以制作、复制、贩卖淫秽物品牟利罪和传播淫秽物品罪数罪并罚

D. 以传播淫秽物品罪从重处罚

答案：C

三、组织播放淫秽音像制品罪（第 364 条）

是指组织播放淫秽的电影、录像等音像制品的行为。本罪主体可以是个人也可以是单位。主观上不以牟利为目的，否则成立传播淫秽物品牟利罪。

特别提示：

1. 只有组织行为才是本罪的犯罪行为，观看、收听者的行为不是犯罪行为。

2. 依司法解释，组织播放淫秽音像制品达 15 场次至 30 场次或者造成恶劣社会影响的，才以犯罪论处。[1]

3. 本罪属于特别规定，不再以传播淫秽物品罪论处。

20－50 某小卖部经营者甲常在晚上看电视，附近工地的民工常围在小卖部外边看电视。甲对他们既不驱赶也不邀请，听之任之。某段时间，甲弄来一批淫秽录像带连续数晚上看个不停，围观民工一时大增，但甲仍持放任态度。甲的行为构成：

A. 组织播放淫秽音像制品罪   B. 传播淫秽物品牟利罪

C. 传播淫秽物品罪   D. 不构成犯罪

答案：C

---

〔1〕 最高人民法院 1998 年 12 月《关于审理非法出版物刑事案件具体应用法律若干问题的解释》。

第二十一章　危害国防利益罪

本章从第368~381条，共14个条文，21个罪名，但在司考当中只涉及8个罪名。其中的过失毁损武器装备、军事设施、军事通信罪是《刑法修正案（五）》第3条第2款增加的。

本章有两点需要特别注意：

1. 法条竞合问题。①阻碍军人执行职务罪与妨害公务罪的区别；②冒充军人招摇撞骗罪与招摇撞骗罪的区别等。

2. 破坏武器装备、军事设施、军事通信罪与危害公共安全罪中的破坏性犯罪的区别，如破坏交通设施罪、破坏广播、电视、公用电信设施罪等。

■　第一节　平时危害国防利益的犯罪

一、阻碍军人执行职务罪（第368条）

是指以暴力、威胁方法阻碍军人依法执行军事职务的行为。

与妨害公务罪的区别：①客体不同：本罪客体是军人依法执行职务的活动，后罪的客体是国家机关的管理活动。②犯罪对象不同：本罪的对象是正在依法执行职务的军人，后者的对象是正在执行职务的国家工作人员。

罪数问题：使用暴力方法犯本罪，致使军人轻伤的，仍以本罪论处；故意致军人重伤、死亡的，按故意伤害罪、故意杀人罪论处；过失致军人重伤、死亡或者犯本罪时抢夺、抢劫军人枪支及其他武器装备的，按想象竞合犯的处罚原则，从一重罪处断。

特别提示：

1. 本罪的主观方面是故意，过失不构成本罪。

2. 本罪的主体是非军人。军人以暴力、威胁方法，阻碍指挥人员或值班、执勤人员执行职务的是阻碍执行军事职务罪。

二、破坏武器装备、军事设施、军事通信罪（第369条）

是指故意破坏武器装备、军事设施、军事通信的行为。

注意问题：

1. 本罪与盗窃罪的界限。盗窃正在使用的军事设施上的某些材料或者零部件，造成该军事设施严重毁损甚至报废的，以本罪论处。

2. 注意本罪与危害公共安全罪中的破坏性犯罪的区别。破坏港口、铁路、通信线路、车辆、船只等，是军用还是民用，将涉及不同的罪名，非军用的，构成相应的危害公共安全罪；军用的，构成本罪。

21 – 1（99 卷二 26）　村民张某为了筹集结婚费用，动起了盗窃国防通信线路的念头，先后 3 次用钢丝钳等工具，偷剪该线路电缆 2000 余米，价值 2 万元，致使该段线路中断通信 3 个多小时。张某的行为构成何罪？

A. 盗窃罪　　　　　　　　　　B. 破坏公用通信设备罪
C. 破坏军事通信罪　　　　　　D. 故意毁坏财物罪
答案：C

三、过失损坏武器装备、军事设施、军事通信罪（第 369 条）

是指过失损坏武器装备、军事设施、军事通信，并造成严重后果的行为。"造成严重后果"是本罪的构成要素。

认定本罪，要注意与过失危害公共安全罪的区别。过失毁损的交通、通信等设施，军用的，构成本罪；非军用的，则构成相应的过失危害公共安全罪。

四、冒充军人招摇撞骗罪（第 372 条）

是指以谋取非法利益为目的，冒充军人招摇撞骗的行为。"招摇撞骗"，就是假借军人身份、名义，进行炫耀、欺骗。根据司法解释，冒充军人使用伪造、变造、盗窃的武装部队车辆号牌，造成恶劣影响的，应以本罪论处。[1]

本罪主体只能是非军人。主观方面是故意，且有谋取非法利益的目的。侵犯的客体是军人的良好信誉。

注意问题：

1. 本罪与招摇撞骗罪的区别主要在于冒充的对象不同。本罪冒充的对象是军人，后者冒充的对象是国家机关工作人员。

2. 本罪与诈骗罪的界限。①侵犯的客体不同：本罪为军人的信誉；后罪为公私财产所有权。②客观表现不同：本罪仅以假冒军人的方法行骗；而后罪则可以用任何欺骗方法行骗。③二者成立犯罪的数额标准不同：本

---

〔1〕　最高人民法院 2002 年 4 月《关于审理非法生产、买卖武装部队车辆号牌等刑事案件具体应用法律若干问题的解释》。

罪法律上无数额要求；后罪法律上规定须骗取"数额较大"的财产才构成犯罪。④故意内容不同：本罪意图非法骗取的既有物质利益，也有非物质利益；而后者意图骗取的只是物质利益，即公私财物。

21-2 甲冒用解放军某部指导员的名义，在火车上认识一女子并开始交往，一次二人在公园露宿时被保安发现。经查，甲系无业游民，甲的行为构成何罪？

A. 诈骗罪
B. 招摇撞骗罪
C. 冒充军人招摇撞骗罪
D. 危害国防利益罪

答案：C

五、伪造、变造、买卖武装部队公文、证件、印章罪（第375条）

是指实施了伪造、变造、买卖武装部队公文、证件、印章的行为。

注意问题：

1. 伪造、变造、买卖武装部队车辆监理印章的；伪造、变造、买卖武装部队车辆行驶证、车辆驾驶证3本以上的，以本罪论处。[1]

2. 行为人为实施其他犯罪而伪造、变造、买卖武装部队公文、证件、印章的，是牵连犯，从一重罪定罪处罚。但是，如果其他犯罪尚未着手实施的，以本罪定罪处罚。

3. 注意伪造、变造、买卖武装部队公文、证件、印章罪与伪造、变造、买卖国家机关公文、证件、印章罪以及伪造公司、企业、事业单位、人民团体印章罪的区别。

六、盗窃、抢夺武装部队公文、证件、印章罪（第375条）

是指以秘密窃取的手段或者以公然夺取的方式非法取得武装部队公文、证件、印章的行为。本罪客体是武装部队对公文、证件、印章的管理秩序。客观方面表现为秘密窃取或者公然抢夺武装部队的公文、证件或者印章。

本罪与盗窃、抢夺国家机关公文、证件、印章罪的区别主要在于对象不同。

特别提示：

1. 使用伪造、变造、盗窃的武装部队车辆号牌，逃税数额占应纳税额的10%以上，且逃税数额在1万元以上的，依照逃税罪定罪处罚。

2. 使用伪造、变造、盗窃的武装部队车辆号牌，骗取养路费、通行费

---

〔1〕 最高人民法院2002年4月《关于审理非法生产、买卖武装部队车辆号牌等刑事案件具体应用法律若干问题的解释》。

等各种规费，数额较大的，依照诈骗罪定罪处罚。

3. 冒充军人使用伪造、变造、盗窃的武装部队车辆号牌，造成恶劣影响，以冒充军人招摇撞骗罪论处。

七、非法生产、买卖军用制式服装罪（第 375 条第 2 款）[1]

是指非法生产、买卖武装部队制式服装，情节严重的行为。

本罪的特征是：①侵犯的客体是武装部队制式服装的管理秩序。②客观方面表现为非法生产、买卖武装部队制式服装，情节严重的行为。"非法"是指违反有关法律、法规，未经有关主管部门批准擅自生产、买卖。具有生产、经营权的单位或个人未经批准，擅自生产、销售武装部队制式服装的，也属非法。"武装部队制式服装"是指武装部队依法订购的仅供武装部队官兵使用的统一的服装，包括解放军和武警部队的军官服、警官服、文职干部服、士兵服；至于何为"情节严重"，尚待最高司法机关作出司法解释。③主体是一般主体。④主观方面是直接故意。

八、伪造、盗窃、买卖、非法提供、使用军用标志罪（第 375 条第 3 款）[2]

是指伪造、盗窃、买卖或者非法提供、使用武装部队车辆号牌等专用标志，情节严重的行为。

本罪的基本特征是：①侵犯的客体是武装部队车辆号牌等专用标志的管理秩序。②客观方面表现为伪造、盗窃、买卖或者非法提供、使用武装部队车辆号牌等专用标志，情节严重的行为。"伪造"是指违反规定，擅自制造；"盗窃"是指秘密窃取；"买卖"是指购买和出卖；"非法提供"是指违反有关法律规定将武装部队车辆号牌等专用标志无偿提供给他人；"非法使用"是指未经批准擅自使用武装部队专用标志的行为。"专用标志"是指武装部队依法订购的，专供武装部队使用的标志，包括军种符号、兵种符号、专业符号、镶条、车辆号牌等。在武装部队所属装备表面适当部位标的军旗、军徽或其他象征性图案及专用字母、符号等，也属专用标志的范畴。"情节严重"是指非法生产、买卖武装部队军以上领导机关专用标志的，非法生产、买卖武装部队其他专用标志 3 副以上的等等。③主体是一般主体。④主观方面是直接故意。

---

〔1〕 本罪由《刑法修正案（七）》第12条所修改。
〔2〕 本罪由《刑法修正案（七）》第12条所增加。

■ 第二节 战时实施的犯罪

一、战时拒绝、逃避征召、军事训练罪（第376条）

是指预备役人员在战时拒绝、逃避征召或军事训练，情节严重的行为。本罪客体是预备役人员的战时征召和军事训练制度。客观方面表现为不作为，即拒绝、逃避战时征召或军事训练，且情节严重。本罪只能发生在战时。犯罪主体只能是预备役人员。

二、战时拒绝、逃避服役罪（第376条）

是指公民在战时拒绝、逃避服役，情节严重的行为。本罪客体是国家兵役制度。客观行为只能发生在战时，表现是不作为，即拒绝、逃避服役，而且情节严重。犯罪主体是军人和预备役人员以外的普通公民。

特别提示：

平时拒绝、逃避服役的，不构成犯罪。

21-3 某年征兵时，适龄青年某甲经检查身体合格，但当有关部门发给他入伍通知书时，他却以学技术为名，拒绝参军入伍。就此，下列哪一说法是正确的？

A. 战时拒绝、逃避服役罪　　　　B. 战时拒绝、逃避征召罪

C. 逃避服役罪　　　　　　　　　D. 不构成犯罪

答案：D

第二十二章　贪污贿赂罪

　　本章从第 382～396 条，共 15 个条文，12 个罪名，可分为贪污、挪用犯罪和贿赂犯罪两类。本章的内容虽然不多，却是司法考试每年必考的章目之一。本章的重点罪有：贪污罪、受贿罪、挪用公款罪、行贿罪、巨额财产来源不明罪。

■　第一节　贪污、挪用犯罪

一、贪污罪（第 382、383 条）

（一）贪污罪的定义和特征

　　贪污罪是指国家工作人员利用职务上的便利，侵吞、窃取、骗取或者以其他手段非法占有公共财物的行为。其主要特征如下：

　　1. 犯罪客体是复杂客体，即同时侵犯了国家公务廉洁制度和公共财产的所有权。犯罪对象是公共财产，包括如下几项：①国有财产；②劳动群众集体所有的财产；③用于扶贫和其他公益事业的社会捐助或者专项基金的财产；④在国家机关、国有公司、企业、集体企业和人民团体管理、使用或者运输中的私人财产，以公共财产论处；⑤受委派在非国有单位中从事公务的人员贪污单位财产的也可成立贪污罪，因此，贪污对象也包括这类单位中的财产。

　　2. 客观方面表现为行为人利用职务上的便利，以侵吞、窃取、骗取或者其他手段侵占公共财物。所谓"利用职务上的便利"，是指行为人利用其职务范围内的权力和地位所形成的主管、管理、经手、经营财物的有利条件，而不是利用因工作关系对作案环境比较熟悉、凭其身份便于进出本单位、易于接近作案目标等与其职务无关的方便条件。"侵吞"、"窃取"、"骗取"是本罪非法占有公共财物的常用手段。"侵吞"，是指行为人利用职务上的便利，将暂时由自己合法管理、支配、使用或经手的财物非法据为己有。具体表现形式主要有：将自己合法管理、支配、使用或经手的财物加以扣留、隐匿不交；应支付而不支付或者收款不入账，非法转为己有，或者非法转卖、转赠他人；将本人经手追缴的赃款赃物或罚没财物非法占为己有，等等。所谓"窃取"，是指行为人利用职务上的便利，秘密地将由其本人合法保管的财物据为己有，即通常所说的监守自盗。所谓"骗取"，是指行为人利用职务上的便利，采用虚构事实、隐瞒真相的方法，非法占有公私财物。如财会人员伪造单据、涂改账目、骗领公款；采购人员虚报货物运费、谎报差旅费、骗取公款等。所谓"其他手段"，是指除侵吞、窃取、骗取以外的其他手段，例如，在国内公务活动或者对外交往中接受礼物，应当交公而不交公，数额较大的；挪用公款后携款潜逃的，等等。

3. 犯罪主体是国家工作人员（特殊主体）。具体包括下列人员：

（1）国家机关工作人员。即在各级国家权力机关、行政机关、审判机关、司法机关和军事机关中从事公务的人员。根据立法解释，下列人员应视为国家机关工作人员：①在依照法律、法规规定行使国家行政管理职权的组织中从事公务的人员；②在受国家机关委托代表国家机关行使职权的组织中从事公务的人员；③虽未列入国家机关人员编制但在国家机关中从事公务的人员；[1] ④在乡（镇）以上中国共产党机关、人民政协机关中从事公务的人员。

（2）国有公司、企业、事业单位、人民团体中从事公务的人员。"国有公司、企业"，是指国有全资单位，国有资本控股、参股的股份有限公司不属于"国有"单位。

（3）国家机关、国有公司、企业、事业单位或者其他国有单位委派到非国有公司、企事业单位、社会团体中从事公务的人员。所谓"委派"，即委任、派遣。如任命、指派、提名、批准等。不论被委派人的身份如何，只要是接受国家机关、国有公司、企业、事业单位委派，代表国家机关、国有公司、企业、事业单位在非国有公司、企业、事业单位、社会团体中从事组织、领导、监督、管理等工作，都可以认定为此种人员。国有公司、企业改制为股份有限公司后，原国有公司、企业的工作人员和股份有限公司新任命的人员中，除代表国有投资主体行使监督、管理职权的人员外，不以国家工作人员论。[2]

（4）其他依照法律从事公务的人员。此类人员应具有两个特征：①在特定条件下行使国家管理职能；②依照法律规定从事公务。[3] 具体包括：①依法履行职责的各级人大代表；②依法履行审判职责的人民陪审员；

---

[1] 全国人大常委会 2002 年 12 月 28 日《关于〈中华人民共和国刑法〉第九章渎职罪主体适用问题的解释》。

[2] 最高人民法院 2003 年 12 月 16 日发布的《全国法院审理经济犯罪案件工作座谈会纪要》。

[3] 最高人民法院 2003 年 12 月 16 日发布的《全国法院审理经济犯罪案件工作座谈会纪要》。

③协助乡镇人民政府、街道办事处从事行政管理工作的村民委员会、居民委员会等农村和城市基层组织人员。根据立法解释，此类人员是指协助人民政府从事下列行政管理工作的人员：一是救灾、抢险、防汛、优抚、扶贫、移民、救济款物的管理；二是社会捐助公益事业款物的管理；三是国有土地的经营和管理；四是土地征用补偿费用的管理；五是代征、代缴税款；六是有关计划生育、户籍、征兵工作；七是协助人民政府从事的其他行政管理工作。[1]　④其他依照法律从事公务的人员。

所谓"从事公务"，按照《全国法院审理经济犯罪案件工作座谈会纪要》的解释，是指代表国家机关、国有公司、企业、事业单位、人民团体等履行组织、领导、监督、管理等职责。公务主要表现为与职权相联系的公共事务以及监督、管理国有财产的职务活动。不具备职权内容的劳务活动、技术服务工作，如售货员、售票员等所从事的工作，一般不认为是公务。如工人把车间的原材料偷拿回家，是盗窃；大学电教室的工作人员把学校电脑卖掉，是职务侵占。

（5）受国家机关、国有公司、企业、事业单位、人民团体委托管理、经营国有财产的人员。如基于承包、租赁、聘用而经营管理国有财产的人员。

4. 主观方面是直接故意，并具有利用职务上的便利非法占有公私财物的犯罪目的。

（二）认定贪污罪需注意的问题

1. 贪污罪与非罪的界限。根据《刑法》第 383 条第 1 款第 4 项的规定，构成贪污罪的数额起点原则上为 5000 元。如果非法占有的财物数额虽然没有达到 5000 元，但是情节较重的，如多次贪污屡教不改，贪污救灾、救济、扶贫、防汛、防疫、移民款、募捐款物、赃款赃物、罚没款物、暂扣款物以及贪污手段恶劣，毁灭证据，转移赃物或者贪污公共财物用于非法活动的等，也应当以贪污罪论处。

2. 与职务侵占罪的区别。区别要点是主体不同：贪污罪主体是国家工作人员；职务侵占罪的主体是公司、企业人员。

3. 贪污罪与盗窃罪、诈骗罪的区别。区别要点是是否利用职权：国家工作人员利用职务便利窃取、骗取公共财产，是贪污；没有利用职务便利，仅仅是利用熟悉本单位工作环境、了解情况、进出便利等与本人职务没有直接关系的方便窃取公共财产的，是盗窃。

---

[1]　全国人大常委会 2000 年 4 月《关于〈中华人民共和国刑法〉第九十三条第二款的解释》。

4. 共犯问题。

（1）行为人与国家工作人员勾结，利用国家工作人员的职务便利，共同侵吞、窃取、骗取或者以其他手段非法占有公共财物的，以贪污罪的共犯论处。

（2）在公司、企业或者其他单位中，不具有国家工作人员身份的人与国家工作人员勾结，分别利用各自的职务便利，共同将本单位财物非法占为己有的，按主犯的犯罪性质定罪，即主犯是国家工作人员的，均以贪污罪定罪处罚；主犯是非国家工作人员的，均以职务侵占罪定罪处罚。若难以区分主从犯的，以贪污罪定罪处罚。[1]

5. 共同贪污犯罪中"个人贪污数额"的认定。按照《全国法院审理经济犯罪案件工作座谈会纪要》的意见，共同贪污犯罪中"个人贪污数额"应理解为个人所参与或者组织、指挥共同贪污的数额，不能只按照个人实际分得的赃款数额来认定。

6. 贪污罪的既遂、未遂问题。《全国法院审理经济犯罪案件工作座谈会纪要》解释：对贪污罪，应当以行为人是否实际控制财物作为区分既遂与未遂的标准。对于行为人利用职务上的便利，实施了虚假平账等贪污行为，但公共财物尚未实际转移，或者尚未被行为人控制就被查获的，应当认定为贪污未遂。行为人控制公共财物后，是否将财物据为己有，不影响贪污罪既遂的认定。

特别提示：

1. 邮政工作人员不属于国家工作人员。

2. 携带挪用的公款潜逃的，按照贪污罪的规定定罪处罚。

3. 国有保险公司工作人员和国有保险公司派到非国有保险公司从事公务的人员，利用职务上的便利，故意编造未曾发生的保险事故，骗取保险金归自己所有的，依贪污罪定罪处罚。

22 - 1（00卷二22） 某甲被聘在国有公司担任职务，后因该国有公司与某外商企业合资，国有公司占10%的股份，某甲被该国有公司委派到合资企业担任副总经理。在任职期间，某甲利用职务上的便利将合资企业价值5万元的财物非法据为己有。对甲的行为应如何定罪？

　　A. 侵占罪　　　　B. 职务侵占罪　　　C. 盗窃罪　　　　D. 贪污罪

　　答案：D

---

[1] 最高人民法院2003年12月16日发布的《全国法院审理经济犯罪案件工作座谈会纪要》。

22-2（97卷二87） 下列哪些人员是构成贪污罪的犯罪主体？

A. 国家机关中从事公务的人员

B. 国有公司、企业、事业单位、人民团体中从事公务的人员

C. 国家机关、国有公司、企业、事业单位委派到非国有公司、企业、事业单位、社会团体中从事公务的人员

D. 其他依照法律从事公务的人员

答案：ABCD

22-3 下列哪些人员的行为构成贪污罪？

A. 某市公安局局长张某在会见外国友人期间接受赠送给该市的一件雕刻品，张某见做工精美、价格不菲，遂占为己有，没有交公

B. 村委会工作人员李某在协助乡政府办理本村土地征用工作时，虚报土地面积，骗取多出的土地征用补偿款1万元归自己所有

C. 王某受市政府财政局局长的委托，管理财政兴建办公楼的木料，王某利用管理木料的方便，将部分木料拿到市场上出售，获利6000余元归自己所有

D. 某村小组组长赵某掌管本组兴修自来水管道的集资款，赵某利用管理这笔款项的便利，将部分款项取出给自己盖了一栋房屋

答案：ABC

22-4 有关贪污罪，下列说法哪一项是正确的？

A. 甲是某国有公司财务主管，其利用职务上的便利，将单位5万元据为己有，1年后事发。甲贪污的数额应以5万元计算。

B. 甲是国有保险公司派到非国有保险公司从事公务的人员，他利用职务上的便利，故意编造未曾发生的火灾事故进行理赔，骗取5万元保险金归己，甲构成贪污罪。

C. 某县地震，大量房屋倒塌。村长将上级拨给灾民的救济款6000万元汇往境外自己的公司账号。甲的行为构成贪污罪

D. 邮局邮递员小李擅自拆开一封信件，发现里面有面额1000元的支票一张，遂据为己有，小李的行为构成贪污罪

答案：ABC

22-5（05卷二18） 甲为非国家工作人员，是某国有公司控股的股份有限公司主管财务的副总经理；乙为国家工作人员，是该公司财务部主管。甲与乙勾结，分别利用各自的职务便利，共同侵吞了本单位的财物100万元。对甲、乙两人应当如何定性？

A. 甲定职务侵占罪，乙定贪污罪，两人不是共同犯罪

B. 甲定职务侵占罪，乙定贪污罪，但两人是共同犯罪

C. 甲定职务侵占罪，乙是共犯，也定职务侵占罪

D. 乙定贪污罪，甲是共犯，也定贪污罪

答案：C

二、挪用公款罪（第384条）

（一）定义和特征

是指国家工作人员利用职务上的便利，挪用公款归个人使用，进行非法活动，或者挪用公款数额较大、进行营利活动，或者挪用公款数额较大、超过3个月未还的行为。其主要特征如下：

1. 犯罪客体是复杂客体，即同时侵犯了国家公务廉洁制度和公款的使用权。本罪的行为对象主要是公款。"公款"，特指以货币等形式存在的公共财产。挪用国库券的，以挪用公款论[1] 挪用金融凭证、有价证券为他人提供担保的，也以挪用公款论，但挪用金额应以承担风险的数额为准。例如，挪用公款存单为本人或他人质押贷款的，可构成挪用公款罪。公款一般不包括公物，但挪用特定公物归个人使用的，以挪用公款论。

2. 犯罪主体是国家工作人员（参见贪污罪主体部分）。但需要特别注意的是，这里所说的"国家工作人员"不包括"受委托从事公务的人员"。这是贪污罪与挪用公款罪在主体上的一点区别。另外，按《经案纪要》的意见，国有单位领导利用职务上的便利指令具有法人资格的下级单位将公款供个人使用的，应以挪用公款罪论处。

3. 客观方面，表现为利用职务便利，挪用公款归个人使用。根据立法解释，挪用公款"归个人使用"，包括以下三种情况：①将公款供本人、亲友或者其他自然人使用的；②以个人名义将公款供其他单位使用的；③个人决定以单位名义将公款供其他单位使用，谋取个人利益的[2] 《经案纪要》指出：对于行为人逃避财务监管，或者与使用人约定以个人名义进行，或者借款、还款都以个人名义进行，将公款给其他单位使用的，应认定为"以个人名义"。"个人决定"既包括行为人在职权范围内决定，也包括超越职权范围决定。"谋取个人利益"，既包括行为人与使用人事先约定谋取个人利益实际尚未获取的情况，也包括虽未事先约定但实际已获取了个人利益的情况。其中的"个人利益"，既包括不正当利益，也包括

---

〔1〕 最高人民检察院1997年10月13日《关于挪用国库券如何定性问题的批复》。

〔2〕 "全国人民代表大会常务委员会关于〈中华人民共和国刑法〉第三百八十四条第一款的解释"（2002年4月28日），载《司法文件选编》2002年第7辑，第14页。

正当利益；既包括财产性利益，也包括非财产性利益，但非财产性利益应当是具体的实际利益，如升学、就业等。

挪用公款构成犯罪，具体分为如下三种情况：

（1）挪用公款归个使用，未用于非法或营利活动。此种情况，构成犯罪需要同时具备"数额较大"和"超过3个月未还"两个条件。"数额较大"以1万元至3万元为起点，15万元至20万元为"数额巨大"的起点。《经案纪要》：挪而未用的，不论挪用前是否为了用于非法或营利活动，都应认定为一般的挪用公款归个人使用。

（2）挪用公款归个人进行营利活动。此种情况，构成犯罪需要具备"数额较大"的条件，不受挪用时间的限制。"数额较大"以1万元至3万元为起点。

挪用公款存入银行，用于集资、购买股票、国债等，属于挪用公款进行营利活动。所获取的利息、收益等违法所得，应当追缴，但不计入挪用公款的数额。

挪用公款归个人用于公司、企业注册资本验资证明的，也应认定为挪用公款进行营利活动。

（3）挪用公款归个人使用，进行非法活动。此种情况，构成犯罪不受"数额较大"和挪用时间的限制。虽然不受"数额较大"的限制，但实际上是以挪用5000~10 000元为追究刑事责任的起点。"非法活动"是指赌博、嫖娼、走私、贩毒、非法经营等。

关于本罪的客观方面，还需特别注意以下几点：

（1）挪用公款用于归还个人欠款的，如果该欠款是用于或产生于非法活动或营利活动的，应认定为挪用公款进行非法活动或营利活动。

（2）挪而未用的，只要同时具备"数额较大"和"超过3个月未还"的要件，不论挪用前是否为了用于非法或营利活动，一律认定为一般的挪用公款归个人使用。

（3）挪用公款归他人使用，不知道使用人用公款进行非法或营利活动的，认定为一般的挪用公款归个人使用；明知使用人用于非法或营利活动的，应认定为挪用公款进行非法或营利活动。

（4）挪用有价证券、金融凭证用于质押，以挪用公款论处。[1]

（5）多次挪用公款不还，按挪用公款数额累计计算；多次挪用公款，并以后次挪用的公款归还前次挪用的公款，挪用公款数额以案发时未还的实际数额认定。

（6）挪用公款归个人使用，进行非法活动，或者挪用公款数额较大、

[1]　以上1~4点，根据《全国法院审理经济犯罪案件工作座谈会纪要》整理。

进行营利活动的，犯罪的追诉期限从挪用行为实施完毕之日起计算；挪用公款数额较大、超过 3 个月未还的，犯罪的追诉期限从挪用公款罪成立之日起计算。挪用公款行为有连续状态的，犯罪的追诉期限应当从最后一次挪用行为实施完毕之日或者犯罪成立之日起计算。[1]

（二）认定挪用公款罪需注意的问题

1. 挪用公款罪与合法借款的界限。区分的关键在于行为人是否利用职务上的便利，如果行为人利用职务上的便利，将公款挪作个人使用，即使履行了必要的借款手续，也构成挪用公款罪。

2. 挪用公款罪与贪污罪的区别。①主体范围不完全相同：本罪的主体只限于国家工作人员；而贪污罪的主体除国家工作人员外，还包括受委托管理、经营国有财产的人员。②犯罪目的不同：本罪的犯罪目的是暂时使用公款，行为人具有归还的意图；而贪污罪的犯罪目的是非法占有公共财物。③行为手段不同：本罪表现为擅自借用公款，一般没有涂改、销毁、伪造账册的行为；而贪污罪是侵吞、窃取、骗取，往往有涂改、销毁、伪造账册的行为。④行为对象有所不同：本罪的对象仅限于公款和特定公物，不含一般公物；而贪污罪的对象包含一般公物。

根据《经案纪要》的意见，下列挪用行为，应按贪污罪论处：①携带挪用的公款潜逃的，对其携带挪用公款的部分。②挪用公款后采取虚假发票平账、销毁有关账目等手段，使所挪用的公款已难以在单位财务账目上反映出来，且没有归还行为的。③截取单位收入不入账，非法占有，使所占有的公款难以在单位财务账目上反映出来，且没归还行为的。④有证据证明行为人有能力归还所挪用的公款而拒不归还，并隐瞒挪用的公款去向的。

3. 挪用公款罪与挪用资金罪的区别。主要在于犯罪主体不同：本罪的主体是国家工作人员，而挪用资金罪的主体是公司、企业或者其他单位中除国家工作人员以外的其他工作人员。根据司法解释，受委托经营管理国有资产的非国家工作人员，利用职务便利挪用国有资金归个人使用构成犯罪的，以挪用资金罪定罪处罚。[2]

4. 挪用公款罪与挪用特定款物罪的区别。主要在于挪用的用途不同：挪用公款罪的挪用是归个人使用，其本质在于公款私用；而挪用特定款物罪的挪用是公用，其本质是违反了专款、专物专用制度，表现为公款

---

[1] 以上 5、6 两点，见最高人民法院 2003 年 9 月《关于挪用公款犯罪如何计算追诉期限问题的批复》。

[2] 最高人民法院 2000 年 2 月 13 日《关于对受委托管理、经营国有财产人员挪用国有资金行为如何定罪问题的批复》。

公用。

5. 共犯问题。使用公款的人，如果与挪用人共谋、指使或者参与策划取得挪用公款的，不论其是否国家工作人员，也不论其是否利用职务上的便利，都以挪用公款罪的共犯论处。若使用者不知道他人挪用公款，或者虽然知道，但没有参与共谋、指使、策划的，不构成共犯。

6. 罪数问题。因挪用公款索取、收受贿赂构成犯罪的，依照数罪并罚的规定处罚。挪用公款进行非法活动构成其他犯罪的，也依照数罪并罚的规定处罚。

特别提示：

1. 携带挪用的公款潜逃的，按贪污罪定罪处罚。

2. 受委托管理、经营国有财产的非国家工作人员，不是本罪的主体。

3. 使用公款的人与挪用人共谋、指使或者参与策划获取挪用公款的，对使用人以挪用公款罪的共犯论处。

22－6（04卷二54） 某事业单位负责人甲决定以单位名义将本单位资金150余万元贷给另一公司，所得高利息归本单位所有。甲虽未牟取个人利益，但最终使本金无法收回。关于该行为的定性，下列哪几种是可以排除的？

A. 挪用公款罪 B. 挪用资金罪
C. 违法发放贷款罪 D. 高利转贷罪
答案：ABCD

22－7（03卷二31） 下列哪些情形，属于挪用公款归个人使用，从而可能构成挪用公款罪？

A. 国有公司经理甲将公款供亲友使用

B. 国有企业财会人员乙以个人名义将公款供其他国有单位使用

C. 国家机关负责人丙个人决定以单位名义将公款供其他单位使用，但未谋取个人利益

D. 国有企业的单位领导集体研究决定将公款给私有企业使用
答案：AB

22－8（02卷二85、87） 甲找到在某国有公司任出纳员的朋友乙，提出向该公司借款5万元用于购买假币，并许诺出售假币获利后给乙好处费。乙便擅自从自己管理的公司款项中借给甲5万元。甲拿到5万元后，让丙从外地购得假币若干，然后在本地出售。出售一部分后，甲便送给乙2万元好处费。甲后来在出售假币的过程中被公安人员抓获。甲如实交代

了让丙购买假币和自己出售假币的行为，还主动交代了自己使用面值5000元的假币购买家电产品的事实，但未能如实说明购买假币的5万元现金的来源。乙得知甲被抓后，担心受刑罚处罚，便携带10万元公款潜逃外地，后被司法机关抓获归案。请根据上述案情回答问题。

（1）关于挪用公司5万元的行为，下列哪些说法是错误的？

A. 甲唆使乙挪用公司5万元，故甲与乙就挪用行为成立共同犯罪

B. 甲没有指使、参与策划挪用公司5万元，故甲与乙就挪用行为不成立共同犯罪

C. 甲明知是挪用的款项而使用，故甲与乙就挪用行为成立共同犯罪

D. 乙明知甲欲从事营利活动，却仍然挪用5万元，故即使没有超过3个月也构成犯罪

答案：BCD

（2）关于乙携带10万元公款潜逃的行为，下列哪些说法是错误的？

A. 对该行为应认定为贪污罪

B. 对该行为应认定为职务侵占罪

C. 该行为属于挪用公款罪中的挪用公款数额巨大不退还

D. 该行为属于挪用资金罪中的挪用本单位资金数额较大不退还

答案：BCD

22-9（99卷二72）　挪用公款给他人使用的，使用人在下列何种情况下，构成挪用公款罪的共犯？

A. 知道是挪用的公款仍然使用　　B. 指使挪用人挪用公款

C. 应当知道其使用的是挪用款　　D. 参与策划取得挪用款

答案：BD

22-10（06卷二64）　下列哪些选项属于"挪用公款归个人使用"？

A. 以个人名义将公款借给某国有企业使用

B. 以个人名义将公款借给某私营企业使用

C. 个人决定以单位名义将公款借给其他单位使用，谋取个人利益的

D. 以单位名义将公款借给其他自然人使用，未谋取个人利益的

答案：ABCD

三、巨额财产来源不明罪（第395条）

是指国家工作人员的财产或者支出明显超过合法收入，且差额巨大，本人不能说明其来源是合法的行为。

本罪在客观方面包含两个要素：①行为人的财产或者支出明显超过其

合法收入，并且差额巨大。根据有关规定，"差额巨大"是指在30万元以上。[1] ②在被有关机关责令其说明来源时，不能说明明显超过其合法收入并且差额巨大的财产或支出的来源是合法的。"不能说明其来源合法"包括：①拒不说明财产来源；②无法说明财产具体来源；③说出的财产来源经查不属实；④说出的来源无法查明，且能排除财产来源合法的可能性与合理性的。[2]

特别提示：若查明财产是贪污、贿赂所得，应以贪污、贿赂罪论处。若查明部分财产是贪污、贿赂所得，部分财产来源不明且数额巨大，应实行数罪并罚。

四、隐瞒境外存款罪（第395条）

是指国家工作人员在境外存款，数额较大，隐瞒不报的行为。

数额较大，是本罪的构成要素，一般以30万元为起点。

若对隐瞒不报且数额较大的境外存款又不能说明来源，应以巨额财产来源不明罪论处，无需并罚。

五、私分国有资产罪（第396条）

是指国家机关、国有公司、企业、事业单位、人民团体违反国家规定，以单位名义将国有资产集体私分给个人，数额较大的行为。

本罪的一个显著特点是：主体是国有单位，但受处罚的只是直接负责的主管人员和其他直接责任人员。

与贪污罪的界限：由单位领导或决策机构集体讨论决定，按照一定的方案或标准将国有资产以单位名义分发给本单位职工的，方能构成本罪。若是单位领导或经管国有资产的少数人利用职务之便，秘密私分国有资产，而不是按一定的方案或标准分发给职工的，应以共同贪污罪论处。

六、私分罚没财物罪（第396条）

是指司法机关、行政执法机关违反国家规定，将应当上缴国家的罚没财物，以单位名义集体私分给个人的行为。所谓"罚没财物"，是指司法机关、行政机关和法律、法规授权的机构依据法律、法规对公民、法人和其他组织实施处罚所得的罚款以及追缴、没收的财物。依照国家规定，罚没财物除依法发还给有关公民、法人和其他组织的以外，一律上缴国家财政，严禁集体私分。

本罪的主体也是国有单位，但受处罚的也是直接负责的主管人员和其他直接责任人员。

---

[1] 1999年9月16日起施行的《人民检察院直接受理立案侦查案件标准的规定（试行）》。
[2] "经案座谈会讨论办理贪污贿赂和渎职刑事案件适用法律问题意见综述"（以下简称《经案座谈贪贿综述》）"，载《刑事审判参考》2002年10月总第27辑，第211页。

本罪与私分国有资产罪的区别主要在于私分对象不同。

与贪污罪的界限：由单位领导或决策机构集体讨论决定，按照一定的方案或标准将罚没财物以单位名义分发给本单位职工的，方能构成本罪。若单位领导或经管罚没财物的少数人利用职务之便，秘密私分罚没财物，而不是按一定的方案或标准分发给职工的，应以共同贪污罪论处。

■ 第二节　贿赂犯罪

一、受贿罪（第 385 条）

（一）受贿罪的定义和特征

受贿罪，是指国家工作人员利用职务上的便利，索取他人财物，或者非法收受他人财物，为他人谋取利益的行为。其主要特征如下：

1. 犯罪主体是国家工作人员，其范围依据《刑法》第 93 条确定（参看贪污罪主体部分）。但需注意的是，本罪主体不包括"受委托从事公务的人员"。

2. 主观方面必须出于故意，但故意的具体内容因受贿的行为方式的不同而有所不同。在索取贿赂时，行为人主观上具有索取他人财物的犯罪故意；在收受贿赂时，行为人主观上不仅具有非法收受他人财物的故意，而且具有为他人谋取利益的犯罪意图。

3. 侵犯的客体，是国家公务廉洁制度。因索取他人财物而构成的受贿罪，同时还侵犯了被迫交付财物人的财产权利。

行为对象是他人财物，也包括财产性利益，如债权的设立、债务的免除、收受股票、房产、汽车等等。但不包括诸如提职、迁移户口、升学就业、提供女色等非财产性利益。

4. 客观方面表现为利用职务上的便利，索取他人财物或者非法收受他人财物，为他人谋取利益。具体包含以下三个要素：

（1）行为人必须利用了职务上的便利。"利用职务上的便利"，通常有三种情况：①利用本人直接主管、负责、承办某一公共事务的职权。②利用自己分管、主管的下属工作人员的职权，例如法院主管刑事的副院长指示民事庭长，让其按照指示办事，也属于利用职务上的便利。③利用不属自己分管的下属部门的国家工作人员的职权。例如成克杰通过银行为请托人办贷款，成身居自治区主席要职，对不归其主管的银行仍有隶属关系。[1]

---

〔1〕 "经案座谈贪贿案综述"，载《刑事审判参考》2002 年总第 27 辑，第 211 页。

（2）行为人必须实施了受贿的行为。受贿的表现形式有以下几种（其中前两种是最基本的受贿形式）：

第一，利用职务之便，索取他人财物，即索贿。此种形式，不以"为他人谋取利益"为构成要素，只要有索贿行为，就构成犯罪。

第二，利用职务之便，非法收受他人财物，即在行贿人主动提供财物的情况下，行为人非法地收受他人财物。此种形式，以"为他人谋取利益"为构成犯罪的要素。

第三，收受回扣、手续费。《刑法》第385条第2款规定："国家工作人员在经济往来中，违反国家规定，收受各种名义的回扣、手续费，归个人所有的，以受贿论处"。所谓"经济往来"，是指国家工作人员参与的国家经济管理活动和因职务关系而参与的购销商品或者提供、接受服务等交易活动。如工程立项、承包、发包、订货、采购等等。所谓"收受回扣、手续费归个人所有"，是指个人账外暗中据为己有。如果收受了回扣、手续费后，入账上交单位，不构成犯罪。

第四，斡旋受贿（又称间接受贿）。《刑法》第388条规定："国家工作人员利用本人职权或者地位形成的便利条件，通过其他国家工作人员职务上的行为，为请托人谋取不正当利益，索取请托人财物或者收受请托人财物的，以受贿论处"。斡旋受贿有以下三个特点：①必须是国家工作人员"利用本人职权或者地位形成的便利条件"，这是指，行为人与被其利用的国家工作人员之间虽然在职务上没有隶属、制约关系，但却有因职权和地位影响所形成的工作关系，如单位内不同部门的国家工作人员之间，上下级单位没有隶属、制约关系的国家工作人员之间，有工作联系的不同单位的国家工作人员之间等。②必须是通过其他国家工作人员职务上的行为为请托人谋取利益。③为请托人谋取的利益必须是不正当利益。不正当利益有两种情况：一是利益本身不正当或不合法；二是利益本身正当，但谋取的方式不正当。如承揽工程是正当的，但用不正当的手段承揽工程，也属不正当的利益。只有谋取不正当的利益才构成犯罪，这是斡旋受贿与一般受贿的一个区别点，必须注意。

第五，离退休后受贿。离退休人员在职期间为他人谋利益，约定在其离退休后收受他人财物的，以受贿罪论处。[1] 我国现行《刑法》中，已明确规定贿赂物必须以财物为限，收受财物以外的利益不能构成受贿罪。

第六，名借实贿。《全国法院审理经济犯罪案件工作座谈会纪要》规定：国家工作人员利用职务上的便利，以借为名向他人索取财物，或者非法收受

---

〔1〕 2000年6月30日《最高人民法院关于国家工作人员利用职务上的便利为他人谋取利益离退休后收受财物行为如何处理问题的批复》。

财物为他人谋取利益的，应当认定为受贿。具体认定时，不能只看是否有书面借款手续，应当根据下列因素综合判定：①有无正当、合理的借款事由；②款项的去向；③双方平时关系如何、有无经济往来；④出借方是否要求国家工作人员利用职务上的便利为其谋取利益；⑤借款后是否有归还的意思表示及行为；⑥是否有归还的能力；⑦未归还的原因，等等。

（3）为他人谋取利益。在索贿的场合，不需要以"为他人谋利"为构成要素；在收受主动送来的财物的场合，需要以"为他人谋利"为构成要素；在斡旋受贿的场合，需要以"为他人谋取不正当利益"为构成要素。需要注意的是，"为他人谋利"这个要素仅仅是主观要素，不是客观要素。即只要受贿人有为行贿人谋利的想法，不论是否开始为其谋利，也不论是否谋到利益，都算符合了"为他人谋取利益"这个要素，都不影响受贿罪的成立。实践中，行为人承诺为他人谋利，就具备了"为他人谋取利益"的要素。"承诺"可以明示，也可以暗示。明知他人有具体的请托事项而收受其财物的，视为承诺为他人谋取利益。

（二）认定受贿罪需注意的问题

1. 与一般受贿行为的界限。区分受贿罪与一般受贿行为的关键在于查明受贿的数额大小和情节轻重。根据《刑法》第 383 条和第 386 条的规定，个人受贿数额在 5000 元以上的，构成受贿罪。个人受贿不满 5000 元，但情节较重的，也应以受贿罪论处；所谓"情节较重"，一般是指受贿行为使国家和人民利益遭受严重损失、受贿行为造成恶劣影响、索取他人财物的手段恶劣、受贿后订立攻守同盟、抗拒侦查或者拒不退赃等情形。

2. 与正当馈赠的界限。二者区别的关键是看行为人是否利用职务上的便利为他人谋利益。在实践中，有些犯罪人为掩人耳目，往往在节假日或者乘国家工作人员家中婚丧嫁娶之机借口馈赠、送礼而行行贿之实。对这些"以赠代贿"、"以礼代贿"、"明礼暗贿"的行为，应以受贿罪论处。

3. 股票受贿的认定。《全国法院审理经济犯罪案件工作座谈会纪要》规定：①国家工作人员利用职务上的便利，索取或非法收受股票，未支付股本金，为他人谋取利益，构成受贿罪的，其受贿数额按照收受股票时的实际价格计算。②股票已上市且已升值，行为人仅支付股本金，其"购买"股票时的实际价格与股本金的差价部分应认定为受贿。

4. 与贪污罪的区别主要在于：①行为方式不同：受贿罪利用的是职权和地位所形成的影响；贪污罪利用的是主管、管理、经手公共财物的便利。受贿罪的行为方式是索取、收受；贪污罪的行为方式是侵吞、窃取、骗取。②行为对象不同：受贿罪的行为对象是他人或单位的财物；贪污罪的行为对象是公共财物。

5. 以索贿方式构成的受贿罪与敲诈勒索罪的区别主要在于：①主体不

同：本罪是特殊主体，只限于国家工作人员，而敲诈勒索罪的主体是一般主体。②犯罪客观方面不同：本罪是利用职务上的便利，在他人有求于己时主动向他人索要财物，或者以不给财物不为其办事要挟、刁难他人，迫使他人交付财物。敲诈勒索罪则不是利用职务上的便利，而是以实施暴力、揭发隐私、毁坏财产等手段威胁、要挟他人，迫使他人交付财物。

6. 与公司、企业人员受贿罪的区别主要在于犯罪主体不同。本罪的主体是国家工作人员，而公司、企业人员受贿罪的主体是公司、企业中的非国家工作人员。需要特别注意的是："国有公司、企业中从事公务的人员和国有公司、企业委派到非国有公司、企业从事公务的人员"，以国家工作人员论。

7. 共犯问题。按《全国法院审理经济犯罪案件工作座谈会纪要》的意见，非国家工作人员与国家工作人员勾结，伙同受贿的，应当以受贿罪的共犯论处。"伙同受贿"是指双方有共同受贿的故意和行为。国家工作人员的近亲属向国家工作人员代为转达请托事项，收受请托人财物并告知该国家工作人员，或者国家工作人员明知其近亲属收受了他人财物，仍按照近亲属的要求利用职权为他人谋取利益的，该国家工作人员构成受贿罪，对其近亲属以受贿罪共犯论处。近亲属以外的其他人与国家工作人员通谋，由国家工作人员利用职务上的便利为请托人谋取利益，收受请托人财物后双方共同占有的，构成受贿罪的共犯。其他人只受赠财物，未转达请托事项的，不构成受贿罪共犯。例如，甲请银行行长乙批准贷款，乙请甲给自己的小姨子丙买辆小轿车。乙构成受贿罪，丙不构成共犯。因为丙只是接受馈赠，未转达请托事项。

8. 既遂问题。受贿罪以收取财物为既遂。行为人受贿后，将财物转送他人、用于公务或者捐赠公益事业，属于罪后对赃物的处分行为，不影响受贿罪的成立。行为人收取财物后，未实际他人谋取到利益的，也不影响犯罪既遂的成立。

9. 数罪并罚问题。因受贿而又犯其他罪的，如果法律明文规定择一重罪处断，不并罚。如《刑法》第399条规定司法工作人员收受贿赂并有徇私枉法或民事、行政枉法裁判行为的，"依照处罚较重的规定定罪处罚"，不实行数罪并罚。若《刑法》没有此类明文规定，则应数罪并罚。如受贿后挪用公款给他人的，玩忽职守、滥用职权的，私放在押人员的等，应当数罪并罚。

特别提示：

1. 离退休的原国家工作人员在职时约定离退休后收取贿赂财物，以受贿罪论处。

2. 是否为行贿人谋到实际利益，不影响受贿罪的成立。

3. 行为人因挪用公款而受贿的，实行数罪并罚。

4. 行为人受贿后枉法裁判、徇私枉法的，按处罚较重的罪处罚。

5. 斡旋受贿要求为行为人谋取不正当利益。

22-11 （03 卷二 38） 下列关于受贿罪的说法哪些是不正确的？

A. 甲系地税局长，1993 年向王某借钱 3 万元。1994 年王某所办企业希望免税，得到甲的批准，王当时就对甲说："上次借给你的钱就不用还了，算我给你的感谢费"。但甲始终不置可否。2003 年 5 月甲因其他罪被抓获时，主动交待了借钱不还的事实。甲不构成受贿罪

B. 乙的妻子在乡村小学教书，乙试图通过关系将其妻调往县城，就请县公安局长胡某给教育局长黄某打招呼，果然事成。事后，乙给胡某 2 万元钱，胡将其中 1 万元给黄某，剩余部分自己收下。本案中，黄某构成受贿罪、胡某构成介绍贿赂罪、乙构成行贿罪

C. 丙为贷款而给某银行行长李某 5 万元钱，希望在贷款审批时多多关照。李某收过钱，点了点头。但事后，在行长办公会上，由于其他领导极力反对发放此笔贷款，丙未获取分文贷款资金。李某虽然收受他人财物，但由于没有为他人谋取利益，所以不构成受贿罪

D. 丁系工商局长，1995 年在对赵某所办企业进行年检时，发现该企业并不完全符合要求，就要求其补充材料。在某些主要材料难以补齐的情况下，赵某多次找到丁，希望高抬贵手。丁见赵某开办企业也不容易，就为其办理了年检手续，但未向赵提出任何不法要求。2001 年丁退休后欲自己开办公司，就向赵某提出：6 年前自己帮助了赵，希望赵给 2 万元作为丁自己公司的启动资金，赵推脱不过，只好给钱。丁应当构成受贿罪

答案：ABCD

22-12 （00 卷二 29） 某甲在国家机关任职，某乙有求于他的职务行为，给某甲送上 5 万元的好处费。某甲答应给某乙办事，但因故未办成。某乙见事未办成，要求某乙退回好处费，甲拒不退还，并威胁某乙再来要钱就告乙行贿。对某甲的行为如何定罪？

A. 受贿罪   B. 诈骗罪

C. 敲诈勒索罪   D. 受贿罪与敲诈勒索罪

答案：A

22-13 甲为某国有企业财物主管，其友乙因私人公司资金周转不灵，向甲借款 10 万元，甲称没有。次日乙将 1 万元红包送给甲，暗示甲可以挪用公款，并保证 3 个月内一定归还。甲收下红包，从企业账户划出 10

万元到乙公司账户上，反复嘱托乙一定尽快归还。甲构成何罪？

A. 挪用公款罪　　　　　　　B. 受贿罪

C. 挪用公款罪　　　　　　　D. 挪用资金罪

答案：AB

22－14　某检察院立案审查国家工作人员甲的贪污行为，检察官乙负责该案。乙私下找到甲说："你给我 2 万元钱，我帮你把这事压下去。"并表示如果不给钱，等待甲的是法律的严惩。甲给了乙 2 万元，乙对甲的案件做了不起诉决定。对乙应如何定罪？

A. 敲诈勒索罪

B. 受贿罪和枉法裁判罪数罪并罚

C. 受贿罪和枉法裁判罪择一重罪处罚

D. 敲诈勒索罪和枉法裁判罪并罚

答案：C

22－15（06 卷二 19）　国家工作人员甲利用职务上的便利为某单位谋取利益。随后，该单位的经理送给甲一张购物卡，并告知其购物卡的价值为 2 万元、使用期限为 1 个月。甲收下购物卡后忘记使用，导致购物卡过期作废，卡内的 2 万元被退回到原单位。关于甲的行为，下列哪一选项是正确的？

A. 甲的行为不构成受贿罪

B. 甲的行为构成受贿（既遂）罪

C. 甲的行为构成受贿（未遂）罪

D. 甲的行为构成受贿（预备）罪

答案：B

二、单位受贿罪（第 387 条）

是指国家机关、国有公司、企业、事业单位、人民团体，索取、非法收受他人财物，为他人谋取利益，情节严重的行为。

本罪主体只限于国家机关、国有公司、企业、事业单位或人民团体，非国有单位不能构成本罪。情节严重是本罪的构成要素。"情节严重"包括两种情形：①单位受贿在 10 万元以上的。②单位受贿不满 10 万元，但具有下列情形之一的：一是故意刁难、要挟有关单位、个人，造成恶劣影响的；二是强行索取财物的；三是致使国家或者社会利益遭受重大损失的。

特别提示：

1. 国家机关或国有单位在经济往来中，在账外暗中收受各种名义的回扣、手续费的，也以单位受贿论。

2. 先以单位名义索取或非法收受他人财物，尔后归个人所有，应当以受贿罪论处。

三、行贿罪（第 389 条）

是指为谋取不正当利益，给予国家工作人员以财物的行为。认定本罪需要注意以下几个问题：

（一）谋取不正当利益

所谓"不正当利益"，是指依据法律、法规、政策请托人不应当得到的利益。包括两种情况：①该利益本身的性质是不正当的。如谋求税务人员不征、少征税款，谋求司法人员枉法裁判，谋求海关人员放纵走私等等。②该利益本身的性质是正当的，但采取不正当手段谋得。例如采用行贿或串通方法取得工程投标等。"谋取不正当利益"在行贿罪中具有构成要素的作用，体现在以下两点：

1. 对主动行贿来说，作为行贿的目的，"谋取不正当利益"是主观上的构成要素。即没有此目的的，不构成行贿罪；有此目的的，构成行贿罪。至于是否实际谋到利益，不影响犯罪的成立。

2. 对因被勒索而行贿来说，"谋取不正当利益"是客观要素，即谋到不正当利益的，构成行贿罪；未谋到不正当利益的，不构成行贿罪。

（二）特别规定

1. 在经济往来中，违反国家规定，给予国家工作人员以财物，数额较大的，或者违反国家规定，给予国家工作人员以各种名义的回扣、手续费的，以行贿论处。"违反国家规定"，主要表现为在账外暗中给予财物或者回扣、手续费等。

2. 行贿人在被追诉前主动交待行贿行为的，可以减轻处罚或者免除处罚。这种情形，虽属于自首，但不适用自首的规定，直接适用特别规定从宽处理。介绍贿赂罪和对公司、企业人员行贿罪，也有此种规定。

（三）罪与非罪的界限

根据相关规定，行贿数额在 1 万元以上的，或者行贿数额不满 1 万元，但有下列情形之一的，应当追究刑事责任：①为谋取非法利益而行贿的；②向 3 人以上行贿的；③向党政领导、司法人员、行政执法人员行贿的；④致使国家或者社会利益遭受重大损失的。[1]

---

〔1〕 最高人民检察院 1999 年 9 月 16 日施行的《关于人民检察院直接受理立案侦查案件立案标准的规定（试行）》。

（四）与对公司、企业人员行贿罪的区别

主要在于犯罪主体和行贿对象不同：本罪只能由自然人实施，而对公司、企业人员行贿罪既可由自然人实施，也可由单位实施；本罪的行贿对象只限于国家工作人员，而对公司、企业人员行贿罪的对象只能是公司、企业中除国家工作人员以外的其他工作人员。

特别提示：

1. 主动行贿的，以谋取不正当利益为构成要素，无此目的，不构成犯罪；被勒索行贿的，谋取到不正当利益是客观要素，未谋取到不正当利益的，不构成犯罪。

2. 行贿人在被追诉前主动交待行贿行为的，不适用自首的规定，但可以减轻或者免除处罚。

22-16（05卷二65） 下列行为人所谋取的利益，哪些是行贿罪中的"不正当利益"？

A. 甲向某国有公司负责人米某送2万元，希望能承包该公司正在发包的一项建筑工程

B. 乙向某高校招生人员刘某送2万元，希望刘某在招生时对其已经进入该高校投档线的女儿优先录取

C. 丙向某法院国家赔偿委员会委员高某送2万元，希望高某按照国家赔偿法的规定处理自己的赔偿申请

D. 丁向某医院药剂科长程某送2万元，希望程某在质量、价格相同的条件下优先采购丁所在单位生产的药品

答案：ABD

22-17（02卷二48） 甲为使其弟乙逃脱处罚，送给正在审理乙涉嫌非法拘禁罪一案的合议庭审判长丙5万元。在审判委员会上丙试图为乙开脱罪责，但未能得逞，于是丙将收受的5万元退还给甲。甲经过思想斗争，到司法机关主动交代了自己向丙行贿的行为。下列说法正确的是？

A. 对甲的行为应以行贿罪论处

B. 对丙的行为应当认定为受贿中止

C. 对甲应当适用刑法总则关于自首的处罚规定

D. 对甲可以减轻处罚或免除处罚

答案：AD

22-18 甲的儿子丁在某监狱服刑，甲试图通过关系使其假释，遂送给监狱长乙2万元作为活动经费。乙收下2万元后，极力运作此事。期间，

乙因其他问题被撤职，此事未运作成功。乙遂将自己收受的 2 万元退还给甲。甲害怕自己受到乙的牵连，又听说行贿后自首的可以减轻处罚，遂到司法机关主动交待了自己的行贿行为。关于本案的处理，下列说法那些是正确的？

    A. 对甲的行为应以行贿罪论处

    B. 对乙的行为应认定为受贿中止

    C. 对甲应当适用刑法总则关于自首的处罚规定

    D. 对甲可以减轻处罚或免除处罚

    答案：AD

四、对单位行贿罪（第391条）

是指个人或者单位为谋取不正当利益，给予国家机关、国有公司、企业、事业单位、人民团体财物，或者在经济往来中，违反国家规定，给予国家机关、国有公司、企业、事业单位、人民团体各种名义的回扣、手续费的行为。

本罪主体可以是自然人，也可以是单位。主观上以谋取不正当利益为目的。至于实际上是否获取不正当利益，不影响犯罪的成立。

与行贿罪的区别主要在于贿赂的对象不同：一个是国有单位，一个是国家工作人员。

五、单位行贿罪（第393条）

是指单位为谋取不正当利益而行贿，或者违反国家规定，给予国家工作人员以回扣、手续费，情节严重的行为。

与行贿罪的区别：主要在于主体不同。本罪的主体是单位，行贿罪的主体是个人。个人用单位的财物或以单位名义行贿，获得利益归个人的，以行贿罪论处。

与对单位行贿罪的区别：主要在于行贿的对象不同。本罪的对象是个人即国家工作人员；对单位行贿罪的对象是国有单位。

六、介绍贿赂罪（第392条）

是指在行贿人与受贿人之间进行引见、沟通、撮合，使行贿与受贿得以实现，情节严重的行为。"情节严重"是本罪的构成要素，包括以下两种情形：①介绍个人向国家工作人员行贿，数额在 2 万元以上的；介绍单位向国家工作人员行贿，数额在 20 万元以上的；②介绍贿赂数额不满上述标准，但具有下列情形之一的：为使行贿人获取非法利益而介绍贿赂的；3 次以上或者为 3 人以上介绍贿赂的；向党政领导、司法工作人员、行政执法人员介绍贿赂的；致使国家或者社会利益遭受重大损失的。

与斡旋受贿的界限。二者的区别主要在于：①犯罪主体不同：介绍贿赂罪的主体是一般主体，而斡旋受贿罪的主体是国家工作人员。②客观表现不同：介绍贿赂罪是在行贿人与受贿人之间进行引见、沟通、撮合；而斡旋受贿是利用本人职权或者地位上形成的便利条件，通过其他国家工作人员职务上的行为，为请托人谋取不正当利益。③收受财物不同：本罪不以收受财物为条件，斡旋受贿以收受财物为条件。行为人仅利用亲情、友情等关系，在行贿人与受贿人之间进行介绍、联系的，属于介绍贿赂行为。判断行为人是否利用本人职权或地位形成的便利条件：①看与职务有无关系；②看谁的行为对促使其他国家工作人员为请托人谋利起到关键作用。如果是行为人的行为起关键作用，行为人是斡旋受贿；如果是行贿人的行为起关键作用，行为人是介绍贿赂。

本罪与行贿、受贿共犯的区别：如果行为人不只是在行贿人与受贿人之间进行撮合，而是替他人行贿或者与受贿人共同收受财物，比如共同分赃或存在财物共有关系，应当以共同犯罪论处。

22-19（04卷二59） 甲的女儿2003年参加高考，没有达到某大学录取线。甲委托该高校所在市的教委副主任乙向该大学主管招生的副校长丙打招呼，甲还交付给乙2万元现金，其中1万元用于酬谢乙，另1万元请乙转交给丙。乙向丙打了招呼，并将1万元转交给丙。丙收下1万元，并答应尽量帮忙，但仍然没有录取甲的女儿。1个月后，丙的妻子丁知道此事后，对丙说："你没有帮人家办事，不能收这1万元，还是退给人家吧。"丙同意后，丁将1万元退给甲。关于本案，下列哪些说法是错误的？

A. 乙的行为成立不当得利与介绍贿赂罪

B. 丙没有利用职务上的便利为他人谋取个人利益，所以受贿罪不成立

C. 丙在未能为他人牟取利益之后退还了财物，所以受贿罪不成立

D. 丁将1万元贿赂退给甲而不移交司法机关，构成帮助毁灭证据罪

答案：ABCD

22-20 甲系某局局长，该局拟修建一座新的办公大楼。某建筑承包商乙遂找到甲的妻妹丙，请丙在此事上帮忙，并表示可以按照工程款的10%共100万提成给丙。丙遂将此事告诉了甲，甲利用职务之便为乙谋得了此项工程，乙如约付给丙100万提成款，甲丙各分得50万。关于甲、丙的行为，下列说法正确得是：

A. 甲构成受贿罪　　　　　　　　B. 丙构成受贿罪共犯

C. 丙构成介绍贿赂罪　　　　　　D. 丙构成行贿罪共犯

答案：AB

七、利用影响力受贿罪[1]（第388条之一）[2]

是指国家工作人员的近亲属或者其他与该国家工作人员关系密切的人，通过该国家工作人员职务上的行为，或者利用该国家工作人员职权或者地位形成的便利条件，通过其他国家工作人员职务上的行为，为请托人谋取不正当利益，索取请托人财物或者收受请托人财物，数额较大或者有其他较重情节的行为，以及离职的国家工作人员或者其近亲属以及其他与其关系密切的人，利用该离职的国家工作人员原职权或者地位形成的便利条件实施以上的行为。

本罪的基本特征是：①客观方面表现为通过国家工作人员职务上的行为，或者利用国家工作人员职权或者地位形成的便利条件，通过其他国家工作人员职务上的行为，为请托人谋取不正当利益，索取请托人财物或者收受请托人财物，数额较大或者有其他较重情节的行为，以及利用离职的国家工作人员原职权或者地位形成的便利条件实施上述行为。②本罪的主体是非国家工作人员，具体包括国家工作人员的近亲属或者其他与该国家工作人员关系密切的人，以及离职的国家工作人员或者其近亲属以及其他与其关系密切的人。③本罪的主观方面为故意。

---

[1]　参考《联合国反腐败公约》第18条"影响力交易"的规定，我们暂将该罪定名为"利用影响力受贿罪"。正式的罪名需等待"两高"做出解释。

[2]　本罪由《刑法修正案（七）》第13条所增加。

第二十三章 渎 职 罪

本章从第 397~419 条（含第 399 条之一和第 408 条之一），共 25 个条文，36 个罪名，可分为一般国家机关工作人员的渎职罪、司法工作人员的渎职罪、特定部门工作人员的渎职罪三类。本章的重点罪有：滥用职权罪，玩忽职守罪，故意泄露国家秘密罪，徇私枉法罪，枉法裁判罪，国家机关工作人员签订、履行合同失职被骗罪，徇私舞弊不移交刑事案件罪。

■ 第一节 一般国家机关工作人员的渎职罪

一、滥用职权罪；玩忽职守罪（第 397 条）

（一）定义与特征

滥用职权罪，是指国家机关工作人员超越职权，违法决定、处理其无权决定、处理的事项，或者违反规定处理公务，致使公共财产、国家和人民利益遭受重大损失的行为。

玩忽职守罪，是指国家机关工作人员严重不负责任，不履行或者不认真履行职责，致使公共财产、国家和人民利益遭受重大损失的行为。

两罪的特征如下：

1. 犯罪客体都是国家机关的正常管理活动。

2. 客观方面，"致使公共财产、国家和人民利益遭受重大损失"是构成要素。

滥用职权罪重大损失的标准：①造成死亡 1 人以上，或者重伤 2 人以上，或者重伤 1 人、轻伤 3 人以上，或者轻伤 5 人以上的；②导致 10 人以上严重中毒的；③造成个人财产直接经济损失 10 万元以上，或者直接经济损失不满 10 万元，但间接经济损失 50 万元以上的；④造成公共财产或者法人、其他组织财产直接经济损失 20 万元以上，或者直接经济损失不满 20 万元，但间接经济损失 100 万元以上的；⑤虽未达到第③、④两项数额标准，但第③、④两项合计直接经济损失 20 万元以上，或者合计直接经济损失不满 20 万元，但合计间接损失 100 万元以上的；⑥造成公司、企业等单位停业、停产 6 个月以上或者破产的等。

玩忽职守罪重大损失的标准：①造成死亡 1 人以上，或者重伤 3 人以

上，或者重伤 2 人、轻伤 4 人以上，或者重伤 1 人、轻伤 7 人以上，或者
轻伤 10 人以上的；②导致 20 人以上严重中毒的；③造成个人财产直接经
济损失 15 万元以上，或者直接经济损失不满 15 万元，但间接经济损失 75
万元以上的；④造成公共财产或者法人、其他组织财产直接经济损失 30
万元以上，或者直接经济损失不满 30 万元，但间接经济损失 150 万元以上
的；⑤虽未达到第③、④两项数额标准，但第③、④两项合计直接经济损
失 30 万元以上，或者合计直接经济损失不满 30 万元，但合计间接损失
150 万元以上的；⑥造成公司、企业等单位停业、停产 1 年以上，或者破
产的等。[1]

此外，有下列情形之一的，虽然有债权存在，但已无法实现债权的，
可以认定为已经造成了经济损失：①债务人已经法定程序宣告破产，且无
法清偿债务；②债务人潜逃，去向不明；③因行为人的责任，致使超过诉
讼时效；④有证据证明债权无法实现的其他情况。[2]

滥用职权罪和玩忽职守罪客观方面的特殊类型：①海关、外汇管理部
门的工作人员严重不负责任，造成大量外汇被骗购或者逃汇，致使国家利
益遭受重大损失的，依玩忽职守罪论处。[3] ②公安、工商行政管理人员
或者其他国家机关工作人员滥用职权或者玩忽职守、徇私舞弊，致使赃车
入户、过户、验证，并造成重大损失的，依滥用职权罪、玩忽职守罪论
处。[4] ③国家工作人员买卖尚未加盖印鉴的空白《边境证》构成犯罪的，
可以按滥用职权罪追究刑事责任。[5] ④在预防、控制突发传染病疫情等
灾害的工作中，负有组织、协调、指挥、调查、控制、医疗、信息、交
通、物保等职责的国家机关工作人员，滥用职权或者玩忽职守，造成重大
损失的，依滥用职权罪或玩忽职守罪论处。[6]

3. 犯罪主体都是国家机关工作人员。包括在依照法律、法规规定行使
国家行政管理职权的组织中从事公务的人员，或者在受国家机关委托代表
国家机关行使权力的组织中从事公务的人员，或者虽未列入国家机关人员
编制但在国家机关中从事公务的人员。

---

〔1〕 最高人民检察院 2006 年 7 月《关于渎职侵权犯罪案件立案标准的规定》。

〔2〕 最高人民检察院 2006 年 7 月《关于渎职侵权犯罪案件立案标准的规定》附则。

〔3〕 全国人大常委会 1998 年 12 月《关于惩治骗购外汇、逃汇和非法买卖外汇犯罪的决定》
第 6 条。

〔4〕 最高人民法院、最高人民检察院、公安部、国家工商行政管理局 1998 年 5 月《关于依
法查处盗窃、抢劫机动车案件的规定》第 9 条。

〔5〕 最高人民检察院研究室 2002 年 9 月《关于买卖尚未加盖印章的空白〈边境证〉行为如
何适用法律问题的答复》。

〔6〕 最高人民法院、最高人民检察院 2003 年 5 月《关于办理妨害预防、控制突发传染病疫
情等灾害的刑事案件具体应用法律若干问题的解释》第 15 条。

滥用职权、玩忽职守犯罪主体的特殊类型：根据最高人民检察院的相关规定，下列人员均应以国家机关工作人员论，可以成为滥用职权罪、玩忽职守罪的主体：①属行政执法事业单位的镇财政所中按国家机关在编干部管理的工作人员，在履行政府行政公务活动中；②合同制民警在依法执行公务期间；③经人事部门任命，但为工人编制的乡（镇）工商所所长，依法履行工商行政管理职责时；④企业事业单位的公安机构的工作人员在行使侦查职责时；⑤海事局及其分支机构工作人员在从事水上、海上公务活动时。

4. 两罪在主观方面都是绝大多数情况下表现为过失，特殊情况下，也可表现为间接故意。

（二）认定滥用职权罪、玩忽职守罪需要注意的问题

1. 滥用职权罪、玩忽职守罪与一般滥用职权、玩忽职守行为的区别。关键在于造成的损失是否重大。

2. 滥用职权罪与玩忽职守罪的区别。关键是行为方式不同：滥用职权通常是积极作为，表现为超越职权，不正确行使职权；玩忽职守通常是消极不作为，表现为不履行职责或者履行职责时不认真。

3. 滥用职权罪的法条竞合问题。除了《刑法》第397条规定的滥用职权罪之外，《刑法》分则第9章还规定了一些特殊的滥用职权犯罪，如徇私枉法罪，枉法裁判罪，执行判决裁定滥用职权罪，私放在押人员罪，徇私舞弊不移交刑事案件罪，徇私舞弊不征、少征税款罪，非法批准征用、占用土地罪，非法低价出让国有土地使用权罪，放纵走私罪，招收公务员、学生徇私舞弊罪等，这些犯罪与滥用职权罪都属于法条竞合关系，应当优先适用。

4. 玩忽职守罪的法条竞合问题。注意，以下几种犯罪，都与玩忽职守罪存在法条竞合关系，属于玩忽职守的特别规定：过失泄露国家秘密罪，失职致使在押人员脱逃罪，国家机关工作人员签订、履行合同失职被骗罪，环境监管失职罪，传染病防治失职罪，不解救被拐卖、绑架妇女、儿童罪。

5. 玩忽职守罪与重大责任事故罪的界限。①客体不同：本罪的客体是国家机关的正常管理活动，而重大责任事故罪的客体是公共安全。②主体不同：本罪的主体是国家机关工作人员，而重大责任事故罪的主体是工厂、矿山、林场、建筑企业或者其他企业、事业单位的职工。③行为发生的场合不同：本罪发生在国家机关工作人员的管理活动中，而重大责任事故罪则发生在生产、作业过程中。

23-1（02卷二44）　派出所所长陈某在"追逃"专项斗争中，为得

到表彰，在网上通缉了7名仅违反治安管理处罚条例并且已经受过治安处罚的人员。虽然陈某通知本派出所人员不要"抓获"这7名人员，但仍有5名人员被外地公安机关"抓获"后关押。关于陈某行为的性质，错误的说法是：

A. 构成滥用职权罪   B. 构成玩忽职守罪

C. 构成非法拘禁罪   D. 不构成犯罪

答案：BCD

23-2 下列哪些行为不属于滥用职权罪的客观表现形式？

A. 甲是某公安局警察，在发现某商贩偷税的情况下，向该商贩开出罚单

B. 乙是某工商局工作人员，发现某大街拐角处聚集过多商贩阻碍交通，于是扣押了商贩的交通工具和货物

C. 丙是某地方公安局的警察发现走私犯罪的情形后自行立案侦查

D. 丁是某税务局工作人员，在偷税商人没有按期缴纳税款的情况下，采取税收扣押行为

答案：D

23-3 甲是国家外汇管理部门的工作人员，一日因为疏忽大意导致外汇被骗购，致使国家利益遭受重大损失，则甲的行为构成：

A. 滥用职权罪   B. 玩忽职守罪

C. 非法经营罪   D. 不构成犯罪

答案：B

二、故意泄露国家秘密罪；过失泄露国家秘密罪（第398条）

（一）定义

故意泄露国家秘密罪，是指国家机关工作人员或者非国家机关工作人员违反保守国家保密法的规定，故意使国家秘密被不应知悉者知悉，或者故意使国家秘密超出了限定的接触范围，情节严重的行为。

过失泄露国家秘密罪，是指国家机关工作人员或者非国家机关工作人员违反保守国家保密法的规定，过失泄露国家秘密或者遗失国家秘密载体，致使国家秘密被不应知悉者知悉或者超出了限定的接触范围，情节严重的行为。

（二）特征

1. 犯罪客体是国家保密制度。行为对象是国家秘密，这是指法律确定的，关系国家安全和利益，在一定时间内限于一定范围人员知悉的事项。

2. 客观方面，"情节严重"是犯罪构成的要素。故意泄露国家秘密罪，有下列情形之一的，属于情节严重：①泄露绝密级国家秘密1项（件）以上的；②泄露机密级国家秘密2项（件）以上的；③泄露秘密级国家秘密3项（件）以上的；④向非境外机构、组织、人员泄露国家秘密，造成或者可能造成危害社会稳定、经济发展、国防安全或者其他严重危害后果的；⑤通过口头、书面或者网络等方式向公众散布、传播国家秘密的；⑥利用职权指使或者强迫他人违反保守国家秘密法的规定泄露国家秘密的；⑦以牟取私利为目的泄露国家秘密的；⑧其他情节严重的情形。

过失泄露国家秘密罪，有下列情形之一的，属于情节严重：①泄露绝密级国家秘密1项（件）以上的；②泄露机密级国家秘密3项（件）以上的；③泄露秘密级国家秘密4项（件）以上的；④违反保密规定，将涉及国家秘密的计算机或者计算机信息系统与互联网相连接，泄露国家秘密的；⑤泄露国家秘密或者遗失国家秘密载体，隐瞒不报、不如实提供有关情况或者不采取补救措施的；⑥其他情节严重的情形。[1]

3. 犯罪主体是国家机关工作人员，但非国家机关工作人员也可以构成本罪。

（三）认定故意泄露国家秘密罪应注意的问题

1. 故意泄露国家秘密罪与窃取、刺探、收买、非法提供国家秘密罪的区别。①犯罪主体不同：本罪主体是国家机关工作人员；而后罪的主体是一般主体。②客观表现不同：本罪的客观表现是泄露秘密，而后者的表现是窃取、刺探、收买、非法提供国家秘密。③情节方面的要求不同：本罪的构成要求达到情节严重的程度；后者则无此要求。

2. 故意泄露国家秘密罪与间谍罪的区别。关键在于泄露的对象不同：本罪是向一般人泄露国家秘密；间谍罪是向间谍组织或者代理人提供国家秘密。

3. 故意泄露国家秘密罪与泄露内幕信息罪的区别。关键在于秘密的性质不同：本罪泄露的是国家秘密；后者泄露的是证券公司有关证券的发行、交易和价格的秘密。

特别提示：

1. 国家机关工作人员利用职务之便，把国家秘密提供给境外的机构、人员、组织的，应以为境外窃取、刺探、收买、非法提供国家秘密罪论处。

2. 通过互联网发布国家秘密，情节严重的，以故意泄露国家秘密罪论处。

---

〔1〕 最高人民检察院 2006 年 7 月《关于渎职侵权犯罪案件立案标准的规定》。

三、国家机关工作人员签订、履行合同失职被骗罪（第406条）

是指国家机关工作人员在签订、履行合同过程中，因严重不负责任被诈骗，致使国家利益遭受重大损失的行为。

客观方面包括3个要素：①发生在签订、履行合同过程中。②因严重不负责任被诈骗。往往违反工作程序、工作纪律以及经贸活动的规章、惯例，如不认真审查对方的主体资格、资信情况、履约能力，就盲目签订、履行合同；对对方销售的商品的种类、质量、数量不验收、不检查；在对外贸易中发现外商提供的商品种类不同、质量低劣、数量短缺等，而不及时采取措施，致使延误索赔期，或者擅自决定不依照合同规定索赔；发现出口商品的质量、数量不符合合同要求，不及时采取措施，致使外商索赔；等等。③致使国家利益遭受重大损失。"重大损失"是指造成直接经济损失30万元以上，或者直接经济损失不满30万元，但间接经济损失150万元以上的。[1]

本罪主观上绝大多数是过失。在个别案件中，也有间接故意，比如在对外贸易中发现外商提供的商品质量低劣、数量短缺，却故意拖延，不进行索赔，或者擅自决定不依照合同规定索赔，放任给国家造成重大的经济损失。

本罪与第167条规定的签订、履行合同失职被骗罪的区别关键在于主体不同：本罪的主体是国家机关工作人员，后罪的主体是国有公司、企业、事业单位直接负责的主管人员。

四、非法低价出让国有土地使用权罪（第410条）

是指国家机关工作人员徇私舞弊，违反土地管理法规，滥用职权，非法低价出让国有土地使用权，情节严重的行为。本罪侵犯的客体是国家土地管理制度。客观方面表现为徇私舞弊，滥用职权，非法低价出让国有土地使用权，且情节严重。根据最高人民检察院的解释，"情节严重"，是指出让国有土地使用权面积在30亩以上，并且出让价额低于国家规定的最低价额标准60%的；造成国有土地资产流失价额在30万元以上的。犯罪主体是特殊主体，即国家机关工作人员。主观方面是故意。

五、招收公务员、学生徇私舞弊罪（第418条）

是指国家机关工作人员在招收公务员、学生工作中，徇私舞弊，情节严重的行为。"情节严重"，根据最高人民检察院的解释，根据最高人民检察院的解释，所谓情节严重，包括以下几种情形：①徇私舞弊，利用职务便利，伪造、变造人事、户口档案、考试成绩或者其他影响招收工作的有关资料，或者明知是伪造、变造的上述材料而予以认可的；②徇私舞弊，

---

[1] 最高人民检察院2006年7月《关于渎职侵权犯罪案件立案标准的规定》。

利用职务便利，帮助 5 名以上考生作弊的；③徇私舞弊招收不合格的公务员、学生 3 人次以上的；④因徇私舞弊招收不合格的公务员、学生，导致被排挤的合格人员或者其近亲属自杀、自残造成重伤、死亡，或者精神失常的；⑤因徇私舞弊招收公务员、学生，导致该项招收工作重新进行的；⑥其他情节严重的情形。

■ 第二节 司法工作人员渎职罪

一、徇私枉法罪（第 399 条）

是指司法工作人员徇私枉法，徇情枉法，对明知是无罪的人而使他受追诉、对明知是有罪的人而故意包庇不使他受追诉，或者在刑事审判活动中故意违背事实和法律作枉法裁判的行为。

1. 主体只能司法工作人员。这是指有侦查、检察、审判、监管职责的工作人员。在审判实践中，司法机关的专业技术人员在办案中故意提供虚假材料和意见，或者故意作虚假鉴定，严重影响刑事追诉活动的，也可构成本罪。[1]

2. 主观上是故意。即明知他人无罪而故意使其受刑事追诉，明知他人有罪而故意包庇使其不受追诉，或者明知裁判违背事实和法律而故意为之。

3. 客观方面表现为徇私枉法、徇情枉法。"徇私"，是指为了个人利益而枉法，主要是为贪图钱财。"徇情"，是指屈从私情而枉法，主要表现为照顾私人关系或感情、袒护亲友或者泄愤报复。"枉法"的表现有如下三种：

（1）对明知是无罪的人而使他受追诉。往往是采取伪造、隐匿、毁灭证据或者其他隐瞒事实、违背法律的手段，对无罪者进行立案、侦查、起诉、审判。

（2）对明知是有罪的人而故意包庇不使其受追诉。即对明知有犯罪事实需要追究刑事责任的人，故意采取伪造、隐匿、毁灭证据或者其他隐瞒事实、违背法律的手段，使其不受立案、侦查、起诉、审判。故意包庇使之不受追诉的犯罪事实，可以是全部的也可以是部分的犯罪事实。另外，立案之后，故意违背事实和法律，该采取而不采取强制措施，或者无正当理由中断侦查或者超过法定期限不采取任何措施，或者违法撤销、变更强

---

[1] 最高人民检察院 1996 年 6 月 4 日《关于办理徇私舞弊犯罪案件适用法律若干问题的解释》。

制措施，致使犯罪嫌疑人、被告人实际脱离司法机关掌控的，亦属枉法包庇的情形。

（3）在刑事审判活动中违背事实和法律作枉法裁判。即有罪判无罪，无罪判有罪或者重罪轻判、轻罪重判。违背事实和法律作枉法裁判包括两种情形：①公开地不依据已经查清的案件事实和法律进行裁判；②故意歪曲事实和法律进行裁判。

4. 徇私枉法罪与包庇罪的区别。①犯罪主体不同：本罪的主体只能是司法工作人员；而后者为一般主体。②犯罪的目的不尽相同：本罪的目的可以是冤枉无罪人，也可以是放纵有罪人；而后者的目的则仅限于放纵有罪人。③犯罪的客观表现不同：本罪的行为人是利用自己直接办理或主管案件的便利条件实施犯罪行为；而后者则没有这一条件。

5. 徇私枉法罪与伪证罪的区别。①主体不同：本罪的主体只能是司法工作人员；而伪证罪的主体除了记录人属于司法工作人员外，证人、鉴定人、翻译人则不属于司法工作人员。②二者的客观表现不同：本罪客观上表现为直接使有罪者不受刑事追究，或者使无罪者受刑事追究，或者在刑事审判中作枉法裁判；而伪证罪的客观表现是对与案件有重要关系的情节作虚假的证明、鉴定、记录、翻译。

6. 与帮助毁灭、伪造证据罪的区别。司法工作人员也可以构成帮助毁灭、伪造证据罪；而司法工作人员在徇私枉法过程中也可以帮助当事人毁灭、伪造证据，二者区别的关键在于：是否利用司法职权。利用司法职权，先帮助毁灭、伪造证据，后做枉法裁判的，构成徇私枉法罪。未利用司法职权，单纯帮助毁灭伪造证据的，构成帮助毁灭、伪造证据罪。

7. 徇私枉法罪与受贿罪的关系。《刑法》第 399 条第 3 款规定：司法工作人员收受贿赂，有徇私枉法、枉法裁判行为，同时又构成《刑法》第 385 条规定的受贿罪的，依照处罚较重的规定定罪处罚。这里所说的"较重的罪"，不能简单地根据两罪的法定最高刑来确定，而是要根据案件的犯罪事实来确定罪的轻重。例如，一个公安人员收受犯有严重罪行的犯罪人家属的 1 万元钱，将犯罪人私自放掉。犯罪人被放出后又实施了严重的犯罪。对这一案件中行为人就应按徇私枉法罪论处。因为受贿 5000 元以上不满 5 万元的，最高只能判处 10 年有期徒刑，而按照本罪来处理，最高可判处 15 年有期徒刑。

特别提示：

1. 如果刑事案件的记录人仅仅是对与案件有重要关系的情节作虚假的记录，并没有利用其职权出入人罪，则构成伪证罪。

2. 司法工作人员收受贿赂，有徇私枉法、枉法裁判行为，同时又构成受贿罪的，依照处罚较重的规定定罪处罚。

23 - 4 公安民警甲在承办犯罪嫌疑人乙的一宗盗窃案中发现乙的行为不构成犯罪。但是甲认为乙在预审中对其不够恭敬，让他在同事面前"栽了面子"。于是在对乙盗窃一案的讨论中，提出乙可能和两年前一宗特大抢劫案有关，并提供了"证据"证明自己的"合理怀疑"。公安局立刻将乙列为重要犯罪嫌疑人并对其延长了羁押时间。后邻县捕获了抢劫案的真凶才使事情真相大白。甲的行为构成：

A. 滥用职权罪 　　　　　　　 B. 徇私枉法罪
C. 诬告陷害罪 　　　　　　　 D. 打击报复罪
答案：B

23 - 5 下列哪种情况应当数罪并罚？
A. 司法工作人员收受贿赂后，徇私枉法的
B. 国家机关工作人员因挪用公款索取、收受贿赂的
C. 国家机关工作人员挪用公款进行非法活动构成其他犯罪的
D. 国家机关工作人员徇私舞弊、滥用职权，致使国家和人民利益遭受重大损失的
答案：BC

二、民事、行政枉法裁判罪（条 399 条）

是指司法工作人员在民事、行政审判活动中，故意违背事实和法律作枉法裁判，情节严重的行为。

1. 本罪主体是特殊主体。只能是在民事、行政审判活动中负有审判职责的人员。

2. "情节严重"是本罪的构成要素。根据相关解释，是指具有下列情形之一的，属于情节严重：①枉法裁判，致使当事人或者其近亲属自杀、自残造成重伤、死亡，或者精神失常的；②枉法裁判，造成个人财产直接经济损失 10 万元以上，或者直接经济损失不满 10 万元，但间接经济损失 50 万元以上的；③枉法裁判，造成法人或者其他组织财产直接经济损失 20 万元以上，或者直接经济损失不满 20 万元，但间接经济损失 100 万元以上的；④伪造、变造有关材料、证据，制造假案枉法裁判的；⑤串通当事人制造伪证，毁灭证据或者篡改庭审笔录而枉法裁判的；⑥徇私情、私利，明知是伪造、变造的证据予以采信，或者故意对应当采信的证据不予采信，或者故意违反法定程序，或者故意错误适用法律而枉法裁判的。[1]

3. 主观方面是故意。即行为人故意违背事实和法律作枉法裁判。由于

---

〔1〕 最高人民检察院 2006 年 7 月《关于渎职侵权犯罪案件立案标准的规定》。

认识水平、工作能力等原因作出不公正裁判的，不以犯罪论处。

4. 与帮助毁灭、伪造证据罪的区别。审判人员在枉法裁判过程中，毁灭、伪造证据的，属于牵连行为，只需以民事、行政枉法裁判罪论处。

5. 与徇私枉法罪的区别。关键在于发生的诉讼范围不同：本罪发生在民事、行政审判活动中；而徇私枉法罪是发生在刑事诉讼过程中。审判人员在刑事审判活动中枉法裁判的，应以徇私枉法罪论处。

特别提示：

1. 司法机关的其他工作人员利用自己和民事、行政审判人员及其主管人员的人际关系共谋枉法裁判的，可以成为本罪的共犯。

2. 既枉法裁判又受贿的，依处罚重的罪论处，不并罚。

三、执行判决、裁定失职罪（第399条）

是指司法工作人员，在执行判决、裁定活动中，严重不负责任，不依法采取诉讼保全措施、不履行法定执行职责，致使当事人或者其他人的利益遭受重大损失的行为。

本罪客观方面表现为不作为。即不依法采取诉讼保全措施、不履行法定执行职责，也就是该保全的不保全，该执行的不执行。主观方面是故意。

因受贿而在执行判决、裁定中失职的，依照处罚较重的规定定罪处罚。

23－6 甲申请法院执行期间，发现被执行人正设法将自己的财产向国外转移，遂请求法院采取强制措施，阻止被执行人转移财产。执行法官乙对甲的请求不以为然，认为被执行人在其他地方还有财产不至于导致财产无法执行。结果对方当事人将财产全部转移到国外，甲因没有得到法院的及时帮助，最终无法实现自己的债权。乙的行为构成：

A. 玩忽职守罪　　　　　　　　B. 滥用职权罪

C. 执行判决失职罪　　　　　　D. 不构成犯罪

答案：C

四、执行判决、裁定滥用职权罪（第399条）

是指司法工作人员，在执行判决、裁定活动中，滥用职权，违法采取诉讼保全措施、强制执行措施，致使当事人或者其他人的利益遭受重大损失的行为。

本罪在客观方面表现为，违法采取诉讼保全措施、强制执行措施，也就是该这样保全的，却那样保全；该这样执行的，却那样执行。主观方面是故意。

因受贿而在执行判决、裁定中滥用职权的，依照处罚较重的规定定罪处罚。

五、枉法仲裁罪[1]（第399条之一）

是指依法承担仲裁职责的人员，在仲裁活动中故意违背事实和法律作枉法裁决，情节严重的行为。

本罪主体是特殊主体，即只能是依法承担仲裁职责的人员。这是指依据法律、行政法规和部门规章的规定承担仲裁职责的人员，不仅包括与行政机关没有隶属关系的仲裁委员会对民商事争议承担仲裁职责的人员，也包括在有政府主管部门代表参加组成的仲裁机构中对法律、行政法规、部门规章规定的特殊争议承担仲裁职责的人员。

"情节严重"是本罪的构成要素，其标准可参照民事、行政枉法裁判罪情节严重的标准。

六、私放在押人员罪（第400条）

是指司法工作人员，利用职务上的便利，私自将被羁押的犯罪嫌疑人、被告人或者被关押的罪犯非法释放的行为。其主要特征如下：

1. 对象是"在押人员"，包括犯罪嫌疑人、被告人、罪犯。

2. 客观方面表现为行为人利用职务上的便利，将在押的犯罪嫌疑人、被告人或者罪犯非法释放。非法释放的地点，可以是关押场所、押解途中，也可以是狱外作业场所。非法释放的方法，可以是直接放走或指使、强迫他人将在押人员放走；也可以是伪造、变造相关法律文书，使在押人员脱逃；还可以是为在押人员提供条件，帮助其脱逃。

3. 犯罪主体是特殊主体，即只能是司法工作人员。所谓"司法工作人员"，是指公安机关、安全机关、检察机关、审判机关、狱政管理机关的工作人员，还包括执行监所看守任务的武警人员。非司法工作人员不能独立成为本罪主体，但帮助司法工作人员私放在押人员的，可成为本罪的共犯。

4. 主观方面只能是故意。若因过失造成在押人员脱逃的，构成失职致使在押人员脱逃罪。

注意问题：在私放在押人员的场合，被私放的在押人员不一定都构成脱逃罪。在帮助在押人员脱逃的场合，通常对帮助者不按被私放的在押人员脱逃罪的共犯论处。

23-7 甲因涉嫌抢劫罪被羁押。甲对监管的法警乙谎称家里有数百万财产，如果能将其放走可以与其平分家产。乙在甲的诱惑下，以带甲上

---

[1] 本罪是《刑法修正案（六）》第20条新增加的。

厕所为由将其放走，并给了甲200元路费。下列说法正确的是：

A. 甲构成脱逃罪
B. 乙构成滥用职权罪
C. 乙构成甲脱逃罪的共犯
D. 乙构成私放在押人员罪

答案：AD

七、失职致使在押人员脱逃罪（第400条）

是指司法工作人员由于严重不负责任，不履行或者不认真履行职责，致使在押的犯罪嫌疑人、被告人或者罪犯脱逃，造成严重后果的行为。

"造成严重后果"是本罪的构成要素，据相关解释，具有下列情形之一的，属于造成严重后果：①致使依法可能判处或者已经判处10年以上有期徒刑、无期徒刑、死刑的犯罪嫌疑人、被告人、罪犯脱逃的；②致使犯罪嫌疑人、被告人、罪犯脱逃3人次以上的；③犯罪嫌疑人、被告人、罪犯脱逃以后，打击报复报案人、控告人、举报人、被害人、证人和司法工作人员等，或者继续犯罪的。

本罪主观上是过失。

八、徇私舞弊减刑、假释、暂予监外执行罪（第401条）

是指司法工作人员徇私舞弊，对不符合减刑、假释、暂予监外执行条件的罪犯，予以减刑、假释、暂予监外执行的行为。

常见的情形有：①刑罚执行机关的工作人员对不符合条件的罪犯，捏造事实，伪造材料，违法报请减刑、假释、暂予监外执行；②审判人员对不符合条件的罪犯，徇私舞弊，违法裁定减刑、假释或者违法决定暂予监外执行；③监狱管理机关、公安机关的工作人员对不符合条件的罪犯，徇私舞弊，违法批准暂予监外执行；④不具有报请、裁定、决定或者批准权的司法工作人员利用职务上的便利，伪造有关材料，导致不符合条件的罪犯被减刑、假释、暂予监外执行。

注意问题：收受贿赂后又犯本罪的，应当数罪并罚。这是与徇私枉法罪的一个区别。

■ 第三节　特定国家机关工作人员的渎职罪

一、徇私舞弊不移交刑事案件罪（第402条）

是指行政执法人员在行政执法过程中，徇私舞弊，对依法应当移交司法机关追究刑事责任的案件故意不予移交，情节严重的行为。

1. 特殊主体，限于行政执法人员。即在公安、工商、税务、海关、检疫、环保等行政机关中依法行使行政职权的国家机关工作人员。

2. "情节严重"是构成要素：①对依法可能判处 3 年以上有期徒刑、无期徒刑、死刑的犯罪案件不移交的；②不移交刑事案件涉及 3 人次以上的；③司法机关提出意见后，无正当理由仍然不予移交的；④以罚代刑，放纵犯罪嫌疑人，致使犯罪嫌疑人继续进行违法犯罪活动的；⑤行政执法部门主管领导阻止移交的；⑥隐瞒、毁灭证据，伪造材料，改变刑事案件性质的；⑦直接负责的主管人员和其他直接责任人员为牟取本单位私利而不移交刑事案件，情节严重的。

23-8（04 卷二 61）　某国税稽查局对某电缆厂的偷税案件进行查处。该厂厂长送给国税局局长 3 万元，要求给予关照。乙收钱后将已涉嫌构成偷税罪仅以罚款了事。次年 8 月，上级主管部门清理违法案件，为了避免电缆厂偷税案件移交司法机关处理，乙私自更改数据使该案未移交司法机关处理。乙的行为以何罪论处？

A. 受贿罪
B. 滥用职权罪
C. 帮助犯罪分子逃避处罚罪
D. 徇私舞弊不移交刑事案件罪

答案：AD

二、徇私舞弊不征、少征税款罪（第 404 条）

是指税务机关的工作人员徇私舞弊，不征或者少征应征税款，致使国家税收遭受重大损失的行为。

1. 特殊主体，即只能是税务机关的工作人员。
2. "致使国家税收遭受重大损失"是本罪的构成要素，"重大损失"是指致使国家税收损失累计达 10 万元以上或者虽不满 10 万元，但具有索取或者收受贿赂或者其他恶劣情节的。
3. 因玩忽职守造成国家税收重大损失的，可按玩忽职守罪论处。
4. 收受贿赂后不征、少征税款的，应当数罪并罚。

23-9　某省税务机关工作人员甲在征收该省第三强企业税款时一边发短信一边制作税务报表，导致漏算了应征税款 100 多万元。甲的行为构成：

A. 徇私舞弊不征、少征税款罪
B. 滥用职权罪
C. 玩忽职守罪
D. 不构成犯罪

答案：C

三、环境监管失职罪（第 408 条）

是指负有环境保护监管职责的国家机关工作人员严重不负责任，不履行或者不认真履行环境保护监管职责导致发生重大环境污染事故，致使公私财产遭受重大损失或者造成人身伤亡的严重后果的行为。

1. 特殊主体，限于负有环境保护监管职责的国家机关工作人员。主观方面是过失。

2. 造成"严重后果"是本罪的构成要素，涉嫌下列情形之一者是：①造成死亡1人以上，或者重伤3人以上，或者重伤2人、轻伤4人以上，或者重伤1人、轻伤7人以上，或者轻伤10人以上的；②导致30人以上严重中毒的；③造成个人财产直接经济损失15万元以上，或者直接经济损失不满15万元，但间接经济损失75万元以上的；④造成公共财产、法人或者其他组织财产直接经济损失30万元以上，或者直接经济损失不满30万元，但间接经济损失150万元以上的；⑤虽未达到第③、④两项数额标准，但第③、④两项合计直接经济损失30万元以上，或者合计直接经济损失不满30万元，但合计间接经济损失150万元以上的；⑥造成基本农田或者防护林地、特种用途林地10亩以上，或者基本农田以外的耕地50亩以上，或者其他土地70亩以上被严重毁坏的；⑦造成生活饮用水地表水源和地下水源严重污染的。

23-10 甲为当地一造纸厂，擅自将工业污水未经处理排入当地一条居民饮用河中。居民向当地环保局局长乙反应，乙认为这么点污染没什么了不起，就只是口头答应，不作实际处理。结果该条河水污染越来越严重，最终造成多人在饮水后中毒身亡。下列关于甲和乙行为的定性说法正确的是：

A. 甲的行为构成重大环境污染事故罪
B. 乙的行为构成重大环境污染事故罪
C. 乙不构成犯罪
D. 乙构成环境污染监管失职罪
答案：AD

四、食品监管渎职罪（第408条之一）

是指负有食品安全监督管理职责的国家机关工作人员，滥用职权或者玩忽职守，导致发生重大食品安全事故或者造成其他严重后果的行为。本罪主体是负有食品安全监督管理职责的国家机关工作人员。主观方面是过失。客观方面表现为滥用职权或者玩忽职守，导致发生重大食品安全事故或者造成了其他严重后果。"滥用职权"，主要表现为不依法行使监督管理职权或者超越职权监管不属其管理的事项。"玩忽职守"，主要表现为不负责任，不履行监督管理职责。"重大食品安全事故或其他严重后果"，是指造成多人食物中毒，或者给不特定的多人造成健康隐患。如毒奶粉事件、瘦肉精事件等。

五、传染病防治失职罪（第409条）

是指从事传染病防治的政府卫生行政部门的工作人员严重不负责任，不履行或者不认真履行传染病防治监管职责，导致传染病传播或者流行，情节严重的行为。"传染病"，是指由于致病性微生物的侵入而发生的易于在人群中直接或间接地传播、流行的危害人体健康、生命安全的疾病。根据传染性强弱、传播途径难易、传播速度快慢、人群易感染范围等因素，分为甲、乙、丙三类。

1. 特殊主体，限于从事传染病防治的卫生行政部门的工作人员。[1] 主观上是过失。

2. "情节严重"是构成要素。涉嫌下列情形之一者是：①导致甲类传染病传播的；②导致乙类、丙类传染病流行的；③因传染病传播或者流行，造成人员重伤或者死亡的；④因传染病传播或者流行，严重影响正常的生产、生活秩序的；⑤在国家对突发传染病疫情等灾害采取预防、控制措施后，对发生突发传染病疫情等灾害的地区或者突发传染病病人、病原携带者、疑似突发传染病病人，未按照预防、控制突发传染病疫情等灾害工作规范的要求做好防疫、检疫、隔离、防护、救治等工作，或者采取的预防、控制措施不当，造成传染范围扩大或者疫情、灾情加重的；⑥在国家对突发传染病疫情等灾害采取预防、控制措施后，隐瞒、缓报、谎报或者授意、指使、强令他人隐瞒、缓报、谎报疫情、灾情，造成传染范围扩大或者疫情、灾情加重的；⑦在国家对突发传染病疫情等灾害采取预防、控制措施后，拒不执行突发传染病疫情等灾害应急处理指挥机构的决定、命令，造成传染范围扩大或者疫情、灾情加重的。

23-11 某镇卫生所向市卫生局局长甲反映该镇有10多人得了肝炎，要求甲采取措施。甲认为该季节不会造成大面积传染就未作理会。结果导致该镇近1/10的居民染上肝炎。甲的行为：

A. 构成传染病防治失职罪　　　　B. 构成玩忽职守罪

C. 构成滥用职权罪　　　　　　　D. 不构成犯罪

答案：A

---

〔1〕 根据2003年5月《最高人民法院、最高人民检察院关于办理妨害预防、控制突发传染病疫情等灾害的刑事案件具体应用法律若干问题的解释》的规定，包括受委托和虽未列入编制但在政府卫生行政部门从事公务的人员。

六、放纵走私罪（第411条）

是指海关工作人员徇私舞弊，放纵走私，情节严重的行为。其主要特征如下：

1. 特殊主体，限于海关工作人员。主观上是故意，即明知是走私而放纵。

2. "情节严重"是构成要素，涉嫌下列情形之一者是：①放纵走私犯罪的；②因放纵走私致使国家应收税额损失累计达10万元以上的；③放纵走私行为3起次以上的；④放纵走私行为，具有索取或者收受贿赂情节的。

3. 与玩忽职守罪的界限。因失误放纵走私，造成重大损失的，应按玩忽职守罪论处。

4. 与滥用职权罪的界限。放纵走私也是滥用职权，但不能定滥用职权罪，只能定放纵走私罪。二者属法条竞合，适用特别规定。

5. 与徇私舞弊不移交刑事案件罪的界限。海关人员对走私犯罪既不作行政处罚，也不移交司法机关的，定放纵走私罪；只作行政处罚，不移交司法机关的，定徇私舞弊不移交刑事案件罪。

6. 与走私共同犯罪的界限。海关人员事前与走私犯通谋，又利用职务之便放行的，以走私罪共犯论处。事前无通谋，明知是走私而放行的，以本罪论处。

特别提示：因严重不负责任过失地放纵了走私，造成重大损失的，按玩忽职守罪论处。

23－12 某海关工作人员甲在负责查处一起案值巨大的走私汽车案件时，本应移交检察机关处理但因涉及甲的弟弟，甲就以行政处罚了事。甲的行为构成：

A. 不构成犯罪　　　　　　B. 徇私舞弊不移交刑事案件罪

C. 放纵走私罪　　　　　　D. 走私普通货物罪

答案：B

七、放纵制售伪劣商品犯罪行为罪（第414条）

是指对生产、销售伪劣商品犯罪行为负有追究责任的国家机关工作人员，徇私舞弊，不履行法律规定的追究责任，情节严重的行为。"情节严重"是指涉嫌下列情形之一者：①放纵生产、销售假药或者有毒、有害食品犯罪行为的；②放纵生产、销售伪劣农药、兽药、化肥、种子犯罪行为的；③放纵依法可能判处3年有期徒刑以上刑罚的生产、销售伪劣商品犯罪行为的；④对生产、销售伪劣商品犯罪行为不履行追究职责，致使生产、销售伪劣商品犯罪行为得以继续的；⑤3次以上不履行追究职责，或者对3个以上有生产、销售伪劣商品犯罪行为的单位或者个人不履行追究职责的。

本罪主体为特殊主体。仅限于对生产、销售伪劣商品犯罪行为负有追究责任的国家机关工作人员，包括工商管理、技术监督和监督检查部门中的工作人员。主观上是故意。侵犯的客体是国家对商品质量的监督管理制度。

与徇私舞弊不移交刑事案件罪的界限。行政执法人员在查处生产、销售伪劣商品违法行为过程中，发现已构成犯罪，只作行政处罚，不移交司法机关的，以徇私舞弊不移交刑事案件罪论处；既不移交司法机关，也不作行政处罚的，以本罪论处。

八、不解救被拐卖、绑架妇女、儿童罪（第416条）

是指对被拐卖、绑架的妇女、儿童负有解救职责的国家机关工作人员，接到被拐卖、绑架的妇女、儿童及其家属的解救要求或者接到其他人的举报，而对被拐卖、绑架的妇女、儿童不进行解救，造成严重后果的行为。

行为（不作为）是故意，对造成的严重后果是过失。"严重后果"是构成要素，涉嫌下列情形之一者是：①导致被拐卖、绑架的妇女、儿童或者其家属重伤、死亡或者精神失常的；②导致被拐卖、绑架的妇女、儿童被转移、隐匿、转卖，不能及时进行解救的；③对被拐卖、绑架的妇女、儿童不进行解救3人次以上的；④对被拐卖、绑架的妇女、儿童不进行解救，造成恶劣社会影响的。

九、阻碍解救被拐卖、绑架妇女、儿童罪（第416条）

是指负有解救职责的国家机关工作人员，利用职务阻碍解救被拐卖、绑架的妇女、儿童的行为。

"利用职务"是本罪的构成要素，这是指利用本人直接负责、主管、协助解救被拐卖、绑架的妇女、儿童工作的便利。"阻碍解救"，是指设置各种障碍使他人不能顺利进行解救工作。如对来自外地或者上级的解救人员进行刁难、干扰，为违法犯罪人提供有关信息，使其及时逃跑或者转移被拐卖、绑架的妇女、儿童的藏匿地点等。

本罪主体为特殊主体，即只能是负有解救职责的国家机关工作人员。

与聚众阻碍解救被收买的妇女、儿童罪的区别。关键在于主体和手段不同：本罪是特殊主体国家机关工作人员，后罪是一般主体。本罪是利用职务便利，后罪是采用暴力、威胁手段。

23-13 甲系某村村长，两年前买来一女子作老婆。后被当地公安机关获悉，公安机关前来解救该女子时，甲带领村民手持镰刀斧头堵住公安人员，并将一名干警砍成轻伤。下列说法正确的是：

A. 甲构成聚众阻碍解救被收买的妇女罪

B. 甲构成阻碍解救被拐卖的妇女罪

C. 使用了暴力手段的村民构成妨害公务罪

D. 使用了暴力手段的村民也构成聚众阻碍解救被收买的妇女罪

答案：AD

十、帮助犯罪分子逃避处罚罪（第417条）

是指有查禁犯罪活动职责的国家机关工作人员，向犯罪人通风报信、提供便利，帮助犯罪人逃避处罚的行为。"通风报信"，是指以任何形式向犯罪人传递其将受到刑事追究的信息。"提供便利"，是指为犯罪人提供交通工具、藏匿处所、出逃经费，等等。

与窝藏、包庇罪的区别。二者都属于帮助犯罪分子逃避处罚，区别在于：①主体不同：本罪是特殊主体，后罪是一般主体。②行为方式不同：本罪是利用职务之便为犯罪分子通风报信、提供便利；后罪不存在利用职务之便问题，行为方式也只有提供使用，不含通风报信。但旅馆业、饮食服务业、文化娱乐业、出租汽车业等单位的人员，在公安机关查处卖淫、嫖娼活动时，向违法犯罪分子通风报信的除外（第362条）。

23-14 甲为公安局治安队队长，与某歌厅老板乙是朋友。一次乙请甲吃饭，席间乙告诉甲自己想请几个小姐来"搞活"市场，就是害怕被查。甲说没关系，有事我顶着，不过收的钱我要提一点。乙同意。日后，群众举报该歌厅有容留卖淫嫖娼活动，公安局组织查处时，甲提前通知乙，使其逃避了处罚。甲的行为构成：

A. 帮助犯罪分子逃避处罚罪　　B. 包庇罪

C. 容留妇女卖淫罪共犯　　D. 滥用职权罪

答案：C

23-15 甲为公安局治安队队长，与某歌厅老板乙是朋友。群众举报该歌厅有容留卖淫嫖娼活动，公安机关组织查处时，甲安排出租车司机丙前去通知乙，使其逃避处罚。甲、乙、丙的行为构成：

A. 甲构成帮助犯罪分子逃避处罚罪　B. 甲构成包庇罪

C. 乙构成容留妇女卖淫罪　　D. 丙构成窝藏、包庇罪

答案：ACD

23-16 民警甲在火车站执勤时遇到朋友乙，乙说因犯杀人罪正受到追捕。甲给2000元，让乙快乘火车到外地躲躲。正说话间，追捕乙的公安人员丙赶到，甲认识丙，故意与丙搭讪，拖延时间，使乙得以逃脱。甲的行为构成：

A. 徇私枉法罪   B. 私放在押人员罪

C. 窝藏罪   D. 包庇罪

E. 帮助犯罪分子逃避处罚罪

答案：C

第二十四章　军人违反职责罪

本章从第 420~448 条，共 32 条，31 个罪名。但在司考当中只涉及 8 个罪名。本章历来考查较少，疑难点多集中在法条竞合问题上。另外需要注意的问题是战时的缓刑制度、战时的界定等。

本章犯罪的主体只能是军人。与其他各章相比，属特别规定，优先适用。

■ 第一节　危害作战利益的犯罪

一、投降罪（第 423 条）

是指军人在战场上贪生怕死，自动放下武器投降敌人的行为。其主要特征：①犯罪客体是军人的战斗义务。②客观方面表现为行为人在战场上贪生怕死，自动放下武器投降敌人。构成本罪，不要求造成损害结果，行为一经实施，就构成犯罪。③犯罪主体是具有作战能力的参战军人。因负伤而丧失战斗能力并成为敌人俘虏的军人不构成犯罪。④主观方面是故意，行为人一般具有畏惧战斗、贪生怕死的动机。

与投敌叛变罪的区别，关键在于主体和行为场合不同：本罪的主体是军人，投敌叛变罪的主体是普通公民。本罪是发生在战场上，后者没有场合限制。

二、战时临阵脱逃罪（第 424 条）

是指军人在战场上或战斗状态下贪生怕死，脱离战斗岗位，逃避战斗的行为。

本罪属于行为犯，行为一经实施，即构成犯罪。主体是参战的军职人员，包括参战的非直接战斗的军职人员，如医护、通讯、后勤等人员。

三、战时自伤罪（第 434 条）

是指军人在战时自伤身体，逃避军事义务的行为。主观上有逃避军事义务的目的。

国家宣布进入战争状态、部队受领作战任务时、部队遭敌突然袭击时、部队执行戒严任务或者处置突发性暴力事件时，以战时论。

24-1 在以下哪些场合军人自伤身体，逃避军事义务，构成战时自伤罪？

A. 国家宣布进入战争状态

B. 部队受领作战任务时

C. 部队遭敌突然袭击时

D. 部队执行戒严任务或者处置突发性暴力事件时

答案：ABCD

24-2 可能构成战时自伤罪的情况是：

A. 预备役人员张某在战时为逃避征召，自伤身体

B. 战士李某为尽早脱离战场，在敌人火力猛烈向我方阵地射击时，故意将手臂伸于掩体之外，被敌人子弹击中，无法继续作战

C. 战士王某战时奉命守卫仓库，站岗时因困倦睡着，导致仓库失窃，为了掩盖过错，他用匕首自伤身体，谎称遭到抢劫

D. 战士陈某为了立功当英雄，战时自伤身体，谎称在与偷袭的敌人交火时受伤

答案：B

■ 第二节 违反部队管理制度的犯罪

一、擅离、玩忽军事职守罪（第425条）

是指军队指挥人员和值班、值勤人员擅离职守或者玩忽职守，因而造成严重后果的行为。

本罪主体是特殊主体。限于现役军人中的指挥人员和正在值班、值勤的人员。"造成严重后果"是本罪的构成要素。

擅离、玩忽军事职守罪与玩忽职守罪的区别主要在于犯罪主体不同。

二、阻碍执行军事职务罪（第426条）

是指现役军人以暴力、威胁方法阻碍指挥人员或者值班、值勤人员执行职务的行为。

1. 本罪属于行为犯，构成犯罪不要求发生危害结果。若因使用暴力致人重伤、死亡的，以故意伤害、杀人罪论处。

2. 与阻碍军人执行职务罪的界限。阻碍军人执行职务罪，是《刑法》分则第7章危害国防利益罪第368条规定的一种犯罪，它是指普通公民以暴力、威胁方法阻碍军人依法执行军事职务的行为。二者区别的关键在于犯罪主体不同：本罪的主体是现役军人，后罪是一般主体。

3. 与阻碍军事行动罪的区别。阻碍军事行动罪，是危害国防利益罪中的一个罪名，它是指普通公民故意阻碍武装部队军事行动，造成严重后果的行为（第368条）。二者的主要区别在于：①本罪是行为犯，后罪是结果犯；②本罪主体是军人，后罪主体是非军人；③本罪的对象是军队中的个人，后罪的对象是武装部队。

24－3 某部队军人甲因违反军纪在营区内骑自行车，纠察执勤人员乙某要将其自行车扣留，甲不满，遂从伙房中拿出一把菜刀将乙砍成轻伤。甲构成何罪？

A. 妨害公务罪   B. 阻碍执行军事职务罪

C. 故意伤害罪   D. 阻碍军人执行职务罪

答案：B

三、军人叛逃罪（第430条）

是指军职人员在履行公务期间，擅离职守，叛逃境外或者在境外叛逃，危害国家军事利益的行为。

与叛逃罪的区别。关键在于主体不同：本罪的主体是军人，叛逃罪的主体是非军人中的国家机关工作人员。

■ 第三节 危害军事秘密的犯罪

一、为境外窃取、刺探、收买、非法提供军事秘密罪（第431条）

是指军人为境外的机构、组织、人员窃取、刺探、收买、非法提供军事秘密的行为。

与为境外窃取、刺探、收买、非法提供国家秘密、情报罪的区别。主要在于主体不同：本罪是特殊主体军人；后罪是一般主体。

二、故意泄露军事秘密罪（第432条）

是指军人违反保守国家军事秘密的法规，故意泄露国家军事秘密，情节严重的行为。情节严重是本罪的构成要素，情节不严重的，不构成犯罪。

与故意泄漏国家秘密罪区别。关键在于主体不同：本罪主体是军人；后罪主体是非军人，主要是国家机关工作人员。

24－4 机要室打字员战士甲与A国间谍乙曾是小学同学，甲并不知乙已加入间谍组织，乙多次打听部队有关重大秘密，甲如实相告，造成严重后果，甲的行为构成：

    A. 间谍罪

    B. 故意泄露国家秘密罪

    C. 故意泄露军事秘密罪

    D. 为境外非法提供军事秘密罪

    答案：C

三、过失泄露军事秘密罪（第 432 条）

是指军人违反保守军事秘密的法规，过失泄露军事秘密，情节严重的行为。

■ 第四节　危害部队物资保障的犯罪

一、武器装备肇事罪（第 436 条）

是指军人违反武器装备使用规定，情节严重，因而发生责任事故，致人重伤、死亡或者造成其他严重后果的行为。

本罪主观上是过失。客观上有三个要素：①发生了致人重伤、死亡或者其他严重后果的责任事故。"其他严重后果"，一般是指造成重大武器装备损坏、报废；影响了重大军事任务的执行等。②事故发生在武器装备使用过程中。"使用过程"包括利用武器装备进行训练、执行任务的过程，也包括对武器装备的运输、安装、储存、维修过程。③违反了武器装备使用的规定。

本罪与过失爆炸罪、危险物品肇事罪、交通肇事罪、重大责任事故罪、过失致人死亡罪等多种犯罪都容易混淆。区别的关键在于主体不同、事故发生的场合不同。凡是军人在军事训练、执行任务过程中，因使用武器装备不当发生的事故，如训练时火炮或手榴弹爆炸致人死亡、坦克轧死人、军用拖车轧死人、擦枪或放哨时枪走火打死人等等，都应以武器装备肇事罪论处，而不能定过失爆炸罪、过失致死罪。但与军事训练、军事职务无关的事故，不应定武器装备肇事罪。如军人私自携带枪支离开营区，枪走火致人死亡的，应定过失致人死亡罪。军车在公路上违反交通规则发生交通事故的，应定交通肇事罪。

24 - 5　甲系某部队一班长，某日夜间站岗时，甲将两发私存子弹压入冲锋枪弹匣内，并将子弹上膛，未关保险。在换岗时，甲无意中扣动扳机，将一名换岗战士击倒，经抢救无效死亡。甲的行为构成：

A. 过失致人死亡罪   B. 武器装备肇事罪

C. 危险物品肇事罪   D. 意外事件

答案：B

二、盗窃、抢夺武器装备、军用物资罪（第 438 条）

是指现役军人盗窃、抢夺武器装备、军用物资的行为。这里所说的武器装备或军用物资不包括枪支、弹药、爆炸物。

1. 本罪与盗窃、抢夺枪支、弹药、爆炸物罪的区别。要点是对象不同：本罪的对象是不含枪支、弹药、爆炸物的武器装备、军用物资；后罪的对象只能是枪支、弹药、爆炸物。

2. 与盗窃、抢夺罪的区别。主要是对象不同：如果军人盗窃、抢夺武器装备、军用物资以外的物品，构成盗窃罪、抢夺罪。

3. 与贪污罪的区别。如果军人（主要是领导干部）利用职务上的便利，侵吞、窃取、骗取除枪支、弹药、爆炸物之外的武器装备、军用物资，应按贪污罪论处。

24 - 6 新兵甲看到兵器室内有手枪，趁人不备，将一支手枪藏在身上离开兵器室，后一直藏在宿舍角落里，1 年后案发。甲的行为构成：

A. 盗窃枪支罪   B. 盗窃武器装备罪

C. 盗窃罪   D. 非法持有枪支罪

答案：A

34 - 7 某部队后勤司务长甲利用职务上的便利，将自己保管的军装偷出去卖钱，数额巨大。甲的行为构成何种犯罪？

A. 盗窃军用物资罪   B. 盗窃罪

C. 非法出卖武器装备罪   D. 贪污罪

答案：D

■ 第五节 侵犯部属、伤病军人、居民、俘虏利益的犯罪

一、虐待部属罪（第 443 条）

是指现役军官滥用职权，虐待部属，情节恶劣，致人重伤或者造成其他严重后果的行为。

本罪对象是行为人自己的部属。"情节恶劣，致部属重伤或者造成了其他严重后果"是客观方面的构成要素。

本罪属于特别规定，不适用故意伤害罪的规定。

二、战时残害居民、掠夺居民财物罪（第446条）

是指军人战时在军事行动地区，残害无辜居民或者掠夺无辜居民财物的行为。

犯罪时间是战时，犯罪地点是军事行动区，这都是构成要素。

综 合 习 题

一、不定项选择

1.（06卷二7）　对下列哪一情形应当实行数罪并罚？

A. 在走私普通货物、物品过程中，以暴力、威胁方法抗拒缉私的

B. 在走私毒品过程中，以暴力方法抗拒检查，情节严重的

C. 在组织他人偷越国（边）境过程中，以暴力方法抗拒检查的

D. 在运送他人偷越国（边）境过程中，以暴力方法抗拒检查的

答案：A

2.（98卷二92～96）农民王某办了一个私营建筑公司，搞工程承包成为村里的首富。王某不再满足于只当一个普通农民，该村选举村长前，王某让公司会计从银行提取8万余元现金，自己并通过亲友给全村每户村民送去内装1000元的红包，请他们在选举村长时"多关照"，结果在选举中王某以微弱多数当选为村长。就任村长后，王某逐渐显露出横行霸道的作风，办事自己一个人说了算。他私下将村中一部分位置较好的耕地以低价卖出，得到400余万元，吹嘘为自己带领全村致富的"政绩"，剩下的山地、荒地让村民承包，村民怨声载道。王某还以小恩小惠手段先后奸淫了3名妇女。王某的所作所为引起村民的愤怒，私下商议要"教训"王某。王某听到这一消息，即通过熟人介绍从尤某处购买其走私的手枪一支带在自己身上，还找了4名保镖整日不离左右。县检察院听到群众的反映，派员到该村了解情况，被王某派去的保镖拒之村外。后由公安机关在王某到镇里开会时拘捕了他。根据上述事例，请回答1～5各题中所列的问题。

（1）王某以不正当手段当选村长的行为在下列几项犯罪中有哪几项是可以排除的？

　　A. 挪用资金罪　　　　　　　B. 行贿罪

　　C. 介绍贿赂罪　　　　　　　D. 破坏选举罪

（2）王某私下出卖土地的行为在下列几项犯罪中有哪几项是可以排除的？

　　A. 破坏生产经营罪

　　B. 非法占用耕地罪

　　C. 滥用职权罪

　　D. 非法低价出让国有土地使用权罪

　　（3）王某奸淫妇女的行为在下列几项犯罪中有哪几项是可以排除的？

　　　　A. 侮辱妇女罪　　　　　　　B. 强奸罪

　　　　C. 侮辱罪　　　　　　　　　D. 聚众淫乱罪

　　（4）王某购买并携带枪支的行为在下列几项犯罪中有哪几项是可以排除的？

　　　　A. 非法买卖枪支罪　　　　　B. 走私武器罪

　　　　C. 非法持有枪支罪　　　　　D. 非法携带枪支危及公共安全罪

　　（5）王某派保镖拒绝检察人员进村调查的行为在下列几项犯罪中有哪几项是可以排除的？

　　　　A. 妨害公务罪　　　　　　　B. 徇私枉法罪

　　　　C. 妨害作证罪　　　　　　　D. 煽动暴力抗拒法律实施罪

　　答案：（1）ABCD　　（2）ABCD　　（3）ACD　　（4）CD　　（5）BCD

　　3.（98卷二97～100）齐某在抢劫时被蔡某等人当场抓获。公安机关讯问时，齐某对抢劫行为供认不讳，并指认参与抓获他的蔡某曾强奸过妇女。对齐某的抢劫案经一审判决后，检察院以量刑过轻为由提出了抗诉。在二审过程中，齐某又供认曾有盗窃行为。二审法院调查后证实齐某供认的盗窃属实，并构成盗窃罪。二审法院据此直接判处齐某抢劫罪和盗窃罪两罪并罚。因齐某的指认，公安机关对蔡某强奸案进行侦查。受害妇女艾某证实曾遭强奸，所描述的作案人体貌特征与蔡某相似，但因事隔一年，经辨认却又不能肯定是蔡某。讯问蔡时，蔡某不承认。后因侦查人员逼供，蔡某被迫承认，但所供述的内容与艾某所述作案过程在细节上多有不符。本案虽无其他证据，但检察院仍决定提起公诉。法院审理期间，正在外地服刑的齐某承认，强奸艾某的是他自己。齐某所交待的强奸犯罪过程与艾某所述细节相符，经查证，齐某的这一供述属实，法院因此判决蔡某无罪，根据以上事例，请回答1～4各题中所列的问题。

　　（1）根据本案事实，齐某除犯抢劫罪和盗窃罪，还犯什么罪？

　　　　A. 伪证罪　　　　　　　　　B. 报复陷害罪

　　　　C. 诬告陷害罪　　　　　　　D. 强奸罪

　　（2）二审法院在齐某交待另有盗窃行为并事属可能时应如何处理？

　　　　A. 可以对该行为进行调查，并在查证属实后在二审判决中对此予以判决

　　　　B. 应当将案件移交同级检察院补充侦查

C. 应当将案件移交一审中提起公诉的检察院补充侦查

D. 应当将本案发回原审法院重新审判

（3）根据本事例的叙述，在检察机关决定对蔡某强奸案提起公诉时，本案有哪些证据材料？

A. 只有被告人口供和被害人陈述

B. 只有证人证言

C. 具有 A、B 所列证据材料

D. 并无任何证据材料

（4）由于齐某指认蔡某强奸妇女，致使蔡某错被刑事追诉，有关部门认为，齐某的行为已构成犯罪。对齐某的该犯罪行为应当如何处理？

A. 由二审法院提起审判监督程序进行再审

B. 由二审法院之同级检察院抗诉，二审法院进行再审

C. 由二审法院之上级检察院抗诉，二审法院进行再审

D. 由关押齐某的监狱移送检察院处理

答案：（1）CD　　（2）D　　（3）C　　（4）D

4. （00卷二91~95）《刑法》分则第六章第七节规定了毒品犯罪，请根据该节的规定回答1~5题。

（1）关于走私、贩卖、运输、制造毒品罪，下列说法正确的是：

A. 走私、贩卖、运输、制造毒品的，无论数量多少，都应当追究刑事责任

B. 单位可以成为走私、购买、运输、制造毒品的主体

C. 以暴力抗拒检查、拘留、逮捕的，不另成立妨害公务罪

D. 运输毒品罪仅限于在境内运输毒品，而不包括从境外运往境内和从境内运往境外

（2）关于非法持有毒品罪，下列说法错误的是：

A. 非法持有毒品的，无论数量多少，都应当追究刑事责任

B. "持有"仅限于本人持有，不可能通过他人持有毒品

C. "持有"仅限于行为人对毒品个人所有权而持有

D. 为了贩卖毒品而持有毒品的，应当实行数罪并罚

（3）关于非法提供麻醉药品、精神药品罪，下列说法错误的是：

A. 本罪的自然人主体只能是依法从事生产、运输、管理、使用国家管制的麻醉药品、精神药品的人员

B. 单位可以成为本罪主体

C. 以牟利为目的，向吸毒人员提供国家规定管制的麻醉药品、精神药品的，成立本罪

D. 向走私、贩卖毒品的犯罪分子提供国家规定管制的麻醉药品、精神药品的，不成立本罪

（4）关于非法种植毒品原植物罪，下列说法错误的是：

A. 非法种植罂粟 300 株以上的行为构成非法种植毒品原植物罪

B. 非法种植罂粟或者其他毒品原植物，在收获前自动铲除的，可以不追究刑事责任

C. 非法种植罂粟而抗拒铲除的，成立非法种植毒品原植物罪

D. 国家工作人员非法种植罂粟或者其他毒品原植物的，属法定的从重处罚情况

（5）关于引诱、教唆、欺骗他人吸毒罪与强迫他人吸毒罪，下列说法正确的是：

A. 引诱、教唆、欺骗他人吸毒罪中的"他人"仅限于已满 14 周岁的人

B. 非法在牛奶中加入毒品而提供给婴儿饮用的，不成立引诱、教唆、欺骗他人吸毒罪，而成立强迫他人吸毒罪

C. 国家工作人员利用职权强迫他人吸毒的，属于法定的从重处罚情节

D. 强迫未成年人吸毒的，属于法定的从重处罚情节

答案：（1）ABCD　　（2）ABCD　　（3）C　　（4）AD　　（5）BD

5.（00 卷二 96~100）J 市公安机关侦查人员舒某、刘某因在侦查一起团伙抢劫案的过程中，对犯罪嫌疑人董某刑讯逼供，直接导致董某死亡，被 J 市人民检察院依法逮捕。J 市人民检察院在侦查该案期间，发现舒某、刘某还曾对证人高某使用暴力手段逼取证言，于是决定对两案合并侦查。侦查终结后，J 市人民检察院依法向市人民法院提起公诉。经开庭审理，市人民法院一审以故意杀人罪判处舒某有期徒刑 12 年，以暴力取证罪判处舒某有期徒刑 3 年，决定执行有期徒刑 13 年；以故意杀人罪判处刘某有期徒刑 5 年，以暴力取证罪判处刘某有期徒刑 2 年，决定执行有期徒刑 6 年。一审判决宣告后，刘某不上诉，舒某以一审定性不准、量刑过重为理由提出上诉，市人民检察院以一审对舒某的量刑过轻为理由提出抗诉。请回答 1~5 题。

（1）舒某、刘某对犯罪嫌疑人董某刑讯逼供，致使董某死亡的行为，依照刑法规定，应当认定为什么罪？

A. 刑讯逼供罪　　　　　　　B. 故意杀人罪

C. 故意伤害罪　　　　　　　D. 暴力取证罪

（2）如果舒某、刘某在侦查阶段聘请律师，受聘律师可以进行下列选

项中的什么活动？

    A. 会见在押的犯罪嫌疑人

    B. 查阅、摘抄、复制本案的诉讼文书、技术性鉴定材料

    C. 经证人同意，向他们收集与本案有关的材料

    D. 对人民检察院侵犯犯罪嫌疑人人身权利和人身侮辱的行为进行
       控告

（3）如果舒某、刘某在审查起诉阶段聘请律师作为辩护人，受聘律师
可以进行下列选项中的什么活动？

    A. 会见在押的犯罪嫌疑人

    B. 查阅、摘抄、复制本案的诉讼文书、技术性鉴定材料

    C. 经证人同意，向他们收集与本案有关的材料

    D. 对人民检察院侵犯犯罪嫌疑人人身权利和人身侮辱的行为进行
       控告

（4）J 市人民检察院在侦查期间，发现舒某、刘某还曾对证人高某使
用暴力手段逼取证言，如何计算舒某的侦查羁押期限？

    A. 只按照前一个罪计算侦查羁押期限

    B. 自前一个罪的侦查羁押期限届满之日的第二日起计算新发现罪
       的侦查羁押期限

    C. 按照数罪中最重的罪计算侦查羁押期限

    D. 自发现对证人使用暴力手段逼取证言的犯罪之日起，重新计算
       侦查羁押期限

（5）第二审人民法院审理该案时，应当如何量刑？

    A. 对舒某可以判处比原判刑罚更重的刑罚

    B. 对刘某可以判处比原判刑罚更重的刑罚

    C. 对舒某不得判处比原判刑罚更重的刑罚

    D. 对刘某不得判处比原判刑罚更重的刑罚

    答案：（1）B   （2）AD   （3）ABD   （4）D   （5）AD

6.（02 卷二 84～88）甲找到在某国有公司任出纳员的朋友乙，提出
向该公司借款 5 万元用于购买假币，并许诺出售假币获利后给乙好处费。
乙便擅自从自己管理的公司款项中借给甲 5 万元。甲拿到 5 万元后，让丙
从外地购得假币若干，然后在本地出售。出售一部分后，甲便送给乙 2 万
元好处费。甲后来在出售假币的过程中被公安人员抓获。甲如实交代了让
丙购买假币和自己出售假币的行为，还主动交代了自己使用面值 5000 元
的假币购买家电产品的事实，但未能如实说明购买假币的 5 万元现金的来
源。乙得知甲被抓后，担心受刑罚处罚，便携带 10 万元公款潜逃外地，

后被司法机关抓获归案。请根据上述案情回答 1~5 题。

（1）关于出售、购买假币罪的共犯关系，下列哪些说法是错误的？

A. 甲、乙、丙三人成立出售、购买假币罪的共犯

B. 甲、乙二人成立出售、购买假币罪的共犯

C. 甲、丙二人成立出售、购买假币罪的共犯

D. 甲单独成立出售、购买假币罪，乙、丙不成立出售、购买假币罪

（2）关于挪用公司 5 万元的行为，下列哪些说法是错误的？

A. 甲唆使乙挪用公司 5 万元，故甲与乙就挪用行为成立共同犯罪

B. 甲没有指使、参与策划挪用公司 5 万元，故甲与乙就挪用行为不成立共同犯罪

C. 甲明知是挪用的款项而使用，故甲与乙就挪用行为成立共同犯罪

D. 乙明知甲欲从事营利活动，却仍然挪用 5 万元，故即使没有超过 3 个月也构成犯罪

（3）关于甲出售、购买假币与使用假币的行为，下列哪些说法是错误的？

A. 使用假币罪应被出售、购买假币罪吸收

B. 使用假币罪与出售、购买假币罪为牵连关系，应从重处罚

C. 对使用假币罪与出售、购买假币罪应实行并罚

D. 甲就使用假币罪成立自首

（4）关于乙携带 10 万元公款潜逃的行为，下列哪些说法是错误的？

A. 对该行为应认定为贪污罪

B. 对该行为应认定为职务侵占罪

C. 该行为属于挪用公款罪中的挪用公款数额巨大不退还

D. 该行为属于挪用资金罪中的挪用本单位资金数额较大不退还

（5）关于乙的全部犯罪行为，下列哪些说法是错误的？

A. 对乙应以挪用公款罪、贪污罪、出售、购买假币罪论处，实行数罪并罚

B. 对乙应以挪用资金罪、职务侵占罪、出售、购买假币罪论处，实行数罪并罚

C. 对乙应在挪用公款罪与受贿罪中择一重罪从重处罚

D. 对乙应以贪污罪、受贿罪论处，实行数罪并罚

答案：（1）ACD （2）BCD （3）BCD （4）BCD （5）BCD

7. （06 卷二 96~100）甲乙共谋教训其共同的仇人丙。由于乙对丙有

夺妻之恨，暗藏杀丙之心，但未将此意告诉甲。某日，甲、乙二人共同去丙处。为确保万无一失，甲、乙以入室盗窃为由邀请不知情的丁在楼下望风。进入丙的房间后，甲、乙同时对丙拳打脚踢，致丙受伤死亡。甲、乙二人旋即逃离现场。在逃离现场前甲在乙不知情的情况下从丙家的箱子里拿走人民币5万元。出门后，甲背着乙向丁谎称从丙家窃取现金3万元，分给丁1万元，然后一起潜逃。潜逃期间，甲窃得一张信用卡，向乙谎称该卡是从街上捡的，让乙到银行柜台取出了信用卡中的3万元现金。犯罪所得财物挥霍一空后，丁因生活无着，向公安机关投案，交待了自己和甲共同盗窃的事实，但隐瞒了事后知道的甲、乙致丙死亡的事实。请回答1～5题。

（1）就被害人丙的死亡而言，下列对甲、乙所应成立犯罪的何种判断是错误的？

    A. 甲、乙均成立故意杀人（既遂）罪，属于共同犯罪

    B. 甲、乙均成立故意伤害（致人死亡）罪，属于共同犯罪

    C. 甲成立故意伤害（致人死亡）罪，乙成立故意杀人（既遂）罪，不属于共同犯罪

    D. 甲成立故意伤害（致人死亡）罪，乙成立故意杀人（既遂）罪，在故意伤害罪的范围内成立共同犯罪

答案：ABC

（2）就被害人丙死亡这一情节，下列对与丁有关行为的何种判断是错误的？

    A. 丁成立故意杀人罪的共犯

    B. 丁成立故意伤害罪的共犯

    C. 丁成立抢劫罪（致人死亡）的共犯

    D. 丁对丙的死亡不承担刑事责任

答案：ABC

（3）对于甲从丙家的箱子里拿走人民币5万元，丁望风并分得赃物这一情节，下列何种判断是正确的？

    A. 对甲应定抢劫罪、对丁应定盗窃罪

    B. 对甲、丁的行为应定盗窃罪

    C. 甲、丁都应对5万元承担刑事责任

    D. 甲对5万元承担刑事责任，丁只对3万元承担刑事责任

答案：BC

（4）对于甲、乙盗窃和使用信用卡的行为，下列何种判断是错误的？

    A. 甲、乙构成盗窃罪的共同犯罪

    B. 甲、乙构成信用卡诈骗罪的共同犯罪

    C. 甲构成盗窃罪，乙构成信用卡诈骗罪

    D. 甲构成盗窃罪，乙构成诈骗罪

答案：ABD

（5）对于丁的投案行为，下列何种判断是正确的？

    A. 丁虽然投案，但隐瞒了甲、乙致丙死亡的事实，因而不构成自首

    B. 丁虽然隐瞒了甲、乙致丙死亡的事实，但交待了本人与甲共同犯罪的事实，因而构成自首

    C. 丁构成自首且揭发甲与自己共同犯罪的行为成立立功

    D. 丁构成坦白但揭发甲与自己共同犯罪的行为成立立功

答案：B

二、案例题

1.（98 卷四 7）马锋系荣宁市钢厂业务员，已婚，有一女 3 岁。马锋因工作经常出差，在丹阳市联系业务时，与一饭店服务员刘娟互有好感。马锋谎称自己未婚，于 1993 年 7 月利用空白介绍信填写虚假内容与刘登记结婚。一年后刘娟生一子。久之，马锋之妻潘丽有所觉察，多次询问均被马锋否认。马锋恐夜长梦多，即生害妻之心。1997 年 6 月某日，潘丽之友送给她两瓶雀巢咖啡，潘丽每晚必冲饮一杯，说喝了提神。遇客来访，潘丽亦以咖啡待客。潘丽之友知潘丽如此喜爱咖啡，又送其两瓶，马锋即在又送来的两瓶咖啡中放入氰化物，以毒死妻子，且认为可以免除对自己的怀疑。1998 年 1 月 20 日，潘丽的父母从外地来探望女儿一家。潘丽在饭后即冲了两杯咖啡，让父母饮用，造成其父母死亡。

根据上述情况，现问：

（1）马锋的重婚行为是否已超过追诉时效？为什么？

（2）刘娟的重婚行为是否应当追究刑事责任？为什么？

（3）潘丽误将父母毒死的行为是否应当追究刑事责任？为什么？

（4）马锋触犯的罪名是什么？

答案：

（1）没有超过追诉时效。因为马锋的重婚行为仍在继续状态，尚未终了。

（2）不应当追究刘娟重婚行为的刑事责任。因为刘娟对马锋已有配偶的情形缺乏明知，缺乏构成重婚罪所要求的主观要件。

（3）潘丽误将父母毒死的行为不应当追究刑事责任。因为潘丽在实施该行为时并非出于故意或过失，对于被害人死亡的结果无法预见，因此缺乏构成犯罪所要求的主观要件。

（4）马锋触犯了重婚罪、故意杀人罪。

2.（99卷四8）李某系某国有外贸公司经理，1998年因涉嫌犯罪被捕，李某具有以下涉案事实：

1995年6月，在一外贸业务中，李某轻信外商，擅自变更结算方式，使公司数百万元货物导致国家利益遭受特别重大的损失。1996年3月，李某未经集体研究，将公司的钱借给好友吴某主管的某运输公司（集体企业），1998年案发时，尚有80余万元未归还。1997年底，吴某为表感谢，送1万元给李某作为"过节费"。

1996年5月，张某之子因寻衅滋事被捕，张某托李某帮忙疏通关系，李某提出要花3万元。张某给李某4万元，言明1万元作为李某的"辛苦费"，李某遂将3万元送给其认识的办案人员，使张某之子罪责得以开脱。根据以上案情，回答下列问题：

（1）李某在外贸业务中被骗的行为应如何定罪？为什么？

（2）李某将200万元借给运输公司的行为是否构成犯罪？为什么？

（3）李某收受吴某"过节费"和为张某"帮忙"并收"辛苦费"的行为是否构成犯罪？为什么？

答案：

（1）李某在外贸业务中被骗的行为不能定罪。李作为该国有外贸公司经理，在签订、履行合同中因过失而受骗，致国家利益遭受特别重大的损失，根据目前《刑法》的规定，属于签订、履行合同失职被骗行为。但是，由于其行为当时的《刑法》尚未确定此种行为为犯罪行为，根据《刑法》的从旧兼从轻溯及力原则，对李某的行为应当适用当时的《刑法》。因此不能对其行为定罪。

（2）李某将200万元借给运输公司的行为已构成挪用公款罪。李某作为公司的经理，利用职务上的便利，擅自挪用公司的资金借贷给他人，数额较大，超过3个月未还，已构成挪用资金行为；鉴于李某为国有公司从事公务的人员，其行为应当依照挪用公款罪的规定定罪处罚。

（3）李某收受吴某"过节费"的行为构成受贿罪。因其利用经理职务上的便利，挪用公司资金借给吴某主管的公司，并收受"过节费"1万元，数额较大，已构成公司、企业人员受贿行为；因李某为国有公司从事公务的人员，其行为应当依照受贿罪定罪处罚。

李某为张某"帮忙"并收"辛苦费"的行为构成介绍贿赂罪。因其介绍张某个人向国家工作人员行贿数额达1万元以上，使行贿人获取非法利益。

3. (00卷四8) 赵某（男，1983年8月8日生）游手好闲，讲究享乐，为了让经商的父亲多给一些钱用而费尽心机。2000年7月7日，赵某让钱某（男，1983年6月6日生）给自己的父亲打电话，谎称自己被警察抓走了。钱某问为什么要撒谎，赵某说："这不关你的事！"钱某给赵某的父亲打了电话。接着，赵某于当日半夜拿菜刀将自己的左手小指齐指甲根部剁下，然后跑到医院包扎。第二天早晨，赵某让孙某（男，1983年5月5日生）把装有半截手指的信封送到赵家楼下的食杂店，委托店主交给赵的父亲。中午孙某按赵某的旨意给赵某的父亲打电话："你的儿子已经被我们绑架了，拿50万元来赎人，否则你儿子便没命了。"赵某的父亲立即报案，公安机关将赵某、钱某、孙某抓获。赵某在被拘留期间，主动交待司法机关还未掌握的另一犯罪事实：赵某于1999年4月4日，在盗窃了李某家5000元现金后，为了毁灭罪证而实施了危害公共安全的放火行为。钱某在被拘留期间也主动交待自己曾于1999年3月3日参与一起绑架案，分得赎金3000元。孙某在被拘留期间，检举、揭发了周某的重大犯罪行为，经查证属实。

根据上述案情，回答以下问题：

(1) 本案中的赵某、钱某、孙某的行为是否构成犯罪？构成何罪？

(2) 哪些人各有哪些法定的量刑情节？

答案：

(1) 赵某、孙某的行为构成犯罪，钱某的行为不构成犯罪，赵某构成敲诈勒索罪、放火罪，孙某构成敲诈勒索罪。

(2) 赵某的法定量刑情节有：①在敲诈勒索的共同犯罪中起着策划、组织的作用，是主犯；②实施敲诈勒索犯罪行为与放火犯罪时都尚不满18周岁，应当从轻或者减轻处罚；③自首。

孙某的法定量刑情节有：①在敲诈勒索的共同犯罪中起着次要、帮助的作用，属于从犯；②实施敲诈勒索犯罪行为尚不满18周岁，应当从轻或者减轻处罚；③立功（重大）。

4. (02卷四1) 李某长期在甲市行人较多的马路边询问行人是否需要身份证，然后将需要身份证的人的照片、住址等资料送交何某伪造。何某伪造后，李某再交给购买者。在此期间，李某使用伪造的身份证办理手机入网手续并使用手机，造成电信资费损失3000余元。为了防止司法人员的抓捕，李某一直将一把三角刮刀藏在内衣口袋中。2001年4月下旬的一天晚上，李某在马路上寻问行人是否需要身份证时，发现钱某孤身一人行走，便窜至其背后将其背包（内有价值2000元的财物）夺走后迅速逃跑。钱某大声呼喊抓强盗。适逢民警赵某经过此地，赵某将李某拦住。此时李某掏出三角刮刀，朝赵某的腰部捅了一刀后逃离，致赵某重伤。甲市公安机关抓获李某后，与李某居住地乙市公安机关联系，发现李某是因为在乙市使用信用卡透支 1 万元后，为逃避银行催收而逃至甲市的。请结合上述案情，分析李某各行为的性质，并请说明理由。

答案：

伪造、变造居民身份证罪是指违反国家有关居民身份证管理的法规，伪造、变造居民身份证的行为。李某在行人较多的马路边询问行人是否需要身份证，然后将身份证送何某伪造。何某伪造后再由李某交给购买者。李某和何某有分工和协作构成了伪造、变造居民身份证的共同犯罪。

诈骗罪是以非法占有为目的，以虚构事实或者隐瞒真相的方法，骗取数额较大的公私财物的行为。《最高人民法院关于审理扰乱电信市场管理秩序案件具体应用法律问题的若干解释》第 9 条规定，以虚假、冒用的身份证件办理入网手续并使用移动电话，造成电信资费损失数额较大的，依照《刑法》第 266 条的规定，以诈骗罪定罪处罚。题中李某使用伪造的居民身份证，办理了手机入网手续，造成电信资费损失 3000 余元，其行为符合该解释的规定，故构成诈骗罪。

根据《刑法》第 267 条第 2 款规定，携带凶器抢夺的，依照抢劫罪处理。李某携带三角刮刀进行抢夺，构成抢劫罪。

李某妨害赵某履行公务，并将赵某刺成重伤，系想象竞合犯，应从一重罪即按故意伤害罪处理。李某携带凶器抢夺，已经构成抢劫罪，因此，不存在由抢夺罪转化为抢劫罪的问题。

李某使用信用卡进行恶意透支，并且数额较大，构成信用卡诈骗罪。信用卡诈骗罪是指以非法占有为目的，利用信用卡进行诈骗活动，骗取数额较大的财物的行为。信用卡诈骗罪客观方面表现为：①使用伪造的信用卡；②使用作废的信用卡；③冒用他人信用卡；④恶意透支。

5.（02 卷四 2）2001 年 3 月 13 日下午，陈某因曾揭发他人违法行为，被两名加害人报复砍伤。陈某逃跑过程中，两加害人仍不罢休，持刀追赶陈。途中，陈某多次拦车欲乘，均遭出租车司机拒载。当两加害人即将追上时，适逢一中年妇女丁某骑摩托车（价值 9000 元）缓速行驶，陈某当即哀求丁某将自己带走，但也遭拒绝。眼见两加害人已经逼近，情急之下，陈某一手抓住摩托车，一手将丁某推下摩托车（丁某倒地，但未受伤害），骑车逃走。陈某骑车至安全地方（离原地约 2 公里）停歇一会后，才想到摩托车怎么处理。陈某将摩托车尾部工具箱的锁撬开，发现内有现金 3000 元和一张未到期的定期存单（面额 2 万元）。陈某顿生贪欲，将 3000 元现金和存单据为己有，并将摩托车推至山下摔坏。几日后，陈某使用伪造的身份证在到期之前将存单中的 2 万元取出。此后逃往外地。试分析陈某上述各行为的性质，并说明理由。

答案：

陈某夺取摩托车的行为构成紧急避险。紧急避险是指为了使国家、公共利益、本人或者他人的人身、财产和其他权利免受正在发生的危险，不得已给另一较小合法权益造成损害的行为。题中陈某因揭发他人违法行为，而被两名加害人报复砍伤，在逃跑的过程中迫不得已为了保护自己的人身权利，夺用丁的摩托车逃走，虽损害了他人合法权益，但保全了较大的合法利益，符合紧急避险的构成要件。陈某将工具箱内的 3000 元据为己有的行为构成盗窃罪。盗窃罪是指以非法占有为目的，窃取公私财物数额较大，或者多次窃取公私财物的行为。题中陈某在逃到安全的地方，擅自将摩托车尾部的工具箱撬开，将工具箱内的 3000 元现金和定期存单据为己有，因而构成盗窃罪。但是，注意盗窃的金额并不包括定期存单 20 000 元，因为虽然陈某将存单据为己有，可是陈某并不能实际占有 20 000 元。

陈某使用伪造的身份证将 20 000 元取出的行为构成诈骗罪。诈骗罪是以非法占有为目的，以虚构事实或者隐瞒真相的方法，骗取数额较大的公私财物的行为。其中，伪造身份证的犯罪行为和诈骗罪属于牵连犯，按从一重罪处罚的原则，对陈某只定为诈骗罪。

陈某将摩托车故意推下山崖的行为构成故意毁坏财物罪。故意毁坏财物罪是指故意毁坏公私财物，数额较大或者有其他严重情节的行为。题中陈某故意将丁的摩托车推下山崖致其毁损因而构成故意毁损财物罪。

6. （03卷四1）案情：赵某拖欠张某和郭某 6000 多元的打工报酬一直不付。张某与郭某商定后，将赵某 15 岁的女儿甲骗到外地扣留，以迫使赵某支付报酬。在此期间（共 21 天），张、郭多次打电话让赵某支付报酬，但赵某仍以种种理由拒不支付。张、郭遂决定将甲卖给他人。在张某外出寻找买主期间，郭某奸淫了甲。张某找到了买主陈某后，张、郭二人以 6000 元将甲卖给了陈某。陈某欲与甲结为夫妇，遭到甲的拒绝。陈某为防甲逃走，便将甲反锁在房间里一月余。陈某后来觉得甲年纪小、太可怜，便放甲返回家乡。陈某找到张某要求退回 6000 元钱。张某拒绝退还，陈某便于深夜将张某的一辆价值 4000 元的摩托车骑走。

问题：请根据上述案情，分析张某、郭某、陈某的刑事责任。

答案：

（1）张某构成非法拘禁罪，拐卖妇女罪。

（2）郭某构成非法拘禁罪，拐卖妇女罪。

（3）张某和郭某是非法拘禁罪、拐卖妇女罪的共同犯罪人。二人均应按非法拘禁罪和拐卖妇女罪，数罪并罚。

（4）郭某和张某拐卖妇女罪应适用不同的法定刑，其中张某按拐卖妇女罪的基础法定刑量刑，郭某奸淫被拐卖的妇女，法定刑升格。

（5）陈某构成收买被拐卖的妇女罪、非法拘禁罪和盗窃罪，应当数罪并罚。

（6）陈某所犯的收买被拐卖的妇女罪，由于他中途自愿将被害人放回家，属犯罪中止，可以不追究该罪的刑事责任。

7.（04卷四6）案情：甲男与乙男于2004年7月28日共谋入室抢劫某中学暑假留守女教师丙的财物。7月30日晚，乙在该中学校园外望风，甲翻院墙进入校园内。甲持水果刀闯入丙居住的房间后，发现房间内除有简易书桌、单人床、炊具、餐具外，没有其他贵重财物，便以水果刀相威胁，喝令丙摘下手表（价值2100元）给自己。丙一边摘手表一边说："我是老师，不能没有手表。你拿走其他东西都可以，只要不抢走我的手表就行。"甲立即将刀装入自己的口袋，然后对丙说："好吧，我不抢你的手表，也不拿走其他东西，让我看看你脱光衣服的样子我就走。"丙不同意，甲又以刀相威胁，逼迫丙脱光衣服，丙一边顺手将已摘下的手表放在桌子上，一边流着泪脱完衣服。甲不顾丙的反抗强行摸了丙的乳房后对丙说："好吧，你可以穿上衣服了。"在丙背对着甲穿衣服时，甲乘机将丙放在桌上的手表拿走。甲逃出校园后与乙碰头，乙问抢了什么东西，甲说就抢了一只手表。甲将手表交给乙出卖，乙以1000元价格卖给他人后，甲与乙各分得500元。

问题：请根据刑法规定与刑法原理，对本案进行全面分析。

答案：

（1）关于甲和乙的行为。

第一，甲、乙构成抢劫罪共犯。因二人有抢劫的共同故意和抢劫的共同行为。甲、乙的抢劫属于入户抢劫，因为丙的房间属于其生活的与外界相对隔离的住所；由于乙与甲共谋入户，甲事实上也实施了入户抢劫行为，所以乙虽没有入户，对乙也应适用入户抢劫的法定刑。

综合本案主客观方面的事实，可以认定甲为主犯，乙为从犯，对于从犯乙应当从轻、减轻或者免除处罚。

第二，甲、乙虽构成抢劫罪共犯，但二人的犯罪形态不同：①甲的抢劫属于犯罪中止。因为在当时的情况下，甲完全能够达到抢劫既遂，但他自动放弃了抢劫行为；由于抢劫中止行为没有造成任何损害，所以，对于甲的抢劫中止，应当免除处罚。②乙的抢劫属于犯罪未遂。一方面，不能因为甲事实上取得了手表，就认定乙抢劫既遂，因为该手表并非甲抢劫既遂所得的财物；另一方面，乙并没有自动放弃自己的抢劫行为，甲的中止行为对于乙来说，属于意志以外的原因。根据刑法规定，对于未遂犯乙，可以比照既遂犯从轻或者减轻处罚。

（2）关于甲的行为。

第一，甲逼迫丙脱光衣服并猥亵丙的行为，成立强制猥亵妇女罪。

第二，甲乘机拿走丙手表的行为，成立盗窃罪。因为拿走手表的行为完全符合盗窃罪的构成要件。拿走手表已不属于抢劫罪中的强取财物的行为，即不属于因暴力、胁迫或其他方法压制或足以压制了被害人反抗而取得手表的情形。所以，不能将取得手表的事实评价在抢劫罪中，而应另认定为盗窃罪。

（3）关于乙的行为。

第一，乙的行为不成立盗窃罪。乙客观上为甲盗窃手表起到了一定作用（望风），但乙并不明知甲会盗窃财物，所以，乙并不与甲构成盗窃罪的共犯。

第二，基于同样的理由，乙的行为也不成立强制猥亵妇女罪的共犯。

第三，乙将手表卖与他人的行为不成立销售赃物罪。销售赃物罪是指代为销售他人犯罪所得的赃物，对于销售自己犯罪所得的赃物的行为并不成立销售赃物罪。乙虽在事实上销售了甲盗窃所得的财物，但乙是误以为该手表为与甲共谋抢劫所得的财物，并不知道手表是甲单独犯罪所得的财物，所以，乙没有代为销售他人犯罪所得赃物的故意，不成立销售赃物罪。

8.（05卷四2）案情：丁某系某市东郊电器厂（私营企业，不具有法人资格）厂长，2003年因厂里资金紧缺，多次向银行贷款未果。为此，丁某仿照银行存单上的印章模式，伪造了甲银行的储蓄章和行政章，以及银行工作人员的人名章，伪造了户名分别为黄某和唐某在甲银行存款额均为50万元的存单两张。随后，丁某约请乙银行办事处（系国有金融机构）副主任朱某吃饭，并将东郊电器厂欲在乙银行办事处申请存单抵押贷款的打算告诉了朱某，承诺事后必有重谢。朱某见有利可图，就让丁某第二天到办事处找信贷科科长张某办理，并答应向张某打招呼。次日，丁某来到乙银行办事处。朱某将其介绍给张某，让其多加关照。

张某在审查丁某提交的贷款材料时，对甲银行的两张存单有所怀疑，遂发函给甲银行查询。此时，丁某通过朱某催促张某，张某遂打电话询问查询事宜。甲银行储蓄科长答应抓紧办理，但张某未等回函，就为丁某办理了抵押贷款手续，并报朱某审批。后甲银行未就查询事宜回函。

朱某审批时发现材料有问题，就把丁某找来询问。丁某见瞒不过朱某，就将假存单之事全盘托出，并欺骗朱某说有一笔大生意保证挣钱，贷款将如期归还，并当场给朱某 10 万元好处费。朱某见丁某信誓旦旦，便收受了好处费，同意批给丁某 100 万元贷款。丁某获得贷款后，以感谢为名送给张某 5 万元，张某予以收受。丁某将贷款全部投入电器厂经营，结果亏损殆尽，致使银行贷款不能归还。检察机关将本案起诉至法院。

问题：简析丁某、朱某和张某涉嫌犯罪行为触犯的罪名，然后根据有关的刑法理论和法律规定确定三人分别应如何定罪处罚。

答案：

（1）丁某：伪造企业印章罪，伪造金融凭证罪，金融凭证诈骗罪，贷款诈骗罪，行贿罪。其中：①伪造企业印章罪和伪造金融凭证罪之间存在牵连关系，按照从一重罪处断的原则，应定伪造金融凭证罪；②伪造金融凭证罪与金融凭证诈骗罪之间又存在牵连关系，按照从一重罪处断的原则，应以金融凭证诈骗罪论处；③金融凭证诈骗罪与贷款诈骗罪之间也存在法条竞合关系，按照重法优于轻法的原则，应以金融凭证诈骗罪论处。综上，丁某构成金融凭证诈骗罪和行贿罪，应实行数罪并罚。

（2）朱某：金融凭证诈骗罪的共犯和受贿罪，应实行数罪并罚。

（3）张某：国有公司企业事业单位工作人员失职罪和受贿罪，应实行数罪并罚。

9.（06 卷四 4）案情：甲在 2003 年 10 月 15 日见路边一辆面包车没有上锁，即将车开走，前往 A 市。行驶途中，行人乙拦车要求搭乘，甲同意。甲见乙提包内有巨额现金，遂起歹意图财。行驶到某偏僻处时，甲谎称发生故障，请乙下车帮助推车。乙将手提包放在面包车座位上，然后下车。甲乘机发动面包车欲逃。乙察觉出甲的意图后，紧抓住车门不放，被面包车拖行 10 余米。甲见乙仍不松手并跟着车跑，便加速疾驶，使乙摔倒在地，造成重伤。乙报警后，公安机关根据汽车号牌将甲查获。

讯问过程中，虽有乙的指认并查获赃物，但甲拒不交待。侦查人员丙、丁对此十分气愤，对甲进行殴打，造成甲轻伤。在这种情况下，甲供述了以上犯罪事实，同时还交待了其在 B 市所犯的以下罪行：2003 年 6 月的一天，甲于某小学放学之际，在校门前拦截了一名一年级男生，将其骗走，随即带该男生到某个体商店，向商店老板购买价值 5000 余元的高档烟酒。在交款时，甲声称未带够钱，将男生留在商店，回去拿钱交款后再将男生带走。商店老板以为男生是甲的儿子便同意了。甲携带烟酒逃之夭夭。公安机关查明，甲身边确有若干与甲骗来的烟酒名称相同的烟酒，但未能查找到商店老板和男生。

本案移送检察机关审查起诉后，甲称其认罪口供均系侦查人员丙、丁对他刑讯逼供所致，推翻了以前所有的有罪供述。经检察人员调查核实，确认了侦查人员丙、丁对甲刑讯逼供的事实。

问题：

请根据我国刑法和刑事诉讼法的有关规定，对上述案例中甲、丙、丁的各种行为及相关事实分别进行分析，并提出处理意见。

答案：

（1）甲开走他人面包车的行为构成盗窃罪。即使面包车没有锁，但根据社会的一般观念，该车属于他人占有的财物，而非遗忘物。

（2）甲对乙的行为构成抢劫罪。甲虽然开始打算实施抢夺，但在乙抓住车门不放时，甲加速行驶的行为已经属于暴力行为，因而不是转化型抢劫，而应直接认定为抢劫罪，而且属于抢劫罪的结果加重犯。

（3）甲对男生的行为构成拐骗儿童罪而不构成拐卖儿童罪。表面上看甲以儿童换取了商品，但这种行为并非属于出卖儿童，商店老板也没有收买儿童的意思。

（4）甲对商店老板的行为构成诈骗罪。

（5）丙、丁对甲的行为构成刑讯逼供罪。

（6）根据最高人民法院、最高人民检察院的有关司法解释关于非法证据排除规则的规定，虽然甲翻供，但对于甲盗窃面包车、抢劫乙的巨额财物的犯罪行为仍可认定，但拐骗儿童罪、诈骗罪只有口供，没有其他证据证明，因而不能成立。

（7）因拐骗儿童罪、诈骗罪不能认定，甲的特别自首也不成立。

图书在版编目（CIP）数据

刑法 / 侯国云主编． —2版． —北京：中国政法大学出版社，2011.10
ISBN 978-7-5620-4068-2

Ⅰ.刑… Ⅱ.侯… Ⅲ. 刑法－中国－高等学校－教材 Ⅳ. D924

中国版本图书馆CIP数据核字(2011)第219683号

出版发行	中国政法大学出版社
经　销	全国各地新华书店
承　印	固安华明印刷厂

720mm×960mm　　16开本　　33.5印张　　615千字
2012年9月第2版　　2012年9月第1次印刷
ISBN 978-7-5620-4068-2/D · 4028
印　数: 0 001-4 000　　定　价: 54.00元

社　址	北京市海淀区西土城路25号
电　话	(010)58908435(编辑部)　58908325(发行部)　58908334(邮购部)
通信地址	北京100088信箱8034分箱　邮政编码 100088
电子信箱	fada.jc@sohu.com(编辑部)
网　址	http://www.cuplpress.com　(网络实名: 中国政法大学出版社)